ANGELICA DI LEO

Concorso VFP1
VOLONTARI FERMA PREFISSATA **1 ANNO**

ESERCITO - MARINA - AERONAUTICA

☑ ACCERTAMENTI PSICO-FISICI E ATTITUDINALI

Volume completo per il reclutamento dei VFP1

EdiSES

Concorso VFP1 – Accertamenti psico-fisici e attitudinali – III Edizione

9 8 7 6 5 4 3 2 1 0
2023 2022 2021 2020 2019

Le cifre sulla destra indicano il numero e l'anno dell'ultima ristampa effettuata

FRANCHISING NISSOLINO® METODO CORSI Preparazione ai Concorsi

A cura di:
Patrizia Nissolino

Progetto grafico: ProMedia Studio di A. Leano – Napoli
Fotocomposizione: Oltrepagina – Verona
Grafica di copertina: curvilinee
Stampato da Vulcanica S.r.l. – Nola (NA)
Per conto della EdiSES – Piazza Dante, 89 – Napoli

www.edises.it
info@edises.it

I curatori, l'editore e tutti coloro in qualche modo coinvolti nella preparazione o pubblicazione di quest'opera hanno posto il massimo impegno per garantire che le informazioni ivi contenute siano corrette, compatibilmente con le conoscenze disponibili al momento della stampa; essi, tuttavia, non possono essere ritenuti responsabili dei risultati dell'utilizzo di tali informazioni e restano a disposizione per integrare la citazione delle fonti, qualora incompleta o imprecisa.

Realizzare un libro è un'operazione complessa e, nonostante la cura e l'attenzione poste dagli autori e da tutti gli addetti coinvolti nella lavorazione dei testi, l'esperienza ci insegna che è praticamente impossibile pubblicare un volume privo di imprecisioni. Saremo grati ai lettori che vorranno inviarci le loro segnalazioni e/o suggerimenti migliorativi all'indirizzo *redazione@edises.it*

Sommario

Parte Prima
Diventare Volontario in Ferma Prefissata

Parte Seconda
Gli Accertamenti Psico-Attitudinali

Parte Terza
Prove d'esame

Premessa

Il volume si rivolge a quanti intendono prepararsi alla carriera nelle Forze Armate (Esercito, Marina e Aeronautica) in qualità di **Volontari in Ferma Prefissata di 1 Anno** (**VFP1**) e affronta il programma degli ***accertamenti dell'efficienza fisica, psico-fisica e attitudinale***.
Il testo, nelle prime pagine, fornisce indicazioni sulla figura professionale del VFP1 e sulle prove che il concorrente dovrà affrontare durante il percorso; successivamente sviluppa, in modo incisivo, i ***test attitudinali***, proponendo numerosi test per l'esercitazione, i ***test della personalità*** più utilizzati da ciascuna Forza Armata per la valutazione delle varie aree psicologiche di indagine (*MMPI*, *Test delle frasi da completare*, *Biografici* ecc.) e il colloquio di selezione.
La terza parte del volume è dedicata a ***simulazioni d'esame*** della Marina Militare e dell'Aeronautica Militare.
Il contenuto di questo volume è, quindi, essenziale per la preparazione al concorso per Volontari in Ferma Prefissata di 1 anno.
Gli autori, infatti, si sono impegnati a sviluppare il programma d'esame nel modo più pertinente possibile alle richieste delle Amministrazioni, Militari e di Polizia, e a presentarlo nelle forme più semplici per l'apprendimento; inoltre, hanno arricchito i contenuti inserendo delle rubriche che puntano direttamente alle nozioni che interessano i candidati.
L'obiettivo è quello di fornire, ai concorrenti che desiderano intraprendere una carriera in divisa, strumenti particolarmente efficaci per raggiungere una preparazione ottimale e poter affrontare le prove selettive di ciascun concorso con l'adeguata serenità, sicuri di aver studiato in modo incisivo gli specifici argomenti richiesti.

Indice

Parte Prima
Diventare Volontario in Ferma Prefissata

Parte Seconda
Gli Accertamenti Psico-Attitudinali

Capitolo 1 - I test della personalità e il colloquio

Capitolo 2 - Introduzione ai test attitudinali

Parte Terza
Prove d'esame

Capitolo 2 - Prove d'esame Aeronautica Militare

Parte Prima

Diventare Volontario in Ferma Prefissata

SOMMARIO

Capitolo 1
Il Volontario in Ferma Prefissata di 1 anno

1.1 La struttura organizzativa delle Forze Armate

L'organizzazione delle forze militari italiane è caratterizzata da una rigida struttura gerarchica al vertice della quale il Presidente della Repubblica ha il comando delle Forze Armate, come sancito dall'articolo 87 della Costituzione, ricoprendo esclusivamente un ruolo di garanzia e non di comando effettivo. Egli presiede il Consiglio Supremo di Difesa il cui compito è di fissare le direttive generali per l'organizzazione e il coordinamento delle attività che riguardano la difesa dello Stato.
L'indirizzo tecnico-operativo delle Forze Armate viene, però, dal **Ministero della Difesa** preposto all'amministrazione militare e civile della Difesa. Dal ministero dipende lo **Stato Maggiore della Difesa** (organizzato in Reparti/Uffici Generali, Uffici e Sezioni) con al vertice il **Capo di Stato Maggiore della Difesa** e il **Segretario Generale della Difesa** il quale risponde direttamente al Ministro della Difesa per le competenze amministrative e al Capo dello Stato Maggiore della Difesa per quelle tecnico-operative. Le responsabilità principali del Segretariato Generale della Difesa riguardano l'attuazione delle direttive impartite dal ministro in materia di alta amministrazione, la promozione e il coordinamento della ricerca tecnologica, l'approvvigionamento dei mezzi e dei materiali d'arma per le Forze Armate.
Il Capo di Stato Maggiore della Difesa ha alle sue dipendenze i capi di Stato Maggiore delle singole Forze Armate e il Comandante Generale dell'Arma dei Carabinieri; egli pianifica e organizza l'impiego delle Forze Armate in base alle direttive del ministero.
Con l'entrata in vigore del D.Lgs. 15 marzo 2010 n. 66, recante il Codice dell'ordinamento militare, il personale delle Forze Armate è stato suddiviso in quattro grandi categorie: gli **Ufficiali** (che svolgono funzioni di responsabilità), i **Sottufficiali**, comprendenti i ruoli dei Sergenti e dei Marescialli (che svolgono funzioni ausiliarie rispetto agli Ufficiali, quali il comando dei reparti di minore livello oppure compiti amministrativi o tecnici), i **Graduati** (categoria che comprende i Volontari in Servizio Permanente) e i **Militari di truppa** (di cui fanno parte i Volontari in Ferma Prefissata, gli Allievi Carabinieri, gli Allievi Finanzieri, gli Allievi delle scuole militari, gli Allievi Marescialli in ferma, gli Allievi Ufficiali in ferma prefissata e gli Allievi Ufficiali delle Accademie militari).
Possono far parte dello Stato Maggiore della Difesa e del Segretariato Generale della Difesa, e dunque ricoprire incarichi particolarmente importanti, soltanto gli *Ufficiali del Ruolo Normale*, categoria di ufficiali nella quale rientrano gli Ufficiali laureatisi in Accademia e i laureati arruolati dal mondo civile tramite concorsi a nomina diretta. Gli Ufficiali del Ruolo Normale possono ricoprire tutti i gradi in tutti i Corpi, mentre gli *Ufficiali del Ruolo Speciale*, reclutati tra i Sottufficiali e gli Ufficiali in Ferma Prefissata che al termine della ferma richiedono l'arruolamento in servizio permanente effettivo, hanno una progressione di carriera più limitata.

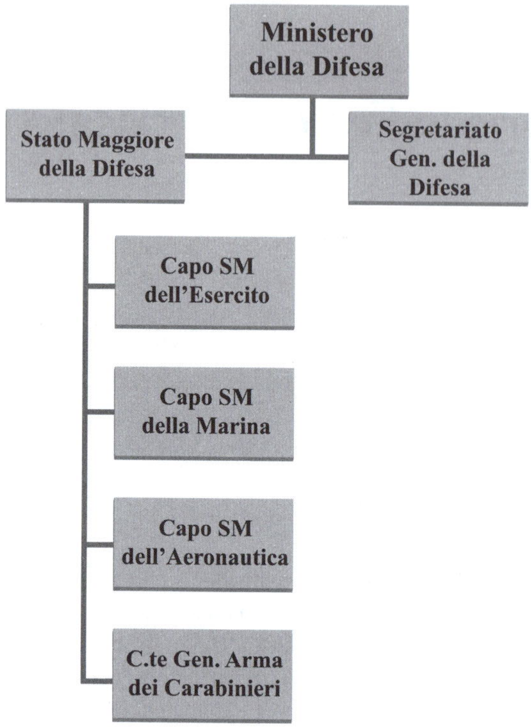

Gli organi di vertice delle Forze Armate

1.2 La categoria dei volontari di truppa

La categoria dei ***volontari di truppa*** delle Forze Armate è articolata nel seguente ruolo e nei seguenti gradi:

ESERCITO ITALIANO	MARINA MILITARE	AERONAUTICA MILITARE
Soldato semplice	Comune di 2° Classe	Aviere
Caporale	Comune di 1° Classe	Aviere scelto
Caporal maggiore	Sottocapo	1° Aviere
1° Caporal maggiore	Sottocapo di 3° Classe	Aviere capo
Caporal maggiore scelto	Sottocapo di 2° Classe	1° Aviere scelto
Caporal maggiore capo	Sottocapo di 1° Classe	1° Aviere capo
Caporal maggiore capo scelto	Sottocapo di 1° Classe Scelto	1° Aviere capo scelto

1.3 Il Volontario in Ferma Prefissata di 1 anno – Carriera e sbocchi professionali

La legge n. 226 del 23 agosto 2004 ha stabilito la sospensione del servizio di leva e l'introduzione della figura del Volontario in Ferma Prefissata (VFP) a uno e quattro anni.
Il militare **Volontario in Ferma Prefissata di un anno (VFP1)** rappresenta il cesello che completa la trasformazione delle Forze Armate in un sistema professionalizzato; il reclutamento in questo ruolo costituisce il primo passo per avviarsi a una carriera militare.
L'Esercito sintetizza in un proprio slogan promozionale le diverse ragioni del perché scegliere di diventare un VFP1: rappresenta il primo passo per costruire un futuro solido; consente di avere una indipendenza economica immediata; consente di vivere una esperienza formativa fuori dal comune che permetterà di essere pronto ad affrontare sia la carriera militare che una professione civile.
La selezione avviene presso i "Centri di selezione" di ciascuna F.A.; successivamente i giovani dichiarati idonei e collocati utilmente nelle graduatorie finali vengono avviati ai reparti di addestramento; al termine viene assegnato loro l'incarico, che, a seconda delle attitudini può riguardare l'area logistica o l'area operativa, presso il reparto di destinazione. Qui i militari acquisiscono, tra l'altro, la capacità di operare con i moderni mezzi tecnologici impiegati dalle F.A. Possono, inoltre, essere impiegati in operazioni **entro e fuori dal territorio nazionale** sulla base del livello di preparazione raggiunto.
Al termine della ferma ai Volontari in Ferma Prefissata di un anno si aprono interessanti scenari di impiego: la possibilità di proseguire, per esempio, la propria crescita professionale nella stessa F.A. e nelle altre Forze Armate, oppure di accedere ai concorsi nel Corpo Militare della Croce Rossa Italiana, nella Polizia di Stato, nei Carabinieri, nella Guardia di Finanza, nella Polizia Penitenziaria. L'anno di servizio svolto come Volontario in ferma prefissata di un anno è, infatti, il requisito indispensabile per avviare questi percorsi.
I Volontari in Ferma Prefissata di un anno, durante il periodo di ferma, a partire dal terzo mese di servizio, possono conseguire, a seconda della F.A. il grado di ***Caporale, Aviere Scelto o Comune di 1ª Classe***. Al termine della ferma o prima, dopo un determinato periodo servizio, possono concorrere, **quali unici destinatari**, per l'immissione nella ferma quadriennale **VFP4** delle Forze Armate o nelle **carriere iniziali delle Forze di Polizia**.
I Volontari in ferma prefissata di 1 anno possono anche essere ammessi, a domanda, a un successivo periodo di rafferma della durata di un ulteriore anno. Tale rafferma viene concessa sulla base sia del rendimento fornito in servizio che dei titoli posseduti. Può essere concesso, inoltre, un prolungamento della ferma per il tempo strettamente necessario al completamento dell'iter concorsuale al fine di mantenere in continuità di servizio il personale che partecipa al concorso per l'accesso alla ferma quadriennale.
I VFP1 sono anche destinatari del progetto **"euroformazione"**, che si conclude con l'acquisizione di una **abilitazione** riconosciuta in ambito Unione Europea per l'utilizzo del ***computer*** e per la ***lingua inglese*** nonché per taluni di essi nell'effettuazione di corsi volti a fornire una formazione professionale imprenditoriale.
I giovani volontari congedati usufruiscono di agevolazioni o incentivi per l'inserimento nel mondo del lavoro, attraverso i concorsi pubblici (banditi sia dalle Amministrazione della Difesa che di altre Amministrazioni pubbliche) e i servizi offerti dall'Ufficio per il sostegno alla ricollocazione professionale dei volontari congedati di PREVIMIL (convenzioni; formazione; progetti con Enti pubblici e non).

Ulteriori incentivi sono rappresentati dalle concessioni di certificati di abilitazione per la condotta di mezzi, di certificati professionali attestanti l'attività svolta durante il servizio e di diploma di qualifica.

1.4 Il concorso

Registrandosi sul nostro sito secondo le modalità indicate a pag. I, è possibile consultare la Normativa sul reclutamento dei Volontari in Ferma Prefissata contenuta nel Decreto Legislativo n. 66 del 2010 (Codice dell'ordinamento militare).

I bandi di arruolamento per Volontario in Ferma Prefissata di un anno nelle tre Forze Armate – Esercito, Marina e Aeronautica – sono pubblicati sulla Gazzetta Ufficiale – 4ª serie speciale; mentre il reclutamento dei Volontari per l'Aeronautica avviene tramite un bando, ma con più incorporamenti, l'Esercito e la Marina provvedono a pubblicare un bando con più blocchi di incorporamento per ciascuno dei quali occorre presentare domanda di partecipazione in periodi e con scadenze differenti.

1.4.1 I requisiti di partecipazione

Possono partecipare al reclutamento per VFP1 i **cittadini italiani** in possesso dei seguenti **requisiti**:

- godano dei diritti civili e politici;
- abbiano una età compresa tra i **18** e i **25** anni;
- non siano stati condannati per delitti non colposi, anche con sentenza di applicazione della pena su richiesta, a pena condizionalmente sospesa o con decreto penale di condanna, ovvero non essere in atto imputati in procedimenti penali per delitti non colposi;
- non siano stati destituiti, dispensati o dichiarati decaduti dall'impiego in una Pubblica Amministrazione, licenziati dal lavoro alle dipendenze di Pubbliche Amministrazioni a seguito di procedimento disciplinare, ovvero prosciolti, d'autorità o d'ufficio, da precedente arruolamento nelle Forze Armate o di Polizia, a esclusione dei proscioglimenti a domanda e per inidoneità psico-fisica e mancato superamento dei corsi di formazione di base di cui all'art. 957, comma 1, lett. e-bis) del Codice dell'Ordinamento Militare;
- abbiano conseguito il **diploma di istruzione secondaria di primo grado** (ex scuola media inferiore). L'ammissione dei candidati che hanno conseguito un titolo di studio all'estero è subordinata all'equipollenza del titolo stesso rilasciata da un qualsiasi ufficio scolastico regionale o provinciale, con riportato il giudizio sintetico o la votazione;
- non siano stati sottoposti a misure di prevenzione;
- abbiano tenuto condotta incensurabile;
- non abbiano tenuto comportamenti nei confronti delle istituzioni democratiche che non diano sicuro affidamento di scrupolosa fedeltà alla Costituzione repubblicana e alle ragioni di sicurezza dello Stato;
- siano in possesso di **idoneità psico-fisica e attitudinale** per l'impiego nelle Forze Armate in qualità di volontario in ferma prefissata di un anno, conformemente alla normativa vigente alla data di pubblicazione del bando nella Gazzetta Ufficiale della Repubblica Italiana;
- abbiano riportato esito negativo agli accertamenti diagnostici per l'abuso di alcool e per l'uso, anche saltuario od occasionale, di sostanze stupefacenti nonché per l'utilizzo di sostanze psicotrope a scopo non terapeutico;
- non siano in servizio quali volontari nelle Forze Armate.

1.4.2 La domanda di partecipazione

Dalla data di pubblicazione del bando ed entro 30 giorni è possibile presentare domanda di partecipazione al concorso, il cui modello è pubblicato nel portale dei concorsi, raggiungibile attraverso il sito internet www.difesa.it, area siti di interesse, link concorsi on-line Difesa, ovvero attraverso il sito intranet www.persomil.sgd.difesa.it. Attraverso detto portale i concorrenti possono, oltre che presentare la domanda di partecipazione, ricevere le comunicazioni che perverranno dalla Direzione Generale del Personale Militare o dai Centri di Selezione e Reclutamento di ciascuna F.A., dalla stessa delegati alla gestione della procedura concorsuale.

Per usufruire dei servizi offerti dal portale, i candidati dovranno essere in possesso di credenziali rilasciate da un gestore di identità digitale nell'ambito del Sistema Pubblico di Identità Digitale (SPID) ovvero di apposite chiavi di accesso che saranno fornite al termine di una procedura guidata di accreditamento necessaria per attivare il proprio univoco profilo nel portale medesimo.

Prima di iniziare la procedura guidata di registrazione, nonché prima di effettuare tutte le operazioni consentite tramite il portale (compresa la presentazione delle domande di partecipazione ai concorsi), i concorrenti dovranno leggere attentamente le informazioni inerenti le modalità di utilizzo del portale stesso.

La procedura guidata di registrazione, descritta alla voce "istruzioni" del portale, viene attivata con una delle seguenti modalità:

a) senza smart card: fornendo un indirizzo di posta elettronica, una utenza di telefonia mobile (intestata ovvero utilizzata dal concorrente) e gli estremi di un documento di riconoscimento in corso di validità rilasciato da un'Amministrazione dello Stato;
b) con smart card: mediante carta d'identità elettronica (CIE), carta nazionale dei servizi (CNS), tessera di riconoscimento elettronica rilasciata da un'Amministrazione dello Stato (Decreto del Presidente della Repubblica 28 luglio 1967, n. 851) ai sensi del comma 8 dell'art. 66 del Decreto Legislativo 7 marzo 2005, n. 82, ovvero firma digitale.

Conclusa la fase di accreditamento, l'interessato acquisisce le credenziali (userid e password) per accedere al proprio profilo nel portale. In caso di smarrimento, è attivabile la procedura di recupero delle stesse dalla pagina iniziale del portale.

Comunicazioni con i concorrenti

Attraverso il proprio profilo, nel portale dei concorsi, ciascun concorrente può accedere in una sezione relativa alle comunicazioni, suddivisa in un'area pubblica relativa alle comunicazioni di interesse collettivo (avvisi di modifica del bando ecc.), e in un'area privata nella quale è possibile prendere visione delle comunicazioni di carattere personale relative a ciascun partecipante. Tramite un messaggio di posta elettronica ovvero con sms i concorrenti riceveranno notizia della presenza di siffatte comunicazioni. Le comunicazioni di carattere collettivo, inserite nell'area pubblica del portale dei concorsi, hanno valore di notifica a tutti gli effetti e nei confronti di tutti i candidati.

Per ulteriori agevolazioni le comunicazioni di carattere collettivo saranno anche inserite nei siti www.persomil.difesa.it e in quelli di ciascuna F.A. www.esercito.difesa.it, www.marina.difesa.it e www.aeronautica.difesa.it.

I candidati potranno inviare dichiarazioni integrative o modificative delle situazioni dichiarate nella domanda di partecipazione, entro il termine di presentazione delle domande, nonché eventuali ulteriori comunicazioni (variazioni della residenza o del recapito, dell'indirizzo di posta elettronica, dell'eventuale indirizzo di posta elettronica certificata, del numero di utenza di telefonia fissa o mobile ecc.):

- ***Esercito***
  mediante messaggio di posta elettronica certificata attraverso un account di posta elettronica certificata all'indirizzo centro_selezione@postacert.difesa.it ovvero mediante messaggio di posta elettronica all'indirizzo centro_selezione@esercito.difesa.it, indicando il concorso al quale partecipano;
- ***Marina***
  mediante messaggio di posta elettronica certificata attraverso un account di posta elettronica certificata all'indirizzo mariscuola.taranto@postacert.difesa.it ovvero mediante messaggio di posta elettronica all'indirizzo mscuola.ta.concorsovfp1@marina.difesa.it, indicando il concorso al quale partecipano;
- ***Aeronautica***
  mediante messaggio di posta elettronica certificata attraverso un account di posta elettronica certificata all'indirizzo persaereo@postacert.difesa.it ovvero mediante messaggio di posta elettronica all'indirizzo persaereo.4uf.con@aeronautica.difesa.it, indicando il concorso al quale partecipano.

A tale messaggio dovrà comunque essere allegata copia per immagine (file in formato PDF) di un valido documento di identità rilasciato da un'Amministrazione dello Stato.
L'Amministrazione della Difesa non assume alcuna responsabilità circa possibili disguidi derivanti da errate, mancate o tardive segnalazioni di variazione dell'indirizzo di posta elettronica ovvero del numero di utenza di telefonia mobile da parte dei candidati.

1.4.3 Fasi del reclutamento

L'iter di reclutamento, fra l'altro, comprende:
- **valutazione dei titoli di merito** e formazione delle relative graduatorie;
- **accertamento dei requisiti di idoneità psico-fisica e attitudinale** e **prove di efficienza fisica**.

Tali fasi si estrinsecano in maniera diversa per ciascuna delle Forze Armate.

1.5 Valutazione dei titoli di merito

Attraverso la **valutazione dei titoli di merito e la formazione delle graduatorie** vengono individuati i concorrenti da convocare ai successivi accertamenti psico-fisici e attitudinali. Le graduatorie vengono formate sommando ai punteggi assegnati ai seguenti **giudizi o votazioni** riportati dai candidati nel diploma di istruzione secondaria di primo grado i punteggi degli altri titoli di merito che saranno elencati a seguire per ciascuna F.A.
Esaminiamo i punteggi assegnati in base al giudizio o alla votazione riportato nel **diploma di istruzione secondaria di primo grado**:
- **punti 4** per il giudizio di ***ottimo***, ovvero per il voto di 10/10 o 9/10;
- **punti 3** per il giudizio di ***distinto***, ovvero per il voto di 8/10;
- **punti 2** per il giudizio di ***buono***, ovvero per il voto di 7/10;
- **punti 1** per il giudizio di ***sufficiente***, ovvero per il voto di 6/10.

La valutazione degli altri titoli di merito è diversificata per ciascuna F.A. poiché ogni Amministrazione ha la facoltà di attribuire un punteggio a titoli che reputa di interesse, pertanto di seguito gli stessi vengono elencati distintamente per ciascuna Forza Armata. I titoli di merito devono essere in corso di validità fino alla data di scadenza del termine per la presentazione delle domande di reclutamento.

ESERCITO ITALIANO		
N.	**TITOLO DI MERITO**	**PUNTI**
1	Diploma di laurea magistrale/specialistica	12
2	Diploma di laurea (triennale), non cumulabile con il punteggio di cui al precedente punto 1	10
3	Diploma di istruzione secondaria di secondo grado (quinquennale), non cumulabile con il punteggio di cui ai precedenti punti 1 e 2: - con votazione da 60/100 a 69/100 - con votazione da 70/100 a 79/100 - con votazione da 80/100 a 89/100 - con votazione da 90/100 a 100/100	 6 7 8 9
4	Diploma di istruzione secondaria di secondo grado (quadriennale, esclusivamente per il liceo artistico indirizzo architettura), non cumulabile con il punteggio di cui ai precedenti punti 1, 2 e 3: - con votazione da 60/100 a 69/100 - con votazione da 70/100 a 79/100 - con votazione da 80/100 a 89/100 - con votazione da 90/100 a 100/100	 5 6 7 8
5	Diploma di istruzione secondaria/qualifica (triennale), non cumulabile con il punteggio di cui ai precedenti punti 1, 2, 3 e 4: - con votazione da 60/100 a 69/100 - con votazione da 70/100 a 79/100 - con votazione da 80/100 a 89/100 - con votazione da 90/100 a 100/100	 1 2 3 4
6	Brevetto di paracadutista militare	3
7	Abilitazione al lancio con paracadute, non cumulabile con il brevetto di cui al precedente punto	1,5
8	Attestato di bilinguismo italiano-tedesco (riferito a livello non inferiore al diploma di istruzione secondaria di primo grado, di cui all'articolo 4 del Decreto del Presidente della Repubblica 26 luglio 1976, n. 752 e successive modifiche)	2
9	Aver svolto per almeno 12 mesi servizio militare, a qualunque titolo e senza demerito, nell'Esercito	2

Ai candidati che per ogni blocco partecipano al reclutamento per l'incarico principale di "Elettricista Infrastrutturale", "Idraulico Infrastrutturale", "Muratore" "Falegname", "Meccanico di mezzi e piattaforme" e "Fabbro", essendo in possesso dell'attestato di svolgimento del corso di formazione pre-ingresso degli operai edili in azienda denominato "16 ore prima", è attribuito il punteggio incrementale di punti 1,5.

Ai candidati che per ogni blocco partecipano al reclutamento per gli incarichi principali di "Elettricista Infrastrutturale", "Idraulico Infrastrutturale", "Muratore" "Falegname", "Meccanico di mezzi e piattaforme" e "Fabbro" in possesso dei titoli di merito indicati nel bando che hanno effettuato un periodo di inserimento alle dirette dipendenze di un'impresa del settore che risulti abilitata per le professioni di "Elettricista infrastrutturale", "Idraulico Infrastrutturale", "Muratore", "Falegname", "Meccanico di mezzi e piattaforme" e "Fabbro", è attribuito per ogni anno di attività continuativa un incremento pari a punti 1 fino a un massimo di punti 6.

MARINA MILITARE		
N.	**TITOLO DI MERITO**	**PUNTI**
1	Diploma di laurea magistrale/specialistica	12
2	Diploma di laurea triennale, non cumulabile con il punteggio di cui al precedente punto 1	10
3	Diploma di istruzione secondaria di secondo grado (quinquennale), non cumulabile con il punteggio di cui ai precedenti punti 1 e 2	6 più punti 0,075 per ogni voto superiore a 60/100, fino a max 9
4	Diploma di istruzione secondaria di secondo grado (quadriennale, esclusivamente per il liceo artistico indirizzo architettura), non cumulabile con il punteggio di cui ai precedenti punti 1, 2 e 3	5
5	Diploma di istruzione secondaria/qualifica (triennale), non cumulabile con il punteggio di cui ai precedenti punti 1, 2, 3 e 4	4
6	Brevetto di subacqueo rilasciato da Federazione nazionale o internazionale certificata CMAS ovvero ISO (solo per la partecipazione per i settori di impiego incursori e palombari): - 1° livello - 2° livello, non cumulabile con il punteggio dell'alinea precedente - 3° livello, non cumulabile con il punteggio degli alinea precedenti - guida subacquea o istruttore subacqueo ovvero allievo istruttore subacqueo, non cumulabile con il punteggio degli alinea precedenti	 1 1,5 2 3
7	Possesso del seguente diploma di istruzione secondaria di secondo grado di durata quinquennale valido per l'iscrizione all'università (solo per la partecipazione per il settore di impiego Componente aeromobili): - diploma di perito tecnico industriale in uno dei seguenti indirizzi: • Elettronica e Telecomunicazioni • Elettrotecnica e Automazione • Informatica • Meccanica • Termotecnica - diploma di perito tecnico industriale in uno dei seguenti indirizzi: • Costruzioni Aeronautiche • Industria Navalmeccanica	 1 1,5
8	Patente di guida civile: - categoria B - categoria BE, non cumulabile con il punteggio dell'alinea precedente - categoria C1/C, non cumulabile con il punteggio degli alinea precedenti - categoria D1/D, non cumulabile con il punteggio degli alinea precedenti - categoria D1E/DE, non cumulabile con il punteggio delle alinea precedenti	 1 1,25 1,5 1,75 2
9	Aver svolto per almeno 12 mesi servizio militare, a qualunque titolo e senza demerito, nelle Forze Armate	1,5
10	Iscrizione al personale marittimo di cui all'art. 114 Codice della navigazione	1

AERONAUTICA MILITARE		
N.	**TITOLO DI MERITO**	**PUNTI**
1	Superamento di ogni singola classe di scuola secondaria di secondo grado (fino al 4° anno)	1
2	Diploma di istruzione secondaria di secondo grado (quinquennale), non cumulabile con il punteggio relativo al giudizio o votazione del diploma di istruzione secondaria di primo grado e con il punteggio di cui al precedente punto 1	9 più punti 0,075 per ogni voto superiore a 60/100, fino a max 12
3	Diploma di perito aeronautico conseguito presso uno degli Istituti tecnici aeronautici istituiti con decreto del Presidente della Repubblica l° ottobre 1970, n. 1508 o presso analogo Istituto legalmente riconosciuto dal MIUR	0,5
4	Diploma di laurea triennale, non cumulabile con il punteggio relativo al giudizio o votazione del diploma di istruzione secondaria di primo grado e con il punteggio di cui ai precedenti punti 1, 2 e 3	13 più punti 0,075 per ogni voto superiore a 66/110, fino a max 16,30
5	Diploma di laurea magistrale/specialistica, non cumulabile con il punteggio relativo al giudizio o votazione del diploma di istruzione secondaria di primo grado e con il punteggio di cui ai precedenti punti 1, 2, 3 e 4	17 più punti 0,075 per ogni voto superiore a 66/110, fino a max 20,30
6	Licenza di pilota di aeroplano rilasciata secondo la normativa JAR-FCL 1: Pilota Privato (PPL); Pilota Commerciale (CPL); Pilota di Linea (ATPL)	2
7	Brevetto di paracadutista: 1) civile fune di vincolo rilasciato dall'AMPDI 2) militare fune di vincolo rilasciato dalla CAPAR non cumulabile con il punteggio di cui al precedente alinea 3) civile con "Tecnica a Caduta Libera" rilasciato da aero club d'Italia non cumulabile con il punteggio dei due precedenti alinea 4) militare con "Tecnica a Caduta Libera" rilasciato da enti Militari italiani non cumulabile con i punti dei tre precedenti alinea	 1 1,5 2 3
8	Porto d'armi	1
9	Corso di cultura aeronautica, svolto a cura del Centro di volo a vela dell'Aeronautica Militare di Guidonia (oppure, fino a dicembre 2009, della Sezione dell'Associazione Arma Aeronautica di Brindisi, in collaborazione con l'Istituto tecnico nautico statale "Carnaro")	0,5
10	Patente di guida civile: - categoria B - categoria BE, non cumulabile con il punteggio di cui al precedente alinea - categoria C1/C, non cumulabile con il punteggio di cui ai due precedenti alinea - categoria C1E/CE, non cumulabile con il punteggio di cui ai tre precedenti alinea - categoria D1/D, non cumulabile con il punteggio di cui ai quattro precedenti alinea - categoria D1E/DE, non cumulabile con il punteggio di cui ai cinque precedenti alinea	 1 1,1 1,2 1,3 1,4 1,5

(segue)

AERONAUTICA MILITARE		
N.	**TITOLO DI MERITO**	**PUNTI**
11	Patente europea del computer (ECDL Core Full) o corso equipollente che preveda il superamento dei 7 esami previsti dalla predetta certificazione	0,2
12	Brevetto di assistente bagnanti o di bagnino di salvataggio (si evidenzia che i brevetti conseguiti in occasione dello svolgimento di precedente servizio militare potranno essere valutati solo se riconosciuti in ambito civile): - brevetto valido solo per piscina o per acque interne e piscina - brevetto valido per mare, acque interne e piscina, non cumulabile con il punteggio di cui al precedente alinea	 2 3
13	Brevetto di istruttore di nuoto rilasciato dalla Federazione italiana nuoto, non cumulabile con il punteggio di cui al precedente punto 12: - allievo istruttore - istruttore di base, non cumulabile con il punteggio di cui al precedente alinea	 1 2
14	Brevetto di subacqueo rilasciato da Federazione nazionale o internazionale certificata CMAS ovvero ISO: - primo livello - secondo livello, non cumulabile con il punteggio di cui al precedente alinea - terzo livello, non cumulabile con il punteggio di cui ai due precedenti alinea - guida subacquea o istruttore subacqueo ovvero allievo istruttore subacqueo, non cumulabile con il punteggio di cui ai tre precedenti alinea	 1 1,5 2 3
15	Corsi militari nei seguenti settori: - Survey To Operate/Force Protection - CBRN - EOR/EOD - IEDD - Impiego in O.F.C.N. settore Survey To Operate/Force Protection	 1 1 1 1 1
16	Conoscenza di lingue straniere: Secondo il livello di conoscenza correlato al "Common European Framework of Reference for languages - CEFR" (si evidenzia che il livello A 1 non costituisce titolo di merito): - livello A 2 - livello B 1, non cumulabile con il punteggio di cui al precedente alinea - livello B 2, non cumulabile con il punteggio di cui ai due precedenti alinea - livello C 1 ovvero C 2, non cumulabile con il punteggio di cui ai tre precedenti alinea	 0,25 0,50 0,75 1
17	Aver svolto per almeno 12 mesi servizio militare, a qualunque titolo e senza demerito, nell'Aeronautica Militare	1

1.6 ACCERTAMENTI PSICO-FISICI E ATTITUDINALI E PROVE DI EFFICIENZA FISICA

Gli **accertamenti psico-fisici e attitudinali** sono costituiti da:

- **accertamento dell'idoneità psico-fisica**, effettuato mediante visita medica comprensiva degli esami specialistici;
- **accertamento dell'idoneità attitudinale**, che tende a verificare il possesso delle attitudini necessarie per lo svolgimento dei compiti operativi del VFP1 in ciascuna F.A.

Le **prove di efficienza fisica** consistono nell'espletamento di alcuni esercizi ginnici.

Nel caso il candidato venga escluso dagli accertamenti psico-fisici e attitudinali potrà avanzare ricorso giurisdizionale al T.A.R. del Lazio o, in alternativa, ricorso straordinario al Presidente della Repubblica rispettivamente entro 60 e 120 giorni dalla data di notifica del prov-

vedimento di esclusione, attraverso il versamento, secondo la normativa vigente, di un contributo unificato di euro 650,00.
Durante questa fase di selezione, i candidati che ne sono in possesso potranno produrre, in sostituzione del **Protocollo Sanitario Unico** (PSU), che costituisce l'elenco omogeneo delle certificazioni di base richieste per l'effettuazione degli accertamenti psico-fisici nell'ambito dell'iter di reclutamento quale VFP 1 nelle Forze Armate, la **Certificazione Sanitaria Unica** (CSU) in corso di validità (1 anno), attestante l'idoneità sanitaria ottenuta in precedenti iter di reclutamento quale VFP1 nell'Esercito, nella Marina Militare e nell'Aeronautica Militare (v. *figura*). La CSU è rilasciata dal Presidente della Commissione medica a ciascun candidato risultato **"idoneo"** al termine delle visite e degli accertamenti sanitari concorsuali, con conseguente assegnazione del profilo sanitario. Tale certificazione sarà valida e presentabile presso qualsiasi Centro di selezione e reclutamento delle Forze Armate, a livello interforze, entro l'arco temporale di un anno dal rilascio e non potrà essere prorogata.
La CSU non costituisce certificato medico di idoneità di cui all'art. 41 del D.P.R. 445/2000, ma provvedimento amministrativo collegiale emanato da una Commissione medica che ha valore di accertamento dello stato fisico e di salute dell'interessato in un dato momento e, come tale, può indicare il periodo di validità delle attestazioni in esso contenute, anche di un anno, analogamente alla durata dei certificati medici rilasciati per l'attività sportiva. La validità annuale della CSU non è relativa ai singoli referti presentati dall'interessato, rimanendo gli stessi vincolati alla rispettiva validità temporale, ma all'esito del giudizio di idoneità decretato dalla Commissione, che tiene conto dell'insieme delle certificazioni prodotte e delle risultanze delle visite mediche.
La CSU sarà rilasciata al candidato che in sede di accertamento psico-fisico:

a) ne sia sprovvisto (ossia, in caso di prima presentazione ad un concorso o in caso di smarrimento della stessa);
b) ne sia provvisto ma abbia richiesto la revisione del profilo sanitario, sottoponendo alla Commissione nuovi esami e certificazioni, salvo non decida di sottoporsi nuovamente, a proprio carico, a tutti gli accertamenti previsti;
c) ne sia provvisto ma sia considerato dal medico esaminatore da assoggettare a revisione qualora, a seguito di visita generale, sorgessero dei dubbi sulla corrispondenza del profilo del candidato rispetto allo stato di salute accertato al momento della visita. In tal caso, una eventuale revisione del profilo sanitario non prolungherà la validità della CSU esibita ma solo un aggiornamento della stessa.

Il candidato dovrà aver cura di conservare ed esibire la CSU in occasione di future visite mediche previste nei concorsi quale VFP 1 nelle Forze Armate. In caso di smarrimento, il candidato dovrà ripetere ed esibire al successivo Centro di Selezione, tutta la documentazione prevista dal relativo bando di reclutamento.
I parametri fisici quali composizione corporea, forza muscolare e massa metabolicamente attiva, dovranno essere comunque misurati in occasione di ogni singolo concorso, a prescindere dalla validità della CSU.
Di seguito si analizzano per ciascuna Forza Armata i singoli accertamenti e le singole prove.

1.6.1 Esercito Italiano

I candidati da sottoporre all'**accertamento dei requisiti psico-fisici e attitudinali** vengono convocati dal CSRNE delegato dalla Direzione Generale per il Personale Militare (DGPM), presso il Centro di Selezione di Foligno; la durata degli accertamenti di norma è di 3 giorni feriali. Coloro che non si presenteranno nei tempi stabiliti dalla comunicazione di convoca-

14-12-2018 GAZZETTA UFFICIALE DELLA REPUBBLICA ITALIANA 4a Serie speciale - n. 99

ALLEGATO 1

CERTIFICAZIONE SANITARIA UNICA

(Art. 10, comma 4, del bando di reclutamento)

VALIDA PER UN ANNO E PRESENTABILE PRESSO QUALSIASI CENTRO DI SELEZIONE E RECLUTAMENTO DELLE FORZE ARMATE (E.I./M.M./A.M.) DA RILASCIARE AL CONCORRENTE AL TERMINE DELLE VISITE MEDICHE OVUNQUE SVOLTE E CHE IL CANDIDATO POTRÀ ESIBIRE IN SEDE DI ULTERIORE CONCORSO EVENTUALMENTE SOSTENUTO[1].

DALLA VISITA EFFETTUATA PRESSO IL CENTRO DI SELEZIONE E RECLUTAMENTO DI

____,

DELLA FORZA ARMATA_____ (E.I./M.M./A.M.), IN DATA________________,

IN OCCASIONE DELL'ITER CONCORSUALE PER L'ARRUOLAMENTO NELLA CATEGORIA

____

IL CANDIDATO ____
(NOME, COGNOME, LUOGO E DATA DI NASCITA)

RICONOSCIUTO CON____
(TIPOLOGIA E NUMERO DOCUMENTO DI RICONOSCIMENTO)

RISULTA IN POSSESSO DEL SEGUENTE PROFILO SANITARIO CHE POTRÀ ESSERE SUSCETTIBILE DI MODIFICA IN OCCASIONE DI APPROFONDIMENTI DIAGNOSTICI:

Caratteristiche somato funzionali	PS		CO		AC		AR		AV		Ls		Li		VS		AU	
Fascia A: coefficiente	1	2	1	2	1	2	1	2	1	2	1	2	1	2	1	2	1	2
Fascia B coefficiente:	3	4	3	4	3	4	3	4	3	4	3	4	3	4	3	4	3	4
[2]																		

AV 3/4

EM		EI		DG		UG		VP		CU		NR		SG		OC		OR	
3	4	3	4	3	4	3	4	3	4	3	4	3	4	3	4	3	4	3	4
[2]																			

LA PRESENTE CERTIFICAZIONE HA VALIDITÀ ANNUALE DALLA DATA DEL RILASCIO E PUÒ ESSERE ESIBITA PRESSO I CENTRI DI SELEZIONE E RECLUTAMENTO. LADDOVE NON VENISSE PRESENTATA, IL CANDIDATO DOVRÀ ESEGUIRE NUOVAMENTE ED ESIBIRE TUTTI GLI ACCERTAMENTI PREVISTI DAL BANDO DI CONCORSO.

LUOGO__________________DATA ___________ IL PRESIDENTE DI COMMISSIONE

BOLLO DELL'ENTE ______________________

[1] In cui si applichi la "Direttiva tecnica riguardante i criteri per delineare il profilo sanitario dei soggetti giudicati idonei al servizio militare" contenuta nel D.M. 4 giugno 2014.

[2] Spazio dedicato alla indicazione:
- in lettere del coefficiente assegnato a ciascuna caratteristica somato-funzionale;
- della specifica patologia/infermità che ha determinato un eventuale coefficiente sanitario diverso da 1.

18E12706

zione, ovvero al prosieguo degli accertamenti anche nei giorni successivi al primo, saranno considerati rinunciatari, tranne che in caso di:

- eventi avversi di carattere eccezionale che impediscano oggettivamente a un numero rilevante di candidati di presentarsi nei tempi, nella sede e nel giorno previsto degli accertamenti;
- concomitante svolgimento di prove concorsuali indette dalle Forze Armate o dalle Forze di Polizia ai quali i medesimi candidati hanno chiesto di partecipare;
- eventi luttuosi per la perdita del coniuge, genitore, figlio/a, fratello/sorella, verificatisi in data non anteriore a 7 giorni rispetto a quella di prevista presentazione;
- contestuale partecipazione alle prove d'esame di Stato.

In siffatte ipotesi i concorrenti dovranno inviare un'istanza di nuova convocazione entro le ore 13 del giorno feriale (sabato escluso) antecedente quello di prevista presentazione, mediante messaggio di posta elettronica certificata.

Tutti i convocati (di sesso sia maschile sia femminile) devono presentarsi alle prove di efficienza fisica e agli accertamenti psico-fisici e attitudinali con la seguente documentazione:

a) documento di riconoscimento in corso di validità;
b) certificato medico, in corso di validità (il certificato deve avere validità annuale), attestante l'idoneità all'attività sportiva agonistica per l'atletica leggera ovvero una delle discipline sportive riportate nella tabella B del Decreto del Ministero della Sanità del 18 febbraio 1982, rilasciato da un medico appartenente alla Federazione medico-sportiva italiana ovvero a struttura sanitaria pubblica o privata accreditata con il Servizio Sanitario Nazionale (SSN) ovvero da un medico (o struttura sanitaria pubblica o privata) autorizzato secondo le normative nazionali e regionali e che esercita in tali ambiti in qualità di medico specializzato in medicina dello sport. La mancata o difforme presentazione di tale certificato comporterà l'esclusione dal reclutamento;
c) se concorrenti di sesso femminile, originale o copia conforme del referto del test di gravidanza – in quanto lo stato di gravidanza costituisce temporaneo impedimento all'accertamento dell'idoneità al servizio militare (ai sensi dell'art. 580, comma 2, del D.P.R. 15 marzo 2010, n. 90) – eseguito presso struttura sanitaria pubblica, anche militare, o privata accreditata con il SSN in data non anteriore a 5 giorni rispetto a quella di presentazione agli accertamenti psico-fisici;
d) la seguente documentazione, formante il Protocollo Sanitario Unico (PSU), che costituisce l'elenco omogeneo delle certificazioni di base richieste per l'effettuazione degli accertamenti psico-fisici nell'ambito dell'iter di reclutamento quale VFP 1 nell'Esercito, nella Marina Militare e nell'Aeronautica Militare:
   - originale o copia conforme dei seguenti esami ematochimici ed esami strumentali, corredati di referto, rilasciati da struttura sanitaria pubblica, anche militare, o privata accreditata con il Servizio Sanitario Nazionale (SSN) in data non anteriore a sei mesi rispetto a quella di presentazione agli accertamenti psico-fisici:
     - emocromo;
     - VES;
     - glicemia;
     - creatininemia;
     - trigliceridemia;
     - colesterolemia;
     - bilirubinemia diretta e indiretta;

- gamma GT;
- transaminasemia (GOT e GPT);
- analisi delle urine con esame del sedimento;
- markers virali: anti HAV (IgM ed IgG), Hbs Ag, anti HBs, anti HBc e anti HCV;
- ricerca anticorpi per HIV;

– referto test intradermico Mantoux o Quantiferon in data non anteriore a sei mesi rispetto a quella di presentazione agli accertamenti psico-fisici rilasciato da struttura sanitaria pubblica, anche militare, o privata accreditata con il SSN; in caso di positività è necessario presentare anche il referto dell'esame radiografico del torace in due proiezioni standard antero-posteriore e latero-laterale o il certificato di eventuale, pregressa, avvenuta vaccinazione con BCG;
– referto drug test urine, rilasciato da struttura sanitaria pubblica, anche militare, o privata accreditata con il SSN, relativo ad amfetamine, cocaina, oppiacei e cannabinoidi in data non anteriore a un mese rispetto a quella di presentazione agli accertamenti psico-fisici;
– certificato di stato di buona salute che attesti la presenza/assenza di pregresse manifestazioni emolitiche, di gravi manifestazioni immunoallergiche, di gravi intolleranze e idiosincrasie a farmaci o alimenti, la presenza/assenza di patologie rilevanti ai fini del reclutamento, rilasciato dal proprio medico curante in data non anteriore a sei mesi rispetto a quella di presentazione agli accertamenti psico-fisici e redatto conformemente al bando;
– se concorrenti di sesso femminile, originale o copia conforme del referto di ecografia pelvica eseguita presso struttura sanitaria pubblica, anche militare, o privata accreditata con il SSN in data non anteriore a sei mesi rispetto a quella di presentazione agli accertamenti psico-fisici.

1.6.1.1 Prove di efficienza fisica

L'accertamento dell'efficienza fisica si svolgerà durante il primo dei tre giorni di permanenza presso il CSRNE, di norma deputati alla selezione, e consisterà nell'esecuzione obbligatoria delle seguenti prove:

– *simulazione del sollevamento di una bomba da mortaio da 120 mm*;
– *simulazione dell'armamento di una mitragliatrice*;
– *simulazione del trascinamento di un ferito*;
– *corsa piana 2.000 metri*.

Tali prove dovranno essere svolte alla presenza di almeno un membro della Commissione per le prove di efficienza fisica, di personale medico/paramedico e di una autoambulanza.
In assenza di ambulanza dovrà presenziare personale qualificato per il primo soccorso (BLSD) e in caso di necessità richiedere l'intervento del 118.
Prima dell'effettuazione delle prove, tutti i concorrenti (di sesso sia maschile sia femminile) dovranno produrre il certificato medico, in corso di validità (il certificato deve avere validità annuale), attestante l'idoneità all'attività sportiva agonistica rilasciato da un medico appartenente alla Federazione medico-sportiva italiana ovvero a struttura sanitaria pubblica o privata accreditata con il SSN e che esercita in tali ambiti in qualità di medico specializzato in medicina dello sport.
I concorrenti di sesso femminile, inoltre, prima dell'effettuazione delle prove di efficienza fisica, dovranno presentare l'originale o copia conforme del referto del test di gravidanza con esito negativo, eseguito presso struttura sanitaria pubblica, anche militare, o privata accreditata con il SSN, con campione biologico prelevato in data non anteriore a cinque gior-

ni precedenti la visita. In particolare, in caso di gravidanza la Commissione disporrà l'esclusione del concorrente dal reclutamento per impossibilità di procedere alle prove previste dal bando.

Alle prove di efficienza fisica i concorrenti dovranno presentarsi muniti di tuta da ginnastica e scarpe ginniche.

Le modalità di esecuzione delle prove - oltre a essere spiegate in apposito filmato, visualizzabile nel sito internet dell'Esercito - saranno illustrate ai concorrenti, prima della loro effettuazione, da un membro della Commissione per le prove di efficienza fisica.

I candidati che, prima dell'inizio della prova, si infortuneranno o contrarranno patologie che non consentano lo svolgimento degli esercizi previsti, dovranno farlo immediatamente presente alla Commissione la quale, di concerto con il responsabile del locale Servizio sanitario, adotterà le conseguenti determinazioni per l'eventuale differimento della data di effettuazione della/e prova/e.

Ogni temporaneo impedimento alle prove, derivante da malattie o lesioni di recente insorgenza e di lieve entità, comporterà l'esclusione dal concorso qualora persista oltre il trentesimo giorno successivo alla data prevista per l'effettuazione delle prove. Allo scadere del citato termine, la Commissione che ha accertato lo stato di temporaneo impedimento dovrà confermare o meno la permanenza dello stesso: nel primo caso disporrà l'esclusione del candidato dal concorso, senza ulteriore possibilità di differimento delle prove di efficienza fisica; in caso contrario il candidato dovrà essere definitivamente sottoposto alla/e prova/e non effettuata/e.

Non saranno prese in considerazione istanze di differimento o di ripetizione della singola prova inoltrate da concorrenti che abbiano portato a compimento la prova stessa, anche se con esito negativo, o che, una volta iniziata, abbiano rinunciato a portarla a termine per qualsiasi motivo.

Il superamento degli esercizi potrà comportare l'attribuzione di un **punteggio incrementale**, secondo quanto riportato nella tabella dei punteggi.

Il mancato superamento anche di uno solo degli esercizi indicati determinerà il giudizio di inidoneità e, quindi, l'interruzione delle prove con l'esclusione dal concorso.

Simulazione del sollevamento di una bomba da mortaio da 120 mm

Il concorrente dovrà iniziare la prova in posizione accosciata, impugnando il corpo del simulacro della bomba da mortaio da 120 mm, del peso di 18,860 kg, che troverà appoggiato a terra con l'apposito anello di sicurezza rivolto verso il basso, in corrispondenza della corona rigata. Al via, il candidato dovrà assumere la posizione eretta portando la bomba al petto e quindi sollevarla fino a distendere completamente le braccia verso l'alto, tenendola in posizione obliqua per il caricamento. Raggiunta tale posizione, il candidato dovrà ritornare alla posizione di partenza, effettuando i movimenti a ritroso e quindi ripetere l'intero esercizio.

Per acquisire il punteggio incrementale alla prova, il concorrente, alla ricezione dell'apposito segnale, che coinciderà con lo start del cronometro, dovrà eseguire, senza soluzione di continuità, un numero di sollevamenti:

- da 1 fino a un massimo di 14 entro il tempo massimo di 60 secondi, se di sesso maschile;
- da 1 fino a un massimo di 14 entro il tempo massimo di 80 secondi, se di sesso femminile.

Saranno conteggiati a voce alta i sollevamenti correttamente eseguiti dal concorrente, mentre non saranno conteggiati quelli eseguiti in maniera scorretta

Per ogni sollevamento correttamente eseguito, ai fini dell'attribuzione del punteggio incrementale verrà applicato il previsto coefficiente di calcolo, differenziato tra uomini e donne, fino a un **massimo di 5 punti**, secondo quanto riportato nella tabella dei punteggi.

Simulazione dell'armamento di una mitragliatrice

Il concorrente dovrà iniziare la prova in posizione prona a tre appoggi:

- ginocchio sinistro (destro, se mancino) in appoggio su panca esattamente sotto la linea delle anche;
- piede destro (sinistro, se mancino) in appoggio a terra in
- linea con il ginocchio sinistro (destro, se mancino);
- mano sinistra (destra, se mancino) in appoggio su panca, in linea con la testa.

Dopo aver impugnato, con la mano libera, un manubrio sospeso da terra, con busto e spalle in atteggiamento neutro e paralleli al suolo, il candidato dovrà effettuare una serie di trazioni del braccio la cui mano impugna il manubrio, senza ruotare le anche e il busto. Una trazione sarà considerata completata nel momento in cui il manubrio verrà sollevato fino a toccare il costato, mantenendo le spalle parallele al suolo e tornando poi alla posizione di partenza.

Per acquisire il punteggio incrementale alla prova, il concorrente, alla ricezione dell'apposito segnale, che coinciderà con lo start del cronometro, dovrà eseguire, senza soluzione di continuità, un numero di trazioni:

- da 1 fino a un massimo di 24, con un manubrio del peso di 20 kg entro il tempo massimo di 60 secondi, se di sesso maschile;
- da 1 fino a un massimo di 24, con un manubrio del peso di 10 kg entro il tempo massimo di 80 secondi, se di sesso femminile.

Saranno conteggiati a voce alta gli esercizi correttamente eseguiti dal concorrente, mentre non saranno conteggiati quelli eseguiti in maniera scorretta.

Al numero di trazioni eccedenti il parametro minimo per il conseguimento dell'idoneità, verrà applicato il previsto coefficiente per il calcolo del punteggio incrementale, differenziato tra uomini e donne, fino a un **massimo di 5 punti**, secondo quanto riportato nella tabella dei punteggi.

Simulazione del trascinamento di un ferito

Il concorrente dovrà iniziare la prova in piedi dietro la linea di partenza con il carico di 70 kg già pronto al trasporto. Egli si porrà di fronte al lato corto del carico con quest'ultimo situato in corrispondenza dello spazio che intercorre tra le gambe quando sono poste con i talloni sotto le anche. Il candidato dovrà eseguire un'accosciata e afferrare con entrambe le mani la maniglia con cui solleverà la porzione del carico a lui vicina, mentre l'altra porzione resterà poggiata a terra. Al via, il candidato dovrà percorrere un itinerario rettilineo ben delineato sul terreno della lunghezza di 20 m, percorsi i quali dovrà effettuare un'inversione di 180° ritornando, sempre lungo il precedente itinerario, verso la linea del traguardo (che coincide con la linea di partenza), percorrendo un totale di 40 m.

Per acquisire il punteggio incrementale, il concorrente, alla ricezione dell'apposito segnale, che coinciderà con lo start del cronometro, dovrà percorrere l'intero itinerario di andata e ritorno fino al completo superamento della linea del traguardo con tutto il carico, entro il tempo massimo di:

- 80 secondi, se di sesso maschile;
- 120 secondi, se di sesso femminile.

Al numero di secondi risparmiati verrà applicato il previsto coefficiente di calcolo, differenziato tra uomini e donne, fino a un **massimo di 5 punti**, secondo quanto riportato nella tabella dei punteggi.

Corsa piana 2.000 metri

Il concorrente dovrà eseguire una corsa della lunghezza di 2.000 metri su pista di atletica o in terra battuta o su terreno vario sostanzialmente pianeggiante.

Sarà cronometrato il tempo impiegato.

Per essere giudicato idoneo alla prova il concorrente, alla ricezione dell'apposito segnale, che coinciderà con lo start del cronometro, dovrà percorrere la distanza di 2.000 metri entro il tempo massimo di:

– 10 minuti e 30 secondi, se di sesso maschile;
– 11 minuti e 30 secondi, se di sesso femminile.

Al numero di secondi risparmiati verrà applicato il previsto coefficiente di calcolo, differenziato tra uomini e donne, fino a un **massimo di 5 punti**, secondo quanto riportato nella tabella dei punteggi.

	ESERCIZI	PARAMETRI DI RIFERIMENTO PER IL CONSEGUIMENTO DELL'IDONEITÀ	PARAMETRI DI RIFERIMENTO PER L'ATTRIBUZIONE DI PUNTEGGI INCREMENTALI	PUNTEGGIO MASSIMO ACQUISIBILE
Uomini	Simulazione sollevamento bomba da mortaio da 120 mm	tempo massimo 60 secondi	0,36 punti per ogni sollevamento (fino a un massimo di 14 sollevamenti nel tempo massimo di 60 secondi)	5
Uomini	Simulazione armamento di una mitragliatrice	manubrio da 20 kg tempo massimo 60 secondi	0,21 punti per ogni trazione (fino a un massimo di 24 trazioni nel tempo massimo di 60 secondi)	5
Uomini	Simulazione trascinamento di un ferito	tempo massimo 80 secondi lungo un tragitto di 20 m e ritorno	0,125 punti per ogni secondo in meno rispetto al tempo massimo di 80 secondi per l'attribuzione del punteggio incrementale (fino a un massimo di 40 secondi in meno)	5
Uomini	Corsa piana 2000 metri	tempo massimo per lo svolgimento della prova 13 minuti tempo di riferimento per attribuzione del punteggio incrementale 10 minuti e 30 secondi	0,029 punti per ogni secondo in meno rispetto al tempo massimo di 10 minuti e 30 secondi per l'attribuzione del punteggio incrementale (fino a un massimo di 173 secondi in meno)	5
Donne	Simulazione sollevamento bomba da mortaio da 120 mm	tempo massimo 80 secondi	0,36 punti per ogni sollevamento (fino a un massimo di 14 sollevamenti nel tempo massimo di 80 secondi)	5
Donne	Simulazione armamento di una mitragliatrice	manubrio da 10 kg tempo massimo 80 secondi	0,21 punti per ogni trazione (fino a un massimo di 24 trazioni nel tempo massimo di 80 secondi)	5

(segue)

	ESERCIZI	PARAMETRI DI RIFERIMENTO PER IL CONSEGUIMENTO DELL'IDONEITÀ	PARAMETRI DI RIFERIMENTO PER L'ATTRIBUZIONE DI PUNTEGGI INCREMENTALI	PUNTEGGIO MASSIMO ACQUISIBILE
Donne	Simulazione trascinamento di un ferito	tempo massimo 120 secondi lungo un tragitto di 20 m e ritorno	0,125 punti per ogni secondo in meno rispetto al tempo massimo di 120 secondi per l'attribuzione del punteggio incrementale (fino a un massimo di 40 secondi in meno)	5
	Corsa piana 2000 metri	tempo massimo per lo svolgimento della prova 13 minuti tempo di riferimento per attribuzione del punteggio incrementale 11 minuti e 30 secondi	0,029 punti per ogni secondo in meno rispetto al tempo massimo di 11 minuti e 30 secondi per l'attribuzione del punteggio incrementale (fino a un massimo di 173 secondi in meno)	5

I concorrenti dovranno effettuare gli esercizi sopraindicati in successione, nella sequenza stabilita di volta in volta dalla commissione. Lo svolgimento degli esercizi determinerà l'eventuale attribuzione di punteggio incrementale, differenziato tra uomini e donne, secondo quanto stabilito nella tabella dei punteggi.
Almeno un membro della Commissione sovrintenderà allo svolgimento delle prove anzidette avvalendosi eventualmente di personale di supporto per il cronometraggio delle prove stesse e il conteggio a voce alta degli esercizi eseguiti correttamente dai concorrenti.
Per ciascun concorrente verrà redatto un apposito verbale.
Non saranno ammessi alla ripetizione delle prove coloro che, durante l'effettuazione delle stesse, le interromperanno per qualsiasi causa.

1.6.1.2 Accertamenti sanitari

Ultimate le prove di efficienza fisica, le Commissioni per gli accertamenti psico-fisici e attitudinali e per le prove di efficienza fisica, presa visione della documentazione sanitaria prodotta dai candidati, oltre a sottoporre gli stessi a una **visita medica generale**, comprensiva della rilevazione dei dati antropometrici, disporranno l'esecuzione dei seguenti accertamenti specialistici e strumentali:

a) visita cardiologica con elettrocardiogramma;
b) visita oculistica;
c) visita otorinolaringoiatrica con esame audiometrico;
d) ***valutazione della personalità*** previa somministrazione di appositi ***test***, ***colloquio psicologico*** e, se necessaria, eventuale visita psichiatrica;
e) accertamenti volti alla verifica dell'abuso abituale di alcool in base all'anamnesi, alla visita medica diretta e alla valutazione degli esami ematochimici (gamma GT, GOT, GPT e MCV) e conferma dell'eventuale sospetto mediante ricerca ematica della transferrina carboidrato carente (CDT), con rinvio del candidato a data utile per l'esecuzione in proprio di tale accertamento e consegna del relativo referto alla Commissione per gli accertamenti psicofisici e attitudinali;
f) ogni ulteriore indagine clinico-specialistica, di laboratorio e/o strumentale (compreso l'esame radiologico) ritenuta utile per consentire un'adeguata valutazione clinica e medi-

Istanza di riesame del provvedimento di non idoneità agli accertamenti psico-fisici per il reclutamento quale volontario in ferma prefissata di un anno (VFP 1) ...

compilare e inviare in formato PDF all'indirizzo di posta elettronica persomil@persomil.difesa.it
(utilizzando esclusivamente un account di posta elettronica)
oppure persomil@postacert.difesa.it (utilizzando esclusivamente un account di posta elettronica certificata),

^^^ ^^^ ^^^

Io sottoscritto/a

nato/a a

provincia il

residente a

provincia via/piazza

numero civico c.a.p.

indirizzo e-mail

sottoposto/a agli accertamenti psico-fisici previsti per il reclutamento quale VFP 1 nell'Aeronautica Militare per l'anno 2018

in data (data del verbale di non idoneità)

presso

dove è stato adottato il provvedimento di non idoneità agli accertamenti psico-fisici per la/e seguente/i motivazione/i:

CHIEDO

il riesame del provvedimento di non idoneità ritenendo di essere nelle condizioni previste dall'articolo 10, comma 9 del bando e di seguito riportate:

1 Presento istanza di riesame unicamente di un provvedimento di NON IDONEITA' agli accertamenti psico-fisici.

2 **Invio in formato PDF l'istanza di riesame entro 30 giorni** dalla sopra indicata data di notifica del provvedimento di non idoneità.

3 **Allego in formato PDF la certificazione sanitaria** rilasciata da una **struttura sanitaria** pubblica, anche militare, o privata accreditata con il Servizio Sanitario Nazionale che **attesta l'assenza** delle imperfezioni/patologie causa della non idoneità.

4 **Allego in formato PDF** copia di un documento di riconoscimento in corso di validità.

5 **Allego in formato PDF** il provvedimento di non idoneità agli accertamenti psico-fisici.

data

firma

N.B.: l'istanza di riesame verrà considerata negativamente se presentata in maniera difforme a quanto previsto dall'articolo 10, comma 9 del bando di reclutamento e, in particolare, qualora si verifichi una delle seguenti condizioni:

- non idoneità agli accertamenti attitudinali
- esclusione dal reclutamento per aver consegnato documentazione medica incompleta o irregolare
- non idoneità alle prove di efficienza fisica
- non idoneità per abuso di alcool, sostanze stupefacenti o per utilizzo di sostanze psicotrope a scopo non terapeutico
- certificazione sanitaria non rilasciata da struttura sanitaria pubblica, anche militare, o privata accreditata con il Servizio Sanitario Nazionale

co-legale dei concorrenti. Nel caso in cui si renda necessario sottoporre i concorrenti a indagini radiografiche, indispensabili per l'accertamento e la valutazione di eventuali patologie, in atto o pregresse, non altrimenti osservabili né valutabili con diverse metodiche o visite specialistiche, gli stessi dovranno sottoscrivere, dopo essere stati edotti dei benefici e dei rischi connessi all'effettuazione dell'esame, apposita dichiarazione di consenso informato;

g) ripetizione, ove necessario, di test/esami diagnostici che necessitano di un aggiornamento in sede di selezione;

In sede di visita medica generale, la Commissione competente giudicherà **inidonei** i candidati che presentino **tatuaggi** quando, per la loro sede, siano contrari al decoro dell'uniforme (e quindi visibili con l'uniforme di servizio estiva, le cui caratteristiche sono visualizzabili nel sito www.esercito.difesa.it/equipaggiamenti/militaria/uniformi) ovvero, se posti nelle zone coperte dall'uniforme, risultino, per contenuto, di discredito alle istituzioni.

Potranno risultare **idonei** agli accertamenti sanitari i candidati riconosciuti esenti:

a) dalle ***imperfezioni/infermità*** di cui al decreto del Presidente della Repubblica 15 marzo 2010, n. 90 e alle vigenti direttive tecniche emanate con Decreto del Ministro della Difesa 4 giugno 2014. In particolare, gli accertamenti sanitari saranno volti a verificare, fra l'altro, il possesso, da parte dei concorrenti, dei seguenti specifici requisiti:
   1) parametri fisici correlati alla composizione corporea, alla forza muscolare e alla massa metabolicamente attiva rientranti nei valori limite di cui all'art. 587 del D.P.R. 15 marzo 2010, n. 90, come sostituito dall'art. 4, comma 1, lett. c) del D.P.R. 17 dicembre 2015, n. 207, che verranno accertati con le modalità previste dalla Direttiva tecnica dello Stato Maggiore della Difesa –Ispettorato Generale della Sanità Militare – edizione 2016;
   2) acutezza visiva uguale o superiore a complessivi 16/10 e non inferiore a 7/10 nell'occhio che vede meno, raggiungibile con correzione non superiore a 4 diottrie per la sola miopia, anche in un solo occhio, e non superiore a 3 diottrie, anche in un solo occhio, per gli altri vizi di refrazione; campo visivo, senso cromatico e motilità oculare normali;
   3) perdita uditiva:
      - monolaterale: valori compresi tra 20 e 30 dB;
      - bilaterale: p.p.t. compresa entro il 25%;
      - monolaterale o bilaterale isolata minore o uguale a 30 dB per le frequenze tra 500 e 3.000 Hz e minore o uguale a 35 dB a 250 - 4.000 - 6.000 - 8.000 Hz;

b) da altre patologie ritenute incompatibili con l'espletamento del servizio quale Volontario in servizio permanente;

c) da patologie per le quali è prevista l'attribuzione dei coefficienti 3 o 4 nelle caratteristiche somato-funzionali del profilo sanitario, secondo le vigenti direttive sul profilo sanitario.

Saranno **giudicati idonei** i concorrenti ai quali sia stato attribuito il **coefficiente 1 o 2** in ciascuna delle caratteristiche somato-funzionali di seguito indicate:

- psiche (PS);
- costituzione (CO);
- apparato cardiocircolatorio (AC);
- apparato respiratorio (AR);
- apparati vari (AV);

- apparato osteoartromuscolare superiore (LS);
- apparato osteoartromuscolare inferiore (LI);
- vista (VS);
- udito (AU).

Per quanto riguarda l'eventuale deficit di glucosio 6-fosfato-deidrogenasi (G6PD), ai fini della definizione della caratteristica somato-funzionale AV-EI, al coefficiente attribuito sarà aggiunta la dicitura "deficit di G6PD non definito".

Le Commissioni, senza procedere agli altri accertamenti, adotteranno il giudizio di ***inidoneità*** nei confronti dei candidati riscontrati affetti dalle sopracitate imperfezioni/infermità/patologie durante la visita preliminare o a seguito di uno degli accertamenti, comunicando le motivazioni agli stessi e sottoponendo loro alla firma apposito *foglio di notifica* del provvedimento.

Per tutti i casi di temporaneo impedimento all'accertamento dell'idoneità al servizio militare, ivi compreso lo stato di gravidanza, o di temporanea inidoneità, le Commissioni disporranno l'esclusione dal reclutamento. In particolare, in caso di gravidanza l'esclusione sarà disposta per impossibilità di procedere all'accertamento dei requisiti previsti dal bando.

Nei confronti dei concorrenti che, in sede di visita, saranno riconosciuti affetti da malattie o lesioni acute di recente insorgenza e presumibile breve durata, per le quali risulta scientificamente probabile un'evoluzione migliorativa tale da lasciar prevedere la possibile guarigione entro i successivi trenta giorni, le Commissioni rinvieranno il giudizio, fissando il termine entro il quale sottoporli ad accertamento definitivo per la verifica del possesso dell'idoneità psico-fisica.

Avverso le esclusioni relative agli accertamenti psico-fisici, è data facoltà all'interessato di avanzare, entro 15 giorni dalla data di notifica del relativo provvedimento, motivata e documentata **istanza di riesame** – da allegare necessariamente (come file in formato PDF) a un messaggio di posta elettronica certificata da inviare, utilizzando esclusivamente un account di posta elettronica certificata, all'indirizzo persomil@postacert.difesa.it o a un messaggio di posta elettronica da inviare, utilizzando esclusivamente un account di posta elettronica, all'indirizzo persomil@persomil.difesa.it – corredata di copia per immagine (file in formato PDF) della certificazione sanitaria rilasciata da una struttura pubblica o privata accreditata con il SSN, attestante l'assenza delle imperfezioni/patologie riscontrate in occasione degli accertamenti dei requisiti in questione, nonché di copia per immagine (file in formato PDF) di un valido documento di identità rilasciato da un'Amministrazione dello Stato.

Non saranno ammesse istanze di riesame relative a provvedimenti di esclusione adottati per inidoneità attitudinale e per abuso di alcool e per l'uso, anche saltuario od occasionale, di sostanze stupefacenti nonché per l'utilizzo di sostanze psicotrope a scopo non terapeutico. Le istanze trasmesse con modalità diverse da quelle indicate o carenti della predetta certificazione sanitaria e/o del documento di identità dell'istante saranno considerate irricevibili.

La DGPM, in sede di riesame, valutate le motivazioni e preso atto della certificazione presentata, ove sussistano le condizioni, interessa il CSRNE, che provvederà a convocare il candidato al fine di sottoporlo all'accertamento dei requisiti psico-fisici da parte delle competenti commissioni concorsuali di appello.

Il giudizio riportato in quest'ultima sede è definitivo. Nel caso di confermata inidoneità il candidato sarà escluso dal reclutamento. In caso di idoneità egli verrà inviato dalla stessa Commissione medica presso il Centro di Selezione che lo aveva dichiarato inidoneo (ovvero, qua-

lora nel frattempo soppresso, presso il Centro di Selezione indicato dalla Forza Armata), per il completamento degli accertamenti dei requisiti psico-fisici e attitudinali. I candidati riconosciuti idonei e collocati utilmente nella graduatoria del blocco di provenienza saranno incorporati con il primo blocco utile, assumendone la decorrenza giuridica.
I candidati, già giudicati idonei da non più di un anno a una selezione psico-fisica e attitudinale prevista nel corso di una procedura di reclutamento della Forza Armata, alla data di convocazione per gli accertamenti sanitari devono, previa esibizione del modulo di notifica di idoneità comprensivo del profilo precedentemente assegnato, ovvero i candidati che sono in possesso della CSU, essere sottoposti ai seguenti accertamenti:

- verifica dell'abuso abituale di alcool in base all'anamnesi, alla visita medica diretta e alla valutazione degli esami ematochimici (gamma GT, GOT, GPT e MCV) e conferma dell'eventuale sospetto mediante ricerca ematica della CDT, con rinvio del candidato a data utile per l'esecuzione in proprio di tale accertamento e consegna del relativo referto alla Commissione per gli accertamenti psico-fisici e attitudinali;
- visita medica generale conclusiva.

1.6.1.3 Accertamenti attitudinali

I candidati saranno, inoltre, sottoposti alla verifica del possesso delle **capacità attitudinali**, come da direttive tecniche, necessarie per assicurare un corretto e continuo svolgimento dei compiti previsti per i VFP1.
A tal fine, durante questa fase, i concorrenti vengono sottoposti a colloqui con lo psicologo e/o psichiatra nonché a colloqui motivazionali e attitudinali con la Commissione competente per l'inquadramento psicodiagnostico.
Il giudizio derivante dalle suddette valutazioni è definitivo e sarà reso noto ai candidati seduta stante mediante apposito *foglio di notifica*.
Al termine degli accertamenti psico-fisici e attitudinali le Commissioni formuleranno un ***giudizio di idoneità*** con *attribuzione del profilo sanitario*, ovvero di ***inidoneità***, che comporterà l'esclusione dal reclutamento. Il giudizio, con determinazione dei presidenti delle Commissioni, sarà comunicato al candidato mediante apposito *foglio di notifica*.

1.6.2 Marina Militare

I candidati da sottoporre all'**accertamento dei requisiti psico-fisici e attitudinali** vengono convocati, secondo il settore di impiego, presso la Caserma Castrogiovanni, sita a Taranto in via Cagni 2 (CEMM navale e CP), ovvero presso il Centro di Selezione della Marina Militare, sito in Ancona, via delle Palombare 1 (Forze speciali e Componenti specialistiche). Coloro che non si presenteranno nei tempi stabiliti dalla comunicazione di convocazione, ovvero al prosieguo degli accertamenti anche nei giorni successivi al primo, saranno considerati rinunciatari, tranne che in caso di:

- eventi avversi di carattere eccezionale che impediscano oggettivamente a un rilevante numero di candidati di presentarsi nei tempi, nella sede e nel giorno previsto;
- concomitante svolgimento di prove nell'ambito di altri concorsi indetti dalle Forze Armate o dalle Forze di Polizia ai quali i medesimi candidati hanno chiesto di partecipare;
- eventi luttuosi per la perdita del coniuge, genitore, figlio/a, fratello/sorella, verificatisi in data non anteriore a sette giorni rispetto a quella di prevista presentazione;
- contestuale partecipazione alle prove dell'esame di Stato.

In tali ipotesi gli interessati dovranno inviare un'istanza di nuova convocazione entro le ore 13.00 del giorno feriale (sabato escluso) antecedente quello di prevista presentazione, mediante messaggio di posta elettronica certificata – utilizzando esclusivamente un account di posta elettronica certificata – all'indirizzo mariscuola.taranto@postacert.difesa.it ovvero mediante messaggio di posta elettronica – utilizzando esclusivamente un account di posta elettronica – all'indirizzo mscuola.ta.concorsovfp1@marina.difesa.it, compilando obbligatoriamente il campo relativo all'oggetto e indicando il concorso al quale partecipano. A tale messaggio dovrà essere allegata copia per immagine (file in formato PDF) di un valido documento di identità rilasciato da un'Amministrazione dello Stato, nonché la relativa documentazione probatoria.
La nuova convocazione, che potrà avvenire solo ove compatibile con il periodo di svolgimento degli accertamenti psico-fisici e attitudinali, verrà effettuata esclusivamente mediante messaggio di posta elettronica inviato all'indirizzo fornito in fase di accreditamento.
Non sono ammesse istanze di riconvocazione per motivi diversi da quelli precedentemente elencati.
Inoltre, le istanze trasmesse con modalità diverse da quella sopraindicata o carenti della documentazione probatoria e/o del documento di identità dell'istante saranno considerate irricevibili.
Non saranno considerati rinunciatari i candidati per le Forze speciali e i Comparti specialistici che, dopo essere risultati idonei quali VFP 1 nella prima fase della procedura di reclutamento, non si presentino alle fasi successive previste per tali settori d'impiego e verranno convocati con il primo incorporamento utile per il settore d'impiego "CEMM navale e CP", qualora utilmente collocati nella relativa graduatoria.
Tutti i convocati (di sesso sia maschile sia femminile) devono presentarsi agli accertamenti psico-fisici e attitudinali con la seguente documentazione:

a) documento di riconoscimento in corso di validità;
b) se concorrenti di sesso femminile, originale o copia conforme del referto del test di gravidanza — in quanto lo stato di gravidanza costituisce temporaneo impedimento all'accertamento dell'idoneità al servizio militare (ai sensi dell'art. 580, comma 2, del D.P.R. 15 marzo 2010, n. 90) — eseguito presso struttura sanitaria pubblica, anche militare, o privata accreditata con il SSN in data non anteriore a 5 giorni rispetto a quella di presentazione agli accertamenti psico-fisici;
c) la seguente documentazione, formante il Protocollo sanitario unico (PSU), che costituisce l'elenco omogeneo delle certificazioni di base richieste per l'effettuazione degli accertamenti psico-fisici nell'ambito dell'iter di reclutamento quale VFP 1 nell'Esercito, nella Marina militare e nell'Aeronautica militare:
   – originale o copia conforme dei seguenti certificati, esami ematochimici ed esami strumentali, corredati di referto, rilasciati da struttura sanitaria pubblica, anche militare, o privata accreditata con il Servizio sanitario nazionale (SSN) in data non anteriore a sei mesi rispetto a quella di presentazione agli accertamenti psico-fisici:
      - emocromo;
      - VES;
      - glicemia;
      - creatininemia;
      - trigliceridemia;
      - colesterolemia;

    - bilirubinemia diretta e indiretta;
    - gamma GT;
    - transaminasemia (GOT e GPT);
    - analisi delle urine con esame del sedimento;
    - markers virali: anti HAV (IgM ed IgG) , Hbs Ag, anti HBs, anti HBc e anti HCV;
    - ricerca anticorpi per HIV;
- referto test intradermico Mantoux o Quantiferon in data non anteriore a sei mesi rispetto a quella di presentazione agli accertamenti psico-fisici rilasciato da struttura sanitaria pubblica, anche militare, o privata accreditata con il SSN; in caso di positività è necessario presentare anche il referto dell'esame radiografico del torace in due proiezioni standard antero-posteriore e latero-laterale o il certificato di eventuale, pregressa, avvenuta vaccinazione con BCG;
- referto drug test urine, rilasciato da struttura sanitaria pubblica, anche militare, o privata accreditata con il SSN, relativo ad amfetamine, cocaina, oppiacei e cannabinoidi in data non anteriore a un mese rispetto a quella di presentazione agli accertamenti psico-fisici;
- certificato di stato di buona salute che attesti la presenza/assenza di pregresse manifestazioni emolitiche, di gravi manifestazioni immunoallergiche, di gravi intolleranze e idiosincrasie a farmaci o alimenti, la presenza/assenza di patologie rilevanti ai fini del reclutamento, rilasciato dal proprio medico curante in data non anteriore a sei mesi rispetto a quella di presentazione agli accertamenti psico-fisici e redatto conformemente al bando (v. *certificato di stato di buona salute*);
- se concorrenti di sesso femminile, originale o copia conforme del referto di ecografia pelvica eseguita presso struttura sanitaria pubblica, anche militare, o privata accreditata con il SSN in data non anteriore a sei mesi rispetto a quella di presentazione agli accertamenti psico-fisici.

Qualora il candidato sia in possesso della Certificazione sanitaria unica (CSU), in corso di validità (un anno), attestante l'idoneità sanitaria ottenuta in precedenti iter di reclutamento quale VFP 1 nell'Esercito, nella Marina militare e nell'Aeronautica militare, potrà presentarla in sostituzione della documentazione prevista dal Protocollo sanitario unico (PSU).

I candidati, già giudicati idonei agli accertamenti psico-fisici di una procedura di reclutamento per la Marina militare nei 365 giorni antecedenti la data di presentazione agli accertamenti psico-fisici, nell'ambito dei quali sono stati sottoposti ad accertamenti specialistici e strumentali, che non sono ancora in possesso della Certificazione sanitaria unica, dovranno produrre la seguente documentazione:

- verbale di notifica della precedente idoneità, comprensivo del profilo sanitario assegnato;
- i seguenti esami:
    - emocromo;
    - gamma GT;
    - transaminasemia (GOT e GPT);
- se concorrenti di sesso femminile, originale o copia conforme del referto del test di gravidanza — in quanto lo stato di gravidanza costituisce temporaneo impedimento all'accertamento dell'idoneità al servizio militare (ai sensi dell'art. 580, comma 2, del D.P.R. 15 marzo 2010, n. 90) — eseguito presso struttura sanitaria pubblica, anche militare, o privata accreditata con il SSN in data non anteriore a cinque giorni rispetto a quella di presentazione agli accertamenti psico-fisici.

CERTIFICATO DI STATO DI BUONA SALUTE

Intestazione studio medico di fiducia, di cui all'art. 25 della Legge 23 dicembre 1978 n. 833.

Cognome ______________________ nome ______________________,
nato a ______________________ (____), il ______________________,
residente a ______________________ (____), in via ____________, n.____,
codice fiscale ______________________,
documento d'identità:
tipo ______________________, n. ____________,
rilasciato in data ____________, da ____________.
Sulla base dei dati anamnestici riferiti e di quelli in mio possesso, degli accertamenti eseguiti e dei dati obiettivi rilevati nel corso della visita medica da me effettuata, per quanto riguarda lo stato di salute del mio assistito sopra citato,

ATTESTO QUANTO SEGUE
(barrare con una X la casella d'interesse)

PATOLOGIE				SPECIFICARE
Manifestazioni emolitiche	In atto	Pregressa	NO	
Gravi manifestazioni immunoallergiche	In atto	Pregressa	NO	
Gravi intolleranze o idiosincrasie a farmaci e/o alimenti	In atto	Pregressa	NO	
Psichiatriche	In atto	Pregressa	NO	
Neurologiche	In atto	Pregressa	NO	
Apparato cardiocircolatorio	In atto	Pregressa	NO	
Apparato respiratorio	In atto	Pregressa	NO	
Apparato digerente	In atto	Pregressa	NO	
Apparato urogenitale	In atto	Pregressa	NO	
Apparato osteoartromuscolare	In atto	Pregressa	NO	
ORL, oftalmologiche	In atto	Pregressa	NO	
Sangue e organi emopoietici	In atto	Pregressa	NO	
Organi endocrini (tiroide, surreni, pancreas, ipofisi)	In atto	Pregressa	NO	
Diabete mellito	SI	///	NO	
Epilessia	SI	///	NO	
Uso di sostanze psicotrope e/o stupefacenti	In atto	Pregressa	NO	
Abuso di alcool	In atto	Pregressa	NO	

Note:____.

Rilascio il presente certificato, in carta libera, a richiesta dell'interessato per uso "arruolamento" nelle Forze Armate. Il presente certificato ha validità semestrale dalla data del rilascio.

____________, ____________ Il medico
(luogo) (data)

____
(timbro e firma)

I candidati per i settori d'impiego delle Forze speciali e Componenti specialistiche, ad integrazione di quanto indicato in precedenza, dovranno presentare:

- originale o copia conforme dei seguenti esami ematochimici, corredati di referto, rilasciati da struttura sanitaria pubblica, anche militare, o privata accreditata con il SSN in data non anteriore a sei mesi rispetto a quella di presentazione agli accertamenti psico-fisici,
    - TSH;
    - FT3/FT4;
    - elettroforesi delle sieroproteine e dell'emoglobina;
    - PT, PTT e fibrinogeno;
- se già posseduto, l'esame radiografico del torace in due proiezioni, del rachide in toto sotto carico con reticolo, della colonna lombosacrale in proiezione laterale e dei seni paranasali con relativo referto in originale, effettuato presso struttura sanitaria pubblica, anche militare, o privata accreditata con il SSN e rilasciato in data non anteriore a tre mesi rispetto a quella di presentazione agli accertamenti psico-fisici, ovvero copia conforme del referto relativo all'esame effettuato, nei medesimi limiti temporali di cui sopra, in occasione di un precedente concorso presso una struttura sanitaria militare. Detto esame dovrà essere presentato nuovamente, qualora risultati idonei anche agli accertamenti attitudinali e alle prove di efficienza fisica, al successivo accertamento dell'idoneità psico-fisica specifica;
- referto rilasciato da struttura sanitaria pubblica, anche militare, o privata accreditata con il SSN, di analisi di laboratorio concernente il dosaggio quantitativo del glucosio 6-fosfato-deidrogenasi (G6PD), eseguito sulle emazie ed espresso in termini di percentuale di attività enzimatica;
- i candidati per i settori d'impiego delle Forze speciali e Componenti specialistiche dovranno esibire, per l'effettuazione delle prove di efficienza fisica, originale o copia conforme del certificato medico, con validità annuale, attestante l'idoneità all'attività sportiva agonistica per l'atletica leggera e per il nuoto ovvero per le discipline sportive riportate nella tabella B. del decreto del Ministero della sanità del 18 febbraio 1982 ovvero per le prove di efficienza fisica previste per l'arruolamento nella Marina militare, in data non anteriore a un anno rispetto a quella di presentazione alle prove, rilasciato da un medico appartenente alla Federazione medico-sportiva italiana ovvero a struttura sanitaria pubblica o privata accreditata con il SSN ovvero da un medico (o struttura sanitaria pubblica o privata) autorizzato secondo le normative nazionali e regionali e che esercita in tali ambiti in qualità di medico specializzato in medicina dello sport. La mancata o difforme presentazione di tale certificato comporterà l'esclusione dall' iter selettivo per il settore d'impiego richiesto e la prosecuzione dell'iter concorsuale per il settore d'impiego "CEMM navale e CP";
- inoltre, i concorrenti di sesso femminile, dovranno esibire nuovamente, in sede di prove di efficienza fisica, l'originale o la copia conforme del referto del test di gravidanza - in quanto lo stato di gravidanza costituisce temporaneo impedimento all'accertamento dell'idoneità al servizio militare (ai sensi dell'art. 580, comma 2, del D.P.R. 15 marzo 2010, n. 90), eseguito presso struttura sanitaria pubblica, anche militare, o privata accreditata con il SSN in data non anteriore a 5 giorni rispetto a quella di presentazione alle prove di efficienza fisica.

I candidati che ne sono in possesso, potranno produrre, in sostituzione della documentazione elencata, la Certificazione sanitaria unica (CSU) in corso di validità (un anno), attestante l'idoneità sanitaria ottenuta in precedenti iter di reclutamento quale VFP1 nell'Esercito, nella Marina militare e nell'Aeronautica militare.

La Commissione per gli accertamenti psico-fisici e attitudinali, presa visione della documentazione sanitaria elencata, ove rilevi cause di incompletezza nella documentazione sanitaria presentata, in alcuni casi può rinviare il candidato ad accertamento in data successiva, in altri saranno esclusi dal concorso; è importante, quindi, prestare attenzione a quanto richiesto dal bando per evitare di vanificare la procedura concorsuale.

1.6.2.1 Fasi selettive del reclutamento

Le fasi selettive del reclutamento dei VFP1 nell'ambito della Marina Militare sono diversificate a seconda che i candidati partecipino per il reclutamento nel settore di impiego CEMM navale e CP o per il reclutamento Forze speciali e Componenti specialistiche.
Chi concorre per il settore d'impiego **CEMM navale e CP** prenderà parte a una **fase unica** di selezione che si svolgerà presso la Caserma Castrogiovanni, sita a Taranto in via Cagni, 2, della durata indicativa di **3 giorni** feriali (escluso il sabato), comprendente accertamenti psico-fisici e accertamenti attitudinali.
I concorrenti per i settori d'impiego **Forze speciali e Componenti specialistiche** parteciperanno alle seguenti **3 fasi** della durata di 5 giorni feriali (escluso il sabato):
- 1ª fase, della durata indicativa di 2 giorni, presso il Centro di selezione della Marina militare, sito ad Ancona, in via delle Palombare n. 1, comprendente accertamenti psicofisici e accertamenti attitudinali;
- 2ª fase, della durata indicativa di 2 giorni, presso il Centro di selezione della Marina militare, sito ad Ancona, in via delle Palombare n. 1, comprendente accertamenti attitudinali specifici e prove di efficienza fisica;
- 3ª fase, della durata indicativa di 1 giorno, comprendente accertamenti psico-fisici specifici, presso uno dei seguenti enti: infermeria presidiaria della Marina Militare di Taranto, COMSUBIN, Istituto di Medicina Aerospaziale dell'Aeronautica Militare di Roma.

1.6.2.2 Accertamenti sanitari (fase unica e/o prima fase della selezione)

La Commissione per gli accertamenti psico-fisici e attitudinali, presa visione della documentazione sanitaria presentata, oltre a sottoporre il candidato a una **visita medica generale preliminare**, disporrà l'esecuzione dei seguenti accertamenti specialistici e strumentali:
a) visita cardiologica con elettrocardiogramma;
b) visita oculistica;
c) visita otorinolaringoiatrica con esame audiometrico;
d) inquadramento psicodiagnostico previa somministrazione di appositi test, colloquio psicologico e/o visita psichiatrica;
e) accertamenti volti alla verifica dell'abuso di alcool e dell'uso, anche saltuario od occasionale, di sostanze stupefacenti nonché dell'utilizzo di sostanze psicotrope a scopo non terapeutico;
f) visita odontoiatrica;
g) valutazione dell'apparato locomotore;
h) ogni ulteriore indagine (compreso l'esame radiologico) ritenuta utile per consentire adeguata valutazione clinica e medico legale del concorrente, da effettuare anche presso altre strutture sanitarie.

In sede di visita medica generale la Commissione competente giudicherà ***inidoneo*** il candidato che presenti **tatuaggi** quando, per la loro sede, siano deturpanti o contrari al decoro dell'uniforme o siano possibile indice di personalità abnorme (in tal caso da accertare con visita psichiatrica e con appropriati test psicodiagnostici).

I concorrenti, per essere **giudicati idonei** agli accertamenti psico-fisici, dovranno essere riconosciuti esenti:

a) dalle imperfezioni/infermità di cui al D.P.R. 15 marzo 2010, n. 90 e alle vigenti direttive tecniche emanate con il decreto del Ministro della difesa 4 giugno 2014. In particolare, gli accertamenti psico-fisici saranno volti a verificare, fra l'altro, il possesso dei parametri fisici correlati alla composizione corporea, alla forza muscolare e alla massa metabolicamente attiva rientranti nei valori limite di cui all'art. 587 del D.P.R. 15 marzo 2010, n. 90, come sostituito dall'art. 4, comma 1, lett. c) del D.P.R. 17 dicembre 2015, n. 207, che verranno accertati con le modalità previste dalla direttiva tecnica dello Stato maggiore della difesa – Ispettorato generale della sanità militare – edizione 2016;
b) da altre patologie ritenute incompatibili con l'espletamento del servizio quale volontario in servizio permanente;
c) da patologie per le quali è prevista l'attribuzione dei coefficienti 3 o 4 nelle caratteristiche somato-funzionali del profilo sanitario, secondo le vigenti direttive sul profilo sanitario.

Al termine degli accertamenti psico-fisici la Commissione formulerà un giudizio di idoneità quale VFP 1 nella Marina Militare con attribuzione del profilo sanitario, ovvero di inidoneità, che comporterà l'esclusione dal reclutamento. La carenza accertata, totale o parziale, dell'enzima G6PD, indipendentemente dal coefficiente assegnato alla caratteristica somato-funzionale AV-EI, non può essere motivo di inidoneità, con conseguente esclusione dal concorso nei confronti dei candidati per il settore d'impiego "CEMM navale e CP"; al coefficiente attribuito sarà aggiunta la dicitura "deficit di G6PD non definito".

I candidati, già giudicati idonei agli accertamenti psico-fisici di una procedura di reclutamento per la Marina militare nei 365 giorni antecedenti la data di presentazione agli accertamenti psico-fisici, nell'ambito dei quali sono stati sottoposti ad accertamenti specialistici e strumentali, ovvero i candidati che sono in possesso della CSU, previa esibizione della stessa, saranno sottoposti ai seguenti accertamenti volti a valutare eventuali elementi che siano motivo di inidoneità:

– accertamenti volti alla verifica dell'abuso di alcool e dell'uso, anche saltuario od occasionale, di sostanze stupefacenti nonché dell'utilizzo di sostanze psicotrope a scopo non terapeutico;
– visita medica generale, nell'ambito della quale saranno giudicati inidonei i candidati che presentino **tatuaggi** aventi le caratteristiche già citate e verrà definito il profilo sanitario secondo i criteri stabiliti dalla normativa vigente, sulla base delle risultanze del verbale sanitario esibito dagli interessati e delle eventuali integrazioni ritenute necessarie in sede di accertamenti.

La commissione ha, tuttavia, facoltà di disporre ulteriori esami clinici, di laboratorio o strumentali utili alla definizione del giudizio di idoneità, qualora ritenuti necessari per una migliore valutazione psicofisica del concorrente.

Inoltre, i candidati per i settori d'impiego "CEMM anfibi", "CEMM palombari", "CEMM sommergibilisti" e "Componente aeromobili", risultati idonei quali VFP 1 agli accertamenti psico-fisici, qualora risultati idonei anche agli accertamenti attitudinali e alle prove di efficienza fisica, dovranno essere sottoposti al successivo accertamento dell'idoneità psico-fisica specifica.

Detta commissione, delegata dalla DGPM alle sopracitate incombenze, comunicherà a ciascun candidato esaminato — con determinazione del presidente — l'esito degli accertamenti psico-fisici mediante apposito foglio di notifica contenente uno dei seguenti giudizi:

a) se concorrenti per i settori d'impiego "CEMM navale e CP":

– *"idoneo quale VFP 1 nella Marina militare"*;
– *"inidoneo quale VFP 1 nella Marina militare"*;

b) se concorrenti per i settori d'impiego delle Forze speciali e Componenti specialistiche della Marina militare:
   – *"idoneo a proseguire l' iter selettivo per il settore d'impiego xxx"*;
   – *"idoneo quale VFP 1 nella Marina militare"* e "inidoneo a proseguire l'iter selettivo per il settore d'impiego xxx";
   – *"inidoneo quale VFP 1 nella Marina militare"*.

I candidati risultati idonei quali VFP 1 nella Marina militare ma inidonei nel richiesto settore d'impiego delle Forze speciali e Componenti specialistiche proseguiranno l'iter concorsuale nel settore d'impiego "CEMM navale e CP".

Per le esclusioni relative agli accertamenti psico-fisici è data facoltà all'interessato di avanzare, entro 15 giorni dalla data di notifica del relativo provvedimento, motivata e documentata istanza di riesame – da allegare necessariamente (come file in formato PDF) a un messaggio di posta elettronica certificata da inviare, utilizzando esclusivamente un account di posta elettronica certificata, all'indirizzo persomil@postacert.difesa.it o a un messaggio di posta elettronica da inviare, utilizzando esclusivamente un account di posta elettronica, all'indirizzo persomil@persomil.difesa.it – corredata di copia per immagine (file in formato PDF) della certificazione sanitaria rilasciata da una struttura sanitaria pubblica o privata accreditata con il SSN, attestante l'assenza delle imperfezioni/patologie riscontrate in occasione degli accertamenti dei requisiti in questione, nonché di copia per immagine (file in formato PDF) di un valido documento di identità rilasciato da un'Amministrazione dello Stato e del modulo di notifica del provvedimento di inidoneità.
Non vengono ammesse istanze di riesame relative a provvedimenti di esclusione adottati per inidoneità attitudinale e per abuso di alcool e per l'uso, anche saltuario od occasionale, di sostanze stupefacenti nonché per l'utilizzo di sostanze psicotrope a scopo non terapeutico. Le istanze trasmesse con modalità diverse da quelle indicate o carenti della predetta certificazione sanitaria e/o del documento di identità dell'istante saranno considerate irricevibili.
La DGPM, in sede di riesame, valutate le motivazioni e preso atto della certificazione presentata, ove sussistano le condizioni, interessa la Commissione medica centrale presso l'Ispettorato di Sanità della Marina Militare, che provvederà a convocare il candidato al fine di sottoporlo all'accertamento dei requisiti psico-fisici.
Il giudizio riportato in quest'ultima sede è definitivo. Nel caso di confermata inidoneità il candidato sarà escluso dal reclutamento. In caso di idoneità egli verrà inviato dalla stessa Commissione medica centrale presso la Caserma Castrogiovanni, sita in Taranto in via Cagni 2, per il completamento degli accertamenti dei requisiti psico-fisici e attitudinali. I candidati riconosciuti idonei e collocati utilmente nella graduatoria del blocco di provenienza saranno incorporati con il primo blocco utile assumendone la decorrenza giuridica.

1.6.2.3 Accertamenti attitudinali (fase unica e/o prima fase della procedura di reclutamento)

I candidati risultati idonei agli accertamenti sanitari nella stessa sede (Caserma Castrogiovanni di Taranto o Centro di Selezione della Marina Militare di Ancona) saranno sottoposti alla verifica del possesso delle **capacità attitudinali**, come da direttive tecniche, necessarie per assicurare un corretto e continuo svolgimento dei compiti previsti per i VFP 1.
La verifica attitudinale concerne lo svolgimento di una ***serie di prove*** (che a seconda del settore d'impiego richiesto possono consistere in test, questionari, prove di performance, intervista attitu-

dinale individuale), volte a valutare oggettivamente il possesso dei requisiti necessari al fine di un positivo inserimento nella Forza Armata ed in particolare nello specifico settore d'impiego.
La Commissione competente assegnerà un punteggio finale sulla base della valutazione dei test ed esprimerà, nei riguardi di ciascun candidato esaminato, un giudizio di idoneità o inidoneità; quest'ultimo verrà espresso qualora il candidato riporti un punteggio finale inferiore a quello stabilito nelle direttive tecniche.
La stessa Commissione comunicherà al singolo concorrente esaminato l'esito degli accertamenti attitudinali mediante il verbale contenente uno dei seguenti giudizi:
- ***"idoneo quale VFP 1 nella Marina Militare"***;
- ***"inidoneo quale VFP 1 nella Marina Militare"***.

Ai concorrenti risultati inidonei l'esito sarà notificato seduta stante mediante consegna di copia del verbale, mentre ai concorrenti risultati idonei l'esito potrà essere notificato con tale modalità o, in alternativa, con altre forme di notifica previste dal bando ovvero con l'invio di un messaggio di posta elettronica all'indirizzo indicato nella domanda di partecipazione.
Il giudizio riportato negli accertamenti attitudinali è definitivo e, in caso di inidoneità, comporta l'esclusione dal concorso.
I candidati esclusi potranno avanzare ricorso giurisdizionale al T.A.R. del Lazio o, in alternativa, ricorso straordinario al Presidente della Repubblica (per il quale è dovuto – ai sensi della normativa vigente– il contributo unificato di euro 650,00), rispettivamente entro 60 e 120 giorni dalla data di notifica del provvedimento di esclusione.
Non saranno ammesse istanze di riesame relative a provvedimenti di esclusione adottati per inidoneità attitudinale.

1.6.2.4 Accertamenti attitudinali specifici (seconda fase della procedura di selezione)

I candidati per i **settori d'impiego Forze speciali e Componenti specialistiche** risultati idonei agli accertamenti psico-fisici e attitudinali suddetti, sono convocati presso il Centro di Selezione della Marina Militare di Ancona per essere sottoposti agli **accertamenti attitudinali specifici**, concernenti lo svolgimento di una serie di prove (che a seconda del settore d'impiego richiesto possono consistere in test, questionari, prove di performance, intervista attitudinale individuale), volte a valutare oggettivamente il possesso dei requisiti necessari al fine di un positivo inserimento nello specifico settore d'impiego. Tale valutazione sarà svolta in base alle modalità specificate nelle direttive della Forza Armata vigenti all'atto dell'effettuazione degli accertamenti attitudinali.
La Commissione assegnerà un punteggio finale sulla base dei punteggi ottenuti nella valutazione delle suddette prove.
Al termine degli accertamenti attitudinali la commissione esprimerà, nei riguardi di ciascun candidato esaminato, un giudizio di idoneità o inidoneità.
Il giudizio di inidoneità verrà espresso qualora il candidato riporti un punteggio finale inferiore a quello stabilito nelle succitate direttive.
La Commissione comunicherà a ciascun candidato esaminato l'esito degli accertamenti attitudinali specifici mediante il verbale contenente uno dei seguenti giudizi:
- "***idoneo a proseguire l'iter selettivo per il settore d'impiego xxx***";
- "***inidoneo a proseguire l'iter selettivo per il settore d'impiego xxx***".

Ai concorrenti risultati inidonei l'esito sarà notificato seduta stante mediante consegna di copia del verbale, mentre ai concorrenti risultati idonei l'esito potrà essere notificato con tale

modalità o, in alternativa, con altre forme di notifica previste dal bando ovvero con l'invio di un messaggio di posta elettronica all'indirizzo indicato nella domanda di partecipazione.
Il giudizio riportato negli accertamenti attitudinali specifici è definitivo e l'inidoneità comporta l'esclusione dal prosieguo dell'iter concorsuale per il settore d'impiego richiesto e la prosecuzione dell'iter concorsuale per il settore d'impiego "CEMM navale e CP". I candidati idonei alla prosecuzione dell'iter concorsuale per il settore d'impiego richiesto saranno invece sottoposti alle prove di efficienza fisica.
I candidati esclusi potranno avanzare ricorso giurisdizionale al T.A.R. del Lazio o, in alternativa, ricorso straordinario al Presidente della Repubblica (per il quale è dovuto – ai sensi della normativa vigente– il contributo unificato di euro 650,00), rispettivamente entro 60 e 120 giorni dalla data di notifica del provvedimento di esclusione.
Non saranno ammesse istanze di riesame relative a provvedimenti di esclusione adottati per inidoneità attitudinale.

Prove di efficienza fisica
Successivamente agli accertamenti attitudinali i candidati per i settori d'impiego **"CEMM anfibi", "CEMM palombari", "CEMM sommergibilisti" e "Componente aeromobili"** saranno sottoposti alle prove di efficienza fisica, che si svolgeranno presso il Centro di Selezione della Marina Militare di Ancona. Siffatte prove, tenuto conto delle peculiari esigenze tecnico-operative da soddisfare, prevedono parametri indifferenziati tra i due sessi.
Per particolari esigenze di Forza armata, ovvero per motivi di economicità o celerità, le prove di efficienza fisica potranno precedere gli accertamenti attitudinali. In tal caso, la convocazione alle prove di efficienza fisica conterrà apposite indicazioni ai candidati interessati.
La Commissione competente si potrà avvalere, per l'esecuzione delle singole prove, del supporto di Ufficiali e/o Sottufficiali della Marina Militare esperti nel proprio settore d'impiego.
Alle prove di efficienza fisica i candidati dovranno presentarsi muniti di tuta da ginnastica, scarpe ginniche, costume da bagno, accappatoio, ciabatte, cuffia da piscina (in gomma o altro materiale idoneo) e occhialini da piscina (facoltativi).
I candidati dovranno esibire, in originale o copia conforme, il certificato medico, con validità annuale, attestante l'idoneità all'attività sportiva agonistica per l'atletica leggera e per il nuoto, in data non anteriore a un anno rispetto a quella di presentazione alle prove, rilasciato da un medico appartenente alla Federazione medico-sportiva italiana ovvero a struttura sanitaria pubblica o privata accreditata con il SSN e che esercita in tali ambiti in qualità di medico specializzato in medicina dello sport. La mancata presentazione di tale certificato comporterà l'esclusione dall'iter selettivo per il settore d'impiego richiesto e la prosecuzione dell'iter concorsuale nel settore d'impiego "CEMM navale e CP".
Per essere giudicato idoneo alle prove di efficienza fisica per i settori d'impiego "**CEMM anfibi**", "**CEMM incursori**" e "**CEMM palombari**", il candidato dovrà conseguire una valutazione complessiva finale pari o superiore a **18/30**, calcolato secondo i criteri stabiliti nel bando. Per essere giudicato idoneo alle prove di efficienza fisica per i settori d'impiego "**CEMM sommergibilisti**" e "**Componente aeromobili**" il candidato dovrà risultare idoneo in ciascuna delle prove previste nel bando.
Ai candidati idonei sarà attribuito un punteggio complessivo che concorrerà alla formazione delle relative graduatorie di merito. I giudizi emessi dalla Commissioni competenti, che saranno comunicati per iscritto ai candidati, sono definitivi. I non inidonei saranno esclusi dall'iter selettivo per il richiesto settore d'impiego delle Forze speciali e Com-

ponenti specialistiche, ma proseguiranno l'iter concorsuale nel settore d'impiego "CEMM navale e CP".

Le prove di efficienza fisica per il settore d'impiego "CEMM anfibi" e per i settori d'impiego "CEMM incursori" e "CEMM palombari", nonché per i settori d'impiego "CEMM sommergibilisti" e "Componente aeromobili", sono differenziate ed indicate di seguito.

Prove di efficienza fisica per il settore d'impiego Anfibi

1. *Descrizione delle prove*

Per i candidati per il settore d'impiego anfibi le prove di efficienza fisica (le cui modalità di esecuzione vengono definite di seguito) sono suddivise in due gruppi – test ginnico e test di nuoto:

a) **gruppo 1 – Test ginnico**:
   - trazioni alla sbarra;
   - addominali;
   - corsa piana di m 5.000.

Alle suddette prove sono associati punteggi incrementali premianti la performance dei candidati secondo la seguente tabella:

TRAZIONI ALLA SBARRA		ADDOMINALI		CORSA PIANA DI METRI 5000	
N.	**PUNTI**	**N.**	**PUNTI**	**TEMPO**	**PUNTI**
0	0/30	N. ≤ 9	0/30	t ≥ 36'01"	0/30
1	5/30	10 ≤ N. ≤ 14	2/30	35'01" ≤ t ≤ 36'00"	2/30
2	10/30	15 ≤ N. ≤ 19	6/30	34'01" ≤ t ≤ 35'00"	4/30
3 ≤ N. ≤ 4	18/30	20 ≤ N. ≤ 24	8/30	33'01" ≤ t ≤ 34'00"	6/30
5 ≤ N. ≤ 7	20/30	25 ≤ N. ≤ 29	10/30	32'01" ≤ t ≤ 33'00"	8/30
8 ≤ N. ≤ 9	22/30	30 ≤ N. ≤ 34	14/30	31'01" ≤ t ≤ 32'00"	10/30
10 ≤ N. ≤ 11	24/30	35 ≤ N. ≤ 39	18/30	30'01" ≤ t ≤ 31'00"	12/30
12 ≤ N. ≤ 14	26/30	40 ≤ N. ≤ 44	19/30	29'01" ≤ t ≤ 30'00"	14/30
15	27/30	45 ≤ N. ≤ 49	20/30	28'01" ≤ t ≤ 29'00"	16/30
16 ≤ N. ≤ 17	28/30	50 ≤ N. ≤ 54	21/30	27'01" ≤ t ≤ 28'00"	18/30
18 ≤ N. ≤ 19	29/30	55 ≤ N. ≤ 59	22/30	26'01" ≤ t ≤ 27'00"	20/30
N. ≥ 20	30/30	60 ≤ N. ≤ 64	23/30	25'01" ≤ t ≤ 26'00"	22/30
		65 ≤ N. ≤ 69	24/30	24'01" ≤ t ≤ 25'00"	24/30
		70 ≤ N. ≤ 74	26/30	23'01" ≤ t ≤ 24'00"	26/30
		75 ≤ N. ≤ 79	28/30	22'01" ≤ t ≤ 23'00"	27/30
		N. ≥ 80	30/30	21'01" ≤ t ≤ 22'00"	28/30
				20'01" ≤ t ≤ 21'00"	29/30
				t ≤ 20'00"	30/30

b) **gruppo 2 – Test di nuoto**:
- prova di nuoto m. 25: nuoto con stile a libera scelta, tra quelli riconosciuti dalla F.I.N. (Federazione Italiana Nuoto) che prevedono la partenza con tuffo da blocco di partenza, mantenendo sempre lo stesso stile;
- prova di galleggiamento: galleggiamento stazionario in posizione verticale;
- prova di apnea: nuoto in apnea.

PROVA DI NUOTO M. 25		PROVA DI GALLEGGIAMENTO		PROVA DI APNEA	
TEMPO	PUNTI	TEMPO	PUNTI	METRI	PUNTI
t > 38"	0/30	t < 2"	0/30	0 ≤ m < 1m	0/30
37" < t ≤ 38"	6/30	2" ≤ t < 5"	2/30	1	2/30
34" < t ≤ 37"	9/30	5" ≤ t < 8"	4/30	1 < m ≤ 2	6/30
32" < t ≤ 34"	12/30	8" ≤ t < 9"	6/30	2 < m ≤ 4	10/30
30" < t ≤ 32"	15/30	9" ≤ t < 16"	10/30	4 < m ≤ 5	18/30
28" < t ≤ 30"	18/30	16" ≤ t < 20"	14/30	5 < m ≤ 8	22/30
26" < t ≤ 28"	20/30	20" ≤ t < 22"	18/30	8 < m ≤ 12	24/30
24" < t ≤ 26"	21/30	22" ≤ t < 24"	20/30	12 < m ≤ 20	26/30
22" < t ≤ 24"	22/30	24" ≤ t < 26"	22/30	m > 20	30/30
20" < t ≤ 22"	23/30	26" ≤ t < 30"	24/30		
18" < t ≤ 20"	24/30	30" ≤ t < 35"	26/30		
16" < t ≤ 18"	25/30	35" ≤ t < 40"	28/30		
14" < t ≤ 16"	26/30	t ≥ 40"	30/30		
12" < t ≤ 14"	27/30				
t ≤ 12"	30/30				

2. *Modalità di svolgimento delle prove*

a) **Trazioni alla sbarra**: il candidato dovrà eseguire le trazioni alla sbarra nel rispetto delle modalità di seguito riportate. Partendo dalla posizione verticale con il corpo completamente sospeso a una sbarra orizzontale, con le mani in presa frontale (palmo delle mani in avanti) e ampiezza pari alla larghezza delle spalle, braccia completamente tese, egli dovrà sollevarsi fino a superare, con il mento, il livello superiore della sbarra, per poi tornare nella posizione iniziale. Il candidato potrà scegliere il ritmo a lui più consono e dovrà completare la serie senza mai toccare il suolo o eventuale altro appiglio (pali o muri laterali) con le scarpe. Non è consentito cambiare la presa delle mani sulla sbarra durante l'esecuzione dell'esercizio. Un membro della commissione, osservatore dell'esercizio, provvederà al conteggio a voce alta degli esercizi correttamente eseguiti dal candidato, non conteggiando quelli eseguiti in maniera scorretta. A ciascun candidato la commissione assegnerà un punteggio secondo i criteri stabiliti nella tabella precedente.

b) **Flessioni addominali**: il candidato dovrà eseguire le flessioni del tronco con le seguenti modalità:
- partenza dalla posizione supina, mani dietro la nuca, gambe piegate a 90° e piedi bloccati da altro candidato o alla spalliera;

– sollevamento del tronco fino a portarlo oltre la verticale (gomiti che toccano le ginocchia);
– da tale posizione, riabbassare prontamente il tronco in posizione supina, fino a sfiorare con le spalle il pavimento e rialzarlo nuovamente, senza riposare. Un membro della commissione, osservatore dell'esercizio, conteggerà a voce alta i soli esercizi eseguiti correttamente dal candidato, non conteggiando invece quelli eseguiti in maniera scorretta.

A ciascun candidato la commissione assegnerà un punteggio secondo i criteri stabiliti nella tabella precedente.

c) **Corsa piana metri 5.000**: il candidato dovrà eseguire la corsa piana di metri 5.000. Un membro o collaboratore della commissione, osservatore dell'esercizio, cronometrerà il tempo impiegato dai candidati. A ciascun candidato la commissione assegnerà un punteggio secondo i criteri stabiliti nella tabella precedente.

d) **Prova di nuoto metri 25**: il candidato, che avrà cura di mangiare in tempi e quantità tali da non ingenerare il rischio di congestione, dovrà essere dotato di ciabatte, costume da bagno consono, cuffia e occhialini da piscina (questi ultimi facoltativi). Alla ricezione dell'apposito segnale (che coinciderà con lo start del cronometro), dovrà iniziare la prova dal blocco di partenza e, con stile a propria scelta, nuotare senza fermarsi e senza ricorrere ad alcun appoggio sui galleggianti divisori di corsia eventualmente presenti (pena il giudizio di inidoneità alla prova), percorrendo la distanza di 25 metri.
Un membro o collaboratore della commissione, osservatore dell'esercizio, cronometrerà il tempo impiegato dai candidati. A ciascun candidato la commissione assegnerà un punteggio secondo i criteri stabiliti nella tabella precedente.

e) **Prova di galleggiamento**: il candidato dovrà eseguire la prova secondo le modalità di seguito riportate. Egli dovrà stazionare in posizione verticale con la testa (bocca) e le braccia (gomiti) fuori dall'acqua; queste ultime non dovranno essere abbassate o toccare i galleggianti. Per la buona riuscita dell'esercizio è consigliato il movimento delle gambe propriamente detto a "rana alternata" (o dell'andare in bicicletta); gli arti inferiori si alzano e si abbassano con moto alternato asimmetrico, premendo l'acqua con il piede piatto nella fase discendente, consentendo di mantenere la posizione verticale in acqua, con la testa fuori senza l'ausilio degli arti superiori. La "pedalata" è accompagnata da un movimento rotatorio che le gambe (dal ginocchio in giù) eseguono, con gioco sull'articolazione del ginocchio, dall'interno all'esterno.
Un membro o collaboratore della commissione, osservatore dell'esercizio, cronometrerà il tempo impiegato dai candidati e comunicherà ogni 10 secondi il tempo trascorso. A ciascun candidato la commissione assegnerà un punteggio secondo i criteri stabiliti nella tabella precedente.

f) **Prova di apnea**: il candidato dovrà nuotare in apnea con il corpo totalmente immerso, partendo da fermo senza l'ausilio della spinta da bordo piscina e senza mai uscire dall'acqua. Un membro della commissione, osservatore dell'esercizio, provvederà alla misurazione del percorso effettuato. A ciascun candidato la commissione assegnerà un punteggio secondo i criteri stabiliti nella tabella precedente.

3. ***Modalità di valutazione dell'idoneità alle prove***

Per essere giudicato idoneo alle prove di efficienza fisica, il candidato dovrà ottenere un punteggio superiore o uguale a **18/30**, calcolato secondo i seguenti criteri:

– aver conseguito una valutazione pari o superiore a 18/30 in ogni gruppo di prove (gruppo 1 – Test ginnico e gruppo 2 - Test di nuoto). Il voto, per ogni gruppo, sarà dato dalla media aritmetica dei voti di ogni singola prova (trazioni alla sbarra, flessioni addominali ecc.).

Il mancato superamento di una singola prova non comporterà l'inidoneità alle prove di efficienza fisica, ma l'assegnazione del punteggio di 0/30. Tale voto farà media con i risultati delle altre prove del gruppo;

– il punteggio finale delle prove di efficienza fisica, verrà calcolato facendo la media dei punteggi ottenuti in ogni gruppo di prove.

Qualora il candidato non consegua il punteggio finale di 18/30 sarà giudicato non idoneo alle prove di efficienza fisica. Tale giudizio, definitivo e inappellabile, comporterà l'esclusione dall'iter selettivo per il settore d'impiego anfibi.

PROVE "INCURSORI" E "PALOMBARI"

Prove di efficienza fisica per il settore d'impiego Incursori e Palombari

1. *Descrizione delle prove per il settore d'impiego Incursori*

Per i candidati per i settori d'impiego incursori e palombari le prove di efficienza fisica (le cui modalità di esecuzione vengono definite di seguito) sono suddivise in tre gruppi – apnea, nuoto e atletica – e sono le seguenti:

a) **gruppo 1 – Apnea**:
   – prova di apnea statica cui sono associati punteggi incrementali premianti la performance dei candidati secondo la seguente tabella:

TEMPO	VOTO	TEMPO	VOTO	TEMPO	VOTO
0” ≤ t ≤ 20”	0/30	45” ≤ t < 50”	12/30	80” ≤ t < 85”	23/30
20” ≤ t < 25”	6/30	50” ≤ t < 55”	14/30	85” ≤ t < 90”	24/30
25” ≤ t < 30”	8/30	55” ≤ t < 60”	16/30	90” ≤ t < 100”	26/30
30” ≤ t < 35”	9/30	60” ≤ t < 65”	18/30	100” ≤ t < 110”	28/30
35” ≤ t < 40”	10/30	65” ≤ t < 70”	20/30	110” ≤ t < 120”	29/30
40” ≤ t < 45”	11/30	70” ≤ t < 80”	22/30	t ≥ 120”	30/30
Inoltre, assegnazione di punti 0/30, per: rifiuto ad immergere completamente la testa sott'acqua.					

b) **gruppo 2 – Nuoto**:
   – nuoto stile libero m 50: tuffo da blocco di partenza e prosecuzione senza interruzione per 50 metri nuotando a stile libero; alla performance del candidato sono associati punteggi incrementali in funzione del tempo di esecuzione secondo la seguente tabella:

TEMPO	PUNTI	TEMPO	PUNTI	TEMPO	PUNTI
t ≥ 90”	0/30	65” ≤ t < 70”	14/30	40” ≤ t < 45”	24/30
85” ≤ t < 90”	6/30	60” ≤ t < 65”	16/30	35” ≤ t < 40”	26/30
80” ≤ t < 85”	8/30	55” ≤ t < 60”	18/30	30” ≤ t < 35”	28/30
75” ≤ t < 80”	10/30	50” ≤ t < 55”	20/30	t < 30”	30/30
70” ≤ t < 75”	12/30	45” ≤ t < 50”	22/30		
Inoltre, assegnazione di punti 0/30, per mancato completamento distanza di 50 mt in un tempo t < 90”.					

c) **gruppo 3 – Atletica**:
- corsa veloce 300 m: esecuzione di una corsa piana di 300 metri in velocità;
- piegamenti sulle braccia: esecuzione di piegamenti sulle braccia nel tempo massimo di 2';
- trazioni alla sbarra: esecuzione di trazioni complete alla sbarra, nel tempo massimo di 2', con le mani con apertura in avanti e ampiezza pari alla larghezza delle spalle, partendo dall'estensione massima delle braccia fino ad arrivare con il mento sopra la sbarra;
- corsa di fondo di 5.000 m: esecuzione di una corsa piana sulla distanza di 5.000 metri;
- salita alla fune 4 m: esecuzione con tecnica a scelta del candidato (con o senza ausilio delle gambe), nel tempo massimo di 2';
- salto in alto: esecuzione di un salto in alto di almeno 110 centimetri in qualunque stile, nel rispetto del regolamento previsto per la disciplina del salto in alto.

Alle suddette prove sono associati punteggi incrementali premianti la performance dei candidati, secondo la seguente tabella:

CORSA VELOCE 300 MT		PIEGAMENTI SULLE BRACCIA		TRAZIONI ALLA SBARRA		CORSA DI FONDO 5000 MT	
TEMPO	**VOTO**	**N.**	**VOTO**	**N.**	**VOTO**	**TEMPO**	**VOTO**
t ≥ 76"	9/30	N. < 8	0/30	0	0/30	t > 41'00"	0/30
74" ≤ t < 76"	10/30	8	4/30	1	4/30	39'00" < t ≤ 41'00"	4/30
72" ≤ t < 74"	11/30	9	6/30	2	11/30	37'00" < t ≤ 39'00"	6/30
70" ≤ t < 72"	12/30	10	8/30	3	18/30	35'00" < t ≤ 37'00"	8/30
68" ≤ t <70"	13/30	11	10/30	4	20/30	33'00" < t ≤ 35'00"	10/30
66" ≤ t < 68"	14/30	12	12/30	5	22/30	31'00" < t ≤ 33'00"	12/30
64" ≤ t < 66"	15/30	13	14/30	6	23/30	29'00" < t ≤ 31'00"	14/30
62" ≤ t < 64"	16/30	14	16/30	7	24/30	31'00" < t ≤ 27'45"	16/30
60" ≤ t < 62"	17/30	15	18/30	8	25/30	27'45" < t ≤ 25'00"	18/30
58" ≤ t < 60"	18/30	16	21/30	9	26/30	25'00" < t ≤ 22'45"	20/30
56" ≤ t < 58"	19/30	17	22/30	10	27/30	22'45" < t ≤ 20'50"	22/30
54" ≤ t < 56"	20/30	18	23/30	11	28/30	20'50" < t ≤ 19'15"	24/30
52" ≤ t < 54"	21/30	19	24/30	12	29/30	19' 15" < t ≤ 17'50"	26/30
50" ≤ t < 52"	22/30	20	25/30	N. > 13	30/30	17'50" < t ≤ 16'45"	28/30
48" ≤ t < 50"	23/30	21	26/30			t < 16'45"	30/30
46" ≤ t < 48"	24/30	22	27/30				
44" ≤ t < 46"	25/30	23	28/30				
42" ≤ t < 44"	26/30	24	29/30				
40" ≤ t < 42"	27/30	N. > 24	30/30				
38" ≤ t < 40"	28/30						
36" ≤ t < 38"	29/30						
t < 36"	30/30						

(segue)

CORSA VELOCE 300 MT		PIEGAMENTI SULLE BRACCIA		TRAZIONI ALLA SBARRA		CORSA DI FONDO 5000 MT	
TEMPO	**VOTO**	**N.**	**VOTO**	**N.**	**VOTO**	**TEMPO**	**VOTO**
Inoltre, assegnazione di punti **0/30**, per: mancato completamento distanza di 300 mt		//		//		Inoltre, assegnazione di punti **0/30**, per: mancato completamento distanza di 5000 metri in un tempo t < 41'00".	

SALITA ALLA FUNE 4 MT	PUNTI	SALTO IN ALTO	PUNTI
t ≥ 80"	15/30	H = 1,10 mt	18/30
60" ≤ t < 80"	18/30	H = 1,15 mt	24/30
40" ≤ t < 60"	24/30	H = 1,20 mt	30/30
t < 40"	30/30		
Inoltre, assegnazione di punti 0/30 per: per mancato raggiungimento quota minima di 4 mt.		Inoltre, assegnazione di punti 0/30 per: mancato raggiungimento altezza minima di 1.10 mt.	

2. *Modalità di svolgimento delle prove per il settore di impiego Incursori*

a) **Prova di apnea statica**: il candidato, che avrà cura di mangiare in tempi e quantità tali da non ingenerare il rischio di congestione, dovrà essere dotato di ciabatte, costume da bagno consono, cuffia e occhialini da piscina (questi ultimi facoltativi). Egli dovrà scendere in acqua dall'apposita scaletta di ingresso nella piscina e alla ricezione dell'apposito segnale (che coinciderà con lo start del cronometro) immergere completamente la testa sott'acqua, rimanendo attaccato alla scaletta stessa. Un membro o collaboratore della commissione, osservatore dell'esercizio, provvederà al conteggio del tempo. A ciascun candidato la commissione assegnerà un punteggio secondo i criteri stabiliti nella relativa tabella. Inoltre, sarà assegnato un punteggio pari a 0/30, qualora il candidato rifiuti di immergere completamente la testa sott'acqua.

b) **Prova di nuoto 50 metri**: il candidato, che avrà cura di mangiare in tempi e quantità tali da non ingenerare il rischio di congestione, dovrà essere dotato di ciabatte, costume da bagno consono, cuffia e occhialini da piscina (questi ultimi facoltativi). Per superare la prova, alla ricezione dell'apposito segnale (che coinciderà con lo start del cronometro), egli dovrà tuffarsi dal blocco di partenza e nuotare in superficie a stile libero, senza fermarsi e senza ricorrere ad alcun appoggio sui galleggianti divisori di corsia eventualmente presenti (pena il giudizio di inidoneità alla prova), percorrendo la distanza di 50 metri. Alla virata al candidato non è permesso fermarsi e appoggiare i piedi sul fondo (pena il giudizio di inidoneità alla prova) ed è obbligato a toccare il bordo vasca di fine corsia. Al candidato è permesso darsi una spinta con i piedi dal bordo (e quindi possibile effettuare la capriola) ed effettuare una fase di nuoto subacqueo per la vasca di ritorno. A ciascun candidato la commissione assegnerà un punteggio in base alla relativa tabella, in funzione del tempo di esecuzione. Inoltre, sarà assegnato un punteggio pari a 0/30, per il mancato completamento della distanza di 50 metri in un tempo inferiore a 90 secondi.

c) **Corsa veloce 300 metri**: esecuzione della corsa piana veloce percorrendo la distanza di 300 metri. Un membro o collaboratore della commissione, osservatore dell'esercizio, cronometrerà il tempo impiegato dai candidati. A ciascun candidato la commissione assegnerà un punteggio secondo i criteri stabiliti nella relativa tabella. Inoltre, sarà assegnato un punteggio pari a 0/30, per il mancato completamento della distanza di 300 metri.

d) **Piegamenti sulle braccia**: il candidato dovrà iniziare la prova in posizione prona, completamente disteso con il palmo delle mani poggiato sul suolo direttamente sotto il punto esterno delle spalle, le gambe unite e la punta dei piedi in appoggio a terra, indossando la tuta da ginnastica e/o pantaloncini e maglietta e idonee scarpe da ginnastica. Per poter superare la prova egli, alla ricezione dell'apposito segnale (che coinciderà con lo start del cronometro), dovrà eseguire, entro il limite massimo di 2 minuti e senza interruzione, i piegamenti sulle braccia con le seguenti modalità:
   - sollevare da terra il corpo (capo – tronco - arti inferiori) in posizione allineata, estendendo completamente le braccia;
   - una volta raggiunta la posizione di massima estensione delle braccia, abbassare il corpo (capo - tronco - arti inferiori) in posizione allineata, piegando le braccia fino a sfiorare il pavimento con il petto;
   - ripetere i piegamenti senza interruzioni.

   Un membro della commissione, osservatore dell'esercizio, provvederà al conteggio a voce alta degli esercizi correttamente eseguiti dal candidato, non conteggiando quelli eseguiti in maniera scorretta e comunicando lo scadere del tempo disponibile per la prova, eventualmente cronometrato da un collaboratore della commissione. A ciascun candidato la commissione assegnerà un punteggio secondo i criteri stabiliti nella relativa tabella.

e) **Trazioni alla sbarra**: il candidato, alla ricezione dell'apposito segnale (che coinciderà con lo start del cronometro), dovrà eseguire l'esercizio, entro il tempo limite di 2 minuti e senza soluzione di continuità. Partendo dalla posizione verticale con il corpo completamente sospeso a una sbarra orizzontale, con le mani in presa frontale (palmo delle mani in avanti) e ampiezza pari alla larghezza delle spalle, braccia completamente tese, egli dovrà sollevarsi fino a superare, con il mento, il livello superiore della sbarra, per poi tornare nella posizione iniziale.

   Il candidato potrà scegliere il ritmo a lui più consono e dovrà completare la serie senza mai toccare il suolo o eventuale altro appiglio (pali o muri laterali) con le scarpe. Non è consentito cambiare la presa delle mani sulla sbarra durante l'esecuzione dell'esercizio.

   Un membro della commissione, osservatore dell'esercizio, provvederà al conteggio a voce alta degli esercizi correttamente eseguiti dal candidato, non conteggiando quelli eseguiti in maniera scorretta e comunicando lo scadere del tempo disponibile per la prova, eventualmente cronometrato da un collaboratore della commissione. A ciascun candidato la commissione assegnerà un punteggio secondo i criteri stabiliti nella relativa tabella.

f) **Corsa di fondo 5.000 metri**: esecuzione di una corsa piana sulla distanza di 5.000 metri. Un membro o collaboratore della commissione, osservatore dell'esercizio, cronometrerà il tempo impiegato dai candidati. A ciascun candidato la commissione assegnerà un punteggio secondo i criteri stabiliti nella relativa tabella. Inoltre, sarà assegnato un punteggio pari a 0/30, per il mancato completamento della distanza di 5.000 metri in un tempo inferiore o pari a 41'00".

h) **Salita alla fune di 4 metri**: esecuzione di una salita alla fune con tecnica a scelta del candidato (con o senza ausilio delle gambe). Per superare la prova il candidato, alla ricezione dell'apposito segnale (che coinciderà con lo start del cronometro), dovrà effettuare, entro il limite massimo di 2 minuti, la salita alla fune, fino a raggiungere, con almeno una mano, l'apposito contrassegno posto sulla fune in corrispondenza dei 4 metri. Un membro o collaboratore della commissione, osservatore dell'esercizio, cronometrerà il tempo impiegato dal candidato per il completamento dell'esercizio. A ciascun candidato la commissione assegnerà un punteggio secondo la relativa tabella. Inoltre, sarà assegnato un punteggio pari a 0/30, qualora il candidato non riesca a raggiungere la quota minima di 4 mt.

h) **Salto in alto**: il candidato potrà saltare con qualunque stile nel rispetto del regolamento previsto per la disciplina del salto in alto (è quindi vietato il salto a tuffo con due piedi di appoggio). La prova verrà condotta ad altezze incrementali, partendo dall'altezza di metri 1.10, che costituisce la soglia minima per il superamento della prova, fino all'altezza di metri 1.20, cui è associato il punteggio massimo.

La prova si intende superata se il candidato riuscirà a superare l'asticella posta all'altezza prefissata, entro un massimo di 3 tentativi. Il singolo tentativo sarà considerato fallito qualora:
- lo stacco da terra avviene con due piedi;
- l'asticella cade;
- qualsiasi parte del corpo passa sotto l'asticella o lateralmente ai ritti.

È data facoltà di provare il salto prima dell'inizio della prova. La commissione provvederà al conteggio dei tentativi effettuati nonché alla registrazione dell'esito delle singole prove. A ciascun candidato la commissione assegnerà un punteggio secondo la relativa tabella.

3. *Modalità di valutazione dell'idoneità alle prove per il settore di impiego Incursori*

Per essere giudicato idoneo alle prove di efficienza fisica, il candidato dovrà ottenere un punteggio superiore o uguale a **18/30**, calcolato secondo i seguenti criteri:
- il mancato superamento di una prova non comporta l'inidoneità alle prove di efficienza fisica ma al candidato sarà assegnato il punteggio di 0/30 che fa media con quelli ottenuti nelle altre prove;
- il punteggio del gruppo 3 (atletica) viene calcolato moltiplicando per 2 la media dei punteggi ottenuti nelle singole prove;
- il punteggio finale delle prove di efficienza fisica viene calcolato sommando i punteggi dei tre gruppi di prove (apnea, nuoto e atletica) e dividendo il totale per 4, in quanto l'atletica ha un peso doppio.

Qualora il candidato non consegua almeno il punteggio finale di 18/30, sarà giudicato non idoneo alle prove di efficienza fisica. Tale giudizio, definitivo e inappellabile, comporterà l'esclusione dall'iter selettivo per i settori d'impiego Incursori.

4. *Descrizione delle prove per il settore di impiego Palombari*

Le prove di efficienza fisica (le cui modalità di esecuzione vengono definite di seguito) sono suddivise in tre gruppi, apnea, nuoto e atletica, e sono le seguenti:

a) **gruppo 1 – Apnea**:
- prova di apnea statica cui sono associati punteggi incrementali premianti la performance dei candidati secondo la seguente tabella:

TEMPO	VOTO	TEMPO	VOTO	TEMPO	VOTO
0" ≤ t ≤ 20"	0/30	45" ≤ t < 50"	12/30	80" ≤ t < 85"	23/30
20" ≤ t < 25"	6/30	50" ≤ t < 55"	14/30	85" ≤ t < 90"	24/30
25" ≤ t < 30"	8/30	55" ≤ t < 60"	16/30	90" ≤ t < 100"	26/30
30" ≤ t < 35"	9/30	60" ≤ t < 65"	18/30	100" ≤ t < 110"	28/30
35" ≤ t < 40"	10/30	65" ≤ t < 70"	20/30	110" ≤ t < 120"	29/30
40" ≤ t < 45"	11/30	70" ≤ t < 80"	22/30	t ≥ 120"	30/30
Inoltre, assegnazione di punti 0/30, per: rifiuto ad immergere completamente la testa sott'acqua.					

b) **gruppo 2 – Nuoto**:
- nuoto di superficie - stile libero 100 m: tuffo da blocco di partenza e prosecuzione senza interruzione per 100 metri nuotando a stile libero; alla performance del candidato sono associati punteggi incrementali in funzione del tempo di esecuzione secondo la seguente tabella:

TEMPO (T)	PUNTI	TEMPO (T)	PUNTI	TEMPO (T)	PUNTI
t > 4'20"	0/30	3'10" ≥ t > 3'00"	14/30	1'50" ≥ t > 1 '45"	22/30
4'20" ≥ t > 4'10"	6/30	3'00" ≥ t > 2'50"	15/30	1'45" ≥ t > 1'40"	23/30
4' 10" ≥ t > 4'00"	7/30	2'50" ≥ t > 2'40"	16/30	1 '40" ≥ t > 1'35"	24/30
4'00" ≥ t > 3'50"	8/30	2'40" ≥ t > 2'30"	17/30	1 '35" ≥ t > 1'30"	25/30
3'50" ≥ t > 3'40"	9/30	2'30" ≥ t > 2' 10"	18/30	1 '30" ≥ t > 1'25"	26/30
3'40" ≥ t > 3'30"	10/30	2'10" ≥ t > 2'00"	19/30	1 '20" ≥ t > 1'15"	27/30
3'30" ≥ t > 3'20"	11/30	2'00" ≥ t > 1'55"	20/30	i '15" ≥ t > r io"	28/30
3'20" ≥ t > 3'10"	12/30	1'55" ≥ t > 1'50"	21/30	1'10" ≥ t > 1'00"	29/30
Inoltre, assegnazione di punti 0/30, per: mancato completamento distanza di 100 mt in un tempo t ≤ 4'20".				t ≤ 1'00"	30/30

c) **gruppo 3 - Atletica:**
- piegamenti sulle braccia: esecuzione di piegamenti sulle braccia, nel tempo massimo di 2';
- trazioni alla sbarra: esecuzione di trazioni complete alla sbarra, nel tempo massimo di 2', con le mani con apertura in avanti e ampiezza pari alla larghezza delle spalle, partendo dall'estensione massima delle braccia fino ad arrivare con il mento sopra la sbarra;
- corsa di fondo 5.000 metri: esecuzione di una corsa piana sulla distanza di 5.000 metri.

Alle suddette prove sono associati punteggi incrementali premianti la performance dei candidati, secondo la seguente tabella:

PIEGAMENTI SULLE BRACCIA		TRAZIONI ALLA SBARRA		CORSA DI FONDO 5000 MT	
N.	**PUNTI**	**N.**	**PUNTI**	**TEMPO (T)**	**PUNTI**
N. < 5	0/30	N. < 1	0/30	t > 36'00"	0/30
5	4/30	1	4/30	36'00" ≥ t > 35'00"	6/30
6	6/30	2	11/30	35'00" ≥ t > 34'00"	8/30
7	8/30	3	18/30	34'00" ≥ t > 33'00"	10/30
8	10/30	4	20/30	33'00" ≥ t > 32'00"	12/30
9	12/30	5	22/30	32'00" ≥ t > 31 '00"	14/30
10	14/30	6	23/30	31'00" ≥ t > 30'00"	16/30
11	16/30	7	24/30	30'00" ≥ t > 26'00"	18/30
12	18/30	8	25/30	26'00" ≥ t > 25'00"	20/30
13	21/30	9	26/30	25'00" ≥ t > 24'00"	22/30

(segue)

PIEGAMENTI SULLE BRACCIA		TRAZIONI ALLA SBARRA		CORSA DI FONDO 5000 MT	
N.	**PUNTI**	**N.**	**PUNTI**	**TEMPO (T)**	**PUNTI**
14	22/30	10	27/30	24'00" ≥ t > 23'00"	24/30
15	23/30	11	28/30	23'00" ≥ t > 22'00"	26/30
16	24/30	12	29/30	22'00" ≥ t > 21'00"	28/30
17	25/30	≥ 13	30/30	t ≤ 21'00"	30/30
18	26/30			Inoltre, assegnazione di punti 0/30, per: mancato completamento distanza di 5000 metri in un tempo t ≤ 36'00".	
19	27/30				
20	28/30				
21	29/30				
≥ 22	30/30				

5. *Modalità di svolgimento delle prove per il settore di impiego Palombari*

a) **Prova di apnea statica**: il candidato, che avrà cura di mangiare in tempi e quantità tali da non ingenerare il rischio di congestione, dovrà essere dotato di ciabatte, costume da bagno consono, cuffia e occhialini da piscina (questi ultimi facoltativi). Egli dovrà scendere in acqua dall'apposita scaletta di ingresso nella piscina e alla ricezione dell'apposito segnale (che coinciderà con lo start del cronometro) immergere completamente la testa sott'acqua, rimanendo attaccato alla scaletta stessa. Un membro o collaboratore della commissione, osservatore dell'esercizio, provvederà al conteggio del tempo. A ciascun candidato la commissione assegnerà un punteggio secondo i criteri stabiliti nella relativa tabella. Inoltre, sarà assegnato un punteggio pari a 0/30, qualora il candidato rifiuti di immergere completamente la testa sott'acqua.

b) **Prova di nuoto 100 metri**: il candidato, che avrà cura di mangiare in tempi e quantità tali da non ingenerare il rischio di congestione, dovrà essere dotato di ciabatte, costume da bagno consono, cuffia e occhialini da piscina (questi ultimi facoltativi). Per superare la prova, alla ricezione dell'apposito segnale (che coinciderà con lo start del cronometro), egli dovrà tuffarsi dal blocco di partenza, nuotare in superficie a stile libero, senza fermarsi e senza ricorrere ad alcun appoggio sui galleggianti divisori di corsia eventualmente presenti (pena il giudizio di inidoneità alla prova) percorrendo la distanza di 100 metri. Alla virata al candidato non è permesso fermarsi e appoggiare i piedi sul fondo (pena il giudizio di inidoneità alla prova) ed è obbligato a toccare il bordo vasca di fine corsia. Al candidato è permesso darsi una spinta con i piedi dal bordo (e quindi possibile effettuare la capriola) ed effettuare una fase di nuoto subacqueo per la vasca di ritorno. A ciascun candidato la commissione assegnerà un punteggio in base alla relativa tabella, in funzione del tempo di esecuzione. Inoltre, sarà assegnato un punteggio pari a 0/30, per il mancato completamento della distanza di 100 metri in un tempo inferiore o pari a 4 minuti e 20 secondi.

c) **Piegamenti sulle braccia**: il candidato dovrà iniziare la prova in posizione prona, completamente disteso con il palmo delle mani poggiato sul suolo direttamente sotto il punto esterno delle spalle, le gambe unite e la punta dei piedi in appoggio a terra, indossando la tuta da ginnastica e/o pantaloncini e maglietta e idonee scarpe da ginnastica. Per poter superare la prova egli, alla ricezione dell'apposito segnale (che coinciderà con lo start del cronometro), dovrà eseguire, entro il limite massimo di 2 minuti e senza interruzione, i piegamenti sulle braccia con le seguenti modalità:

- sollevare da terra il corpo (capo – tronco - arti inferiori) in posizione allineata, estendendo completamente le braccia;
- una volta raggiunta la posizione di massima estensione delle braccia, abbassare il corpo (capo - tronco - arti inferiori) in posizione allineata, piegando le braccia fino a sfiorare il pavimento con il petto;
- ripetere i piegamenti senza interruzioni.

Un membro della commissione, osservatore dell'esercizio, provvederà al conteggio a voce alta degli esercizi correttamente eseguiti dal candidato, non conteggiando quelli eseguiti in maniera scorretta e comunicando lo scadere del tempo disponibile per la prova, eventualmente cronometrato da un collaboratore della commissione. A ciascun candidato la commissione assegnerà un punteggio secondo i criteri stabiliti nella relativa tabella.

d) **Trazioni alla sbarra**: il candidato, alla ricezione dell'apposito segnale (che coinciderà con lo start del cronometro), dovrà eseguire l'esercizio, entro il tempo limite di 2 minuti e senza soluzione di continuità. Partendo dalla posizione verticale con il corpo completamente sospeso a una sbarra orizzontale, con le mani in presa frontale (palmo delle mani in avanti) e ampiezza pari alla larghezza delle spalle, braccia completamente tese, egli dovrà sollevarsi fino a superare, con il mento, il livello superiore della sbarra, per poi tornare nella posizione iniziale. Il candidato potrà scegliere il ritmo a lui più consono e dovrà completare la serie senza mai toccare il suolo o eventuale altro appiglio (pali o muri laterali) con le scarpe. Non è consentito cambiare la presa delle mani sulla sbarra durante l'esecuzione dell'esercizio. Un membro della commissione, osservatore dell'esercizio, provvederà al conteggio a voce alta degli esercizi correttamente eseguiti dal candidato, non conteggiando quelli eseguiti in maniera scorretta e comunicando lo scadere del tempo disponibile per la prova, eventualmente cronometrato da un collaboratore della commissione. A ciascun candidato la commissione assegnerà un punteggio secondo i criteri stabiliti nella relativa tabella.

e) **Corsa di fondo di 5.000 metri**: esecuzione di una corsa piana sulla distanza di 5.000 metri. Un membro o collaboratore della commissione, osservatore dell'esercizio, cronometrerà il tempo impiegato dai candidati. A ciascun candidato la commissione assegnerà un punteggio secondo i criteri stabiliti nella relativa tabella. Inoltre, sarà assegnato un punteggio pari a 0/30, per il mancato completamento della distanza di 5.000 metri in un tempo inferiore o pari a 36 minuti.

6. ***Modalità di valutazione dell'idoneità alle prove per il settore di impiego Palombari***

Per essere giudicato idoneo alle prove di efficienza fisica, il candidato dovrà ottenere un punteggio superiore o uguale a **18/30**, calcolato secondo i seguenti criteri:

- il mancato superamento di una prova non comporta l'inidoneità alle prove di efficienza fisica ma al candidato sarà assegnato il punteggio di 0/30 che fa media con quelli ottenuti nelle altre prove;
- il punteggio finale delle prove di efficienza fisica viene calcolato sommando i punteggi ottenuti nelle 5 prove e dividendo il totale per 5.

Qualora il candidato non consegua almeno il punteggio finale di 18/30, sarà giudicato non idoneo alle prove di efficienza fisica. Tale giudizio, definitivo e inappellabile, comporterà l'esclusione dall'iter selettivo per i settori d'impiego Palombari.

Prove di efficienza fisica per i settori d'impiego Sommergibilisti e Componenti aeromobili

1. ***Descrizione delle prove e relativi punteggi incrementali***

Per i candidati per il settore d'impiego sommergibilisti e Componente aeromobili le prove di efficienza fisica (le cui modalità di esecuzione vengono definite di seguito) sono le seguenti:

ESERCIZI	TUTTI I CONCORRENTI	ESITO
NUOTO 25 METRI (qualsiasi stile)	≤ 28"	Idoneo
	> 28"	Non idoneo
PIEGAMENTI SULLE BRACCIA (tempo massimo 2 minuti)	≥ 15	Idoneo
	< 15	Non idoneo
ADDOMINALI (tempo massimo 2 minuti)	≥ 25	Idoneo
	< 25	Non idoneo

A seconda della prestazione del candidato, alle suddette prove saranno associati punteggi incrementali come di seguito specificato.

a) **Prova di nuoto 25 metri**:

ESERCIZI	TUTTI I CONCORRENTI	PUNTEGGIO INCREMENTALE
NUOTO 25 METRI (qualsiasi stile)	t ≤ 16"	2
	16" < t ≤ 20"	1,40
	20" < t ≤ 22"	0,80
	22" < t ≤ 24"	0,30

b) **Prova dei piegamenti sulle braccia**: ai concorrenti che, dopo aver raggiunto il numero minimo di piegamenti previsti per l'idoneità alla prova, proseguano l'esercizio senza soluzione di continuità, nello stesso tempo massimo di 2 minuti stabilito per l'esecuzione della stessa, sarà assegnato un punteggio incrementale di punti 0,05 (fino a un massimo di punti 1) per ogni piegamento oltre il 15°, fino a un massimo di 35.

c) **Prova degli addominali**: ai concorrenti che, dopo aver raggiunto il numero minimo di addominali previsti per l'idoneità alla prova, proseguano l'esercizio senza soluzione di continuità, nello stesso tempo massimo di 2 minuti stabilito per l'esecuzione della stessa, sarà assegnato un punteggio incrementale di punti 0,05 (fino a un massimo di punti 1) per ogni flessione del tronco oltre la 25ª, fino a un massimo di 45.

2. ***Modalità di svolgimento delle prove***

a) **Prova di nuoto 25 metri (qualunque stile)**: il candidato dovrà aver avuto cura di mangiare in tempi e/o quantità tali da non ingenerare il rischio di congestione. Per essere giudicato idoneo alla prova, il concorrente – alla ricezione dell'apposito segnale, che coinciderà con lo start del cronometro – dovrà iniziare detta prova con partenza e stile liberamente scelti e senza appoggiarsi, durante l'esecuzione della prova stessa, sui bordi della piscina e/o sui galleggianti divisori di corsia eventualmente presenti, pena il giudizio di inidoneità, percorrendo la distanza di 25 metri senza soluzione di continuità entro un tempo inferiore o uguale a 28”. La commissione assegnerà l’eventuale punteggio incrementale secondo i criteri stabiliti nella tabella precedente.

b) **Piegamenti sulle braccia**: il concorrente dovrà iniziare la prova sdraiato in posizione prona, completamente disteso, con il palmo delle mani poggiato sul suolo direttamente sotto il punto esterno delle spalle, le gambe unite e con la punta dei piedi in appoggio a terra, vestito con tuta da ginnastica e/o pantaloncini e maglietta e idonee scarpe da ginnastica. Per essere giudicato idoneo alla prova, il concorrente - alla ricezione dell’apposito segnale, che coinciderà con lo start del cronometro – dovrà eseguire, entro il tempo massimo di 2 minuti e senza soluzione di continuità, un numero di piegamenti sulle braccia maggiore o uguale a quello indicato nella tabella di cui al precedente paragrafo 1, con le seguenti modalità:
   - sollevare da terra il corpo (capo, tronco e arti inferiori) in posizione allineata, estendendo completamente le braccia;
   - una volta raggiunta la posizione di massima estensione delle braccia, abbassare il corpo (capo, tronco e arti inferiori) in posizione allineata, piegando le braccia fino a sfiorare il pavimento con il viso o il petto;
   - ripetere i piegamenti senza interruzione.

   Un membro della commissione, osservatore dell’esercizio, conteggerà a voce alta i piegamenti correttamente eseguiti dal concorrente; non conteggerà, invece, quelli eseguiti non correttamente e comunicherà lo scadere del tempo disponibile per la prova. La commissione assegnerà l’eventuale punteggio incrementale secondo i criteri stabiliti nella tabella precedente.

c) **Addominali**: il concorrente dovrà iniziare la prova dalla posizione supina, mani dietro la nuca, gambe flesse e piedi bloccati da altro candidato ed effettuare almeno 25 flessioni del tronco entro il tempo massimo di 2 minuti, in modo da sollevare il tronco portandolo oltre la verticale e riabbassarlo fino a sfiorare con la nuca il pavimento, senza pause tra un’esecuzione e l’altra.

   Un membro della commissione, osservatore dell’esercizio, conteggerà a voce alta gli esercizi eseguiti correttamente dal candidato; non conteggerà, invece, quelli eseguiti non correttamente e comunicherà lo scadere del tempo disponibile per la prova. La commissione assegnerà l’eventuale punteggio incrementale secondo i criteri stabiliti nella tabella precedente.

L’ordine di esecuzione delle singole prove verrà stabilito dalla commissione in funzione della disponibilità degli impianti sportivi.

3. ***Modalità di valutazione dell’idoneità alle prove***

Per essere giudicato idoneo alle prove di efficienza fisica il concorrente dovrà risultare idoneo in ciascuna delle prove di efficienza fisica.

Qualora il concorrente non consegua l’idoneità anche in una sola delle prove previste, sarà giudicato inidoneo alle prove di efficienza fisica, prescindendo dai risultati conseguiti nelle eventuali precedenti prove effettuate.

Tale giudizio, definitivo e inappellabile, comporterà l’esclusione dalle prove di efficienza fisica non ancora effettuate e dal prosieguo dell’iter concorsuale per il settore d’impiego richiesto.

A ciascuna prova, se superata, sarà attribuito il punteggio incrementale stabilito nella tabella precedente.

La somma dei punteggi ottenuti concorrerà, fino a un massimo di punti 4, alla formazione della graduatoria di merito.

Comportamento da tenere in caso di infortunio (valido per tutti i settori)

I candidati affetti da postumi di infortuni precedentemente subiti potranno portare al seguito ed esibire, prima dell'inizio delle prove, idonea certificazione medica, che sarà valutata dalla commissione per le prove di efficienza fisica. Questa, sentito l'Ufficiale medico, adotterà le conseguenti determinazioni, autorizzando eventualmente il differimento ad altra data dell'effettuazione di tutte le prove.

Allo stesso modo, i candidati che prima dell'inizio delle prove accusano una indisposizione o che si infortunano durante l'esecuzione di uno degli esercizi, dovranno farlo immediatamente presente alla commissione che, sentito l'Ufficiale medico presente, adotterà le conseguenti determinazioni.

Non saranno prese in considerazione richieste di differimento o di ripetizione delle prove che pervengano da parte di candidati che hanno portato comunque a compimento, anche se con esito negativo, le prove di efficienza fisica.

I candidati che, nei casi sopraindicati, hanno ottenuto dalla commissione l'autorizzazione al differimento dell'effettuazione di una o più delle prove previste, saranno convocati per sostenere la/e prova/e in altra data. Tale data non potrà, in alcun caso, essere successiva al 20° giorno decorrente da quello originariamente previsto per l'esecuzione delle prove di efficienza fisica.

Ai candidati che risulteranno impossibilitati a effettuare/completare le prove anche nel giorno stabilito per la nuova convocazione, o che non si presenteranno a sostenerle in tale data, la commissione attribuirà giudizio di inidoneità alle prove di efficienza fisica.

Tale giudizio, che è definitivo, comporterà l'esclusione dall'iter selettivo per il settore d'impiego Forze speciali e Componenti specialistiche.

1.6.2.5 Accertamento dell'idoneità psico-fisica specifica (terza fase della procedura di reclutamento)

I candidati ai vari settori d'impiego, escluso "CEMM navale e CP", giudicati idonei al termine dei precedenti accertamenti psico-fisici e attitudinali e, laddove previste, anche alle prove di efficienza fisica, saranno sottoposti agli accertamenti psico-fisici per la verifica del possesso degli **specifici requisiti di idoneità psico-fisica** occorrenti per l'assegnazione ai relativi settori d'impiego delle Forze speciali e Componenti specialistiche, previsti dalla vigente pubblicazione SMM/IS/150 dello Stato Maggiore della Marina e dal Decreto del Ministro della Difesa 16 settembre 2003.

I candidati saranno convocati presso gli Enti specifici, secondo le modalità indicate da Mariscuola Taranto e devono presentarsi agli accertamenti psico-fisici, pena l'esclusione dal reclutamento per il richiesto settore d'impiego delle Forze speciali e Componenti specialistiche, muniti di:

a) documento di riconoscimento in corso di validità;
b) esami e referti precedentemente elencati;
c) foglio di notifica, contenente il giudizio di idoneità agli accertamenti psico-fisici quale VFP 1 della Marina Militare;
d) originale o copia conforme del referto e del tracciato elettroencefalografico, eseguito presso struttura sanitaria pubblica, anche militare, o privata accreditata con il SSN in data non anteriore a tre mesi rispetto a quella di presentazione agli accertamenti psico-fisici:
   - velocità di scorrimento 30 millimetri/secondo;
   - costante di tempo 0,3 microvolts/secondo;
   - filtro 70 hertz più filtro di rete;

- prove di attivazione complete (SLI - iperpnea);
- tracciato da effettuare sulle longitudinali (esterne - interne) e sulle trasversali (anteriori - posteriori).

Il referto dovrà documentare l'assenza dei seguenti elementi:
- qualunque forma di parossismo;
- ritmi theta/delta protratti e di ampio voltaggio;
- onde lente di ampio voltaggio che si accentuano durante le prove di attivazione;
- grafoelementi puntuti di ampio voltaggio.

Sarà ritenuta valida, in alternativa, copia conforme del referto relativo agli esami effettuati, nei medesimi limiti temporali di cui sopra, in occasione di un precedente concorso presso una struttura sanitaria militare.

- Se concorrente di sesso femminile, nuovo originale o copia conforme del referto del test di gravidanza – in quanto lo stato di gravidanza costituisce temporaneo impedimento all'accertamento dell'idoneità al servizio militare (ai sensi dell'art. 580, comma 2, del D.P.R. 15 marzo 2010, n. 90) – eseguito presso struttura sanitaria pubblica, anche militare, o privata accreditata con il SSN in data non anteriore a 5 giorni rispetto a quella di presentazione agli accertamenti psico-fisici specifici della terza fase.

I requisiti psico-fisici di idoneità per l'assegnazione ai settori d'impiego delle Forze speciali e Componenti specialistiche sono riportati al capitolo 5 della vigente pubblicazione SMM/IS/150 dello Stato Maggiore della Marina.

I **requisiti minimi** del **profilo sanitario** sono i seguenti:
- per il possesso dell'idoneità di anfibio: 1AC–1AR;
- per il possesso dell'idoneità di sommergibilista: 1AR–1AV/NR–1AV/OR-PS il soggetto non deve presentare note o elementi di riferimento dello spettro ansioso fobico che possano interferire con l'assolvimento dei compiti previsti nello specifico contesto ambientale lavorativo;
- per il possesso dell'idoneità di incursore: 1AC–1AR–1AV–1LS–1LI–1AU–VS naturale 10/10 in ciascun occhio; campo visivo, motilità oculare, senso stereoscopico normali; annessi oculari, mezzi diottrici e fondo oculare esenti da qualsiasi malattia; senso cromatico normale alle tavole –1AU;
- per il possesso dell'idoneità di palombaro: 1AR–1AV–1AC–1AU-VS uguale o superiore a complessivi 16/10 senza correzioni e non inferiore a 7/10 nell'occhio che vede meno; campo visivo, motilità oculare, senso stereoscopico normali; annessi oculari, mezzi diottrici e fondo oculare esenti da qualsiasi malattia; senso cromatico normale alle tavole.

Per l'assegnazione al settore d'impiego "Componente aeromobili", i candidati dovranno essere in possesso dell'idoneità ai servizi di navigazione aerea, da accertarsi ai sensi del Decreto del Ministro della Difesa 16 settembre 2003.

La Commissione per gli accertamenti psico-fisici, insediata presso la Caserma Castrogiovanni di Taranto, provvederà a notificare al più presto l'esito degli accertamenti psico-fisici, tramite messaggio di posta elettronica (nei soli casi di idoneità) o di posta elettronica certificata – se resa disponibile dal candidato – ovvero, nei casi di inidoneità, a mano o con raccomandata con avviso di ricevimento, riportando uno dei seguenti giudizi:
- "***idoneo quale VFP 1 nella Marina Militare***" e "***idoneo/inidoneo a proseguire l'iter selettivo per il settore d'impiego xxx***";
- "***inidoneo quale VFP 1 nella Marina Militare***".

Il giudizio riportato negli accertamenti è definitivo. Pertanto, i concorrenti giudicati inidonei saranno automaticamente esclusi dall'iter selettivo per il richiesto settore d'impiego delle Forze speciali e Componenti specialistiche e proseguiranno l'iter concorsuale nel settore d'impiego "CEMM navale e CP".

1.6.3 Aeronautica Militare

I candidati da sottoporre all'**accertamento dei requisiti psico-fisici e attitudinali** vengono convocati dallo SVTAM, delegato dalla DGPM alla Scuola Volontari di Taranto, nei pressi dell'Idroscalo, per la selezione della durata di 3 giorni lavorativi; i candidati saranno ospiti della Scuola ad eccezione dei giorni di sabato e domenica.

I candidati che non si presenteranno nei tempi stabiliti dalla comunicazione di convocazione, ovvero al prosieguo degli accertamenti anche nei giorni successivi al primo, saranno considerati rinunciatari, tranne che in caso di:

- eventi avversi di carattere eccezionale che impediscano oggettivamente a un rilevante numero di candidati di presentarsi nei tempi, nella sede e nel giorno previsto;
- concomitante svolgimento di prove nell'ambito di altri concorsi indetti dalle Forze armate o dalle Forze di polizia ai quali i medesimi candidati hanno chiesto di partecipare;
- eventi luttuosi per la perdita del coniuge, genitore, figlio/a, fratello/sorella, verificatisi in data non anteriore a sette giorni rispetto a quella di prevista presentazione;
- contestuale partecipazione alle prove dell'esame di Stato.

In tali ipotesi gli interessati dovranno inviare un'istanza di nuova convocazione entro le ore 13,00 del giorno feriale (sabato escluso) antecedente quello di prevista presentazione, mediante messaggio di posta elettronica certificata – utilizzando esclusivamente un account di posta elettronica certificata – all'indirizzo aerovolontari@postacert.difesa.it ovvero mediante messaggio di posta elettronica – utilizzando esclusivamente un account di posta elettronica – all'indirizzo aerovolontari.per@aeronautica.difesa.it compilando obbligatoriamente il campo relativo all'oggetto e indicando il concorso al quale partecipano.

A tale messaggio dovrà comunque essere allegata copia per immagine (file in formato PDF) di un valido documento di identità rilasciato da un'Amministrazione dello Stato, nonché della relativa documentazione probatoria.

La nuova convocazione, che potrà avvenire solo compatibilmente con il periodo di svolgimento degli accertamenti psico-fisici e attitudinali, verrà effettuata esclusivamente mediante messaggio di posta elettronica inviato all'indirizzo fornito in fase di accreditamento.

Non sono ammesse istanze di riconvocazione per motivi diversi da quelli precedentemente elencati.

Inoltre, le istanze trasmesse con modalità diverse da quella sopraindicata o carenti della documentazione probatoria e/o del documento di identità dell'istante saranno considerate irricevibili.

Tutti i candidati devono presentarsi agli accertamenti psico-fisici e attitudinali e alle prove di efficienza fisica, con:

a) documento di riconoscimento in corso di validità;
b) certificato medico, in corso di validità (il certificato deve avere validità annuale), attestante l'idoneità all'attività sportiva agonistica per l'atletica leggera ovvero una delle sportive riportate nella tabella B del decreto del Ministero della sanità del 18 febbraio 1982, rilasciato da un medico appartenente alla Federazione medico-sportiva italiana ovvero a struttura sanitaria pubblica o privata accreditata con il Servizio sanitario nazionale (SSN) ovvero da un medico (o struttura sanitaria pubblica o privata) autorizzato secondo le norma-

tive nazionali e regionali e che esercita in tali ambiti in qualità di medico specializzato in medicina dello sport;

c) se concorrenti di sesso femminile, originale o copia conforme del referto del test di gravidanza - in quanto lo stato di gravidanza costituisce temporaneo impedimento all'accertamento dell'idoneità al servizio militare (ai sensi dell'art. 580, comma 2, del D.P.R. 15 marzo 2010, n. 90) – eseguito presso struttura sanitaria pubblica, anche militare, o privata accreditata con il SSN in data non anteriore a cinque giorni rispetto a quella di presentazione agli accertamenti psico-fisici;

d) solo se partecipanti per il settore d'impiego "incursori":
   - elettroencefalogramma;
   - referto rilasciato da struttura sanitaria pubblica, anche militare, o privata accreditata con il SSN, di analisi di laboratorio concernente il dosaggio quantitativo del glucosio 6-fosfato-deidrogenasi (G6PD), eseguito sulle emazie ed espresso in termini di percentuale di attività enzimatica;

e) la seguente documentazione, formante il Protocollo sanitario unico (PSU), che costituisce l'elenco omogeneo delle certificazioni di base richieste per l'effettuazione degli accertamenti psico-fisici nell'ambito dell'iter di reclutamento quale VFP 1 nell'Esercito, nella Marina militare e nell'Aeronautica militare:
   - originale o copia conforme dei seguenti esami ematochimici ed esami strumentali, corredati di referto, rilasciati da struttura sanitaria pubblica, anche militare, o privata accreditata con il Servizio sanitario nazionale (SSN) in data non anteriore a sei mesi rispetto a quella di presentazione agli accertamenti psico-fisici:
     - emocromo;
     - VES;
     - glicemia;
     - creatininemia;
     - trigliceridemia;
     - colesterolemia;
     - bilirubinemia diretta e indiretta;
     - gamma GT;
     - transaminasemia (GOT e GPT);
     - analisi delle urine con esame del sedimento;
     - markers virali: anti HAV (IgM ed IgG), Hbs Ag, anti HBs, anti HBc e anti HCV;
     - ricerca anticorpi per HIV;
   - referto test intradermico Mantoux o Quantiferon in data non anteriore a sei mesi rispetto a quella di presentazione agli accertamenti psico-fisici rilasciato da struttura sanitaria pubblica, anche militare, o privata accreditata con il SSN; in caso di positività è necessario presentare anche il referto dell'esame radiografico del torace in due proiezioni standard antero-posteriore e latero-laterale o il certificato di eventuale, pregressa, avvenuta vaccinazione con BCG;
   - referto drug test urine, rilasciato da struttura sanitaria pubblica, anche militare, o privata accreditata con il SSN, relativo ad amfetamine, cocaina, oppiacei e cannabinoidi in data non anteriore a un mese rispetto a quella di presentazione agli accertamenti psico-fisici;
   - certificato di stato di buona salute che attesti la presenza/assenza di pregresse manifestazioni emolitiche, di gravi manifestazioni immunoallergiche, di gravi intolleranze e idiosincrasie a farmaci o alimenti, la presenza/assenza di patologie rilevanti ai fini del

reclutamento, rilasciato dal proprio medico curante in data non anteriore a sei mesi rispetto a quella di presentazione agli accertamenti psico-fisici e redatto conformemente al bando;
- se concorrenti di sesso femminile, originale o copia conforme del referto di ecografia pelvica eseguita presso struttura sanitaria pubblica, anche militare, o privata accreditata con il SSN in data non anteriore a sei mesi rispetto a quella di presentazione agli accertamenti psico-fisici.

I candidati, se ne sono in possesso, potranno produrre anche eventuali esami radiografici del torace.

Qualora il candidato sia in possesso della **Certificazione sanitaria unica** (CSU), in corso di validità (1 anno), attestante l'idoneità sanitaria ottenuta in precedenti iter di reclutamento quale VFP 1 nell'Esercito, nella Marina militare e nell'Aeronautica militare, potrà presentarla in sostituzione della documentazione prevista dal Protocollo sanitario unico (PSU).

Al termine degli accertamenti psico-fisici e attitudinali e delle prove di efficienza fisica le commissioni formuleranno un giudizio di idoneità con attribuzione del profilo sanitario, secondo quanto previsto dalla direttiva di cui al decreto del Ministro della difesa 4 giugno 2014, ovvero di non idoneità, che comporterà l'esclusione dal reclutamento.

Per quanto concerne l'eventuale deficit di glucosio 6-fosfatodeidrogenasi (G6PD), indipendentemente dal coefficiente assegnato alla caratteristica somato-funzionale AV-EI, non può essere motivo di inidoneità, nei confronti dei candidati per il settore d'impiego "VFP 1 Ordinari" (art. 1 della legge 12 luglio 2010, n. 109).

In caso di mancata presentazione del referto di analisi di laboratorio concernente il dosaggio quantitativo del G6PD, ai fini della definizione della caratteristica somato-funzionale AV-EI per il settore d'impiego "VFP 1 ordinari", al coefficiente attribuito sarà aggiunta la dicitura "deficit di G6PD non definito".

Ai fini della definizione della caratteristica somato-funzionale AV-EI per il settore d'impiego "incursori", qualora il candidato venisse riconosciuto affetto dal deficit dell'enzima G6PD, totale o parziale, tale da comportare un coefficiente pari a 3-4 AV-EI sulla base del decreto ministeriale 4 giugno 2014, lo stesso proseguirà il concorso esclusivamente per i posti per il settore d'impiego "VFP 1 ordinari", risultando pertanto escluso dal settore d'impiego "incursori".

Le commissioni, qualora lo ritengano necessario, potranno disporre l'effettuazione di ogni altro esame o accertamento utile alla definizione del giudizio di idoneità. Le suddette commissioni, con determinazione dei presidenti delle commissioni delegate dalla DGPM alle predette incombenze, comunicheranno a ciascun candidato esaminato – con determinazione dei presidenti – l'esito degli accertamenti psico-fisici e attitudinali mediante apposito foglio di notifica contenente uno dei seguenti giudizi:
- "***idoneo quale VFP 1 nell'Aeronautica militare***";
- "***inidoneo quale VFP 1 nell'Aeronautica militare***".

Ai concorrenti risultati inidonei l'esito sarà notificato seduta stante mediante consegna di copia del verbale, mentre ai concorrenti risultati idonei l'esito potrà essere notificato con tale modalità o, in alternativa, con tutte le forme di notifica previste dal bando ovvero con l'invio di un messaggio di posta elettronica all'indirizzo indicato nella domanda di partecipazione.

I candidati esclusi potranno avanzare ricorso giurisdizionale al Tribunale amministrativo regionale del Lazio o, in alternativa, ricorso straordinario al Presidente della Repubblica (per il quale è dovuto – ai sensi della normativa vigente – il contributo unificato di euro 650,00), rispettivamente entro sessanta e centoventi giorni dalla data di notifica del provvedimento di esclusione.

1.6.3.1 Accertamenti sanitari – settore d'impiego "VFP1 ordinari"

La Commissione per gli accertamenti psico-fisici per i VFP1 ordinari, presa visione della documentazione sanitaria elencata in precedenza, oltre a sottoporre il candidato a una **visita medica generale preliminare**, disporrà l'esecuzione dei seguenti accertamenti specialistici e strumentali:

a) visita cardiologica con elettrocardiogramma;
b) visita oculistica;
c) visita otorlnolaringoiatrica con esame audiometrico;
d) visita psichiatrica, comprendente il ***colloquio individuale*** e la somministrazione del ***test di personalità*** (MMPI);
e) analisi delle urine per la ricerca di eventuali cataboliti di sostanze stupefacenti e/o psicotrope quali: amfetamine, cannabinoidi, barbiturici, oppiacei e cocaina. In caso di positività, disporrà l'effettuazione sul medesimo campione del test di conferma (gascromatografia con spettrometria di massa);
f) accertamenti volti alla verifica dell'abuso di alcool;
g) ogni ulteriore indagine (compreso l'esame radiologico) ritenuta utile per consentire adeguata valutazione clinica e medico-legale del concorrente, da effettuare anche presso altre strutture sanitarie.

I concorrenti, per essere ***giudicati idonei*** agli accertamenti psico-fisici, dovranno essere riconosciuti esenti:

a) dalle imperfezioni/infermità di cui al D.P.R. 15 marzo 2010, n. 90 e alle vigenti direttive tecniche emanate con il decreto del Ministro della difesa 4 giugno 2014. In particolare, gli accertamenti psico-fisici saranno volti a verificare, fra l'altro, il possesso dei parametri fisici correlati alla composizione corporea, alla forza muscolare e alla massa metabolicamente attiva rientranti nei valori limite di cui all'art. 587 del D.P.R. 15 marzo 2010, n. 90, come sostituito dall'art. 4, comma 1, lett. c) del D.P.R. 17 dicembre 2015, n. 207, che verranno accertati con le modalità previste dalla direttiva tecnica dello Stato maggiore della difesa – Ispettorato generale della sanità militare – edizione 2016;
b) da altre patologie ritenute incompatibili con l'espletamento del servizio quale volontario in servizio permanente;
c) da patologie per le quali è prevista l'attribuzione dei coefficienti 3 o 4 nelle caratteristiche somato-funzionali del profilo sanitario, secondo le vigenti direttive.

In sede di visita medica generale la Commissione competente giudicherà **inidonei** i candidati che presentino **tatuaggi** quando, per la loro sede, siano contrari al decoro dell'uniforme (e quindi visibili con l'uniforme di servizio estiva, le cui caratteristiche sono visualizzabili nel sito internet dell'Aeronautica Militare ovvero, se posti nelle zone coperte dall'uniforme, risultino, per contenuto, di discredito alle istituzioni.

Per le esclusioni relative agli accertamenti psico-fisici, è data facoltà all'interessato di avanzare, entro 30 giorni dalla data di notifica del relativo provvedimento, motivata e documentata istanza di riesame – da allegare necessariamente (come file in fonato PDF) a un messaggio di posta elettronica certificata da inviare, utilizzando esclusivamente un account di posta elettronica certificata, all'indirizzo persomil@postacert.difesa.it o a un messaggio di posta elettronica da inviare, utilizzando esclusivamente un account di posta elettronica, all'indirizzo persomil@persomil.difesa.it – corredata di copia per immagine (file in formato PDF) della certificazione sanitaria rilasciata da una struttura sanitaria pubblica o privata accreditata con il SSN, attestante l'assenza delle imperfezioni/patologie riscontrate in occasione degli accertamenti dei requi-

siti in questione, nonché di copia per immagine (file in formato PDF) di un valido documento di identità rilasciato da un'Amministrazione dello Stato.
Non vengono ammesse istanze di riesame relative a provvedimenti di esclusione adottati per non idoneità attitudinale e per abuso di alcool e per l'uso, anche saltuario od occasionale, di sostanze stupefacenti nonché per l'utilizzo di sostanze psicotrope a scopo non terapeutico.
Le istanze trasmesse con modalità diverse da quelle indicate o carenti della predetta certificazione sanitaria e/o del documento di identità dell'istante saranno considerate irricevibili.
La DGPM, in sede di riesame, valutate le motivazioni e preso atto della certificazione presentata, ove sussistano le condizioni, interessa la Commissione Sanitaria di Appello dell'Aeronautica Militare, che provvederà a convocare il candidato al fine di sottoporlo all'accertamento dei requisiti psico-fisici. Il giudizio riportato in quest'ultima sede è definitivo. Nel caso di confermata non idoneità, il candidato sarà escluso dal reclutamento.
In caso di idoneità, egli sarà sottoposto al completamento degli accertamenti dei requisiti psico-fisici e attitudinali. I candidati riconosciuti idonei e collocati utilmente nella graduatoria saranno incorporati con la prima incorporazione utile, assumendone la decorrenza giuridica.

1.6.3.2 Accertamenti attitudinali – settore d'impiego "VFP1 ordinari"

I candidati saranno sottoposti, da parte della Commissione, a una serie di **accertamenti attitudinali**, tendenti a verificare il possesso delle capacità necessarie, secondo le direttive tecniche vigenti, per assicurare lo svolgimento dei compiti previsti per i VFP1. Tra gli accertamenti attitudinali saranno inserite ***tre prove ginnico-sportive*** per accertare l'efficienza fisica.
La verifica attitudinale concerne lo svolgimento di una ***serie di prove*** che consistono in test, questionari, prove di performance, intervista attitudinale individuale, volte a valutare oggettivamente il possesso dei requisiti necessari al fine di un positivo inserimento nella Forza Armata.

1.6.3.3 Prove di efficienza fisica – settore d'impiego "VFP1 ordinari"

1. *Descrizione delle prove*

Alle prove ginniche i concorrenti dovranno presentarsi muniti di tuta da ginnastica o pantaloncini e maglietta e scarpe da ginnastica. L'accertamento dell'efficienza fisica consisterà nell'***esecuzione obbligatoria*** delle seguenti prove da svolgersi secondo le modalità e i parametri appresso indicati:

- *corsa piana 1000 metri*;
- *trazione alla sbarra*;
- *flessioni addominali*.

Le prove si svolgeranno alla presenza di almeno un membro della Commissione per gli accertamenti attitudinali, di personale medico/paramedico e di una autoambulanza.
I concorrenti di sesso femminile, prima dell'effettuazione dell'accertamento dell'efficienza fisica, dovranno presentare alla Commissione preposta l'originale o copia conforme del referto del test di gravidanza con esito negativo, eseguito presso struttura sanitaria pubblica, anche militare, o privata accreditata con il SSN in data non anteriore a cinque giorni lavorativi precedenti la visita.
Le *modalità di esecuzione* di ciascuna prova saranno illustrate ai concorrenti, prima della loro effettuazione, dalla Commissione preposta.
Prima dell'inizio della prova, i candidati che si infortuneranno o contrarranno patologie che non consentano lo svolgimento degli esercizi previsti, dovranno farlo immediatamente presente alla Commissione la quale, di concerto con il responsabile del locale servizio sanitario, adotterà le conseguenti determinazioni per l'eventuale differimento della data di effettuazione della/e prova/e.

Ogni temporaneo impedimento a siffatti accertamenti, derivante da malattie o lesioni di recente insorgenza e di lieve entità, compreso lo stato di gravidanza, comporterà l'esclusione dal concorso qualora persista oltre il decimo giorno successivo alla data prevista per l'effettuazione delle prove. Allo scadere del citato termine, la Commissione che ha accertato lo stato di temporaneo impedimento dovrà confermare o meno la permanenza dello stesso: nel primo caso disporrà l'esclusione del candidato dal concorso, senza ulteriore possibilità di differimento dell'accertamento dell'efficienza fisica; in caso contrario il candidato dovrà essere definitivamente sottoposto alla prova/e non effettuata/e.
Non saranno prese in considerazione istanze di differimento o di ripetizione della singola prova inoltrate da concorrenti che abbiano portato a compimento la prova stessa, anche se con esito negativo, o che, una volta iniziata, abbiano rinunciato a portarla a termine per qualsiasi motivo.

2. ***Modalità di svolgimento delle prove***

Corsa piana 1000 metri

Il candidato, vestito con tuta ginnica o pantaloncini e maglietta e idonee scarpe da ginnastica (non chiodate), alla ricezione dell'apposito segnale, che coinciderà con lo start del cronometro, percorrerà la distanza di 1000 metri su una pista opportunamente approntata.
Il rilevamento dei tempi verrà effettuato tramite cronometraggio manuale da parte di due Sottufficiali incaricati, con due differenti cronometri: al candidato verrà assegnato il tempo più favorevole tra i due rilevamenti; inoltre, detto rilevamento sarà eventualmente arrotondato, per difetto, al secondo.
Alla fine di ogni batteria dei 1000 metri l'aiuto perito selettore–somministratore, con un membro della Commissione e alla presenza di un candidato quale testimone, controllerà i tempi rilevati e ne comunicherà l'esito a ciascun candidato.

CORSA 1000 METRI PIANI			
CONCORRENTI DI SESSO MASCHILE		CONCORRENTI DI SESSO FEMMINILE	
TEMPO	PUNTI	TEMPO	PUNTI
inferiore o uguale a 3 minuti e 35"	2,50	inferiore o uguale a 4 minuti e 37"	2,5
da 3 minuti e 36"a 3 minuti e 46"	2	da 4 minuti e 38" a 5 minuti e 00"	2
da 3 minuti e 47"a 4 minuti	1,5	da 5 minuti e 01" a 5 minuti e 12"	1,5
da 4 minuti e 01"a 4 minuti e 15"	1	da 5 minuti e 13" a 5 minuti e 24"	1
da 4 minuti e 16" a 4 minuti e 30"	0,5	da 5 minuti e 25" a 5 minuti e 40"	0,5
maggiore o uguale a 4 minuti e 31"	0	maggiore o uguale a 5 minuti e 41"	0

Trazione alla sbarra

Il candidato, vestito con tuta ginnica o pantaloncini e maglietta e idonee scarpe da ginnastica, alla ricezione dell'apposito segnale, che coinciderà con lo start del cronometro, dovrà eseguire l'esercizio entro il **tempo massimo di 2 minuti**.
Per le modalità di esecuzione ci si dovrà attenere a quanto di seguito specificato:

– posizione di partenza: il candidato salirà sull'attrezzo mediante l'ausilio di un supporto e impugnerà l'attrezzo con le mani all'altezza delle spalle. Il candidato, a propria discrezione, potrà optare per la presa prona (dorso delle mani rivolto verso se stesso) oppure per la presa supina (palmo delle mani rivolto verso se stesso). Una volta impugnata la sbarra, dovrà rimanere appeso a essa con le braccia distese e senza toccare il terreno con i piedi. Pri-

ma dell'inizio della prova il personale militare qualificato "istruttore ginnico" potrà aiutarlo a ridurre eventuali oscillazioni del corpo;
- esecuzione: al via, il candidato dovrà sollevare il proprio corpo arrivando con il mento all'altezza della sbarra. Le ripetizioni saranno ritenute valide ogni qual volta, dopo essere ritornati nella posizione iniziale a braccia distese, il mento avrà nuovamente raggiunto l'altezza della sbarra.

L'esercizio termina nel momento in cui il candidato lascia la presa dell'attrezzo. Il personale militare qualificato "istruttore ginnico" conteggerà a voce alta le trazioni correttamente eseguite dal candidato; non conteggerà, invece, quelle eseguite in maniera scorretta. Un membro della Commissione darà lo start all'inizio della prova e comunicherà lo scadere del tempo disponibile tramite l'utilizzo manuale di un cronometro.

TRAZIONE ALLA SBARRA			
CONCORRENTI DI SESSO MASCHILE		CONCORRENTI DI SESSO FEMMINILE	
N. ESECUZIONI	PUNTI	N. ESECUZIONI	PUNTI
più di 5	2,5	più di 4	2,5
5	2	4	2
4	1,5	3	1,5
3	1	2	1
2	0,5	1	0,5
meno di 2	0	meno di 1	0

Flessioni addominali

Il concorrente in tenuta ginnica o con pantaloncino e maglietta e scarpe idonee da ginnastica, alla ricezione dell'apposito segnale, che coinciderà con lo start del cronometro, dovrà eseguire l'esercizio entro il **tempo massimo di 2 minuti**.

La prova dovrà essere effettuata senza interruzioni come di seguito specificato:
- posizione di partenza: supina, busto a terra, gambe unite e piegate a 90° all'altezza delle ginocchia, piedi uniti e piante a terra, mani dietro la nuca con le dita incrociate;
- esecuzione: l'esercizio sarà considerato valido se si solleverà il busto fino a superare la posizione verticale passante per il bacino e si ritornerà in posizione di partenza, senza poggiare le spalle completamente a terra.

A voce alta, un istruttore ginnico, conteggerà gli esercizi correttamente eseguiti dal candidato; non conteggerà, invece, quelli eseguiti in maniera scorretta, mentre un membro della Commissione competente comunicherà lo scadere del tempo disponibile per la prova tramite l'utilizzo manuale di un cronometro.

FLESSIONI ADDOMINALI			
CONCORRENTI DI SESSO MASCHILE		CONCORRENTI DI SESSO FEMMINILE	
N. ESECUZIONI	PUNTI	N. ESECUZIONI	PUNTI
più di 85	2,50	più di 70	2,50
da 71 a 85	2	da 56 a 70	2

(segue)

FLESSIONI ADDOMINALI			
CONCORRENTI DI SESSO MASCHILE		**CONCORRENTI DI SESSO FEMMINILE**	
N. ESECUZIONI	**PUNTI**	**N. ESECUZIONI**	**PUNTI**
da 56 a 70	1,50	da 41 a 55	1,50
da 41 a 55	1	da 31 a 40	1
da 30 a 40	0,50	da 20 a 30	0,50
meno di 30	0	meno di 20	0

Per tutto quanto non precisato per le tre prove, sarà fatto riferimento ai singoli regolamenti tecnici della relativa Federazione sportiva italiana.
Le prove di efficienza fisica si concluderanno con un giudizio di idoneità o di non idoneità, senza dare luogo ad alcun punteggio incrementale.
La valutazione finale dell'efficienza fisica, nell'ambito degli accertamenti attitudinali, scaturirà dalla somma dei punteggi conseguiti nelle singole prove.
Il candidato, al termine delle tre prove, sarà giudicato ***inidoneo*** per *"insufficienti requisiti attitudinali"* allorché consegua una valutazione finale complessiva ***inferiore a punti 2*** su un massimo di 7,5.

Prove di efficienza fisica e intellettiva per il reclutamento nel settore d'impiego "Incursori" (fase specifica)

1. ***Descrizione delle prove***

I candidati per il settore d'impiego "**incursori**" risultati idonei quali "VFP 1 ordinario", nel limite di unità massima previsto dal bando tratte dalla graduatoria di selezione per tale settore di impiego, saranno avviati presso il 17° Stormo di Furbara per essere sottoposti, a cura della Commissione competente, ad ulteriori accertamenti attitudinali e alle prove di efficienza fisica specifiche, concernenti lo svolgimento di una serie di prove (della durata presumibile di 5 giorni) volte a valutare oggettivamente il possesso dei requisiti necessari al fine di un positivo inserimento nello specifico settore d'impiego.

L'accertamento iniziale delle idoneità dei candidati per il settore d'impiego "**incursori**" è effettuato valutando le seguenti aree:

- **area efficienza fisica**;
- **area efficienza intellettiva**.

Per la valutazione dell'area efficienza fisica il candidato sosterrà le seguenti prove fisiche:

1) corsa piana 400 metri;
2) trazioni alla sbarra;
3) piegamenti sulle braccia;
4) plank;
5) stacchi da terra;
6) affondi camminati;
7) corsa piana 3000 metri;
8) salita alla fune;
9) trasporto ferito;
10) nuoto 100 metri a stile libero;
11) tuffo da piattaforma 5 metri;
12) galleggiamento;

13) rana subacquea;
14) zavorrata 20 km.

La valutazione dell'area efficienza intellettiva si svolge attraverso un colloquio individuale.

Alle prove di efficienza fisica specifiche i candidati dovranno portare al seguito i seguenti ulteriori accertamenti:

a) certificato medico, in corso di validità, attestante l'idoneità all'attività sportiva agonistica nelle specialità corsa e nuoto corredato da test ergometrico, rilasciato da un medico appartenente alla Federazione medico-sportiva italiana ovvero a struttura sanitaria pubblica o privata accreditata con il Servizio Sanitario Nazionale (SSN) ovvero da un medico (o struttura sanitaria pubblica o privata) autorizzato secondo le normative nazionali e regionali e che esercita in tali ambiti in qualità di medico specializzato in medicina dello sport;
b) elettroencefalogramma.

I candidati dovranno presentarsi muniti di tuta da ginnastica, scarpe ginniche, costume da bagno, accappatoio, ciabatte, cuffia da piscina (in gomma o altro materiale idoneo) e occhialini da piscina (facoltativi).

2. *Modalità di svolgimento delle prove dell'area efficienza fisica*

Corsa piana 400 metri. La prova consiste nell'eseguire una corsa piana di 400 metri in velocità in un tempo massimo di 75 secondi. Un membro o collaboratore della commissione cronometrerà il tempo impiegato dai candidati.

Trazioni alla sbarra. La prova consiste nell'effettuare minimo 8 trazioni complete alla sbarra. Il candidato, partendo dalla posizione verticale con il corpo completamente sospeso a una sbarra orizzontale, con le mani in presa frontale (palmo delle mani in avanti) e ampiezza pari alla larghezza delle spalle, braccia completamente tese, dovrà sollevarsi fino a superare, con il mento, il livello superiore della sbarra, per poi tornare nella posizione iniziale. Non è consentito cambiare la presa delle mani sulla sbarra e toccare il suolo o eventuale altro appiglio (pali o muri laterali) con le scarpe.

Piegamenti sulle braccia. La prova consiste nell'effettuare minimo 15 piegamenti sulle braccia senza interruzioni indossando un giubbotto zavorrato di 20 kg. Il candidato, partendo dalla posizione prona, completamente disteso con il palmo delle mani poggiato sul suolo, le gambe unite e la punta dei piedi in appoggio a terra, dovrà sollevare da terra il corpo con tronco e arti inferiori allineati, estendendo completamente le braccia; una volta raggiunta la posizione di massima estensione delle braccia, abbassare il corpo, piegando le braccia fino a sfiorare il pavimento con il petto.

Plank. La prova consiste nell'effettuare l'esercizio plank. Partendo dalla posizione sdraiati a pancia in giù e piegando le braccia in modo che gli avambracci siano appoggiati al pavimento, paralleli tra loro e in linea retta con le spalle. Solo successivamente ci si solleverà sui piedi, avendo cura di tenere le gambe dritte e unite e di posizionare il collo in linea con il resto del corpo. I glutei, in particolare, dovranno essere sostenuti dalla contrazione addominale. Una volta trovata la posizione corretta la prova avrà inizio e bisognerà mantenere la posizione per un minimo di 150 secondi.

Stacchi da terra. La prova consiste nell'effettuare almeno 15 stacchi da terra sollevando 2 kettlebells (attrezzo ginnico consistente in un peso di forma sferica con una maniglia) da 24 kg ognuno (tot. 48 kg). Una ripetizione sarà ritenuta valida quando il candidato avrà sollevato i 2 kettlebells da 24 kg e si ritroverà in piedi con le ginocchia distese ed il bacino completamente disteso.

Affondi camminati. La prova consiste nell'effettuare minimo 20 affondi camminati continuativi e alternati in avanti per gamba indossando un giubbotto zavorrato di 20 kg. Ogni ripetizione sarà ritenuta valida quando il candidato si ritroverà in piedi con le ginocchia distese ed il bacino completamente disteso.

Corsa piana 3000 metri. La prova consiste nell'eseguire una corsa piana sulla distanza di 3000 metri in un tempo massimo di 900 secondi. Un collaboratore della commissione cronometrerà il tempo impiegato dal candidato per il completamento dell'esercizio.

Salita alla fune. La prova consiste nell'arrampicarsi su una corda alta 5 mt con tecnica a scelta del candidato. Per superare la prova il candidato, alla ricezione dell'apposito segnale (che coinciderà con lo start del cronometro), dovrà effettuare, entro il limite massimo di 15 secondi, la salita alla fune, fino a raggiungere, con almeno una mano, l'apposito contrassegno posto sulla fune in corrispondenza dei 5 metri. Un collaboratore della commissione cronometrerà il tempo impiegato dal candidato per il completamento dell'esercizio.
Ogni candidato ha diritto a tre tentativi per il raggiungimento dell'obiettivo, falliti i quali lo stesso sarà dichiarato "NON IDONEO".

Trasporto ferito. La prova consiste nel trasporto in un tempo massimo di 75 secondi di una persona di circa 75/80kg per un tratto di 200 metri. Un collaboratore della commissione cronometrerà il tempo impiegato dal candidato per il completamento dell'esercizio.

Nuoto 100 metri. La prova consiste nel tuffarsi, alla ricezione dell'apposito segnale (che coinciderà con lo start del cronometro), dal blocco di partenza e nuotare per 100 metri continuati a stile libero (stile crawl), senza fermarsi e senza ricorrere ad alcun appoggio sui galleggianti divisori di corsia, eventualmente, presenti (pena il giudizio di inidoneità alla prova), percorrendo la distanza in un tempo inferiore ai 145 secondi.

Galleggiamento. La prova non prevede l'uso di particolari tecniche e deve essere eseguita sostenendo con le braccia verso l'alto un simulacro di fucile (o oggetto similare).
L'inizio del conteggio del tempo è dato dal candidato quando pronto e già in fase di galleggiamento.
La prova NON può essere eseguita in regime respiratorio di apnea e durante la prova il candidato non deve evidenziare particolari difficoltà nella gestione dell'assetto e della respirazione. Qualora questo si verifichi, il membro tecnico della commissione interromperà l'esecuzione dichiarando il tentativo fallito.
Il raggiungimento dei 40 secondi di galleggiamento sancisce il superamento della prova.
Ogni candidato ha diritto a tre tentativi per il raggiungimento dell'obiettivo, falliti i quali lo stesso sarà dichiarato "NON IDONEO".

Tuffo da piattaforma. La prova consiste nell'eseguire un tuffo a candela da una piattaforma rialzata fissa, posta a un'altezza di 5 metri.

Prova 25 metri rana subacquea. La prova consiste nell'eseguire un nuoto subacqueo di 25 metri in apnea in stile rana.

Zavorrata 20 km. La prova consiste nell'effettuare una marcia di 20 km, lungo un percorso prestabilito, con uno zaino.

3. *Criteri di valutazione per l'efficienza fisica*
Al termine di ogni prova ai candidati sarà attribuito un punteggio da uno a tre punti. Nel caso in cui la somma dei punteggi sia **inferiore a 13/33** punti il candidato sarà giudicato "***non idoneo***" ed escluso dalla procedura di selezione.
I concorrenti che riporteranno un esito sfavorevole (**0 punti**) anche in una sola delle suddette prove saranno esclusi dalla prosecuzione del concorso.
Al concorrente che, durante lo svolgimento di una prova sportiva, incorrerà in un infortunio, accuserà malessere, cadrà o si fermerà non sarà consentita la ripetizione della prova che sarà ritenuta in ogni caso sostenuta.
Al concorrente che sarà manifestamente danneggiato a causa di altro concorrente durante lo svolgimento della prova di corsa piana o di nuoto sarà consentita la ripetizione della prova stessa comunque non oltre la data di prevista conclusione delle prove stabilita dal calendario fissato dalla commissione esaminatrice.
I centesimi di secondo saranno arrotondate per eccesso quando uguali o superiori a 0,50" e per difetto quando inferiori a 0,50".

TABELLA DEI PUNTEGGI				
PROVA	**NON IDONEO**	**1 PUNTO**	**2 PUNTI**	**3 PUNII**
Corsa 400 Mt	X > 75"	75" ≥ X ≥ 70"	70" > X ≥ 60"	X < 60"
Trazioni	X < 8	8 ≤ X ≤ 10	11 ≤ X ≤ 16	X ≥ 17
Piegamenti (20kg)	X < 15	15 ≤ X ≤ 18	19 ≤ X ≤ 26	X ≥ 27
Plank (20kg)	X < 150"	150" ≤ X < 160"	160" ≤ X < 170"	X ≥ 170"
Stacchi (48 KG)	X < 15	15 ≤ X ≤ 17	18 ≤ X ≤ 24	X ≥ 25
Affondi (20 KG)	X < 20	20 ≤ X ≤ 25	26 ≤ X ≤ 37	X ≥ 38
Corsa 3000 MT	X > 15'	15 ≥ X ≥ 13'45"	13'46" ≥ X ≥ 12'	X < 12'
Salita alla fune	X > 15"	15" ≥ X ≥ 13"	13" > X ≥ 9"	X < 9"
Trasporto feriti	X > 75"	75" ≥ X ≥ 70"	70' > X ≥ 50"	X < 50"
Nuoto 100 MT	X > 145"	145' ≥ X ≥ 130"	130" > X ≥ 91"	X < 91"
Zavorrata (20 KM)	X > 175'	175' ≥ X ≥ 169'"	169' > X ≥ 150'	X < 150'
Tuffo da 5 mt	Attribuzione giudizio di superamento/non superamento della prova			
Galleggiamento	Attribuzione giudizio di superamento prova con minimo 40" di galleggiamento			
Rana sub 25 m	Attribuzione giudizio di superamento/non superamento senza limiti di tempo			

4. ***Prove di valutazione dell'area efficienza intellettiva***

Durante la selezione sarà effettuata la valutazione attitudinale con un **colloquio collegiale**.
Il **colloquio individuale** sarà condotto dal membro tecnico-attitudinale e si svolgerà alla presenza del Presidente e dell'intera Commissione. Esso è prevalentemente finalizzato a far emergere gli elementi motivazionali e attitudinali del candidato.
Al termine del colloquio, sulla scorta degli elementi emersi durante la prova, ciascun membro della Commissione presente e il membro tecnico tecnico-attitudinale in supporto esprimeranno un **punteggio variabile tra 1 e 10 punti**.
Nel caso in cui la somma dei punteggi sia **inferiore a sedici su quaranta** punti il candidato sarà giudicato "***non idoneo***" ed escluso dalla procedura di selezione.
Un punteggio uguale o maggiore a sedici su quaranta punti sarà ritenuto sufficiente per il superamento della prova.

In esito ai risultati conseguiti e alle valutazioni effettuate, per ciascun concorrente si esprimerà un giudizio di idoneità o di inidoneità.

TIPOLOGIA DELLA PROVA	PUNTEGGIO MASSIMO ATTRIBUIBILE	PUNTEGGIO DETERMINANTE GIUDIZIO DI INIDONEITÀ
Prove di efficienza fisica	33/33	12/33
Prove di efficienza intellettiva	40/40	15/40

Accertamenti medici per il reclutamento nel settore d'impiego "Incursori" (fase specifica)

I candidati per il settore d'impiego "Incursori" risultati idonei agli accertamenti attitudinali e alle prove specifiche di efficienza fisica e intellettiva, saranno avviati presso l'Istituto di Medicina Aerospaziale dell'Aeronautica Militare di Roma per essere sottoposti dalla Commissione competente, ad ulteriori **accertamenti medici specifici**, al fine di verificare il possesso dell'idoneità psicofisica all'espletamento del corso ed all'impiego quali VFP 1 per il settore d'impiego "incursori" dell'Aeronautica Militare.
La Commissione definirà il profilo sanitario di ciascun candidato, secondo i criteri stabiliti dalle normative vigenti e in base alla documentazione prodotta e alle risultanze degli accertamenti effettuati.
Saranno giudicati **idonei** quali VFP1 per il settore di impiego "incursori" i candidati ai quali sia stato attribuito il seguente profilo sanitario minimo:

PROFILO PSICOLOGICO (PS)	**2**
COSTITUZIONE (CO)	**2**
APPARATO CARDIO CIRCOLATORIO (AC)	**1**
APPARATO RESPIRATORIO (AR)	**1**
APPARATI VARI (AV)	**2**
LOCOMOTORE SUPERIORE (LS)	**2**
LOCOMOTORE INFERIORE (LI)	**2**
APPARATO UDITIVO (AU)	**1**
VISUS (VS)	**1**

Per quanto concerne l'eventuale deficit di glucosio 6-fosfato-deidrogenasi (G6PD), ai fini della definizione della caratteristica somato-funzionale AV-EI, qualora il candidato venisse riconosciuto affetto dal deficit dell'enzima G6PD, totale o parziale, tale da comportare un coefficiente pari a 3-4 AV-EI sulla base del D.M. 4 giugno 2014 lo stesso proseguirà il concorso esclusivamente per i posti di "VFP 1 ordinario", risultando pertanto escluso dal settore d'impiego "incursori".

La Commissione operante presso l'Istituto di Medicina Aerospaziale di Roma sottoporrà i candidati VFP1 per il settore di impiego "incursori" risultati idonei agli accertamenti dell'efficienza fisica ed attitudinale del 17° Stormo, ad ulteriori accertamenti secondo il seguente protocollo di visita:

- visita medica generale: anamnesi, esame obiettivo generale;
- visita cardiologia: esame obiettivo cardiologico;
- visita oculistica: valutazione dell'acutezza visiva, del senso cromatico, della visione binoculare, del senso stereoscopico;
- visita otorinolaringoiatria: rinoscopia, otoscopia, faringoscopia, audiometria, impedenzometria, test di stimolazione vestibolare, test foniatrici;
- pneumologia: prove di funzionalità respiratoria;
- visita neurologica: esame obiettivo neurologico;
- esami di laboratorio: emocromo con formula leucocitaria, ves, glicemia, emoglobina glicosilata, creatininemia, colesterolo (hdl, ldl), trigliceridi, ALT, AST, gamma gt, fosfatasi alcalina, bilirubina (totale- diretta- indiretta), markers virali (AntiHAV. HbsAg, AntiHBsAntiHBc, AntiHCV, AntiHIV), FT3, FT4, TSH, protidemia totale ed elettroforesi proteica, esame urine, ricerca dei cataboliti urinari delle sostanze stupefacenti e/o psicotrope.

I candidati, inoltre, dovranno portare al seguito i seguenti ulteriori accertamenti:

- elettroencefalogramma;
- certificato d'idoneità alla pratica sportiva agonistica nelle specialità corsa e nuoto corredato da test ergometrico. I certificati/referti dovranno essere rilasciati da una struttura sanitaria pubblica, anche militare, o privata accreditata con il SSN.

Ai concorrenti risultati inidonei l'esito sarà notificato seduta stante mediante consegna di copia del verbale, mentre ai concorrenti risultati idonei l'esito potrà essere notificato oltre che con tale modalità, in alternativa, con tutte le forme di notifica previste dal bando ovvero con l'invio di un messaggio di posta elettronica all'indirizzo indicato nella domanda di partecipazione.

L'eventuale giudizio di non idoneità per il settore d'impiego "incursori" è definitivo e comporterà l'esclusione dall'iter selettivo per tale settore d'impiego mentre proseguiranno l'iter concorsuale per il settore di impiego quale "VFP 1 ordinari" con l'idoneità già acquisita per tale settore.

I candidati non idonei ed esclusi potranno avanzare ricorso giurisdizionale al T.A.R. del Lazio o, in alternativa, ricorso straordinario al Presidente della Repubblica (per il quale è dovuto – ai sensi della normativa vigente – il contributo unificato di euro 650,00), rispettivamente entro 60 e 120 giorni dalla data di notifica del provvedimento di esclusione.

1.7 Formazione delle graduatorie di merito

Al termine degli accertamenti psico-fisici e attitudinali, la Commissione valutatrice di ciascuna F.A. procede alla compilazione della graduatoria di merito, per ciascuna delle tipologie di posti messi a concorso, che dichiarerà, una volta approvata, i candidati vincitori, ammessi alla ferma prefissata di 1 anno.

Di seguito esponiamo le modalità di formazione delle summenzionate graduatorie di merito in ciascuna F.A.

- ***Esercito Italiano***

  Vengono compilate più graduatorie in base alle qualifiche per cui si concorre; ciascuna graduatoria è formata in base alla somma aritmetica del punteggio conseguito nella valutazione dei **titoli di merito** e dell'eventuale punteggio incrementale ottenuto nelle **prove di efficienza fisica**;
- ***Marina Militare***

  Vengono compilate più graduatorie, una di merito generale, attraverso la valutazione dei titoli indicati nell'allegato al Bando, utilizzata per il settore di impiego "CEMM navale e CP", e una di merito per ciascuno degli altri settori di impiego (Sommergibilisti, incursori, palombari ecc.). Per ciascun blocco, la commissione valutatrice, effettuata la valutazione dei titoli, forma la graduatoria di merito generale, che verrà utilizzata per il settore d'impiego "CEMM navale e CP". Le graduatorie di merito definitive per i settori d'impiego "CEMM anfibi", "CEMM palombari", "CEMM incursori", "CEMM sommergibilisti" e "Componente aeromobili" sono invece formate in base alla somma aritmetica dei punteggi conseguiti nella valutazione dei **titoli** e nelle **prove di efficienza fisica**.

  La posizione nella graduatoria generale dei candidati inseriti anche nelle graduatorie di merito per i settori d'impiego delle Forze speciali e Componenti specialistiche sono considerate solo quando si verifica una delle seguenti evenienze:

  - candidato non convocato agli accertamenti psico-fisici in quanto non rientrante nei limiti numerici previsti dal bando;
  - candidato inidoneo agli accertamenti psico-fisici e attitudinali o alle prove di efficienza fisica per il richiesto settore d'impiego delle Forze speciali e Componenti specialistiche e idoneo per il settore d'impiego «CEMM navale e CP»;
  - candidato idoneo non vincitore per il richiesto settore d'impiego delle Forze speciali e Componenti specialistiche;
  - candidato idoneo per il settore d'impiego «CEMM navale e CP» ma non presentatosi alla seconda e/o alla terza fase della procedura di reclutamento per il richiesto settore d'impiego delle Forze speciali e Componenti specialistiche.

  Nel caso di inidoneità per il richiesto settore d'impiego delle Forze speciali e Componenti specialistiche e di idoneità per il settore d'impiego «CEMM navale e CP» i candidati, qualora utilmente collocati nella graduatoria generale, verranno convocati per l'incorporazione con il primo incorporamento utile.

  I concorrenti giudicati idonei al termine della prima e della seconda fase della procedura di reclutamento per il richiesto settore d'impiego delle Forze speciali e Componenti specialistiche, sebbene utilmente collocati nella graduatoria generale ma non rientrino nei limiti numerici previsti dal bando, verranno convocati, di norma, per l'incorporazione con il 4° incorporamento previsto dal bando per il settore d'impiego «CEMM navale e CP». Lo stesso vale per i concorrenti idonei non vincitori per il richiesto settore d'impiego delle Forze speciali e Componenti specialistiche, qualora utilmente collocati nella graduatoria generale.

Nella redazione delle graduatorie di merito la commissione valutatrice tiene conto della riserva di posti di cui all'art. 702 del Codice di Ordinamento Militare (D.Lgs. n. 66/2010).
A parità di punteggio sarà data la precedenza ai candidati in possesso dei titoli di preferenza, ritenuti validi se posseduti alla data di scadenza del termine di presentazione delle domande e dichiarati nella domanda di partecipazione.
In caso di ulteriore parità viene data la precedenza al candidato più giovane di età.
Le graduatorie di merito sono approvate con decreto interdirigenziale emanato dalla DGPM di concerto con il Comando generale del Corpo delle capitanerie di porto.

– ***Aeronautica Militare***

La Commissione valutatrice provvede a compilare la graduatoria di merito per il settore d'impiego "VFP 1 ordinari" e una graduatoria di merito per il settore d'impiego "incursori" che verranno consegnate alla DGPM per l'approvazione con Decreto Dirigenziale.
La posizione nella graduatoria per il settore d'impiego "VFP 1 ordinari" dei candidati inseriti anche nelle graduatorie di merito per il settore d'impiego "incursori" sarà considerata solo allorché si verifica una delle seguenti evenienze:

- candidato non convocato agli accertamenti psico-fisici in quanto non rientrante nei limiti numerici previsti dal bando per il settore d'impiego "Incursori";
- candidato inidoneo agli accertamenti psico-fisici e attitudinali o alle prove di efficienza fisica per il richiesto settore d'impiego "incursori" e idoneo per il settore d'impiego "VFP 1 ordinari";
- candidato idoneo non vincitore per il richiesto settore d'impiego "incursori".

1.8 Normativa

Registrandosi sul nostro sito secondo le modalità indicate a pag. I, è possibile consultare le Direttive tecniche sanitarie di inidoneità

DPR 15 MARZO 2010, N. 90 E SUCCESSIVE MODIFICHE ED INTEGRAZIONI

...Omissis...

TITOLO II - RECLUTAMENTO
CAPO II - ACCERTAMENTI PSICO-FISICI
SEZIONE I - ACCERTAMENTO DELL'IDONEITÀ AL SERVIZIO MILITARE

Art. 578 - Ambito di applicazione

1. Il presente capo si applica agli iscritti, arruolati e militari di leva e al personale maschile e femminile che partecipa ai concorsi per il reclutamento nelle Forze armate.

Art. 579 - Idoneità al servizio militare

1. Sono idonei al servizio militare i soggetti in possesso dell'efficienza psico-fisica che ne consente l'impiego negli incarichi relativi al grado, alla qualifica e al ruolo di appartenenza.
2. Per la partecipazione ai concorsi per il reclutamento nelle Forze armate possono essere richiesti, in relazione alle esigenze di impiego, specifici requisiti psico-fisici, da indicare nei bandi di concorso.

3. Non sono comunque idonei al servizio militare i soggetti affetti dalle imperfezioni e infermità previste dall'articolo 582. Il giudizio di inidoneità permanente è emesso immediatamente per le imperfezioni gravi e le infermità croniche ovvero al termine del periodo massimo di inidoneità temporanea concedibile per quelle che, ritenute presumibilmente sanabili, permangono oltre tale periodo e altresì per le infermità suscettibili di aggravamento o di successioni morbose a causa dei disagi connessi con l'espletamento del servizio.

Art. 580 - Accertamento dell'idoneità al servizio militare

1. L'accertamento dell'idoneità al servizio militare è effettuato mediante visite mediche generali e specialistiche e prove fisio-psico-attitudinali, esclusivamente a cura dei competenti organi sanitari militari.
2. Lo stato di gravidanza costituisce temporaneo impedimento all'accertamento.
3. L'accertamento nei riguardi dei candidati che partecipano ai concorsi per il reclutamento nelle Forze armate è effettuato entro il termine stabilito dal bando di concorso in relazione ai tempi necessari per la definizione della graduatoria.
4. Con decreto del Ministro della difesa sono adottate le direttive tecniche riguardanti l'accertamento delle imperfezioni e infermità di cui all'articolo 579, comma 3, e i criteri per delineare il profilo sanitario dei soggetti giudicati idonei al servizio militare, predisposti dallo Stato maggiore della difesa, sentita ciascuna Forza armata.

Art. 581 - Aggiornamento dell'elenco delle imperfezioni e infermità

1. L'elenco delle imperfezioni e infermità di cui all'articolo 582, è aggiornato con decreto adottato dal Ministro della difesa, sentiti, per il personale femminile, il Ministro per le pari opportunità e la Commissione nazionale per le pari opportunità tra uomo e donna, e, per il personale del Corpo delle capitanerie di porto, il Ministro delle infrastrutture e dei trasporti.

Art. 582- Imperfezioni e infermità che sono causa di non idoneità al servizio militare

1. Sono causa di non idoneità al servizio militare le seguenti imperfezioni e infermità:
   a) **Morfologia generale**
      Le disarmonie somatiche e le distrofie costituzionali di grado rilevante, trascorso, se occorre, il periodo di inabilità temporanea;
   b) **Disendocrinie, dismetabolismi ed enzimopatie**
      1) i difetti del metabolismo glicidico, lipidico o protidico, trascorso, se occorre, il periodo di inabilità temporanea;
      2) la mucoviscidosi;
      3) le endocrinopatie, trascorso, se occorre, il periodo di inabilità temporanea;
      4) i difetti quantitativi o qualitativi degli enzimi, trascorso, se occorre, il periodo di inabilità temporanea;
   c) **Malattie da agenti infettivi e da parassiti**
      Le malattie da agenti infettivi e da parassiti che sono causa di rilevanti limitazioni funzionali oppure sono accompagnate da grave e persistente compromissione delle condizioni generali o della crasi ematica o che hanno caratteristiche di cronicità o di evolutività, trascorso, se occorre, il periodo di inabilità temporanea;
   d) **Ematologia**
      1) le malattie primitive del sangue e degli organi emopoietici;

2) le malattie secondarie del sangue e degli organi emopoietici, trascorso, se occorre, il periodo di inabilità temporanea;

e) Immunoallergologia

1) l'asma bronchiale allergica e le altre gravi allergie, anche in fase asintomatica, accertate con gli appropriati esami specialistico-strumentali, trascorso, se occorre, il periodo di inabilità temporanea;
2) l'anafilassi, le reazioni allergiche/pseudoallergiche, le intolleranze a farmaci ed alimenti, con manifestazioni cliniche severe, anche in fase asintomatica, diagnosticate tramite valutazioni cliniche e procedure laboratoristiche appropriate, trascorso, se occorre, il periodo di inabilità temporanea;
3) le sindromi da immunodeficienza, anche in fase asintomatica, accertate con gli appropriati esami specialistico-strumentali, trascorso, se occorre, il periodo di inabilità temporanea;
4) le connettiviti e le vascoliti;

f) Tossicologia

Lo stato di intossicazione cronica da piombo o da altri metalli, trascorso, se occorre, il periodo di inabilità temporanea;

g) Neoplasie

1) i tumori maligni;
2) i tumori benigni e i loro esiti quando per sede, volume, estensione o numero sono deturpanti o producono rilevanti alterazioni strutturali o funzionali;

h) Cranio

1) le malformazioni craniche congenite con evidenti deformità o rilevanti disturbi funzionali;
2) le alterazioni morfologiche acquisite delle ossa del cranio che determinano evidenti deformità o rilevanti disturbi funzionali o che interessano la teca interna.

i) Complesso maxillo facciale

1) le malformazioni e gli esiti di patologie o lesioni delle labbra, della lingua e dei tessuti molli della bocca che producano gravi disturbi funzionali, trascorso, se occorre, il periodo di inabilità temporanea;
2) le malformazioni, gli esiti di lesioni o di interventi chirurgici correttivi, le patologie del complesso maxillo-facciale e le alterazioni dell'articolarità temporo-mandibolare causa di gravi alterazioni funzionali, trascorso, se occorre, il periodo di inabilità temporanea;
3) le malformazioni e gli esiti di patologie dell'apparato masticatorio che determinano rilevanti disturbi funzionali, trascorso, se occorre, il periodo di inabilità temporanea;

l) Apparato cardiovascolare:

1) le malformazioni del cuore e dei grossi vasi;
2) le malattie dell'endocardio, del miocardio, dell'apparato valvolare, del pericardio, dei grossi vasi e i loro esiti, trascorso, se occorre, il periodo di inabilità temporanea;
3) le gravi turbe del ritmo cardiaco, le anomalie del sistema specifico di conduzione, le canalopatie, trascorso, se occorre, il periodo di inabilità temporanea;
4) l'ipertensione arteriosa persistente, trascorso, se occorre, il periodo di inabilità temporanea; dopo osservazione;
5) gli aneurismi, le angiodisplasie e le fistole arterovenose;

6) le patologie delle arterie e dei capillari con disturbi trofici o funzionali, trascorso, se occorre, il periodo di inabilità temporanea;
7) le ectasie venose estese con incontinenza valvolare e i disturbi del circolo venoso profondo;
8) le flebiti e le altre patologie del circolo venoso e i loro esiti con disturbi trofici e funzionali, trascorso, se occorre, il periodo di inabilità temporanea;
9) le patologie gravi dei vasi e dei gangli linfatici e i loro esiti, trascorso, se occorre, il periodo di inabilità temporanea;

m) Apparato respiratorio:

1) le malattie croniche dei bronchi e dei polmoni, trascorso, se occorre, il periodo di inabilità temporanea;
2) le malattie delle pleure e i loro esiti rilevanti, trascorso, se occorre, il periodo di inabilità temporanea;
3) i dismorfismi della gabbia toracica con alterazioni funzionali respiratorie;

n) Apparato digerente:

1) le malformazioni e le malattie croniche delle ghiandole e dei dotti salivari che producono gravi disturbi funzionali, trascorso, se occorre, il periodo di inabilità temporanea;
2) le malformazioni, le anomalie di posizione, le patologie o i loro esiti del tubo digerente, del fegato e vie biliari, del pancreas e del peritoneo che, per natura, sede e grado producano rilevanti disturbi funzionali, trascorso, se occorre, il periodo di inabilità temporanea;
3) le ernie viscerali;
4) gli esiti di intervento chirurgico con perdita totale o parziale di un viscere;

o) Mammella

Le patologie e i loro esiti della ghiandola mammaria che sono causa di rilevanti disturbi funzionali, trascorso, se occorre, il periodo di inabilità temporanea;

p) Apparato urogenitale

Le malformazioni, le malposizioni, le patologie del rene, della pelvi, dell'uretere, della vescica, dell'uretra e dell'apparato genitale maschile e femminile o i loro esiti che sono causa di rilevanti e permanenti alterazioni funzionali, trascorso se occorre, il periodo di inabilità temporanea;

q) Neurologia:

1) le malattie del sistema nervoso centrale e i loro esiti che sono causa di rilevanti alterazioni funzionali, trascorso, se occorre, il periodo di inabilità temporanea;
2) le malattie del sistema nervoso periferico e i loro esiti che sono causa di rilevanti alterazioni funzionali, trascorso, se occorre, il periodo di inabilità temporanea;
3) le miopatie causa di rilevanti alterazioni funzionali, trascorso, se occorre, il periodo di inabilità temporanea;
4) le epilessie, trascorso, se occorre, il periodo di inabilità temporanea;
5) gli esiti di traumi encefalici e midollari con rilevanti limitazioni funzionali, trascorso, se occorre, il periodo di inabilità temporanea;

r) Psichiatria:

1) il ritardo mentale, di qualsiasi livello, purchè tale da pregiudicare il rapporto di realtà o le capacità relazionali, trascorso, se occorre, il periodo di inabilità temporanea;
2) i disturbi del controllo degli impulsi, trascorso, se occorre, il periodo di inabilità temporanea;

3) i disturbi dell'adattamento, trascorso, se occorre, il periodo di inabilità temporanea;
4) le parafilie e i disturbi dell'identità di genere, trascorso, se occorre, il periodo di inabilità temporanea;
5) i disturbi della comunicazione, trascorso, se occorre, il periodo di inabilità temporanea;
6) i disturbi da tic, trascorso, se occorre, il periodo di inabilità temporanea;
7) i disturbi delle funzioni evacuative, trascorso, se occorre, il periodo di inabilità temporanea;
8) i disturbi del sonno, trascorso, se occorre, il periodo di inabilità temporanea;
9) i disturbi della condotta alimentare, trascorso, se occorre, il periodo di inabilità temporanea;
10) i disturbi correlati all'uso di sostanze psicoattive, trascorso, se occorre, il periodo di inabilità temporanea;
11) NUMERO ABROGATO DAL D.P.R. 24 FEBBRAIO 2012, N. 40;
12) i disturbi di personalità (paranoide, schizoide, schizotipico, antisociale, borderline, istrionico, narcisistico, evitante, dipendente, ossessivo compulsivo di personalità), trascorso, se occorre, il periodo di inabilità temporanea;
13) i disturbi nevrotici e reattivi, trascorso, se occorre, il periodo di inabilità temporanea;
14) i disturbi psicotici trascorso, se occorre, il periodo di inabilità temporanea;

s) **Oftalmologia**

1) le malformazioni, le disfunzioni, le patologie o gli esiti di lesioni delle palpebre e delle ciglia, anche se limitate a un solo occhio, quando sono causa di rilevanti disturbi funzionali, trascorso, se occorre, il periodo di inabilità temporanea;
2) le malformazioni, le malattie croniche e gli esiti di lesioni delle ghiandole e delle vie lacrimali, quando sono causa di rilevanti disturbi funzionali, trascorso, se occorre, il periodo di inabilità temporanea;
3) i disturbi della motilità del globo oculare, se sono causa di diplopia o deficit visivi previsti dalla lettera h) o producono alterazioni della visione binoculare (soppressione), trascorso, se occorre, il periodo di inabilità temporanea;
4) le gravi discromatopsie;
5) la anoftalmia, le malformazioni, le malattie croniche e gli esiti di lesioni dell'orbita, del bulbo oculare e degli annessi con rilevanti alterazioni anatomiche o funzionali, trascorso, se occorre, il periodo di inabilità temporanea;
6) il glaucoma e le disfunzioni dell'idrodinamica endoculare potenzialmente glaucomatogene, trascorso, se occorre, il periodo di inabilità temporanea;
7) i vizi di rifrazione che, corretti, comportano un visus inferiore agli 8/10 complessivi o inferiore ai 2/10 in un occhio;
8) i difetti del campo visivo, anche monoculari, che riducano sensibilmente la visione superiore o laterale o inferiore;
9) l'emeralopia;
10) la miopia o l'ipermetropia, senza o con astigmatismo, che superi in ciascun occhio, rispettivamente, le 8 e le 7 diottrie, anche in un solo meridiano;
11) l'astigmatismo misto in cui la somma tra i due meridiani, miopico e ipermetropico, superi in ciascun occhio le 5 diottrie;
12) le anisometropie in cui la differenza tra i meridiani più ametropi dei due occhi superi le 5 diottrie o che comportino alterazione della visione binoculare;

t) Otorinolaringoiatria

1) le malformazioni e alterazioni congenite e acquisite dell'orecchio esterno, dell'orecchio medio, dell'orecchio interno, quando sono deturpanti o causa di rilevanti disturbi funzionali, trascorso, se occorre, il periodo di inabilità temporanea;
2) le ipoacusie monolaterali con perdita uditiva, calcolata sulla media delle quattro frequenze fondamentali (500 - 1000 - 2000 - 3000 Hz), uguale o maggiore di 50dB, trascorso, se occorre, il periodo di inabilità temporanea;
3) le ipoacusie bilaterali con percentuale totale di perdita uditiva (P.P.T.) maggiore del 40%, trascorso, se occorre, il periodo di inabilità temporanea;
4) le malformazioni e le alterazioni acquisite del naso e dei seni paranasali, quando sono causa di rilevanti disturbi funzionali, trascorso, se occorre, il periodo di inabilità temporanea;
5) le malformazioni e le alterazioni acquisite della faringe, della laringe e della trachea, quando sono causa di rilevanti disturbi funzionali, trascorso, se occorre, il periodo di inabilità temporanea;

u) Dermatologia

Le alterazioni congenite e acquisite, croniche della cute e degli annessi, estese o gravi o che, per sede, determinino rilevanti alterazioni funzionali o fisiognomiche, trascorso, se occorre, il periodo di inabilità temporanea;

v) Apparato locomotore

1) le patologie e i loro esiti, anche di natura traumatica, dell'apparato scheletrico, dei muscoli, delle strutture capsulo-legamentose, tendinee, aponeurotiche e delle borse sinoviali causa di evidenti dismorfismi o di rilevanti limitazioni funzionali, trascorso, se occorre, il periodo di inabilità temporanea;
2) la mancanza anatomica o la perdita funzionale permanente almeno di:
   2.1 un dito della mano;
   2.2 falangi ungueali delle ultime quattro dita di una mano;
   2.3 falangi ungueali di cinque dita fra le due mani, escluse quelle dei pollici;
   2.4 un alluce;
   2.5 due dita di un piede;
3) le deformità gravi congenite e acquisite degli arti;

z) Altre cause di non idoneità

1) le imperfezioni o le infermità non specificate nell'elenco, ma che rendano il soggetto palesemente non idoneo al servizio militare, dopo osservazione;
2) il complesso di imperfezioni o infermità che, specificate o non nell'elenco, non raggiungono, considerate singolarmente, il grado richiesto per la riforma ma che, in concorso tra loro, rendano il soggetto palesemente non idoneo al servizio militare, dopo osservazione.

2. I disturbi e le infermità di cui al comma 1, lettera r), numeri da 1) a 9), devono essere tali da limitare significativamente il soggetto nell'assolvimento dei compiti previsti dal servizio militare.

LEGGE 12 LUGLIO 2010, N. 109

DISPOSIZIONI PER L'AMMISSIONE DEI SOGGETTI FABICI
NELLE FORZE ARMATE E DI POLIZIA

Art. 1

1. La carenza accertata, parziale o totale, dell'enzima G6PDH (glucosio-6-fosfatodeidrogenasi) non può essere motivo di esclusione ai fini dell'arruolamento nelle Forze armate e nelle Forze di polizia.
2. Entro trenta giorni dalla data di entrata in vigore della presente legge, ciascun Ministero interessato adotta i provvedimenti di competenza al fine di adeguare la propria normativa al principio previsto dal comma 1.

1.9 Come tutelarsi in caso di inidoneità alle varie fasi concorsuali

1.9.1 La tutela giurisdizionale come diritto costituzionalmente garantito e tutelato dalla Convenzione Europea dei Diritti dell'Uomo

Art. 24 della Costituzione della Repubblica Italiana: "*Tutti possono agire in giudizio per la tutela dei propri diritti e interessi legittimi. La difesa è diritto inviolabile in ogni stato e grado del procedimento. Sono assicurati ai non abbienti, con appositi istituti, i mezzi per agire e difendersi davanti ad ogni giurisdizione. La legge determina le condizioni e i modi per la riparazione degli errori giudiziari*".
Il diritto di tutelarsi giurisdizionalmente è uno dei principi cardine di un ordinamento democratico. La nostra Costituzione prevede espressamente che ogni cittadino debba avere la possibilità di ricorrere all'Autorità Giudiziaria, per tutelare le proprie posizioni giuridiche tutte le volte che ritenga che esse siano state illegittimamente compromesse. Lo Stato italiano deve garantire, quindi, l'inviolabilità di tale diritto (cd. "diritto di difesa") ed assicurarlo anche alle persone meno abbienti.
Con tali disposizioni, peraltro, si porta ad attuazione anche quel principio di eguaglianza dichiarato nell'art. 3 Cost., dove la Repubblica si impegna a rimuovere gli ostacoli economici e sociali che potrebbero comportare discriminazioni tra i cittadini.
Anche l'art. 6 della Convenzione Europea dei Diritti dell'Uomo ha inteso tutelare i diritti di difesa dei cittadini comunitari, stabilendo il diritto di ciascuno ad un "processo equo": "*Ogni persona ha diritto a che la sua causa sia esaminata equamente, pubblicamente ed entro un termine ragionevole da un tribunale indipendente e imparziale, costituito per legge…*".

1.9.2 Il concorso pubblico quale "strumento ordinario" di accesso nella P.A.

I principi costituzionali di parità di trattamento e di trasparenza ed efficienza della Pubblica Amministrazione

Art. 97 della Costituzione: "*I pubblici uffici sono organizzati secondo disposizioni di legge, in modo che siano assicurati il buon andamento e l'imparzialità dell'amministrazione. Nell'ordinamento degli uffici sono determinate le sfere di competenza, le attribuzioni e le responsabilità proprie dei funzionari. Agli impieghi nelle pubbliche amministrazioni si accede mediante concorso, salvo i casi stabiliti dalla legge*".

L'art. 97 della nostra Carta Costituzionale sancisce una serie di principi fondamentali che regolano la Pubblica Amministrazione. Tra essi, sono esplicitamente enucleati quelli del "*buon andamento*" e dell'"*imparzialità*", che si traducono nell'obbligo di predisporre gli strumenti per un'Amministrazione efficiente (che raggiunga, cioè, il maggior numero e/o i migliori obbiettivi con il minor sforzo possibile, anche e non solo dal punto di vista economico) e trasparente (che consenta, cioè, al cittadino, di verificare la correttezza delle procedure che lo riguardano, tutelandolo da eventuali disparità di trattamento). Lo stesso articolo prevede, all'ultimo comma, che il concorso pubblico costituisca lo strumento ordinario di accesso nelle pubbliche amministrazioni.
Tali principi si traducono in una serie di obblighi per lo Stato italiano, a cui corrispondono altrettanti diritti per il cittadino che aspiri ad un posto di lavoro pubblico.
Gli obblighi di buon andamento ed imparzialità, infatti, significano che lo Stato dovrà predisporre strumenti di selezione dei "migliori" e con modalità che garantiscano trasparenza delle procedure ed impediscano disparità di trattamento dei candidati.

1.9.3 La tutela giurisdizionale quale strumento di ripristino della legalità

La consacrazione nelle leggi dei diritti dei cittadini non vuol dire garantirli automaticamente da eventuali illegittimità.
Tutte le volte che un candidato ad un pubblico concorso sarà escluso illegittimamente da una selezione dovrà, infatti, ricorrere all'Autorità giudiziaria competente.
Stesso discorso deve farsi, ad esempio, per il dipendente licenziato o destituito o al quale sia stata negata un'indennità.
La valutazione dell'illegittimità, tuttavia, non dovrà essere rimessa al candidato, che potrebbe essere fuorviato dal risentimento e dall'amarezza per l'insuccesso ottenuto o ritenere erroneamente di avere subito un'ingiustizia. Legali, esperti del settore, dovranno raccogliere dal candidato le doglianze e valutare volta per volta se vi sia stato il rispetto delle leggi e/o dei regolamenti.
Si ricorda che anche le Pubbliche Amministrazioni sono tenute ad osservare le Leggi della Repubblica, nonché le disposizioni da esse stesse inserite nei bandi di concorso.

1.9.4 Avverso cosa si può ricorrere

Nella maggior parte dei casi, i candidati esclusi da una selezione o i dipendenti pubblici, militari o civili, non dovranno agire giurisdizionalmente per il riconoscimento di un diritto, ma per chiedere **l'annullamento di un provvedimento lesivo delle loro posizioni giuridiche**.
Oggetto dell'azione giurisdizionale sarà, quindi, in tali casi, individuato in un provvedimento di esclusione da un concorso, in una graduatoria, nella determinazione a firma del legale rappresentante dell'Ente pubblico che rigetta un'istanza o delibera un provvedimento sfavorevole.
Fanno eccezione le ipotesi concernenti il riconoscimento di pretese di natura economica, per cui sarà possibile agire anche in assenza di tali provvedimenti amministrativi.

1.9.5 I termini per ricorrere

I termini per ricorrere vanno distinti in relazione alla natura della pretesa che si intende far valere in giudizio. Sarà necessario rivolgersi a legali esperti del settore, perché potrebbe essere sufficiente il decorso del termine di sessanta giorni per rendere non più proponibile un ricorso giurisdizionale. In materia di concorsi pubblici, ad esempio, ogni provvedimento sfavorevole deve essere impugnato al **Tribunale Amministrativo Regionale** competente per territorio nel termine di sessanta giorni che decorrono dalla piena conoscenza dell'atto.

La piena conoscenza è comprovata qualora l'atto sia stato notificato all'interessato o da questi sottoscritto o portato a conoscenza con strumenti che consentono di risalire ad una data certa (ad es.: raccomandata a/r, assicurata). Parimenti, la pubblicazione in gazzetta ufficiale della Repubblica Italiana fa presumere la piena conoscenza dell'atto, ai fini della decorrenza dei termini di impugnazione. Per il **Ricorso Straordinario al Capo dello Stato** vale lo stesso discorso, ma il termine di impugnazione è più lungo: centoventi giorni in luogo di sessanta.

1.9.6 Il concorso pubblico e le sue fasi: le possibilità di ricorso

Non è possibile tracciare un elenco che contenga tassativamente le ipotesi di ricorso, perché sono molteplici le situazioni che possono verificarsi in relazione alla tipologia del concorso ed alle normative che lo regolamentano. In linea di massima, tuttavia, senza che ciò valga a delimitare in maniera esaustiva le possibilità di azione giurisdizionale, si può procedere ad analizzare l'iter concorsuale nelle fasi che lo compongono, indicando talune delle possibilità di reazione agli esiti sfavorevoli della selezione.

1.9.7 Indizione del bando di concorso

Tutte le volte in cui un'Amministrazione procede alla indizione di un bando di concorso, esercita pubblici poteri che non si sottraggono al sindacato di legittimità.
Il bando di concorso, infatti, può essere annullato se si pone in contrasto con principi costituzionali (ad esempio, art. 3 Cost. sull'uguaglianza e non discriminazione di concorrenti, art. 27 Cost., sull'utilizzazione economica ed efficiente del denaro pubblico, ecc.) o con norme di legge.
A titolo esemplificativo, un bando di concorso per l'arruolamento nelle FF.AA. può risultare illegittimo se prevede dei limiti di età disapplicando la L. n. 958/1986 che innalza tali limiti per chi è stato volontario in ferma prolungata, oppure se prevede pari tempo limite in una prova di corsa piana per i concorrenti di sesso maschile e femminile, con ciò discriminando questi ultimi.
Altre volte, un bando di concorso può risultare illegittimo perché riserva una percentuale di posti troppo elevata al personale "interno", con ciò violando i principi in materia di *par condicio* dei concorrenti, oppure perché talune disposizioni sono state modificate con iter procedimentali *contra legem*.
In questo e in numerosi altri casi, chi legge il bando di concorso e percepisce immediatamente l'esistenza di disposizioni lesive o preclusive alla partecipazione, adottate in violazione di legge, se vuole impugnarlo al T.A.R. è onerato a farlo nel termine decadenziale di sessanta giorni decorrenti dalla data di pubblicazione del bando nella Gazzetta Ufficiale.

1.9.8 Prove preselettive

I candidati spesso non sono in grado in tale fase di recepire la violazione di norme di legge ad opera delle Commissioni o dell'Amministrazione di Vertice. Eppure, un voto basso alla prova preselettiva può pregiudicare un intero iter concorsuale conclusosi favorevolmente. Anche la valutazione delle prove preselettive, estrinsecatasi in provvedimenti che assegnano una votazione o esprimono un giudizio, va impugnata nel termine decadenziale di sessanta giorni, sempre nel caso in cui risultino delle illegittimità.
A titolo esemplificativo, vi sono casi in cui la prova preselettiva per l'accesso ad un corso di Polizia è stata annullata dal T.A.R. in quanto i quiz somministrati erano di difficoltà troppo elevata rispetto a quella stabilita nelle disposizioni del bando di concorso. In altra fattispecie, il lettore ottico non aveva "preso atto" di una correzione e la Commissione si era rifiutata di provvedere rettificando il punteggio. I casi di ricorso andranno, comunque, analizzati volta

per volta, fermo restando che la preparazione è sempre il migliore strumento per il superamento della selezione.

1.9.9 Prove fisiche

La prova fisica, al pari di ogni altra fase dell'iter selettivo, impone un'apposita preparazione. Anche in tale fase sussistono tuttavia possibilità di ricorso. Si pensi al caso in cui il concorrente ha un infortunio durante una prova e l'Amministrazione non ha predisposto strumenti per il rinvio o la ripetizione di essa.
Sarà in tali casi necessario comprovare nell'immediatezza l'incidente occorso con documentazione medica proveniente da Strutture sanitarie pubbliche. In alcuni casi, inoltre, i TAR hanno accolto i ricorsi per la riscontrata violazione delle norme endoprocedimentali (la valutazione delle prove fisiche era stata effettuata da un singolo membro della Commissione con violazione del principio di collegialità), con ciò dando rilevanza a vizi formali.

1.9.10 Prove culturali (selezioni scritte od orali)

In tali selezioni si ampliano i margini discrezionali della Commissione e diviene difficile ottenere effettiva tutela. È però possibile accedere ai verbali preliminari alla valutazione, in cui devono essere obbligatoriamente predeterminati i criteri sulla cui base verrà effettuata la correzione ed attribuito il giudizio e/o la votazione (ad esempio: "ortografia"; "aderenza alla traccia"; "capacità espositiva") o quelli coevi alla prova, in cui sono registrate le domande poste al candidato in sede di prova orale.
Le possibilità di ricorso sussistono qualora il giudizio e/o la votazione risultino non in linea con i criteri prestabiliti o violino disposizioni di legge o del bando. È anche possibile accedere agli elaborati degli altri candidati per verificare se il metro di giudizio sia stato identico per tutti e per verificare se il giudizio e/o la valutazione non presentino vizi di logicità.

1.9.11 Accertamenti medici

Anche un brillante candidato può vedersi impedito l'accesso al posto messo a concorso per un'inattesa inidoneità psico-fisica. In linea di massima, è sempre possibile sindacare i giudizi relativi a tale tipo di inidoneità, sia per quanto riguarda la sussistenza della patologia, sia per verificare l'esatta applicazione delle disposizioni concorsuali in materia di requisiti psico-fisici.
In tale settore, può essere di fondamentale importanza la tempestività dell'intervento legale, anche al di fuori della fase propriamente processuale. Si pensi a tutte quelle patologie guaribili o non più riscontrabili con il passare del tempo. In tali casi, per accrescere le possibilità di un positivo intervento giurisdizionale, sarà necessaria la produzione di certificati medici redatti nell'immediatezza dell'esclusione. Il Giudice, infatti, non si sostituirà all'Amministrazione nel decretare l'idoneità o meno di un candidato, ma dovrà valutare se essa ha correttamente operato sulla base del quadro clinico emergente alla data dell'esclusione, eventualmente disponendo accertamenti d'ufficio.
I margini di proponibilità di un'azione giurisdizionale, pertanto, non potranno in tali casi prescindere da un parere del medico specialista e da idonea documentazione medica.

1.9.12 Accertamenti attitudinali

È uno dei settori più difficilmente sindacabili dal Giudice Amministrativo. Si è fatto strada, infatti, nella giurisprudenza, il principio della cd. "irripetibilità degli accertamenti attitudinali": il Giudice, al contrario di quanto avviene in materia di idoneità psico-fisica, ritiene che il

giudizio delle Commissioni non possa essere "ribaltato" da successivi accertamenti, che violerebbero la "par condicio dei concorrenti".
L'unica via che permette il sindacato giurisdizionale è quella di appurare l'esistenza di vizi di logicità, irragionevolezza e contraddittorietà nei giudizi valutativi delle batterie testologiche somministrate in sede concorsuale. In altre parole, non occorrerà somministrare ex novo un test attitudinale al candidato, ma verificare se quelli da lui consegnati in sede concorsuale siano stati bene interpretati e se i giudizi attribuitigli non si pongano in contrasto con altre valutazioni.

1.9.13 Valutazioni dei titoli – graduatorie

Accade non infrequentemente, ad esempio in materia di concorsi per l'accesso ai ruoli del servizio permanente delle FF.AA., che al termine di ferme contratte per alcuni anni il passaggio in s.p.e. sia impedito da un punteggio complessivo finale troppo basso. I giovani, dopo avere tanto investito in una ferma a termine, si chiedono i motivi dell'esclusione, pur in presenza di schede valutative con qualifiche finali "eccellenti" e/o votazioni di ammissione alla ferma molto elevate.
È importante sottolineare che soventemente le normative di settore (ad es., per le FF.AA., il D.P.R. n. 332/1997) prevedono solo "genericamente" i titoli ai quali attribuire punteggi, mentre la concreta applicazione della normativa è affidata alle Commissioni di valutazione, che sono chiamate ad approntare i meccanismi di selezione. Tutte le volte in cui tali meccanismi violino le disposizioni di legge o del bando di concorso e/o si rivelino inique o disparitarie, diviene possibile promuovere azione giurisdizionale, previo parere di legali esperti del settore.

1.9.14 Esclusioni per mancanza dei requisiti concorsuali

Sia quando è conclusa, che perdurando la selezione, l'Amministrazione ha il potere di verificare la sussistenza e la permanenza dei requisiti concorsuali. In tali casi, i motivi di esclusione possono essere i più vari: dalla riscontrata mancanza delle qualità fisiche, morali e di condotta alla rettifica dei punteggi a seguito di controlli avviati d'ufficio presso altre pubbliche Amministrazioni. Anche in tale evenienza, in presenza di illegittimità, sarà possibile richiedere tutela ai competenti Organi giurisdizionali.

1.9.15 Cose da sapere: l'onere della prova grava su chi propone il ricorso

Anche nei casi in cui si appuri la sussistenza di illegittimità, si sconsiglia la proposizione di un'azione giurisdizionale se non si è in grado di disporre della prova tangibile della violazione subita. Gli Organi giurisdizionali chiamati ad intervenire, infatti, per loro natura non hanno il compito di ricercare le fonti di prova, che restano ad esclusivo carico delle parti del processo. Chi intende adire l'Autorità Giudiziaria, quindi, dovrà necessariamente fornire in giudizio gli elementi di prova a proprio favore, eventualmente richiedendo la documentazione di proprio interesse all'Amministrazione competente, la quale è tenuta a consentirne la visione ed eventualmente l'estrazione di copia, entro trenta giorni dalla data della richiesta.
I ricorsi al T.A.R. ed al Presidente della Repubblica, a differenza di quelli innanzi al Giudice civile, non contemplano infatti per loro natura l'audizione di testimoni. Sono processi "documentali" e, pertanto, colui che intende ricorrere dovrà ricercare, eventualmente mediante l'ausilio di un legale, di procurarsi le fonti di prova. Occorre comunque sapere che grava sulle pubbliche Amministrazioni l'obbligo di verbalizzare quanto avviene in sede di concorso, talché il candidato potrà sempre pretendere di far verbalizzare avvenimenti che lo riguardano (ad es: un infortunio durante una prova fisica, le domande rivoltegli in sede di prova orale o di colloquio attitudinale) e richiedere copia dei verbali del concorso.

Solo successivamente alla produzione in giudizio della documentazione probante potrà essere richiesto all'Organo Giurisdizionale adito di esercitare i poteri istruttori di cui dispone, al fine di ordinare approfondimenti, richiedere chiarimenti e/o di incaricare consulenti tecnici.

1.9.16 Conclusioni

Come accennato in precedenza in presenza di casi, atti, documenti, decisioni della Pubblica Amministrazione lesivi degli interessi propri, specie in ciascuna fase concorsuale, è opportuno rivolgersi nell'immediatezza a specialisti del settore, a studi legali che trattino questa materia per tutelare i propri diritti.

In questa fase, esperti come la **Nissolino Corsi**, che da anni opera nel settore della preparazione ai concorsi e dei servizi connessi, possono aiutarvi nell'analisi di ciascun caso e a fornire suggerimenti e consigli idonei volti a dirimere i dubbi circa gli interessi lesi dalla Pubblica Amministrazione.

Registrandosi sul nostro sito secondo le modalità indicate a pag. I, è possibile consultare i bandi per il reclutamento di VFP1 nell'Esercito Italiano, nella Marina Militare e nell'Aeronautica Militare.

Parte Seconda

Gli Accertamenti Psico-Attitudinali

SOMMARIO

Capitolo 1
I test della personalità e il colloquio

1.1 I test psicologici

In linea generale, si può definire il test come una situazione standardizzata in cui il comportamento di una persona viene osservato e descritto. Non sempre il risultato è espresso numericamente; spesso infatti, viene assegnato attraverso un gruppo o profilo di punteggi.
Esso, unitamente al colloquio, è uno strumento utile per fornire misurazioni e parametri che servono a comprendere meglio il paziente per formulare una diagnosi e conseguentemente delle ipotesi di lavoro circa il percorso terapeutico futuro.
L'interesse e lo studio per i test psicologici nacque nel 1800. *Galton, Cattell* e *Binet* furono i primi studiosi che portarono alla ribalta l'importanza dei test, quali strumenti atti a misurare le capacità dell'individuo. La ***scala Binet-Simon*** venne ideata per la misurazione dell'intelligenza a carattere individuale nei bambini; il punteggio di un bambino al test poteva esprimersi in termini di età mentale, ossia l'età equivalente a quella dei bambini normali il cui rendimento il soggetto avesse eguagliato. Si rileva utile, dunque, come misura di attitudine scolastica.
Per la misurazione dell'intelligenza degli adulti lo strumento più adatto si rivelò, invece, la ***Scala Wechsler*** (W.A.I.S. – Wechsler adult intelligence scale). Wechsler notò che con il crescere dell'età dei soggetti si aveva un abbassamento di punteggio; successivamente si dimostrò che ciò non era vero, se non dopo i 60 anni.
I test summenzionati avevano il limite di concepire l'intelligenza come una capacità globale ed unitaria e non come la rappresentazione di un certo numero di abilità (fattori) relativamente indipendenti.
Da questi primi reattivi ne seguirono altri anche collettivi, come l'***Army Alpha*** e l'***Army Bheta***.
In seguito gli psicologi avvertirono l'esigenza di strumenti che potessero testare attitudini specifiche da utilizzare soprattutto per l'orientamento professionale e la selezione del personale aziendale.
Un valido esempio è rappresentato dall'analisi fattoriale (*Kelly* e *Thurstone*) dalla quale si ricava invece che un punteggio complessivo come il *Qi* = EM/EC × 100 (dove *Qi* = quoziente d'intelligenza; *EM* = età mentale; *EC* = età cronologica) un punteggio distinto per ciascun tratto della personalità considerato, esempio: attitudine numerica, comprensione verbale, visualizzazione spaziale ecc.
I test succitati sono standardizzati, le condizioni della prova sono stabilite con esattezza, le istruzioni sono uniformi per tutti i soggetti e il tempo è prefissato.
Alle risposte date si assegna un punteggio ed i risultati vengono letti attraverso un linguaggio matematico ed interpretati quantitativamente. In tal modo la soggettività dello sperimentatore e le interferenze di variabili esterne vengono ridotte al minimo, fornendo dei giudizi validi ed attendibili.

La nascita successiva dei ***test della personalità*** e delle ***tecniche proiettive*** ha comportato delle critiche da parte degli psicometristi che applicavano i test psicometrici, basati cioè sulla matematica e sulla statistica che ribadivano la poca attendibilità di questi strumenti e la loro carenza a livello di validazione e standardizzazione.
Tuttavia, la loro applicazione è andata evolvendo nel tempo poiché il soggetto rivela se stesso, senza ansie di prestazione; infatti non si presentano come una minaccia al prestigio personale ed alla stima di sé, poiché generalmente qualunque risposta "va bene".
I test proiettivi si basano sul concetto di **"proiezione"**, intesa non come meccanismo ideato da Freud, ma come esternalizzazione ed attribuzione di bisogni e sentimenti che fungono da base per la percezione ed il giudizio degli stimoli esterni.
Essi permettono, comunque, al soggetto di proiettare i suoi conflitti e di giungere a conoscere la struttura e la funzione della sua personalità e il motivo del suo disagio (mediante una diagnosi effettuata da personale esperto).
Rientrano in siffatto materiale:

- ***le tecniche associative***, che richiedono al soggetto di riferire quanto lo stimolo evochi e susciti in lui (per esempio: ***Rorschach, Z test*** e ***associazioni di parole*** *ecc.*);
- ***le tecniche di costruzione***, che implicano una produzione dell'immaginazione per la quale i materiali del test forniscono una cornice (per esempio: ***T.A.T.***, ***P.F.S.***, ***O.R.T.***, ***C.A.T.***, ***Blacky Story*** *ecc.*);
- ***le tecniche di completamento***, che richiedono al soggetto di completare una frase o una storia (***Sacks, Sentence Completion*** *ecc.*);
- ***le tecniche espressive***, che richiedono al soggetto un atto artistico creativo (***Draw-a-Person***, ***K.F.D.***, ***Test grafici***, ***Psicodramma*** *ecc.*).

Alcune di queste tecniche verranno analizzate dettagliatamente perché quasi sicuramente saranno oggetto della selezione per il presente concorso.
Per l'accertamento dell'idoneità, vengono somministrati **uno o più test di personalità** e **uno o più questionari biografici e/o motivazionali;** tale materiale è predisposto all'inizio di questa fase dal Centro e non è detto che per ogni concorso vengano utilizzati sempre gli stessi.

1.2 Consigli preliminari

Prima di descrivere brevemente i test della personalità più diffusi in ambito selettivo, forniamo di seguito una serie di consigli generali sempre validi, qualunque sia il test cui sarete sottoposti.
Nei test psicologici, ed in particolare in quelli della personalità, **non esistono risposte giuste o sbagliate** ma al massimo risposte *coerenti* o *incoerenti*. Gli strumenti di valutazione della personalità utilizzati ai fini selettivi consentono sempre di individuare distorsioni o contraddizioni nelle risposte evidenziando così il tentativo di distorcere la realtà, fornendo risposte forzate solo per impressionare i selezionatori o cercare di dare una migliore impressione di sé. Indicazioni sempre valide sono dunque:

- **rispondere sinceramente alle domande** senza cadere nell'errore di immaginare ciò che il selezionatore vorrebbe sentirsi dire o di basarsi sulle proprie idee preconcette circa i requisiti che bisognerebbe avere per svolgere una determinata funzione. I selezionatori sono in grado di individuare le risposte forzate o incoerenti ed il cercare di "mascherare" la propria personalità per apparire migliori è un sintomo di insicurezza che viene valutato negativamente;

- **non cercare di interpretare le domande** pensando al significato nascosto che potrebbero avere. Le domande dei questionari sono formulate in modo chiaro e non necessitano di essere interpretate;
- **evitare le contraddizioni**: se si è seguito il primo consiglio non si dovrebbe incorrere in questo rischio. Occorre comunque far attenzione a non esprimere pareri e non fornire dati contrastanti fra loro. Cercare a tale scopo di ricordare le domande a cui si è risposto e le risposte fornite per non cadere in contraddizione;
- **leggere con attenzione le domande**: non sono generalmente imposti limiti di tempo per completare i questionari, dunque non bisogna temere di non aver tempo sufficiente per completarli. Leggere le domande con calma e soffermarsi sulle alternative di risposta proposte rispondendo solo dopo avere compreso pienamente cosa si sta chiedendo;
- **non aver paura di essere sinceri**: i selezionatori sono tenuti al segreto professionale e non possono in alcun caso diffondere i risultati dei test somministrati. Tali test vengono somministrati da psicologi professionisti che non sono lì per giudicare i candidati come persone, ma solo per valutare se sono "adatti" a svolgere una certa professione. Non si deve dunque aver paura di esporsi o di essere sinceri;
- **non collaborare con gli altri candidati**: in caso di somministrazioni collettive, nulla sarebbe più sbagliato del collaborare con gli altri o copiare le risposte da un altro candidato. Bisogna ricordare che non esistono risposte migliori di altre;
- **limitare le incertezze**: generalmente i test prevedono la possibilità di esprimere incertezza rispetto ad un argomento. Si può naturalmente utilizzare tale opzione ma con moderazione. Rispondere sempre "*non so*" per evitare di esprimere una posizione netta è controproducente in quanto sinonimo di indecisione o *mancanza di carattere*;
- **essere disponibili**: è necessario affrontare le diverse prove con un atteggiamento non critico ma di disponibilità ad offrire un'immagine di sé corrispondente a come realmente si è. Un atteggiamento responsabile è quello di chi si attiene alle istruzioni date dal professionista e ha un approccio serio ai test, dato da concentrazione ed impegno. Anche l'atteggiamento di fronte alle singole prove è infatti, per i selettori, un elemento importante per valutare la motivazione dei candidati;
- **mantenere la calma, rimanere lucidi e non scoraggiarsi**: per favorire la calma e la lucidità consigliamo di arrivare alla prova riposati (andare a letto presto, evitando cene pesanti) e mai digiuni. La mattina della prova è importante fare una colazione ricca in carboidrati, ma povera di grassi e portare con sé qualche caramella e qualche biscotto, nel caso si avvertisse un calo di concentrazione.

1.3 Il test biografico aperto

Viene di seguito riportato un esempio di test biografico cioè una serie di domande che si possono trovare sotto forma di questionario.

Il consiglio, per rispondere in modo adeguato, è quello di essere il più possibile sinceri poiché si tratta di domande a carattere personale, dalle quali non debbono emergere, tuttavia, particolari problemi o disagi né, soprattutto, contraddizioni.

Test biografico aperto	
1	Fai parte di qualche associazione?
2	Pratichi qualche attività sportiva? Se sì, quale?
3	Sei d'accordo con la frase "Si raggiunge ogni meta con lavoro e sacrificio"?
4	Quante ore dedicavi allo studio durante la scuola?
5	Come erano i tuoi risultati a scuola (ottimi, buoni, discreti, sufficienti, mediocri, scarsi)?
6	In che percentuale la fortuna ha contribuito ai tuoi successi e quanto l'assiduo impegno?
7	Passi la maggior parte del tuo tempo libero in compagnia o da solo?
8	Vorresti fare un lavoro che ti obbligasse a continui trasferimenti?
9	Saresti d'accordo a fare un lavoro che ti obbligasse anche contro i tuoi princìpi religiosi a lavorare la domenica?
10	Hai mai rinunciato a qualcosa?
11	Hai qualche hobby? Se sì, quale?
12	Hai avuto precedenti esperienze lavorative? Se sì, in che campo?
13	Se hai avuto esperienze lavorative, per quanto tempo?
14	Quante ore al giorno guardi la Tv?
15	Che genere di programmi preferisci?
16	A quali social network sei iscritto?
17	Qual è la tua opinione sui social network?
18	Cos'è per te l'amicizia?
19	Qual è il luogo di residenza della famiglia?
20	Con chi sei più in sintonia in famiglia?
21	A chi sei meno legato?
22	Qual è il carattere di tuo padre?
23	Qual è il carattere di tua madre?
24	Ti sono mai state inflitte punizioni a scuola?
25	Ti sei sempre rapportato bene con gli altri studenti?
26	Preferisci passare il tempo insieme agli altri o da solo?
27	Ritieni di essere ansioso?
28	Ritieni di essere timido?
29	Ritieni di essere nervoso?
30	In alcuni momenti della tua vita sei stato in crisi o depresso?
31	Sei mai incorso in problemi con la legge?
32	Pensi di essere coraggioso?
33	Ti piacciono gli animali?
34	Che tipo di lavoro fanno i tuoi familiari?
35	Economicamente la tua famiglia ha problemi?
36	Come si comportano fra loro i tuoi genitori?
37	A quale genitore assomigli maggiormente come carattere?

(segue)

38	Impartirai ai tuoi figli gli stessi insegnamenti che hai ricevuto?
39	Che giudizio esprimono su di te i tuoi amici?
40	Quando è stata l'ultima volta che hai fatto a botte?
41	Qual è il tuo più grande pregio e quale il difetto?
42	Quali argomenti discuti con tuo padre? E con tua madre?
43	Che giudizio hai di luoghi come caserme e collegi?
44	Quando hai avuto la prima esperienza sessuale?
45	Secondo te, una persona a 20 anni deve aver obbligatoriamente avuto esperienze sessuali?
46	A quale personaggio (storico, del mondo dello spettacolo, dello sport, della cultura) ti piacerebbe assomigliare?
47	Con chi trascorri, di solito, le tue vacanze?
48	Ti piace leggere?
49	Quali sono gli ultimi libri che hai letto?
50	In linea generale, che tipo di lavoro ti piacerebbe svolgere?
51	Che tipo di educazione hai ricevuto?
52	Che progetti hai per il futuro?
53	Per quale motivo sei stato in prevalenza punito durante l'infanzia?

In generale per qualsiasi domanda strettamente di carattere personale la risposta deve essere **"vera"**, per le altre è sempre meglio dare giudizi positivi, di disponibilità e lealtà.

Risposte al test biografico aperto *Vengono riportati esempi di soluzione e per facilitarne la comprensione si riformulano le domande attribuendo, di seguito, le possibili risposte.*		
1	Fai parte di qualche associazione?	*No (Se sì dirlo liberamente, purché essa non sia illegale)*
2	Pratichi qualche attività sportiva? Se sì, quale?	*Sì, calcio, palestra (o altro)*
3	Sei d'accordo con la frase "Si raggiunge ogni meta con lavoro e sacrificio"?	*Sì*
4	Quante ore dedicavi allo studio durante la scuola?	*Dalle due alle quattro ore e qualche volta di più, a seconda dei giorni*
5	Come erano i tuoi risultati a scuola (ottimi, buoni, discreti, sufficienti, mediocri, scarsi)?	*(dire la verità)*
6	In che percentuale la fortuna ha contribuito ai tuoi successi e quanto l'assiduo impegno?	*Scarsa è la percentuale della fortuna, alta quella dell'impegno*
7	Passi la maggior parte del tuo tempo libero in compagnia o da solo?	*In compagnia*
8	Vorresti fare un lavoro che ti obbligasse a continui trasferimenti?	*Sono una persona disponibile e versatile*
9	Saresti d'accordo a fare un lavoro che ti obbligasse anche contro i tuoi princìpi religiosi a lavorare la domenica?	*Dipende dal lavoro e dalla gratificazione*

(segue)

10	Hai mai rinunciato a qualcosa?	*Sì*
11	Hai qualche hobby? Se sì, quale?	*Sì, disegnare, leggere, utilizzare il computer, praticare sport*
12	Hai avuto precedenti esperienze lavorative? Se sì, in che campo?	*(Descrivere le eventuali esperienze senza problemi)*
13	Se hai avuto esperienze lavorative, per quanto tempo?	*(Indicare il periodo)*
14	Quante ore al giorno guardi la Tv?	*Dipende dai programmi (dalle due alle tre ore); di più se vengono trasmesse cose particolarmente interessanti*
15	Che genere di programmi preferisci?	*(Dire la preferenza senza problemi evitando i cartoni animati e i film troppo violenti)*
16	A quali social network sei iscritto?	*(Indicare i social network a cui si è iscritti per un massimo di 3)*
17	Qual è la tua opinione sui social network?	*Penso che siano uno strumento nuovo e importante per restare in contatto con molte persone e aggiornarsi su cosa succede nel mondo*
18	Cos'è per te l'amicizia?	*Un valore da rispettare*
19	Qual è il luogo di residenza della famiglia?	*(Indicare la residenza)*
20	Con chi sei più in sintonia in famiglia?	*Tutti*
21	A chi sei meno legato?	*Nessuno*
22	Qual è il carattere di tuo padre?	*Deciso e disponibile*
23	Qual è il carattere di tua madre?	*Allegro e simpatico*
24	Ti sono mai state inflitte punizioni a scuola?	*No (non serie, eccetto qualche nota)*
25	Ti sei sempre rapportato bene con gli altri studenti?	*Sì*
26	Preferisci passare il tempo insieme agli altri o da solo?	*Insieme con gli altri*
27	Ritieni di essere ansioso?	*No*
28	Ritieni di essere timido?	*No*
29	Ritieni di essere nervoso?	*No*
30	In alcuni momenti della tua vita sei stato in crisi o depresso?	*No*
31	Sei mai incorso in problemi con la legge?	*No*
32	Pensi di essere coraggioso?	*Sì*
33	Ti piacciono gli animali?	*Sì*
34	Che tipo di lavoro fanno i tuoi familiari?	*(Descrivere l'attività)*
35	Economicamente la tua famiglia ha problemi?	*No*
36	Come si comportano fra loro i tuoi genitori?	*(Vanno d'accordo) oppure (Hanno un buon rapporto)*
37	A quale genitore assomigli maggiormente come carattere?	*(Un po' a tutti e due) oppure (A mio padre – se si è maschi) oppure (A mia madre – se si è femmine)*

(segue)

38	Impartirai ai tuoi figli gli stessi insegnamenti che hai ricevuto?	*(In linea di massima sì) oppure (Fondamentalmente penso di sì)*
39	Che giudizio esprimono su di te i tuoi amici?	*(Positivo) oppure (Un giudizio leale e sincero)*
40	Quando è stata l'ultima volta che hai fatto a botte?	*(Mai) oppure (Non ricordo di aver mai fatto a botte poiché non lo ritengo un sistema idoneo per chiarirsi)*
41	Qual è il tuo più grande pregio e quale il difetto?	*Pregio: disponibilità; Difetto: ostinatezza oppure Pregio: simpatia; Difetto: testardaggine*
42	Quali argomenti discuti con tuo padre? E con tua madre?	*Padre: sport, attualità; Madre: personali, relativi agli amici oppure Posso parlare con entrambi di tutto, senza problemi*
43	Che giudizio hai di luoghi come caserme e collegi?	*(Sono luoghi di formazione e istruzione) oppure (Sono istituzioni formative che rafforzano il carattere)*
44	Quando hai avuto la prima esperienza sessuale?	*(Dire la verità, preferibilmente non prima dei 18 anni) oppure (Quando mi sono sentito pronto)*
45	Secondo te, una persona a 20 anni deve aver obbligatoriamente avuto esperienze sessuali?	*(No, se non lo ha ritenuto opportuno) oppure (No, poiché credo che non abbia trovato la persona giusta)*
46	A quale personaggio (storico, del mondo dello spettacolo, dello sport, della cultura) ti piacerebbe assomigliare?	*Scrivere un personaggio che possa rappresentare dei valori morali*
47	Con chi trascorri, di solito, le tue vacanze?	*(Amici, ragazza) oppure (Con la famiglia)*
48	Ti piace leggere?	*(Sì) oppure (No)*
49	Quali sono gli ultimi libri che hai letto?	*(Dire le preferenze)*
50	In linea generale, che tipo di lavoro ti piacerebbe svolgere?	*(A contatto con la gente) oppure (Dinamico, creativo)*
51	Che tipo di educazione hai ricevuto?	*(Abbastanza rigida ma con il dialogo) oppure (Senza imposizioni eccessive, ma con le giuste regole)*
52	Che progetti hai per il futuro?	*(Affermarmi professionalmente e farmi una famiglia) oppure (Realizzare i miei sogni)*
53	Per quale motivo sei stato in prevalenza punito durante l'infanzia?	*(Perché non rimettevo in ordine) oppure (Perché rispondevo un po' male) oppure (Non ricordo di essere stato mai seriamente punito)*

1.3.1 Biografico (ulteriore tipologia)

Quasi sempre durante gli accertamenti attitudinali dei concorsi nelle FF.AA. e nelle FF.PP. viene somministrato un questionario biografico/informativo ovvero un questionario anamnestico finalizzato a raccogliere dati soggettivi utili ai fini della valutazione attitudinale; è uno strumento volto ad acquisire informazioni sul soggetto, relative:

- alla sua storia personale (che cosa ha fatto e come lo ha fatto, che cosa sta facendo e come lo sta facendo) in ambito scolastico, familiare, sportivo, di gruppo e lavorativo;
- ai valori di fondo: i principi, gli ideali, le opinioni, gli atteggiamenti prevalenti, tutti elementi che sono alla base della "cultura" del soggetto e ne condizionano in qualche modo il comportamento;

– le motivazioni personali: gli obiettivi, i progetti nei quali ha intenzione di investire le proprie risorse ecc.

Esso, quindi, permette di raccogliere elementi di informazione e svolge la fondamentale funzione di supporto e di guida all'intervista attitudinale di selezione.

Un esempio di questionario semplice, utilizzato in alcuni concorsi militari, è costituito da una serie di domande informative riguardanti la famiglia, gli studi e gli interessi personali che prevedono una risposta del tipo Sì/No, o risposte brevi.

Vengono riportati, in questo caso, degli esempi.

	Test biografico
1	Specifichi i membri della sua famiglia, con il grado di parentela, il luogo di nascita, il titolo di studio e il tipo di lavoro.
2	Dove risiede la sua famiglia?
3	In che modo la sua famiglia ha influito nelle sue decisioni?
4	Quando si allontana da casa come si comporta?
5	Durante il periodo di sviluppo ha avuto il bisogno di sentirsi autonomo nelle scelte rispetto ai genitori?
6	Aveva dei progetti da piccolo rispetto al suo futuro? Se sì, ha potuto realizzarli in qualche modo?
7	Qual è la sua occupazione attuale?
8	Qual è stata l'ultima classe frequentata? Con quale profitto?
9	In quale materia le sembrava di riscontrare maggiori difficoltà (specificare se erano materie scritte oppure orali, e quali erano)?
10	Come erano i rapporti con i compagni?
11	Come erano i rapporti con i professori?
12	Si considera una persona a cui piace prendere iniziative?
13	Racconti un episodio in cui è stato protagonista.
14	Ha mai ricoperto il ruolo di leader all'intero di un gruppo? Nel caso di risposta affermativa, racconti gli aspetti positivi e negativi di questa esperienza.
15	Dove ha trascorso le ultime vacanze? In che modo?
16	Le è mai capitato di svolgere qualche lavoro, anche saltuario? Nel caso di risposta affermativa, come si è trovato nel lavoro?
17	C'è qualche relazione tra quel lavoro e la scelta professionale futura?
18	Frequenta un gruppo di amici fidati?
19	Cosa fa con i suoi amici?
20	Come descriverebbe il suo migliore amico (pregi e difetti)?
21	Che giudizio ha di se stesso?
22	È soddisfatto della sua vita sentimentale?
23	Nel caso viva una relazione stabile, come immagina il suo futuro?
24	Il suo partner condivide la sua scelta professionale?
25	Scelga un personaggio del mondo della cultura, dello spettacolo o dello sport che per lei rappresenta un punto di riferimento e spieghi il motivo della scelta.
26	Come la giudicano le persone che la conoscono?

(segue)

27	Le è mai capitato di appartenere ad un gruppo ultras?
28	Le è mai capitato di guidare in modo spericolato?
29	Le è mai capitato di far uso di sostanze alcoliche?
30	Le è mai capitato di avere atteggiamenti aggressivi?
31	Le è mai capitato di compiere atti di vandalismo?
32	Le piace leggere?
33	Quali sono gli ultimi libri che ha letto?
34	Che sport pratica?
35	Quali secondo lei sono i valori fondamentali che orientano scelte e comportamenti?
36	Nella sua scelta professionale c'è la possibilità di lavorare il sabato o la domenica. Le crea problemi questa eventualità?
37	Nella sua scelta professionale si maneggiano armi. Esprima una considerazione in merito.
38	Ha già fatto un'esperienza diretta del mondo militare? In caso affermativo, la descriva brevemente.
39	La sua scelta professionale che ripercussione potrebbe avere sulla famiglia, sulle amicizie o sugli studi?
40	A quale genitore sente si assomigliare di più?
41	Cosa pensa dei social network?
42	Come è venuto a conoscenza di questo concorso?
43	Dica tra i suoi familiari chi appoggia maggiormente questa sua decisione e perché.
44	Come è nato in lei il desiderio di indossare la divisa?
45	Secondo lei, quali sono le funzioni e i settori d'impiego del Corpo o Arma da lei prescelto?
46	Pensa che il ruolo per il quale lei ambisce possa soddisfare le sue aspettative?
47	Ha partecipato ad altri concorsi nelle Forze di Polizia o Armate? Se sì, con quali esiti?
48	Se fosse già un appartenente, descriva l'anno d'arruolamento, l'incarico ricoperto attualmente, la qualifica attribuita nelle ultime valutazioni caratteristiche, eventuali specializzazioni conseguite.
49	Si descriva in poche righe come se dovesse presentarsi a delle persone che non la conoscono.

Possibili risposte al test biografico *Vengono riportati esempi di soluzione e per facilitarne la comprensione si riformulano le domande attribuendo, di seguito, le possibili risposte.*		
1	Specifichi i membri della sua famiglia, con il grado di parentela, il luogo di nascita, il titolo di studio e il tipo di lavoro.	*(Fornire tutte le indicazioni, come richiesto, senza tralasciare alcun componente)*
2	Dove risiede la sua famiglia?	*(Specificare il luogo)*
3	In che modo la sua famiglia ha influito nelle sue decisioni?	*È stata molto presente, ma non invadente, pronta a sostenermi e consigliarmi*
4	Quando si allontana da casa come si comporta?	*Sono sereno e responsabile, in grado di divertirmi senza esagerare*
5	Durante il periodo di sviluppo ha avuto il bisogno di sentirsi autonomo nelle scelte rispetto ai genitori?	*Non ho avvertito il bisogno poiché la mia famiglia mi ha responsabilizzato e reso autonomo, pur essendo presente*

(segue)

6	Aveva dei progetti da piccolo rispetto al suo futuro? Se sì, ha potuto realizzarli in qualche modo?	*Fin da piccolo pensavo che da grande mi sarebbe piaciuto svolgere un lavoro a contatto con altre persone. (Se sì) Mi sto impegnando per realizzarli*
7	Qual è la sua occupazione attuale?	*(Dire il tipo di lavoro, se si svolge)*
8	Qual è stata l'ultima classe frequentata? Con quale profitto?	*(Dire la classe) (Dire con che profitto) Buono (o regolare, sufficiente)*
9	In quale materia le sembrava di riscontrare maggiori difficoltà (specificare se erano materie scritte oppure orali, e quali erano)?	*(Dire le materie, ma non più di una o due)*
10	Come erano i rapporti con i compagni?	*Buoni (di amicizia e collaborazione)*
11	Come erano i rapporti con i professori?	*Di rispetto; di stima*
12	Si considera una persona a cui piace prendere iniziative?	*Sì; abbastanza*
13	Racconti un episodio in cui è stato protagonista.	*(Raccontare un episodio, per esempio durante un viaggio essere stato scelto per animare una serata, oppure essere stato scelto a scuola per interpretare il ruolo di protagonista (o comunque un ruolo importante) in qualche recita*
14	Ha mai ricoperto il ruolo di leader all'intero di un gruppo? Nel caso di risposta affermativa, racconti gli aspetti positivi e negativi di questa esperienza.	*Mi piace essere coinvolto nelle varie decisioni da prendere; a volte sono io a prendere iniziative, in altre esprimo il mio punto di vista. (In caso di risposta affermativa accontare un'eventuale esperienza); per esempio: in vacanza con gli amici, la guida che ci doveva accompagnare in un'escursione ha avuto un contrattempo ed io, dopo aver consultato gli altri, ho proposto di andare ugualmente. Mi sono documentato sull'itinerario, circa quello che avremmo dovuto vedere, ho motivato i compagni ed è stata una piacevole avventura*
15	Dove ha trascorso le ultime vacanze? In che modo?	*(Dire dove) Se possibile, raccontare di essere stati con amici, in campeggio o affittando una casa ecc.*
16	Le è mai capitato di svolgere qualche lavoro, anche saltuario? Nel caso di risposta affermativa, come si è trovato nel lavoro?	*(Dire Sì/No) (Nel caso di risposta affermativa) Abbastanza bene*
17	C'è qualche relazione tra quel lavoro e la scelta professionale futura?	*Specificare che se l'altro poteva essere un lavoro estivo, saltuario, per non gravare in famiglia, mentre la scelta attuale è dettata dal desiderio di realizzare un sogno/svolgere un lavoro che porti avanti forti ideali*
18	Frequenta un gruppo di amici fidati?	*Sì*
19	Cosa fa con i suoi amici?	*Usciamo a mangiare una pizza/gelato, andiamo al cinema oppure al centro commerciale ecc.*
20	Come descriverebbe il suo migliore amico (pregi e difetti)?	*Leale, disponibile, allegro, a volte un po' testardo*
21	Che giudizio ha di se stesso?	*Positivo*

(segue)

22	È soddisfatto della sua vita sentimentale?	*Sì/abbastanza*
23	Nel caso viva una relazione stabile, come immagina il suo futuro?	*Spero che la relazione continui con lo stesso sentimento e che potremo costruirci una famiglia*
24	Il suo partner condivide la sua scelta professionale?	*Sì, la rispetta*
25	Scelga un personaggio del mondo della cultura, dello spettacolo o dello sport che per lei rappresenta un punto di riferimento e spieghi il motivo della scelta.	*Nello spettacolo la coppia Vianello-Mondaini, recentemente scomparsa, è stata un modello da seguire professionalmente e a livello privato. Nello sport scelgo due grandi capitani, Totti e Del Piero, attaccatissimi alla maglia e ai sani valori.*
26	Come la giudicano le persone che la conoscono?	*Determinato, semplice, disponibile*
27	Le è mai capitato di appartenere ad un gruppo ultras?	*No*
28	Le è mai capitato di guidare in modo spericolato?	*No*
29	Le è mai capitato di far uso di sostanze alcoliche?	*No*
30	Le è mai capitato di avere atteggiamenti aggressivi?	*No*
31	Le è mai capitato di compiere atti di vandalismo?	*No*
32	Le piace leggere?	*Sì/abbastanza*
33	Quali sono gli ultimi libri che ha letto?	*(Dirne due e saperli!!)*
34	Che sport pratica?	*(Rispondere con almeno uno sport, meglio se di squadra)*
35	Quali secondo lei sono i valori fondamentali che orientano scelte e comportamenti?	*Determinazione, lealtà, sacrificio*
36	Nella sua scelta professionale c'è la possibilità di lavorare il sabato o la domenica. Le crea problemi questa eventualità?	*No, so che c'è la possibilità di fare turni, lavorare la notte, durante i giorni di Festa, ma è una mia scelta*
37	Nella sua scelta professionale si maneggiano armi. Esprima una considerazione in merito.	*Le armi, e tutta la divisa che spero indosserò, rappresentano il mio lavoro: devono essere maneggiate con cura ed utilizzate in caso di estrema necessità*
38	Ha già fatto un'esperienza diretta del mondo militare? In caso affermativo, la descriva brevemente.	*(Dire sì/no) (In caso affermativo descrivere l'esperienza, cogliendo gli aspetti positivi)*
39	La sua scelta professionale che ripercussione potrebbe avere sulla famiglia, sulle amicizie o sugli studi?	*Non credo che la mia scelta professionale abbia ripercussioni negative sui miei affetti: ragazza, amici, parenti sanno che per me è un importante obiettivo da raggiungere, che mi sto impegnando per realizzarlo e mi appoggiano; le difficoltà si superano insieme*
40	A quale genitore sente si assomigliare di più?	*Entrambi o uno dei due esaltando anche le caratteristiche dell'altro*
41	Cosa pensa dei social network?	*Sono uno strumento importante per tenersi in contatto con amici lontani e per aggiornarsi sui fatti di attualità; è fondamentale, però, farne un uso responsabile*

(segue)

42	Come è venuto a conoscenza di questo concorso?	*(Mi sono informato/Aspettavo l'uscita del bando)*
43	Dica tra i suoi familiari chi appoggia maggiormente questa sua decisione e perché.	*Tutti perché sanno la mia forte motivazione*
44	Come è nato in lei il desiderio di indossare la divisa?	*(Dire se si ha qualcuno in famiglia, se si hanno amici, oppure dal desiderio di fare un lavoro che mi porti a contatto con le persone, che tenga alto i più importanti valori)*
45	Secondo lei, quali sono le funzioni e i settori d'impiego del Corpo o Arma da lei prescelto?	*(Informarsi rispetto al concorso e scrivere funzioni e settori)*
46	Pensa che il ruolo per il quale lei ambisce possa soddisfare le sue aspettative?	*Sì*
47	Ha partecipato ad altri concorsi nelle Forze di Polizia o Armate? Se sì, con quali esiti?	*(Dire Sì/No)*
48	Se fosse già un appartenente, descriva l'anno d'arruolamento, l'incarico ricoperto attualmente, la qualifica attribuita nelle ultime valutazioni caratteristiche, eventuali specializzazioni conseguite.	*(Scrivere quanto richiesto senza tralasciare nulla)*
49	Si descriva in poche righe come se dovesse presentarsi a delle persone che non la conoscono.	*Sono un ragazzo di … anni; vivo a … con la mia famiglia, che è composta da … Sono diplomato in … ed attualmente (dire se si studia, lavora o se si è preparato solo per il concorso). Il mio tempo libero lo trascorro in parte con gli amici e/o ragazza, in parte praticando sport (dire quale), ma mi piace anche leggere dei libri. Mi ritengo una persona leale, semplice e disponile, ma anche ostinata e determinata nel portare avanti gli obiettivi preposti.*

1.4 Test delle frasi da completare

Vengono ora riportati degli esempi simili a quelli del test originale poiché è vietata la riproduzione anche parziale dello stesso.

Test delle frasi da completare	
1	Credo che la masturbazione nei ragazzi...
2	Il mio più grande timore...
3	Se mi sentissi imbarazzato...
4	Una canna o una piccola sniffata...
5	Penso che tra 15 anni...
6	Credo di essere...
7	L'onestà...
8	So che è una cosa sbagliata, ma talvolta, fumare uno spinello...
9	Alcuni pensano che pagare le tasse...
10	Mi sento ansioso...

(segue)

11	Non credo proprio di essere capace di...
12	Se perdo il controllo...
13	Quando ho rapporti sessuali...
14	La gente pensa di me...
15	Se non mi sento compreso...
16	Qualche volta sento una eccitazione così forte che...
17	Se potessi dare gli ordini agli altri...
18	Se dovessi trovarmi al centro dell'attenzione...
19	Sicuramente in un prossimo futuro...
20	Sarebbe per me un grande piacere...
21	Non credo di essere capace di...
22	Tutti i comandanti...
23	Leggere riviste pornografiche...
24	Con i miei familiari...
25	Qualche volta mi capita di sognare...
26	Se mi imbarazzo...
27	Quando non sono presente...
28	Gli ordini dei superiori...
29	Credo che mia madre con me...
30	Penso che la sfortuna...
31	Non posso sperare di...
32	Ritengo che le donne nei confronti del sesso...
33	Io e la mia ragazza...
34	Le persone anziane...
35	Sono una persona...
36	Se mi vengono rivolte delle critiche...
37	Ho paura...
38	A volte sono costretto...
39	Malgrado gli sforzi non sono in grado di...
40	Quando mi trovo solo...
41	Se nessuno mi può aiutare...
42	Ritengo che sia proprio ingiusto...
43	Se fossi una persona importante...
44	Trovandomi fra tante persone...
45	Sono deluso...
46	Penso che una persona non sia degna di vivere...
47	Quella volta che fui bocciato...
48	Dinnanzi al pericolo...
49	Credo che molte persone nel mondo...
50	Ogni volta che mi rivolgono delle domande...
51	Chi è ai vertici...

(segue)

52	Credo che una buona critica...
53	A volte con gli amici scommettiamo su...
54	Non ci sono molte paure...
55	Se mi sento obbligato...
56	Avere la forza...
57	Chi riveste posizioni di comando...
58	Per il mio futuro...
59	Di solito non sono ansioso, ma...
60	Gli amici dicono di me...
61	Se commetto un errore...
62	Non sono mai stato tenero come quando...
63	Sono convinto di essere...
64	La mattina quando mi sveglio...
65	Coloro che hanno grosse responsabilità...
66	Non riesco a sopportare le critiche...
67	Ci sono dei giorni che proprio...
68	Quasi mai la sera...
69	Non capisco proprio...
70	Se nessuno mi aiuta...
71	Trovo proprio ingiusto...
72	A scuola non volevo...
73	Non sempre...
74	Eppure quella volta...
75	Se dovessi prendere decisioni importanti...
76	Quando qualcuno mi dice che ho sbagliato...
77	In giro di notte...
78	Da bambino proprio non volevo...
79	Quando devo fare la coda alla posta...
80	La presunzione...
81	Non ho mai litigato per...
82	Rimasi senza fiato...
83	Per una bocciatura...
84	In mezzo ad una folla...
85	Se discuto è per...
86	Se mi sento male...
87	Raramente dubito...
88	Ho dei segreti...
89	Se potessi...
90	Non sono convinto di riuscire se...
91	Quella volta che dovevo prendere una decisione difficile...
92	La paura di topi e ragni...

(segue)

93	Se mi obbligano...
94	Non avere la forza...
95	Non credo di aver sbagliato quella volta...
96	La tenerezza...
97	Non credo di poter...
98	La solitudine...
99	La pornografia...
100	Le mie esperienze sessuali...
101	Non credo di aver mai provato a...
102	Non posso dimenticare quando mi fu affidato l'incarico...
103	Chi è presuntuoso...
104	Raramente...
105	Da piccolo...
106	Molti miei amici se possono...
107	Spesso ti deludono...
108	È ingiusto, ma...
109	Io e lei...
110	Mia sorella e mia madre...
111	Litigo più spesso con...
112	La prima volta è stata...
113	Desidero ardentemente...
114	Durante quell'incidente...
115	All'improvviso...
116	Di notte...
117	Se mi svegliano...
118	In una situazione inattesa...
119	Se mi chiedono di intervenire...
120	I pensieri sulla morte...
121	Alcuni comportamenti...
122	Non ho mai pianto, eppure...
123	Vorrei stare...
124	In casa...
125	A scuola...

Risposte al test delle frasi da completare

Di seguito viene riportato il questionario completo di possibili risposte idonee per un giudizio positivo da parte dei selezionatori.

1	Credo che la masturbazione nei ragazzi...	*...adolescenti sia comune* *...sia un modo per conoscere il proprio corpo*
2	Il mio più grande timore...	*...è non superare la prova* *...è stato affrontato*

(segue)

3	Se mi sentissi imbarazzato...	*...cercherei di controllarmi* *...sarebbe per poco*
4	Una canna o una piccola sniffata...	*...fa comunque male* *...non rientra comunque nei miei comportamenti*
5	Penso che tra 15 anni...	*...avrò realizzato il mio sogno* *...sarò una persona importante*
6	Credo di essere...	*...un valido elemento* *...una persona disponibile*
7	L'onestà...	*...è alla base di un corretto comportamento* *...ripaga sempre*
8	So che è una cosa sbagliata, ma talvolta, fumare uno spinello...	*...è segno di debolezza* *...porta comunque alla dipendenza*
9	Alcuni pensano che pagare le tasse...	*...sia molto oneroso* *...non sia sempre proporzionale alle entrate*
10	Mi sento ansioso...	*...molto raramente* *...ma cerco di calmarmi subito*
11	Non credo proprio di essere capace di...	*...mentire* *...non impegnarmi per raggiungere un obiettivo*
12	Se perdo il controllo...	*...mi calmo subito* *...torno subito in me*
13	Quando ho rapporti sessuali...	*...uso sempre profilattici* *...è perché sono innamorato*
14	La gente pensa di me...	*...cose belle* *...cose positive*
15	Se non mi sento compreso...	*...non mi perdo d'animo* *...cerco di spiegarmi meglio*
16	Qualche volta sento una eccitazione così forte che...	*...desidero stare con la mia ragazza* *...non vedo l'ora di stare con la mia ragazza*
17	Se potessi dare gli ordini agli altri...	*...non ne approfitterei* *...cercherei di essere giusto*
18	Se dovessi trovarmi al centro dell'attenzione...	*...non mi creerebbe problemi* *...saprei cosa dire*
19	Sicuramente in un prossimo futuro...	*...vedrò realizzati i miei sogni* *...mi formerò una famiglia*
20	Sarebbe per me un grande piacere...	*...superare la prova* *...raggiungere gli obiettivi prefissati*
21	Non credo di essere capace di...	*...mentire* *...commettere azioni riprovevoli*

(segue)

22	Tutti i comandanti...	*...sono persone di esperienza* *...devono essere brave guide*
23	Leggere riviste pornografiche...	*...può essere una curiosità* *...non è istruttivo* *...non mi interessa*
24	Con i miei familiari...	*...ho un buon rapporto* *...parlo di tutto* *...mi piace trascorrere del tempo a chiacchierare*
25	Qualche volta mi capita di sognare...	*...il mio futuro* *...e di ricordare ciò che sogno*
26	Se mi imbarazzo...	*...mi dura poco* *...è perché si dicono cose intime su di me*
27	Quando non sono presente...	*...i miei amici parlano bene di me* *...ho validi sostituti*
28	Gli ordini dei superiori...	*...devono essere ascoltati* *...devono essere impartiti giustamente*
29	Credo che mia madre con me...	*...si sia sempre comportata bene* *...abbia davvero un buon rapporto*
30	Penso che la sfortuna...	*...non debba essere presa in considerazione* *...non debba condizionare la propria vita*
31	Non posso sperare di...	*...risolvere tutti i problemi della società* *...vedere eliminate tutte le ingiustizie* *...fare 13 al totocalcio*
32	Ritengo che le donne nei confronti del sesso...	*...non abbiano più tabù* *...sappiano comportarsi con spontaneità*
33	Io e la mia ragazza...	*...andiamo molto d'accordo* *...abbiamo un buon rapporto*
34	Le persone anziane...	*...hanno avuto molte esperienze* *...qualche volta si comportano come i bambini*
35	Sono una persona...	*...ostinata* *...molto socievole*
36	Se mi vengono rivolte delle critiche...	*...cerco di capirne il motivo* *...non me la prendo*
37	Ho paura...	*...raramente* *...ma affronto ugualmente le situazioni*
38	A volte sono costretto...	*...a vestirmi fin troppo bene* *...a modificare i miei ritmi di sonno*
39	Malgrado gli sforzi non sono in grado di...	*...sciare bene* *...rinunciare a qualche piccola abitudine*
40	Quando mi trovo solo...	*...ne approfitto per riposare* *...non mi perdo d'animo*

(segue)

41	Se nessuno mi può aiutare...	*...non mi scoraggio* *...proseguo da solo*
42	Ritengo che sia proprio ingiusto...	*...comportarsi in modo sleale* *...fare del male agli animali*
43	Se fossi una persona importante...	*...cercherei di fare del bene* *...aiuterei chi ne ha bisogno*
44	Trovandomi fra tante persone...	*...mi trovo bene* *...sono a mio agio*
45	Sono deluso...	*...molto raramente* *...ma non mi abbatto*
46	Penso che una persona non sia degna di vivere...	*...mai* *...quando uccide volutamente*
47	Quella volta che fui bocciato...	*...cercai di capire il motivo* *...presi coscienza di non essermi impegnato in modo sufficiente*
48	Dinnanzi al pericolo...	*...cerco di rimanere calmo* *...non bisogna essere precipitosi*
49	Credo che molte persone nel mondo...	*...abbiano raggiunto traguardi importanti* *...facciano del bene*
50	Ogni volta che mi rivolgono delle domande...	*...cerco di rispondere adeguatamente* *...do delle risposte valide*
51	Chi è ai vertici...	*...Ha più esperienze* *...Ha scalato molte posizioni*
52	Credo che una buona critica...	*...sia costruttiva* *...debba far riflettere*
53	A volte con gli amici scommettiamo su...	*...niente* *...chi vincerà lo scudetto*
54	Non ci sono molte paure...	*...che non sappia controllare* *...che mi innervosiscono*
55	Se mi sento obbligato...	*...a fare qualcosa che non capisco, chiedo spiegazioni* *...comunque non perdo la calma*
56	Avere la forza...	*...per decidere ed essere se stessi è una prova di maturità* *...per combattere è sinonimo di equilibrio*
57	Chi riveste posizioni di comando...	*...è da apprezzare* *...può impartire ordini*
58	Per il mio futuro...	*...spero ci sia spazio per la realizzazione dei miei obiettivi* *...vedo conquiste e nuovi progetti*

(segue)

59	Di solito non sono ansioso, ma...	*...a volte è normale essere un po' preoccupato* *...in vista di un esame o un obiettivo importante potrei diventarlo un po'*
60	Gli amici dicono di me...	*...che sono disponibile* *...che so quello che voglio*
61	Se commetto un errore...	*...ammetto le mie responsabilità* *...cerco di riparare*
62	Non sono mai stato tenero come quando...	*...ho trascorso il primo weekend con lei* *...festeggiammo il primo anniversario*
63	Sono convinto di essere...	*...una persona seria* *...un ragazzo volenteroso*
64	La mattina quando mi sveglio...	*...sono pieno di energia* *...organizzo la giornata*
65	Coloro che hanno grosse responsabilità...	*...debbono saperle gestire* *...debbono farsene carico*
66	Non riesco a sopportare le critiche...	*...immotivate* *...ingiuste*
67	Ci sono dei giorni che proprio...	*...desidererei stare con lei* *...sono allegro*
68	Quasi mai la sera...	*...mi sento stanco* *...rincaso tardi*
69	Non capisco proprio...	*...i dialetti parlati in modo stretto* *...le persone che agiscono per secondi fini*
70	Se nessuno mi aiuta...	*...vado avanti da solo* *...non mi scoraggio*
71	Trovo proprio ingiusto...	*...il comportamento degli xenofobi* *...che vengono commesse violenze*
72	A scuola non volevo...	*...sedere all'ultimo banco* *...chiacchierare troppo*
73	Non sempre...	*...si vince al gioco* *...le previsioni vengono rispettate*
74	Eppure quella volta...	*...abbiamo sbagliato strada* *...ci siamo davvero divertiti!*
75	Se dovessi prendere decisioni importanti...	*...lo farei serenamente* *...non mi farei condizionare dagli altri*
76	Quando qualcuno mi dice che ho sbagliato...	*...cerco di capire dove* *...chiedo spiegazioni*
77	In giro di notte...	*...bisogna essere prudenti* *...con la macchina non vado forte*
78	Da bambino proprio non volevo...	*...mangiare le verdure* *...addormentarmi presto*

(segue)

79	Quando devo fare la coda alla posta...	*...rispetto la fila* *...non mi innervosisco*
80	La presunzione...	*...è un brutto difetto* *...penso non sia un mio difetto*
81	Non ho mai litigato per...	*...una donna* *...niente, poiché cerco di discutere*
82	Rimasi senza fiato...	*...quando la incontrai* *...per un attimo, sulle giostre*
83	Per una bocciatura...	*...non bisogna drammatizzare, ma darsi da fare* *...è necessario prendere in esame il motivo e darsi da fare*
84	In mezzo ad una folla...	*...ho visto degli amici* *...non sono a disagio*
85	Se discuto è per...	*...validi motivi* *...far capire le mie opinioni agli altri*
86	Se mi sento male...	*...chiamo aiuto* *...non perdo la calma*
87	Raramente dubito...	*...di me* *...dell'affetto dei miei amici*
88	Ho dei segreti...	*...sulla nostra intimità* *...che non vorrei raccontare*
89	Se potessi...	*...lo farei* *...mi piacerebbe fare un bel viaggio*
90	Non sono convinto di riuscire se...	*...non provo* *...non ho gli strumenti per farlo*
91	Quella volta che dovevo prendere una decisione difficile...	*...rimasi sereno* *...affrontai il compito con autorevolezza*
92	La paura di topi e ragni...	*...non mi preoccupa* *...non ce l'ho*
93	Se mi obbligano...	*...a rispettare le regole credo sia giusto* *...a fare qualcosa di sbagliato non lo faccio*
94	Non avere la forza...	*...interiore è segno di debolezza* *...vuol dire essere fragili*
95	Non credo di aver sbagliato quella volta...	*...che presi quella decisione* *...che ti chiamai...*
96	La tenerezza...	*...è una manifestazione di affetto* *...l'affetto, l'amore è quello che provo per lei*
97	Non credo di poter...	*...mentire* *...agire in modo disonesto...*
98	La solitudine...	*...raramente è apprezzabile* *...mi piace meno che la compagnia*

(segue)

99	La pornografia...	*...è sbagliata* *...è un reato*
100	Le mie esperienze sessuali...	*...mi soddisfano* *...sono eccitanti*
101	Non credo di aver mai provato a...	*...andare a cavallo* *...effettuare un lancio con il paracadute*
102	Non posso dimenticare quando mi fu affidato l'incarico...	*...di preparare quel discorso* *...di organizzare una magnifica festa*
103	Chi è presuntuoso...	*...spesso è arrogante* *...crede di saper far tutto meglio degli altri*
104	Raramente...	*...non mi va di uscire* *...non partecipo a feste*
105	Da piccolo...	*...ogni tanto facevo i capricci* *...mi piacevano molto i giochi di squadra*
106	Molti miei amici se possono...	*...organizzano feste* *...partono per il weekend*
107	Spesso ti deludono...	*...le persone che non conosci bene* *...ma tu non prendertela!*
108	È ingiusto, ma...	*...bisogna farlo* *...non si può controbattere*
109	Io e lei...	*...andiamo d'accordo* *...siamo fratelli*
110	Mia sorella e mia madre...	*...si confidano* *...vanno con me molto d'accordo*
111	Litigo più spesso con...	*...nessuno* *...coloro che tentano di imporsi senza spiegazioni*
112	La prima volta è stata...	*...con la mia ragazza* *...bellissima*
113	Desidero ardentemente...	*...stare con lui* *...superare il concorso*
114	Durante quell'incidente...	*...non mi sono impressionato* *...ho soccorso le vittime*
115	All'improvviso...	*...ti ho riconosciuto* *...ho capito come si faceva*
116	Di notte...	*...dormo tranquillo* *...generalmente non vengo svegliato da altri rumori*
117	Se mi svegliano...	*...chiedo spiegazioni* *...mi alzo abbastanza fresco*

(segue)

118	In una situazione inattesa...	*...non mi perdo d'animo* *...intervengo prontamente*
119	Se mi chiedono di intervenire...	*...do il mio contributo* *...mi preparo l'argomento*
120	I pensieri sulla morte...	*...non mi preoccupano* *...non mi disturbano*
121	Alcuni comportamenti...	*...sono particolarmente allegri* *...riguardano progetti futuri*
122	Non ho mai pianto, eppure...	*...a volte ho provato dolore* *...quella volta mi sono fatto davvero male*
123	Vorrei stare...	*...solo con lei* *...un po' in vacanza*
124	In casa...	*...potrei fare un sacco di cose* *...ci sono i miei hobby*
125	A scuola...	*...andavo bene* *...avevo tanti amici*

1.5 Il test Minnesota Multiphasic Personality Inventory (M.M.P.I.)

L'*M.M.P.I.* fu ideato intorno al 1940 per le diagnosi psichiatriche e per determinare la gravità del disturbo psicopatologico riscontrato.
Nei concorsi pubblici viene comunemente utilizzato per la verifica del carattere e della personalità del candidato, in due forme: una ridotta comprendente un numero inferiore di domande (cd. "Items"), circa 350, ed una completa con oltre 500 items.
Si compone di numerose affermazioni che il soggetto può accettare o meno, qualora le consideri rispondenti alla propria personalità, attraverso l'annerimento della casellina corrispondente *V/F*.
Il questionario è molto simile a quello proposto durante la visita di leva.
Per un approccio positivo al test, è bene leggerlo con una buona dose di concentrazione, di calma ed analizzare con attenzione le domande, soffermandosi con particolare accortezza sugli avverbi (esempio: mai, poco, raramente, talvolta, spesso, sempre). Questi, infatti, rivestono una grande importanza, perché possono modificare il senso della frase e quindi la validità della risposta data. Allo stesso modo le doppie negazioni poste all'interno della stessa frase, possono trarre in inganno il lettore disattento, facendogli interpretare il test in modo errato.

➤ *Raramente ho problemi di stomaco*; in questo caso se non ci si sofferma con attenzione sulla parola "raramente", si può ritenere, non soffrendo di particolari disturbi, che la risposta esatta sia *F(also)*, mentre a causa dell'avverbio, si deve invertire la risposta utilizzando la casella *V(ero)*.
Qualche volta mi viene naturale fare dei pettegolezzi; anche in questo caso, se come presumibile la risposta da dare è quella positiva, perché a tutti può capitare di farne, si deve contrassegnare la *V(ero)*.

Nel rispondere alle domande, ovviamente, è importante dare un'immagine positiva, in quanto dalle risposte potrebbero essere rilevate paure, insicurezze, ostilità o disturbi psicosomatici, o ancora essere evidenziate tendenze depressive, eccessiva chiusura in se stessi, gravi problemi familiari, idee politiche troppo radicate, superficialità o eccesso di romanticismo, che comporterebbero un giudizio di non idoneità.
Dopo aver redatto l'elaborato, il candidato verrà sentito personalmente dallo psicologo/psichiatra, il quale cercherà di capire le motivazioni che hanno spinto il soggetto a dare determinate risposte. È essenziale che l'esaminando sia tranquillo e il più possibile rilassato al momento del colloquio. È importante che sia sicuro di quello che ha scritto ed in grado di legittimare le proprie opzioni.
La scelta dell'esaminatore, infatti, si soffermerà su coloro che hanno risposto a tutte le domande, che hanno dimostrato di avere un carattere sereno, riflessivo, sincero, attento, disponibile, che hanno manifestato di avere solidi principi morali, un buon rapporto con la famiglia e la fidanzata, un interesse alla vita pubblica ed apprezzamento per le letture scientifiche.

Questionario M.M.P.I. (fac-simile)

Vengono comunque riportati alcuni esempi chiarificatori modificati rispetto al testo originale poiché è vietata la riproduzione del reattivo, anche parziale.

1	Sono un tipo a cui piace mangiare.	V	F
2	Quando mi sveglio sono quasi sempre di buon umore.	V	F
3	Mi sveglio spesso durante la notte.	V	F
4	I miei genitori si comportano bene con tutti.	V	F
5	Non ho problemi di circolazione.	V	F
6	Non sono sempre costante nel lavoro.	V	F
7	Ho una vita sessuale che mi soddisfa.	V	F
8	Spesso sono teso quando ho un impegno.	V	F
9	Mi capita di somatizzare quando ho un problema.	V	F
10	Cerco di piacere "a tutti i costi" ai miei datori di lavoro.	V	F
11	Raramente soffro di dolori addominali	V	F
12	Se ho un problema, non trovo giusto confidarlo a qualcuno.	V	F
13	Ogni tanto mi capita di mentire.	V	F
14	Credo che parte del mio successo sia dovuto a fortuna ed a giuste conoscenze.	V	F
15	Credo spesso di avere dei problemi di salute.	V	F
16	Se l'oroscopo del giorno è negativo, condiziona la mia giornata.	V	F
17	Non prendo in considerazione chi mi dice di fare qualcosa se lo considero inferiore a me.	V	F
18	Non soffro di vertigini.	V	F
19	La mia famiglia condivide le mie scelte.	V	F
20	Se non sono ascoltato perdo la pazienza.	V	F
21	Raramente mi capita di essere triste.	V	F

(segue)

22	Sono ottimista sul mio futuro.	V	F
23	Spesso la gente mente per ottenere un successo.	V	F
24	A scuola ho avuto spesso richiami o punizioni.	V	F
25	Se mi si offrono più opportunità, non so decidermi.	V	F
26	Raramente sono triste.	V	F
27	Mi trovo bene con persone di entrambi i sessi.	V	F
28	Ho il "pollice verde" per il giardinaggio.	V	F
29	Sono abbastanza tradizionale nei miei rapporti sessuali.	V	F
30	Qualche volta credo di non essere all'altezza della situazione.	V	F
31	Mi innervosisco se le cose non vanno come prevedevo.	V	F
32	Mi fido di tutte le persone che considero amiche.	V	F
33	Quando sono in ansia mi capita di sudare.	V	F
34	Le mie parole sono spesso fraintese dalla maggior parte delle persone.	V	F
35	Trascorro molto tempo a ricordare esperienze passate.	V	F
36	Raramente, ormai, mi preoccupo di migliorare il mio aspetto fisico	V	F
37	Sono quasi mai disponibile con la gente che conosco.	V	F
38	Ho facilità a memorizzare cose nuove.	V	F
39	Quasi sempre mi fido solo del mio istinto.	V	F
40	Fidarsi è bene, non fidarsi è meglio.	V	F
41	Preferisco siano gli altri a parlare per primi in pubblico.	V	F
42	Qualche volta in passato ho avuto problemi legali.	V	F
43	Credo che la vita sia degna di essere sempre vissuta, anche se è difficile.	V	F
44	Tante volte sono stato innamorato nella mia vita.	V	F
45	Sono facilmente portato a dimenticare alcune cose.	V	F
46	Sono in grado di mantenere la concentrazione per tempi lunghi, senza troppa fatica.	V	F
47	Almeno una volta alla settimana ho bisogno di andare in discoteca per scaricarmi.	V	F
48	Voglio sempre essere al centro dell'attenzione.	V	F
49	Non ho difficoltà a stare in mezzo alla gente.	V	F
50	Qualche volta mi viene voglia di stare solo.	V	F
51	Mi capita, ogni tanto di essere pettegolo	V	F
52	Se sono triste non ho voglia di vedere nessuno.	V	F
53	Dire una bugia, ogni tanto, credo sia normale.	V	F
54	Sono considerato da tutti una buona forchetta.	V	F
55	Non riesco a digerire la cucina pesante.	V	F
56	Sono felice di come sono.	V	F
57	Raramente, capita, di avere poca fiducia in sé.	V	F
58	Credo nelle mie capacità.	V	F
59	Nel mio lavoro mi impegno sempre la massimo.	V	F

(segue)

60	Dopo una bella serata a cena con amici, ho problemi di digestione.	V	F
61	Sono convinto di non contare niente.	V	F
62	Raramente mi viene da piangere.	V	F
63	Le persone, raramente, si fidano di me.	V	F
64	Capita spesso che gli altri riescano a convincermi.	V	F
65	Non sempre sono sicuro di quello che faccio.	V	F
66	Trovo giusto che le persone non abbiano fiducia nel prossimo, visti i tempi che corrono.	V	F
67	Molte persone mi osservano.	V	F
68	Senza l'approvazione degli altri mi sento perso.	V	F
69	Qualcuno controlla il mio lavoro.	V	F
70	Sono spaventato dal susseguirsi degli eventi.	V	F
71	Penso di essere un buon esempio per gli altri	V	F
72	Spesso gli altri mi cercano perché sono di buona compagnia.	V	F
73	Sento un ronzio costante nelle mie orecchie che mi infastidisce.	V	F
74	Non riesco a pensare a cose belle.	V	F
75	Dopo aver compiuto un'azione spesso mi pento.	V	F
76	In un gruppo di persone mi piace ascoltare.	V	F
77	Ho buone capacità direttive.	V	F
78	Stare in mezzo a tanta gente mi crea problemi.	V	F
79	Sono una persona che suda spesso.	V	F
80	Quasi mai soffro di dolori intestinali.	V	F
81	Ci sono più persone meritevoli che fannulloni.	V	F
82	Credo che alcuni colleghi non si fidino di me.	V	F
83	Perdo subito la concentrazione se c'è un po' di rumore	V	F
84	Mi infastidisco facilmente se qualcuno mi prende in giro.	V	F
85	Sono molto più felice della maggior parte delle persone.	V	F
86	Ascoltando il telegiornale spesso mi preoccupo.	V	F
87	Faccio dei pensieri brutti molto ricorrenti.	V	F
88	Credo proprio di poter essere solo un buon esecutore.	V	F
89	Ogni tanto mi assale forte il desiderio di rompere degli oggetti.	V	F
90	Quando mi sveglio sono già tonico e non insonnolito.	V	F
91	I miei pensieri sono, a volte, così brutti che è meglio tenerli solo per me.	V	F
92	Mi piace leggere libri di favole.	V	F
93	Mi piace coordinare, dirigere, parlare in pubblico.	V	F
94	Ho il sonno abbastanza pesante.	V	F
95	La mia giornata non è mai noiosa.	V	F
96	Non ho mai avuto vergogna a stare in mezzo alla gente.	V	F

(segue)

97	Mi capita, spesso, di mangiare e di non assaporare il cibo.	V	F
98	L'energia che è dentro di me, a volte mi sembra stia per esplodere.	V	F
99	Nella mia vita non credo di avere mai avuto un ruolo da leader.	V	F
100	Può capitare a tutti di avere il cosiddetto "nodo alla gola".	V	F
101	Nel lavoro riesco ad essere tranquillo e sereno.	V	F
102	Quasi mai ho giramenti di testa.	V	F
103	La gente mi apprezza perché sono socievole.	V	F
104	È importante rispettare gli ordini dei superiori.	V	F
105	Raramente sono preoccupato per qualcosa o qualcuno.	V	F
106	Talvolta ritengo di non essere all'altezza dell'incarico.	V	F
107	Ci sono delle persone che riescono spesso a farmi cambiare idea.	V	F
108	Alcuni giorni non ho davvero voglia di impegnarmi.	V	F
109	Se qualcuno mi prende in giro farà i conti con me.	V	F
110	Mi capita raramente di discutere con i miei genitori.	V	F
111	Le persone che comandano alcune volte hanno raggiunto la posizione non per propri meriti.	V	F
112	Qualche volta mi capita di avere voglia di fare qualcosa di strano.	V	F
113	Non mi piacciono le imposizioni ed i comandi.	V	F
114	Capita a tutti di arrabbiarsi.	V	F
115	Se fossi sicuro di non essere visto mi comporterei in modo disonesto.	V	F
116	Il mio comportamento è influenzato da quello degli altri.	V	F
117	Mi chiedo spesso quale sia il secondo fine di un gesto gentile di qualcuno.	V	F
118	Se qualcuno mi critica ci rimango molto male.	V	F
119	Ho imparato a cucinare, a fare la lavatrice, per essere indipendente.	V	F
120	Le amicizie aiutano a superare le difficoltà.	V	F
121	Esperienze sessuali insolite mi eccitano.	V	F
122	A tutti piace vincere al gioco.	V	F
123	Scrivo sempre il resoconto della mia giornata.	V	F
124	Mi piace ripensare alle cose belle del passato.	V	F
125	Alcuni superiori sembra abbiano meno competenze di noi.	V	F
126	Ho un buon rapporto con il mio corpo.	V	F
127	Ogni giorno controllo il mio peso.	V	F
128	Mi sveglio, talvolta, tutto sudato.	V	F
129	È difficile essere completamente fieri di se stessi.	V	F
130	Conoscendo persone importanti si possono raggiungere posizioni di prestigio.	V	F
131	Sono timido e devo combattere per non farlo vedere.	V	F
132	A scuola avevo un buon rapporto con tutti.	V	F
133	Qualche volta sono arrabbiato con me stesso che sarei tentato di colpirmi.	V	F

(segue)

134	A casa, o al lavoro, vengo spesso rimproverato.	V	F
135	Molto raramente mi capita di stancarmi.	V	F
136	Non riesco a stare nei luoghi molto stretti e bui.	V	F
137	Capita, a volte, di non ricordare cose precedentemente apprese.	V	F
138	I miei familiari nutrono per me un sincero affetto.	V	F
139	Non trovo interessanti le riviste scientifiche.	V	F
140	Se perdo al gioco non è un problema.	V	F
141	Raramente mi documento su ciò che accade nel mondo.	V	F
142	La timidezza mi impedisce di inserirmi in un gruppo.	V	F
143	Mi capita, raramente, di ripensare al mio passato.	V	F
144	Spesso mi trovo a contare i passi, a fissare le persone etc.	V	F
145	Capita, talvolta, di non sentirsi all'altezza della situazione.	V	F
146	È piacevole incontrare persone nuove.	V	F
147	I miei genitori mi hanno trasmesso valori e principi importanti.	V	F
148	Non dimentico i torti subiti.	V	F
149	Ci sono tante persone cattive.	V	F
150	Il mio aspetto non è importante.	V	F
151	Non mi innervosisco facilmente.	V	F
152	Quasi mai mi capita di avere dolori alla testa.	V	F
153	Se faccio qualcosa di importante non voglio essere disturbato.	V	F
154	Soltanto chi si dà tante arie pensa di valere molto.	V	F
155	Raramente mi innervosisco.	V	F
156	Alcuni animali mi fanno schifo o ribrezzo.	V	F
157	Sicuramente avevo più facilità a memorizzare quando andavo a scuola.	V	F
158	Molto raramente prendo l'iniziativa con gli amici o a lavoro.	V	F
159	Il mio peso si mantiene piuttosto costante.	V	F
160	L'immagine che gli altri hanno di me è positiva.	V	F
161	Raramente le persone mi fraintendono.	V	F
162	Molte persone imbrogliano pur di raggiungere i propri obiettivi.	V	F
163	Qualcuno ha provato a fare il furbo con me.	V	F
164	A volte è difficile concentrarsi.	V	F
165	Raramente ho difficoltà nel lavoro.	V	F
166	Non ho mai avuto problemi di apprendimento.	V	F
167	Sono fiducioso in ciò che mi riserva il futuro.	V	F
168	Non bisogna lasciarsi andare alla malinconia.	V	F
169	Sono sempre sicuro delle azioni che compio.	V	F
170	Raramente non porto a termine una decisione.	V	F
171	Quando mi sento nervoso mi viene voglia di camminare.	V	F

(segue)

172	Capita, talvolta, di votare per persone sconosciute.	V	F
173	Con le ragazze ho difficoltà di approccio.	V	F
174	A scuola capitava spesso che non facessi i compiti.	V	F
175	Nelle varie circostanze, raramente, riesco a trovare la soluzione dei problemi	V	F
176	Spesso sono eccitato.	V	F
177	Sono un tipo abituato a "piccoli rituali".	V	F
178	Non ci si deve fidare di chi ti sta vicino.	V	F
179	Non credo di avere peccati di cui pentirmi.	V	F
180	Alcune parti del mio corpo sono inaccettabili.	V	F
181	Raramente gusto un piatto di pasta.	V	F
182	Raramente o mai credo che qualcuno ce l'abbia con me.	V	F
183	Gli amici spesso sono persone utili.	V	F
184	Raramente mi capita di provare rancore.	V	F
185	Raramente la notte non riesco a prendere sonno.	V	F
186	Mi piace raccontare storie riguardanti la mia vita.	V	F
187	Se la gente parla di me non mi disturba.	V	F
188	Raramente o mai ho fatto uso di droghe.	V	F
189	Le mie idee sono spesso fraintese dagli altri.	V	F
190	Ho dei conti in sospeso con la fortuna.	V	F
191	Raramente riesco a parlare dei miei problemi.	V	F
192	Qualche volta sono di cattivo umore.	V	F
193	Ci sono delle giornate in cui non ho voglia di vedere nessuno.	V	F
194	Non ho mai avuto problemi disciplinari.	V	F
195	Non ho ancora avuto una storia importante.	V	F
196	Spesso mi capita di ridere senza reali motivi.	V	F
197	Molte persone mentirebbero per ottenere successi.	V	F
198	Alcuni argomenti mi creano imbarazzo.	V	F
199	Raramente mi tiro indietro se mi chiedono di partecipare ad un'attività.	V	F
200	Quasi mai sono in difficoltà o mi imbarazzo verso qualcuno.	V	F
201	L'ansia all'improvviso mi assale.	V	F
202	Mi capita, a volte, di perdere la pazienza.	V	F
203	Talvolta compio delle azioni di cui mi vergogno.	V	F
204	Alcune persone si comportano come amici solo per il proprio tornaconto.	V	F
205	Non faccio mai niente d'istinto.	V	F
206	Quasi mai mi sveglio agitato durante la notte.	V	F
207	Credo di non aver avuto un'adolescenza serena.	V	F
208	Quasi mai ho la sensazione di venire frainteso.	V	F
209	Raramente ho motivi per dubitare della sincerità dei miei cari.	V	F

(segue)

210	Ho l'abitudine di addormentarmi sempre sul fianco destro.	V	F
211	Il giudizio degli altri condiziona la mia vita.	V	F
212	L'idea della morte raramente accompagna i miei pensieri.	V	F
213	Molte cose accadono come fossero attribuibili a cause innaturali.	V	F
214	Raramente non ricordo quanto mi viene detto.	V	F
215	Quando devo affrontare una situazione nuova quasi mai sono ansioso.	V	F
216	Sono una persona a cui piace portare a termine un impegno.	V	F
217	Raramente preferisco stare a casa piuttosto che uscire.	V	F
218	Qualche volta mi arrendo alle circostanze.	V	F
219	Raramente leggo tutto il giornale.	V	F
220	Mi interessano gli argomenti di attualità.	V	F
221	Capita a tutti di avere problemi con la giustizia.	V	F
222	A volte, la mattina, sono di pessimo umore.	V	F
223	Frequentemente ho preoccupazioni sessuali.	V	F
224	Alcune persone mi sembra complottino contro di me.	V	F
225	Mi disturba vedere i bambini che maltrattano gli animali.	V	F
226	Raramente credo che la vita non sia un regalo prezioso.	V	F
227	Quasi mai non riesco a parlare di argomenti delicati.	V	F
228	Dire una bugia ogni tanto è umano.	V	F
229	Alcune persone agiscono esclusivamente per il proprio tornaconto.	V	F
230	Quasi mai mi capita di ricordare i miei sogni.	V	F
231	Se non sono convinto di ciò che devo dire non intervengo mai in una discussione per paura di sbagliare	V	F
232	Il passato è il periodo più bello della vita.	V	F
233	Programmo tutta la giornata con molta precisione.	V	F
234	Quando sono in un luogo che non conosco sono in ansia.	V	F
235	Quando sono agitato divento rosso.	V	F
236	La mia testa è raramente "tra le nuvole".	V	F
237	Sono piuttosto diffidente nel fare nuove amicizie.	V	F
238	I giochi con troppe regole non mi piacciono.	V	F
239	La mia vita sessuale è per me la cosa più importante.	V	F
240	Le persone che conosco hanno un buon giudizio di me.	V	F
241	Ogni giorno è per me uguale a quello precedente.	V	F
242	Il mio corpo ha dei tremori improvvisi.	V	F
243	Da bambino piangevo spesso.	V	F
244	Mi capita quasi mai di voler star solo.	V	F
245	A volte qualcuno dei miei amici parla male di me.	V	F
246	In una discussione voglio avere la battuta finale.	V	F

(segue)

247	Quando divento geloso perdo il controllo.	V	F
248	Raramente quando sono eccitato non riesco a gestire la situazione.	V	F
249	Con la famiglia ho avuto spesso discussioni e contrasti.	V	F
250	Quasi mai ho provato sentimenti di amore.	V	F
251	Quando ho un appuntamento arrivo sempre in anticipo.	V	F
252	Se non mi capiscono mi arrabbio facilmente.	V	F
253	Da ragazzino preferivo giocare da solo piuttosto che con gli amici.	V	F
254	Credo che quasi tutti nel gioco, se potessero, "barerebbero".	V	F
255	Gli incarichi di responsabilità mi preoccupano.	V	F
256	Penso che, in fondo, alla gente non importi molto degli altri.	V	F
257	Tutti hanno dei rituali o delle strane abitudini.	V	F
258	Raramente mi innervosisco.	V	F
259	Mi piace arrivare in orario agli incontri.	V	F
260	Raramente in famiglia ci sono stati problemi relazionali.	V	F
261	Qualche volta mi diverto anche ascoltando barzellette sporche.	V	F
262	Raramente (o mai) ho commesso grossi peccati.	V	F
263	Ogni tanto le immagini davanti a me si sdoppiano.	V	F
264	Non bevo mai.	V	F
265	Trascorro intere giornate a ripensare a qualche azione che ho com messo.	V	F
266	Molte volte penso che avrei potuto comportarmi meglio.	V	F
267	Mai mi è capitato di ubriacarmi.	V	F
268	Trovo spesso la legge ingiusta.	V	F
269	Le mie principali preoccupazioni riguardano il comportamento sessuale.	V	F
270	Penso, a volte, che sia proprio faticoso andare avanti.	V	F
271	Spesso provo un forte sentimento di gelosia.	V	F
272	Non credo che agli altri interessi molto di me.	V	F
273	Quasi mai la mia mente è assorta da brutti pensieri.	V	F
274	Sono fiducioso verso il mio futuro.	V	F
275	Se ci sono già delle persone in un luogo preferisco non entrare.	V	F
276	Quasi mai non riesco a concentrarmi.	V	F
277	Se mi trovo in un luogo molto alto ho paura a guardare giù.	V	F
278	Se avessi in mano un'arma o un oggetto appuntito potrei utilizzar lo inappropriatamente.	V	F
279	A volte non "provo nemmeno" a mettermi in gioco perché so che non riuscirei.	V	F
280	Sempre i miei pensieri sono ripetitivi e monotoni.	V	F
281	Raramente la gente non sa ciò che dice.	V	F
282	Preferisco una serata con amici che una davanti alla TV.	V	F
283	Ovunque spesso qualcuno mi fissa.	V	F

(segue)

284	Penso che le persone che giocano d'azzardo siano come drogati.	V	F
285	Ci sono state delle occasioni in cui ho avuto ruoli di leader.	V	F
286	Non penso di essere facilmente condizionabile.	V	F
287	So portare avanti con impegno un lavoro per molto tempo.	V	F
288	Ci sono molti pseudo-amici invidiosi del mio successo.	V	F
289	Alcune volte rimanere solo mi procura angoscia.	V	F
290	Ci sono delle volte che sarei tentato di far del male a qualcuno.	V	F
291	È raro che mi senta voglioso di fare.	V	F
292	Ho la tendenza a drammatizzare.	V	F
293	Prima di uscire ho cura di me.	V	F
294	Prendo in considerazione il giudizio altrui.	V	F
295	La sofferenza degli altri mi interessa molto raramente.	V	F
296	Molti incompetenti rivestono incarichi di prestigio.	V	F
297	Se interrompo un'attività non so riprenderla.	V	F
298	Gli altri mi ritengono un tipo onesto.	V	F
299	Riesco a mentire senza problemi, spesso.	V	F
300	Sono facilmente condizionabile.	V	F
301	Non riesco ad impormi mai.	V	F
302	Sono contento se le altre persone non riescono in ciò che fanno.	V	F
303	Praticamente mai provo piacere nel farmi male.	V	F
304	Credo di sapermi adattare ad ogni circostanza.	V	F
305	Raramente non sono tollerante nei confronti altrui.	V	F
306	Non perdo la concentrazione e l'attenzione facilmente.	V	F
307	Mi piace mettermi alla prova in qualcosa di nuovo.	V	F
308	Qualche volta la gente è portata a giudicare solo all'apparenza.	V	F
309	Quasi mai un obiettivo mi sembra impossibile da raggiungere.	V	F
310	Quando parlo gli altri raramente non capiscono ciò che dico.	V	F
311	Se le mie proposte non vengono considerate mi tiro indietro.	V	F
312	A scuola quasi sempre ero remissivo.	V	F
313	Ero un bambino ribelle.	V	F
314	Le regole sono sempre le regole, piacciano o meno.	V	F
315	Non sempre vado a ballare.	V	F
316	Credo che dobbiamo tenere a mente i grossi problemi che affliggono la società.	V	F
317	È meglio essere bambini perché non si hanno preoccupazioni.	V	F
318	Sono contento che le mie decisioni, vengano prese in considera-zione.	V	F
319	Partecipo attivamente agli incontri con i superiori.	V	F
320	Ogni periodo della vita va vissuto e accettato.	V	F
321	Non bisogna pensare che chi abbia avuto successo non lo abbia meritato.	V	F

(segue)

322	Conto davvero poco per la mia famiglia ed è il momento di farli ricredere.	V	F
323	Ci sono giorni che non voglio vedere nessuno.	V	F
324	So essere chiaro e deciso quasi sempre.	V	F
325	Mi piace divertirmi.	V	F
326	A volte penso, purtroppo, di essere solo un mediocre.	V	F
327	Raramente da piccolo facevo finta di stare male per non andare a scuola.	V	F
328	Se qualcosa ostacola i miei piani divento nervoso.	V	F
329	Quasi sempre sono sincero con la gente.	V	F
330	Preferisco non partecipare ad un gioco se penso ci sia qualcuno più bravo di me.	V	F
331	Quando sono in vacanza continuo a pensare al lavoro.	V	F
332	Con la mia ragazza ho un buon rapporto sessuale.	V	F
333	Sono quasi per niente scaramantico.	V	F
334	Il miglior metodo educativo sono le "botte".	V	F
335	Raramente capita che sono triste e cupo.	V	F
336	Credo che, in fondo in fondo, tutti abbiano qualche fobia.	V	F
337	È meglio vivere oggi che pensare al domani.	V	F
338	Mi dà fastidio chi è convinto di saper far tutto.	V	F
339	Raramente o mai vorrei provare pratiche sessuali insolite.	V	F
340	Se mi chiedono qualcosa su di me, spesso mi innervosisco.	V	F
341	Prima di prendere una decisione devo consultare i miei genitori.	V	F
342	Spesso ho la sensazione che chi non rispetta la legge la faccia sempre franca.	V	F
343	I miei peccati non possono essere perdonati.	V	F
344	Cambierei un sacco di cose del mio passato.	V	F
345	Anche i momenti più difficili della mia vita mi sono serviti per crescere.	V	F
346	Dopo un rimprovero il senso di colpa rimane in me per molto tempo.	V	F
347	Raramente mi è capitato di marinare la scuola.	V	F
348	Mi lascio suggestionare molto raramente.	V	F
349	Se mi impongono una decisione divento scortese ed irritabile.	V	F
350	Ho un buon controllo delle mie emozioni.	V	F
351	L'alta velocità mi eccita.	V	F
352	Le lunghe file mi snervano.	V	F
353	Attraverso periodi di grandi incertezze.	V	F
354	Se qualcuno mi guarda distolgo immediatamente lo sguardo.	V	F
355	Ho avuto un'educazione per niente severa.	V	F
356	Chi si entusiasma troppo per un'idea, mi innervosisce.	V	F
357	Molto raramente faccio giochi sedentari.	V	F
358	Quasi mai dialogo in famiglia.	V	F
359	Le regole non erano importanti in casa mia.	V	F

(segue)

360	Mi piaceva fare giochi di squadra.	V	F
361	Raramente ho brutti pensieri.	V	F
362	Pur di scaricarmi la colpa, la attribuisco agli altri, anche se non colpevoli.	V	F
363	Non sono chiaro quasi mai quando espongo i miei concetti.	V	F
364	Mi dà fastidio chiedere a qualcuno di spiegarmi le cose.	V	F
365	Non mi preoccupo facilmente per le cose di scarsa importanza.	V	F
366	Credo che i superiori difficilmente ammettano i propri torti.	V	F
367	Quasi mai mi sento incapace di gestire le mie cose.	V	F
368	A casa, in famiglia, quasi mai aiuto a cucinare.	V	F
369	Sono spesso una persona collaborativa.	V	F
370	Non mi piace esprimere le mie opinioni in materia di sesso.	V	F
371	Se potessi indosserei solo abiti griffati.	V	F
372	Se qualcuno è abile riesce a farmi cambiare idea.	V	F
373	Non riesco a sopportare il dolore fisico.	V	F
374	A volte credo che qualcuno ce l'abbia con me.	V	F
375	Spesso la sera la mia mente è disturbata da brutti pensieri.	V	F
376	Qualche volta da bambino giocavo al dottore.	V	F
377	Mi divertivo ad organizzare feste.	V	F
378	Qualche volta spiavo nella camera dei genitori.	V	F
379	La maggior parte delle persone ha un buon giudizio degli altri.	V	F
380	Le mie idee sul sesso sono molto arretrate.	V	F
381	Ricordo che da bambino ero spesso lasciato fuori dal gruppo.	V	F
382	Non ho ancora le idee ben chiare sul futuro.	V	F
383	Raramente sono una persona indecisa.	V	F
384	Di solito sono un tipo passivo.	V	F
385	Spesso ho paura che possa accadere qualcosa di brutto	V	F
386	È inutile che lottiamo per il nostro futuro tanto moriremo tutti.	V	F
387	Ho difficoltà a manifestare i miei sentimenti.	V	F
388	Non trovo giusta l'abitudine di ricorrere subito ai medicinali eccetto i casi davvero necessari.	V	F
389	Qualche volta mi piace rilassarmi e non pensare proprio a nulla.	V	F
390	In varie circostanze ho mostrato tenacia e determinazione.	V	F
391	Essere troppo sinceri a volte è un difetto.	V	F
392	Mi danno fastidio le persone presuntuose.	V	F
393	Quasi mai credo che la vita sia un bene prezioso.	V	F
394	Non esiste amicizia tra uomo e donna.	V	F
395	Valuto sempre le mie prestazioni sessuali.	V	F
396	Mi piace spesso cambiare partner per arricchire le mie esperienze.	V	F

(segue)

397	Molto raramente il mio lavoro viene apprezzato.	V	F
398	Ciò che valgo è importante soprattutto per me stesso.	V	F
399	Quasi mai ho la sensazione di non aver concluso molto nella vita.	V	F
400	Provo un senso di repulsione verso certi animali.	V	F
401	Quasi mai avverto un senso di stanchezza.	V	F
402	Raramente sono inappetente.	V	F
403	Preferisco i lavori in cui si sta con altre persone che quelli solitari.	V	F
404	Nono sono portato per i lavori di responsabilità.	V	F
405	Non penso di poter dar ordini senza agitarmi.	V	F
406	Quasi mai ho nostalgia del passato.	V	F
407	Sono appassionato di materie scientifiche.	V	F
408	Se qualcuno mi fa arrabbiare preferisco tenerlo per me piuttosto che dirlo.	V	F
409	Non so prendere una decisione senza l'aiuto di qualcuno.	V	F
410	Non ho mai avuto difficoltà con le persone dell'altro sesso.	V	F
411	Gli amici mi considerano spesso una persona debole.	V	F
412	In fondo tutti crediamo che esistono presenze soprannaturali che possono condizionarci.	V	F
413	Se qualcuno si arrabbia si può rispondere con calma.	V	F
414	Non mi piacciono i cambiamenti.	V	F
415	Posso raggiungere gli obiettivi che mi sono posto nella vita.	V	F
416	È impossibile cambiare le proprie abitudini.	V	F
417	Vorrei cambiare la mia vita.	V	F
418	Non riesco a parlare dei miei problemi con nessuno.	V	F
419	Se al lavoro c'è un problema spero siano gli altri a risolverlo.	V	F
420	Non posso prendere decisioni senza informare mia madre.	V	F
421	Non riesco a gustarmi il cibo perché sono troppo vorace.	V	F
422	Quasi mai perdo il controllo dei miei nervi.	V	F
423	Penso di poter dare buoni consigli agli amici.	V	F
424	Anche a me capita di avere una "giornata no".	V	F
425	Qualche volta a scuola non ero preparato.	V	F
426	I miei genitori possono essere fieri di me.	V	F
427	Non ho proprio voglia di impegnarmi in un legame sentimentale.	V	F
428	Dopo una delusione, ti vien voglia di morire.	V	F
429	Gli altri dicono che sono debole caratterialmente.	V	F
430	Raramente ho pensato di non potercela fare.	V	F
431	Se posso passar avanti agli altri in una fila, cerco di farlo.	V	F
432	Credo che il tempo passi troppo velocemente.	V	F
433	La fortuna incide molto sul successo.	V	F

(segue)

434	Spesso gli amici mi giudicano una persona "pesante".	V	F
435	Se chiedo a qualcuno di proseguire nel mio lavoro mi accorgo che nessuno lo fa bene.	V	F
436	Quando mi arrabbio mi dura per molto tempo.	V	F
437	Spesso le persone sono infedeli.	V	F
438	Non riesco a portare a termine un impegno troppo difficile.	V	F
439	Se sto solo mi capita spesso di pensare di stare male.	V	F
440	Qualche volta mi innervosisco quando ci sono lunghe attese.	V	F
441	Nella mia famiglia ci sono state troppe preoccupazioni.	V	F
442	Almeno una volta può capitare di ubriacarsi.	V	F
443	Se perdo le staffe mi sembra di morire.	V	F
444	Non ho mai abusato con le sostanze alcoliche.	V	F
445	Capita a tutti, ogni tanto, di fare a botte.	V	F
446	Non credo di avere della manie particolari.	V	F
447	Sono convinto che i miei comportamenti siano sempre sotto accusa.	V	F
448	Una risata in compagnia fa passare il malumore	V	F
449	Se qualcosa è troppo difficile mi arrendo.	V	F
450	Se sono in difficoltà i miei superiori intervengono in mio aiuto	V	F

Risposte test M.M.P.I. (fac-simile)

Di seguito viene riportato il fac-simile di questionario dell'M.M.P.I. assegnando delle risposte valide contrassegnate dalla casella bianca.

1	Sono un tipo a cui piace mangiare.	V	F
2	Quando mi sveglio sono quasi sempre di buon umore.	V	F
3	Mi sveglio spesso durante la notte.	V	F
4	I miei genitori si comportano bene con tutti.	V	F
5	Non ho problemi di circolazione.	V	F
6	Non sono sempre costante nel lavoro.	V	F
7	Ho una vita sessuale che mi soddisfa.	V	F
8	Spesso sono teso quando ho un impegno.	V	F
9	Mi capita di somatizzare quando ho un problema.	V	F
10	Cerco di piacere "a tutti i costi" ai miei datori di lavoro.	V	F
11	Raramente soffro di dolori addominali	V	F
12	Se ho un problema, non trovo giusto confidarlo a qualcuno.	V	F
13	Ogni tanto mi capita di mentire.	V	F
14	Credo che parte del mio successo sia dovuto a fortuna ed a giuste conoscenze.	V	F
15	Credo spesso di avere dei problemi di salute.	V	F
16	Se l'oroscopo del giorno è negativo, condiziona la mia giornata.	V	F

(segue)

17	Non prendo in considerazione chi mi dice di fare qualcosa se lo considero inferiore a me.	V	F
18	Non soffro di vertigini.	V	F
19	La mia famiglia condivide le mie scelte.	V	F
20	Se non sono ascoltato perdo la pazienza.	V	F
21	Raramente mi capita di essere triste.	V	F
22	Sono ottimista sul mio futuro.	V	F
23	Spesso la gente mente per ottenere un successo.	V	F
24	A scuola ho avuto spesso richiami o punizioni.	V	F
25	Se mi si offrono più opportunità, non so decidermi.	V	F
26	Raramente sono triste.	V	F
27	Mi trovo bene con persone di entrambi i sessi.	V	F
28	Ho il "pollice verde" per il giardinaggio.	V	F
29	Sono abbastanza tradizionale nei miei rapporti sessuali.	V	F
30	Qualche volta credo di non essere all'altezza della situazione.	V	F
31	Mi innervosisco se le cose non vanno come prevedevo.	V	F
32	Mi fido di tutte le persone che considero amiche.	V	F
33	Quando sono in ansia mi capita di sudare.	V	F
34	Le mie parole sono spesso fraintese dalla maggior parte delle persone.	V	F
35	Trascorro molto tempo a ricordare esperienze passate.	V	F
36	Raramente, ormai, mi preoccupo di migliorare il mio aspetto fisico	V	F
37	Sono quasi mai disponibile con la gente che conosco.	V	F
38	Ho facilità a memorizzare cose nuove.	V	F
39	Quasi sempre mi fido solo del mio istinto.	V	F
40	Fidarsi è bene, non fidarsi è meglio.	V	F
41	Preferisco siano gli altri a parlare per primi in pubblico.	V	F
42	Qualche volta in passato ho avuto problemi legali.	V	F
43	Credo che la vita sia degna di essere sempre vissuta, anche se è difficile.	V	F
44	Tante volte sono stato innamorato nella mia vita.	V	F
45	Sono facilmente portato a dimenticare alcune cose.	V	F
46	Sono in grado di mantenere la concentrazione per tempi lunghi, senza troppa fatica.	V	F
47	Almeno una volta alla settimana ho bisogno di andare in discoteca per scaricarmi.	V	F
48	Voglio sempre essere al centro dell'attenzione.	V	F
49	Non ho difficoltà a stare in mezzo alla gente.	V	F
50	Qualche volta mi viene voglia di stare solo.	V	F
51	Mi capita, ogni tanto di essere pettegolo	V	F
52	Se sono triste non ho voglia di vedere nessuno.	V	F
53	Dire una bugia, ogni tanto, credo sia normale.	V	F

(segue)

54	Sono considerato da tutti una buona forchetta.	V	F
55	Non riesco a digerire la cucina pesante.	V	F
56	Sono felice di come sono.	V	F
57	Raramente, capita, di avere poca fiducia in sé.	V	F
58	Credo nelle mie capacità.	V	F
59	Nel mio lavoro mi impegno sempre la massimo.	V	F
60	Dopo una bella serata a cena con amici, ho problemi di digestione.	V	F
61	Sono convinto di non contare niente.	V	F
62	Raramente mi viene da piangere.	V	F
63	Le persone, raramente, si fidano di me.	V	F
64	Capita spesso che gli altri riescano a convincermi.	V	F
65	Non sempre sono sicuro di quello che faccio.	V	F
66	Trovo giusto che le persone non abbiano fiducia nel prossimo, visti i tempi che corrono.	V	F
67	Molte persone mi osservano.	V	F
68	Senza l'approvazione degli altri mi sento perso.	V	F
69	Qualcuno controlla il mio lavoro.	V	F
70	Sono spaventato dal susseguirsi degli eventi.	V	F
71	Penso di essere un buon esempio per gli altri	V	F
72	Spesso gli altri mi cercano perché sono di buona compagnia.	V	F
73	Sento un ronzio costante nelle mie orecchie che mi infastidisce.	V	F
74	Non riesco a pensare a cose belle.	V	F
75	Dopo aver compiuto un'azione spesso mi pento.	V	F
76	In un gruppo di persone mi piace ascoltare.	V	F
77	Ho buone capacità direttive.	V	F
78	Stare in mezzo a tanta gente mi crea problemi.	V	F
79	Sono una persona che suda spesso.	V	F
80	Quasi mai soffro di dolori intestinali.	V	F
81	Ci sono più persone meritevoli che fannulloni.	V	F
82	Credo che alcuni colleghi non si fidino di me.	V	F
83	Perdo subito la concentrazione se c'è un po' di rumore	V	F
84	Mi infastidisco facilmente se qualcuno mi prende in giro.	V	F
85	Sono molto più felice della maggior parte delle persone.	V	F
86	Ascoltando il telegiornale spesso mi preoccupo.	V	F
87	Faccio dei pensieri brutti molto ricorrenti.	V	F
88	Credo proprio di poter essere solo un buon esecutore.	V	F
89	Ogni tanto mi assale forte il desiderio di rompere degli oggetti.	V	F
90	Quando mi sveglio sono già tonico e non insonnolito.	V	F

(segue)

91	I miei pensieri sono, a volte, così brutti che è meglio tenerli solo per me.	V	F
92	Mi piace leggere libri di favole.	V	F
93	Mi piace coordinare, dirigere, parlare in pubblico.	V	F
94	Ho il sonno abbastanza pesante.	V	F
95	La mia giornata non è mai noiosa.	V	F
96	Non ho mai avuto vergogna a stare in mezzo alla gente.	V	F
97	Mi capita, spesso, di mangiare e di non assaporare il cibo.	V	F
98	L'energia che è dentro di me, a volte mi sembra stia per esplodere.	V	F
99	Nella mia vita non credo di avere mai avuto un ruolo da leader.	V	F
100	Può capitare a tutti di avere il cosiddetto "nodo alla gola".	V	F
101	Nel lavoro riesco ad essere tranquillo e sereno.	V	F
102	Quasi mai ho giramenti di testa.	V	F
103	La gente mi apprezza perché sono socievole.	V	F
104	È importante rispettare gli ordini dei superiori.	V	F
105	Raramente sono preoccupato per qualcosa o qualcuno.	V	F
106	Talvolta ritengo di non essere all'altezza dell'incarico.	V	F
107	Ci sono delle persone che riescono spesso a farmi cambiare idea.	V	F
108	Alcuni giorni non ho davvero voglia di impegnarmi.	V	F
109	Se qualcuno mi prende in giro farà i conti con me.	V	F
110	Mi capita raramente di discutere con i miei genitori.	V	F
111	Le persone che comandano alcune volte hanno raggiunto la posizione non per propri meriti.	V	F
112	Qualche volta mi capita di avere voglia di fare qualcosa di strano.	V	F
113	Non mi piacciono le imposizioni ed i comandi.	V	F
114	Capita a tutti di arrabbiarsi.	V	F
115	Se fossi sicuro di non essere visto mi comporterei in modo disonesto.	V	F
116	Il mio comportamento è influenzato da quello degli altri.	V	F
117	Mi chiedo spesso quale sia il secondo fine di un gesto gentile di qualcuno.	V	F
118	Se qualcuno mi critica ci rimango molto male.	V	F
119	Ho imparato a cucinare, a fare la lavatrice, per essere indipendente.	V	F
120	Le amicizie aiutano a superare le difficoltà.	V	F
121	Esperienze sessuali insolite mi eccitano.	V	F
122	A tutti piace vincere al gioco.	V	F
123	Scrivo sempre il resoconto della mia giornata.	V	F
124	Mi piace ripensare alle cose belle del passato.	V	F
125	Alcuni superiori sembra abbiano meno competenze di noi.	V	F
126	Ho un buon rapporto con il mio corpo.	V	F
127	Ogni giorno controllo il mio peso.	V	F

(segue)

128	Mi sveglio, talvolta, tutto sudato.	V	F
129	È difficile essere completamente fieri di se stessi.	V	F
130	Conoscendo persone importanti si possono raggiungere posizioni di prestigio.	V	F
131	Sono timido e devo combattere per non farlo vedere.	V	F
132	A scuola avevo un buon rapporto con tutti.	V	F
133	Qualche volta sono arrabbiato con me stesso che sarei tentato di colpirmi.	V	F
134	A casa, o al lavoro, vengo spesso rimproverato.	V	F
135	Molto raramente mi capita di stancarmi.	V	F
136	Non riesco a stare nei luoghi molto stretti e bui.	V	F
137	Capita, a volte, di non ricordare cose precedentemente apprese.	V	F
138	I miei familiari nutrono per me un sincero affetto.	V	F
139	Non trovo interessanti le riviste scientifiche.	V	F
140	Se perdo al gioco non è un problema.	V	F
141	Raramente mi documento su ciò che accade nel mondo.	V	F
142	La timidezza mi impedisce di inserirmi in un gruppo.	V	F
143	Mi capita, raramente, di ripensare al mio passato.	V	F
144	Spesso mi trovo a contare i passi, a fissare le persone etc.	V	F
145	Capita, talvolta, di non sentirsi all'altezza della situazione.	V	F
146	È piacevole incontrare persone nuove.	V	F
147	I miei genitori mi hanno trasmesso valori e principi importanti.	V	F
148	Non dimentico i torti subiti.	V	F
149	Ci sono tante persone cattive.	V	F
150	Il mio aspetto non è importante.	V	F
151	Non mi innervosisco facilmente.	V	F
152	Quasi mai mi capita di avere dolori alla testa.	V	F
153	Se faccio qualcosa di importante non voglio essere disturbato.	V	F
154	Soltanto chi si dà tante arie pensa di valere molto.	V	F
155	Raramente mi innervosisco.	V	F
156	Alcuni animali mi fanno schifo o ribrezzo.	V	F
157	Sicuramente avevo più facilità a memorizzare quando andavo a scuola.	V	F
158	Molto raramente prendo l'iniziativa con gli amici o a lavoro.	V	F
159	Il mio peso si mantiene piuttosto costante.	V	F
160	L'immagine che gli altri hanno di me è positiva.	V	F
161	Raramente le persone mi fraintendono.	V	F
162	Molte persone imbrogliano pur di raggiungere i propri obiettivi.	V	F
163	Qualcuno ha provato a fare il furbo con me.	V	F
164	A volte è difficile concentrarsi.	V	F
165	Raramente ho difficoltà nel lavoro.	V	F

(segue)

166	Non ho mai avuto problemi di apprendimento.	V	**F**
167	Sono fiducioso in ciò che mi riserva il futuro.	V	**F**
168	Non bisogna lasciarsi andare alla malinconia.	V	**F**
169	Sono sempre sicuro delle azioni che compio.	V	**F**
170	Raramente non porto a termine una decisione.	V	**F**
171	Quando mi sento nervoso mi viene voglia di camminare.	**V**	F
172	Capita, talvolta, di votare per persone sconosciute.	**V**	F
173	Con le ragazze ho difficoltà di approccio.	**V**	F
174	A scuola capitava spesso che non facessi i compiti.	**V**	F
175	Nelle varie circostanze, raramente, riesco a trovare la soluzione dei problemi	**V**	F
176	Spesso sono eccitato.	V	**F**
177	Sono un tipo abituato a "piccoli rituali".	**V**	F
178	Non ci si deve fidare di chi ti sta vicino.	**V**	F
179	Non credo di avere peccati di cui pentirmi.	V	**F**
180	Alcune parti del mio corpo sono inaccettabili.	**V**	F
181	Raramente gusto un piatto di pasta.	**V**	F
182	Raramente o mai credo che qualcuno ce l'abbia con me.	V	**F**
183	Gli amici spesso sono persone utili.	V	**F**
184	Raramente mi capita di provare rancore.	V	**F**
185	Raramente la notte non riesco a prendere sonno.	V	**F**
186	Mi piace raccontare storie riguardanti la mia vita.	V	**F**
187	Se la gente parla di me non mi disturba.	V	**F**
188	Raramente o mai ho fatto uso di droghe.	V	**F**
189	Le mie idee sono spesso fraintese dagli altri.	**V**	F
190	Ho dei conti in sospeso con la fortuna.	**V**	F
191	Raramente riesco a parlare dei miei problemi.	**V**	F
192	Qualche volta sono di cattivo umore.	V	**F**
193	Ci sono delle giornate in cui non ho voglia di vedere nessuno.	**V**	F
194	Non ho mai avuto problemi disciplinari.	V	**F**
195	Non ho ancora avuto una storia importante.	**V**	F
196	Spesso mi capita di ridere senza reali motivi.	**V**	F
197	Molte persone mentirebbero per ottenere successi.	**V**	F
198	Alcuni argomenti mi creano imbarazzo.	**V**	F
199	Raramente mi tiro indietro se mi chiedono di partecipare ad un'attività.	V	**F**
200	Quasi mai sono in difficoltà o mi imbarazzo verso qualcuno.	V	**F**
201	L'ansia all'improvviso mi assale.	**V**	F
202	Mi capita, a volte, di perdere la pazienza.	V	**F**
203	Talvolta compio delle azioni di cui mi vergogno.	**V**	F

(segue)

204	Alcune persone si comportano come amici solo per il proprio tornaconto.	V	F
205	Non faccio mai niente d'istinto.	V	F
206	Quasi mai mi sveglio agitato durante la notte.	V	F
207	Credo di non aver avuto un'adolescenza serena.	V	F
208	Quasi mai ho la sensazione di venire frainteso.	V	F
209	Raramente ho motivi per dubitare della sincerità dei miei cari.	V	F
210	Ho l'abitudine di addormentarmi sempre sul fianco destro.	V	F
211	Il giudizio degli altri condiziona la mia vita.	V	F
212	L'idea della morte raramente accompagna i miei pensieri.	V	F
213	Molte cose accadono come fossero attribuibili a cause innaturali.	V	F
214	Raramente non ricordo quanto mi viene detto.	V	F
215	Quando devo affrontare una situazione nuova quasi mai sono ansioso.	V	F
216	Sono una persona a cui piace portare a termine un impegno.	V	F
217	Raramente preferisco stare a casa piuttosto che uscire.	V	F
218	Qualche volta mi arrendo alle circostanze.	V	F
219	Raramente leggo tutto il giornale.	V	F
220	Mi interessano gli argomenti di attualità.	V	F
221	Capita a tutti di avere problemi con la giustizia.	V	F
222	A volte, la mattina, sono di pessimo umore.	V	F
223	Frequentemente ho preoccupazioni sessuali.	V	F
224	Alcune persone mi sembra complottino contro di me.	V	F
225	Mi disturba vedere i bambini che maltrattano gli animali.	V	F
226	Raramente credo che la vita non sia un regalo prezioso.	V	F
227	Quasi mai non riesco a parlare di argomenti delicati.	V	F
228	Dire una bugia ogni tanto è umano.	V	F
229	Alcune persone agiscono esclusivamente per il proprio tornaconto.	V	F
230	Quasi mai mi capita di ricordare i miei sogni.	V	F
231	Se non sono convinto di ciò che devo dire non intervengo mai in una discussione per paura di sbagliare	V	F
232	Il passato è il periodo più bello della vita.	V	F
233	Programmo tutta la giornata con molta precisione.	V	F
234	Quando sono in un luogo che non conosco sono in ansia.	V	F
235	Quando sono agitato divento rosso.	V	F
236	La mia testa è raramente "tra le nuvole".	V	F
237	Sono piuttosto diffidente nel fare nuove amicizie.	V	F
238	I giochi con troppe regole non mi piacciono.	V	F
239	La mia vita sessuale è per me la cosa più importante.	V	F
240	Le persone che conosco hanno un buon giudizio di me.	V	F

(segue)

241	Ogni giorno è per me uguale a quello precedente.	V	F
242	Il mio corpo ha dei tremori improvvisi.	V	F
243	Da bambino piangevo spesso.	V	F
244	Mi capita quasi mai di voler star solo.	V	F
245	A volte qualcuno dei miei amici parla male di me.	V	F
246	In una discussione voglio avere la battuta finale.	V	F
247	Quando divento geloso perdo il controllo.	V	F
248	Raramente quando sono eccitato non riesco a gestire la situazione.	V	F
249	Con la famiglia ho avuto spesso discussioni e contrasti.	V	F
250	Quasi mai ho provato sentimenti di amore.	V	F
251	Quando ho un appuntamento arrivo sempre in anticipo.	V	F
252	Se non mi capiscono mi arrabbio facilmente.	V	F
253	Da ragazzino preferivo giocare da solo piuttosto che con gli amici.	V	F
254	Credo che quasi tutti nel gioco, se potessero, "barerebbero".	V	F
255	Gli incarichi di responsabilità mi preoccupano.	V	F
256	Penso che, in fondo, alla gente non importi molto degli altri.	V	F
257	Tutti hanno dei rituali o delle strane abitudini.	V	F
258	Raramente mi innervosisco.	V	F
259	Mi piace arrivare in orario agli incontri.	V	F
260	Raramente in famiglia ci sono stati problemi relazionali.	V	F
261	Qualche volta mi diverto anche ascoltando barzellette sporche.	V	F
262	Raramente (o mai) ho commesso grossi peccati.	V	F
263	Ogni tanto le immagini davanti a me si sdoppiano.	V	F
264	Non bevo mai.	V	F
265	Trascorro intere giornate a ripensare a qualche azione che ho com messo.	V	F
266	Molte volte penso che avrei potuto comportarmi meglio.	V	F
267	Mai mi è capitato di ubriacarmi.	V	F
268	Trovo spesso la legge ingiusta.	V	F
269	Le mie principali preoccupazioni riguardano il comportamento sessuale.	V	F
270	Penso, a volte, che sia proprio faticoso andare avanti.	V	F
271	Spesso provo un forte sentimento di gelosia.	V	F
272	Non credo che agli altri interessi molto di me.	V	F
273	Quasi mai la mia mente è assorta da brutti pensieri.	V	F
274	Sono fiducioso verso il mio futuro.	V	F
275	Se ci sono già delle persone in un luogo preferisco non entrare.	V	F
276	Quasi mai non riesco a concentrarmi.	V	F
277	Se mi trovo in un luogo molto alto ho paura a guardare giù.	V	F

(segue)

278	Se avessi in mano un'arma o un oggetto appuntito potrei utilizzar lo inappropriatamente.	V	F
279	A volte non "provo nemmeno" a mettermi in gioco perché so che non riuscirei.	V	F
280	Sempre i miei pensieri sono ripetitivi e monotoni.	V	F
281	Raramente la gente non sa ciò che dice.	V	F
282	Preferisco una serata con amici che una davanti alla TV.	V	F
283	Ovunque spesso qualcuno mi fissa.	V	F
284	Penso che le persone che giocano d'azzardo siano come drogati.	V	F
285	Ci sono state delle occasioni in cui ho avuto ruoli di leader.	V	F
286	Non penso di essere facilmente condizionabile.	V	F
287	So portare avanti con impegno un lavoro per molto tempo.	V	F
288	Ci sono molti pseudo-amici invidiosi del mio successo.	V	F
289	Alcune volte rimanere solo mi procura angoscia.	V	F
290	Ci sono delle volte che sarei tentato di far del male a qualcuno.	V	F
291	È raro che mi senta voglioso di fare.	V	F
292	Ho la tendenza a drammatizzare.	V	F
293	Prima di uscire ho cura di me.	V	F
294	Prendo in considerazione il giudizio altrui.	V	F
295	La sofferenza degli altri mi interessa molto raramente.	V	F
296	Molti incompetenti rivestono incarichi di prestigio.	V	F
297	Se interrompo un'attività non so riprenderla.	V	F
298	Gli altri mi ritengono un tipo onesto.	V	F
299	Riesco a mentire senza problemi, spesso.	V	F
300	Sono facilmente condizionabile.	V	F
301	Non riesco ad impormi mai.	V	F
302	Sono contento se le altre persone non riescono in ciò che fanno.	V	F
303	Praticamente mai provo piacere nel farmi male.	V	F
304	Credo di sapermi adattare ad ogni circostanza.	V	F
305	Raramente non sono tollerante nei confronti altrui.	V	F
306	Non perdo la concentrazione e l'attenzione facilmente.	V	F
307	Mi piace mettermi alla prova in qualcosa di nuovo.	V	F
308	Qualche volta la gente è portata a giudicare solo all'apparenza.	V	F
309	Quasi mai un obiettivo mi sembra impossibile da raggiungere.	V	F
310	Quando parlo gli altri raramente non capiscono ciò che dico.	V	F
311	Se le mie proposte non vengono considerate mi tiro indietro.	V	F
312	A scuola quasi sempre ero remissivo.	V	F
313	Ero un bambino ribelle.	V	F
314	Le regole sono sempre le regole, piacciano o meno.	V	F

(segue)

315	Non sempre vado a ballare.	V	F
316	Credo che dobbiamo tenere a mente i grossi problemi che affliggono la società.	V	F
317	È meglio essere bambini perché non si hanno preoccupazioni.	V	F
318	Sono contento che le mie decisioni, vengano prese in considera-zione.	V	F
319	Partecipo attivamente agli incontri con i superiori.	V	F
320	Ogni periodo della vita va vissuto e accettato.	V	F
321	Non bisogna pensare che chi abbia avuto successo non lo abbia meritato.	V	F
322	Conto davvero poco per la mia famiglia ed è il momento di farli ricredere.	V	F
323	Ci sono giorni che non voglio vedere nessuno.	V	F
324	So essere chiaro e deciso quasi sempre.	V	F
325	Mi piace divertirmi.	V	F
326	A volte penso, purtroppo, di essere solo un mediocre.	V	F
327	Raramente da piccolo facevo finta di stare male per non andare a scuola.	V	F
328	Se qualcosa ostacola i miei piani divento nervoso.	V	F
329	Quasi sempre sono sincero con la gente.	V	F
330	Preferisco non partecipare ad un gioco se penso ci sia qualcuno più bravo di me.	V	F
331	Quando sono in vacanza continuo a pensare al lavoro.	V	F
332	Con la mia ragazza ho un buon rapporto sessuale.	V	F
333	Sono quasi per niente scaramantico.	V	F
334	Il miglior metodo educativo sono le "botte".	V	F
335	Raramente capita che sono triste e cupo.	V	F
336	Credo che, in fondo in fondo, tutti abbiano qualche fobia.	V	F
337	È meglio vivere oggi che pensare al domani.	V	F
338	Mi dà fastidio chi è convinto di saper far tutto.	V	F
339	Raramente o mai vorrei provare pratiche sessuali insolite.	V	F
340	Se mi chiedono qualcosa su di me, spesso mi innervosisco.	V	F
341	Prima di prendere una decisione devo consultare i miei genitori.	V	F
342	Spesso ho la sensazione che chi non rispetta la legge la faccia sempre franca.	V	F
343	I miei peccati non possono essere perdonati.	V	F
344	Cambierei un sacco di cose del mio passato.	V	F
345	Anche i momenti più difficili della mia vita mi sono serviti per crescere.	V	F
346	Dopo un rimprovero il senso di colpa rimane in me per molto tempo.	V	F
347	Raramente mi è capitato di marinare la scuola.	V	F
348	Mi lascio suggestionare molto raramente.	V	F
349	Se mi impongono una decisione divento scortese ed irritabile.	V	F
350	Ho un buon controllo delle mie emozioni.	V	F
351	L'alta velocità mi eccita.	V	F
352	Le lunghe file mi snervano.	V	F
353	Attraverso periodi di grandi incertezze.	V	F

(segue)

354	Se qualcuno mi guarda distolgo immediatamente lo sguardo.	V	F
355	Ho avuto un'educazione per niente severa.	V	F
356	Chi si entusiasma troppo per un'idea, mi innervosisce.	V	F
357	Molto raramente faccio giochi sedentari.	V	F
358	Quasi mai dialogo in famiglia.	V	F
359	Le regole non erano importanti in casa mia.	V	F
360	Mi piaceva fare giochi di squadra.	V	F
361	Raramente ho brutti pensieri.	V	F
362	Pur di scaricarmi la colpa, la attribuisco agli altri, anche se non colpevoli.	V	F
363	Non sono chiaro quasi mai quando espongo i miei concetti.	V	F
364	Mi dà fastidio chiedere a qualcuno di spiegarmi le cose.	V	F
365	Non mi preoccupo facilmente per le cose di scarsa importanza.	V	F
366	Credo che i superiori difficilmente ammettano i propri torti.	V	F
367	Quasi mai mi sento incapace di gestire le mie cose.	V	F
368	A casa, in famiglia, quasi mai aiuto a cucinare.	V	F
369	Sono spesso una persona collaborativa.	V	F
370	Non mi piace esprimere le mie opinioni in materia di sesso.	V	F
371	Se potessi indosserei solo abiti griffati.	V	F
372	Se qualcuno è abile riesce a farmi cambiare idea.	V	F
373	Non riesco a sopportare il dolore fisico.	V	F
374	A volte credo che qualcuno ce l'abbia con me.	V	F
375	Spesso la sera la mia mente è disturbata da brutti pensieri.	V	F
376	Qualche volta da bambino giocavo al dottore.	V	F
377	Mi divertivo ad organizzare feste.	V	F
378	Qualche volta spiavo nella camera dei genitori.	V	F
379	La maggior parte delle persone ha un buon giudizio degli altri.	V	F
380	Le mie idee sul sesso sono molto arretrate.	V	F
381	Ricordo che da bambino ero spesso lasciato fuori dal gruppo.	V	F
382	Non ho ancora le idee ben chiare sul futuro.	V	F
383	Raramente sono una persona indecisa.	V	F
384	Di solito sono un tipo passivo.	V	F
385	Spesso ho paura che possa accadere qualcosa di brutto	V	F
386	È inutile che lottiamo per il nostro futuro tanto moriremo tutti.	V	F
387	Ho difficoltà a manifestare i miei sentimenti.	V	F
388	Non trovo giusta l'abitudine di ricorrere subito ai medicinali eccetto i casi davvero necessari.	V	F
389	Qualche volta mi piace rilassarmi e non pensare proprio a nulla.	V	F
390	In varie circostanze ho mostrato tenacia e determinazione.	V	F
391	Essere troppo sinceri a volte è un difetto.	V	F
392	Mi danno fastidio le persone presuntuose.	V	F

(segue)

393	Quasi mai credo che la vita sia un bene prezioso.	V	F
394	Non esiste amicizia tra uomo e donna.	V	F
395	Valuto sempre le mie prestazioni sessuali.	V	F
396	Mi piace spesso cambiare partner per arricchire le mie esperienze.	V	F
397	Molto raramente il mio lavoro viene apprezzato.	V	F
398	Ciò che valgo è importante soprattutto per me stesso.	V	F
399	Quasi mai ho la sensazione di non aver concluso molto nella vita.	V	F
400	Provo un senso di repulsione verso certi animali.	V	F
401	Quasi mai avverto un senso di stanchezza.	V	F
402	Raramente sono inappetente.	V	F
403	Preferisco i lavori in cui si sta con altre persone che quelli solitari.	V	F
404	Nono sono portato per i lavori di responsabilità.	V	F
405	Non penso di poter dar ordini senza agitarmi.	V	F
406	Quasi mai ho nostalgia del passato.	V	F
407	Sono appassionato di materie scientifiche.	V	F
408	Se qualcuno mi fa arrabbiare preferisco tenerlo per me piuttosto che dirlo.	V	F
409	Non so prendere una decisione senza l'aiuto di qualcuno.	V	F
410	Non ho mai avuto difficoltà con le persone dell'altro sesso.	V	F
411	Gli amici mi considerano spesso una persona debole.	V	F
412	In fondo tutti crediamo che esistono presenze soprannaturali che possono condizionarci.	V	F
413	Se qualcuno si arrabbia si può rispondere con calma.	V	F
414	Non mi piacciono i cambiamenti.	V	F
415	Posso raggiungere gli obiettivi che mi sono posto nella vita.	V	F
416	È impossibile cambiare le proprie abitudini.	V	F
417	Vorrei cambiare la mia vita.	V	F
418	Non riesco a parlare dei miei problemi con nessuno.	V	F
419	Se al lavoro c'è un problema spero siano gli altri a risolverlo.	V	F
420	Non posso prendere decisioni senza informare mia madre.	V	F
421	Non riesco a gustarmi il cibo perché sono troppo vorace.	V	F
422	Quasi mai perdo il controllo dei miei nervi.	V	F
423	Penso di poter dare buoni consigli agli amici.	V	F
424	Anche a me capita di avere una "giornata no".	V	F
425	Qualche volta a scuola non ero preparato.	V	F
426	I miei genitori possono essere fieri di me.	V	F
427	Non ho proprio voglia di impegnarmi in un legame sentimentale.	V	F
428	Dopo una delusione, ti vien voglia di morire.	V	F
429	Gli altri dicono che sono debole caratterialmente.	V	F
430	Raramente ho pensato di non potercela fare.	V	F

(segue)

431	Se posso passar avanti agli altri in una fila, cerco di farlo.	V	F
432	Credo che il tempo passi troppo velocemente.	V	F
433	La fortuna incide molto sul successo.	V	F
434	Spesso gli amici mi giudicano una persona "pesante".	V	F
435	Se chiedo a qualcuno di proseguire nel mio lavoro mi accorgo che nessuno lo fa bene.	V	F
436	Quando mi arrabbio mi dura per molto tempo.	V	F
437	Spesso le persone sono infedeli.	V	F
438	Non riesco a portare a termine un impegno troppo difficile.	V	F
439	Se sto solo mi capita spesso di pensare di stare male.	V	F
440	Qualche volta mi innervosisco quando ci sono lunghe attese.	V	F
441	Nella mia famiglia ci sono state troppe preoccupazioni.	V	F
442	Almeno una volta può capitare di ubriacarsi.	V	F
443	Se perdo le staffe mi sembra di morire.	V	F
444	Non ho mai abusato con le sostanze alcoliche.	V	F
445	Capita a tutti, ogni tanto, di fare a botte.	V	F
446	Non credo di avere della manie particolari.	V	F
447	Sono convinto che i miei comportamenti siano sempre sotto accusa.	V	F
448	Una risata in compagnia fa passare il malumore	V	F
449	Se qualcosa è troppo difficile mi arrendo.	V	F
450	Se sono in difficoltà i miei superiori intervengono in mio aiuto	V	F

1.6 Il test del Big Five

Il modello dei Big Five si propone come un tentativo di mediazione e unificazione tra i diversi punti di vista. Esso individua cinque dimensioni fondamentali per la descrizione e la valutazione della personalità che si pongono ad un livello di generalità intermedio rispetto ai modelli che fanno riferimento a poche dimensioni estremamente generali e quelli che prevedono un maggior numero di dimensioni di portata più specifica, ma di minor generalizzabilità (16 PF di Cattell).
In ambito organizzativo questo modello si pone come strumento di notevole rilevanza per l'individuazione dei profili di personalità più idonei ai vari criteri organizzativi.
Il modello dei Big Five individua cinque dimensioni fondamentali per la descrizione e la valutazione della personalità di ogni individuo. I cinque grandi fattori della personalità proposti da questo modello sono: l'*Energia,* che è inerente ad un orientamento fiducioso ed entusiasta nei confronti delle varie circostanze della vita, la maggior parte delle quali sono interpersonali; l'*Amicalità*, che include, ad un polo, caratteristiche come l'altruismo, il prendersi cura, il dare supporto emotivo, e, al polo opposto, caratteristiche come l'ostilità, l'indifferenza verso gli altri, l'egoismo; la *Coscienziosità*, che fa riferimento a caratteristiche come la precisione e l'accuratezza, l'affidabilità, la responsabilità, la volontà di avere successo e la perseveranza; la *Stabilità emotiva,* che è una dimensione molto ampia comprendente una varietà di caratteristiche collegate all'ansietà e alla presenza di problemi di tipo emotivo, quali la depressione, l'instabilità di umore, l'irritabilità ecc.; infine, l'*Apertura mentale*, che fa riferimento all'apertura verso nuove idee, verso i valori degli altri e verso i propri sentimenti. Per ognuno dei Big Five sono state individuate due sottodimensioni, ciascuna delle quali fa rife-

rimento ad aspetti diversi della medesima dimensione. Per ogni sottodimensione la metà delle affermazioni sono formulate in senso positivo rispetto al nome della scala, mentre l'altra metà è formulata in senso negativo, al fine di controllare eventuali risposte date a caso.
In totale il BFQ consta di dieci sottodimensioni: *dinamismo, dominanza, cooperatività, cordialità, scrupolosità, perseveranza, controllo dell'emozione, controllo degli impulsi, apertura alla cultura e apertura all'esperienza.*
Il questionario si compone di **132 affermazioni** ideate per comprendere alcuni tratti della personalità del candidato. Bisogna segnare con una crocetta l'alternativa che sembra più consona, sulle cinque proposte, per descrivere la propria personalità, in relazione al fatto che l'affermazione data risulti completamente vera, abbastanza vera, né vera né falsa, abbastanza falsa, completamente falsa per il soggetto.
Si riportano alcune affermazioni come esemplificazione, tenendo in considerazione che sono state parzialmente modificate rispetto al test originale. Queste sono le possibili risposte:
1) completamente vero;
2) abbastanza vero;
3) né vero né falso;
4) abbastanza falso;
5) completamente falso.

	Questionario Big Five (fac-simile)	❶	❷	❸	❹	❺
1	Nella mia vita non ho mai mentito.	O	O	●	O	O
2	Non ho mai avuto problemi con la giustizia.	●	O	O	O	O
3	Mi trovo bene in compagnia di persone nuove.	O	●	O	O	O
4	Prendo le decisioni molto rapidamente.	O	O	O	●	O
5	Raramente mi trovo a disagio nelle situazioni.	O	O	●	O	O
6	Cerco di portare a termine un lavoro assegnatomi.	O	●	O	O	O
7	Sono una persona che spesso si innervosisce.	●	O	O	O	O
8	La mia memoria peggiora nel tempo.	O	O	O	O	●
9	Mi faccio condizionare dal giudizio della gente.	O	O	O	●	O
10	Ho un buon giudizio di me stesso.	O	O	O	●	O
11	Qualche volta mi sento nervoso.	O	●	O	O	O
12	Esperienze nuove mi affascinano.	O	●	O	O	O
13	È difficile farmi perdere la pazienza.	O	O	O	●	O
14	Cerco di portare a termine i miei compiti.	O	●	O	O	O
15	Mi piace stare tra la gente.	O	●	O	O	O
16	Qualche volta sono irritabile.	O	●	O	O	O
17	Se mi mettono fretta per finire un lavoro, mi innervosisco.	O	●	O	O	O
18	Non sempre aiuto chi ne ha bisogno.	O	O	O	●	O
19	Sono sicuro delle mie azioni.	O	O	●	O	O
20	Mi impegno al massimo perché voglio primeggiare.	O	O	O	●	O

(segue)

21	I nostri valori morali sono soggetti a cambiamenti.	O	O	O	O	O
22	Se sono arrabbiato non riesco a trattenere i miei sentimenti.	O	O	O	O	O
23	Raramente mi sento solo.	O	O	O	O	O
24	Sono una persona precisa.	O	O	O	O	O
25	Mi piace essere informato su quanto accade nel mondo.	O	O	O	O	O
26	Sono restìo a prestare denaro anche a persone che conosco bene.	O	O	O	O	O
27	Non mi piace stare dove c'è confusione.	O	O	O	O	O
28	Programmo la mia vita nei minimi particolari.	O	O	O	O	O
29	Non ho problemi a dire ciò che penso.	O	O	O	O	O
30	Ritengo che ci possano essere più soluzioni per risolvere un problema.	O	O	O	O	O
31	Dedico alla lettura abbastanza tempo.	O	O	O	O	O
32	È piacevole conversare con persone che si conoscono in viaggio.	O	O	O	O	O
33	Di solito non mi fido troppo del mio prossimo.	O	O	O	O	O
34	Almeno una volta ho alzato la voce con qualcuno.	O	O	O	O	O
35	Do molta importanza al giudizio dei miei colleghi.	O	O	O	O	O
36	Ho molti amici con cui confidarmi.	O	O	O	O	O
37	Non ritengo molto importante lo studio della storia.	O	O	O	O	O
38	In tutte le persone ci sono cose buone e non.	O	O	O	O	O
39	Controllo con ogni minimo dettaglio un lavoro, dopo che è terminato.	O	O	O	O	O
40	Non sono solito criticare gli altri.	O	O	O	O	O

	Risposte questionario Big Five (fac-simile)	❶	❷	❸	❹	❺
1	Nella mia vita non ho mai mentito.	O	●	O	O	O
2	Non ho mai avuto problemi con la giustizia.	●	O	O	O	O
3	Mi trovo bene in compagnia di persone nuove.	●	●	O	O	O
4	Prendo le decisioni molto rapidamente.	O	O	O	●	O
5	Raramente mi trovo a disagio nelle situazioni.	●	●	O	O	O
6	Cerco di portare a termine un lavoro assegnatomi.	●	O	O	O	O
7	Sono una persona che spesso si innervosisce.	O	O	O	●	●
8	La mia memoria peggiora nel tempo.	O	O	O	O	●
9	Mi faccio condizionare dal giudizio della gente.	O	O	O	O	●
10	Ho un buon giudizio di me stesso.	●	O	O	O	O
11	Qualche volta mi sento nervoso.	O	O	O	●	●
12	Esperienze nuove mi affascinano.	●	●	O	O	O
13	È difficile farmi perdere la pazienza.	●	●	O	O	O
14	Cerco di portare a termine i miei compiti.	●	O	O	O	O

(segue)

15	Mi piace stare tra la gente.	●	●	O	O	O
16	Qualche volta sono irritabile.	O	O	O	●	O
17	Se mi mettono fretta per finire un lavoro, mi innervosisco.	O	O	O	O	●
18	Non sempre aiuto chi ne ha bisogno.	O	O	O	O	●
19	Sono sicuro delle mie azioni.	●	O	O	O	O
20	Mi impegno al massimo perché voglio primeggiare.	O	O	O	●	●
21	I nostri valori morali sono soggetti a cambiamenti.	O	O	O	O	●
22	Se sono arrabbiato non riesco a trattenere i miei sentimenti.	O	O	O	O	●
23	Raramente mi sento solo.	●	●	O	O	O
24	Sono una persona precisa.	●	●	O	O	O
25	Mi piace essere informato su quanto accade nel mondo.	●	●	O	O	O
26	Sono restìo a prestare denaro anche a persone che conosco bene.	O	O	O	●	O
27	Non mi piace stare dove c'è confusione.	O	O	O	●	O
28	Programmo la mia vita nei minimi particolari.	O	O	O	●	O
29	Non ho problemi a dire ciò che penso.	●	●	O	O	O
30	Ritengo che ci possano essere più soluzioni per risolvere un problema.	O	●	O	O	O
31	Dedico alla lettura abbastanza tempo.	O	●	O	O	O
32	È piacevole conversare con persone che si conoscono in viaggio.	O	●	O	O	O
33	Di solito non mi fido troppo del mio prossimo.	●	O	O	●	O
34	Almeno una volta ho alzato la voce con qualcuno.	O	●	O	O	O
35	Do molta importanza al giudizio dei miei colleghi.	O	O	O	●	O
36	Ho molti amici con cui confidarmi.	O	●	O	O	O
37	Non ritengo molto importante lo studio della storia.	O	O	O	O	●
38	In tutte le persone ci sono cose buone e non.	●	●	O	O	O
39	Controllo con ogni minimo dettaglio un lavoro, dopo che è terminato.	O	●	O	●	O
40	Non sono solito criticare gli altri.	●	●	O	O	O

1.7 Taleia 400A

Il TALEIA (test per la valutazione assiale e intervista per utilizzazione clinica, nelle applicazioni al personale, in orientamento) è uno strumento utile allo psicologo o allo psichiatra per capire il disagio delle persone e per aiutarle a vivere meglio. È costituito da diversi tipi di questionari: DT, TALEIA 400A, TALEIA 400B ecc.

Il **TALEIA 400A** si compone di numerosi item al quale il soggetto non deve rispondere con un semplice Vero/Falso (che può portare ad un maggiore numero di risposte falsate), ma attraverso quattro alternative ***Mai/Qualche volta/Spesso/Sempre***.

Il tempo di compilazione per **400 domande** è circa **45/60 minuti**.

È opportuno non saltare le domande e non rispondere a caso, inoltre, sarebbe opportuno essere sinceri (adattando le risposte all'ambiente militare e al tipo di vita che troverete all'interno della caserma).
I vari quesiti compongono delle scale, tra le quali la scala della schizofrenia, della depressione, dell'ansia, delle fobie, dei disturbi alimentari ecc., a cui si aggiungono delle scale di controllo: la scala L, la scala F e la scala INC per verificare se il soggetto mente, cerca di fare buona impressione o si contraddice tra una risposta e l'altra. (Per es. chi ottiene un punteggio alto nella scala L è una persona coraggiosa, energica, realista, serena…e così deve risultare anche in altri test e nell'eventuale colloquio!)

Si riportano alcuni quesiti, in parte modificati rispetto all'originale.

TALEIA 400 A (fac-simile)		**MAI O QUASI MAI**	**QUALCHE VOLTA**	**SPESSO**	**SEMPRE O QUASI SEMPRE**
1	Sono una persona che rispetta che le regole.	O	O	O	●
2	Le persone che mi sono amiche mi comprendono anche se non parlo.	O	O	O	●
3	Se mi capitasse di sentirmi male in mezzo a molte persone, penso che nessuno mi soccorrerebbe.	O	●	O	O
4	Anche se devo andare all'ultimo piano non prendo l'ascensore.	O	●	O	O
5	Ci sono volte in cui proprio non riesco a stare al centro dell'attenzione.	O	O	●	O
6	Mi comporto in modo più rigido proprio con i miei familiari.	●	O	O	O
7	Scelgo luoghi con molte persone (è uguale).	O	O	O	●
8	A scuola venivo spesso messo in punizione, sempre per lo stesso motivo.	●	O	O	O
9	In una situazione d'emergenza, saprei mantenere il sangue freddo.	O	●	O	O
10	Provo vergogna di alcuni miei comportamenti.	O	●	O	O
11	Riesco a mantenere rapporti cordiali anche con le persone che mi hanno deluso.	O	●	O	O
12	Sono irritato da alcuni comportamenti della mia famiglia.	O	●	O	O
13	Sento che degli insetti mi pungono anche se in realtà non riesco a vederli.	●	O	O	O
14	Mi piace essere amico di persone forti.	O	●	O	O
15	Preferisco non accettare lavori troppo difficili.	●	O	O	O
16	Non riesco a maneggiare coltelli, pistole o armi.	O	●	O	O
17	Mi piace scegliere il luogo dove trascorrere una serata.	O	O	●	O
18	Devo correre al bagno frequentemente, quando sono sotto pressione.	O	●	O	O

(segue)

19	Mi piace tenere in ordine le mie cose.	O	O	O	●
20	Non ho le energie sufficienti.	O	●	O	O
21	Sono numerose le persone che desiderano farmi del male.	●	O	O	O
22	Mi capita di arrivare in ritardo agli appuntamenti.	●	O	O	O
23	Mi piace sporgermi dalle finestre aperte.	●	O	O	O
24	Trovo divertente infrangere la legge.	●	O	O	O
25	Ripeto spesso gesti, movimenti ed azioni.	O	●	O	O
26	La vista del sangue mi fa svenire.	●	O	O	O
27	Odio stare a casa senza fare niente.	O	O	O	●
28	A volte vorrei urlare anche davanti a persone sconosciute.	O	O	●	O
29	I miei scatti di nervi sono improvvisi.	O	●	O	O
30	Mi piace negli occhi le persone con cui parlo.	O	O	O	●
31	Non riesco a mantenermi concentrato/a.	O	●	O	O
32	Non ho mai difficoltà ad addormentarmi.	O	O	●	O
33	Non parlo mai per primo.	O	O	●	O
34	La gente cerca sempre di comportarsi in modo furbo.	O	O	O	●
35	A volte gli altri mi considerano un pericolo.	●	O	O	O
36	Si perde un amico se gli si nega qualcosa.	●	O	O	O
37	Gli altri sono riusciti a raggirarmi.	●	O	O	O
38	Io sono il principale artefice dei miei successi/insuccessi.	O	●	O	O
39	Conservo in modo maniacale anche cose insignificanti.	●	O	O	O
40	Un giorno diventerò un personaggio politico molto famoso.	●	O	O	O
41	Anche se non è necessario, continuo a lavarmi.	O	O	O	●
42	Se mi sento osservato non riesco a lavorare.	●	O	O	O
43	Rimugino sulle mie idee.	O	●	O	O
44	Quando vengo preso dalla paura fuggo.	●	O	O	O
45	Se mi assalgono pensieri spiacevoli, cerco di fare altre cose.	●	O	O	O
46	Sono una persona piena di energie.	O	O	●	O
47	Mi piace mantenermi pulita/o.	O	O	O	●
48	Provo avversione per gli animali.	O	●	O	O
49	Spesso non riesco ad andare di corpo.	O	O	●	O
50	Sono molto concentrato quando faccio qualcosa.	O	O	●	O
51	Riesco ad accettare con serenità le critiche.	O	O	●	O
52	Preferisco prendere decisioni da solo (dipende dai ruoli).	O	O	●	O
53	Non mi è mai capitato di dimostrare il mio valore.	O	O	●	O
54	Non ho difficoltà a guardarmi nudo.	●	O	O	O
55	Non mi piace divertirmi perché la considero una perdita di tempo.	●	O	O	O

(segue)

56	Quando faccio le valigie non ho bisogno di un elenco con le cose da metterci.	O	O	●	O
57	Quando sono nervoso dimentico la buona educazione.	O	O	●	O
58	Sono ben accettato da tutti.	O	O	●	O
59	Riesco a dormire tutta la notte senza svegliarmi fino al mattino.	O	O	●	O
60	Sono codarda/o.	●	O	O	O
61	Non riesco a dormire nella stessa stanza con altre persone.	●	O	O	O
62	Anche piccoli problemi mi agitano.	O	●	O	O
63	Ho problemi di peso.	●	O	O	O
64	Mi piace essere molto ordinata/o.	O	O	O	●
65	Sono molto preoccupato per il futuro.	O	●	O	O
66	Non riesco a programmare i prossimi giorni.	O	●	O	O
67	Chi si suicida è molto coraggioso.	●	O	O	O
68	Anche dopo poche ore di sonno sono sveglio e riposato.	O	●	O	O
69	Mi stanco subito delle persone.	O	●	O	O
70	A volte mangio o bevo fino a sentirmi male.	●	O	O	O
71	Trascorro ore, nel corso della giornata in cui sono svogliata/o.	O	O	O	●
72	A volte ho desiderio di ferirmi.	●	O	O	O
73	Credo di essere immortale.	●	O	O	O

	TALEIA 400 A (fac-simile) *Questionario completo di possibili risposte*	**MAI O QUASI MAI**	**QUALCHE VOLTA**	**SPESSO**	**SEMPRE O QUASI SEMPRE**
1	Sono una persona che rispetta che le regole.	O	O	O	●
2	Le persone che mi sono amiche mi comprendono anche se non parlo.	O	O	●	O
3	Se mi capitasse di sentirmi male in mezzo a molte persone, penso che nessuno mi soccorrerebbe.	●	O	O	O
4	Anche se devo andare all'ultimo piano non prendo l'ascensore.	O	●	O	O
5	Ci sono volte in cui proprio non riesco a stare al centro dell'attenzione.	●	O	O	O
6	Mi comporto in modo più rigido proprio con i miei familiari.	●	O	O	O
7	Scelgo luoghi con molte persone (è uguale).	O	●	●	O
8	A scuola venivo spesso messo in punizione, sempre per lo stesso motivo.	●	O	O	O
9	In una situazione d'emergenza, saprei mantenere il sangue freddo.	O	O	●	O

(segue)

10	Provo vergogna di alcuni miei comportamenti.	●	O	O	O
11	Riesco a mantenere rapporti cordiali anche con le persone che mi hanno deluso.	O	●	O	O
12	Sono irritato da alcuni comportamenti della mia famiglia.	●	O	O	O
13	Sento che degli insetti mi pungono anche se in realtà non riesco a vederli.	●	O	O	O
14	Mi piace essere amico di persone forti.	O	●	O	O
15	Preferisco non accettare lavori troppo difficili.	●	O	O	O
16	Non riesco a maneggiare coltelli, pistole o armi.	●	O	O	O
17	Mi piace scegliere il luogo dove trascorrere una serata.	O	O	●	O
18	Devo correre al bagno frequentemente, quando sono sotto pressione.	●	O	O	O
19	Mi piace tenere in ordine le mie cose.	O	O	●	O
20	Non ho le energie sufficienti.	●	O	O	O
21	Sono numerose le persone che desiderano farmi del male.	●	O	O	O
22	Mi capita di arrivare in ritardo agli appuntamenti.	●	O	O	O
23	Mi piace sporgermi dalle finestre aperte.	●	O	O	O
24	Trovo divertente infrangere la legge.	●	O	O	O
25	Ripeto spesso gesti, movimenti ed azioni.	●	O	O	O
26	La vista del sangue mi fa svenire.	●	O	O	O
27	Odio stare a casa senza fare niente.	●	O	O	O
28	A volte vorrei urlare anche davanti a persone sconosciute.	●	O	O	O
29	I miei scatti di nervi sono improvvisi.	●	O	O	O
30	Mi piace negli occhi le persone con cui parlo.	O	O	O	●
31	Non riesco a mantenermi concentrato/a.	●	O	O	O
32	Non ho mai difficoltà ad addormentarmi.	O	O	●	O
33	Non parlo mai per primo.	●	O	O	O
34	La gente cerca sempre di comportarsi in modo furbo.	●	O	O	O
35	A volte gli altri mi considerano un pericolo.	●	O	O	O
36	Si perde un amico se gli si nega qualcosa.	●	O	O	O
37	Gli altri sono riusciti a raggirarmi.	●	O	O	O
38	Io sono il principale artefice dei miei successi/insuccessi.	O	O	O	●
39	Conservo in modo maniacale anche cose insignificanti.	●	O	O	O
40	Un giorno diventerò un personaggio politico molto famoso.	●	O	O	O
41	Anche se non è necessario, continuo a lavarmi.	●	O	O	O
42	Se mi sento osservato non riesco a lavorare.	●	O	O	O
43	Rimugino sulle mie idee.	●	O	O	O
44	Quando vengo preso dalla paura fuggo.	●	O	O	O
45	Se mi assalgono pensieri spiacevoli, cerco di fare altre cose.	O	O	●	O
46	Sono una persona piena di energie.	O	O	O	●

(segue)

47	Mi piace mantenermi pulita/o.	O	O	O	●
48	Provo avversione per gli animali.	●	O	O	O
49	Spesso non riesco ad andare di corpo.	●	O	O	O
50	Sono molto concentrato quando faccio qualcosa.	O	O	●	O
51	Riesco ad accettare con serenità le critiche.	O	O	●	O
52	Preferisco prendere decisioni da solo (dipende dai ruoli).	O	●	●	O
53	Non mi è mai capitato di dimostrare il mio valore.	●	O	O	O
54	Non ho difficoltà a guardarmi nudo.	O	O	●	O
55	Non mi piace divertirmi perché la considero una perdita di tempo.	●	O	O	O
56	Quando faccio le valigie non ho bisogno di un elenco con le cose da metterci.	O	O	●	O
57	Quando sono nervoso dimentico la buona educazione.	●	O	O	O
58	Sono ben accettato da tutti.	O	O	●	O
59	Riesco a dormire tutta la notte senza svegliarmi fino al mattino.	O	O	●	O
60	Sono codarda/o.	●	O	O	O
61	Non riesco a dormire nella stessa stanza con altre persone.	●	O	O	O
62	Anche piccoli problemi mi agitano.	●	O	O	O
63	Ho problemi di peso.	●	O	O	O
64	Mi piace essere molto ordinata/o.	O	O	●	O
65	Sono molto preoccupato per il futuro.	●	O	O	O
66	Non riesco a programmare i prossimi giorni.	O	●	O	O
67	Chi si suicida è molto coraggioso.	●	O	O	O
68	Anche dopo poche ore di sonno sono sveglio e riposato.	O	O	●	O
69	Mi stanco subito delle persone.	●	O	O	O
70	A volte mangio o bevo fino a sentirmi male.	●	O	O	O
71	Trascorro ore, nel corso della giornata in cui sono svogliata/o.	●	O	O	O
72	A volte ho desiderio di ferirmi.	●	O	O	O
73	Credo di essere immortale.	●	O	O	O

1.8 Il test EQ-I (Emotional Quotient Inventory)

L'EQ-I è un questionario che ha lo scopo di misurare l'intelligenza emotiva, che è un fattore determinante per valutare l'abilità del soggetto ad avere successo nella vita unitamente alle condizioni biologiche e alle capacità cognitive intellettuali. Tale forma di intelligenza descrive, quindi, abilità e competenze per affrontare la vita in modo concreto.

L'EQ-I trova molti ambiti di impiego, infatti può essere utilizzato come strumento di valutazione per l'assunzione di personale, per indagare sul benessere degli impiegati, per identificare, in ambito scolastico, gli studenti che non sono in grado di affrontare le richieste scolastiche, nel settore clinico, per valutare il grado di intelligenza emotiva di un paziente o anche

di coloro che soffrono di patologie gravi. Esso non dovrebbe essere somministrato se il soggetto si trova in una situazione particolarmente stressante o è stanco.
Il tempo totale per rispondere varia solitamente dai 30 ai 40minuti.
Il questionario si compone di **133 affermazioni** con cinque alternative di risposta, che prevedono il punteggio da 1) se l'affermazione non si ritiene per nulla valida a 5) se l'affermazione è ritenuta assolutamente valida per se stessi.
L'intelligenza emotiva è raggruppata in varie componenti misurate in scale e sottoscale. Tra le scale principali si ricordano quella:

- *intrapersonale*: chi ottiene un punteggio alto è sicuro di sé nel trasmettere le proprie idee
- *interpersonale:* chi ottiene un punteggio alto è affidabile e responsabile
- *gestione dello stress*: chi ottiene un punteggio alto non perde facilmente il controllo.

Tra le sottoscale vi sono: la considerazione di sé, la responsabilità sociale, la flessibilità, il controllo degli impulsi ecc.
È consigliabile non lasciare domande senza risposta (un numero elevato di domande senza risposta può essere una "difesa"), essere il più sinceri possibile (le persone devono indicare come sono in realtà e non come vorrebbero essere viste) e non contraddirsi; bisogna cercare, inoltre, di fornire un'immagine di sé positiva, ma senza esagerare.
L'analisi delle risposte rivela molto del soggetto esaminato: chi sceglie, nella maggior parte dei casi, l'opzione 3 *"A volte vero per me"* può risultare insicuro, mentre chi sceglie la maggior parte delle risposte 1 o 5 può essere considerato intransigente o esagerato.
Si riportano alcuni esempi di domande, modificate rispetto all'originale. Queste sono le possibili risposte:

1) per nulla vero per me;
2) raramente vero per me;
3) a volte vero per me;
4) spesso vero per me;
5) assolutamente vero per me.

	Questionario EQ-I (fac-simile)	❶	❷	❸	❹	❺
1	Mi è difficile comprendere i miei sentimenti.	O	O	O	●	O
2	Non riesco ad esprimere le mie emozioni.	O	O	●	O	O
3	Non sono in grado di difendere le mie idee.	O	●	O	O	O
4	Se non sono d'accordo con le opinioni di un compagno, riesco a dirglielo senza difficoltà.	O	O	O	O	●
5	Non ho difficoltà nel guardarmi alo specchio.	●	O	O	O	O
6	Mi piace il mio corpo.	●	O	O	O	O
7	Il mio lavoro non mi gratifica affatto.	O	O	O	O	●
8	Trovo che quello che faccio sia noioso.	●	O	O	O	O
9	Mi fa piacere quando siano gli altri a decidere.	O	●	O	O	O
10	L'opinione degli altri è per me fondamentale.	O	O	●	O	O
11	Non riesco ad accettare la sofferenza altrui.	O	O	O	●	O
12	Sono un buon confidente.	O	O	O	O	●

(segue)

13	Non sempre vado d'accordo con gli altri.	O	●	O	O	O
14	Non amo mantenere i rapporti con le persone.	O	O	●	O	O
15	Non riesco ad essere sensibile verso i sentimenti altrui.	O	O	●	O	O
16	Devo prima conoscere la problematica e poi affrontarla.	O	O	O	●	O
17	Per me un problema ha sempre solo una soluzione.	O	O	●	O	O
18	Sono una persona cui piace esagerare.	O	O	O	●	O
19	Non riesco a vedere le cose nella giusta prospettiva.	O	O	O	●	O
20	Non sono in grado di adattarmi facilmente.	O	O	●	O	O
21	Mi è difficile lavorare sotto stress.	O	O	O	O	●
22	Ho difficoltà a controllare la mia ansia.	O	O	O	O	●
23	Credo di essere molto impulsivo.	O	O	O	●	O
24	Perdo facilmente la pazienza.	O	O	O	●	O
25	Non riesco a sorridere quasi mai.	●	O	O	O	O
26	Ho pensieri depressivi.	●	O	O	O	O
27	Generalmente sono un tipo ottimista.	O	O	●	O	O
28	So affrontare situazioni difficili.	O	O	O	●	O
29	Non so dire bugie.	O	O	O	O	●
30	Sono amico di tutti.	O	O	O	O	●
31	Non ho mai avuto problemi con la legge.	O	O	O	O	●
32	A volte penso che la mente lasci il mio corpo.	O	O	●	O	O
33	Mi capita di vedere cose strane.	O	●	O	O	O
34	Ho un bel carattere.	O	O	O	O	●
35	Sono una persona solare.	O	O	O	O	●

	Risposte al questionario EQ-I (fac-simile)	❶	❷	❸	❹	❺
1	Mi è difficile comprendere i miei sentimenti.	●	O	O	O	O
2	Non riesco ad esprimere le mie emozioni.	●	O	O	O	O
3	Non sono in grado di difendere le mie idee.	●	O	O	O	O
4	Se non sono d'accordo con le opinioni di un compagno, riesco a dirglielo senza difficoltà.	O	O	O	O	●
5	Non ho difficoltà nel guardarmi alo specchio.	O	O	O	O	●
6	Mi piace il mio corpo.	O	O	O	●	O
7	Il mio lavoro non mi gratifica affatto.	●	O	O	O	O
8	Trovo che quello che faccio sia noioso.	O	●	O	O	O
9	Mi fa piacere quando siano gli altri a decidere.	O	O	O	●	O

(segue)

10	L'opinione degli altri è per me fondamentale.	O	O	O	●	O
11	Non riesco ad accettare la sofferenza altrui.	O	O	O	●	O
12	Sono un buon confidente.	O	O	O	●	O
13	Non sempre vado d'accordo con gli altri.	O	●	O	O	O
14	Non amo mantenere i rapporti con le persone.	O	●	O	O	O
15	Non riesco ad essere sensibile verso i sentimenti altrui.	●	O	O	O	O
16	Devo prima conoscere la problematica e poi affrontarla.	O	O	O	●	O
17	Per me un problema ha sempre solo una soluzione.	O	●	O	O	O
18	Sono una persona cui piace esagerare.	●	O	O	O	O
19	Non riesco a vedere le cose nella giusta prospettiva.	●	O	O	O	O
20	Non sono in grado di adattarmi facilmente.	●	O	O	O	O
21	Mi è difficile lavorare sotto stress.	●	O	O	O	O
22	Ho difficoltà a controllare la mia ansia.	●	O	O	O	O
23	Credo di essere molto impulsivo.	●	O	O	O	O
24	Perdo facilmente la pazienza.	O	●	O	O	O
25	Non riesco a sorridere quasi mai.	O	●	O	O	O
26	Ho pensieri depressivi.	●	O	O	O	O
27	Generalmente sono un tipo ottimista.	O	O	O	●	O
28	So affrontare situazioni difficili.	O	O	O	●	O
29	Non so dire bugie.	O	O	O	●	O
30	Sono amico di tutti.	O	O	O	●	O
31	Non ho mai avuto problemi con la legge.	O	O	O	O	●
32	A volte penso che la mente lasci il mio corpo.	●	O	O	O	O
33	Mi capita di vedere cose strane.	●	O	O	O	O
34	Ho un bel carattere.	O	O	O	O	●
35	Sono una persona solare.	O	O	O	O	●

1.9 Test D2R

Il test si compone di **14 righe** con una serie di caratteri per ciascuna riga; ogni carattere è costituito da una lettera, **d** o **p**, contrassegnata con uno, due, tre o quattro piccoli trattini posti sopra o sotto le stesse lettere.
Il compito è quello di ascoltare le richieste dell'esaminatore e barrare, nel test originale, le occorrenze della lettera **d** con due trattini, ignorando tutti gli altri stimoli, mentre **in sede concorsuale** le lettere che vengono richieste con il numero di trattini stabilito. Quando l'operatore dice di cambiare riga non bisogna proseguire per cercare di terminare quella che si stava completando, ma bisogna seguire correttamente le istruzioni.

Test D2R (fac-simile)

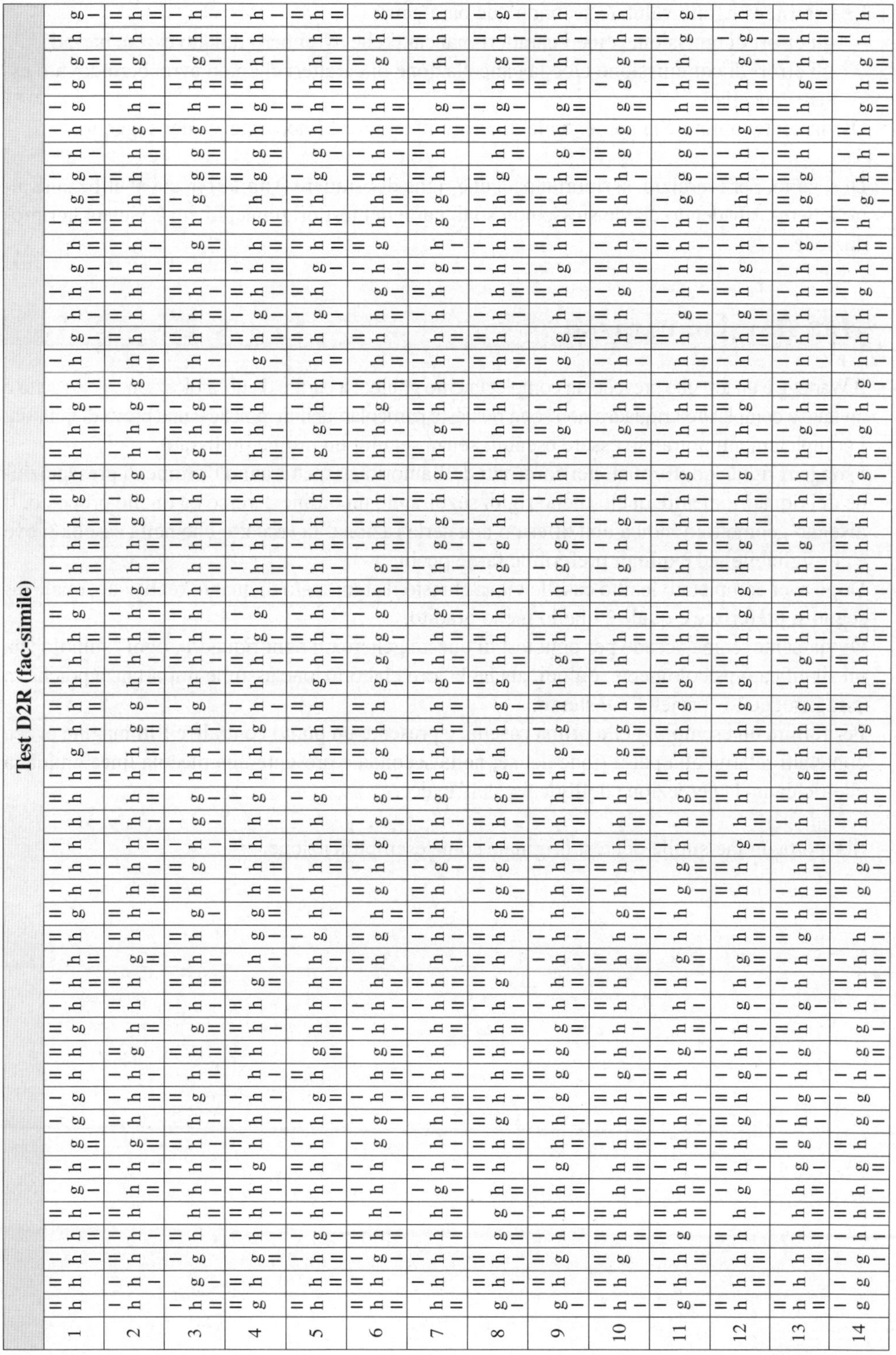

Le risposte vengono valutate secondo due parametri:
- gli errori di omissione, cioè i caratteri mancanti che avrebbero dovuto essere barrati;
- gli errori di commissione cioè la cancellazione di caratteri che non avrebbero dovuto essere cancellati.

Ovviamente minore è la percentuale di errori, maggiore è l'accuratezza del soggetto.

Di seguito, per esercizio, si riportano alcune righe di carattere (similari in cui si utilizzano altre lettere), ribadendo che le stesse non sono parte del test originale, di cui è vietata la riproduzione.

1.10 Il test di Wartegg

Il Wartegg è un test che prevede un completamento grafico: a partire da un'indicazione, il soggetto è invitato a completare i riquadri; non sono richieste particolari abilità, poiché è una prova di fantasia.
I completamenti potranno essere eseguiti senza seguire un ordine prefissato.
I soggetti rigidi, conformisti nei confronti dell'autorità, rispetteranno l'ordine di presentazione dei riquadri, mentre quelli meno rigidi seguiranno un ordine diverso da quello proposto. Il disegno geometrico indica una difesa o una certa razionalità (eccetto che nella casella 6 ove è consigliabile) ed è quindi preferibile farne pochi.
Dopo aver completato le otto caselle viene chiesto il significato di quanto realizzato, quale disegno si preferisce e quale è quello meno gradito.
Ovviamente, come accade per ogni test di questo genere, in ogni riquadro, ogni "stimolo" ha un significato psicologico e, quindi, anche la loro elaborazione assume importanza poiché in essa il soggetto "proietta" se stesso.
Per fornire un esempio, nella prima casella, è presente un punto centrale e l'immagine evoca contenuti relativi alla percezione del sé; nella seconda è presente una piccola linea ondulata che richiama la percezione dell'ideale, dell'Io ecc.

Si riporta un fac-simile del test originale come esemplificazione.

DA VEDERE IN ORIZZONTALE

Possibili risposte al completamento di Wartegg – 1

1 

2 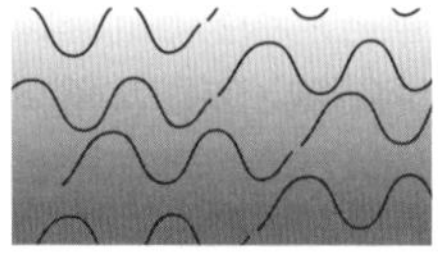

3 

4 

5 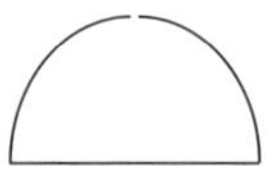

6 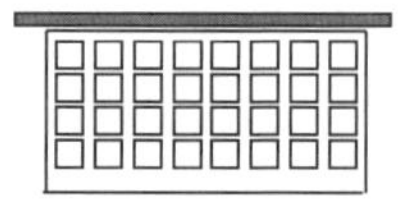

7 

8 

Possibili risposte al completamento di Wartegg – 2

1 

2 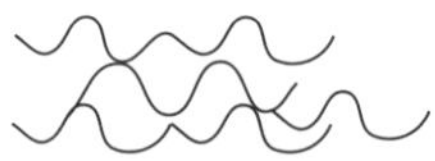

3 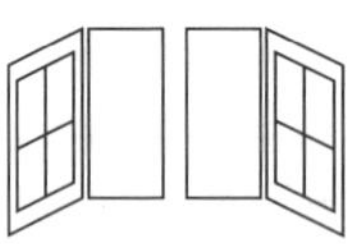

4 

5 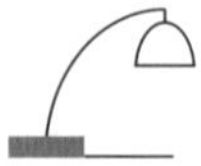

6 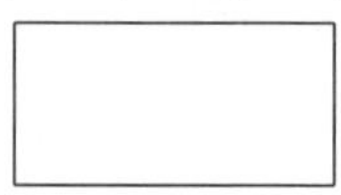

7 

8 

Possibili risposte al completamento di Wartegg – 3

1

2

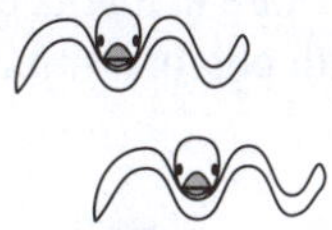

3

4

5

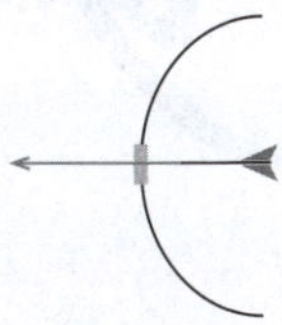

6

7

8

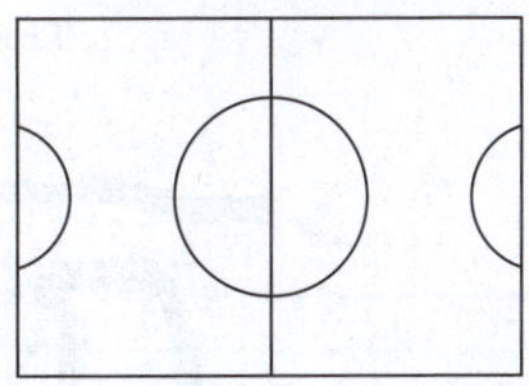

> **NOTA!** Al termine del disegno, quando si deve operare la scelta di quali stimoli piacciano di più e quali di meno, è preferibile non nominare, tra le negative, quelle relative ai riquadri 4 e 8 poiché i loro contenuti richiamano l'inconscio materno e la figura paterna!

1.11 Panic test

Il seguente test serve per misurare il grado di autocontrollo del candidato. Si riesce, quindi, a verificare attendibilmente il grado di adattamento di fronte alle difficoltà e a individuare la scioltezza dei movimenti manuali nelle situazioni nuove.
Per lo svolgimento dell'esercizio procuratevi uno specchio da posizionare in senso verticale su di un tavolo e ponete tra voi e lo specchio, uno alla volta, i disegni proposti.
Prendete un cartone alto quanto la metà dello specchio e ponetelo tra voi e lo specchio in modo che vi impedisca di vedere il disegno, permettendovi però di vedere l'immagine riflessa.
Procuratevi un foglio per la risoluzione del test e posizionatelo fra voi e lo schermo di cartone.
Considerando che per ciascuno stimolo avrete a disposizione un tempo limite, riproducete il disegno in modo speculare, al contrario di quello che appare allo specchio; tale disegno, cioè, dovrà corrispondere a quello riportato sul libro e non all'immagine che appare allo specchio stesso.
Iniziate l'esercizio partendo dal punto indicato dalla freccia.

Il problema più grande è riprendere il tratto grafico quando ci si interrompe. Cercate, pertanto, di non staccare la matita e non fermarvi. Potete provare anche ad inventare e costruire nuovi e più grandi percorsi tracciandoli con un pennarello nero su un foglio A4.

TEMPO DISPONIBILE: 5 MINUTI

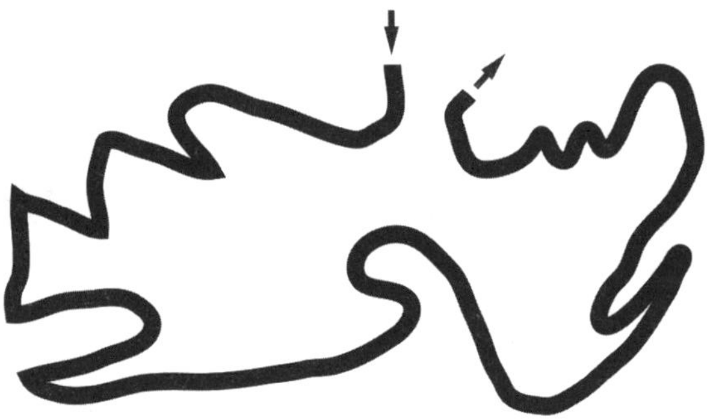

TEMPO DISPONIBILE: 5 MINUTI

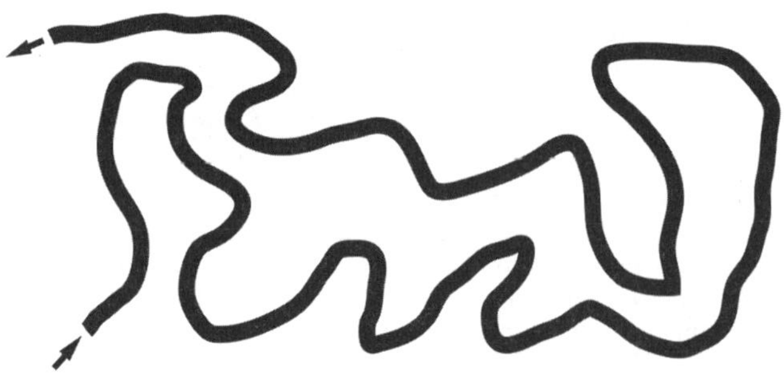

TEMPO DISPONIBILE: 5 MINUTI

TEMPO DISPONIBILE: 5 MINUTI

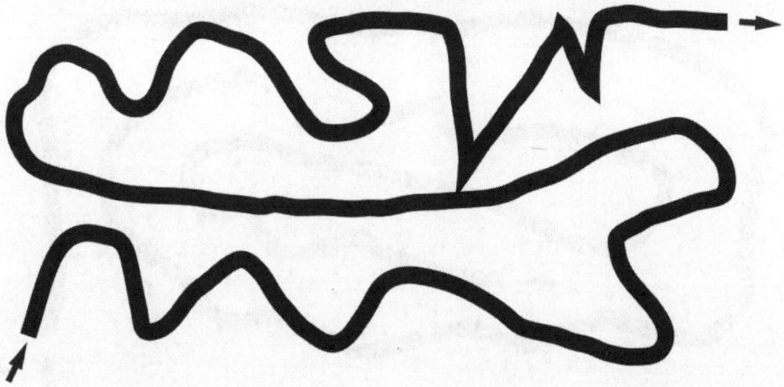

TEMPO DISPONIBILE: 5 MINUTI

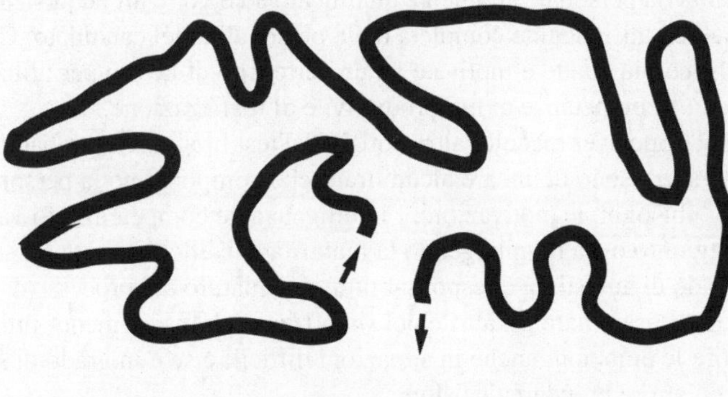

TEMPO DISPONIBILE: 5 MINUTI

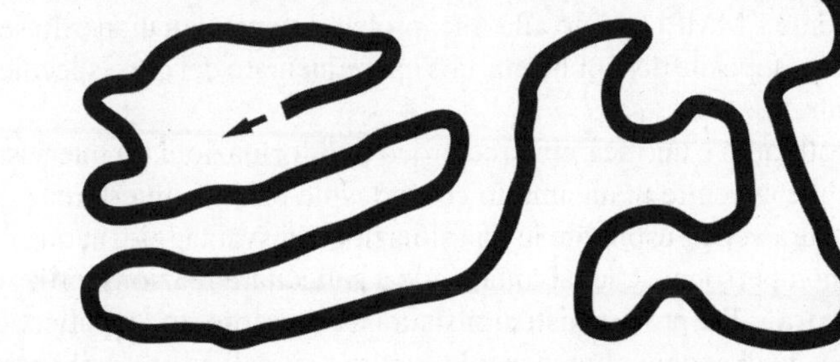

TEMPO DISPONIBILE: 5 MINUTI

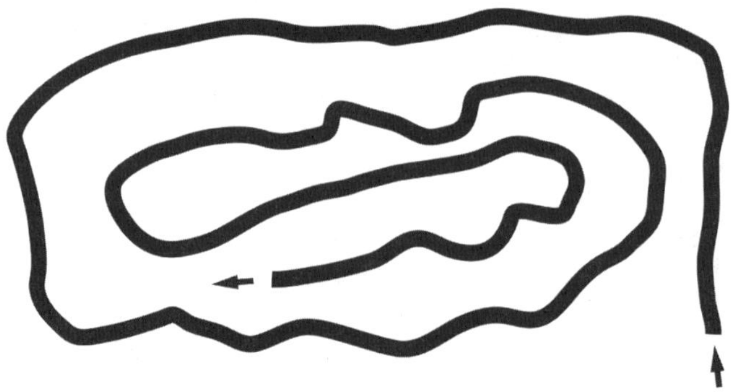

1.12 La selezione del personale

La selezione del personale è un compito delicatissimo, che deve essere svolto con competenza e professionalità da personale altamente qualificato ed è volto all'acquisizione delle informazioni personali ed all'indagine completa della personalità del candidato. Ciò al fine di individuare le persone più adatte e motivate ad un certo tipo di lavoro per utilizzare al meglio le proprie capacità e competenze ai fini produttivi e di realizzazione.
In siffatto ambito, dopo aver raccolto altre notizie dal test biografico, probabilmente dal questionario MMPI, si possono delineare alcuni tratti che compongono la personalità dell'aspirante e che sono: i bisogni, le motivazioni, l'intelligenza, le competenze. Si valuta, quindi, se il ragazzo ha raggiunto o sta raggiungendo la maturità a livello di carattere; se ha sviluppato un sufficiente grado di autostima e responsabilità; se è maturo nel processo di pensiero, critico nel giudizio, nell'esaminare gli altri e nel sintetizzare gli avvenimenti; infine se ha buone capacità di gestire le emozioni anche in situazioni difficili e se è in grado di stare in compagnia, lavorare con altri e prendere decisioni.

1.13 L'intervista-colloquio

Attraverso l'intervista-colloquio si cerca di confermare quanto espresso durante i precedenti test scritti. Può anche capitare di dover effettuare due colloqui: uno con lo psichiatra, che valuterà esclusivamente l'MMPI ed uno alla fine, probabilmente con un perito selettore (persona non laureata nelle apposite discipline, ma che ha frequentato dei corsi specifici presso l'Amministrazione centrale).
Teoricamente il colloquio è uno scambio reciproco di informazioni tra intervistato ed intervistatore che dovrebbe avvenire in un ambito confortevole privo di interferenze; di fatto la posizione che si instaura vede l'aspirante in una situazione di svantaggio, in un ambito non sempre confortevole con personale che talvolta tende a sollecitare reazioni forti.
Bisognerebbe che tra i due protagonisti si instaurasse un rapporto empatico, cioè umanità e sensibilità, la capacità di andare oltre le parole, capire i segnali ed anche il linguaggio del corpo. Questo avviene, ovviamente, nei colloqui terapeutici e forse nei colloqui presso qualche Azienda Privata.

Nelle Forze Armate è diverso poiché bisogna tener conto dei ruoli, della disciplina, della vita di gruppo, dei rischi, di alcune difficoltà e caratteristiche che il selettore deve verificare il candidato abbia. È per questo che le domande riguarderanno determinate aree: familiare (mi racconti qualcosa sulla sua famiglia; i genitori sono contenti della sua scelta?), personale (Come si considera? Quanto tempo dedica alla cura del suo corpo?), sociale (Come considera i suoi amici? Mi parli dei suoi hobby), sessuale (Come giudica il suo comportamento sessuale? Cosa pensa dei rapporti omosessuali?).
Nell'ambito, militare e paramilitare, tra l'altro, dai test psicologici congiuntamente al colloquio si cerca di capire se l'aspirante può trovarsi a suo agio nella vita di gruppo, se è adattabile alla disciplina militare, ed a seconda del ruolo per cui si concorre, se è in grado di recepire o impartire ordini con altrettanta tranquillità e determinazione.
Qualsiasi sia, comunque, il tipo di informazione richiesta, è necessario saper motivare la propria risposta.
Non si possono suggerire risposte più o meno valide, poiché ogni discorso è soggettivo, tuttavia per destare una buona impressione, si ricorda di:

1) tenere un abbigliamento idoneo: giacca, pantalone, tailleur, (anche un abbigliamento sportivo ma ben curato);
2) evitare troppi gioielli, orecchini, piercing;
3) evitare di presentarsi con capelli troppo lunghi, con troppo gel o rasati;
4) non mostrarsi eccessivamente ansiosi o imbarazzati, ma nemmeno disinteressati o superficiali; è il vostro colloquio, riguarda voi, fatevi vedere pronti, attenti e convinti di quanto dite;
5) non mordersi le unghie, non dondolare sulla sedia, etc., perché sono segni di ansia;
6) guardare in viso il vostro interlocutore per un segno di interesse e disponibilità;
7) parlare tranquillamente come se steste parlando con un conoscente, sempre nel rispetto del selezionatore;
8) non rispondere solo sì o no, come se fosse un interrogatorio, ma neppure essere troppo lunghi o dispersivi, perché potreste essere ripetitivi o prolissi;
9) non spezzare il discorso con pause lunghe e non lasciarlo incompleto a meno che non siate interrotti;
10) usate sempre lo stesso tono di voce, possibilmente non in dialetto e con un italiano corretto;
11) rispondere in modo uguale, se si fanno due domande simili;
12) non dare l'impressione di aver imparato il "racconto a memoria", perché è importante essere spontanei e sinceri;
13) se vengono poste domande sullo sport, siate fieri poiché dà impegno, coraggio e forza, quindi è apprezzato;
14) rammentare quanto esposto nelle frasi scritte per evitare contraddizioni, se queste sono state somministrate.

Questi consigli naturalmente non devono essere presi come "vangelo", poiché, come già detto, ogni risposta è soggettiva e personale.

1.14 Il colloquio

È lo strumento di valutazione più diffuso in ambito selettivo ed è anche il più attendibile. Rappresenta un metodo di indagine più che uno strumento puramente diagnostico. Si differenzia dagli altri tipi di colloqui psicologici per la sua natura totalmente valutativa che necessita di

concludersi con un giudizio di idoneità o non idoneità del candidato. È svolto da un membro della commissione esaminatrice che può essere un selettore attitudinale o uno psicologo.
Alcune Amministrazioni tendono a distinguere il colloquio psicologico da quello attitudinale.
Nel **colloquio psicologico** si punta a inquadrare le caratteristiche della personalità del candidato attraverso una serie di domande personali. Si invita, dunque, il soggetto a parlare di sé, dei suoi interessi culturali o scientifici, degli amici, della famiglia, del futuro; ricalca, di fatto, i test somministrati precedentemente, tra i quali il questionario biografico. Qualora dovessero emergere punti critici dai test, ad esempio per quanto riguarda il sonno, l'appetito, le relazioni sociali, la storia familiare, lo psicologo si concentrerà maggiormente su quegli aspetti, ponendo un maggior numero di domande in merito. L'obiettivo è valutare se il candidato è "**Psicologicamente Idoneo**" a svolgere il lavoro per il quale concorre.
Il **colloquio attitudinale**, invece, è più specifico; il selettore vuole rendersi conto se il candidato ha la concreta motivazione (intrinseca) a intraprendere il tipo di carriera per cui si presenta (agente/truppa, maresciallo/ispettore, ufficiale) oltre che le adeguate attitudini per svolgerla. Alla luce di ciò, le domande saranno relative ai motivi che hanno spinto il candidato a quella determinata scelta. Inoltre, una persona può attestare la propria motivazione quando dimostra di essere anche appassionata al tipo di lavoro che andrà a svolgere. Pertanto, le domande andranno a indagare anche le conoscenze che il candidato possiede circa quel Corpo o quell'Arma: come è strutturata (quali sono i ruoli, quali sono i gradi, che tipo di mansioni si svolgono ecc.), di cosa nel concreto si occupa, quando nasce e come si è evoluta nel tempo, ma soprattutto qual è l'elemento che la differenzia dalle altre Amministrazioni (quindi perché si è scelto di concorrere per quel Corpo o Arma e non per altro). Per tutti questi motivi, il selettore non può che essere un funzionario (ufficiale o dirigente) interno all'Amministrazione che conosce la materia in esame. L'obiettivo è valutare se quel candidato è "**Adatto**" a ricoprire il ruolo per il quale concorre, cioè se rispecchia il profilo della persona che stanno cercando. Il profilo lavorativo (job profile), naturalmente, sarà diverso da ruolo a ruolo, e tra le diverse Amministrazioni: si va da un profilo generico che prevede, tra le altre cose, capacità di relazionarsi, spirito di collaborazione, adattabilità, responsabilità ecc.; a un profilo più specifico che può, ad esempio, includere capacità di decision making, capacità visuo-spaziali, assertività, velocità di apprendimento ecc. Sarà, quindi, opportuno che il candidato vada a informarsi preventivamente sulle varie carriere, sui comandi, sul tipo di lavoro, per legittimare la propria scelta e dimostrare reale passione per quel Corpo o Arma.
Entrambi i tipi di colloquio, se opportunamente svolti, consentono all'intervistatore di trarre un grande numero di informazioni circa le abitudini dell'intervisto, i suoi modi di ragionare e relazionarsi, gli aspetti caratteriali, di personalità, di comportamento e di fronteggiamento delle situazioni; ma anche informazioni circa la storia del candidato come istruzione, abitudini, figure di riferimento ecc. L'intervista infatti, per la sua natura discorsiva, è strutturata con domande "aperte", ciò fornisce al candidato la possibilità di dire ciò che egli ritiene più opportuno, offrendo "spunti" a cui agganciarsi. Per lo psicologo e per il selettore, in particolare, i test costituiscono uno spunto ulteriore, ma è dal colloquio che traggono le informazioni più significative. L'intervista, dunque, ha scopi selettivi, mira ad accertare quanto il candidato risulti idoneo a svolgere la mansione o le mansioni previste dall'incarico e a convalidare in modo ulteriore ciò che emerge dai test.

1.14.1 Come comportarsi al colloquio

Il colloquio è il momento in cui il selezionatore raccoglie informazioni biografiche e caratteriali sul candidato ponendo domande dirette; tuttavia, oltre a ciò che viene detto, fanno parte della valutazione una serie di fattori, apparentemente secondari, che attengono al comportamento generale del candidato. Occorre dunque prestare particolare attenzione a come ci si comporta in sede di colloquio:

- **in sala d'attesa**: spesso la valutazione comincia qui, anche se non tutti ne tengono conto. Prestare attenzione alla posizione in cui si è seduti, stare composti, non incrociare le braccia, non giocherellare con le mani, non mangiarsi le unghie, evitare di guardare continuamente l'orologio e di mostrare ansia per l'incontro. Scambiare quattro chiacchiere con gli altri candidati va bene ma ricordate di non essere al bar;
- **accomodarsi** solo dopo che il proprio selezionatore si sia seduto o comunque dopo che vi inviti a farlo;
- **guardare negli occhi il proprio interlocutore** quando gli si rivolge la parola e non vagare con lo sguardo nella stanza mentre lui parla. In presenza di più interlocutori, guardare (senza mai fissarlo) colui che ha la parola al momento.

1.14.2 Aree e domande ricorrenti nell'intervista di selezione

Il candidato certamente affronterà il colloquio consapevole che costituisce l'ultimo ostacolo al raggiungimento del suo obiettivo e, pertanto, si presenterà anche con una dose di preoccupazione rispetto all'incognita, rappresentata dalle possibili domande. Provvederemo quindi a elencare almeno le aree oggetto di interesse e valutazione in un'intervista di selezione, affinché possa rapportarsi in maniera più pronta a questo importante momento.

AREA DELLA FAMIGLIA	
DOMANDE RICORRENTI	Che influenza ha avuto la sua famiglia nella scelta di partecipare alla selezione? Ha una vita affettiva stabile? Che tipo di educazione ha ricevuto in famiglia? Come sono i rapporti all'interno della sua famiglia? In quanti siete in famiglia? C'è già qualcuno che ha intrapreso la stessa scelta professionale? Che ne pensano in famiglia del fatto che desidera indossare divisa?

AREA PERSONALE	
DOMANDE RICORRENTI	Mi parli dei suoi punti forti e dei suoi punti deboli. Cosa ammira maggiormente negli altri? Come mai ha operato la scelta di effettuare questa selezione? Si ritiene soddisfatto delle scelte che ha operato sino ad ora nella vita? Mi parli dei suoi interessi. Quali crede siano le sue capacità? In cosa viene riconosciuto capace dagli altri?

AREA LAVORATIVA E DELL'ISTRUZIONE	
DOMANDE RICORRENTI	Mi parli della sua carriera scolastica. È soddisfatto dell'indirizzo di studi che ha scelto? Ha avuto problemi nel corso degli anni scolastici? Mi parli delle sue esperienze lavorative precedenti, se ne ha avute. Cosa la spinge a fare questa professione? Cosa pensa farà una volta superato il concorso? Se potesse scegliere continuerebbe a studiare? Che cosa?

ESPERIENZE DI VITA	
DOMANDE RICORRENTI	Se ha svolto il servizio militare mi parli di questa esperienza. Cosa ha tratto dalle esperienze lavorative svolte? Mi parli di esperienze di vita per lei significative. Ha avuto modo di viaggiare nel corso degli anni? Mi parli del suo ricordo più bello. Mi parli del suo ricordo più brutto. Cosa pensa le farà superare questa selezione?

AREA DEL TEMPO LIBERO	
DOMANDE RICORRENTI	Cosa fa nel suo tempo libero? È abituato a fare dello sport? Se sì quale? Come passa il suo tempo libero? Come sono i rapporti con i suoi amici? Come trascorre i periodi di vacanza? Mi parli dei suoi interessi. Che le dicono gli amici della sua scelta? Quali sono le letture che preferisce?

AREA DEI VALORI PROFESSIONALI	
DOMANDE RICORRENTI	Cosa è per lei il lavoro? Che parte ha il lavoro nella sua vita? Quanto è importante la questione economica e quella del lavoro fisso nella sua scelta di partecipare a questo concorso? Come si vede tra dieci anni? Le piacerebbe avanzare nella carriera? Le piace lavorare con altre persone? Che ne pensa del fatto che si debba lavorare spesso in squadra?

1.14.3 Come rispondere alle domande

Colloquiare significa parlare, discorrere, confrontarsi. Non si deve affrontare il colloquio come se fosse un interrogatorio, ma sfruttarlo piuttosto come un'occasione per farsi conoscere, per far emergere i propri punti di forza, d'altronde si sta discorrendo di un argomento che il candidato conosce benissimo: sé stesso. Anche in questa fase di selezione, non esistono risposte giuste o sbagliate, ma è importante che vi sia coerenza in ciò che si afferma, anche rispetto a quanto detto nelle altre fasi (per esempio in occasione dei test psicologici).

Di seguito qualche indicazione per rispondere in modo adeguato alle domande che vi verranno poste:

- **usare un tono di voce chiaro** quando si risponde. Accertarsi che il proprio interlocutore senta ciò che si sta dicendo, perché non vi chiederà di ripeterlo due volte, bensì prenderà atto che al momento del colloquio non stavate comunicando in maniera efficiente;
- **parlare in modo accurato**, con proprietà di linguaggio e con tono di voce sicuro;
- **non impiegare troppo tempo** prima di rispondere a una domanda ed essere diretti, evitare temporeggiamenti, divagazioni o inutili giri di parole;
- **non essere logorroici**: rispondere alle domande in modo sintetico cercando, però, di argomentare le risposte, eventualmente anche con degli esempi (evitare i sì, no, non so, dipende);
- **non interrompere il proprio interlocutore**, ma partecipare attivamente al colloquio, anche chiedendo di chiarire la domanda se non si è compresa;

- **non essere evasivi** quando viene fatta una domanda, rispondere sempre in modo sincero e completo;
- **essere pronti a ricevere domande personali, anche imbarazzanti**. Tra gli obiettivi dell'esaminatore c'è quello di verificare la capacità del candidato di reagire agli imprevisti e valutarne le reazioni in situazioni imbarazzanti e di disagio.

1.14.4 Il comportamento non verbale e gli indici della comunicazione

Come già accennato, le informazioni utili al selettore per giungere a una valutazione non vengono solo da ciò che il soggetto dice, ma anche dalla sua comunicazione non verbale: aspetto, postura, mimica, sguardo, gestualità, sono tutti elementi che costituiscono indici importanti per valutare l'assetto emotivo e altri parametri. Gli psicologi hanno dimostrato che l'80% del messaggio che si intende comunicare viene trasmesso tramite il linguaggio non verbale, quindi è importante non trascurare quest'area. Il modo in cui il soggetto si presenta al colloquio, ovvero indossando un abbigliamento congruo con il contesto, se manifesta nel vestire cura di sé, se ha una modalità diretta e sicura di dare la mano, se guarda negli occhi mentre si esprime, se complessivamente risulta congruente dal punto di vista dei canali verbale e non verbale, sono tutte notizie importanti.
Un soggetto che, per esempio, narra qualcosa di estremamente triste, ma che a livello di mimica sorride, dimostra di avere difficoltà sul piano della congruenza. Anche il portamento e la gestualità, ovvero il modo di camminare e posizionarsi nello spazio, accompagnare quanto detto con gesti ampi e frequenti, sono tutti indice di sicurezza o di insicurezza, oggetto di valutazione.
La questione del vestire è certamente la più delicata, poiché vi sono persone che poco si rendono conto di quanto essa influisca nell'impressione globale di un esaminatore. Non è una questione di stile di abbigliamento, piuttosto attiene alla cura di sé, al fatto di manifestare, anche attraverso un abbigliamento adeguato, rispetto per il contesto. Pertanto, non è consigliabile presentarsi ad un colloquio di selezione in modo trasandato o con un abbigliamento eccentrico e fuori luogo. Altresì sarà importante tenere conto della cura della propria immagine, per esempio: le donne eviteranno di indossare orecchini vistosi, unghie troppo lunghe o con manicure particolarmente evidenti, piuttosto terranno un'immagine semplice con capelli in ordine (o legati) e trucco leggero; gli uomini cureranno la propria immagine tagliando i capelli e la barba (o al massimo portandola corta e ben curata), anch'essi eviteranno orecchini o altri accessori simi limitandosi a indossare un orologio.

1.15 Il colloquio di gruppo e i giochi di ruolo

Il colloquio di gruppo, così come i "giochi di ruolo", nei concorsi militari, non hanno ovviamente scopo terapeutico, ma servono al personale preposto (psicologo, perito selettore) per analizzare i comportamenti e registrare le dinamiche relazionali che nascono durante l'interazione tra i candidati. Generalmente un numero ristretto di candidati (al massimo sei/otto) affronta un problema o cerca delle strategie per risolvere un gioco, sotto la guida dello psicologo o del selettore. Le dinamiche che nascono durante l'interazione esprimono delle emozioni, rivelano contenuti, tratti della personalità di ciascuno che, sebbene siano emersi in situazioni fittizie, sono strutturalmente simili a quelli che si evidenzierebbero durante la vita quotidiana e sul lavoro.
Per poter partecipare a un colloquio di gruppo o a un gioco di ruolo, in ambito concorsuale, senza essere in difficoltà, è opportuno cercare di essere il più possibile se stessi, tuttavia, è

evidente che non bisogna rimanere in disparte né parlare a voce troppo bassa; non bisogna essere noiosi, musoni, titubanti, incerti su cosa dire e non si deve interrompere l'argomento; è quindi consigliabile parlare con un tono di voce pacato, esprimendo le proprie idee, cercando, se possibile, di coinvolgere e convincere gli altri con dimostrazioni e piccoli esempi.
I giochi più utilizzati, nell'ambito concorsuale, sono i giochi di leadership e quelli decisori.

1.15.1 I giochi di leadership

In questo tipo di giochi, i protagonisti e il conduttore (psicologo o selettore) esprimono le proprie idee circa le caratteristiche che deve avere un leader, che è considerata la persona più rappresentativa, con carisma, abilità, che deve sapere parlare e ascoltare, ma deve essere anche in grado di contraddire e manifestare il proprio disappunto trascinando il gruppo verso la ribellione. Dopo aver individuato tali caratteristiche, il conduttore fornisce a ciascun concorrente un foglietto di carta sul quale egli potrà indicare il nome di un altro partecipante al gioco attribuendo un voto che gli conferisca:

- leadership evidente (il soggetto possiede tutte le caratteristiche tipiche del leader);
- leadership abbastanza evidente;
- leadership poco evidente;
- leadership del tutto assente.

Dopo alcuni minuti, il conduttore ritira i bigliettini e commenta, insieme al gruppo, i risultati ottenuti. Segue, infine, una sintetica relazione su ogni partecipante al gioco.
Ovviamente l'obiettivo dei selettori durante il gioco, a livello tecnico, non è quello della scelta del leader del gruppo, bensì quello di analizzare gli atteggiamenti di ciascun membro, le pause, il tono della voce, chi parla di più, quali sono le alleanze, quali componenti si isolano ecc.

1.15.2 I giochi decisori

I giochi decisori si utilizzano in alcuni concorsi militari poiché, attraverso di essi, è possibile capire meccanismi inconsci, emozioni, dinamiche relazionali e di gruppo che potrebbero essere rappresentative di dinamiche attuabili in situazioni reali.
Compito del conduttore è analizzare tali meccanismi, che aiutano o impediscono la coesione del gruppo, le decisioni che vengono prese, le strategie messe in atto da ciascun partecipane ecc.
Viene riportato l'esempio di un gioco.

➤ **La donna sul ponte**

Una donna inizia una relazione extraconiugale, perché trascurata dal marito. Approfittando di un viaggio di lavoro dell'uomo, la donna organizza una scappatella insieme all'amante. Mentre si trova con l'amante, la donna riceve una telefonata dal marito che l'avverte che sta tornando a casa. In preda al panico, la donna chiede all'amante di riaccompagnarla a casa, ma questi si rifiuta. Lei decide quindi di tornare a casa a piedi, ma lungo il tragitto è costretta ad attraversare un ponte. Sul ponte si trova uno squilibrato che uccide chiunque voglia attraversarlo. Spaventata, la donna decide di attraversare il fiume chiedendo aiuto a un barcaiolo, previo pagamento della tratta. Poiché la donna non ha soldi a sufficienza decide di chiederli a un amico che abita nei pressi del ponte. L'amico si rifiuta di darglieli, invitando la donna a confessare il tradimento al marito. Lei se ne va e decide di attraversare il ponte, ma viene uccisa dallo squilibrato.
Il candidato attribuisca la responsabilità dell'uccisione a:
A) la donna

B) il marito
C) l'amante
D) il Caronte
E) l'amico
F) lo squilibrato

I giocatori hanno alcuni minuti di tempo per decidere, prima singolarmente e poi tramite una discussione di gruppo, a volte il conduttore divide il gruppo in sottogruppi per ascoltare le strategie e le spiegazioni che legittimano le varie proposte. Successivamente un portavoce legge la risposta (o lo stesso conduttore legge le varie risposte se non divide in sottogruppi) e si discute la scelta.

Circa la risposta più idonea si può ipotizzare o la donna o lo squilibrato; la prima perché non ha saputo assumersi le proprie responsabilità, il secondo perché, comunque, è un assassino. Anche in questo caso, tuttavia, ciò che è importante è saper argomentare la scelta non mostrando mai segni di indecisione o imbarazzo.

Ecco un esempio di un altro gioco.

➤ **Guerra nucleare**

Tra 45 minuti ci sarà lo scoppio della guerra nucleare.

Dovete raggiungere rapidamente il vostro rifugio atomico attrezzato secondo i criteri più avanzati e lontano cinque chilometri. La vostra sopravvivenza è legata alle risorse che il gruppo possiede e alla possibilità di poter convivere per 12 mesi chiusi nel rifugio, senza alcuna possibilità di privacy.

Poiché mancano all'appello 3 membri del vostro equipaggio, potete ospitare 3 persone nel rifugio.

Il vostro compito consiste nello scegliere tra i personaggi indicati di seguito secondo un ordine di preferenza:

1) Ricchissimo ebreo proprietario di numerose industrie di alimenti
2) Anziano ingegnere, docente di tecniche di sopravvivenza nella steppa
3) Studente di Medicina al V anno
4) Prostituta Sud-Americana
5) Direttore di un'industria chimica
6) Prete cattolico
7) Ex educanda delle Orsoline, di 24 anni
8) Ingegnere civile, esperto in progettazione di impianto
9) Donna dell'est Europa incinta
10) Bambino francese di 7 anni
11) Infermiera dell'ospedale di Stato di Pechino di 33 anni
12) Miss Romagna, diciottenne e socievole
13) Celebre ricercatore, omosessuale, proposto come Nobel per la pace
14) Campione di decathlon di 30 anni, alto 190 cm, di aspetto gradevole
15) Psicologa non vedente
16) Ufficiale in pensione con esperienza di comando

Capitolo 2
Introduzione ai test attitudinali

Quasi tutti i concorsi nelle Forze di Polizia e nelle Forze Armate prevedono una selezione costituita da test di logica, che comprendono prove di valutazione delle attitudini verbali, delle abilità di ragionamento numerico e delle abilità di ragionamento visuo-percettivo. Tali quesiti vengono comunemente chiamati di *logica* o di *ragionamento logico* in quanto prescindono dal livello culturale del soggetto cui vengono proposti e valutano esclusivamente l'elasticità mentale e la capacità di ragionamento.

I **test di logica verbale** possono assumere le forme più diverse ma si fondano principalmente su relazioni e associazioni tra parole, individuazione di termini contrari, sinonimi, anagrammi, ecc. Altre prove di contenuto verbale sono quelle che richiedono di comprendere e interpretare il significato di un brano, trarne delle conclusioni o escluderne implicazioni. La *padronanza linguistica*, la *ricchezza del lessico*, la *conoscenza dell'etimologia* delle parole facilitano il raggiungimento di un buon risultato in questo tipo di esercizi; tuttavia, potrebbero risultare di grande aiuto alcune nozioni di semantica (scienza che studia il significato delle parole).

Vi sono, poi, i **test di ragionamento critico** che rientrano in una tipologia di problemi presente nella quasi totalità delle prove di selezione. Si tratta di esercizi che richiedono di interpretare degli enunciati e generalmente trarne delle conclusioni.

I **test di ragionamento numerico** sono volti, invece, a misurare la scioltezza nella comprensione delle relazioni numeriche. Le prove possono prevedere due grandi tipologie di prove "numeriche": quelle che richiedono abilità di calcolo matematico e quindi la conoscenza di equazioni, proporzioni, frazioni, percentuali, ecc. e quelle per le quali è sufficiente conoscere le quattro operazioni (addizione, sottrazione, moltiplicazione e divisione).

I **test di ragionamento astratto** sono misure non verbali delle abilità cognitive che rilevano se e quanto un soggetto è in grado di eseguire un ragionamento semplice o complesso di fronte a materiale stimolo costituito da figure geometriche, disegni di diversa forma, diverso orientamento spaziale, diversi elementi componenti, diverse tessiture, ecc.

2.1 I TEST DI LOGICA VERBALE

2.1.1 I SINONIMI

Si parla di sinonimia quando due termini risultano intercambiabili all'interno del medesimo contesto senza apprezzabili variazioni di significato. Gli studi linguistici e psicolinguistici chiariscono che si possono stabilire sinonimie tra i termini secondo diverse regole: possono essere sinonimi due termini che esprimono una diversa generalità, intensità, emotività, moralità, professionalità, colloquialità, specificità dialettale ecc. Il linguista Ullman (1966) riporta alcuni esempi: *caldo* e *rovente* sono sinonimi con diversa intensità, *rigettare* e *declinare*

sono sinonimi che assumono una diversa coloritura emotiva, *decesso* è un sinonimo di *morte* usato maggiormente in un contesto tecnico-professionale, ecc.
Il compito di individuare i sinonimi dei termini viene facilitato dal fatto che alle prove si prevede la scelta di un termine tra quattro o cinque alternative, per cui è possibile riconoscere il termine tra quelli proposti anziché recuperarlo dalla memoria senza alcun suggerimento.
Verifichiamo ciò direttamente con un esempio: pensate ad un sinonimo di *oberato*. Alcuni non ricorderanno il significato del termine per cui non si sforzeranno più di tanto nel cercare di recuperarlo dalla memoria, altri proveranno una vaga sensazione di incertezza, altri ancora ce l'avranno "sulla punta della lingua", altri sapranno rispondere con esattezza e infine alcuni saranno convinti erroneamente di sapere la risposta. È evidente che con le alternative fornite dal test possiamo *riconoscere* il sinonimo grazie al fatto che lo vediamo stampato sulla pagina insieme ad altri termini. In questo caso il rischio di errore deriva più che altro dai distrattori (cioè dai termini alternativi che vengono immessi tra le risposte possibili al solo scopo di indurre in errore).

➤ Indicare qual è il sinonimo di oberato.

A) Impedito B) Aggravato C) Liberato D) Ingrassato

In questo esempio, da considerarsi di difficoltà medio-bassa, il distrattore più efficace è la risposta A) Impedito. Infatti alcuni, pur sapendo adoperare appropriatamente il termine in una frase, potrebbero cadere in errore valutando il termine nella sua *relazione conseguente*: cioè se si pensa all'uso del termine oberato in una frase come "oberato da impegni", si potrebbe proseguire con "dunque ostacolato o impedito nel fare una certa cosa" da cui potrebbe derivare la risposta errata. Naturalmente la risposta esatta è la lettera B) Aggravato. È stato inserito anche il contrario alla risposta C) Liberato. Anche il termine ingrassato ha una sua logica in questo contesto: il fine è quello di trarre in inganno coloro che, non conoscendo il significato di oberato, si affidano ingenuamente all'ancoraggio per assonanza con una parola nota: obeso.

2.1.2 I contrari

I test verbali prevedono nella stragrande maggioranza dei casi delle prove di ricerca dei contrari di contenuti verbali, aggettivali, nominali, ecc. La ricchezza del lessico è un prerequisito fondamentale per l'ottima riuscita in questo tipo di prove. È di aiuto anche in questo caso mettersi nei panni del redattore del test per evitare di cadere nelle "trappole" che è solito tendere.
Il redattore sa che uno degli errori più frequenti in queste prove è dovuto alla pressione del tempo quindi inserirà, tra le risposte, anche il sinonimo della parola stimolo. Inoltre, inserirà spesso anche un termine analogo al sinonimo e un termine in assonanza (di suono simile). Aiutatevi costruendo mentalmente una frase che contenga il termine stimolo ed il suo contrario.

➤ Indicare il contrario di abiurare.

A) Disfarsi B) Convertirsi C) Rifiutarsi D) Cambiarsi

Il termine in questione ha una bassa frequenza di uso per cui risulta di difficoltà elevata. Osservando le alternative proposte, notiamo che è stato inserito il sinonimo, risposta C), accanto alla risposta corretta, Convertirsi. Qui, in caso di incertezza, è di aiuto costruire la frase con il termine e il suo contrario, come forma rafforzativa: "ha abiurato il cattolicesimo convertendosi al buddismo".

2.1.3 Le analogie verbali

Le prove di analogia verbale sono le più diffuse tra i test in circolazione. Sono scelte come materiale stimolo elettivo perché efficace più di altre prove per la misura delle abilità di ragionamento induttivo. Per affrontare efficacemente questo tipo di prove è necessario possedere un lessico sufficientemente ricco e una buona padronanza della lingua italiana. In tali prove si richiede l'individuazione del rapporto di somiglianza tra parole, fatti, oggetti e si richiede di individuare il *termine* che spiega una relazione o che esprime un certo grado di somiglianza tra essi.

Attenzione! *Le tipologie di relazioni instaurabili tra serie di parole sono pressoché infinite; se non riuscite a cogliere subito una relazione di significato fra i vari termini, cercate di individuarne un'altra tra le seguenti possibili:*

TIPOLOGIE DI RELAZIONI	
RELAZIONE TRA I TERMINI DI UN INSIEME	**ESEMPI DI CARATTERISTICHE COMUNI**
Relazione etimologica	Origine dei termini
Relazione semantica	Significato dei termini
Relazione ortografica	Lettera iniziale, suffissi, dittonghi, ecc.
Relazione grammaticale	Verbi, sostantivi, aggettivi, ecc.
Relazione geografica	Città della stessa nazione, Stati dello stesso continente, città della stessa regione, ecc.
Relazione temporale	Personaggi o eventi della stessa epoca
Relazione di appartenenza	Opere di un medesimo autore, artisti di una medesima corrente, animali di una medesima specie, musicisti di uno stesso genere, romanzi ambientati nella stessa città, ecc.
Relazione funzionale	Il coltello taglia, la penna scrive, ecc.
Relazione causale	Tra nuvole e pioggia, farmaco e guarigione, ecc.

➤ ***Esempio di relazione causale***

Soluzione : Problema = Accordo : ?

Il quesito in questo caso viene posto sotto forma di proporzione e deve essere letto in questo modo:

Soluzione sta a Problema come Accordo sta a ?

La coppia dei termini Soluzione e Problema è in *relazione causale consequenziale*, ovvero la Soluzione è qui da intendersi nella accezione di raggiungimento di un risultato da sostituire a una serie complessa di elementi ovvero ad un Problema.
Qui l'incognita da individuare tra i quattro termini proposti dovrà esprimere la stessa consequenzialità inversa riferita al termine Accordo per cui tra i termini suggeriti:

A) Termine B) Concordia C) Conflitto D) Dilemma

La risposta giusta è la C) Conflitto, perché è l'unico termine che esprime con la stessa intensità e nella stessa direzione della coppia precedente la relazione di causalità consequenziale.

➤ ***Esempio di relazione etimologica***

Eremo : Eremita = Probo : ?

A) Problematico B) Probabilità C) Proibire D) Probiviro

Il termine Eremita, riferito a chi si apparta dal mondo, di solito per motivi religiosi, deriva etimologicamente da Eremo, luogo isolato di contemplazione e preghiera. Il termine Probo significa onesto, integro, retto, da cui deriva Probiviro che propriamente significa "uomo probo", più comunemente membro di un gruppo ristretto con compiti delicati all'interno di un'istituzione (collegio dei probiviri). Gli altri termini evidentemente non hanno alcuna relazione etimologica. Dunque la risposta esatta è la D).

➤ ***Esempio di relazione ortografica***

Trama : Vello = Brama : ?

A) Merlo B) Bello C) Spello D) Agnello

Questo tipo di esercizi può trarre in inganno proprio per la sua semplicità. È essenziale in questo caso non prefigurare la risposta sulla base del solo esame della proporzione. L'unica relazione possibile tra i due termini noti della proporzione impostata è quella di tipo ortografico, che è prodotta dalla sostituzione della prima lettera di ciascun termine: la T di trama viene sostituita dalla B di brama. Quindi l'unico termine, tra quelli suggeriti, che soddisfa la relazione ortografica è il termine Bello (la lettera B in sostituzione della lettera V di vello).

➤ ***Esempio di relazione grammaticale***

Dire : Andato = Colto : ?

A) Folla B) Adesso C) Studiare D) Molto

Anche questo tipo di esercizio richiede molta accortezza, oltre alla conoscenza della grammatica di base. È bene esaminare attentamente i termini della proporzione e le risposte suggerite. È difficile capire la relazione tra i termini se non individuiamo quali sono i termini noti della proporzione e il tipo di relazione che li accomuna. Dire e Andato sono i termini noti, sono due verbi, quindi dato che il termine Colto è un aggettivo come Molto, la risposta esatta è la lettera D). Se non ricordate quali sono gli aggettivi (e gli altri elementi grammaticali), questo è il momento giusto per ripassarli.

➤ ***Esempio di relazione geografica***

Calabria : ? = Toscana : Firenze

A) Catanzaro B) Piacenza C) Reggio Calabria D) Vibo Valentia

La relazione tra i termini della proporzione è facilmente individuabile anche ad un primo sguardo: Firenze è il capoluogo regionale della Toscana, quindi la risposta giusta sarà la A) Catanzaro, capoluogo regionale della Calabria. L'esempio ha un unico distrattore in Reggio Calabria, altro noto capoluogo tra le province calabresi. Dato che sono molto frequenti i richiami a nozioni geografiche, si consiglia di ripassare la materia.

Esempio di relazione temporale

? : Lorenzo il Magnifico = Federico Barbarossa : Marco Polo

A) Carlo Magno
B) Giuseppe Garibaldi
C) Dante Alighieri
D) Leonardo da Vinci

L'unica relazione tra il Barbarossa e Marco Polo è di tipo temporale; entrambi sono ascrivibili al periodo medioevale. Lorenzo il Magnifico invece appartiene al periodo rinascimentale come Leonardo da Vinci, quindi la risposta esatta è la lettera D).
Le combinazioni in questo tipo di prove sono pressoché infinite. È da tenere presente che non si può ricordare e sapere ogni cosa su qualsiasi argomento, quindi per affrontare serenamente le prove fate un ripasso veloce degli eventi storici, recupererete la gran parte delle informazioni e nozioni che vi aiuteranno più di qualsiasi altra cosa per questo tipo di prove.

Esempio di relazione di appartenenza

Tordo : Merlo = Capodoglio : ?

A) Trota
B) Scoiattolo
C) Piovra
D) Barracuda

I termini da confrontare sono tutti appartenenti al regno animale. La relazione nota è quella tra Tordo e Merlo, che appartengono all'ordine degli uccelli, diversamente dal Capodoglio. I distrattori inseriti in questo esempio sono i due pesci, la trota e il barracuda, oppure al limite si potrebbe considerare distrattore anche la piovra se erroneamente consideriamo l'habitat (entrambi sono animali marini, ma la piovra è un invertebrato, il capodoglio è un cetaceo). Non resta altro che lo scoiattolo, piccolo mammifero di terraferma. Anche il capodoglio è un mammifero, quindi la risposta esatta è B) Scoiattolo.

Esempio di relazione funzionale

Lavastoviglie : ? = Scooter : Benzina

A) Piatti
B) Sapone
C) Elettricità
D) Acqua

L'analogia tra i vocaboli è spiegata dalla relazione funzionale tra i termini della proporzione. Naturalmente la Benzina è il propellente necessario per la locomozione dello Scooter. Il distrattore più insidioso tra i termini proposti è principalmente l'acqua che, pur essendo un elemento indispensabile per il buon funzionamento della lavastoviglie, non è l'elemento che attiva il motore dell'elettrodomestico. La risposta esatta è dunque la C) Elettricità.

Esempio di relazione tra lettere e numeri

Festini : 1394272 = Sesti : ?

A) 39342
B) 93942
C) 93949
D) 92942

Nella proporzione, a lettera uguale corrisponde numero uguale, pertanto esaminando la relazione dei primi due termini avremo che F = 1, E = 3, S = 9, T = 4, ecc.
È facile da questa affermazione ricavare la risposta esatta; il numero corrispondente a Sesto si otterrà nel modo seguente: S = 9, E = 3, S = 9, T = 4, I = 2, quindi, la risposta corretta è la B) 93942.

2.1.4 Le possibili forme grafiche di presentazione delle analogie verbali

Abbiamo descritto alcune chiavi di lettura per risolvere con profitto le analogie verbali. Altri elementi di "distrazione" escogitati dai redattori delle prove di esame fanno ricorso alle più varie modalità di presentazione grafica del materiale stimolo. Potrete incontrare le analogie verbali sotto queste diverse possibili rappresentazioni. Siate dunque pronti anche a questo tipo di evenienza. Occorre qualche istante in più per riconoscere i termini noti, ma la chiave per la risoluzione del problema non cambia.

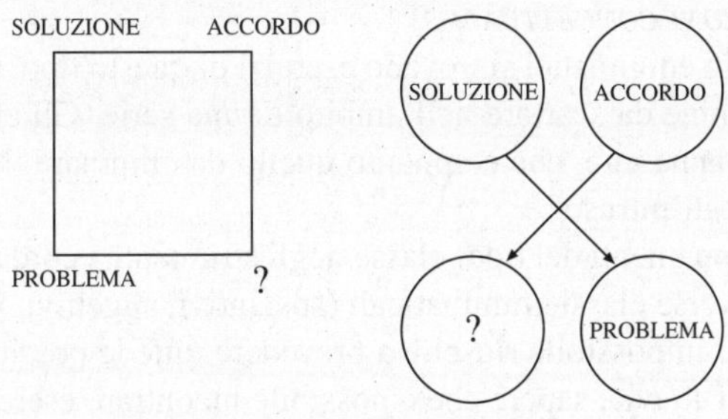

➤

Salisburgo	Austria
San Marino	?

A) Italia B) Emilia Romagna C) Nord D) San Marino

I termini da confrontare si leggono da sinistra verso destra.
La chiave di risoluzione del quesito non cambia.
I termini sono in relazione geografica: la città di Salisburgo è in Austria come la città di San Marino è nella Repubblica di San Marino e la risposta corretta è la D).

2.1.5 Le equazioni verbali o analogie complesse

Un'altra variante di test verbale è rappresentata dalle cosiddette equazioni con due incognite. Viene presentata una proporzione in cui occorre individuare la coppia che completa l'equazione secondo un criterio da stabilire.

➤ ***Esempio di equazione verbale***

Medico : Poliziotto = x : y

Questo tipo di prova richiede necessariamente la scelta tra una serie di alternative perché fin qui non abbiamo elementi per dare risposte affidabili.

La risposta è da scegliere tra una di queste possibilità:

A) x = Ricetta y = Pistola
B) x = Divisa y = Camice
C) x = Malato y = Ladro
D) x = Manette y = Siringhe

La risposta corretta in questo caso è la C) perché il medico e il poliziotto hanno a che fare rispettivamente con i malati e con i ladri, cioè sono le due categorie cui è finalizzata la loro professione: curare i malati; arrestare i ladri. Le altre risposte che al limite potevano essere plausibili, ad esempio le risposte B) e D) non hanno il medesimo ordine della coppia iniziale, la risposta A) non rispetta la relazione funzionale perché il medico scrive la ricetta, il poliziotto spara con la pistola.

In questo tipo di prove occorre quindi prestare la massima attenzione sia al significato dei termini sia all'ordine di presentazione delle risposte.

2.1.6 Le classificazioni concettuali

Anche nei comuni giochi enigmistici si trovano esercizi di questo tipo. Generalmente si chiede di individuare il termine da scartare nell'ambito di una serie. Gli elementi appartengono tutti ad una categoria tranne uno, che è appunto quello da eliminare. Nei giochi enigmistici viene chiamato "caccia all'intruso".
Sono frequenti i raggruppamenti del tipo: classe degli strumenti a corda, classe dei vini, classe dei mammiferi, le diverse classi grammaticali (sostantivi, aggettivi, verbi, avverbi, ecc.), e così via. È letteralmente impossibile riuscire a prevedere tutte le possibili classi che potreste incontrare nella prova. Tuttavia, sapere che è possibile incontrare esercizi di questo tipo predispone mentalmente a ricercare un livello di categorizzazione non sempre individuabile ad un primo sguardo.

➤ ***Esempio di classificazione***

Qual è l'elemento da scartare?

A) Gazzella B) Scimpanzè C) Gibbone D) Gatto

In questo esempio le risposte plausibili e quindi ingannevoli sono numerose, si potrebbe credere che l'elemento da scartare sia il gatto perché è l'unico animale domestico, oppure la gazzella perché è l'unico che non si arrampica sugli alberi. In realtà la risposta esatta è ancora più semplice: l'elemento da scartare, infatti, è Scimpanzè perché inizia con la lettera s, mentre tutti gli altri animali iniziano con la lettera g.
In compiti di questo tipo, ricordate di passare in rassegna anche gli aspetti superficiali delle parole: con quale lettera iniziano (ad esempio se iniziano tutte con consonanti tranne una); se contengono sillabe in comune (ad esempio risotto, trottola, nottola, ottobre, ecc. hanno tutte in comune *otto*); se sono composte dallo stesso numero di lettere tranne una, e così via.
Si suggerisce quindi di analizzare le alternative proposte prima ad un livello di "superficie", per poi passare a livelli di classificazione via via più "elaborati". Abituarsi ad analizzare i raggruppamenti proposti in questo modo impedisce il sovraccarico del nostro sistema di elaborazione delle informazioni e consente di risparmiare del tempo prezioso.

NOTA. Quando l'esercizio richiede implicitamente un **giudizio di valore** è bene ricercare la soluzione nella **struttura** del problema. Ad esempio, nel caso di seguito riportato si chiede di esprimere un giudizio di valore o di ordinare degli scrittori seguendo il giudizio dato da un critico.

➤ Una valutazione critica che stabilisca una scala di valori non è possibile in campo artistico. In musica, in pittura, in letteratura, si rischia spesso di cadere in giudizi meramente epidermici e molto soggettivi.
Secondo un critico, per esempio, Moravia è da mettersi dopo Cassola. E Bevilacqua prima di Gadda e Vittorini. Secondo il metro di giudizio di questo critico, quale sarà il posto riservato a Pasolini fra gli scrittori nominati sopra?

A) Fra Gadda e Cassola
B) Prima di Cassola
C) Fra Moravia e Vittorini
D) Non è possibile rispondere alla domanda

Il problema sembra non risolvibile, perché, apparentemente si richiede di interpretare il giudizio di un critico sulla base dei suoi gusti personali. Invece la soluzione si trova nella struttura di superficie dei nomi degli scrittori; i nomi sono infatti distribuiti in ordine alfabetico, pertanto la risposta esatta è la C), fra Moravia e Vittorini.

2.1.7 Le prove di vocabolario

Le prove di vocabolario, quelle cioè in cui si richiede il significato di un termine, sono una tipologia piuttosto frequente nelle prove di selezione. Non ci sono molti trucchi da svelare dato che la buona riuscita dipende dalla ricchezza del lessico e dalla conoscenza del significato delle parole.
Come al solito nei test il compito è facilitato perché non si richiede una definizione scritta del termine, ma la scelta tra una lista di alternative, per cui viene favorito il recupero mnestico delle definizioni, qualora si fosse dimenticato o in caso di incertezze.

➤ ***Esempio di prova di vocabolario***

Qual è il significato del termine laconico?

A) Conciso B) Malinconico C) Dispendioso D) Malconcio

Qui potrebbe aiutarci la conoscenza dell'etimologia del termine, che deriva dal greco *lakonicos*, ovvero "proprio dei Laconi" cioè gli spartani, noti per la loro ridotta loquacità. La risposta corretta è dunque Conciso (ma sarebbero state corrette, se previste, anche le risposte stringato, breve, sintetico, succinto). Le altre risposte possono trarre in inganno coloro che si affidano alle assonanze.

Allenatevi con il vocabolario: prendente un buon dizionario e abituatevi a leggere le definizioni. Vi siete mai chiesti quante siano le parole di cui non conoscete il significato? Provate con queste, ne sapreste dare una definizione corretta? In ogni caso confrontate la vostra definizione con quella del dizionario: *abulico*, *ignavia*, *flemmatico*, *vetusto*, *lepido*, *ubertoso*, *abietto*, *renitente*, *reietto*, *recondito*, *precetto*, *sornione*, *sapido*, *orpello*, *pleonastico*, *futile*, *dissoluto*, *corroborare*, *coltre*, *colluvie*, *borro*, *asterso*, *arguire*, *anelare*, *chetichella*, *cinabro*, *concrezione*, *concupito*, *copula*, *dedalo*, *biasimare*, *demiurgico*, *esacerbare*, *estrapolare*, *emendare*, *eluso*, *escussione*, *esecrabile*, *esiziale*. Questo è solo un assaggio.

Sono termini estratti casualmente da **reali prove** degli ultimi anni. Se non siete riusciti a dare una definizione corretta di almeno la metà dei termini, sarebbe utile imparare il significato di almeno dieci nuove parole al giorno.

NOTA. Per favorire la memorizzazione e il recupero dei termini nuovi si potrebbero scrivere delle frasi che li comprendano.

2.2 I TEST DI RAGIONAMENTO CRITICO

Questa categoria di problemi è presente nella quasi totalità delle prove di selezione e comprende diverse tipologie di quiz che presenteremo di seguito in modo sistematico. Alcuni esercizi di ragionamento critico richiedono delle abilità di calcolo, che tuttavia non sono preminenti ai fini della risoluzione del problema; nella maggior parte dei casi questa categoria comprende quiz di logica verbale che possono essere risolti mediante ragionamento induttivo o deduttivo.

2.2.1 I SILLOGISMI

Il sillogismo è un tipo di ragionamento dimostrativo teorizzato per la prima volta da Aristotele, costituito da tre proposizioni, e cioè da **due premesse** (una maggiore e una minore) e da una **conclusione**, che si deduce dalle premesse. L'elemento che costituisce il punto di unione tra le altre parti del ragionamento viene detto termine medio. Per esempio, nel ragionamento:
- ciascun animale è mortale
- ciascun uomo è un animale
- dunque ogni uomo è mortale

Il termine medio è "*animale*" perché è incluso in entrambe le premesse e costituisce l'elemento di connessione tra le due.
Aristotele distingueva tre tipi di sillogismo, a seconda della funzione che il termine medio ha nelle premesse.

Un **primo tipo** è quello in cui il termine medio funge una volta da soggetto e una volta da predicato.
➤ "Tutti gli uomini sono mortali; Socrate è uomo; dunque Socrate è mortale".

Un **secondo tipo** è quello in cui il termine medio funge da predicato in entrambe le premesse.
➤ "Nessun metallo è più leggero dell'acqua; ogni gas è più leggero dell'acqua; dunque nessun gas è un metallo".

Un **terzo tipo** prevede il termine medio come soggetto in tutte e due le premesse.
➤ "Tutti gli uomini sono animali; tutti gli uomini sono ragionevoli; dunque alcuni animali sono ragionevoli".

Un sillogismo è vero solo se le sue premesse sono assunte come vere e non bisognose di dimostrazione.
Per risolvere tali quesiti, dunque, è importante seguire il ragionamento solo sulla base delle premesse fornite, prescindendo dalle proprie conoscenze, perché spesso la conclusione del sillogismo non corrisponde alla realtà. La conclusione che gli asini volano, ad esempio, può

essere la risposta giusta anche se tutti noi sappiamo che gli asini non volano, sempre che sia rispettato il ragionamento proposto.
Il contenuto delle frasi è pressoché ininfluente ai fini della risoluzione del quesito, quindi è bene trattare le frasi solo dal punto di vista della struttura e non del contenuto che potrebbe essere fuorviante.
Ricordate che il sillogismo è ragionamento allo stato puro: per ragionare correttamente è dunque necessario staccare la forma dal contenuto. I sillogismi non sono né veri né falsi ma coerenti o incoerenti: tutto dipende dalle premesse che si avevano in partenza.

➤ Partendo dalle premesse false:
- tutte le cose verdi sono piante
- le rane sono verdi

saremo autorizzati ad accettare quale conclusione esatta l'affermazione secondo cui "le rane sono piante". Si giungerà dunque a conclusioni che sappiamo non corrispondere alla realtà ma che risultano coerenti dal punto di vista logico. Per rispondere correttamente a quiz di questo genere è quindi fondamentale seguire il ragionamento solo sulla base delle premesse fornite e mai sulla base delle proprie conoscenze.

Per risolvere un sillogismo è fondamentale individuare il corretto rapporto tra i termini: a tale scopo può essere utile rappresentare graficamente quanto contenuto nelle premesse.

2.2.1.1 Rappresentazioni dei sillogismi

Dal punto di vista grafico il sillogismo può essere rappresentato in quattro varianti diverse a seconda del rapporto che esiste tra i termini:
- **variante universale affermativa** (tutti gli A sono B, oppure tutti i cani sono animali),
- **variante universale negativa** (nessun A è B, oppure nessun cane è un vegetale),
- **variante particolare affermativa** (alcuni A sono B, alcuni cani sono mordaci)
- **variante particolare negativa** (alcuni A non sono B, oppure alcuni cani non sono mordaci).

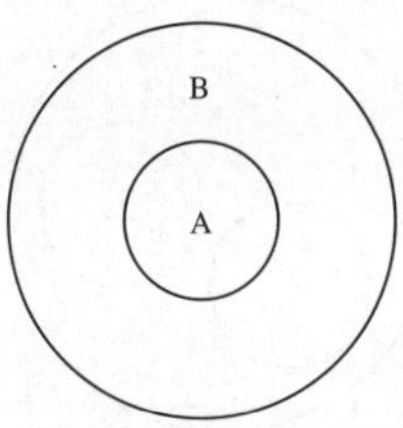

Variante universale affermativa
Tutti gli A sono B viene rappresentato nella mente del buon risolutore di test come nella figura a lato.
Tutti gli A sono B non significa che tutti i B sono A, cioè **non è una premessa convertibile**. Ad esempio, se diciamo *Tutti i cani sono animali*, non siamo autorizzati a dire che *Tutti gli animali sono cani*.

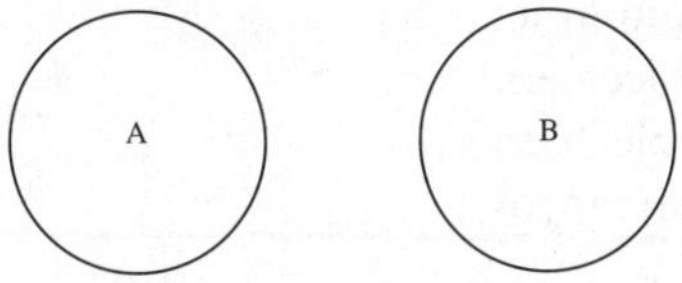

Variante universale negativa
Nessun A è B viene rappresentato come nella figura a lato.
Nel primo caso vi era piena inclusione di A in B, in questo non c'è alcuna sovrapposizione tra A e B.
Caratteristica di questa variante è la **convertibilità**. Se nessun A è B allora sarà anche vero che nessun B è A.

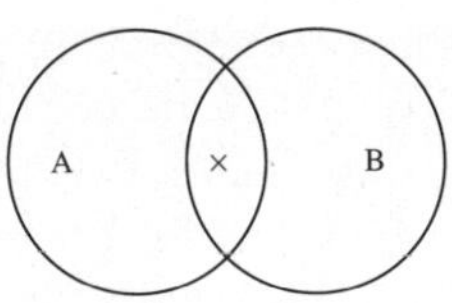

Variante particolare affermativa
Alcuni A sono B viene rappresentato graficamente come nella figura a lato. La caratteristica delle premesse particolari affermative sta nella loro **convertibilità**, infatti se *Alcuni A sono B*, allora anche *Alcuni B sono A*.

Variante particolare negativa

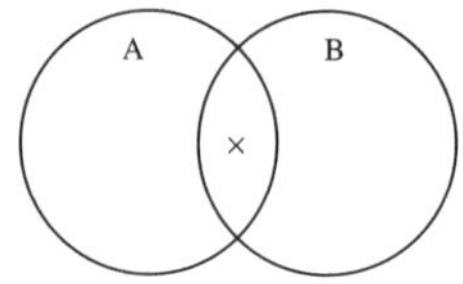

Alcuni A non sono B viene rappresentato come nella figura a lato. Viene rappresentata sempre con la sovrapposizione delle due aree, ma si pone attenzione alla parte non sovrapposta. Caratteristica di questa variante è la **non convertibilità**.

Se la premessa particolare negativa è *Alcuni animali non sono cani*, la conversione *Alcuni cani non sono animali* non è accettabile. Il buon risolutore sa che la premessa *Alcuni animali non sono cani* implica che *Alcuni animali SONO cani*.

2.2.1.2 Errori di ragionamento

Il buon risolutore non si fa ingannare dagli errori determinati dal cosiddetto *effetto "atmosfera"*.

Partendo dalle premesse:

- alcuni A sono B;
- alcuni B sono C;

si conclude che:

- alcuni A sono C.

L'errore di "atmosfera" è creato dalla comunanza del quantificatore "alcuni" presente sia nelle due premesse sia nella conclusione. Il buon risolutore immagina una configurazione come nella figura a lato non facendosi condizionare dalla superficiale affinità.

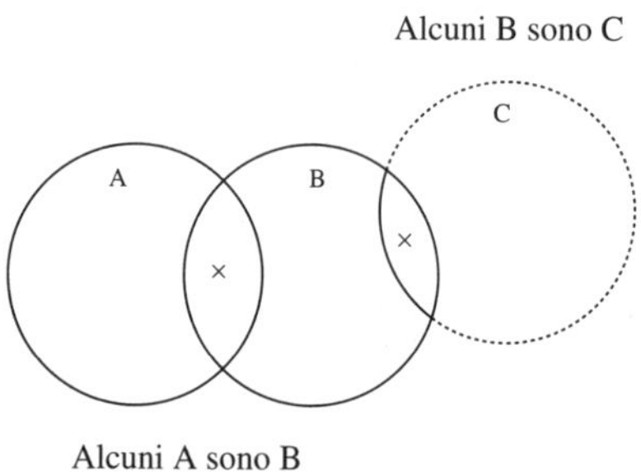

Un altro errore può derivare da una conversione illecita già accennata. Abbiamo ricordato che le premesse universali negative e le particolari affermative possono essere legittimamente convertite, mentre non è legittima la conversione delle altre premesse.

Se consideriamo il sillogismo (universale affermativo):

- Tutti gli A sono C
- Tutti i B sono C
- Quindi, tutti gli A sono B

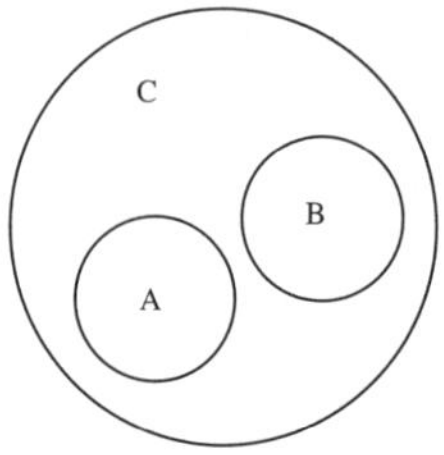

notiamo che non è corretto. Infatti il buon risolutore rappresenta una configurazione come a lato a partire dalle due premesse.

L'insieme C può contenere i due sottoinsiemi A e B che tuttavia mantengono la loro reciproca autonomia. Per riportare l'esempio in un contesto concreto si pensi al rapporto tra stoviglie, piatti e bicchieri. Tutti i piatti (A) rientrano nell'insieme stoviglie (C); tutti i bicchieri (B) rientrano nell'insieme stoviglie (C) ma non c'è alcuna sovrapposizione tra i due insiemi B e A.

Se invece il sillogismo fosse stato:

- Tutti gli A sono B (oppure tutti i milanesi sono lombardi)
- Tutti i B sono C (oppure tutti i lombardi sono italiani)
- Quindi tutti gli A sono C (quindi tutti i milanesi sono italiani)

le conclusioni sarebbero da considerare accettabili?

Dalla figura riportata di seguito si capisce immediatamente la risposta.

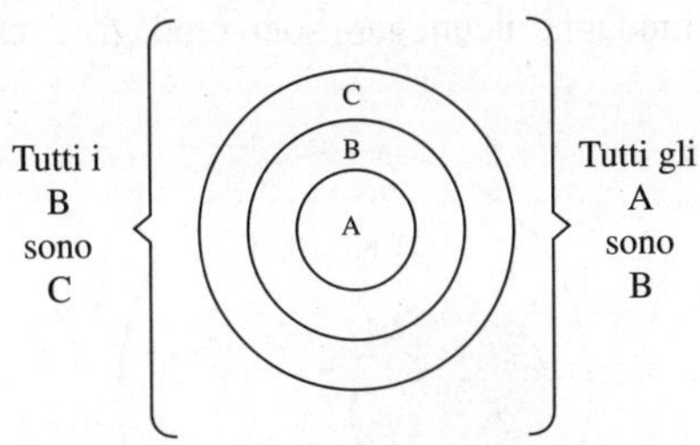

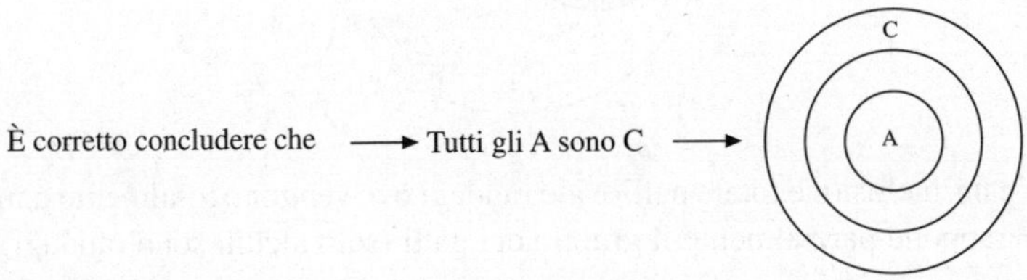

2.2.2 *Come aiutarsi con i diagrammi insiemistici*

Gli insiemi sono gruppi di più elementi accomunati da una medesima caratteristica. Il più classico dei diagrammi utilizzati è quello di Eulero-Venn, rappresentato da un cerchio (o da un'ellisse). Esistono tre tipi di relazione che possono intercorrere fra due o più insiemi, e cioè:

- **inclusione**: si ha quando TUTTI gli elementi di un insieme sono anche elementi di un secondo insieme.
  - ➤ Se abbiamo due insiemi, italiani e bolognesi, sappiamo che tutti i bolognesi sono anche italiani, e quindi l'insieme della categoria bolognesi è incluso in quello degli italiani (uno contiene l'altro). Il diagramma è rappresentato da un cerchio dentro l'altro.

- **esclusione**: si ha quando NESSUN elemento di un insieme appartiene ad un secondo insieme.
  - ➤ Se abbiamo due insiemi, napoletani e milanesi, si può agevolmente ricavare che nessun napoletano è allo stesso tempo milanese, per cui i due insiemi risultano disgiunti. Avremo perciò due cerchi affiancati, senza alcun punto di contatto.

- **intersezione**: si ha quando ALCUNI elementi di un insieme sono anche elementi di un secondo insieme.
  - ➤ Se abbiamo due insiemi, giovani e persone dai capelli biondi, possiamo sostenere che alcuni giovani avranno i capelli biondi (altri castani, rossi, neri…). L'insieme dei giovani, quindi, si interseca con quello delle persone coi capelli biondi.

La seguente figura rappresenta due gruppi di elementi distinti che non esprimono alcuna relazione: il gruppo dei cani e il gruppo dei gatti.

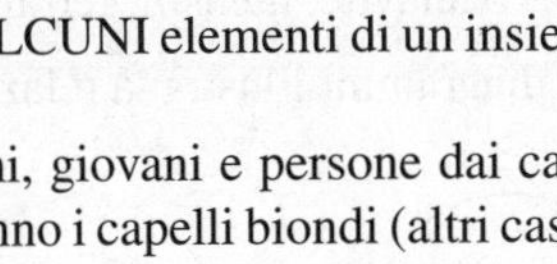

Se diciamo "tutti i cani sono randagi e alcuni gatti sono randagi..." esprimeremo questa nuova relazione nel seguente modo:

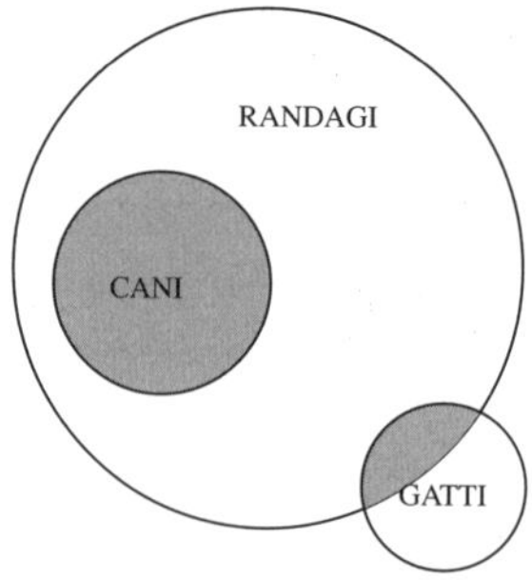

Si noti che c'è un'inclusione totale nell'ovale randagi ove vengono totalmente compresi i cani, mentre si sovrappone parzialmente il gruppo dei gatti (solo alcuni sono randagi).

Provate adesso a chiedervi quale potrebbe essere la relazione che spiega il seguente diagramma considerando che si sta parlando del gruppo dei cani e del gruppo dei gatti.

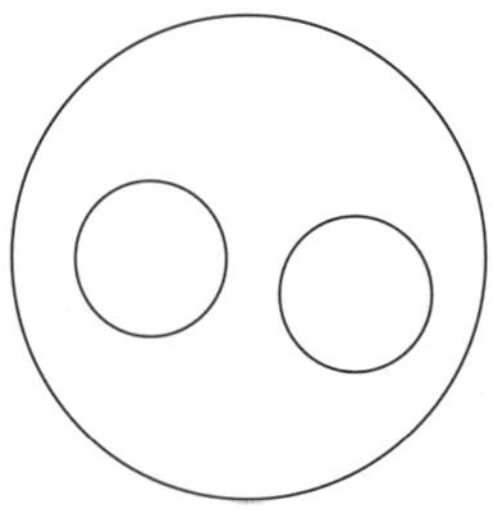

È evidente che esiste una categorizzazione "sovraordinata", che ricomprende entrambi i gruppi, che potrebbe essere mammiferi, animali da compagnia, animali pelosi e non uccelli.
Con questo ultimo esempio abbiamo indicato una risposta possibile a partire dal diagramma e non viceversa. Questa infatti potrebbe essere un'altra tipologia di quiz.

➤ Si considerino tre categorie: cacciavite, utensili, ferramenta.

Quale tra i seguenti quattro diagrammi illustra la relazione tra gli elementi?

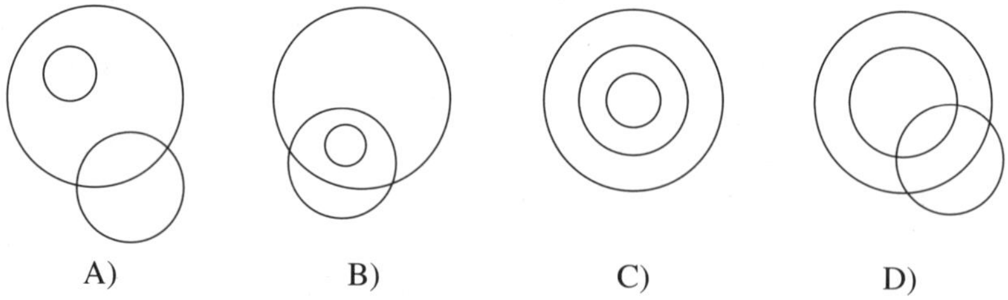

Naturalmente la risposta esatta corrisponde al diagramma C) dove la ferramenta include gli utensili che a loro volta includono i cacciavite. Gli errori possono derivare dal fenomeno della cosiddetta ipercorrezione che in questo caso potrebbe essere determinata

da un ragionamento del tipo "la ferramenta non comprende soltanto utensili, ma anche minuteria, vernici, ecc". per cui ci si attenderebbe di vedere tra le possibili alternative un diagramma come quello rappresentato nella fig. 1, o ancora un diagramma che includa tra gli utensili anche altri oggetti, come quello rappresentato in fig. 2; entrambe le figure sono riportate di seguito.
In effetti questi diagrammi non sono sbagliati, semplicemente non si attengono al problema.

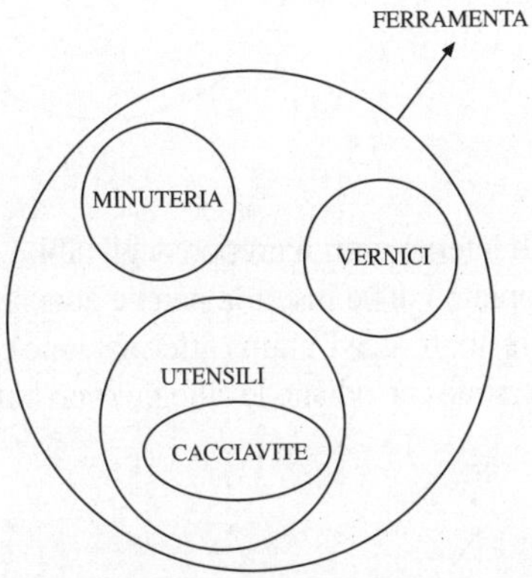

Fig. 1

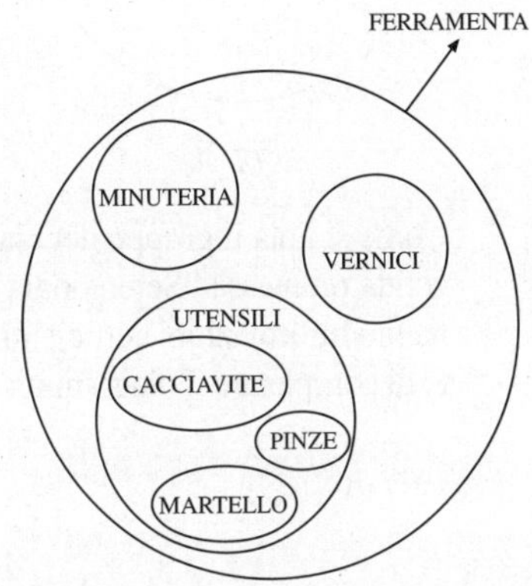

Fig. 2

È utilissimo imparare ad applicare i diagrammi di Venn soprattutto per affrontare e risolvere con minor sforzo tutti quei problemi logici in cui si pongono quesiti a seguito di ragionamenti di tipo sillogistico come questo.

➤ – Tutti gli albini sono bianchi
– Serena odia le ciliegie
– Tutte le persone che odiano le ciliegie sono bianche

Quale tra le seguenti affermazioni è necessariamente vera, in considerazione delle premesse?

A) Tutti i bianchi sono albini
B) Serena è albina
C) Serena avrebbe desiderato essere albina
D) Serena è bianca

Tracciamo il diagramma di Venn per vedere che tipo di aiuto ci può dare. Si consiglia di annotare a lato del foglio i vari gruppi o nomi che vengono citati per poi, solo successivamente, iniziare a disegnare il diagramma.
Il primo passo da seguire è quello di tracciare una circonferenza sufficientemente grande da contenere eventualmente altri cerchi all'interno, oppure in sovrapposizione. Poi segniamo a lato del nostro foglio per gli appunti i gruppi, le persone e le azioni/sentimenti/comportamenti/atteggiamenti citati. Qui c'è il gruppo degli albini, il gruppo di bianchi, Serena che odia le ciliegie.
Ci viene chiesto quale affermazione segua logicamente le premesse. Se abbiamo tracciato il grafico, abbiamo segnato un grosso cerchio per il gruppo di bianchi (fig. 3).
La relazione di inclusione tra albini e bianchi è questa: tutti gli albini sono bianchi (fig. 4).

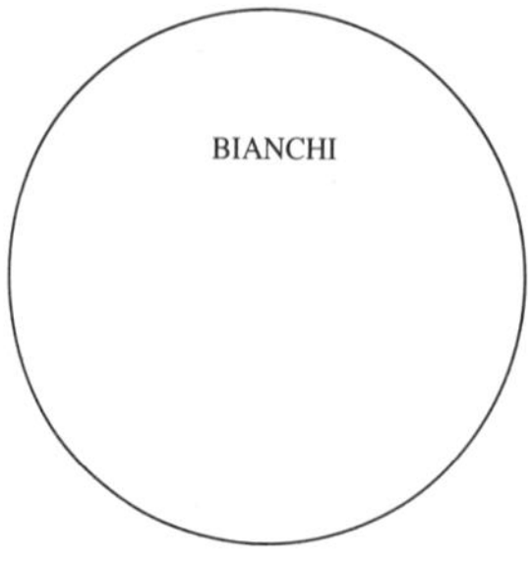

Fig. 3

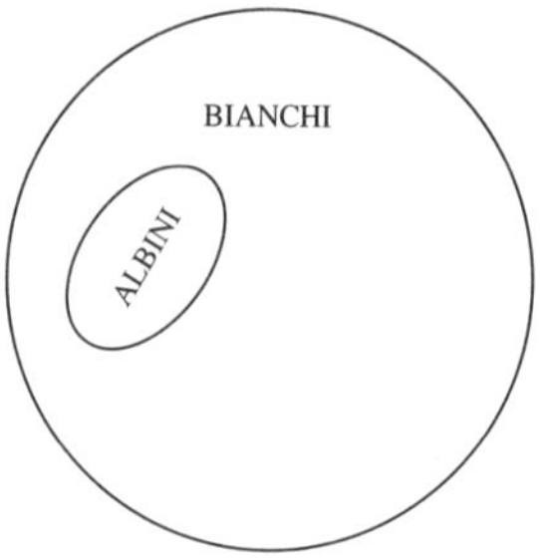

Fig. 4

Come si nota il gruppo dei bianchi contiene al suo interno tutto il gruppo degli albini. La seconda premessa "Serena odia le ciliegie" non sappiamo dove inserirla perché ancora non si hanno informazioni sufficienti per relazionarla al resto. Invece l'ultima affermazione consente di completare il diagramma di Venn, "tutte le persone che odiano le ciliegie sono bianche".

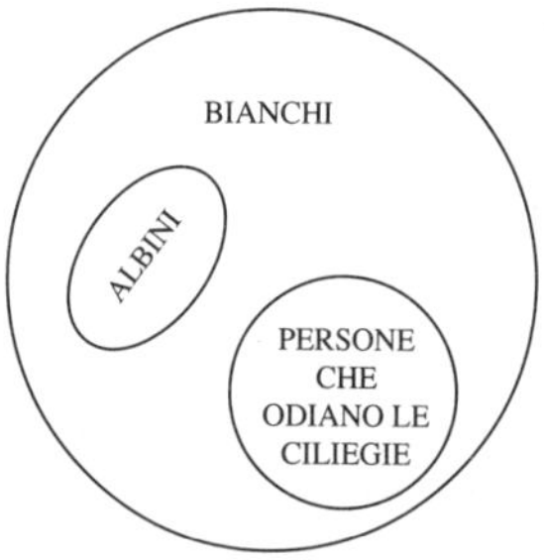

Adesso il diagramma contiene anche le persone che odiano le ciliegie che si collocano all'interno del cerchio Bianchi, senza intersecarsi con l'ovale Albini, perché nessuna informazione in tal senso ci autorizza ad intersecare albini con le persone che odiano le ciliegie.
Avevamo in sospeso un dato: ora sappiamo dove collocare l'asserzione "Serena odia le ciliegie", infatti la inseriamo all'interno dell'ovale "persone che odiano le ciliegie" come in figura:

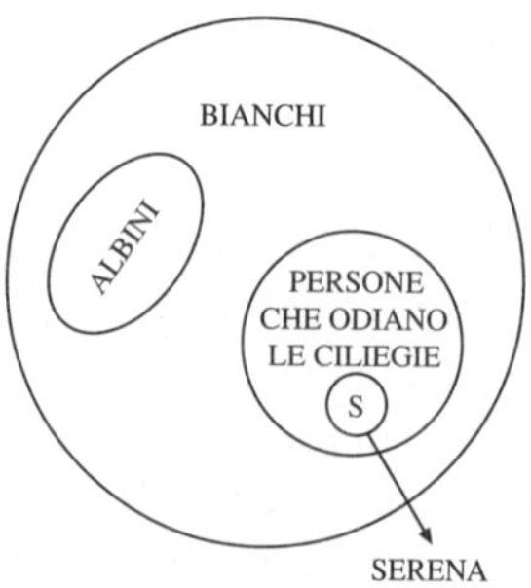

Siamo quindi pronti per verificare qual è l'affermazione logicamente desumibile dalle premesse rappresentate sotto forma diagrammatica.
La conclusione A), "Tutti i bianchi sono albini", è del tutto inammissibile, infatti il rapporto di inclusione è inverso (tutti gli albini sono bianchi e non viceversa!), quindi non

possiamo accettarla. Anche la conclusione B) non è logicamente ammissibile, non c'è nessun dato che ci consente di giungere a questa conclusione. La conclusione C) "Serena avrebbe desiderato essere albina" ha un carattere puramente riempitivo, è talmente assurda da non trarre in inganno nessuno. Infine la conclusione D) "*Serena è bianca*" appare in tutta la sua evidente limpidezza, infatti Serena fa parte dell'ovale "Persone che odiano le ciliegie" incluso totalmente nell'ovale dei "Bianchi", per cui per logica conseguenza anche Serena è bianca in quanto parte del gruppo delle persone che odiano le ciliegie.

Un problema apparentemente più complicato è il seguente:

➤ Tutti i D sono A, alcuni C sono B, alcuni B sono A, alcuni A sono C, alcuni A sono B
Quale tra i seguenti diagrammi rappresenta le relazioni descritte?

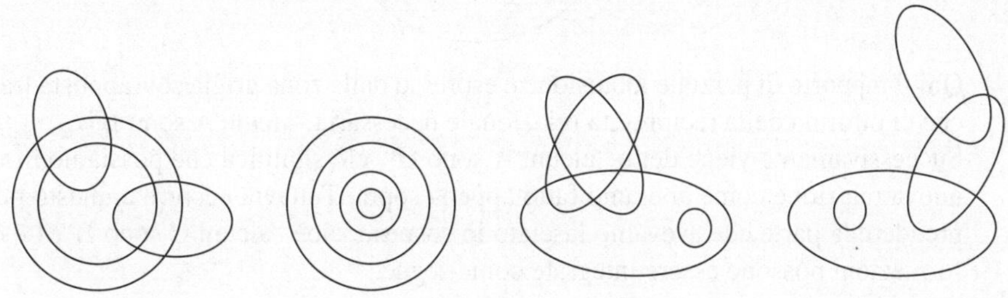

1) 2) 3) 4)

Per risolvere il quesito bisogna procedere per gradi, disegniamo la prima relazione "Tutti i D sono A" così:

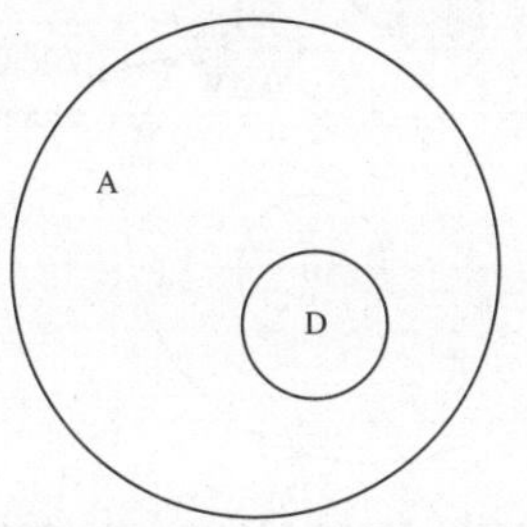

Fin qui non ci sono problemi. Poi passiamo alla seconda informazione, alcuni C sono B. Prima di disegnare la relazione occorre aspettare perché i due gruppi C e B non sappiamo dove collocarli in relazione agli altri, ma immaginiamo che la relazione potrebbe essere una delle seguenti da un punto di vista diagrammatico:

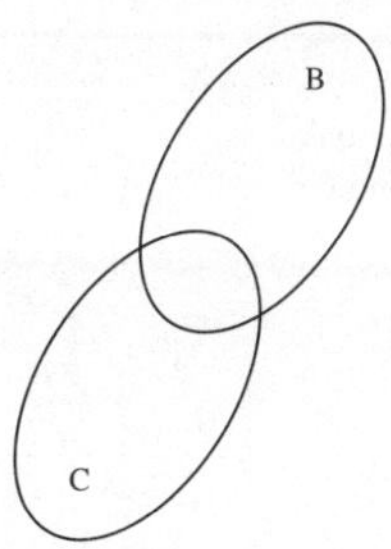

oppure

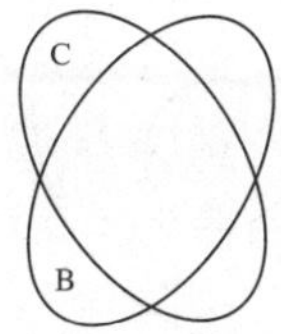

oppure

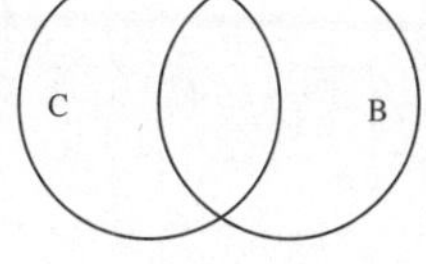

L'informazione successiva invece possiamo includerla, infatti alcuni B sono A possiamo integrarla con il primo diagramma così:

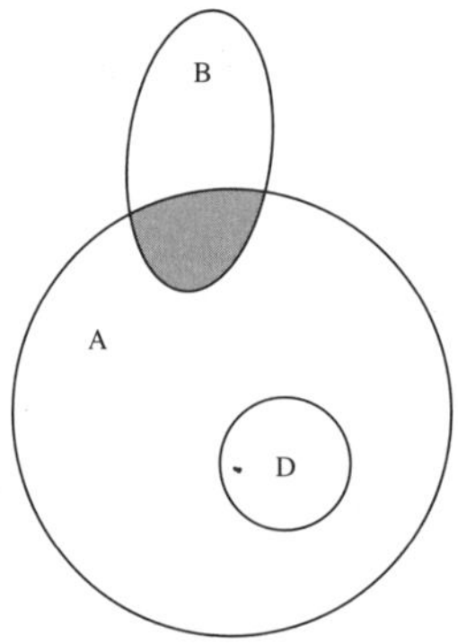

Qui il rapporto di parziale inclusione è espresso dalla zona grigia sovrapposta tra B e A, che ci informa della reciprocità relazionale necessaria "alcuni A sono B".
Successivamente viene detto "alcuni A sono C", ciò significa che possiamo inserire la nuova relazione come abbiamo fatto appena sopra. Tuttavia occorre a questo punto riprendere la parte che avevamo lasciato in sospeso, cioè "alcuni C sono B". Le due informazioni possono essere integrate come segue:

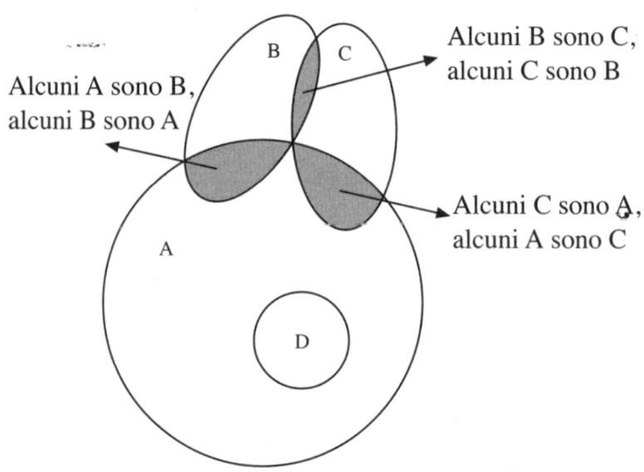

Ma possiamo anche raffigurarla come segue (che poi non è altro che il diagramma corrispondente alla risposta 3).

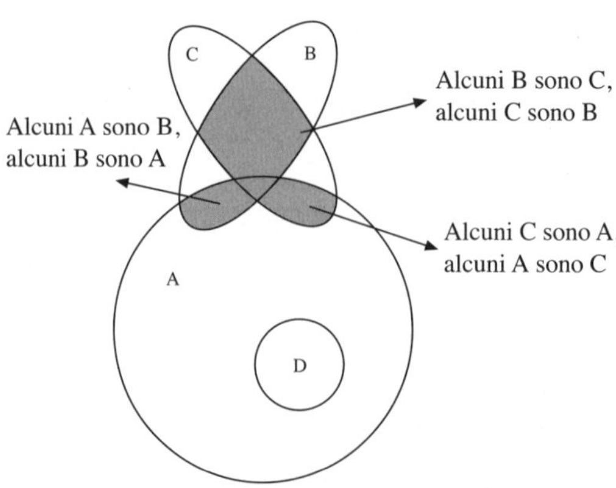

2.2.3 *Le negazioni*

Le negazioni sono enunciati espressi in forma negativa, da cui bisogna dedurre la conclusione corretta. Possiamo trovarle formulate in diversi modi.

Se dico "Non tutti i biondi sono furbi", vuol dire che qualche biondo può non esserlo. Questo perché il contrario di non tutti è qualche/qualcuno.

Per lo stesso motivo, se dico "Non è vero che tutti i biondi sono furbi", significa che alcuni biondi non sono furbi.

Queste negazioni particolarmente semplici possono essere risolte grazie all'ausilio di uno schema grafico. L'espressione può infatti essere rappresentata graficamente come segue:

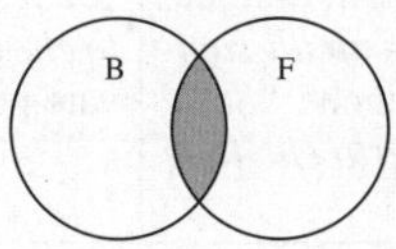

L'area grigia indica gli individui che presentano entrambi gli attributi. Appare subito evidente che esiste una parte di biondi che non sono furbi ed una parte di furbi che non sono biondi.

➤ Un signore chiese ad un filosofo di guardare dalla finestra per vedere se pioveva; il filosofo per tutta risposta disse "non credo sia giusto negare che ci si sbagli nell'affermare che è falso dire che piove!"

Pioveva o era bel tempo?

Si tratta di una tipologia di quesiti piuttosto frequente.

Se non si adottano delle strategie di risoluzione, ci si perde nel dedalo delle negazioni.

Scomponiamo la frase in tre parti:

- *non credo sia giusto negare* equivale a dire *è giusto affermare*, o meglio *è vero*
- *che ci si sbagli nell'affermare* equivale a dire che *è corretto negare* o meglio *che ci si sbaglia a dire*
- *che è falso dire che piove* equivale a dire *che non è vero che piove*

Ricostruiamo la nuova frase in questo modo: *È vero che ci si sbaglia a dire che non è vero che piove*, che potrebbe essere semplificata maggiormente elidendo la prima parte, … *si sbaglia a dire che non è vero che piove*. Ora la frase è più chiara, infatti si può concludere che stava piovendo!

2.2.4 *Le deduzioni logiche*

Le deduzioni logiche in senso stretto richiedono la fondamentale distinzione tra **condizione necessaria** e **condizione sufficiente**. Si gioca tutto su questo.

Come riconoscere la differenza? Semplice. Affinché una condizione sia necessaria basta che la premessa inizi con la locuzione "**solo se**". Facciamo un esempio per capire meglio.

"*Se bevo tutto il vino contenuto nella bottiglia, resterò senza vino*". Ebbene, la prima proposizione è condizione sufficiente, ma non necessaria, affinché si realizzi anche la seconda, perché la bottiglia potrebbe restare vuota anche a seguito di altri eventi, come la sua rottura accidentale. Se invece dicessimo: "*Solo se bevo tutto il vino contenuto nella bottiglia, resterò senza vino*", allora rendo la premessa una *conditio sine qua non* della conclusione.

"Se i pedali girano, la bicicletta cammina". Anche in questo caso, valgono le stesse considerazioni. Infatti, i pedali potrebbero funzionare ma la bicicletta potrebbe essere ugualmente ferma, per esempio per una ruota forata o un qualsiasi altro guasto.

➤

CONDIZIONE NECESSARIA	CONDIZIONE SUFFICIENTE
"Solo se trattate con i pesticidi, le piante di granoturco non si ammalano". ↓	"Se trattate con i pesticidi, le piante di granoturco non si ammalano". ↓
La premessa è *conditio sine qua non*, dunque: "*Se NON tratto le piante con i pesticidi sicuramente si ammaleranno*", ma anche "*Se le piante non si sono ammalate è certo che io le abbia trattate con pesticidi*".	"*Se le piante non si sono ammalate non è detto che le abbia trattate*", potrebbero essersi salvate per altri motivi.

2.2.5 *Le prove con le parentele*

Si chiamano esercizi delle parentele quelli che richiedono l'individuazione dei rapporti di parentela tra uno o più soggetti, a partire da descrizioni piane del tipo "il fratello del cugino della moglie". Evidentemente la difficoltà di questi compiti è molto attenuata se riusciamo a costruire un grafico ad albero che rappresenti visivamente quanto espresso verbalmente.

Potreste incontrare un problema di questo tipo:

➤ Vania è figlia della sorella di Mirella. Iva è la mamma di Loretta e nonna del fratello di Vania. Sole è la figlia del figlio di Mirella e bisnipote di Iva. Che relazione di parentela intercorre tra Vania e Sole?

A) Sono sorelle
B) Sono nipote e zia
C) Sono triscugine o cugine di terzo grado
D) Sono biscugine o cugine di secondo grado

Il grafico ad albero può essere disegnato in questo modo: si parte dalla individuazione dei nomi: Vania, Mirella, Iva, Loretta e Sole.
In questi esercizi non si deve disegnare il grafico a partire dalla prima affermazione, ma dalla relazione più sovraordinata. Nel nostro esempio partiamo dall'ultima frase: Sole è figlia del figlio di Mirella e bisnipote di Iva. Qui disegniamo il grafico risultante dalla ultima frase, "Sole è la figlia del figlio di Mirella e bisnipote di Iva".
Poi andiamo a tracciare sul grafico precedente l'affermazione "Vania è figlia della sorella di Mirella". Tracciamo una linea orizzontale all'altezza di Mirella lasciando vuota la casella (quella con il punto interrogativo sul grafico) e inseriamo il rapporto di parentela di Vania, che si colloca sullo stesso piano del figlio di Mirella.

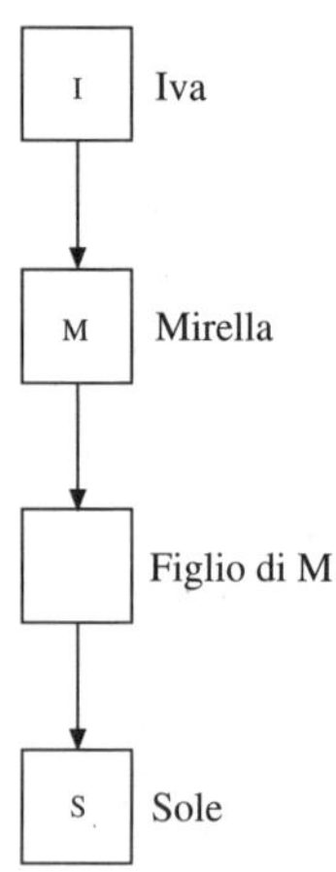

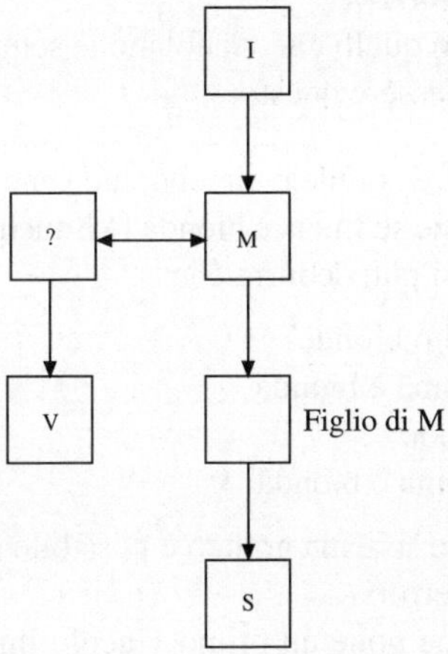

A questo punto non ci resta che tracciare l'ultima parte del grafico corrispondente alla affermazione "Iva è la mamma di Loretta e nonna del fratello di Vania". Da qui scopriamo il nome della sorella di Mirella, che è Loretta. Da questo ultimo grafico si può dedurre che il rapporto di parentela tra Sole e Vania è quello indicato dalla risposta D), sono biscugine o cugine di secondo grado, in quanto deduciamo che Vania è cugina del figlio di Mirella (di cui non conosciamo il nome) e quindi cugina di secondo grado con la figlia di lui (vedi linea tratteggiata curva). La linea tratteggiata verticale separa i due nuclei familiari.

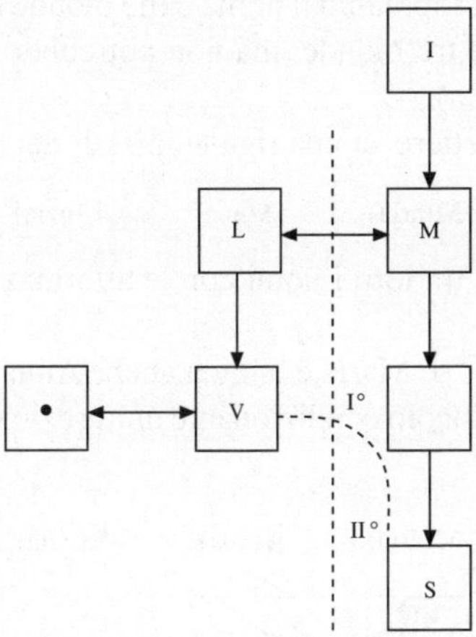

Il sovraccarico cognitivo di questo problema viene ridotto del tutto con il grafico che rende immediatamente visibili tutti i rapporti di parentela che vengono via via descritti. Il segreto è quello di tracciare il grafico a partire dalle sequenze che riportano la maggior parte delle informazioni.

Gli esercizi con le parentele sono un problema classico delle prove di ragionamento verbale, e piuttosto frequenti all'interno delle prove di selezione.

2.2.6 Test di logica concatenativa

I test di logica concatenativa sono quelli che vincolano le sequenze di azione a delle premesse. Un tipico problema potrebbe essere questo:

➤ Maria, Anna e Lucia sono tre sorelle e almeno due sono bionde. Sapendo che se Maria è bionda anche Anna lo è, che se Lucia è bionda lo è anche Maria, e che tra Anna e Lucia almeno una non è bionda, si può dedurre che:

A) Maria, Lucia e Anna sono bionde
B) Maria non è bionda e Anna è bionda
C) Maria e Lucia sono bionde
D) Lucia non è bionda e Anna è bionda

Con l'ausilio di un semplice schema grafico è possibile risolvere questo tipo di problemi semplicemente e senza errori.
Partiamo dalla premessa che pone un primo vincolo importante: *almeno due delle tre sorelle sono bionde*, che possiamo schematizzare come segue:

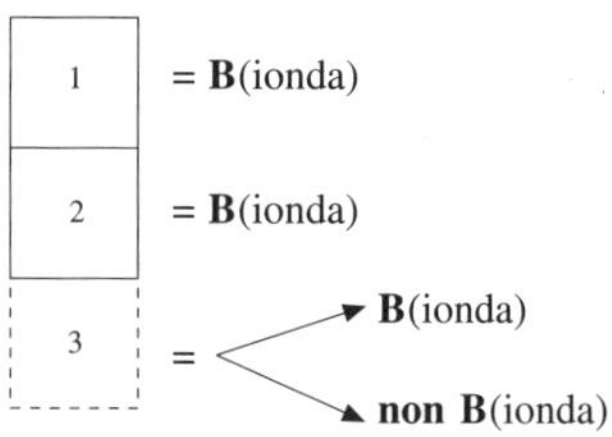

Ancora, ovviamente, non sappiamo il nome delle bionde né quante sono bionde (potrebbero essere anche tutte e tre bionde, ma non potrebbero essere una bionda e due non bionde, né nessuna bionda).
È utile a questo punto mettere su una riga le iniziali dei nomi delle tre sorelle:

M(aria) **A**(nna) **L**(ucia)

preparandoci a collegare tra loro i nomi con le affermazioni riportate successivamente dal problema.
Una prima indicazione è "se Maria è bionda anche Anna lo è" e questa affermazione la rappresenteremo come vincolo condizionante unidirezionale (rappresentato da una freccia) in questo modo:

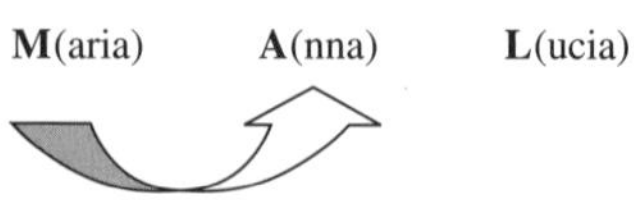

La seconda indicazione data è "se Lucia è bionda lo è anche Maria" che rappresenteremo nel modo seguente:

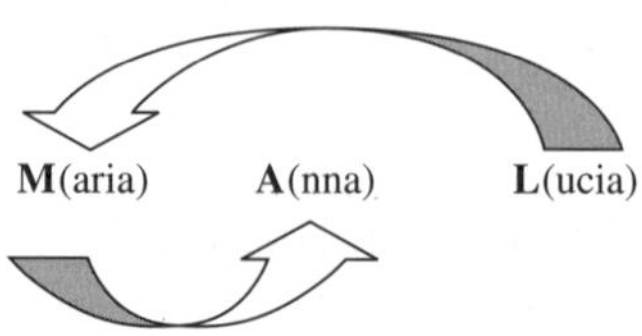

Infine la terza indicazione "tra Anna e Lucia almeno una non è bionda" la rappresenteremo così:

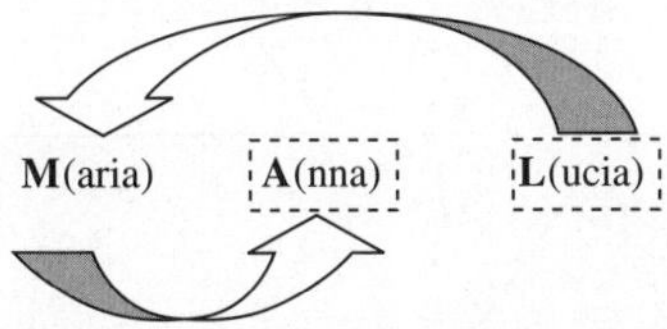

Quest'ultima affermazione ha risolto la premessa in questo modo

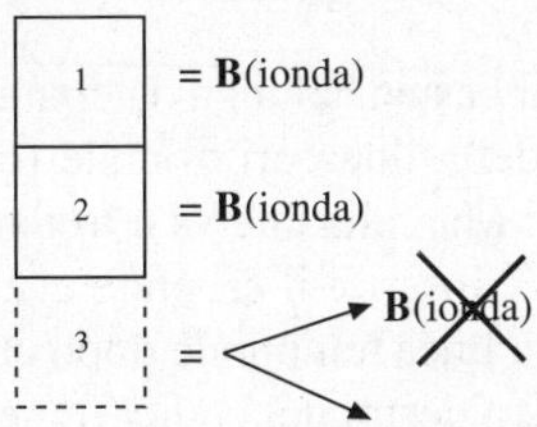

cioè una sorella è non B(ionda), quindi solo due sorelle sono B(ionde).

Dato che l'incertezza è soltanto tra A(nna) e L(ucia), sicuramente M(aria) è bionda quindi se M(aria) è bionda lo è anche A(nna), (come da premessa) per cui la non bionda è necessariamente L(ucia).

Ritornando alle alternative proposte e con l'ausilio dell'ultima figura rappresentata possiamo dedurre che:

A) Maria, Lucia e Anna sono bionde	FALSA
B) Maria non è bionda e Anna è bionda	FALSA
C) Maria e Lucia sono bionde	FALSA
D) Lucia non è bionda e Anna è bionda	VERA

2.2.7 *Test di valutazione delle abilità di ordinare eventi/elementi*

Si tratta di quiz in cui, dati una serie di elementi tra i quali vengono espresse delle relazioni, si chiede di ordinarli secondo un determinato criterio: per esempio, dal più giovane al più vecchio, dal più al meno recente, dal più grande al più piccolo, ecc.
Si tratta di una tipologia di quesiti piuttosto rara nelle prove di selezione di cui per completezza riportiamo un esempio.

➤ Oggi Marcella è andata a trovare la nonna (1) appena finito di mangiare (2). Tornerà a ritrovarla (3) dopo aver ritirato la borsa (4) che aveva lasciato in macchina cinque giorni fa (5).

A) 12354 B) 21435 C) 54321 D) 52143

Per risolvere questo esercizio è sufficiente servirsi di un foglio per prendere appunti su cui si traccia una linea temporale come si vede nel disegno seguente.

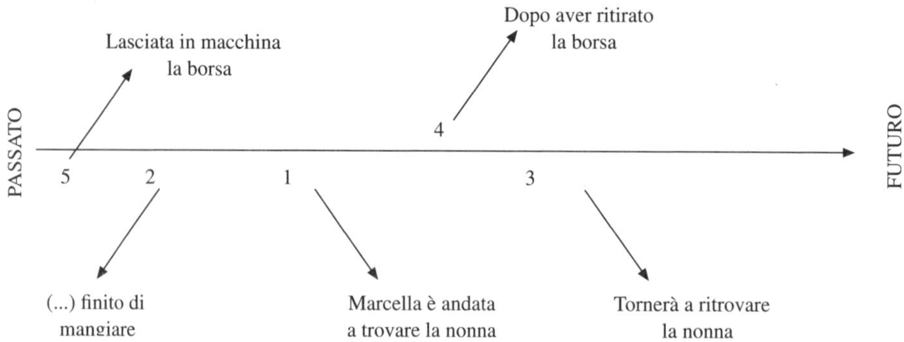

Si deve tracciare una linea abbastanza lunga da contenere i cinque eventi dell'esercizio. Su un punto qualsiasi della linea orizzontale (continuum) si inserisce il primo evento citato, in questo caso Marcella che va a trovare sua nonna, segnato con il numero 1. Poi decideremo dove inserire il secondo evento "appena finito di mangiare" 2. Se l'evento si colloca sulla linea temporale dopo che Marcella è andata a trovare la nonna segneremo il codice 2 a destra del codice 1, se invece è un evento che avviene precedentemente lo segneremo a sinistra del codice 1. Poiché Marcella finisce di mangiare prima di andare dalla nonna, allora inseriremo il codice 2 a sinistra del codice 1, perché è un avvenimento cronologicamente più lontano. Manteniamo uno spazio sufficiente tra i due eventi perché è possibile trovare degli esercizi che inseriscono eventi anche tra i due eventi prima descritti, comunque non in questo caso. Proseguiamo. La frase "tornerà a ritrovarla" ci indica che questo evento si colloca temporalmente dopo il codice 1, quindi alla destra di 1. Però un evento cronologicamente anteriore al 3 è "aver ritirato la borsa" che avviene prima di tornare dalla nonna, per cui alla sinistra di 3 ma alla destra di 1. Ma non basta, c'è ancora un altro evento da collocare nella sequenza che è "la borsa (…) che aveva lasciato cinque giorni fa" indicata con il codice 5. Qui ci vuole un minimo di scaltrezza; abbiamo imparato che l'ideatore di queste prove intende mettere in difficoltà l'esaminando, per cui ricerca le complicazioni che stravolgono tutto proprio alla fine quando generalmente si pensa di avere "strada libera". Invece questo evento citato per ultimo è quello cronologicamente più distante, quindi si collocherà necessariamente prima dell'evento codificato con il numero 2.
Senza l'aiuto del piccolo grafico molto più difficilmente saremmo riusciti ad individuare l'esatta sequenza cronologica descritta, quindi ora siamo certi che la risposta giusta è quella alla lettera D).

2.3 I test di ragionamento numerico

2.3.1 Le sequenze

Questi esercizi sono i più comuni e i più frequenti. Sono prove che si basano su un semplice principio costituito dalla ricerca della regola che spiega la progressione di una certa sequenza che può essere costituita da numeri e lettere (ma anche da figure come vedremo nei test di performance).

Per chiarire subito la tipologia delle prove partiamo con un semplicissimo esempio:

➤ Data la sequenza numerica

2 4 6 8 ?

Qual è il numero che completa la serie?

A) 1 B) 3 C) 10 D) 16

Non c'è bisogno di dilungarsi troppo nelle spiegazioni, la risposta esatta è 10, quindi l'alternativa C). Infatti, la sequenza costituisce una progressione crescente di due in due:

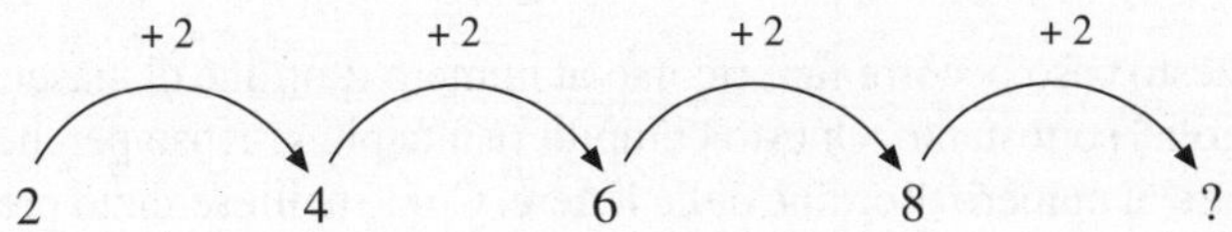

Le sequenze possono essere costituite anziché da numeri anche da lettere. A tale proposito si consiglia di imparare l'ordine numerico dell'alfabeto, cioè A = 1; B = 2 e così via come riportato di seguito:

A	B	C	D	E	F	G	H	I	L	M
1	2	3	4	5	6	7	8	9	10	11
N	O	P	Q	R	S	T	U	V	Z	
12	13	14	15	16	17	18	19	20	21	

Solitamente gli esercizi con sequenze di lettere, in Italia, non comprendono le lettere K, J, W, X, Y. Neanche nel presente capitolo le prove contemplano queste lettere. In ogni caso l'abbinamento lettera numero d'ordine sarebbe il seguente:

A	B	C	D	E	F	G	H	I	J	K	L	M
1	2	3	4	5	6	7	8	9	10	11	12	13
N	O	P	Q	R	S	T	U	V	W	X	Y	Z
14	15	16	17	18	19	20	21	22	23	24	25	26

➤ A questo punto consideriamo la sequenza di lettere:

A D G L ?

Quale lettera completa la serie?

A) M B) O C) C D) P

Anche in questo caso non è difficile scoprire la regola della sequenza: la risposta esatta è la B).

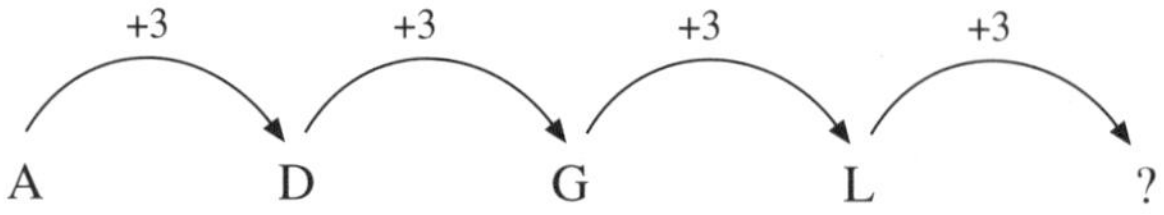

Passiamo ad esaminare esempi più complessi.

➤ B D F L ?

Quale lettera completa la serie?

A) R B) O C) U D) Q

Anche in questo caso occorre fare ricorso al numero d'ordine di ciascuna lettera e scoprire la "regola" sottostante. Questo compito risulta più gravoso perché non siamo abituati a pensare al numero d'ordine delle lettere. Come nell'esercizio precedente trasformiamo le lettere in numeri in modo da individuare qualche regolarità nascosta:

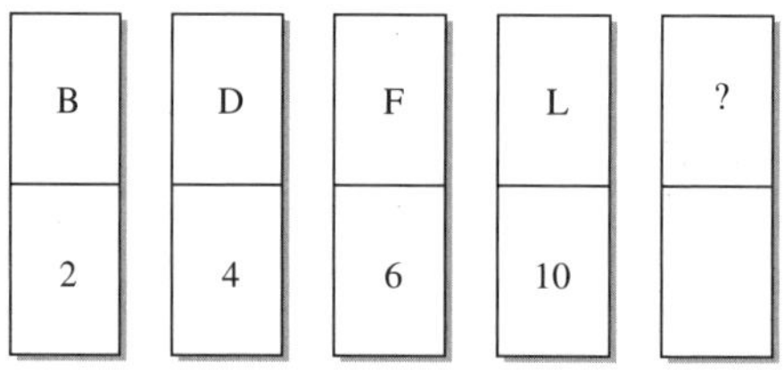

Abbiamo trasformato le lettere in numeri, così balza agli occhi una regola che possiamo sottoporre a verifica. La prima più immediata è la progressione di 2 in 2 (il ritmo del +2), che però non viene confermata nel passaggio da 6 a 10 e quindi dobbiamo abbandonare questa ipotesi per passare ad altro.

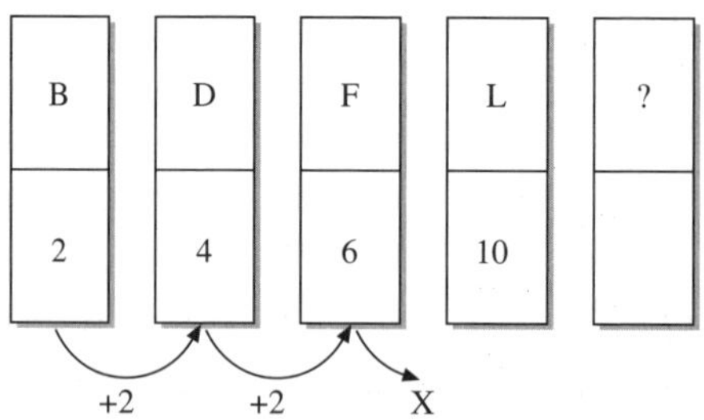

Provate adesso a sommare le prime 2 lettere B e D, otterrete 2 + 4 = 6 che trasformato in lettere sarebbe B + D = F.
Adesso passiamo alla coppia successiva, la coppia D e F, cioè 4 e 6, otterremo 4 + 6 = 10 ovvero trasformato in lettere D + F = L (ricordiamo che stiamo lavorando sul numero d'ordine delle lettere dove L figura come la decima lettera dell'alfabeto). A questo punto abbiamo scoperto la regolarità della sequenza per cui è facile giungere alla conclusione che la lettera mancante è la sedicesima dell'alfabeto ovvero la lettera R, quindi A) è la risposta esatta.

La sequenza è completata dalla lettera R:

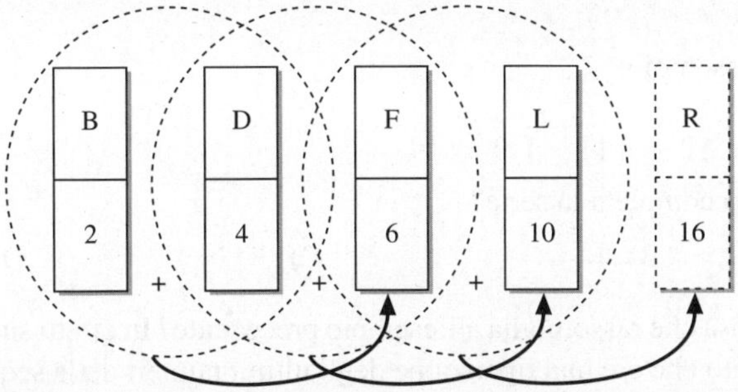

Risolvere le sequenze numeriche oppure le sequenze di lettere è pur sempre un esercizio di ragionamento numerico, il primo richiede una trasformazione in più, dove le lettere costituiscono dei simboli sostituibili da numeri. Associare simboli a numeri ed eseguire operazioni di ragionamento e calcolo matematico costituirà una sezione importante di questo capitolo.

➤ Z N T L Q H ?

Quale lettera completa la sequenza?

A) G
B) I
C) N
D) Nessuna delle risposte è corretta

Questo esercizio è difficilissimo, pochi riuscirebbero a risolverlo senza ricorrere alle strategie di trasformazione delle lettere con i numeri d'ordine corrispondenti. Procediamo come segue

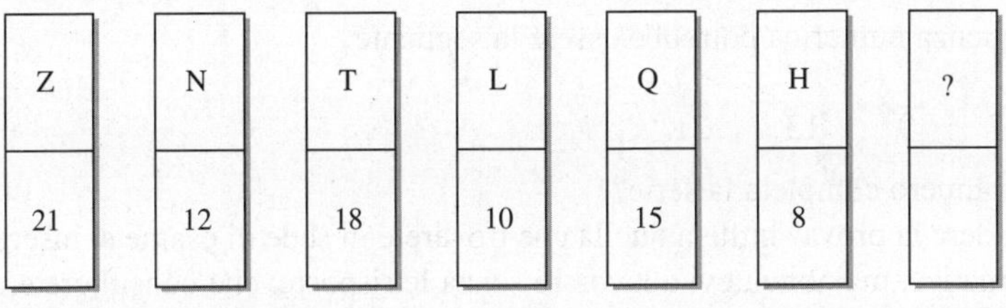

Anche con questo esercizio occorre lavorare con le coppie però non contigue. Infatti la sequenza è mossa da due regole:

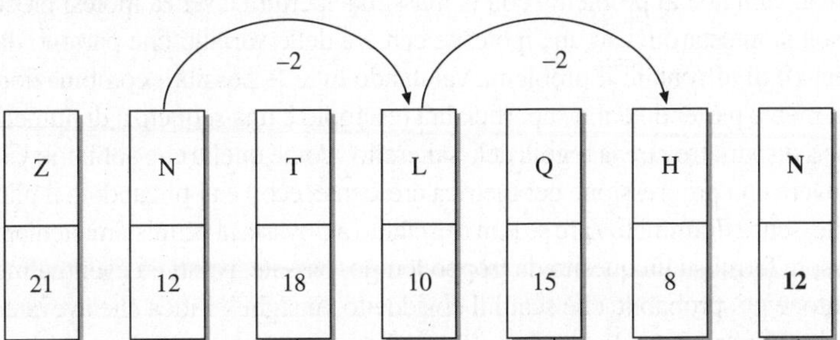

A questo punto appare evidente che la riposta esatta è N, quindi la risposta D), dodicesima lettera dell'alfabeto.

Facciamo un altro esempio:

➤ 15 13 12 11 9 9 ?

Quale numero completa la serie?

A) 9 B) 1 C) 3 D) 6

Notate qualcosa che rassomiglia all'esempio precedente? In effetti siete sulla giusta strada, avete notato che c'è una ripetizione degli ultimi numeri della sequenza che vi ha indotto a pensare ad un accoppiamento come il precedente. In effetti si tratta di applicare la stessa regola discussa sopra.

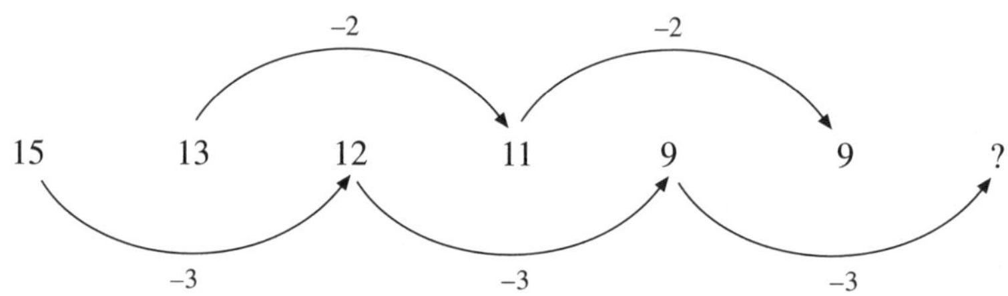

La risposta esatta è 6, quindi la risposta D).
Come avrete capito in questo tipo di esercizi l'aiuto delle risposte alternative non è utilizzabile, occorre concentrarsi nella scoperta della regola. È solo una questione di abitudine e scaltrezza.

Un'altra sequenza numerica potrebbe essere la seguente:

➤ 6 7 9 13 21 ?

Quale numero completa la serie?
Per rendere la prova simile a quella che troverete in sede di esame si inseriscono anche le alternative, ma abituatevi a lavorare senza le risposte, che consulterete, ovviamente, solo quando pensate di avere trovato la soluzione.

A) 28 B) 42 C) 37 D) 56

Occorre avvicinarsi al problema con la massima apertura e senza ipotesi precostituite, cioè non bisogna intestardirsi su una ipotesi e cercare delle varianti che partono da essa; il suggerimento è di affrontare il problema valutando tutte le possibili combinazioni che vi vengono in mente partendo dalla superficialità (esempio è una sequenza di numeri pari, oppure di numeri dispari, trovare la regola del "salterello" come quelle che abbiamo visto prima, oppure trovare una progressione geometrica crescente, ecc.) e applicandole il più rapidamente possibile, senza drammatizzare se non riusciamo a trovarla al primissimo tentativo. Se si pensa di essere fermi su un quesito da troppo tempo, passate avanti ed eventualmente tornateci in seguito; è più probabile che scatti il cosiddetto "insight", l'idea che avevate a disposizione nella vostra "cassetta degli attrezzi", ma che non avevate preso in considerazione.
Sicuramente in questo nostro esempio, dato che abbiamo applicato la regola del "salte-

rello", avrete sottoposto la sequenza a questa verifica, infruttuosamente purtroppo.
In questa sequenza numerica, ciascun termine è ottenibile dal precedente più un numero che si raddoppia progressivamente. La risposta esatta è dunque la C) 37.

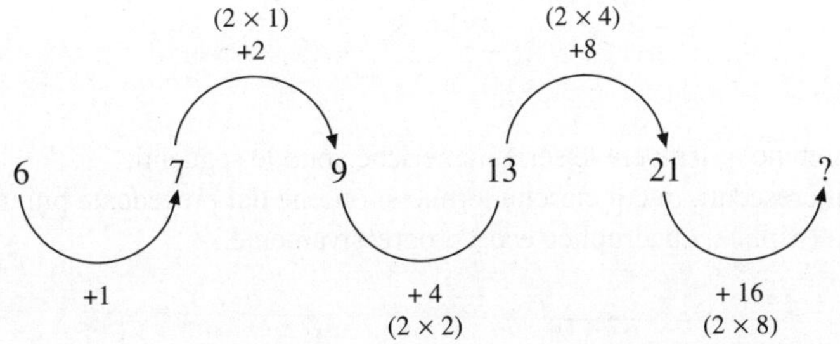

Consideriamo un'altra sequenza numerica:

➤ 4 7 12 21 ?

Quale numero completa la serie?

A) 42 B) 38 C) 48 D) 37

La soluzione è data dalla moltiplicazione del primo numero per il fattore 2 a cui si toglie 1 per ottenere il secondo numero della sequenza, cioè il 7. Il secondo numero della sequenza lo moltiplichiamo sempre per il fattore 2, ma togliamo 2 per ottenere il terzo numero della sequenza che è il 12, poi ancora moltiplichiamo il terzo numero delle sequenza per il fattore 2 ma stavolta sottraiamo 3 per ottenere il quarto numero della sequenza che è il 21, quindi l'incognita ovvero il numero che completa la serie è dato dalla moltiplicazione del quarto numero della sequenza cioè il 21 sempre per il fattore 2 a cui togliamo 4 unità. Per chiarire maggiormente:

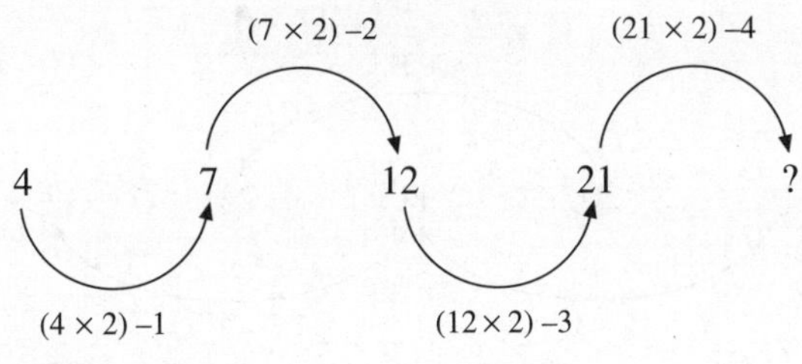

La risposta esatta è dunque la B) 38. Questa volta la regola era leggermente più complicata e l'esercizio poteva richiedere un po' più di tempo.

Proviamo a risolvere un'ultima sequenza:

➤ 315 292 269 246 ?

Quale numero completa la serie?

A) 218 B) 220 C) 221 D) 223

Con esercizi che presentano numeri a tre cifre di solito si richiede di sommare o sottrarre una costante.

La sequenza presenta dei numeri decrescenti. Ciascun numero diminuisce di 23 unità rispetto al precedente, quindi la risposta esatta sarà 223, cioè la risposta D).

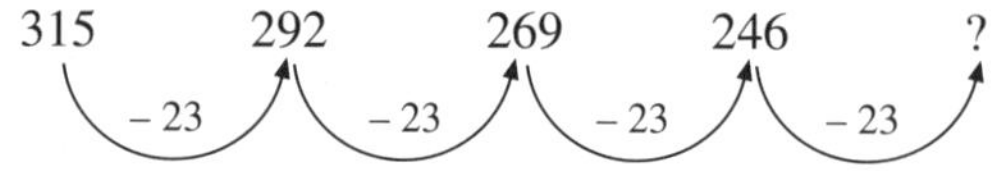

Riepilogando

Le regole che aiutano a risolvere le serie numeriche sono le seguenti:

a) progressioni crescenti, in cui ciascun termie si ottiene dal precedente più un numero che si raddoppia (triplica, quadruplica ecc.) progressivamente.

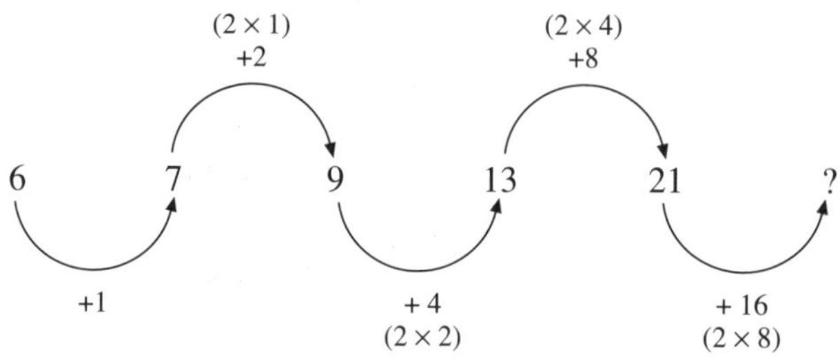

b) progressioni semplici. La sequenza può aumentare di 2, 4, 8, ecc. di 3, 5, 7, 9 ecc.

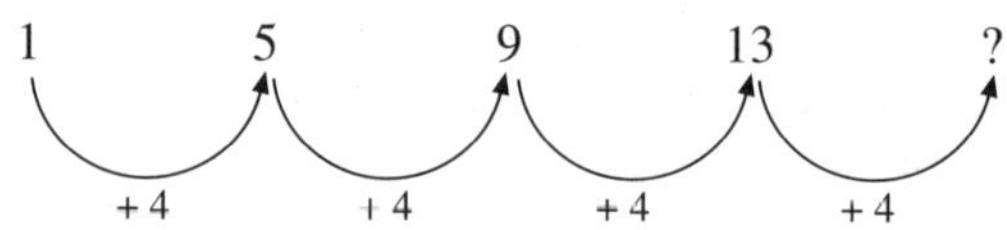

c) aumentare o diminuire coppie contigue o non contigue dette anche "*a salterello*"

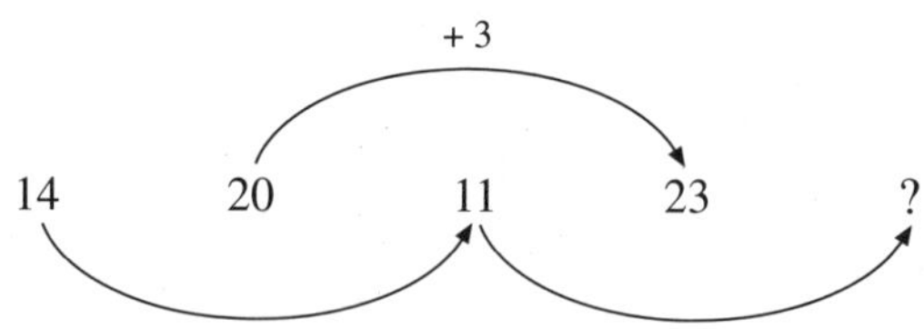

d) differenze o somme tra numeri contigui (e più raramente moltiplicazioni e divisioni)

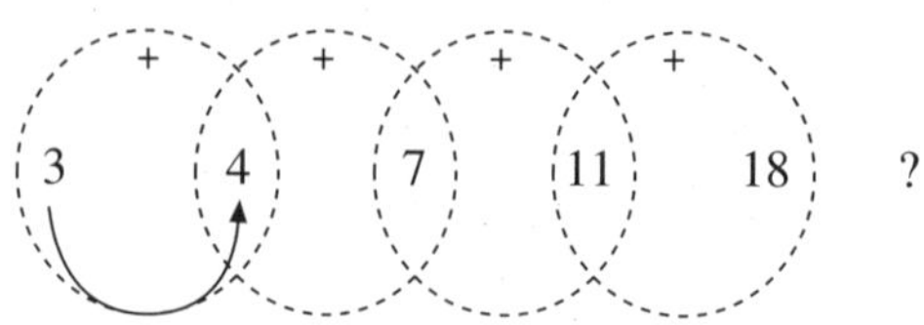

e) raddoppiare o triplicare e togliere una costante (cioè ad esempio raddoppiare e togliere sempre lo stesso numero) oppure un valore progressivo (ad esempio raddoppiare ogni numero e poi togliere 1, al successivo raddoppiare il numero ottenuto in precedenza e togliere 2, e così via oppure raddoppiare il numero e poi aggiungere 1, raddoppiare il secondo e poi aggiungere 2, ecc.)

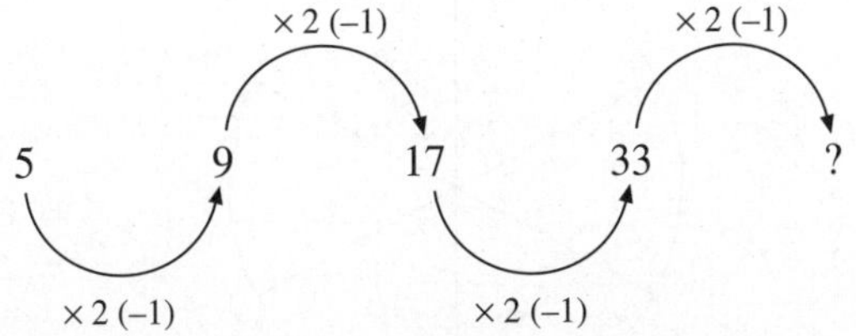

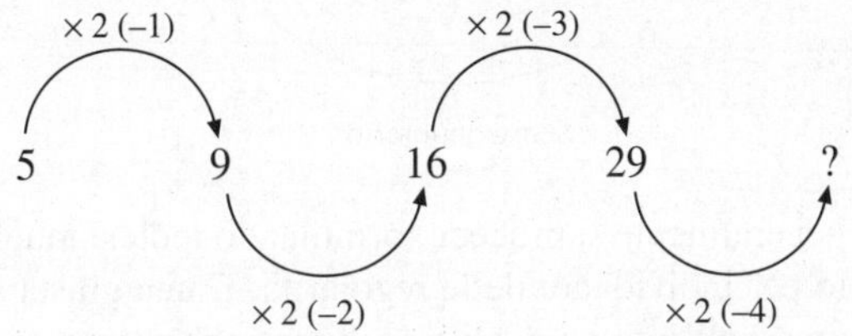

f) addizionare un valore ad ogni numero (solitamente 1) e raddoppiare la somma per ottenere il numero

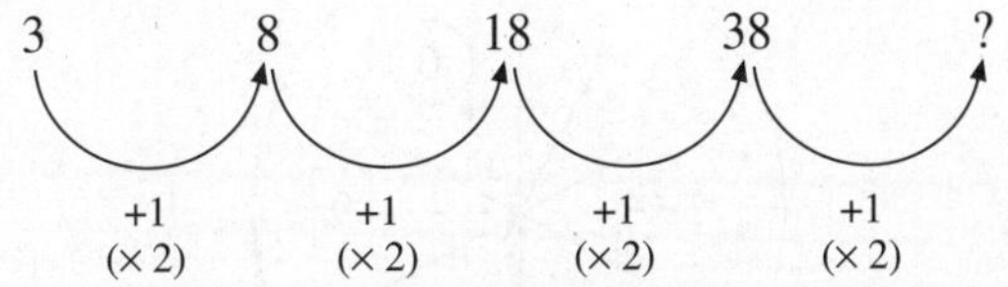

Queste riportate sono le regole più frequenti, quindi, se siete in grado di applicarle rapidamente partendo dalla più semplice, avete un'elevata probabilità di trovare la soluzione esatta. È ovvio che risulta indispensabile una certa rapidità di calcolo a mente.

2.3.2 Le serie numeriche nelle configurazioni grafico-geometriche

Gli esercizi di ragionamento numerico sono presentati sotto svariate forme grafiche. Possiamo trovare sequenze numeriche all'interno o ai vertici di figure geometriche regolari o irregolari, ai vertici di stelle a 6 o 8 punte, alle estremità di figure umane o animali stilizzate, entro sezioni di cerchio, oppure in matrici quadrate, o sotto forma di tessere del domino, e in un'infinita varietà di altre configurazioni.
La particolarità di queste serie numeriche e le strategie risolutive variano a seconda della configurazione: nel caso di numeri ai vertici dei triangoli più spesso il numero al vertice è dato dalla combinazione (somma, sottrazione, moltiplicazione o divisione) dei numeri alla base o da una regola che dia senso all'uso del triangolo. Nel caso di numeri all'interno di quadrati le soluzioni combinatorie sono molto più numerose, per cui il numero mancante potrebbe derivare dalla combinazione dei numeri che si trovano sulla stessa diagonale, o sullo stesso lato, oppure partendo da un punto e ruotare in senso orario oppure antiorario.
Si presentano alcuni esempi con i relativi commenti e soluzioni. Da questo momento gli esercizi non presenteranno l'elenco delle risposte, è preferibile infatti abituarsi a sviluppare il ragionamento numerico indipendentemente dalle alternative.

Senso orario

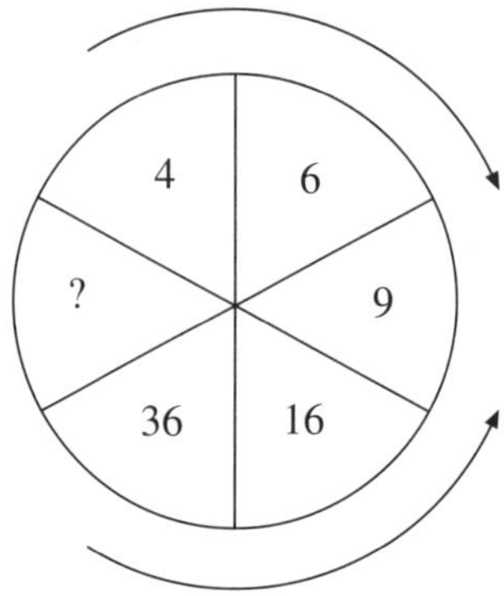

Senso antiorario

Con le figure circolari generalmente si procede formulando ipotesi muovendosi in senso orario o in senso antiorario per individuare delle regolarità. È una giusta strategia, ma occorre non fermarsi a ciò. I numeri all'interno degli spicchi potrebbero essere distribuiti secondo il seguente criterio:

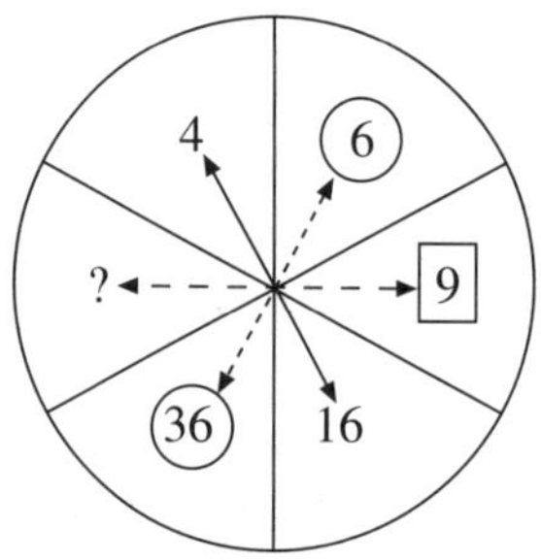

Infatti, nel nostro esempio notiamo che i numeri 4 e 6 hanno al loro opposto il risultato di una moltiplicazione con se stessi, $(4 \times 4 = 16)$ e $(6 \times 6 = 36)$, quindi la nostra incognita sarà verosimilmente 81 (9×9).
Ed ora un altro esempio con un'altra figura circolare.

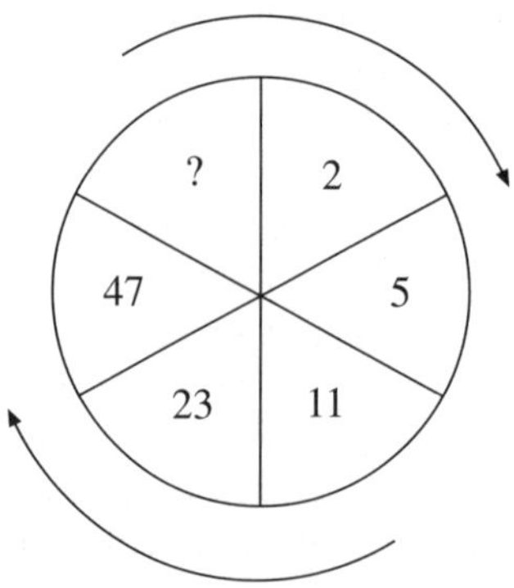

Per scoprire la regola che sottende la sequenza occorre un piccolo sforzo: prima di tutto si nota che la progressione è in senso orario crescente, e che non sono applicabili semplici operazioni regolari. Quando la soluzione non ha quell'immediatezza che si trova nelle "configurazioni" più semplici, occorre provare altre strategie.
Ciascun numero è, a partire dal numero due in poi, il doppio del precedente + 1, quindi 5 è dato da 2 × 2 + 1, 11 è dato da 5 × 2 + 1, ecc. fino alla soluzione che sarà 95 (47 × 2 + 1).

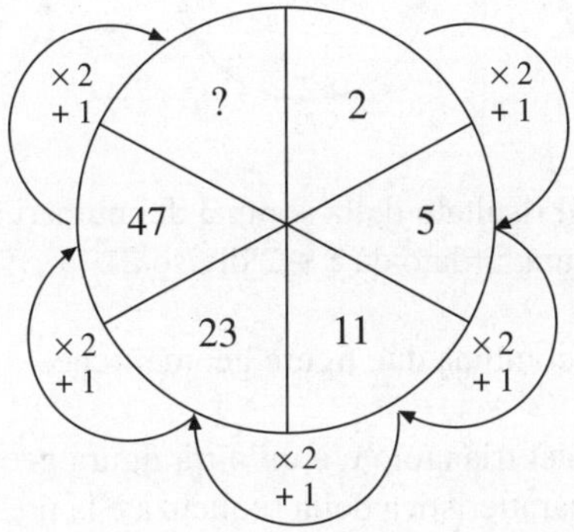

Il prossimo esercizio segue la stessa regola, tuttavia la progressione non avviene in senso orario. Partendo dal primo spicchio in alto a destra (cioè partendo dal numero 1) si osserva che lo spicchio opposto è il risultato del doppio del primo spicchio + 1.

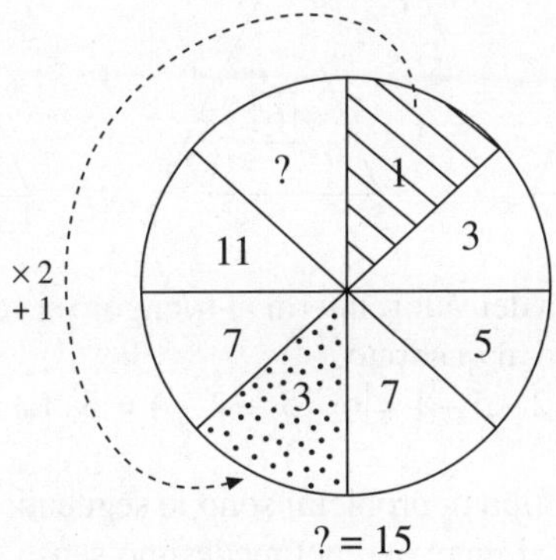

2.3.3 Sequenze con i triangoli e i quadrati

Oltre alle sequenze con i cerchi possiamo avere sequenze con triangoli ai cui vertici vengono collocati dei numeri secondo una certa regola. Questo tipo di esercizi richiede spesso di determinare la cifra posta al vertice di un triangolo equilatero. Generalmente l'incognita si ottiene dalla somma, dalla differenza, dalla moltiplicazione o dalla divisione tra le cifre poste alla base. In ogni caso le regole per la determinazione delle incognite sono sempre le stesse.

Vediamo il seguente esercizio.

➤ Qual è il numero mancante indicato dal punto interrogativo?

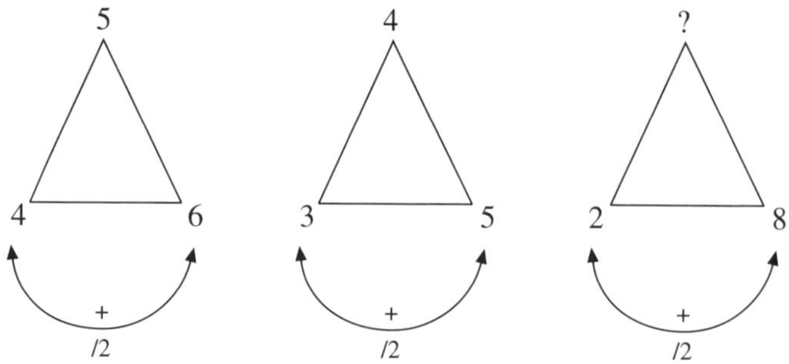

Il numero mancante è il risultato della somma dei numeri alla base dei triangoli diviso 2. Dunque il risultato sarà 5 (dato da 8 + 2 diviso 2).

Il prossimo esercizio invece combina due figure geometriche.

➤ Si noti che all'interno del triangolo c'è un'altra figura geometrica che contiene un numero. Inoltre un'altra caratteristica della sequenza è la presenza di numeri sia all'interno del triangolo che all'esterno. Cerchiamo a questo punto di capire quali regole accomunano le cifre dei primi due triangoli per scoprire l'incognita del terzo.

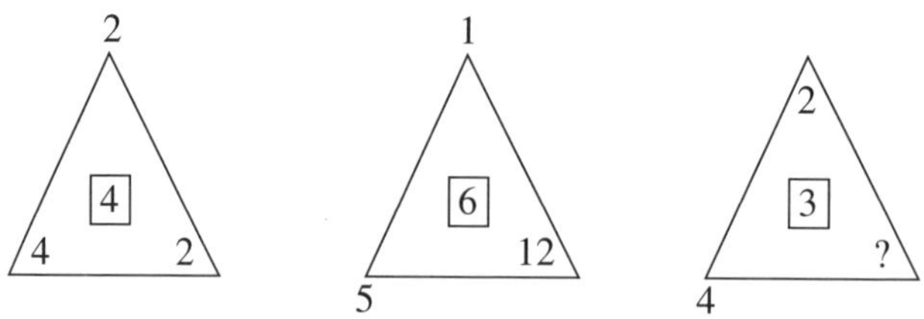

Al risultato della somma dei valori interni al triangolo si sottraggono i valori esterni per ottenere il valore interno al quadrato.
Quindi 4 + 2 – 2 = 4; 12 – 5 – 1 = 6; 5 + 2 – 4 = 3. La cifra mancante è 5.

Le regole generali per questo tipo di problemi sono le seguenti:

- le operazioni di una serie si muovono nel medesimo senso, cioè se alla prima figura abbiamo proceduto in senso orario, anche le altre saranno in senso orario;
- l'esatta sequenza di operazioni della prima figura è valida anche per le altre figure della stessa serie;
- se si iniziano i calcoli da un certo punto della figura, occorre iniziare dal medesimo punto anche nelle altre configurazioni.

Ma mostriamo queste regole con un esempio.

➤

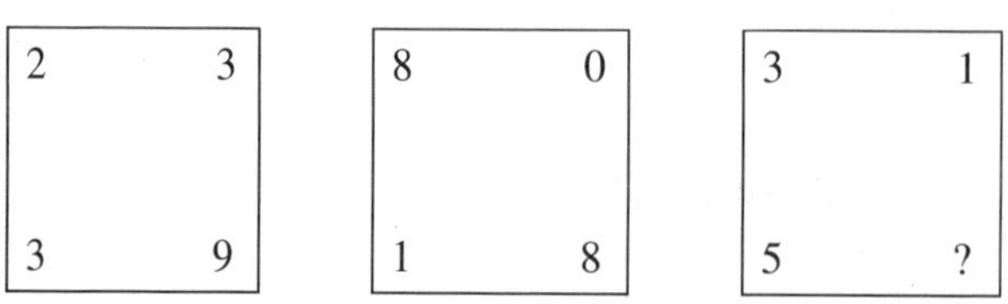

La fase più difficoltosa sta nell'individuazione del punto di partenza e della regola da applicare alle sequenze delimitate dai quadrati. La chiave per risolvere il problema è questa: si parte dal numero in basso a sinistra e lo si moltiplica, proseguendo in senso orario, per il numero dell'angolo superiore sinistro. Nel nostro esempio si moltiplica 3 × 2, poi si somma tale prodotto (6) al numero presente all'angolo superiore destro, nel nostro caso 3, per ottenere il risultato dell'angolo inferiore destro (9).

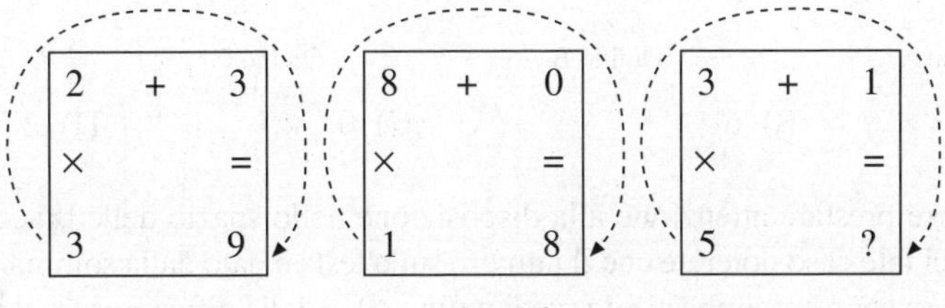

? = 16

Dal nostro esempio si evince che il valore dell'incognita è 16, risultato del prodotto dei primi due numeri (angolo basso sinistra × numero angolo in alto a sinistra) che sommeremo al numero in alto a destra per ottenere l'incognita all'angolo in basso a destra. Ricordiamo che all'interno di queste figure sono ammissibili tutte le operazioni.

Vediamo infine un esempio tratto da una prova in cui si combinano sequenze di lettere con sequenze di numeri. Il livello di difficoltà è medio.

➤ Quale numero completa la serie?

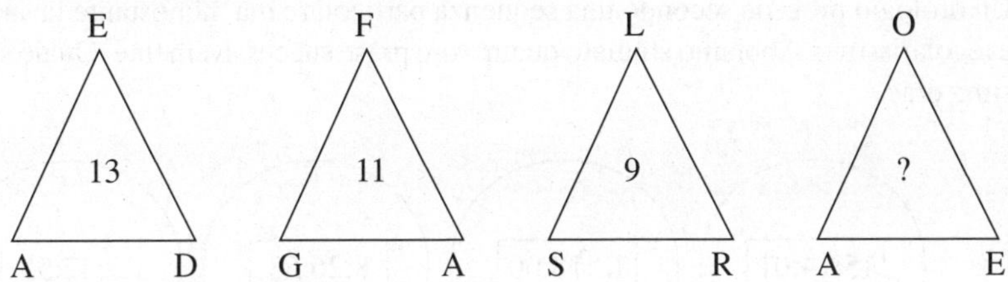

A) 15 B) 10 C) 7 D) 9

Il numero al centro della figura è la somma dei valori delle lettere agli angoli. Ciascuna lettera assume un determinato valore in ragione di una semplice proprietà: se la lettera è una vocale il valore attribuito sarà 5, mentre se è una consonante il valore assegnato sarà 3. Quindi la risposta esatta è quella della lettera A) 15.

2.3.4 Le serie con configurazioni particolari

È possibile trovare delle serie numeriche in una cornice e con una disposizione grafica che ne "condiziona" la soluzione.
Si possono incontrare degli esercizi in cui la disposizione nello spazio assume un significato come nell'esempio successivo.

➤ 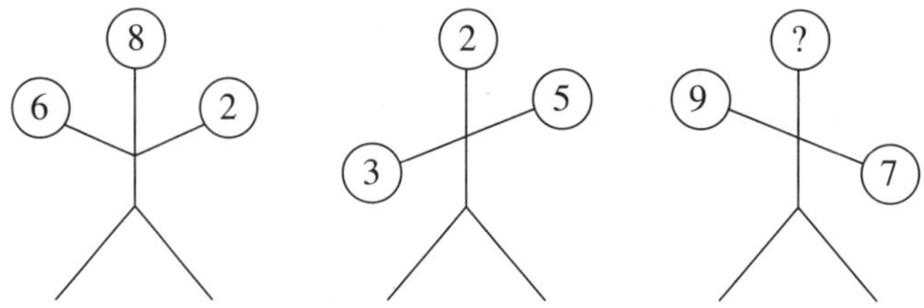

Omino A　　Omino B　　Omino C

A) 8　　B) 6　　C) 0　　D) 2

Qui occorre prestare attenzione alla disposizione nello spazio delle braccia degli omini, infatti se ci fate caso noterete che il numero sulla testa è dato dalla somma dei numeri delle braccia se sono entrambe alzate (vedi omino A), e dalla differenza tra il valore del braccio alzato con quello del braccio abbassato (vedi omino B). La soluzione sarà 2, dato dalla differenza tra il valore del braccio alzato (9), ed il valore del braccio abbassato (7).
Esercizi di questo tipo potrebbero farci perdere molto tempo alla ricerca di regole che non considerano la disposizione delle braccia, ad esempio molti rispondono 6 credendo che il valore della testa debba essere determinato dalla sottrazione tra il valore della testa dell'omino A ed il valore della testa dell'omino B, oppure rispondono "nessuna risposta è valida" perché pensano che il valore sia determinato dalla somma del valore della testa dell'omino A con quello della testa dell'omino B.

Proviamo con un altro esercizio.

➤ Un orologio procede secondo una sequenza particolare ma, nonostante la sua bizzarria, è regolarissimo. Abbiamo studiato quattro ore prese successivamente. Quale sarà la prossima ora?

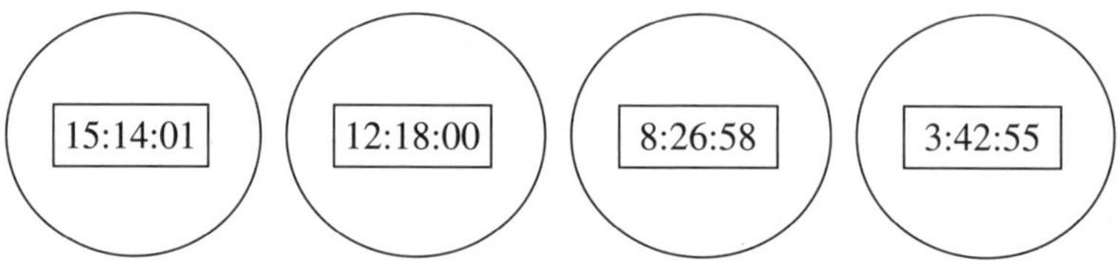

I quattro orari presi in successione dimostrano una regolarità che non rispetta però il normale funzionamento di un orologio. Per trovare la soluzione è necessario esaminare separatamente ore, minuti e secondi.
Dall'esame delle ore si evidenzia una diminuzione progressiva di 3, 4 e 5; dall'esame dei minuti invece si nota un aumento progressivo di 4, 8, 16; i secondi hanno una diminuzione prima di 1, poi di 2 e poi di 3.
Assumendo la regolarità dichiarata la prossima ora segnata sarà 22:14:51. Infatti, se dalle 3 del mattino togliamo 6 ore, sono le 21; se ai 42 minuti ne aggiungiamo 32, abbiamo 1 ora (che va sommata a 21) e 14 minuti; se ai 55 secondi ne togliamo 4, avremo 51 secondi.

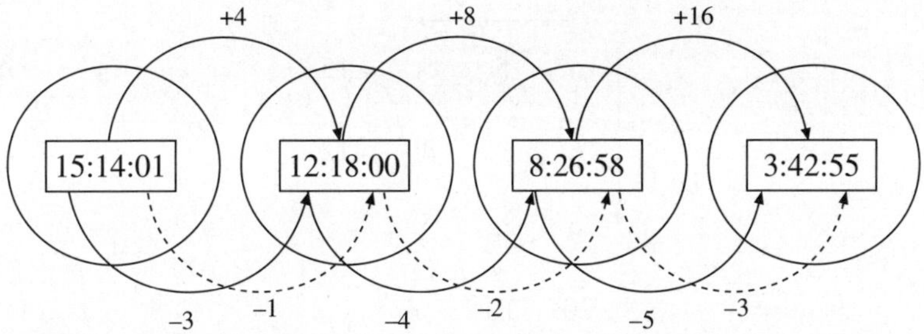

2.3.5 Le matrici quadrate

Nelle matrici quadrate si presentano delle serie numeriche disposte su un medesimo numero di righe e di colonne come nell'esempio seguente:

5	4	1
1	6	3
2	5	?

Queste prove richiedono rapidità di calcolo e flessibilità cognitiva dato che per risolverle è necessario calcolare in rapida sequenza tutte le possibili combinazioni in orizzontale e in verticale (ma mai in diagonale), che danno ragione alla particolare configurazione che non è mai casuale, a meno che, tra le risposte possibili, non sia presente la risposta "non è possibile risolvere la matrice" o una frase simile.

➤ Qual è il numero mancante dalla seguente matrice?

5	5	5
6	2	4
9	3	?

Dai resoconti verbali di alcuni soggetti che vi si sono sottoposti, ai quali veniva richiesto di pronunciare ad alta voce tutti i calcoli che stavano facendo per trovare la soluzione, le persone più rigidamente ancorate alla struttura dei dati non andavano oltre alla somma delle righe e delle colonne, per cui non riuscivano a risolverla correttamente.

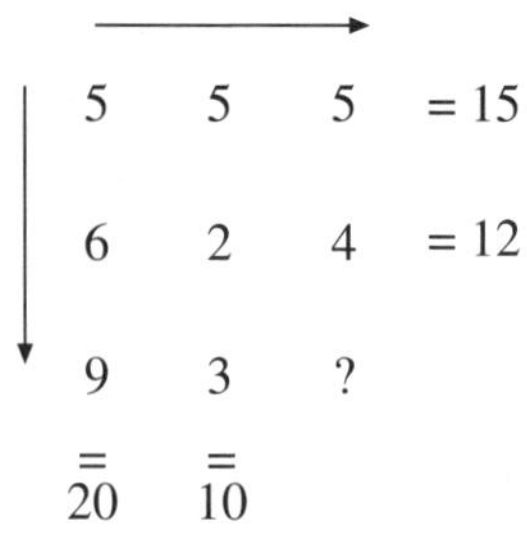

Una procedura di questo tipo poteva essere valida con una configurazione come la seguente:

9	5	3
8	4	5
2	5	?

nella quale la somma dei numeri della prima e della seconda riga è sempre 17.
Possiamo dire infatti che la procedura seguita non era in sé sbagliata, ma fuorviante in quanto esclusiva. Chi risolve brillantemente la matrice invece supera la fissità funzionale legata alla strutturazione dei dati ed inizia a verificare rapidamente se vi sono altre configurazioni che potrebbero spiegare i dati ottenuti.
Quindi si procede con calcoli che prendono in considerazione l'ordine di riga e di colonna e si sommano o sottraggono i primi numeri di riga e di colonna con i secondi o con i terzi. E se non si giunge ad una soluzione soddisfacente, come in questo caso, si somma il primo numero di riga e di colonna con il secondo numero di riga e di colonna.
Nell'esempio il terzo numero di riga è dato dalla metà della somma dei primi due numeri di riga, cioè (5 + 5)/2 = 5, (6 + 2)/2 = 4, ecc.

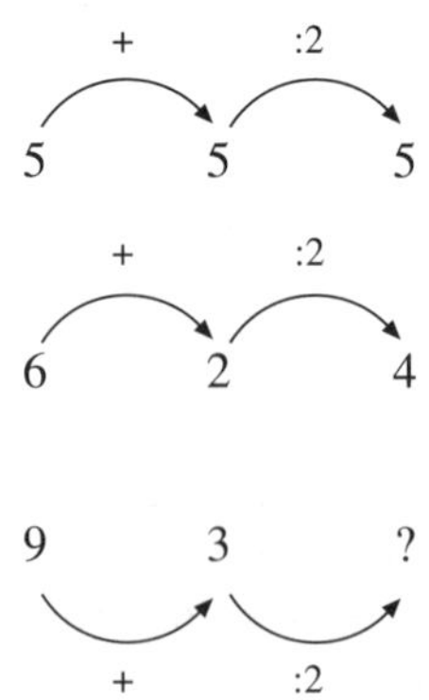

La risposta corretta è 6, cioè (9 + 3)/2.

Riepilogo delle chiavi risolutive della maggior parte delle serie numeriche

- Serie che aumentano o diminuiscono di una costante *n* (➤ +3, +3, ecc.)
- Serie che aumentano o diminuiscono progressivamente (➤ –1, –2, –3, ecc.)
- Serie in cui la somma dei numeri è costante (➤ danno tutte lo stesso valore 23)
- Serie in cui il prodotto dei numeri è costante (➤ tutte le serie considerate danno sempre risultato 36)
- Serie in cui si chiede di scartare numeri non divisibili per un certo valore (➤ non divisibili per 5)
- Serie in cui si sommano i numeri e si aggiunge una costante
- Serie in cui si moltiplicano o si sommano i valori per se stessi e si somma o si toglie una costante
- Serie grafiche in cui gli opposti sono il doppio, il triplo, ecc.
- Serie grafiche in cui si calcola la differenza o la somma dei numeri più esterni di riga o più esterni di colonna
- Serie grafiche in cui si calcola la differenza o la somma dei numeri più esterni di riga o più esterni di colonna e si divide o si moltiplica per una costante
- Serie alternate di numeri che aumentano o diminuiscono per valori costanti o progressivi
- Serie in cui si somma o si moltiplica il primo numero con il secondo, per dare il terzo, il secondo con il terzo per dare il quarto, ecc.
- Serie in cui si somma o si moltiplica il primo numero con il secondo e si aggiunge o si toglie una costante, il secondo con il terzo e si aggiunge o si toglie lo stesso valore precedente (la costante appunto), ecc.
- Serie che richiedono di moltiplicare i numeri e associarvi lettere corrispondenti
- Serie che richiedono di moltiplicare i numeri e dividere per una costante
- Serie che richiedono di moltiplicare progressivamente (➤ ×1, ×2, ×3, ecc.)

2.3.6 Esercizi con frazioni e percentuali

Gli esercizi con frazioni sono presenti quasi sempre nelle prove di selezione. Si tratta di esercizi piuttosto semplici. Gli errori più comuni sono dovuti soprattutto alla disattenzione o alla fretta.

➤ Un signore acquista i 6/10 di un pacco contenente 20 cartoline. Quante cartoline ha lasciato nel pacco?

A) 12 B) 6 C) 7 D) 8

Il risultato è dato dalla semplice formula $20 - (6 \times 20/10) = 8$, quindi si dovrà segnare la risposta D).

Gli esercizi con le percentuali sono ugualmente semplici, si trovano espressi in vario modo, si può richiedere di convertire in percentuale una frazione oppure di calcolare la percentuale di una certa quantità. Scrivere 1/10 o 10% è la stessa cosa.

➤ Una persona ha letto il 45% di un libro di 450 pagine, quante pagine ha letto?

A) 250,5 B) 203 C) 210,5 D) 202,5

Il risultato è dato dalla formula $(45 \times 450)/100 = 202{,}5$.

Un'altra tipologia di esercizi combina percentuali e frazioni sotto forma di problemi come il seguente:

➤ Calcolare il 20% della metà di 1⁄4.

A) 1/30 B) 1/80
C) 1/40 D) Nessuna delle risposte è corretta

Si procede trasformando la metà in frazione: metà = 1/2. Dato che si richiede di calcolare la metà di un quarto moltiplicheremo 1/2 × 1/4 = 1/8. Quindi la metà di 1/4 = 1/8. Anche il valore percentuale possiamo trasformarlo in frazione, quindi 20% lo possiamo anche scrivere come 1/5 (non è altro che la semplificazione di 20/100).
Allora impostiamo l'espressione (1/5 × 1/8) = 1/40. La risposta esatta è C).

2.3.7 *Esercizi con le probabilità*

Alcune prove possono richiedere di prevedere un risultato attraverso l'espressione di giudizi in probabilità. Vengono forniti dei dati sulla base dei quali produrre la risposta probabilistica. Un esempio potrebbe essere il seguente esercizio:

➤ Una persona deve lanciare per sei volte un dado in rapida successione. Qual è la sequenza più probabile tra quelle sotto riportate?

A) 444445 B) 111111 C) 126453 D) Nessuna

Per rispondere correttamente occorre evitare di incorrere nell'errore dovuto alla cosiddetta "*euristica della rappresentatività*" che favorisce una distorsione di giudizio, inducendoci a considerare la sequenza C) 126453 come molto più probabile delle altre perché le altre ci appaiono troppo ordinate, e quindi non dovute al caso. Dal punto di vista del calcolo della probabilità i sei lanci del dado sono indipendenti e quindi le probabilità delle sequenze presentate sono perfettamente identiche. (Risposta D).

➤ Qual è la meno probabile?

A) 444445 B) 111111 C) 126453 D) Nessuna

La risposta alla domanda è ugualmente risolvibile. Si è propensi a segnalare come meno probabile la sequenza 111111, che tuttavia ha la stessa probabilità di verificarsi delle altre sequenze presentate. (Risposta D).

➤ In un ipotetico ordine di nascita negli ospedali italiani indicare se vi sono ed eventualmente quali sono le coppie di sequenze equiprobabili (cioè che hanno la stessa probabilità di verificarsi).

A) MMMMFM e FFMFFF B) FFFFMF e FMMFFM
C) MMMMMF e FFFMMM D) Tutte equiprobabili

In base a quanto detto, la risposta corretta è quella corrispondente alla lettera D): sono tutte equiprobabili.

Vediamo un altro esempio.

➤ In un cesto ci sono 50 palline colorate (20 bianche, 10 rosse, 15 verdi e 5 blu).

1) Che probabilità c'è, in percentuale, di estrarre una pallina verde?
2) Che probabilità c'è di estrarre una pallina non blu?
3) Che probabilità c'è di estrarre una pallina bianca seguita da una rossa?

Si tratta di esercizi risolvibili mediante semplici formule; conviene cercare di risolverli senza guardare le alternative.

1) Se nel cestino ci sono 50 palline di cui 15 verdi, ho statisticamente 15 possibilità su 50 di estrarre una pallina verde, quindi:

$$\frac{15}{50} = 0,3 \times 100 = 30\%$$

2) Nel cestino vi sono solo 5 palline blu e 45 non blu. In questo caso:

$$\frac{45}{50} = 0,9 \times 100 = 90\%$$

L'esercizio poteva anche essere risolto sommando singolarmente le probabilità di estrazione di una pallina verde, rossa e bianca.

$$\frac{20}{50} = 40\% \quad \frac{10}{50} = 20\% \quad \frac{15}{50} = 30\% \quad \text{Totale } 90\%$$

3) Nel terzo caso la risposta richiede un minimo di ragionamento.
Prima dell'estrazione della pallina bianca ho il 20/50 = 40% di probabilità di estrarne una. Dopo aver estratto la pallina bianca ho il 10/49 = 20,4 g 20% di possibilità di estrarne una rossa (dopo la prima estrazione c'è una pallina in meno nel cestino). La probabilità di due estrazioni consecutive è il prodotto delle probabilità, quindi:

$$\frac{20}{50} \times \frac{10}{49} = \frac{200}{2450} = \frac{4}{49} = 8,16\%$$

2.3.8 *Esercizi con le distanze*

Si tratta di esercizi piuttosto frequenti. Non ci sono particolari strategie risolutive da adottare, è sufficiente esprimere i dati del problema sotto forma di equazioni più o meno complesse (la maggior parte delle volte sono semplicissime operazioni) e la soluzione è data. Non serve l'aiuto delle risposte alternative fornite.

➤ Tre automobili A, B e C devono arrivare al traguardo nello stesso momento ma procedono a velocità diverse: A deve concedere a B un vantaggio di 2 km sul percorso di 10 km e B deve concedere 2,5 km di vantaggio a C, sempre su 10 km, per arrivare insieme. Un giorno l'auto C decide di correre i 10 km insieme ad A. Quale vantaggio deve l'auto A a C perché arrivino insieme?

A) 1 chilometro
B) 2,5 chilometri
C) 3 chilometri
D) 4 chilometri

Mentre l'auto A percorre un chilometro, l'auto B percorre solo 4/5 della distanza percorsa da A. L'auto C percorre 3/4 della distanza coperta da B cioè (4/5) × (3/4)=12/20 di quella percorsa da A. I 12/20 di 10 chilometri sono 6 chilometri e perciò l'auto A deve concedere all'auto C 4 chilometri di vantaggio.

Vediamo un altro esercizio che costituisce una variante sul tema (Legrenzi, 1996).

➤ Bianchi è andato dalla città A alla città B in x ore. Nel viaggio di ritorno, per la stessa strada, la sua velocità media è raddoppiata. Quale delle seguenti espressioni corrisponde al numero totale di ore impiegate da Bianchi per il viaggio di andata e ritorno?

A) $2/3\,x$ B) $3/2\,x$ C) $5/3\,x$ D) $2x$

Se il signor Bianchi all'andata ha impiegato x ore, al ritorno, avendo raddoppiato la velocità media, avrà impiegato $x/2$ (cioè la metà del tempo dell'andata).
Per cui l'espressione della somma dei due tempi è data da $x+x/2$, quindi $3/2x$. Infatti 2/2 + 1/2 è uguale a 3/2.

Un altro esempio di test sulle distanze o una sua variante che potreste incontrare è il seguente.

➤ Un'auto percorre 20000 km nel corso di un lungo viaggio. Per ridurre i consumi le cinque ruote vengono intercambiate con regolarità. Quanti chilometri avrà percorso ogni gomma alla fine del viaggio?

A) 15000 B) 10000 C) 16000 D) 4000

Per risolvere questa tipologia di problemi si può ricorrere a due modalità risolutive, di cui una fa ricorso al semplice calcolo matematico, l'altra ad una forma di aiuto grafico:

- la soluzione matematica parte dal seguente ragionamento: dividiamo i 20000 chilometri per il numero totale delle ruote (5). Questo passaggio ci serve per stabilire ogni quanti chilometri dovrà essere intercambiata la ruota: la ruota dovrà essere sostituita ogni 4000 km. Poiché la macchina monta al massimo 4 ruote sappiamo che la ruota di scorta inizialmente non ha percorso i primi 4000 chilometri, ma percorrerà i restanti 16000 (20000 – 4000 = 16000 km). La risposta giusta è dunque la C) 16000 chilometri.
- Un altro modo per risolvere il problema potrebbe fare ricorso all'aiuto di un semplice grafico.

  Tracciamo una linea sul foglio che rappresenta i 20000 chilometri:

  km 0 km 20000

  Suddividiamo la linea in cinque parti uguali, tante quante sono le ruote dell'auto:

  1234 2345 3451 4512 5123

  e segniamo al primo segmento le ruote montate (la ruota 1, la ruota 2, ecc.). Al secondo segmento sostituiamo la ruota 1 con la ruota di scorta che abbiamo etichettato con il numero 5, e poi al terzo segmento sostituiamo la ruota 2 e reintroduciamo la ruota 1 e così via. Arrivati all'ultimo segmento, notiamo che ogni ruota è presente in 4 segmenti. Dato che la linea totale rappresenta la lunghezza del percorso, sappiamo che ciascun segmento rappresenta 4000 chilometri, per cui verifichiamo quante volte è presente ad esempio la ruota numero 1 (in grassetto evidenziato il numero di volte che la ruota numero 1 è stata montata). Moltiplicando 4000 chilometri per il numero di volte in cui una ruota è stata montata (4 volte) otteniamo il numero di chilometri percorsi dalla ruota 1, cioè 16000 chilometri.

2.3.9 *Le trasformazioni simboliche*

Questi esercizi richiedono un'elevata capacità di analisi, di associazione e di astrazione oltre ad una decisa rapidità e fluidità nel calcolo matematico. Indubbiamente l'esercizio assiduo e la pratica continua con questo tipo di trasformazioni potenziano sensibilmente la performance.

La prova consiste nella trasformazione dei simboli in numeri a partire da una espressione più o meno complessa. In pratica anziché usare la classica formalizzazione matematica delle incognite con le lettere x, y, z, si usano simboli grafici di qualsiasi tipo, oppure lettere o qualsiasi altra cosa che non ricordi i numeri.

Qui riportiamo un semplicissimo esempio per chiarire il concetto:

➤ $\Delta + \Diamond = 8$

$\Delta = 1$ $\qquad \Diamond = ?$

A) 2 B) 3 C) 7 D) 6

Se $\triangle = 1$ allora $1 + ? = 8$. La risposta può essere solo la C) 7.

Un altro esempio meno banale del precedente potrebbe essere questo:

➤ $\bullet + 3 = \square$

$\triangle + \bullet = \square$

$11 = \bullet + \blacksquare + \bullet + \triangle$

$\triangle + 1 = \blacksquare$

Qual è il valore di $\square$?

A) 0 B) 3 C) 4 D) 5

I passaggi per arrivare alla soluzione sono pochi, basta seguire un metodo molto semplice che risponde alla ricerca della massima semplificazione. A tale scopo si procede semplificando le prime informazioni disponibili:

se $\bullet + 3 = \square$ e $\triangle + \bullet = \square$ allora $\bullet + 3 = \triangle + \bullet$ che diventa $\triangle = 3$ in quanto i due $\bullet$ si annullano a vicenda ($- \bullet + \bullet = 0$ zero). Sostituendo $\triangle = 3$ nella quarta equazione si ottiene $\blacksquare = 4$. Sostituendo $\triangle = 3$ e $\blacksquare = 4$ nella 3ª equazione si ha $11 = \bullet + 4 + \bullet + 3 \rightarrow 11 - 4 - 3 = \bullet + \bullet \rightarrow \bullet = 2$. Sostituendo $\bullet = 2$ nella prima si ha $\square = 5$ e la risposta corretta è la D) 5.

2.3.10 *Estrazione di dati da tabelle e grafici*

L'abilità di trattare ed estrapolare informazioni numeriche dai dati presentati sotto forma di tabella o di grafico (istogrammi, ideogrammi, ecc.) può essere saggiata attraverso test appositamente predisposti.

Il più delle volte si presentano diversi dati sotto forma di tabella e poi si formulano una o più domande inerenti ad essa.

Si osservino attentamente le tabelle riportate e si risponda alle domande successive indicando l'unica risposta corretta:

DONNE OCCUPATE IN ITALIA PER DISTRIBUZIONE GEOGRAFICA E AREA LAVORATIVA - OTTOBRE '92				
AREA ATTIVITÀ	**NORD**	**CENTRO**	**SUD**	**TOTALE**
Ricerca e cultura	76.453	39.242	35.600	151.296
Ambiente	140.210	57.696	147.500	345.407
Servizi alla persona	229.501	81.032	68.128	378.661
Tecnica specializzata	203.068	91.867	99.738	394.673
Amministrativa	896.525	331.478	267.729	1.495.732
Informatica	12.585	3.734	2.330	18.648
Educazione e formazione	354.169	166.668	330.277	851.113
Assistenza e cura	47.301	11.886	21.634	80.821
Vendita	519.379	208.657	213.368	941.404
Artistica	11.556	8.739	3.694	23.989
Mestieri e artigianato	427.582	172.819	113.478	713.879
Lavori non qualificati	999.180	337.022	450.789	1.786.991
Totale	**3.934.828**	**1.524.215**	**1.767.345**	**7.226.389**

DONNE OCCUPATE IN ITALIA PER DISTRIBUZIONE GEOGRAFICA E AREA LAVORATIVA - OTTOBRE '96				
AREA ATTIVITÀ	**NORD**	**CENTRO**	**SUD**	**TOTALE**
Ricerca e cultura	91.454	46.790	44.033	182.278
Ambiente	127.021	41.551	105.982	274.554
Servizi alla persona	223.968	88.296	75.449	387.713
Tecnica specializzata	262.267	90.460	103.736	456.463
Amministrativa	920.436	347.560	262.468	1.530.482
Informatica	9.815	7.709	2.019	19.543
Educazione e formazione	329.472	167.521	355.804	852.798
Assistenza e cura	64.296	20.317	23.295	107.908
Vendita	520.273	207.788	190.585	918.646
Artistica	21.286	6.127	1.745	29.158
Mestieri e artigianato	372.448	155.836	112.851	641.135
Lavori non qualificati	1.085.246	324.858	365.941	1.776.045
Totale	**4.044.225**	**1.516.333**	**1.652.265**	**7.212.823**

➤ Confrontando i dati relativi all'occupazione femminile nei servizi alla persona del 1992 con quelli del 1996 è possibile affermare che:

A) Il numero di donne occupate nei servizi alla persona è aumentato in tutte le aree territoriali (Nord, Centro e Sud Italia)
B) Il numero di donne occupate nei servizi alla persona è aumentato solo al Nord Italia
C) Il numero di donne occupate nei servizi alla persona è aumentato nel suo totale ma diminuito nel Nord Italia
D) Nel Centro Italia le donne erano maggiormente occupate in questo settore nel 1992 piuttosto che nel 1996

Per rispondere al quesito occorre confrontare i dati delle due tabelle. Questo tipo di test richiede attenzione e velocità nella ricerca delle informazioni.
La prima risposta "Il numero di donne occupate nei servizi alla persona è aumentato in tutte le aree territoriali (Nord, Centro e Sud Italia)" richiede di confrontare i dati delle due tabelle relative alle informazioni inerenti i Servizi alla Persona nelle tre aree geografiche in cui sono raggruppati i dati. Qui è necessario confrontare i dati della tabella dell'anno '92 con quelli dell'anno '96 solamente osservando il numero di donne impiegate nella riga Servizi alla persona delle tre aree. Da un rapido confronto si osserva che a Nord le donne impiegate nel settore sono diminuite passando da 229mila circa a 223mila circa. La risposta A) è dunque da scartare.
La seconda affermazione "Il numero di donne occupate nei servizi alla persona è aumentato solo al Nord Italia" è falsa, infatti, come già osservato, al Nord si è verificata una riduzione del personale occupato nei servizi alla persona. La risposta B) è dunque errata.
Esaminiamo la terza affermazione "Il numero di donne occupate nei servizi alla persona è aumentato nel suo totale ma diminuito nel Nord Italia". Siamo già a conoscenza del fatto che il numero delle donne occupate nei servizi alla persona è diminuito di circa 6mila unità nel Nord Italia, dobbiamo verificare se è vero che nel totale il numero delle donne occupate in questa categoria sia effettivamente aumentato. Stavolta il dato che andiamo a ricercare sarà sulla colonna del totale individuata sulla riga Servizi alla persona e possiamo affermare con certezza che l'alternativa è corretta, infatti da poco più di 378mila si arriva a 387.713 donne occupate nel settore in esame.

➤ Confrontando i dati generali dell'occupazione femminile nelle tre aree territoriali si può affermare che:

A) L'occupazione femminile è aumentata in termini assoluti dal 1992 al 1996
B) L'occupazione femminile è aumentata in termini assoluti dal 1992 al 1996 solo nel Nord Italia
C) L'occupazione femminile è drasticamente diminuita in termini assoluti dal 1992 al 1996
D) L'occupazione femminile è diminuita in termini assoluti dal 1992 al 1996 solo nel Sud Italia

Questo blocco di affermazioni richiede il confronto dei valori assoluti di tutta l'occupazione femminile italiana, quindi dobbiamo controllare un solo dato, quello del totale generale (in basso a destra della tabella) cioè il dato 7.226.389 della prima tabella con quello della seconda, 7.212.823, del totale relativo al Nord Italia per le due tabelle, e del totale Sud Italia nei due anni in considerazione. Da ciò si evince che è vera l'affermazione "L'occupazione femminile è aumentata in termini assoluti dal 1992 al 1996 solo nel Nord Italia" infatti si passa da poco più di 3.934.000 a 4.044.225 unità.

➤ Osservando i dati forniti dalla tavola relativa all'anno '96 è possibile affermare che:

A) I lavori non qualificati occupano il maggior numero di donne in termini assoluti
B) Il numero di donne occupate nel settore artistico è molto simile in tutte le zone territoriali (Nord, Centro e Sud Italia)
C) L'attività lavorativa che occupa meno donne è quella artistica
D) Il settore amministrativo è l'attività che occupa il maggior numero di donne

Questo blocco di affermazioni richiede di osservare soltanto la tabella relativa all'anno '96. È vera l'affermazione A) "I lavori non qualificati occupano il maggior numero di donne in termini assoluti", infatti occupano circa 1.776.000 persone.

Talvolta i dati possono essere presentati sotto forma di grafico.
Il grafico è un sistema di rappresentazione visiva di valori numerici, che rende i dati maggiormente comprensibili e rende più immediata la comparazione tra valori diversi.
La scelta tra le varie tipologie di grafico dipende dai dati che si vuol fare emergere.
Per esempio, partendo dai valori contenuti nelle tabelle sull'occupazione femminile appena analizzate, proviamo a vedere alcune possibili rappresentazioni grafiche:

– Gli **istogrammi** sono i grafici più comuni, hanno un asse delle categorie (normalmente l'asse orizzontale) e un asse dei valori (normalmente l'asse verticale).

➤ Nel grafico sotto riportato vengono rappresentati i dati sull'occupazione femminile nel 1996 divisi per aree geografiche. Sulle ordinate sono indicati i valori numerici, sulle ascisse le aree geografiche. Per ciascuna area i dati sono ripartiti per settori.

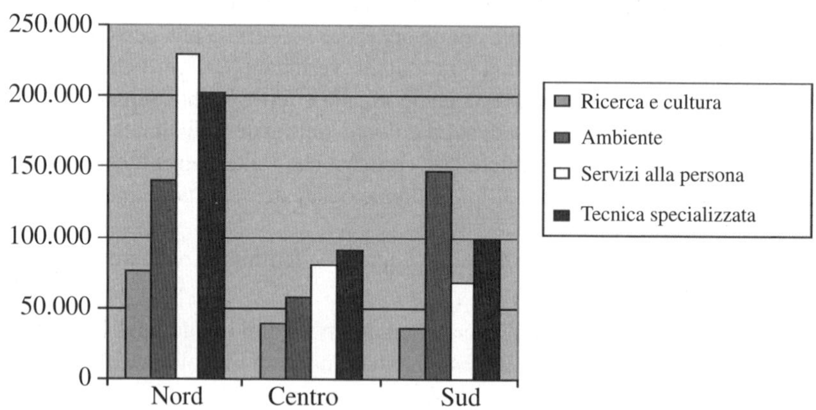

Sulla base dei dati riportati nel grafico, quale area geografica evidenzia una maggiore presenza nei servizi alla persona?

A) Sud
B) Nord
C) Centro
D) Centro e Sud sono ugualmente presenti

I servizi alla persona sono rappresentati dal terzo istogramma. Si vede chiaramente che la presenza più massiccia si ha a Nord, dove supera le 200.000 unità. (La risposta esatta è la B).

➤ Il seguente grafico rappresenta sempre l'occupazione femminile nel 1996, sulle ordinate abbiamo sempre i valori numerici, sulle ascisse questa volta abbiamo i diversi settori occupazionali con i dati raggruppati per area. Mentre il primo grafico mette in risalto le differenze di occupazione tra aree geografiche, il secondo evidenzia le differenze tra settori occupazionali.

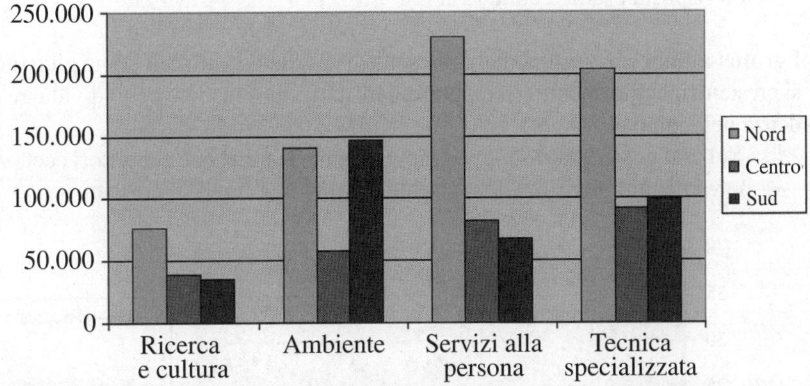

Qual è il rapporto tra il settore Ambiente ed il settore Ricerca e Cultura al Sud?

A) Il primo è maggiore del secondo
B) Il primo è minore del secondo
C) Sono equivalenti
D) Con i dati a disposizione non si può stabilire

Il Sud è rappresentato dal terzo istogramma. Si nota chiaramente che il settore Ambiente raggiunge quasi le 150.000 unità ed il settore Ricerca e Cultura invece non arriva neanche alle 50.000. La risposta esatta è dunque la A).

– I **grafici a torta** non hanno assi, consentono pertanto di visualizzare una sola serie di dati. Risultano particolarmente utili quando si vogliono mettere in evidenza le proporzioni relative o i singoli contributi rispetto al totale (per tale motivo non dovrebbero rappresentare più di cinque o sei variabili; diversamente risulta difficile interpretarli).

➤ Nei due grafici di seguito riportati viene rappresentata la distribuzione occupazionale nel settore Ricerca e Cultura dell'anno 1992, divisa per aree geografiche (1) e l'occupazione totale (Nord + Centro + Sud) nell'anno 1992 (2).

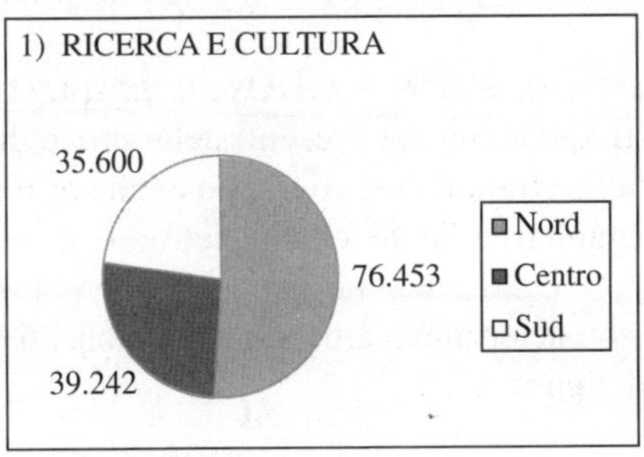

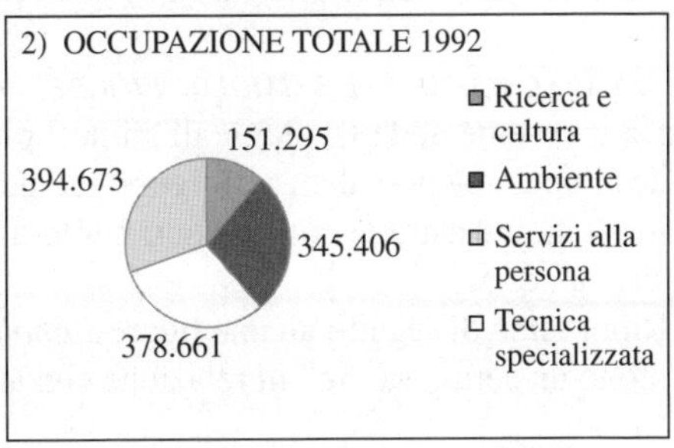

Qual è l'incidenza delle lavoratrici del Nord nel settore Ricerca e Cultura?

A) 15%
B) 19,5%
C) 25%
D) Nessuna delle precedenti

Il totale delle impiegate nel settore Ricerca e Cultura è 151.295 unità (76.453 + 35.600 + 39.242). L'incidenza delle lavoratrici del Nord sarà pari a: 76.453/151.295 = 50,5%. La risposta esatta è dunque la D).

- I **grafici a linee** consentono la rappresentazione di due variabili come gli istogrammi, ma si prestano maggiormente per rappresentare dati continui, cioè per individuare linee di tendenza nel tempo.

➤ Nel grafico riportato vengono rappresentate le tendenze dei settori occupazionali con le variazioni mensili. Ciò consente di valutare i trend di crescita.

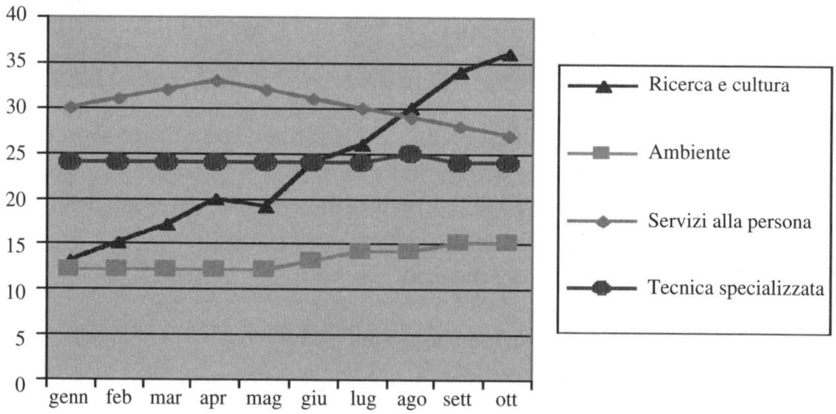

Quale settore presenta nel mese di settembre il valore assoluto più elevato?

A) Ambiente
B) Ricerca
C) Servizi alla persona
D) Ricerca e cultura

Il mese di settembre, il penultimo dato rilevato, mostra chiaramente la ripresa del settore Ricerca e Cultura che per la prima volta supera tutti gli altri. La risposta esatta è dunque la D).

2.4 I TEST DI RAGIONAMENTO ASTRATTO

2.4.1 Il materiale stimolo: figure, forme, tessitura e disposizione spaziale

Da un esame delle tipologie di stimoli più frequentemente presenti nelle prove di selezione si nota una prevalenza di figure geometriche combinate e sovrapposte in vario modo tra loro e figure astratte con attributi numerali (numero di linee, cerchi, settori con o senza tessitura, ecc.).

Riportiamo di seguito alcune figure *stimolo* con determinati attributi e componenti che assumono un certo "valore" in relazione con altre figure.

2.4.2 Rotazioni mentali e orientamento spaziale

Immaginate la lettera B in stampatello maiuscolo, ruotatela in senso orario di 90° (da mezzogiorno alle tre), ruotatela sul suo asse di 180° verso l'alto, ruotatela in senso antiorario di 180° (dalle tre alle nove). Qual è il risultato delle rotazioni?

A) B) C) D) E)

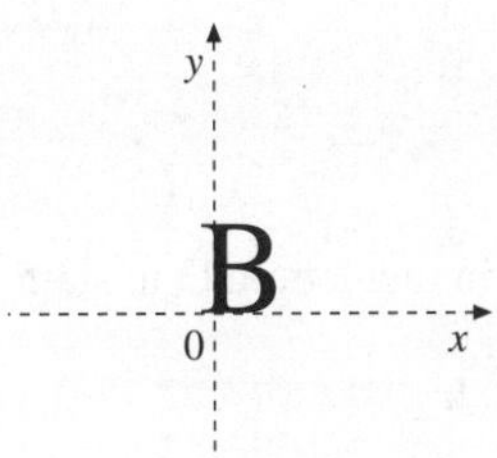

La difficoltà del compito è dovuta sia alla capacità di comprendere le istruzioni sia all'abilità di eseguire mentalmente le rotazioni. Per alleggerire il carico di lavoro richiesto al nostro sistema mnestico possiamo aiutarci con degli schemi di questo tipo. Poniamo la lettera B sugli assi cartesiani *x y*, in corrispondenza del punto di origine 0 degli assi.

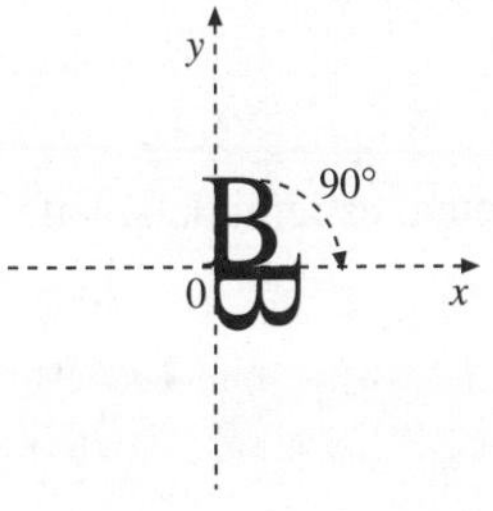

Si richiede di rotare di 90° in senso orario. Un ulteriore chiarimento sul tipo di rotazione richiesta è dato dal suggerimento da mezzogiorno alle tre, cioè si intende una rotazione sul punto di origine verso destra, perché in senso orario, di 90°.

Il secondo comando richiede che la lettera venga ruotata sul suo asse di 180°: qui è necessario eseguire una rotazione sull'asse della lettera B verso l'alto per cui avremo il risultato seguente:

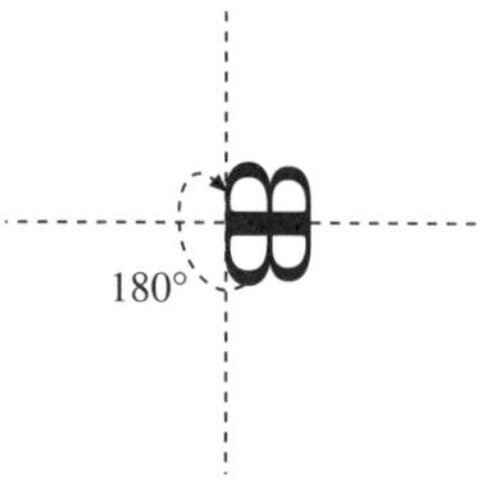

Infine si richiede di operare un'ultima rotazione in senso antiorario di 180°, anche in questo caso la rotazione avviene sull'origine 0 a partire dall'ultima rotazione. La figura quindi assume la seguente posizione sugli assi cartesiani.

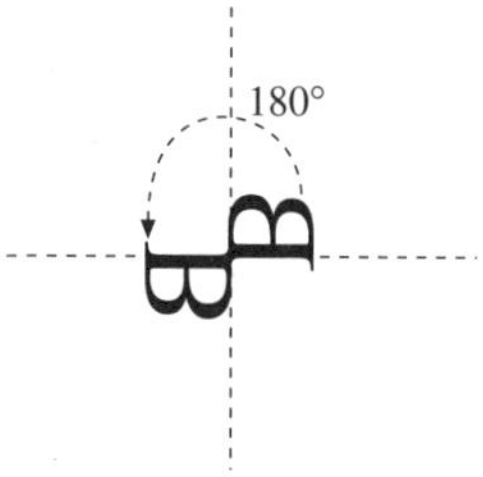

Quindi la risposta corretta è C).

Possiamo provare anche un altro esercizio per favorire la generazione di immagini passando attraverso stadi intermedi. Non servitevi di carta e penna, eseguite l'esercizio mentalmente.

- Si immagini la lettera F in stampatello maiuscolo. Sovrapponete alla linea verticale della lettera F, la lettera b in carattere minuscolo.
  Ora ruotate la parte curva della lettera b in maniera tale che essa venga a trovarsi alla sinistra della linea verticale. Quale immagine avete identificato?

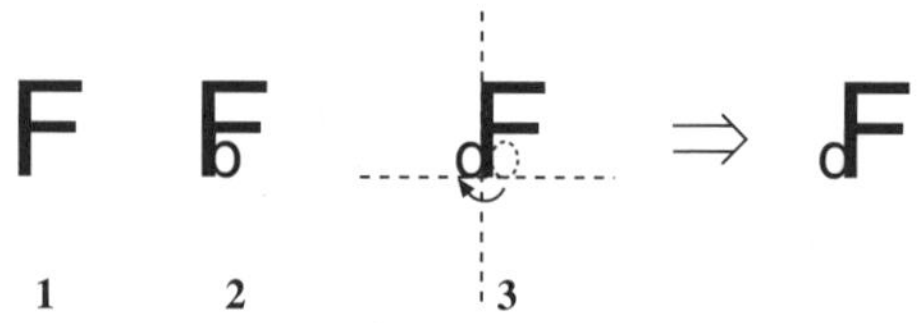

- Immaginate la lettera K in stampatello maiuscolo. Inscrivetela in una lettera O in stampatello maiuscolo. Eliminate la metà inferiore della lettera K.
  Quale immagine avete identificato?

- Immaginate la lettera N in stampatello maiuscolo. Unite i due punti estremi della lettera con una linea diagonale. Ruotate l'immagine di 90°.
  Quale immagine avete identificato?

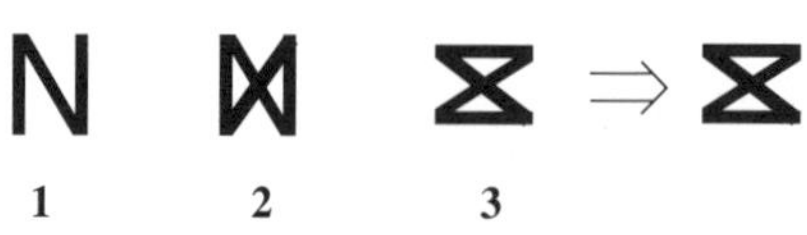

Non sempre, purtroppo, è possibile operare le trasformazioni richieste schematizzandole su carta. Quando dobbiamo risolvere prove come quelle che seguono è letteralmente impossibile ricorrere al metodo grafico a meno che non si riesca a stilizzare rapidamente configurazioni complesse.
Osservate le seguenti coppie di figure:

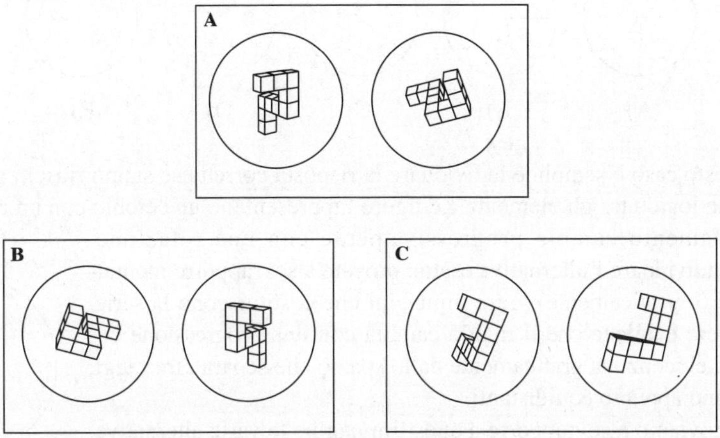

Shepard e Metzeler (1971) utilizzarono figure stimolo come queste per studiare il carattere dinamico delle immagini mentali, in opposizione alla concezione di visualizzazione mentale statica, e sottoposero ad un campione di persone un certo numero di immagini come quelle sopra riportate. Si richiedeva ai soggetti di individuare quali fossero le coppie che rappresentavano lo stesso disegno e quali coppie rappresentavano oggetti diversi. Provate anche voi a rispondere alla domanda osservando attentamente gli stimoli B e C e cercando di capire quale tra questi rappresenta lo stesso oggetto contenuto nella coppia A.
Gli autori scoprirono che non solo i soggetti erano variamente in grado di individuare correttamente le coppie di stimoli identiche e/o diverse, ma che il tempo necessario per dare la risposta variava sulla base della grandezza della rotazione angolare necessaria per allineare gli oggetti: c'è dunque una relazione diretta tra rotazione angolare delle figure e tempo di reazione delle risposte. I tempi di risposta, che variavano sulla base della rotazione angolare, dimostravano che le persone operano una rotazione mentale delle figure, in cui tanto più grande è la rotazione tanto maggiore è il tempo impiegato per eseguire l'allineamento delle figure.
Da allora si concluse che il processo che ci porta ad immaginare un oggetto è simile al processo per mezzo del quale lo stesso oggetto viene percepito (Benjafield, 1995). A proposito: la risposta esatta è B.

2.4.3 Le serie

Abbiamo già parlato delle serie numeriche. Tutti gli esercizi che trattano sequenze di numeri, oggetti, lettere, illustrazioni disposti secondo una sequenza "da scoprire" appartengono al dominio degli esercizi di completamento di serie.
I più semplici tra questi sono gli esercizi che fanno uso di stimoli visivi.

➤ Osservate la seguente sequenza di immagini e cercate di individuare tra le alternative quella che completa la serie:

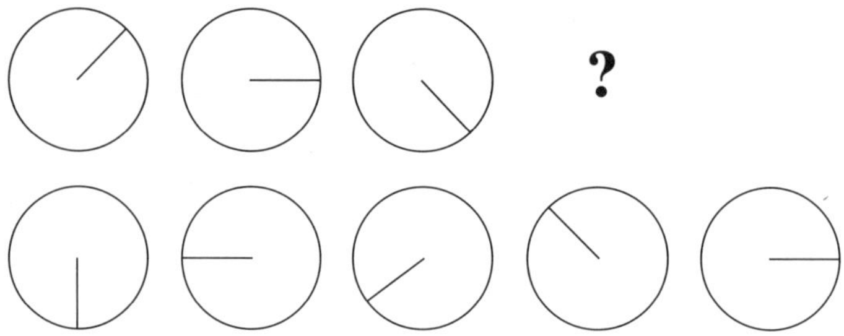

A) B) C) D) E)

In questo caso è semplice individuare la risposta corretta se siamo riusciti a cogliere il legame logico tra gli elementi. Le figure rappresentano un cerchio con un raggio il cui orientamento cambia progressivamente con una rotazione.
Nell'individuare l'alternativa esatta, provate a sovrapporre mentalmente (o graficamente) le tre immagini che costituiscono la serie. Risulterà evidente che il raggio cambia con una progressione costante, evidenziata graficamente dallo spazio che separa i tre raggi, che sono appunto equidistanti.
Ora proviamo a sovrapporre a quest'immagine le varie alternative. Ci accorgiamo che solo l'alternativa A) genera una progressione costante del raggio.

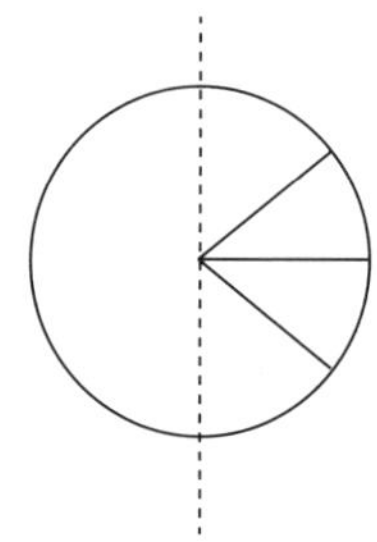

Vediamo un altro esempio.

➤

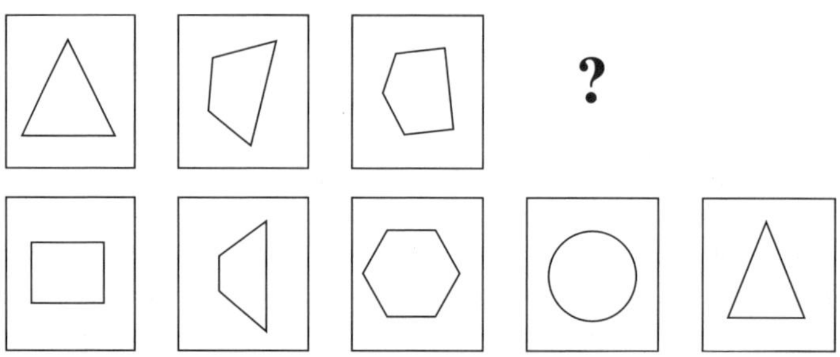

A) B) C) D) E)

Come per tutti gli esercizi di completamento di serie, dobbiamo cercare di cogliere il legame (la regola costante) che accomuna le immagini della serie. Come risulta lampante, si tratta di figure geometriche di forma diversa. La prima è un triangolo, se osserviamo la seconda ci accorgiamo che gli angoli sono 4. Esiste infatti una progressione costante del numero degli angoli delle figure: 3 : 4 : 5. Ci aspettiamo dunque che l'incognita debba essere una figura con 6 angoli. Infatti la risposta esatta è la C).

Fin qui abbiamo visto sequenze per così dire, regolari, in cui si segue un ordine progressivo crescente oppure descrescente, in ogni caso si tratta di un ordine lineare, caratterizzato da un'unica relazione. Esistono sequenze più complesse come quelle che osserviamo nei prossimi esempi.

➤ Osservate la seguente serie e indicate quale tra le alternative la completa.

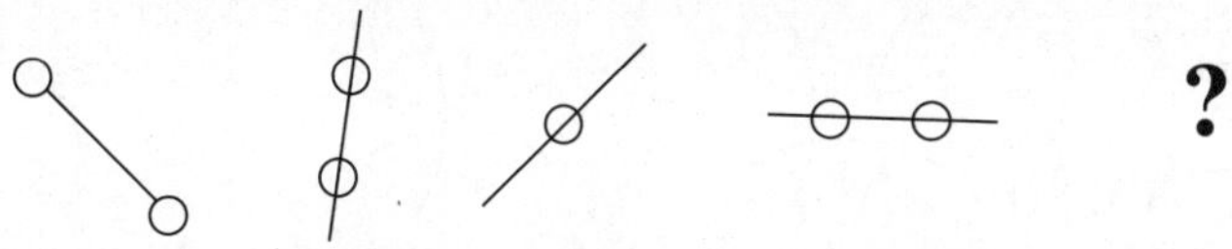

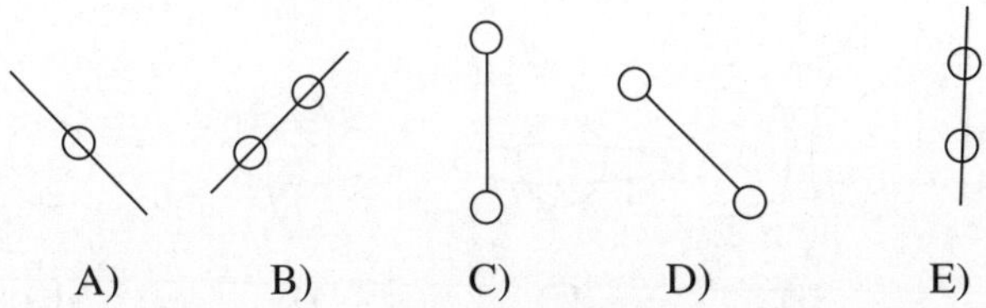

Questa serie dovrà essere completata seguendo una logica che comprenda al tempo stesso l'orientamento nello spazio del segmento, il numero di cerchi e la posizione dei cerchi sul segmento.
Il primo elemento raffigura un segmento orientato alle 10 e 20 (se immaginiamo un orologio a lancette) con due cerchi ai suoi estremi.
Il secondo elemento raffigura un segmento alle 12 e 30 con i due cerchi spostati all'interno del segmento ed equidistanti tra loro.
La terza figura evidenzia una rotazione del segmento alle 2 e 40 con un unico cerchio perfettamente a metà della figura.
Infine la quarta figura mostra un segmento orientato alle 9 e 15 con due cerchi equidistanti dalla metà del segmento e dagli estremi (come la seconda figura della sequenza).

Dato che sono tre le proprietà che dobbiamo controllare, l'orientamento nello spazio del segmento, il numero di cerchi e il posizionamento dei cerchi sul segmento, passiamole in rassegna una alla volta.

Orientamento: il segmento ruota in senso orario di circa 45°, quindi la figura che completa la sequenza dovrà prevedere un segmento che, a partire dall'ultima figura della sequenza, rispetti la regola: tra le risposte suggerite abbiamo due figure che rispettano il criterio, quindi questa informazione ci porta ad escludere automaticamente le risposte B), C) ed E).

Numero di cerchi e posizionamento: la sequenza mostra che i due cerchi si spostano verso il centro del segmento fino a "collassare" in uno, per poi riprendere il percorso inverso verso gli estremi. La figura che rispetta il criterio è quella corrispondente alla risposta D), che quindi è la risposta corretta.

Per risolvere efficacemente i test di completamento di serie è consigliabile individuare quali sono le proprietà principali delle figure rappresentate: *forma*, *orientamento spaziale*, *numero di elementi*, *tipo di elementi*, *posizione degli elementi*, *disposizione-configurazione degli elementi*. In questo modo riuscirete a risolvere rapidamente tutti i tipi di serie visuo-spaziali.

➤ Osserviamo un'ultima serie:

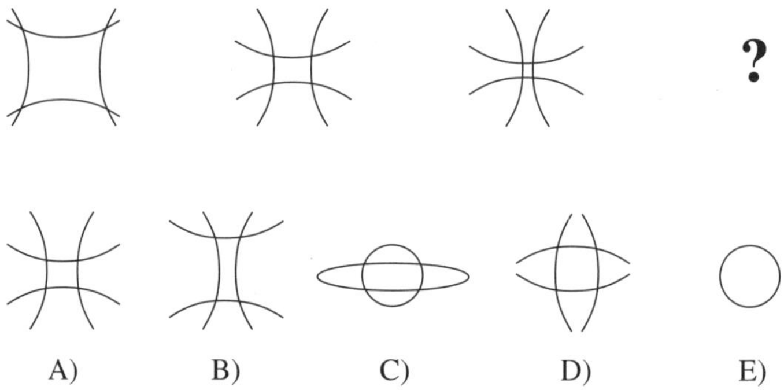

Le proprietà degli stimoli presentati sono dati dal numero di curve, dal posizionamento delle linee curve, dalla disposizione delle curve. Le quattro curve si intersecano tra loro e progressivamente si spostano verso il centro della figura. Siamo portati ad escludere le risposte C) ed E) che non rispettano le proprietà della configurazione. Le risposte A) e B) rispettano due proprietà, numero di curve e disposizione, ma non il posizionamento atteso. L'unica figura che rispetta le tre proprietà è quella contrassegnata dalla lettera D), che è infatti la risposta corretta. Questa sequenza risulta di più difficile risoluzione perché la risposta esatta è percettivamente diversa dalla sequenza che l'ha determinata, in quanto forma una figura chiusa, completamente diversa dalle raffigurazioni precedenti. Ma il ragionamento fondato sulle proprietà degli stimoli raffigurati può favorire il superamento della fissità o chiusura mentale e portare alla soluzione.

2.4.4 Le matrici

Tra le prove di abilità cognitiva con materiale visuo-percettivo, le matrici sono quelle maggiormente utilizzate. La tecnica di costruzione delle matrici è molto semplice e si presta a creare prove di difficoltà crescente sulla base di modifiche da sinistra a destra e dall'alto in basso. Sono solitamente composte da tre stimoli posti orizzontalmente e tre stimoli posti verticalmente che vengono modificati secondo un certo principio in orizzontale e secondo un altro principio in verticale. Il compito consiste nel completare la sequenza sulla base dei principi di costruzione. Esaminiamo la seguente matrice:

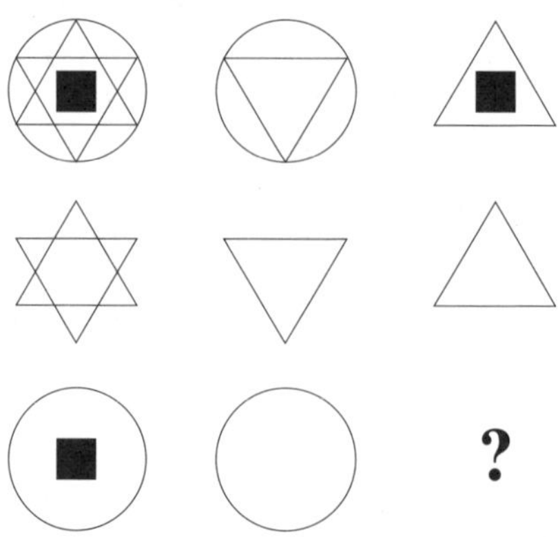

La prima riga della matrice presenta una figura complessa composta da un cerchio che include due triangoli che formano una stella di David, ed un quadrato, all'interno della stella, nero. Osservando lo sviluppo orizzontale si nota che lo stimolo conseguente è formato soltanto da un cerchio che comprende al suo interno un triangolo "capovolto". Lo stimolo successivo è costituito da un triangolo e dal quadrato nero al suo interno. Si deduce che la prima figura è data dalla somma delle altre due. Anche la seconda riga della matrice rispetta la stessa logica: il primo stimolo è dato dalla somma delle due figure alla sua destra. La terza riga, mancante della figura, la esamineremo al termine del ragionamento.
Adesso analizziamo gli stimoli in senso verticale, dall'alto verso il basso. La prima colonna a partire da sinistra è costituita dallo stimolo complesso cerchio, stella di David e quadrato nero, il secondo dalla stella di David, il terzo dal cerchio e dal quadrato. Dato che a noi interessa, per risolvere il problema, scoprire la logica che sottende lo stimolo da individuare, focalizzeremo la nostra attenzione sull'incrocio dell'ultima riga e dell'ultima colonna. L'ultimo elemento della prima colonna è il risultato della "sottrazione" tra il primo stimolo e il secondo stimolo, cioè cerchio + stella + quadrato – stella = cerchio + quadrato. Anche la seconda colonna è costruita secondo un criterio "sottrattivo": cerchio + triangolo – triangolo = cerchio. L'ultima colonna ci consente dunque di risolvere il quesito: triangolo + quadrato – triangolo = quadrato (nero).

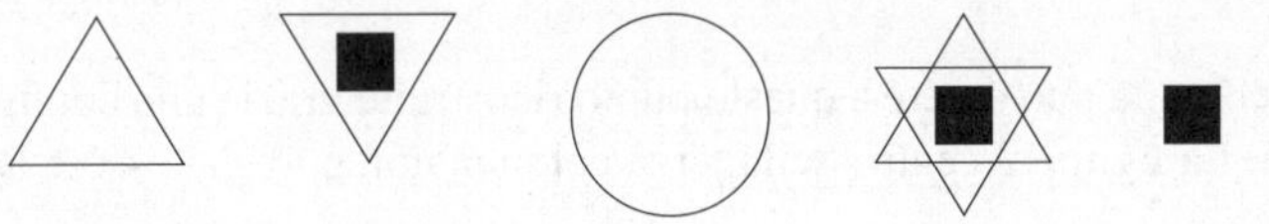

A) B) C) D) E)

La risposta corretta è la E).

Le matrici più complesse sono formate da serie incomplete come quelle che discuteremo nel prossimo esempio.

➤ Data la seguente configurazione, individuate la figura mancante.

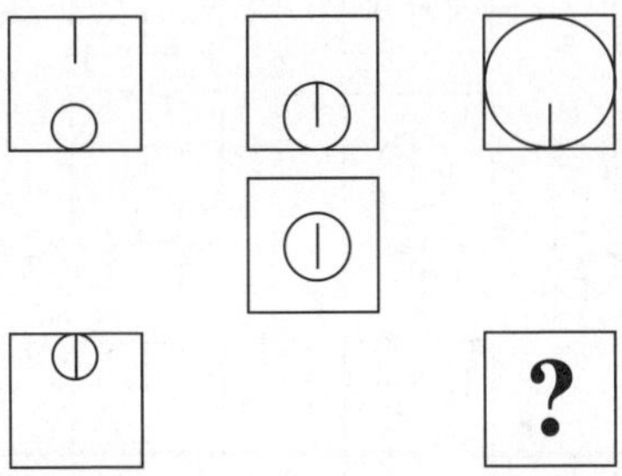

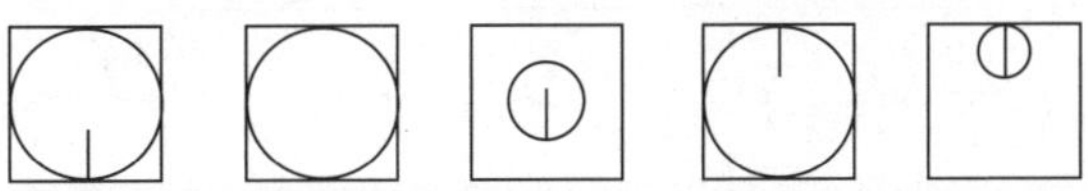

A) B) C) D) E)

La difficoltà è data dal fatto che mancano porzioni di matrice che necessariamente dobbiamo ricostruire mentalmente per risolvere il quesito.

La prima riga della matrice è l'unica completa delle tre figure. Si noti come, a partire dalla prima figura in alto a sinistra, il segmento passi dalla posizione in alto alla posizione centrale nella seconda figura e alla posizione in basso alla terza figura. Le figure circolari sono disposte in ordine di grandezza crescente. Esaminando la prima colonna a partire da sinistra si nota che il segmento rimane nella stessa posizione nelle due figure visibili, ma è il piccolo cerchio che si "muove" dal basso verso l'alto, passando evidentemente per il centro, per questo la figura mancante nella I colonna sarà la seguente:

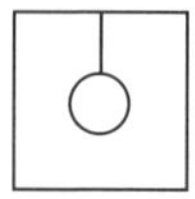

Considerando la seconda colonna si nota che il segmento rimane fisso mentre il cerchio di medie dimensioni sale dal basso verso l'alto, quindi la figura mancante sarà la seguente:

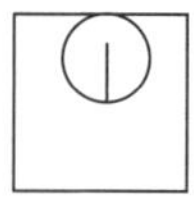

La terza colonna può essere a questo punto ricostruita grazie alla configurazione ora più completa. La figura al centro della terza colonna non può che essere la seguente:

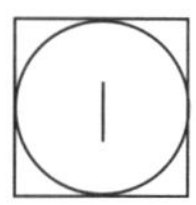

Di conseguenza la quarta figura mancante, che corrisponde alla risoluzione della matrice, sarà quella corrispondente alla lettera d). La matrice completa sarà la seguente:

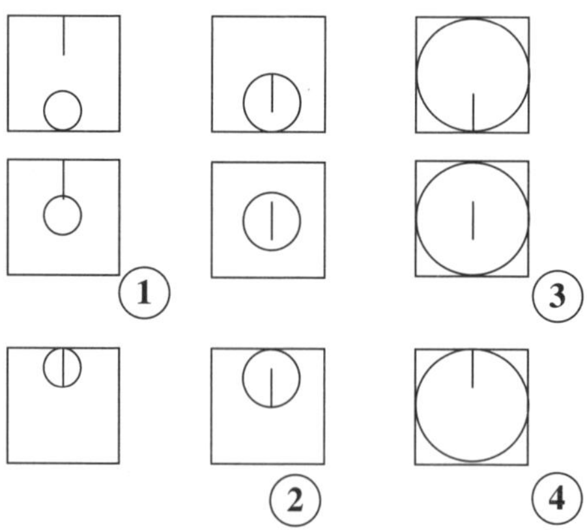

2.4.5 *Le proporzioni*

Le proporzioni sono uguaglianze di rapporti tra grandezze o misure di grandezze, a due a due omogenee. Quattro grandezze A, B, C, D, si dicono proporzionali se A e B sono fra loro omogenee e se lo sono anche C e D. A partire da queste premesse gli esercizi di ragionamento astratto, che naturalmente non implicano grandezze o misure di grandezze, bensì configurazioni di stimoli più o meno complessi, comprendono due figure che esprimono la parte nota della proporzione sulla base delle quali iniziare il ragionamento che completi la parte non conosciuta della proporzione.

➤ Esaminiamo la seguente proporzione (da leggere in questo modo):

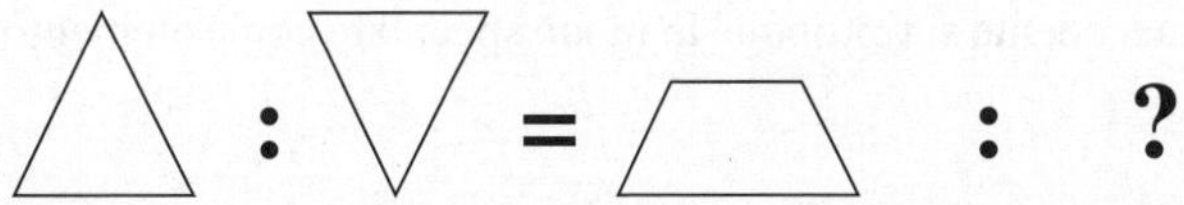

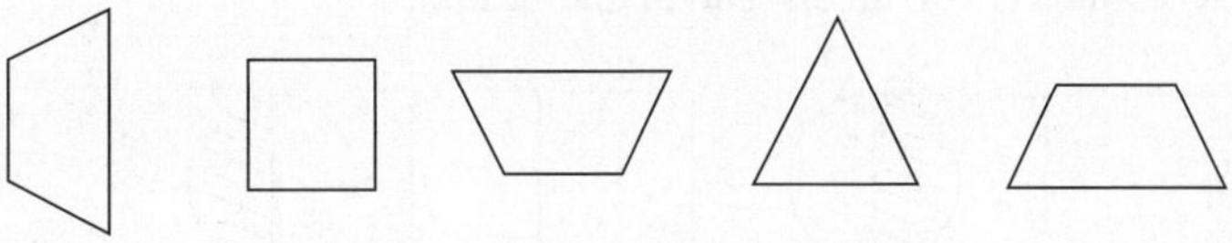

A) B) C) D) E)

Bisogna considerare gli antecedenti che nella figura sono rappresentati dal primo triangolo e dal trapezio noto, e poi considerare i conseguenti. Nella nostra proporzione l'unico conseguente noto è dato dal triangolo "capovolto": i due triangoli sono in rapporto tra loro in quanto l'uno è il reciproco dell'altro, ovvero sono triangoli che hanno le stesse dimensioni e caratteristiche ma il secondo triangolo è stato ruotato di 180° sull'asse orizzontale. Questa relazione dovrà essere riproposta anche con la figura del trapezio, il conseguente del trapezio dovrà rispettare le caratteristiche del conseguente del triangolo; pertanto la figura che completerà la proporzione sarà data da un trapezio rotato sull'asse orizzontale di 180°. La figura A) è data dalla rotazione di 90° gradi sull'incrocio delle diagonali del trapezio, le figure B) e D) non sono trapezi, la figura E) non è ruotata, quindi la risposta corretta sarà data dalla figura C).

➤ Esaminiamo una proporzione più complessa:

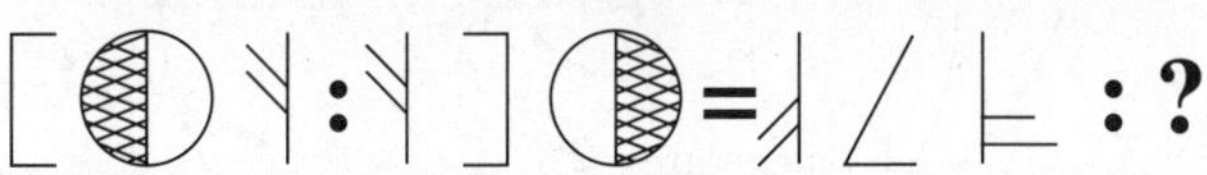

A) B) C)

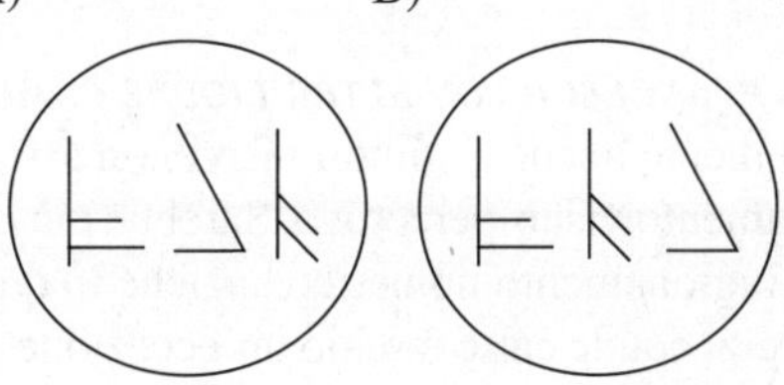

D) E)

Questa proporzione richiede di confrontare delle figure geometriche astratte seguendo più di una regola.

Per risolverla senza troppa fatica focalizziamo l'attenzione soltanto sui primi due termini della proporzione: qui antecedente e conseguente sono formati da tre elementi, l'ultimo elemento dell'antecedente si ripropone senza modifiche come primo elemento del conseguente, l'elemento centrale dell'antecedente, il cerchio mezzo bianco e mezzo grigio, si ripropone come ultimo elemento del conseguente ruotato di 180°, il primo elemento dell'antecedente si ripropone in modo speculare come elemento centrale del conseguente.

Potete anche aiutarvi con un disegno di questo tipo:

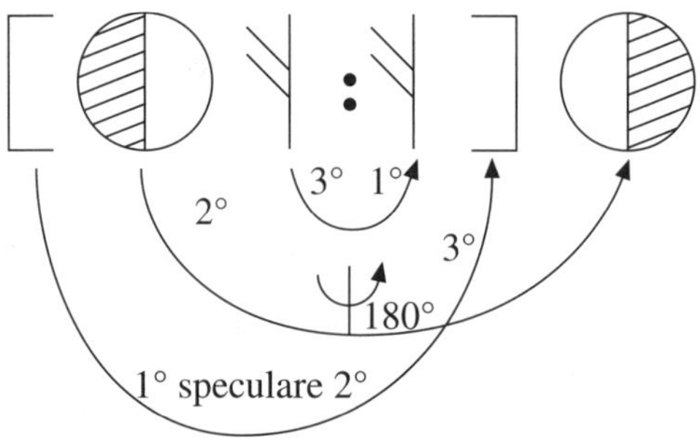

Operate con le stesse trasformazioni sull'altro antecedente della proporzione aiutandovi con le risposte alternative.

In questo modo riuscirete abbastanza rapidamente a trovare la risposta esatta.

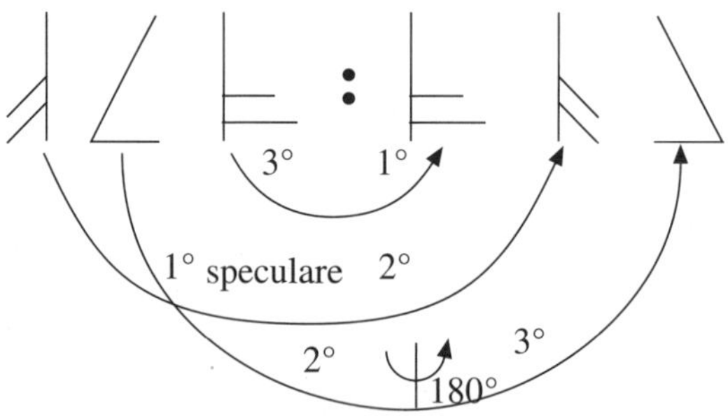

Si nota come man mano che si procede con il ragionamento si escludono progressivamente le risposte che non rispettano la regola, fino ad arrivare finalmente alla risposta corretta, cioè la E).

2.4.6 *Esercizi con le carte francesi e con altre figure comuni*

Si fa ricorso piuttosto frequentemente anche a stimoli visivi non astratti per realizzare prove che richiedono abilità di ragionamento visuo-percettivo. Sarebbe più corretto inserire gli esercizi con le carte tra le prove di ragionamento numerico anziché in questo capitolo, ma in ragione della specialità degli esercizi con le carte faremo un'eccezione. Le carte infatti sono da considerare degli stimoli speciali perché sono ordinali, hanno due colori, quattro semi (cuori, fiori, picche, quadri oppure denari, spade, coppe e bastoni) e tre figure il cui valore ordinale corrisponde rispettivamente a: Jack = 8, Donna o Regina = 9, Re = 10 punti. Gli esercizi che le comprendono possono sfruttarne tutte le caratteristiche.

➤ Consideriamo la sequenza:

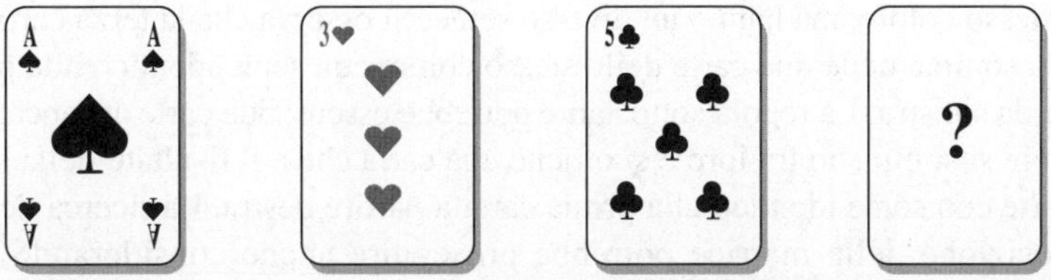

La carta conseguente non sarà un 7 qualsiasi, ma un 7 di quadri. Infatti la progressione dei numeri è +2 (1 + 2 = 3; 3 + 2 = 5; 5 + 2 = 7) ed i semi sono tutti rappresentati tranne i quadri.

➤ Osserviamo la seguente matrice:

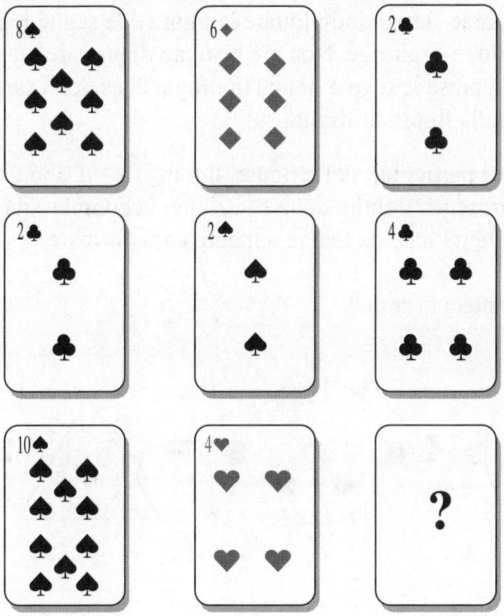

Quale carta completa la matrice?

È interessante studiare come è stata generata la matrice proposta al fine di capire le regole che legano i vari elementi.
Sulla prima riga a partire da sinistra si nota la presenza dell'8 di picche e del 6 di quadri, una carta di colore nero ed una di colore rosso, la carta a fianco è il 2 di fiori non casualmente, infatti è determinata dalla differenza tra la prima carta nera e la seconda carta rossa.

Il seme dell'ultima carta è dato dalla differenza tra picche e quadri: quindi in questo caso la regola che potremmo avanzare in prima istanza (suscettibile tuttavia di successiva falsificazione) è che due carte affiancate con diverso colore danno come risultato una terza carta prodotta dalla differenza delle due carte affiancate, che riproduce il colore identico a quella di maggior valore, ma con seme diverso.
Verifichiamo se la regola può essere applicata anche alla seconda riga: qui le carte sono dello stesso colore, ma hanno un diverso seme. Si osserva che la terza carta è il risultato della somma delle due carte dello stesso colore con seme identico alla prima carta a partire da sinistra. La regola sottostante potrebbe essere: due carte affiancate dello stesso colore si sommano tra loro e si ottiene una carta che è il risultato della somma delle due carte con seme identico alla prima carta a partire destra. La ricerca delle regole di composizione della matrice potrebbe proseguire anche considerando le colonne. Procedendo in questo modo è possibile risolvere qualsiasi matrice, anche quelle che non contengono tutte le carte negli incroci. Tralasceremo questi passaggi dato che li abbiamo già affrontati nel paragrafo dedicato alle matrici. In questo caso la matrice è risolta con il 6 di fiori.

Altre tipologie di figure piuttosto frequenti nelle prove di ragionamento visuo-percettivo sono faccine, locomotive, omini stilizzati, aeroplanini, missili, casine, ecc.
Le richieste sono sempre le stesse: individuare la figura che segue logicamente una determinata sequenza, proporzione o matrice. Non c'è bisogno di provare tutti gli esercizi che possono capitare: una volta apprese le regole di una tipologia di esercizi sarete in grado di risolverli indipendentemente dalla figura utilizzata.

È importante osservare i particolari delle figure, il numero e il tipo di elementi che compongono una figura, i chiaroscuri, l'entità della rotazione: la complessità aumenta con l'aumentare del numero di caratteristiche da tenere a mente e trasformare.

➤ Quale figura completa la serie?

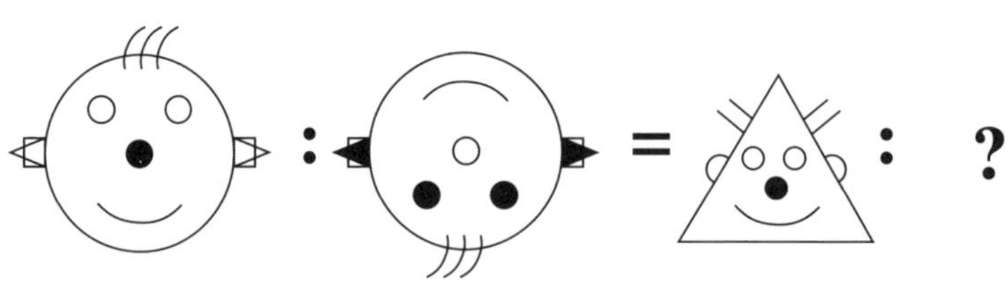

A) B) C) D) E)

Nell'esempio occorre prestare attenzione alla *rotazione delle figure*, al *numero di elementi* componenti (capelli, orecchi, occhi, naso e bocca), alle *caratteristiche degli ele-*

menti (bianchi o neri) e naturalmente alla *forma complessiva* (triangolare o circolare). La figura A non è ruotata quindi la scartiamo immediatamente, la figura B sembrerebbe corretta ma non lo è perché il naso non è bianco, quindi passiamo alla C a cui manca il naso, la D è ruotata soltanto di 90° ed infine la E che è la figura che completa correttamente la proporzione. La differenza tra la risposta B e la risposta E è individuabile nel colore del naso.

2.4.7 Le categorizzazioni e le classificazioni

Gli esercizi che richiedono di scartare determinate figure di una serie, oppure di individuare coppie di stimoli identici, si possono annoverare tra gli esercizi di classificazione.
Si tratta sostanzialmente di esercizi di riconoscimento. Letteralmente riconoscimento significa "conoscere di nuovo", ma le abilità di riconoscimento richiedono anche di riconsiderare alla luce di quanto si è appreso ed eventualmente correggere.
Ciò che viene riconosciuto viene categorizzato e classificato secondo determinati criteri più o meno generali secondo quanto è stato precedentemente esperito.
Vediamone alcuni esempi.

➤ Qual è la figura da scartare?

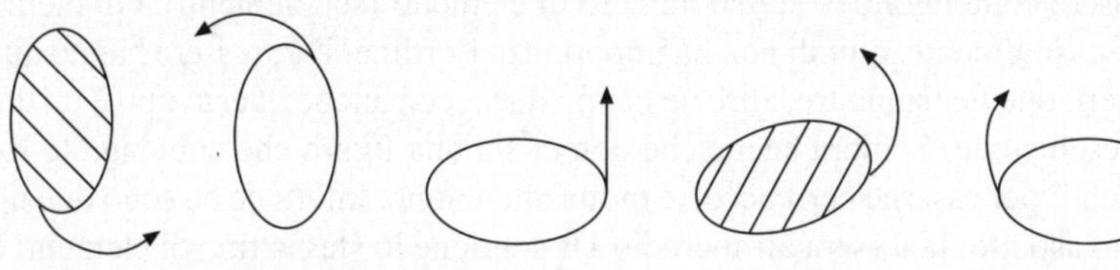

A) B) C) D) E)

Qui il colore non ha importanza alcuna, mentre occorre prestare attenzione alla rotazione delle figure: infatti l'unica figura che non rispetta la regola è quella della lettera E, che ruota in senso orario, le altre ruotano tutte in senso antiorario.

➤ Osserviamo la sequenza successiva, qual è la figura da scartare?

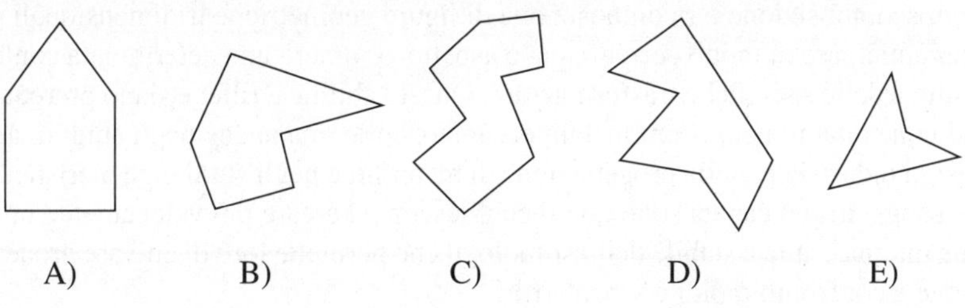

A) B) C) D) E)

Se osservate attentamente le figure noterete che le figure E, A, B, D hanno rispettivamente 4, 5, 6, 7 lati, mentre la figura C ne ha nove, quindi rappresenta l'intruso della serie.

Un altro esercizio di classificazione che richiede un po' più di attenzione è il seguente (tratto da un test *mensa* pubblicato sulla rivista Genius).

➤ Si richiede di trovare le due figure da scartare tra le 16 proposte.

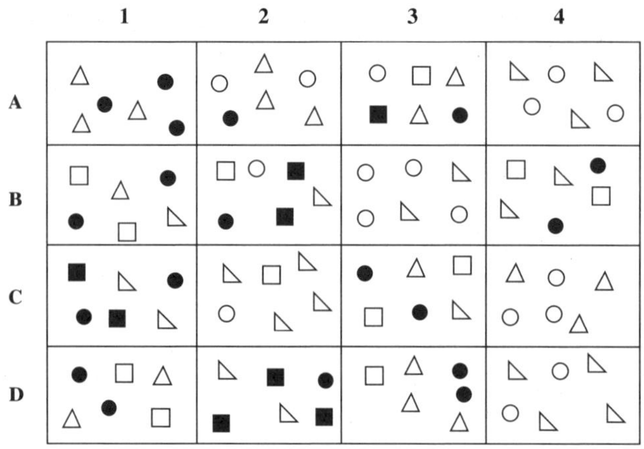

La difficoltà dell'esercizio è dovuta sia al numero di elementi che dobbiamo esaminare sia alla scoperta della "regola per l'eliminazione". Da un rapido sguardo si nota che tutte le tessere contengono lo stesso numero di elementi (sei elementi). Gli elementi sono disposti casualmente, quindi non ha importanza l'ordine. Due tessere hanno quattro elementi neri, due ne hanno tre, altre ne hanno due, ecc.; anche questo non è un criterio valido di esclusione. Sembra anche che non ci sia una figura che contenga lo stesso tipo di elementi: per esserne certi occorre molta attenzione. Infatti ce ne sono due uguali sotto questo aspetto: la tessera all'incrocio 1B contiene lo stesso tipo di elementi della tessera 3C. Queste sono quindi le figure da scartare.

Se siete riusciti a risolverlo entro un minuto di tempo, potete considerarvi molto abili nei compiti di classificazione; nel caso in cui non siate riusciti a risolverlo o ci abbiate messo più tempo, non preoccupatevi troppo, esercizi di questo tipo non sono poi così frequenti.

2.4.8 Scomposizione e ricostruzione di figure geometriche tridimensionali

Le prove di scomposizione e ricomposizione di figure geometriche tridimensionali richiedono di saper anticipare in modo corretto quale aspetto assumerà una determinata configurazione in seguito a delle specifiche trasformazioni. Queste abilità si ritiene siano prerequisiti fondamentali non soltanto nel settore metalmeccanico, edile, ma anche negli studi di architettura, nel design industriale, nella progettazione di materiali e negli studi ingegneristici. Si è stabilito che i soggetti più capaci sono quelli che riescono a creare più velocemente una rappresentazione interna esatta e stabile dello stimolo, il che permette loro di attivare processi di trasformazione e confronto rapidi e senza errori.

Gli psicologi sperimentali che si sono dedicati particolarmente allo sviluppo di questo tipo di test, hanno scoperto che figure regolari come il cubo, la piramide ed altre possono essere risolte anche con l'ausilio della verbalizzazione, da ciò, al fine di ottenere prove che fossero in grado di eliminare il fattore verbale, spesso gli esercizi di questo tipo prevedono la ricomposizione o la scomposizione di figure tridimensionali irregolari.

Partiamo con l'analisi di una figura regolare: il cubo.
Il cubo è formato da sei quadrati disposti, su una superficie piana, nel seguente modo:

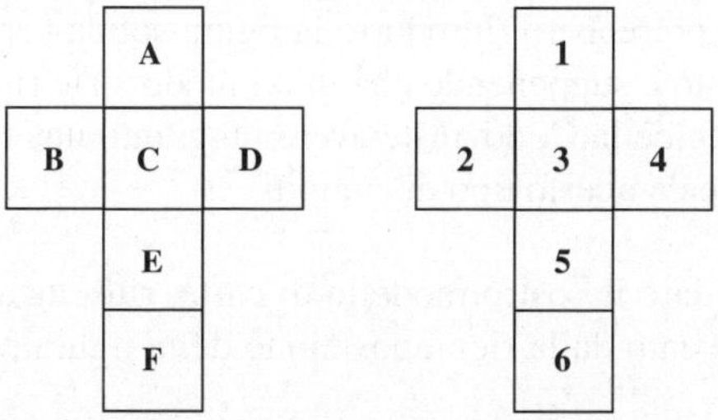

Provate a disegnare su un foglio A/4 un cubo di 5 cm × 5 cm × 5 cm.

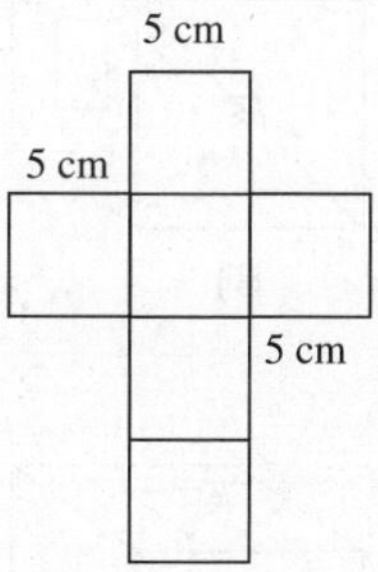

Disegnate con un lapis su ciascuna faccia una figura astratta e provate a visualizzare le trasformazioni che si potrebbero ottenere ricomponendo il cubo.
Questo è un ottimo esercizio soprattutto per coloro che hanno difficoltà nella rotazione mentale di figure complesse.
I test spaziali più semplici richiedono di individuare, a partire da una figura tridimensionale sviluppata e distesa su un piano bidimensionale oppure a partire da una raffigurazione di un solido regolare o irregolare, quale sia la figura esatta corrispondente tra quelle suggerite.

➤ Quale tra le alternative fornite riproduce la seguente figura tridimensionale?

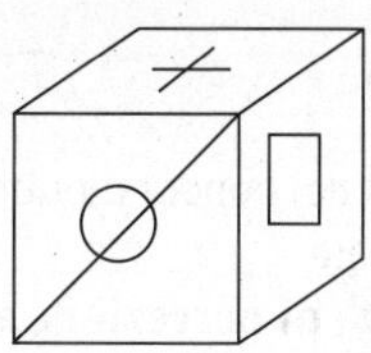

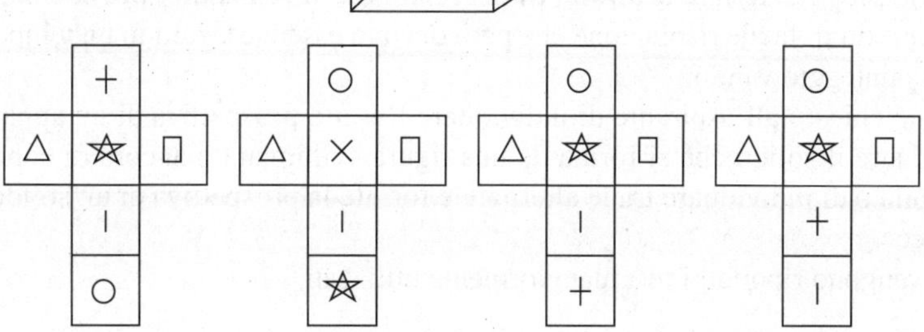

A) B) C) D)

Le persone che non hanno problemi nel ricostruire e rielaborare mentalmente le figure non hanno bisogno dei suggerimenti seguenti, che invece risulteranno molto utili per coloro che al contrario mostrano delle difficoltà. Con una matita riproducete quelle risposte che secondo voi potrebbero riprodurre la figura solida bersaglio sul cubo che avete costruito. Fatto questo e supponendo che in tal modo siate riusciti ad individuare esattamente la risposta, cioè la C, dovreste avere raggiunto una maggiore consapevolezza sulle abilità richieste da questo tipo di compiti.

➤ Adesso, senza guardare il vostro modello di carta, riuscite ad individuare quale tra i seguenti cubi non è dato dalla ricomposizione della figura corrispondente alla risposta C)?

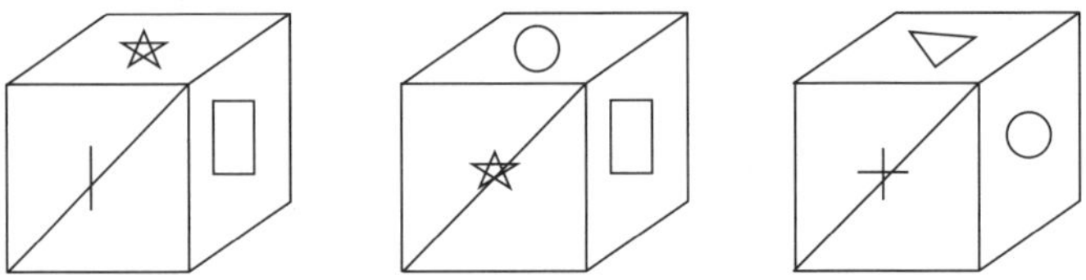

A) B) C)

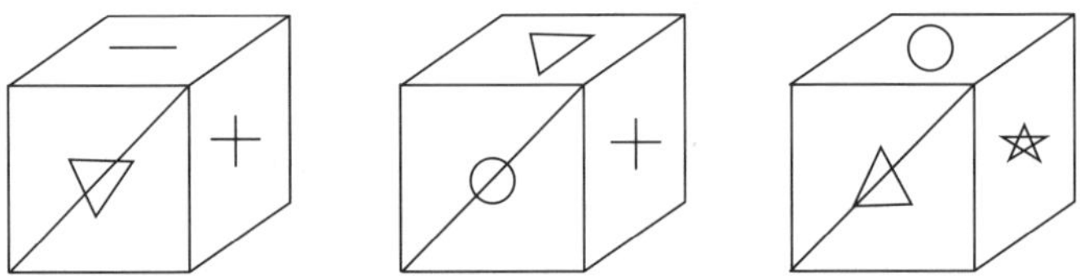

D) E) F)

Senza dubbio, questa volta, tenendo a mente il modello di carta, siete riusciti a identificare la risposta esatta più rapidamente.
Per verificare la correttezza o meno della vostra risposta controllatela direttamente con il vostro modellino di carta.

2.4.9 *I test visivo-spaziali*

Questi tipi di test sono molto utilizzati nei concorsi pubblici ed in particolare nei concorsi per le Forze di Polizia e per le Forze Armate.
Essi hanno lo scopo di testare le **abilità di percezione e di relazione spaziale** del candidato. Si tratta di quesiti di facile risoluzione che però devono essere eseguiti in un tempo limite per ottenere un punteggio valido.
Spesso viene chiesto all'aspirante di individuare l'esatta prospettiva di un apparato solido o di individuare il solido che si forma da una figura sviluppata o ancora di contare i blocchi di una pila o di individuare tra le alternative fornite la prospettiva di un solido dopo una rotazione, ecc.
Di seguito vengono riportati i test maggiormente utilizzati.

2.4.9.1 Orientamento spaziale

Questo tipo di test, molto utilizzato nei concorsi pubblici, propone lo sviluppo di un solido regolare o irregolare o di più solidi sormontati; il candidato dovrà dimostrare le abilità visivo-spaziali ed individuare rapidamente la figura geometrica, tra le alternative proposte, che si forma ricomponendo il solido stesso oppure attraverso la rotazione di quale figura piana lo stesso è ottenuto.

Trovare la figura che si ottiene piegando il disegno lungo la parte annerita o la linea tratteggiata

1)

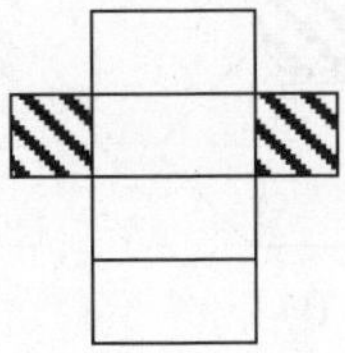

A) B) C) D)

Esaminando attentamente la figura proposta si nota rapidamente che il solido in oggetto è un parallelepipedo a base quadrangolare (base tratteggiata). La soluzione corretta pertanto è la lettera D).

2)

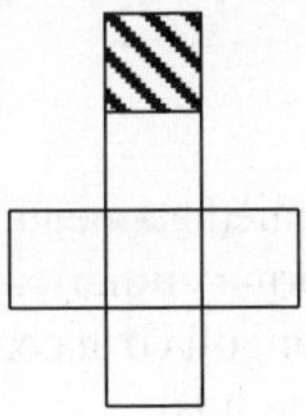

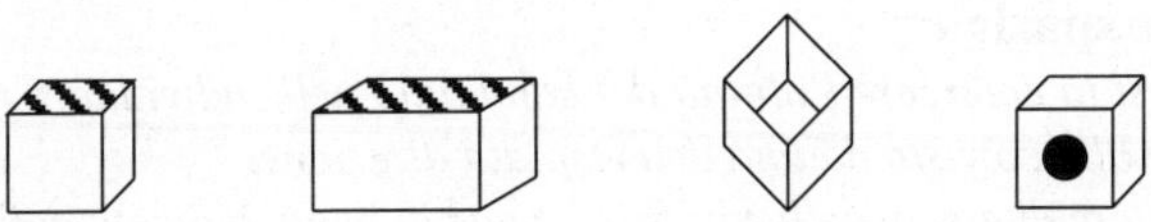

A) B) C) D)

Piegando questa figura si ottiene un cubo con una faccia tratteggiata. La soluzione corretta è quindi la lettera A).

3)

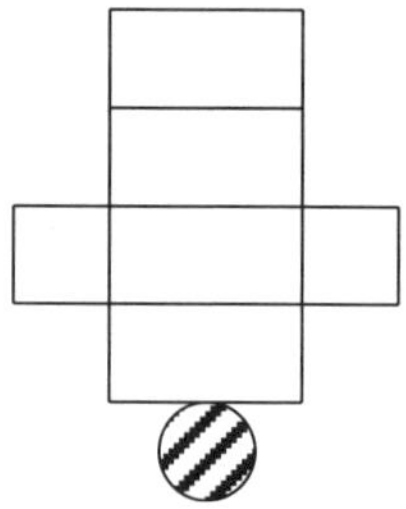

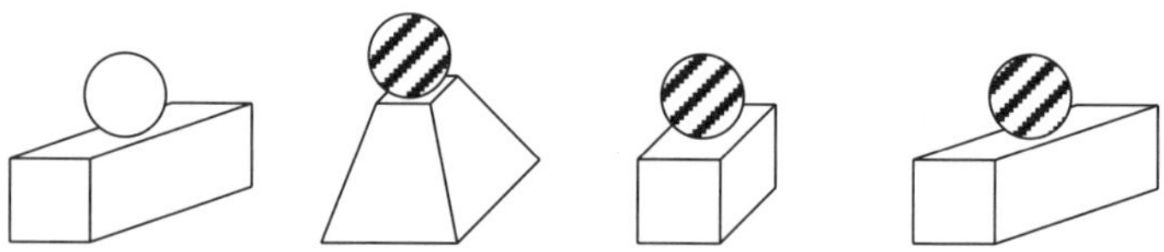

A) B) C) D)

Dallo sviluppo proposto si ottiene un parallelepipedo a base quadrangolare avente la sfera tratteggiata su una faccia laterale. La soluzione è dunque la lettera D).

Quale figura dovrà ruotare sul proprio asse per ottenere questo solido?

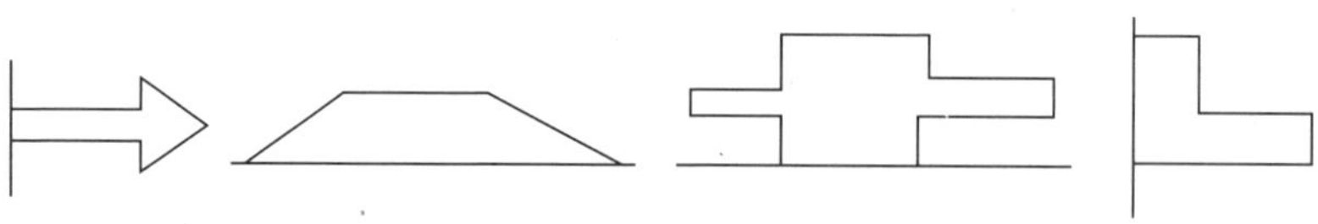

A) B) C) D)

In questo esempio balza agli occhi immediatamente la soluzione poiché il solido agli estremi ha la forma conica e al centro una forma cilindrica; la figura piana che dovrà ruotare dovrà perciò contenere alle estremità dei triangoli ed al centro un rettangolo. L'unica alternativa che presenta queste caratteristiche è la lettera B).

2.4.9.2 Fattore spaziale

Questo tipo di test fa emergere l'abilità del candidato nell'individuare rapidamente l'esatta prospettiva di un blocco visto da una determinata direzione.
Si dovrà immaginare di essere collocati fisicamente in punto indicato dalla freccia e calcolare com'è quel blocco visto da quell'angolatura rapportandolo ad una delle alternative proposte.
Anche questo è un esercizio di facile risoluzione la cui velocità di esecuzione è data dalla continua esercitazione, tuttavia bisogna prestare molta attenzione poiché a volte le alternative presentano solo piccole differenze.

Individuare l'esatta prospettiva osservando la figura dalla direzione indicata dalla freccia

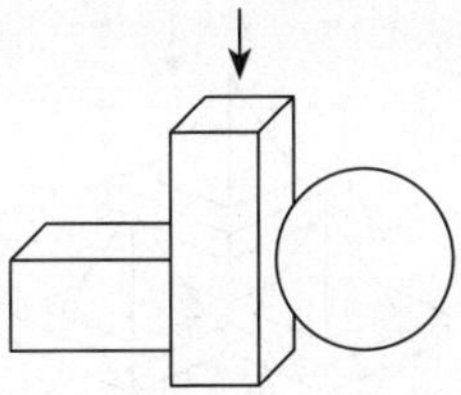

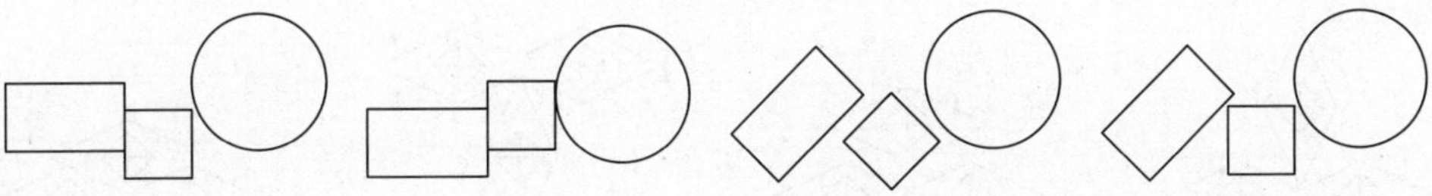

A) B) C) D)

In questo esercizio si richiede di osservare la figura dall'alto; dalla vista, come figure geometriche, si ricavano un rettangolo (base del parallelepipedo basso), un quadrato (base del parallelepipedo alto) e un cerchio (circonferenza della sfera). I solidi sono posti più o meno in fila, pertanto la soluzione potrebbe essere data dalle alternative A) e B). Osservando attentamente, però, anche l'opzione B) è da scartare perché pone la base del parallelepipedo a base quadrata più indietro rispetto a quella del rettangolo che invece nel quesito è collocata più avanti. La soluzione è la lettera A).

Individuare l'esatta prospettiva osservando la figura dalla direzione indicata dalla freccia.

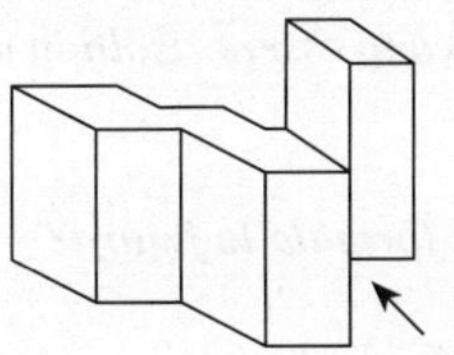

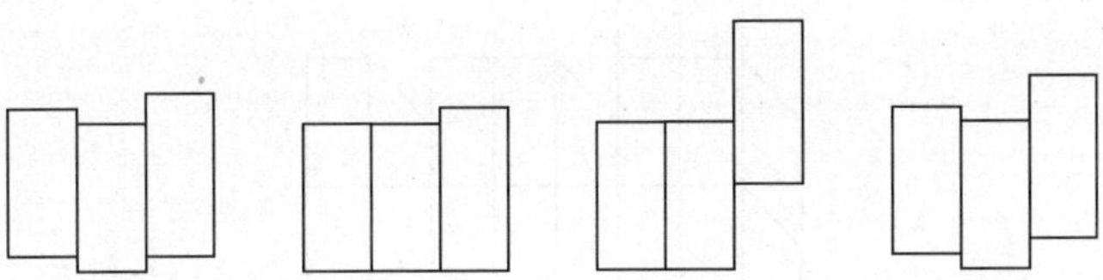

A) B) C) D)

Osservando il blocco dalla direzione della freccia, il prospetto che ne deriva è formato da due facce dei parallelepipedi rettangoli posti sullo stesso piano con accanto un terzo rettangolo (faccia del terzo parallelepipedo) posto però più in alto, poiché nel quesito il parallelepipedo è sfalsato rispetto al piano di appoggio degli altri due. L'alternativa corretta è quindi la lettera C).

Individuare l'esatta prospettiva osservando la figura dalla direzione indicata dalla freccia.

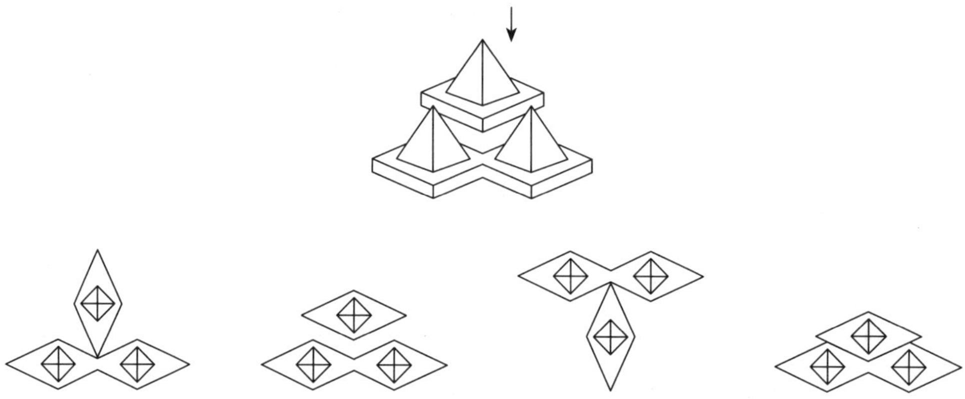

A) B) C) D)

Anche in questo esercizio lo sguardo dell'osservatore deve essere indirizzato dall'alto verso il basso percependo subito che una delle tre piramidi è staccata dalle altre due, pertanto le alternative A), C), e D) sono da eliminare. Per esclusione l'unica alternativa esatta è la lettera B).

2.4.9.3 Blocchi da contare

Questo tipo di esercizio è un sottotest del "Air Force Officer Qualifying test" ed è usato per i concorsi per piloti sia del ruolo tecnico che dei navigatori. Essi sono predisposti per testare le abilità del candidato a vedere attraverso un pila tridimensionale di blocchi. Siffatto test evidenzia la percezione o le relazioni nello spazio ed è una parte molto importante dell'attitudine meccanica. Si tratta di semplici esercizi che devono essere risolti in un tempo limite per ottenere un punteggio ottimale.

Da quanti cubi o parallelepipedi è formata la figura?

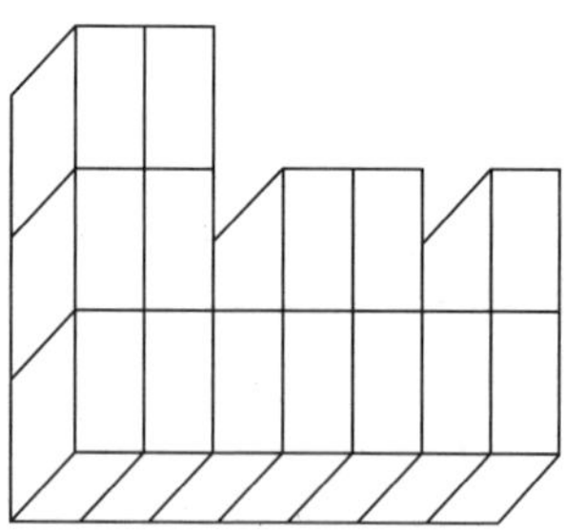

A) 16 B) 14 C) 17 D) 15

Analizzando attentamente la figura, si osserva che le prime due file sono composte da tre blocchi sovrapposti (totale 6 blocchi), la terza e la sesta fila solamente da un blocco (totale 2 blocchi), le rimanenti file da due blocchi sovrapposti (totale 6 blocchi); sommando i blocchi delle varie file otteniamo un totale complessivo di 14 pezzi (6+2+6). La soluzione pertanto è la lettera B).

Indicare le due figure che messe insieme formano un cubo.

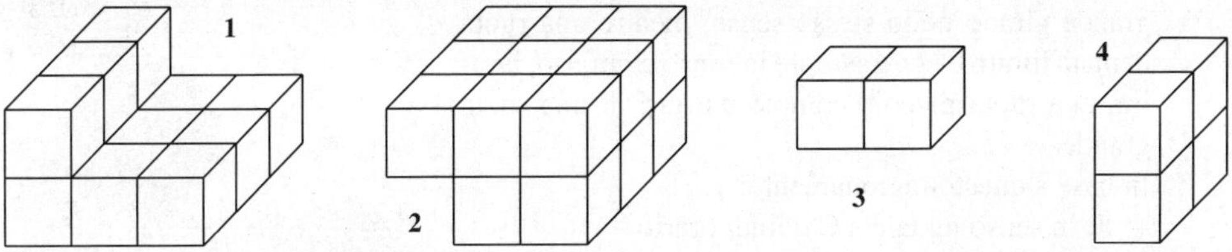

A) 2-4 B) 1-2 C) 1-3 D) 1-4

In questi esercizi, di non difficile esecuzione, bisogna solo tenere a mente che nella immaginaria chiusura del cubo le due figure si devono sovrapporre perfettamente e combaciare. Nel nostro caso unendo solo le figure 1 e 4 si formerà un cubo composto da 3 quadratini per ogni faccia. La soluzione pertanto è la lettera B).

Indicare le due figure che messe insieme formano un cubo.

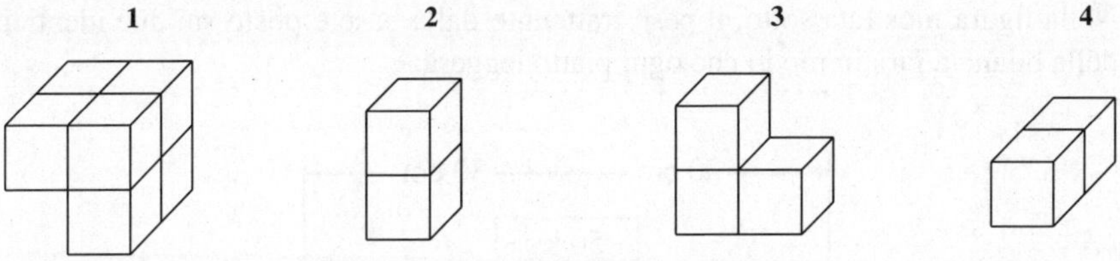

A) 1-4 B) 3-4 C) 1-3 D) 2-3

Esaminando attentamente il quesito, la risposta esatta potrebbe essere data dall'unione delle figure 1-2 e 1-4, ma la composizione 1-2 non è indicata in alcuna alternativa pertanto è da scartare. La soluzione è quindi data dalla lettera A).

2.5 Test di ragionamento logico-meccanico

Sono esercizi volti alla valutazione della capacità logico-visive in un contesto della meccanica e della fisica in genere. I quesiti proposti possono essere svariati e a volte possono richiedere lo sviluppo dei dati raffigurati; proponiamo qualche esempio per farne comprendere la tipologia.

➤ Nell'ingranaggio a lato le ruote dentate sono libere di ruotare attorno a un perno fisso. Se la ruota dentata C gira in senso orario, in quale senso gira la ruota piccola H?

A) In senso orario
B) Nello stesso senso della ruota dentata F
C) In senso inverso rispetto alla ruota G
D) Il sistema non è funzionante

In questo tipo di esercizi, come in tutti quelli appartenenti a questa area di ragionamento, occorre sempre esaminare bene l'immagine, nello specifico di test con le ruote

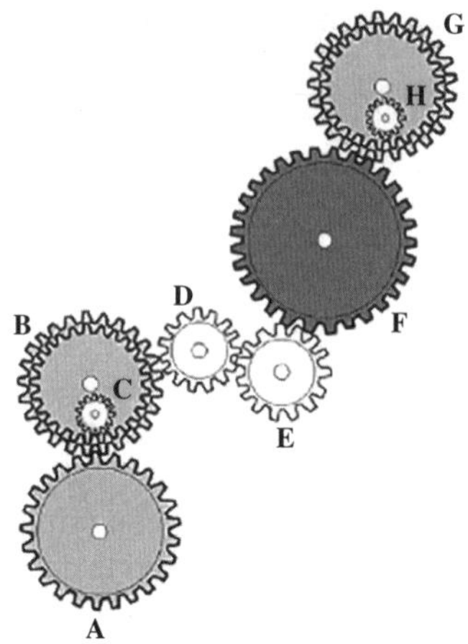

dentate occorre tenere a mente che sia la ruota dentata piccola all'interno di quella grande sia quella grande girano nello stesso senso, mentre una ruota dentata limitrofa gira sempre in senso contrario, inoltre, una ruota piccola compie più giri di una ruota grande.

In base a questo ragionamento:

- B in senso uguale a C quindi orario,
- la limitrofa D in senso contrario a C, quindi antiorario,
- la limitrofa E in senso contrario a D, quindi orario,
- la limitrofa F in senso opposto a E, quindi antiorario,
- la limitrofa G ed H in senso opposto a F, quindi in senso orario.

La risposta esatta è A poiché la ruota H gira nello stesso senso della ruota dentata C.

➤ Nella figura mostrata sotto, il peso trattenuto dalla base e posto sui due identici piatti della bilancia farà in modo che ogni piatto leggerà:

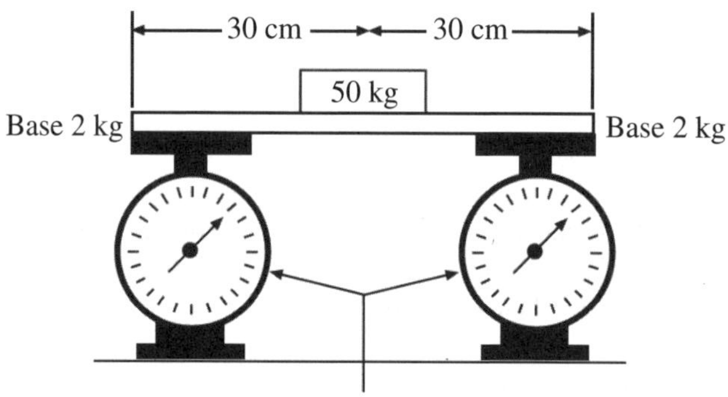

A) 10 kg B) 15 kg C) 25 kg D) 26 kg

Osserviamo attentamente la figura e partiamo dal fatto che i piatti della bilancia sono identici e quindi operano allo stesso modo, poi che il peso è posto in modo equidistante dalle due bilance, infatti il suo centro è posto a 30 cm da un estremo e dall'altro dei piatti della bilancia.

Il peso quindi si distribuisce equamente su ciascuna bilancia; verrebbe da dire quindi che segnerebbero 25 kg, ma occorre calcolare anche il peso della base di 2 kg che distribuisce a ciascuna un altro kg.

La risposta esatta è, dunque, D 26 kg (50 kg/2 + 2 kg/2 = 26 kg).

Capitolo 3
Test attitudinali

3.1 Test logico meccanico

3.1.1 Questionario 1

Questo test di facile esecuzione valuta le capacità di ragionamento fisico-meccanico del candidato. Gli esercizi proposti non sono complessi, ma richiedono nozioni di base della fisica e una rapida prontezza nell'individuare la chiave risolutiva.

1) Quale altro ingranaggio si muove nella stessa direzione dell'ingranaggio 1?

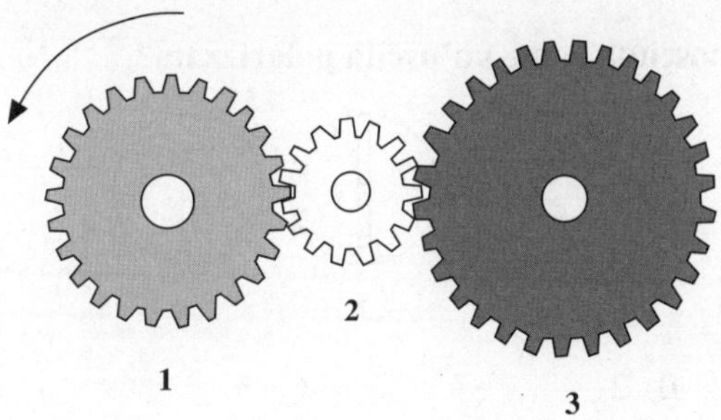

A) Ingr. num. 2
B) Ingr. num. 3
C) Nessuno degli ingranaggi
D) Entrambi gli ingranaggi
E) Non è possibile determinarlo

2) Nell'illustrazione, se l'ingranaggio A compie 60 rotazioni, l'ingranaggio B farà:

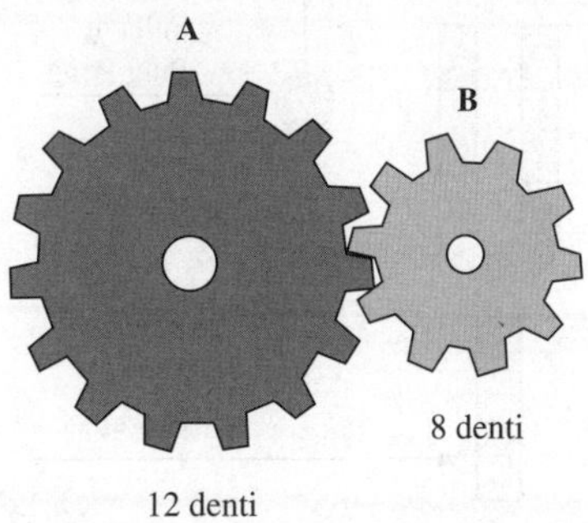

A) 15 rotazioni
B) 105 rotazioni
C) Lo stesso numero di rotazioni
D) 90 rotazioni
E) 120 rotazioni

3) Sul bullone il numero di fili per pollice è di:

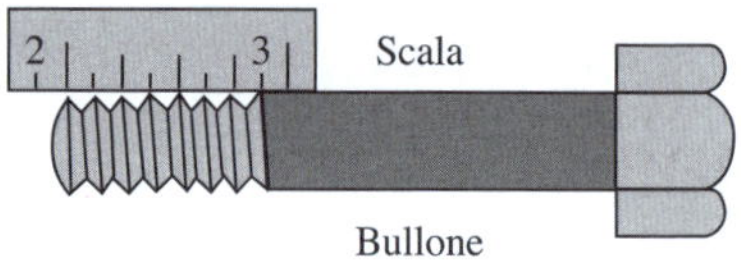

A) 8 B) 16 C) 14 D) 9 E) 12

4) Quale spalla trattiene la maggior parte di carico?

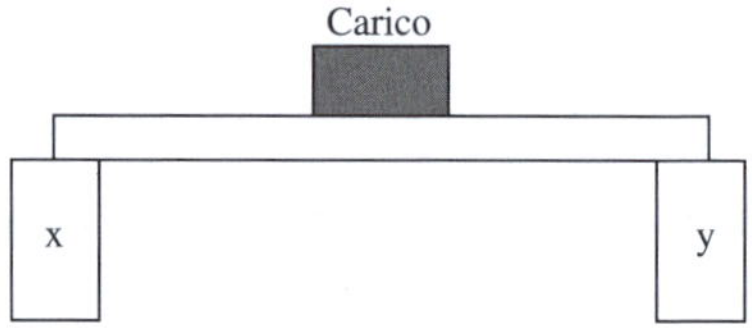

A) Posta X B) Posta Y C) Uguale
D) Non è desumibile E) X = 1/3 di Y

5) Qual è l'uscita conosciuta come un'uscita polarizzata?

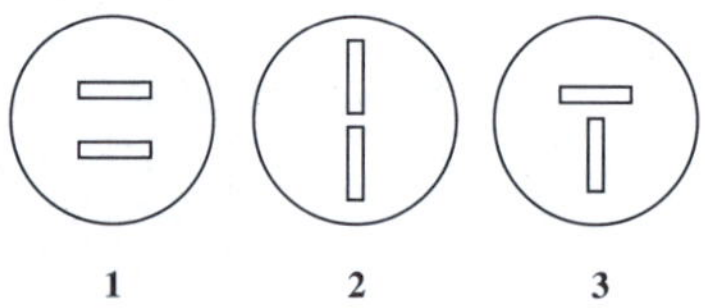

A) 1 B) 2 C) 3
D) Tutte e tre le uscite E) Nessuna delle tre uscite

6) Quando la forcella accordata è colpita, la palla da Ping-Pong:

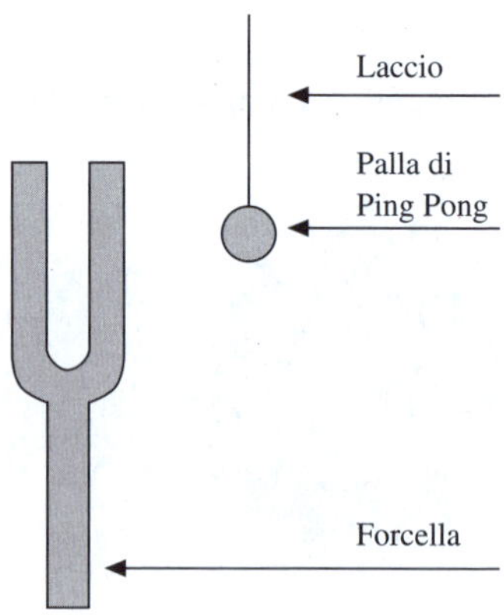

A) Rimane ferma B) Oscilla lontano dalla forcella
C) Rimbalza su e giù D) Oscilla avvicinandosi alla forcella
E) Non causa alcun effetto

7) Nella figura, il sistema della carrucola consiste in blocchi fissi e blocchi mobili. Il vantaggio meccanico è:

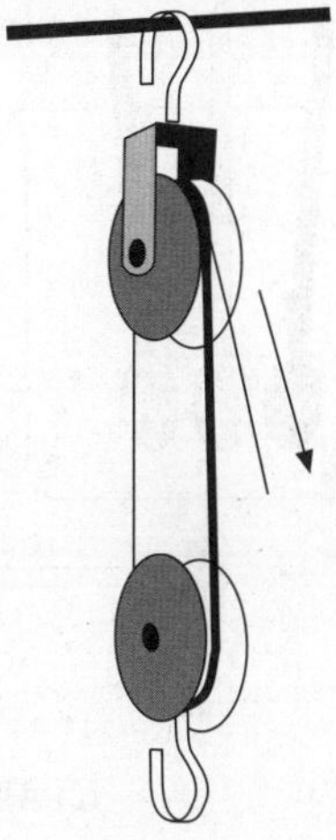

A) 1
B) 4
C) 2
D) 3
E) Nessuno

8) Quali delle seguenti prese accetterà la spina?

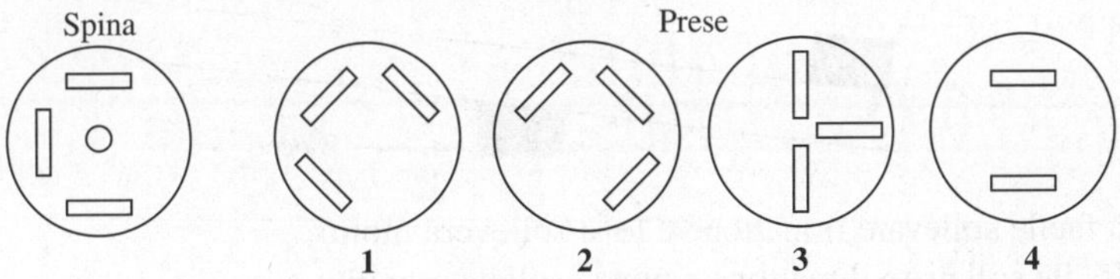

A) 1-2
B) 2
C) 3
D) 4
E) 2 - 3

9) Quale sforzo deve essere impiegato per sollevare un peso di 40 kg nella figura della leva di prima classe mostrata sotto, ignorando il peso della leva?

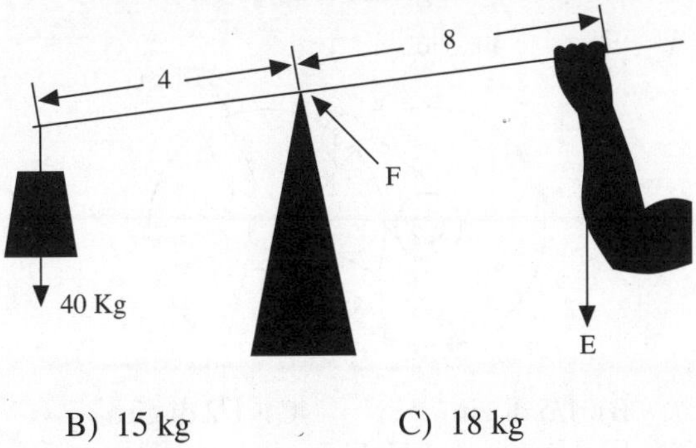

A) 20 kg
B) 15 kg
C) 18 kg
D) 10 kg
E) 30 kg

10) Di quale materiale sarà il cucchiaio più caldo?

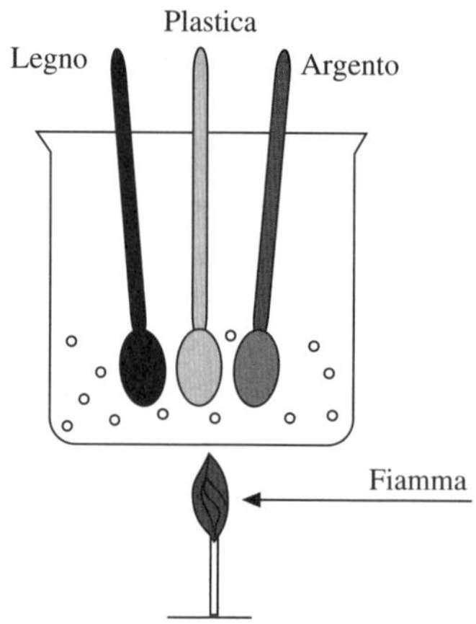

A) Legno B) Argento C) Plastica
D) Il legno e la plastica sono caldi allo stesso modo
E) Tutti caldi allo stesso modo

11) Se il fulcro su cui la leva è appoggiata si sposta più vicino al mattone:

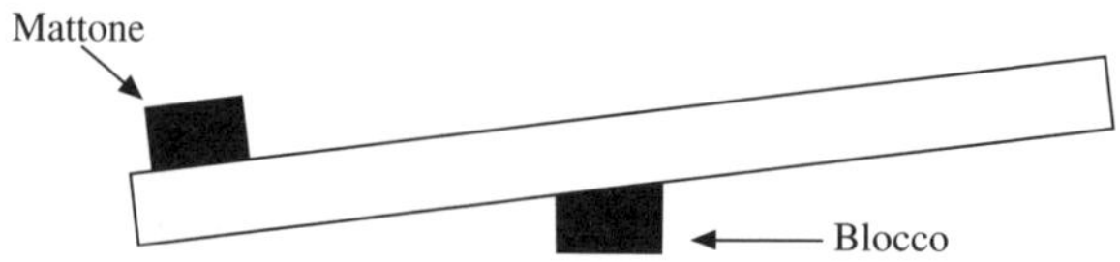

A) Sarà più facile sollevare il mattone e lo si solleverà molto
B) Sarà difficile sollevare il mattone e non si solleverà molto
C) Sarà più difficile sollevare il mattone e lo si solleverà molto
D) Lo stesso sforzo sarà impiegato per sollevare il mattone alla stessa altezza
E) Sarà più facile sollevare il mattone ma non lo si solleverà molto

12) La figura mostra un disco scanalato che gira su un perno per mezzo di un braccio rotante. Una rotazione del braccio fa girare il disco di:

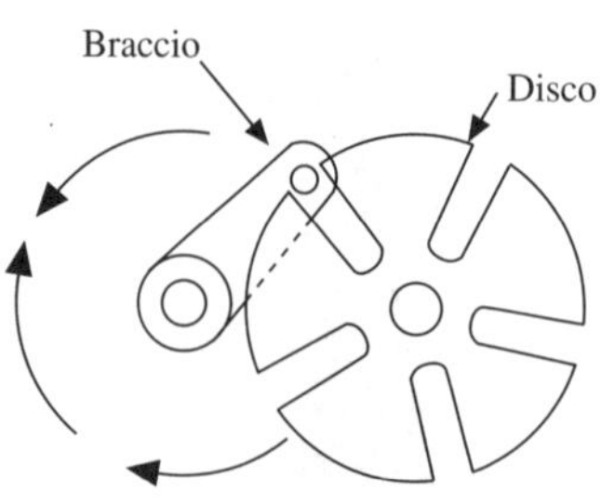

A) 1/10 di giro B) 1/5 di giro C) 1/2 di giro
D) 2/5 di giro E) Un giro completo

13) Se l'ingranaggio Y è il conducente, nel momento raffigurato, l'ingranaggio X:

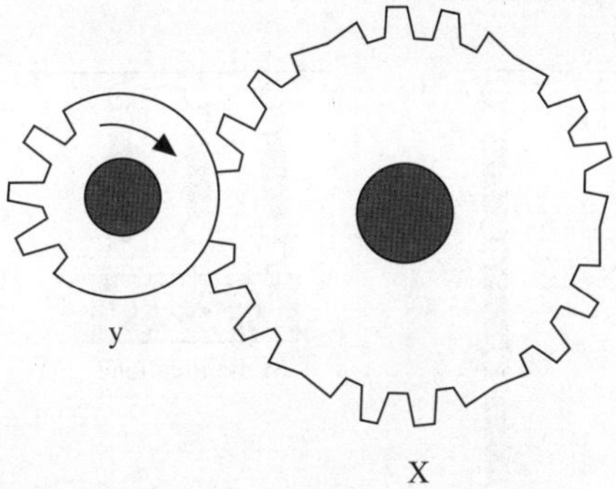

A) È inceppato
B) Si muove a bassa velocità
C) Si muove nella stessa direzione dell'ingranaggio Y
D) Non si muove
E) Si muove ad alta velocità

14) Quale ruota girerà con l'ausilio dell'acqua per più tempo?

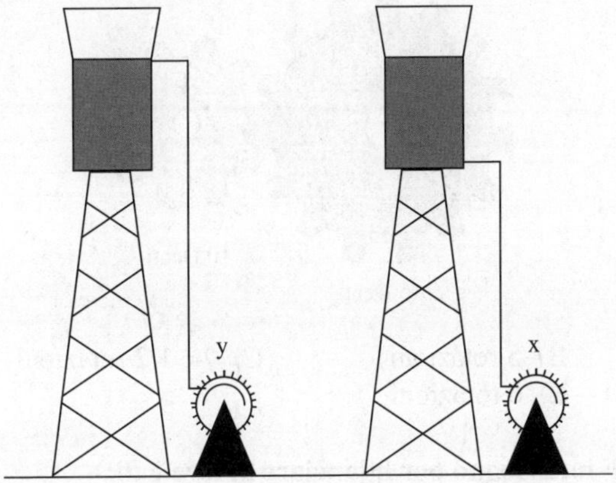

A) x
B) y
C) Entrambe le ruote gireranno per la stessa quantità di tempo
D) Nessuna ruota girerà
E) Non può essere determinato guardando il disegno

15) Pesi da 15 kg sono appesi al soffitto per mezzo di tre identiche molle. In A l'estensione di ogni molla è:

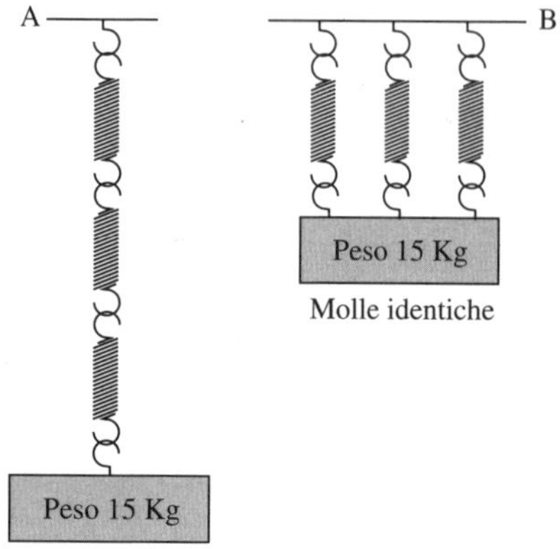

A) 9 volte più grande della B
B) 3 volte più grande della B
C) 1/3 meno di B
D) 1/9 meno di B
E) Non è determinabile

16) Se l'ingranaggio Y compie 15 rotazioni, l'ingranaggio X farà:

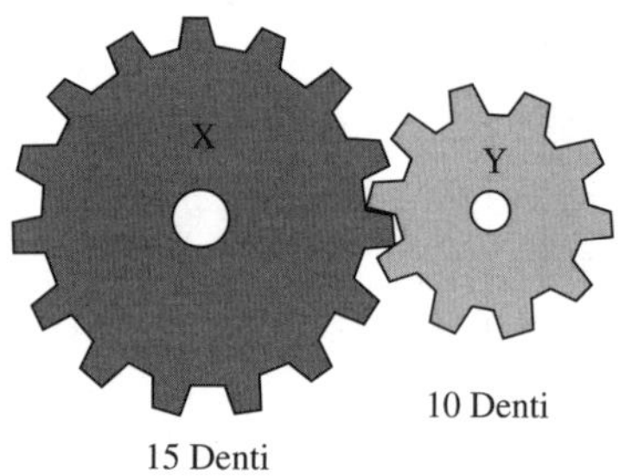

A) 10 rotazioni
B) 5 rotazioni
C) 7 e 1/2 rotazioni
D) 25 rotazioni
E) 6 rotazioni

17) La forza di cui F ha bisogno per bilanciare la leva è di:

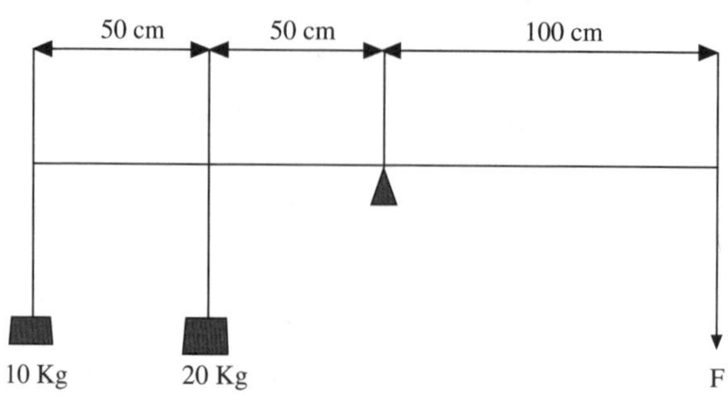

A) 30 kg
B) 20 kg
C) 10 kg
D) 15 kg
E) 25 kg

18) Un individuo di 75 kg salta da una piattaforma di 300 kg fino ad un punto nell'acqua distante 8 metri. Teoricamente, la piattaforma si muoverà:

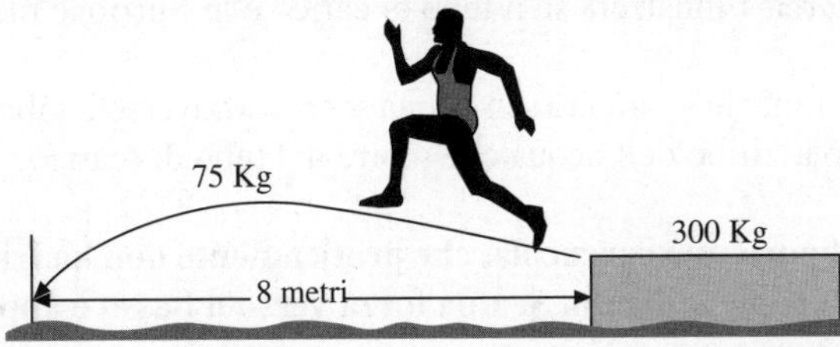

A) Di 8 metri nella direzione opposta
B) Di 10 metri nella direzione opposta
C) Di 3 metri nella direzione opposta
D) Di 1 metro nella direzione opposta
E) Di 2 metri nella direzione opposta

19) Se l'acqua scorre in una cisterna con un ritmo di 60 litri galloni l'ora e scorre fuori dalla cisterna ad un ritmo costante di mezzo litro al minuto, il livello dell'acqua nella cisterna:

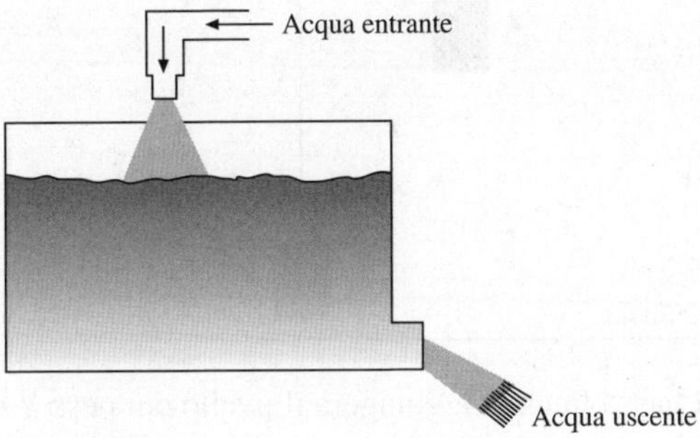

A) S'innalza di 1/2 litro al minuto
B) Diminuisce di 1/2 litro al minuto
C) Diminuisce di 1 litri al minuto
D) Rimane lo stesso
E) S'innalza di 1 litro al minuto

20) L'immagine raffigura una cisterna contenente acqua. Il numero 1 indica un tubo di carico e il 2 indica un tubo di scarico. Delle seguenti, qual è la frase meno esatta?

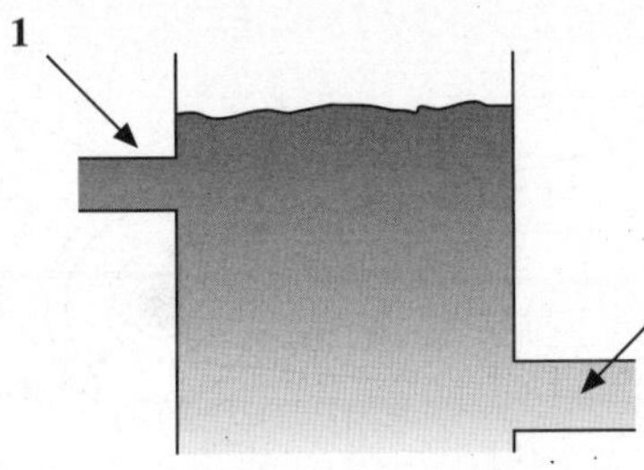

A) L'acqua nella cisterna rimarrà ad un ritmo costante se il ritmo del tubo di carico è uguale a quello del ritmo di scarico
B) La cisterna probabilmente si svuoterà completamente se il tubo d'entrata è chiuso e il tubo di scarico rimane aperto

C) La cisterna si svuoterà completamente se il tubo di carico è chiuso e il tubo di scarico rimane aperto
D) L'acqua nella cisterna s'innalzerà se il tubo di carico è in funzione mentre il tubo di scarico è chiuso
E) La cisterna probabilmente strariperà se l'acqua scorre attraverso il tubo di carico ad un ritmo più veloce rispetto al ritmo dell'acqua che scorre dal tubo di scarico

21) L'immagine raffigura una carrucola, che praticamente non ha frizioni, in cui 2 pesi da 20 kg sono sospesi come indicato. Se una forza verso il basso è applicata al peso X, è probabile che il peso:

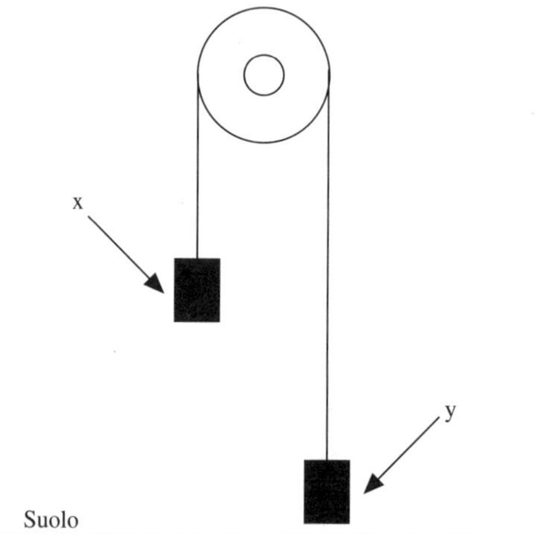

A) Si muoverà verso il basso finché raggiungerà il livello del peso Y
B) Si muoverà verso il basso raggiungendo una posizione media tra i due livelli
C) Oltrepasserà il peso Y nel suo movimento discendente e poi ritornerà nella sua posizione
D) Si muoverà verso il basso finché non raggiungerà il suolo
E) Rimarrà leggermente al di sotto del livello del peso Y

22) Se la carrucola A è la conducente e gira verso la direzione 1, quale carrucola gira più velocemente?

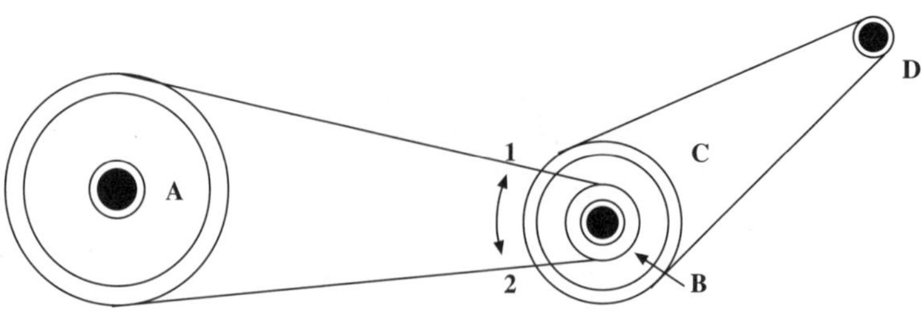

A) Sia C che B
B) C
C) B
D) A
E) D

23. Per alzare un peso di 100 kg con il sistema di carrucole qui sotto illustrato si necessita di tirare la fune con una forza di kg:

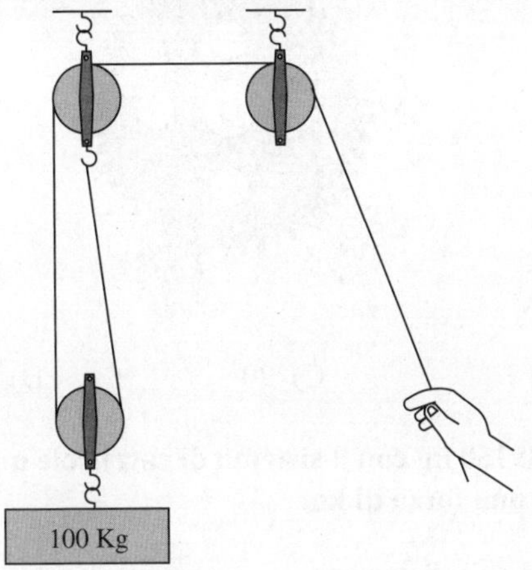

A) 50 B) 100 C) 75
D) 25 E) 125

24) Quanti ingranaggi ruoteranno più velocemente dell'ingranaggio indicato con la lettera G?

A) 2 B) 5 C) 4
D) 6 E) È impossibile determinarlo

25) Se l'ingranaggio X compie 13 giri al minuto, quante ne compie Y nello stesso tempo?

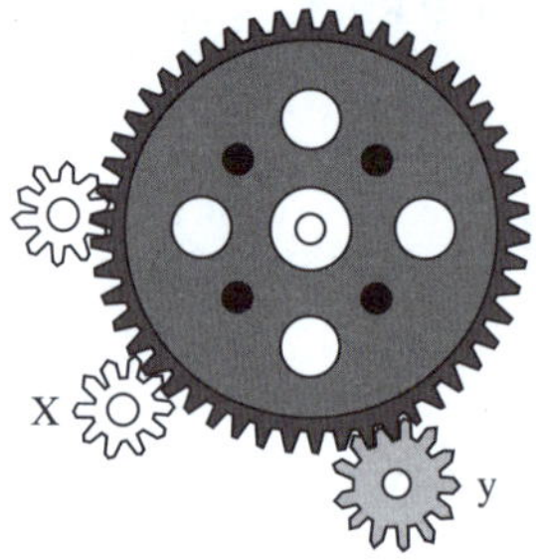

A) 13 B) 15 C) 20 D) 24 E) 10

26) Per alzare un peso di 150 kg con il sistema di carrucole qui sotto illustrato si necessita di tirare la fune con una forza di kg:

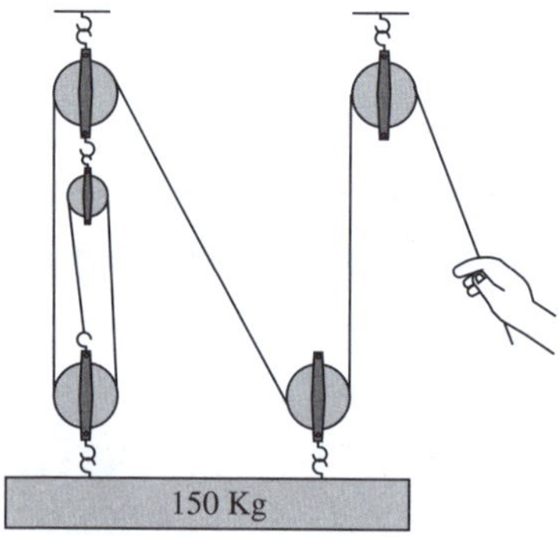

A) 50 B) 30 C) 75 D) 25 E) 125

27) L'ingranaggio superiore compie 50 giri al minuto, quanti ingranaggi girano con la stessa sua velocità?

A) 11 B) 3 C) 7
D) 6 E) Non è determinabile

28) Quanti ingranaggi girano nella direzione inversa dell'ingranaggio D?

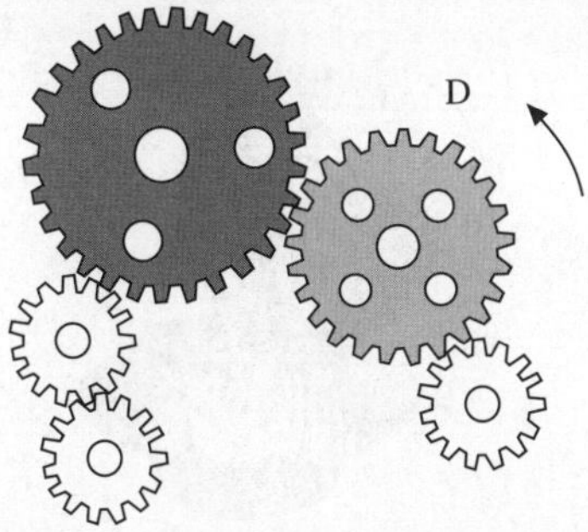

A) 1 B) 2 C) 3 D) 4 E) Nessuno

29) Il sistema di carrucole raffigurato è stabile?

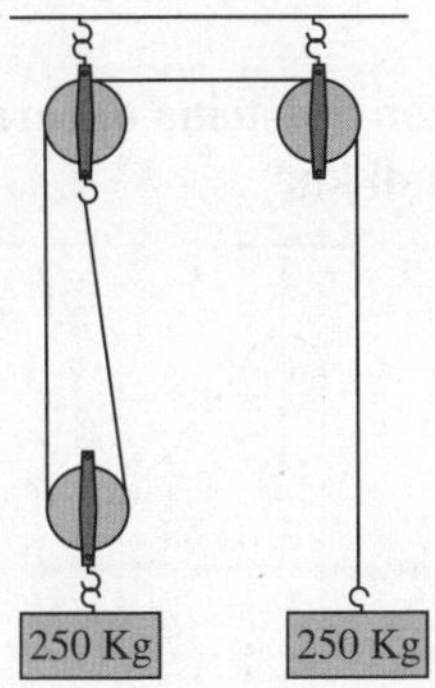

A) Sì
B) No
C) Non è determinabile
D) Qualche volta sì
E) Nella maggior parte dei casi no

30) Per alzare un peso di 200 kg con il sistema di carrucole qui sotto illustrato si necessita di tirare la fune con una forza di kg:

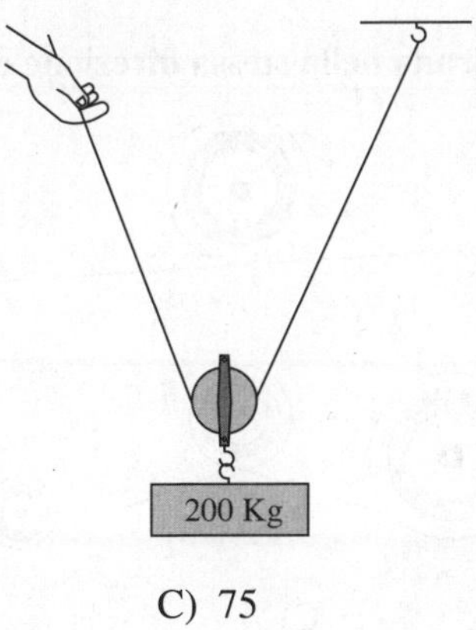

A) 100 B) 150 C) 75 D) 50 E) 200

31) Se l'ingranaggio alla base gira come mostrato, in quale direzione girerà l'ingranaggio superiore?

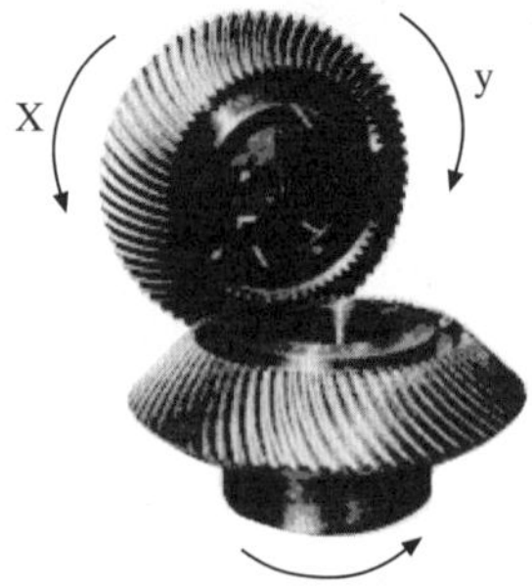

A) X B) Y C) È bloccato
D) Una rotazione in un senso e una nell'altra direzione
E) Non è determinabile

32) Per alzare un peso di 450 kg con il sistema di carrucole qui sotto illustrato si necessita di tirare la fune con una forza di kg:

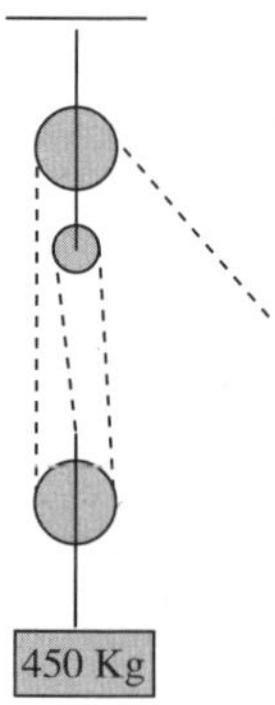

A) 150 B) 225 C) 115 D) 125 E) 175

33) Quante altre carrucole girano nella stessa direzione della n. 1?

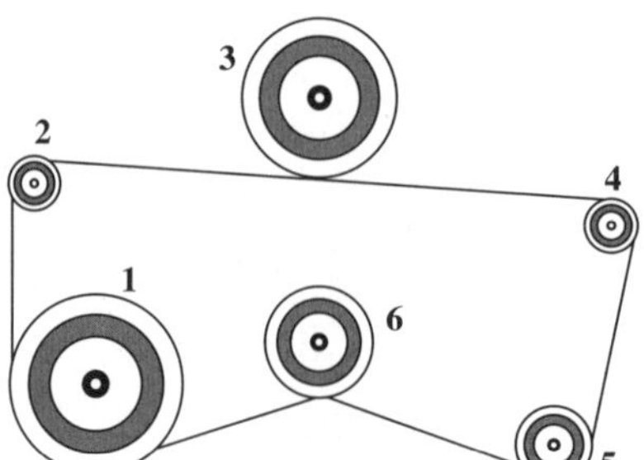

A) 1 B) 2 C) 4 D) 5 E) Nessuna

34) Quale ingranaggio si muove con meno velocità?

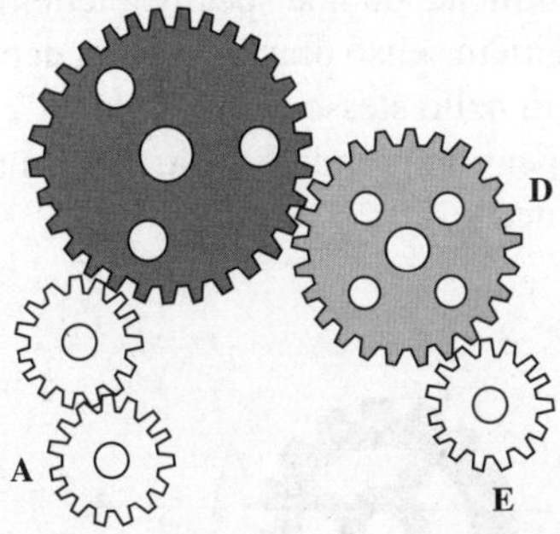

A) A B) D C) B D) E E) C

RISPOSTE CORRETTE

1	B	**6**	B	**11**	E	**16**	A	**21**	D	**26**	B	**31**	B
2	D	**7**	C	**12**	B	**17**	B	**22**	E	**27**	D	**32**	A
3	A	**8**	B	**13**	B	**18**	E	**23**	A	**28**	C	**33**	C
4	C	**9**	A	**14**	A	**19**	A	**24**	E	**29**	B	**34**	E
5	C	**10**	B	**15**	B	**20**	B	**25**	E	**30**	A		

3.1.2 *Questionario 2*

Lo scopo del questionario che segue è quello di individuare il senso di rotazione delle ruote dentate indicate, ciascuna identificata da una specifica lettera.
Quando la ruota dentata "A" gira in senso orario, la ruota dentata "B" girerà in senso antiorario e la ruota dentata "C" girerà nello stesso senso della "A".
Analizziamo, ora, un quesito per comprendere cosa, di norma, viene chiesto e qual è la soluzione tra le alternative suggerite.

➤

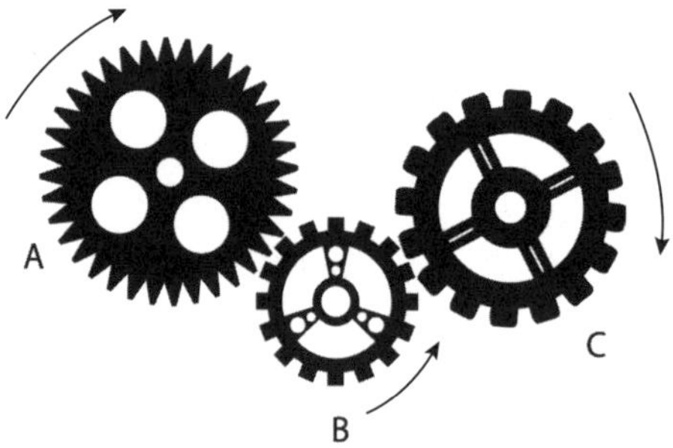

Se la ruota dentata "A" gira in senso orario, in quale senso gira la ruota dentata "C"?

1) Nello stesso senso di B
2) Nel senso inverso ad A
3) Nello stesso senso di A
4) Rimane ferma
5) Nello stesso senso di A e B

La risposta esatta è la numero 3 perché C gira nello stesso senso di A.

1) Se la ruota dentata "C" gira in senso antiorario, in quale senso gira la ruota dentata "A"?

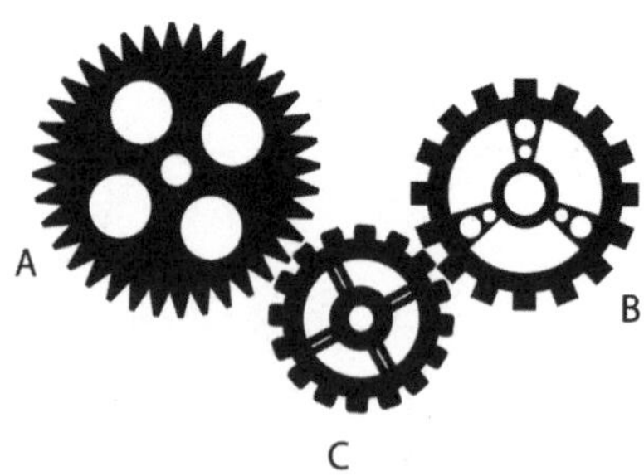

1) Nello stesso senso di B
2) Nel senso inverso a B
3) Nello stesso senso di C
4) Rimane ferma
5) In senso antiorario

2) Se la ruota dentata "B" gira in senso orario, in quale senso gira la ruota dentata "A"?

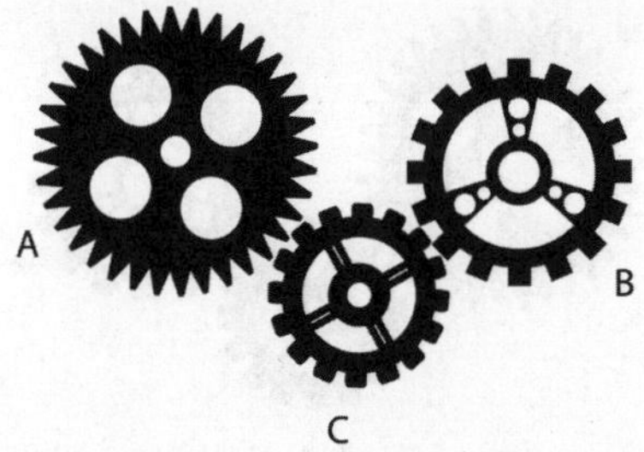

1) Rimane ferma
2) Nel senso inverso a B
3) Nello stesso senso di C
4) In senso orario
5) In senso antiorario

3) Se la ruota dentata "A" gira in senso antiorario, in quale senso gira la ruota dentata "C"?

1) Nello stesso senso di B
2) Nel senso inverso a B
3) Nello stesso senso di A
4) Rimane ferma
5) In senso antiorario

4) Se la ruota dentata "C" gira in senso antiorario, in quale senso gira la ruota dentata "B"?

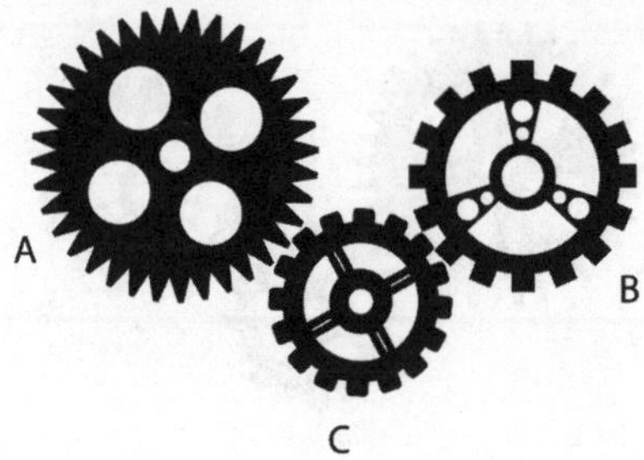

1) Nello stesso senso di C
2) Nel senso inverso ad A
3) In senso orario
4) Rimane ferma
5) In senso antiorario

5) Se la ruota dentata "A" gira in senso orario, in quale senso gira la ruota dentata "C"?

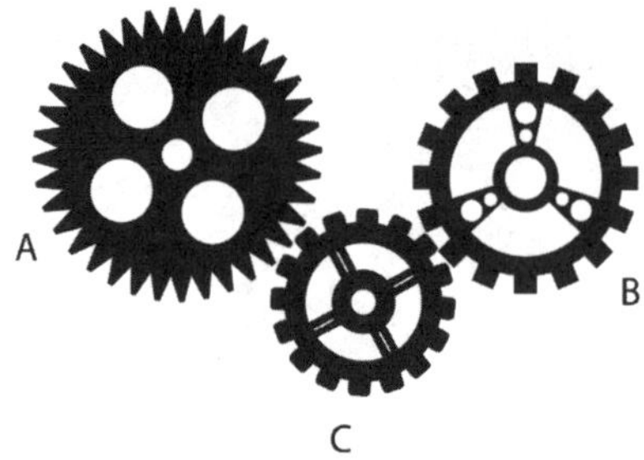

1) Nello stesso senso di B
2) Nel senso inverso a B
3) Nello stesso senso di A
4) Rimane ferma
5) In senso orario

6) Se la ruota dentata "B" gira in senso antiorario, in quale senso gira la ruota dentata "A"?

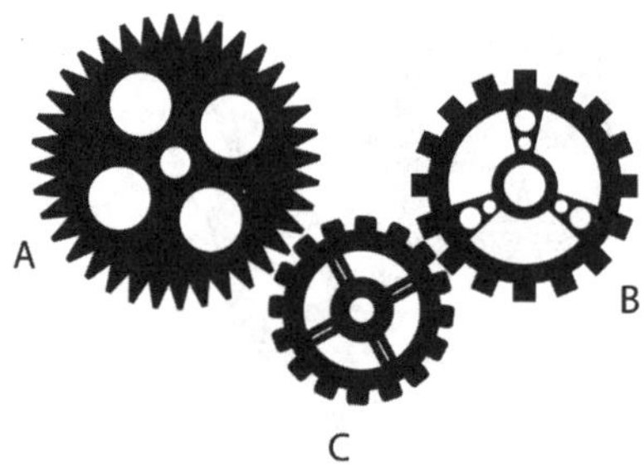

1) Nello stesso senso di B
2) Nel senso inverso a B
3) Nello stesso senso di C
4) Rimane ferma
5) In senso orario

7) Se le ruote dentate "A" e "B" girano in senso antiorario, in quale senso gira la ruota dentata "C"?

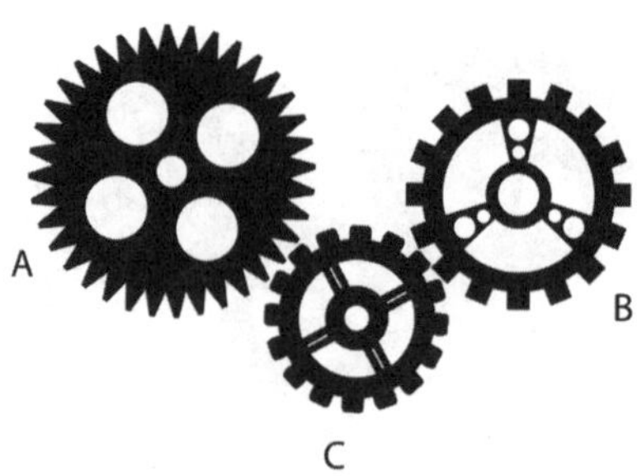

1) Nello stesso senso di B
2) Nello stesso senso di A
3) Nello stesso senso di A e B
4) Rimane ferma
5) In senso orario

8) Se la ruota dentata "C" gira in senso antiorario, e la ruota dentata "B" gira in senso orario, in quale senso gira la ruota dentata "A"?

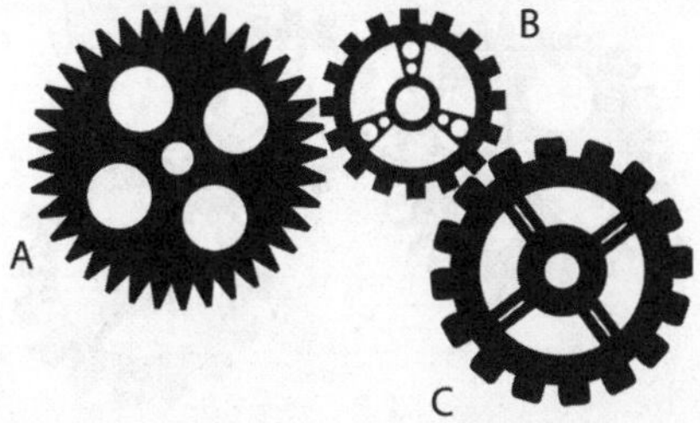

1) Nello stesso senso di B
2) Nel senso inverso a C
3) Nello stesso senso di B e C
4) Rimane ferma
5) In senso antiorario

9) Se la ruota dentata "A" gira in senso orario, in quale senso gira la ruota dentata "C"?

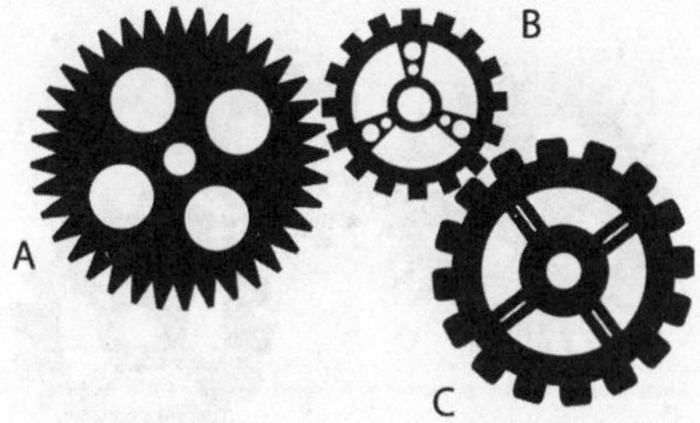

1) Nello stesso senso di B
2) Nel senso inverso ad A
3) Nello stesso senso di A
4) Rimane ferma
5) In senso antiorario

10) Se la ruota dentata "B" gira in senso antiorario, in quale senso gira la ruota dentata "A"?

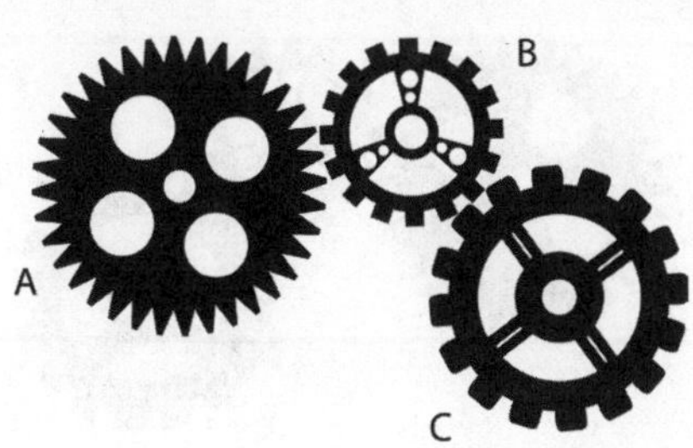

1) Nello stesso senso di B
2) Nel senso inverso a B
3) Nel senso inverso a C
4) Rimane ferma
5) In senso antiorario

11) Se la ruota dentata "C" gira in senso antiorario, in quale senso gira la ruota dentata "A"?

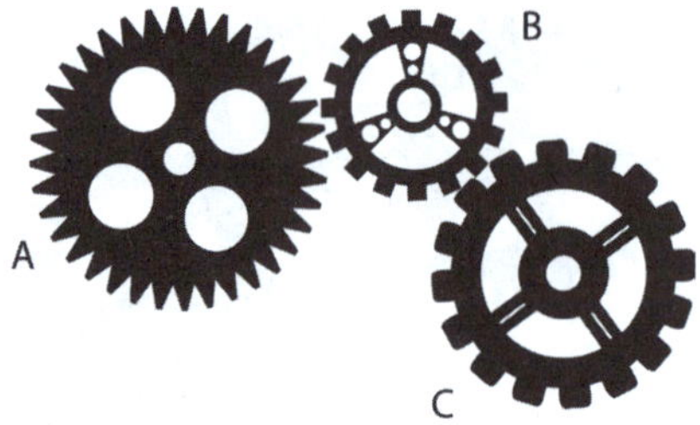

1) Nello stesso senso di B
2) Nel senso inverso a C
3) Nello stesso senso di C
4) Rimane ferma
5) In senso orario

12) Se la ruota dentata "A" gira in senso antiorario, in quale senso gira la ruota dentata "B"?

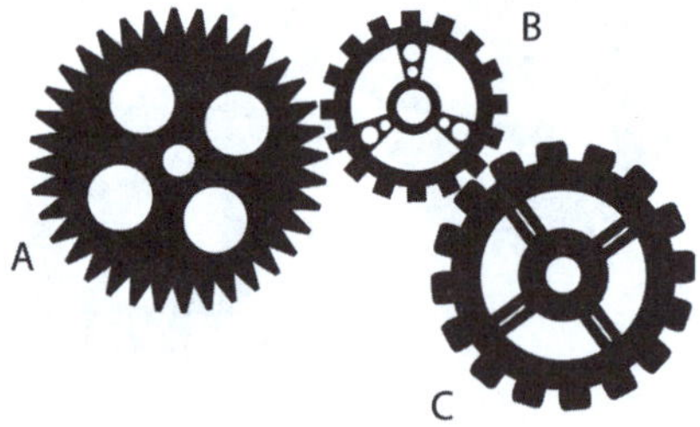

1) Nello stesso senso di C
2) Nello stesso senso di A
3) In senso antiorario
4) Rimane ferma
5) In senso orario

13) Se la ruota dentata "B" gira in senso orario, e la ruota dentata "A" gira in senso antiorario, in quale senso gira la ruota dentata "C"?

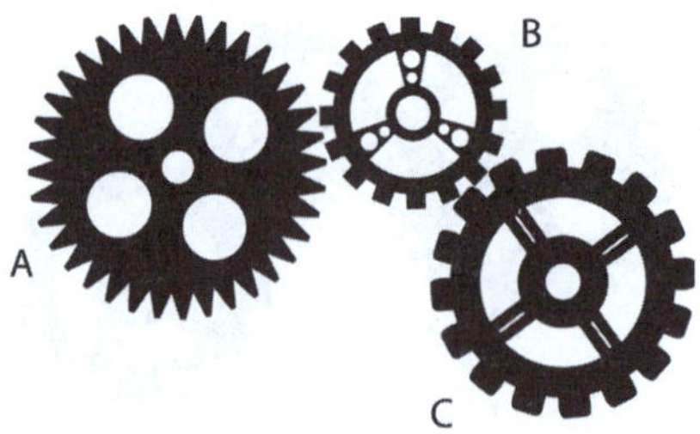

1) Nello stesso senso di B
2) Nel senso inverso a B
3) Nel senso inverso ad A
4) Rimane ferma
5) In senso orario

14) Se la ruota dentata "C" gira in senso antiorario, in quale senso gira la ruota dentata "A"?

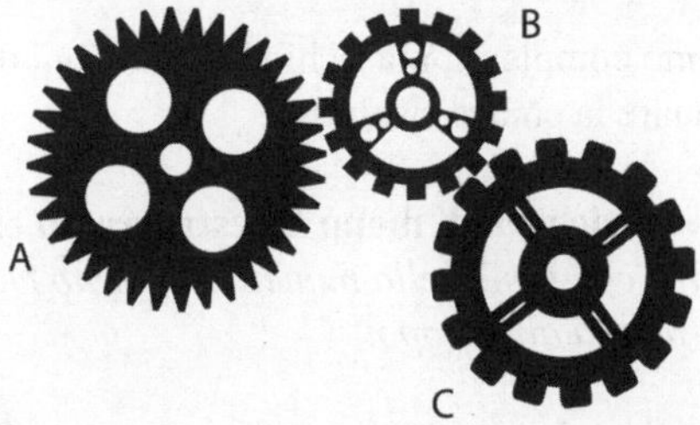

1) Nello stesso senso di B
2) Nel senso inverso a C
3) Nello stesso senso di C
4) Rimane ferma
5) In senso orario

15) Se la ruota dentata "B" gira in senso antiorario, in quale senso gira la ruota dentata "C"?

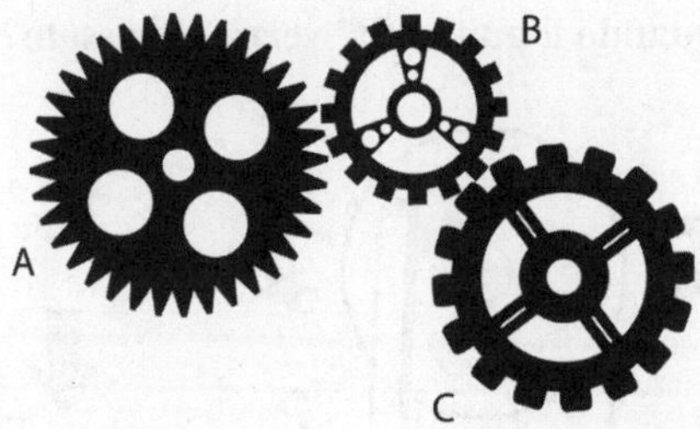

1) Nello stesso senso di B
2) Nel senso inverso ad A
3) Nello stesso senso di A
4) Rimane ferma
5) In senso antiorario

RISPOSTE CORRETTE

1	1	**3**	2	**5**	2	**7**	5	**9**	3	**11**	3	**13**	2	**15**	3
2	4	**4**	3	**6**	1	**8**	5	**10**	2	**12**	5	**14**	3		

3.1.3 Questionario 3

Questo test di facile esecuzione valuta le capacità di ragionamento fisico-meccanico del candidato.

Gli esercizi proposti non sono complessi, ma richiedono nozioni di base della fisica e una rapida prontezza nell'individuare la chiave risolutiva.

➤ **Con quale martello si faticherà di meno ad estrarre un chiodo?**
La risposta esatta sarà: con il martello numero "2" dato che ha un manico più lungo, e quindi una leva più adatta allo scopo.

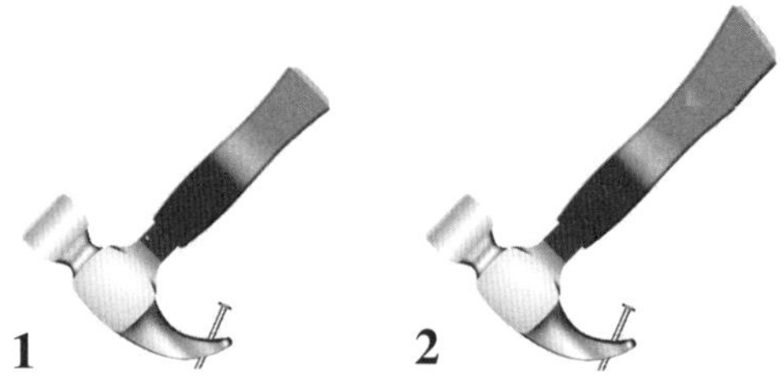

1) Dove girerà la ruota quando il punto "P" verrà abbassato?

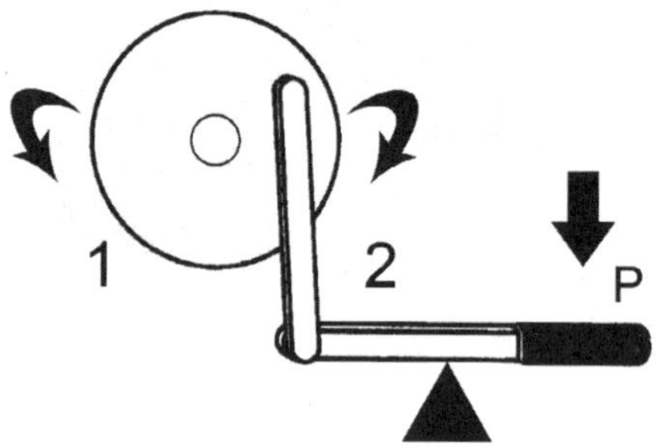

A) Nella direzione "1"
B) Nella direzione "2"
C) In tutte le direzioni

2) Quale delle due sedie risulta più stabile?

A) La sedia "1"
B) La sedia "2"
C) Tutte e due

3) Quale pacco sarà più facile tirare?

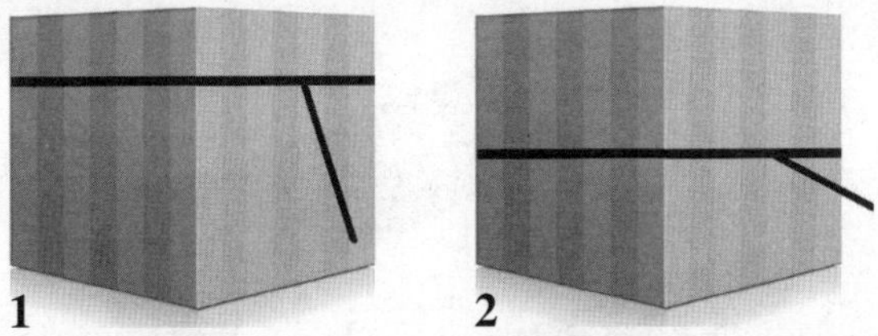

A) Il pacco "1"
B) Il pacco "2"
C) Tutti e due

4) Quando la pallina scura colpirà l'ultima della fila, quale sarà la reazione delle altre palline?

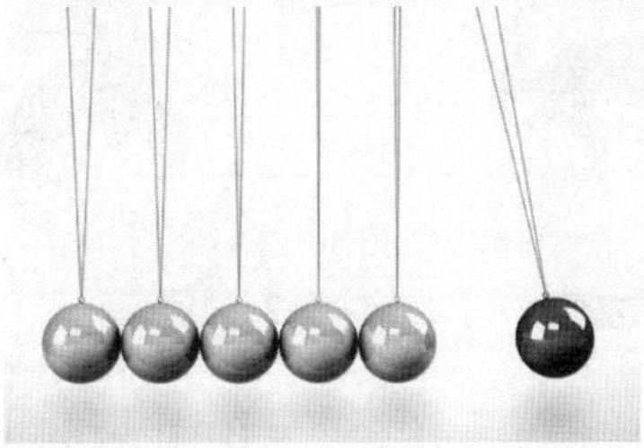

A) Si sposteranno tutte a sinistra
B) L'ultima si sposterà a destra
C) Solo la prima si sposterà a sinistra

5) Quando la pallina da golf colpirà la pallina da biliardo, da che parte andrà la seconda?

A) Nella direzione "1"
B) Nella direzione "2"
C) Nella direzione "3"

6) Quale delle due torce avrà un campo di luce maggiore?

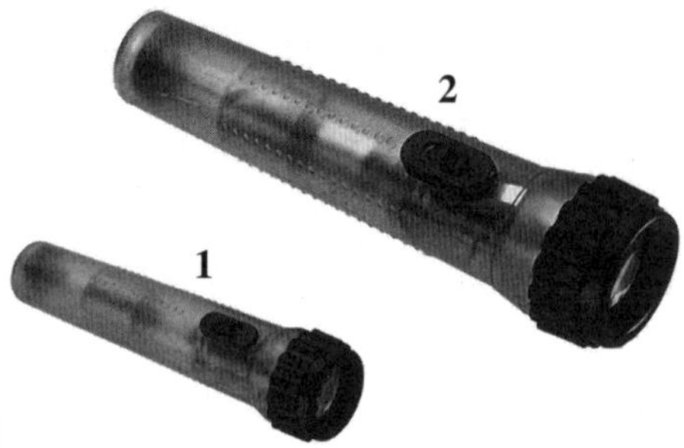

A) La torcia "1"
B) La torcia "2"
C) Nessuna delle due

7) Quale dei due recipienti illustra gli effetti della forza di gravità?

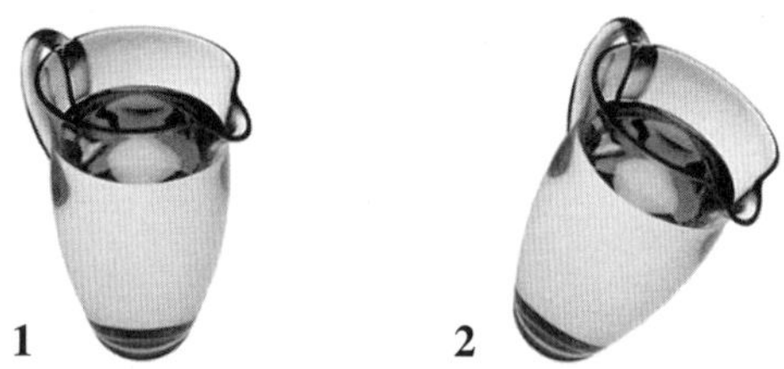

A) Il recipiente "1"
B) Il recipiente "2"
C) Tutti e due

8) Quale è la posizione del coltello più utile a tagliare una superficie?

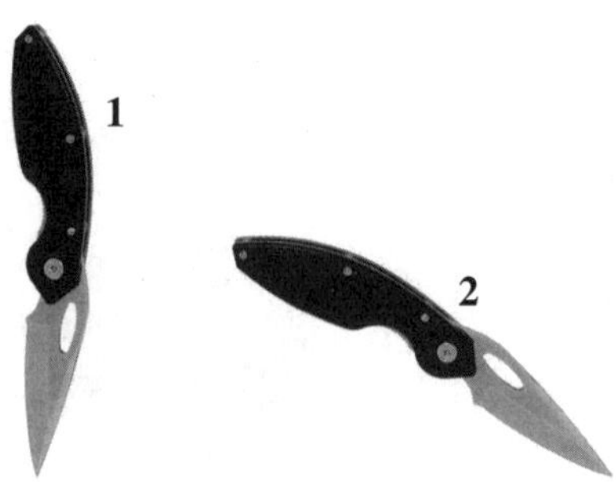

A) La lama "1"
B) La lama "2"
C) Tutte e due

9) Se le forze di spinta, indicate dalle frecce, sono le stesse, da quale parte andrà il palloncino?

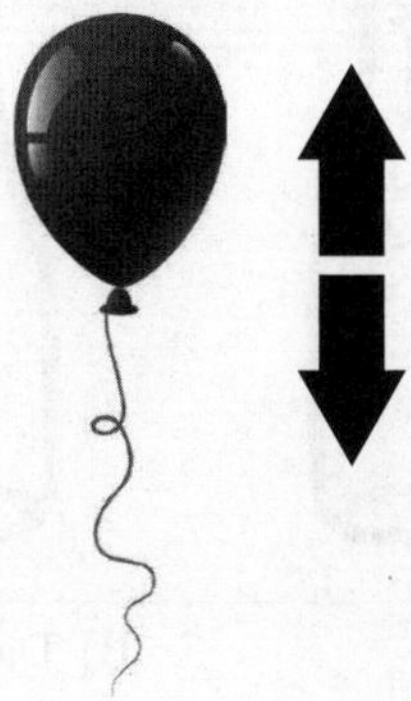

A) Verso il basso
B) Verso l'alto
C) In nessuna

10) Quale camion è più probabile che possa spostarsi?

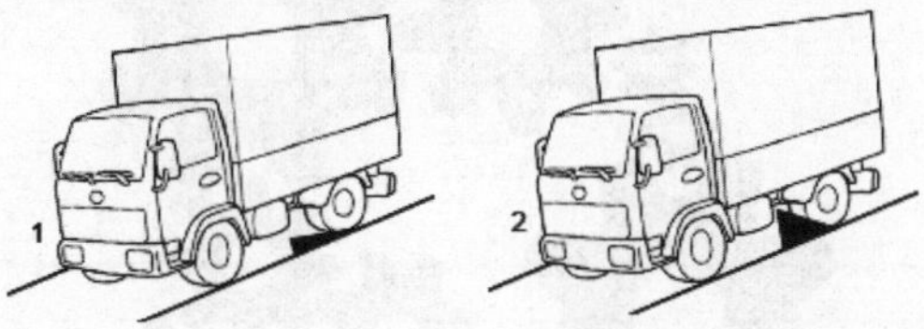

A) Il camion "1"
B) Il camion "2"
C) Tutti e due

11) Quale ballerina avrà meno probabilità di rimanere in equilibrio?

A) La ballerina "1"
B) La ballerina "2"
C) Nessuna

12) Da quale bottiglia l'acqua uscirà più facilmente?

A) Dalla bottiglia "1"
B) Dalla bottiglia "2"
C) Da nessuna

13) Se la ruota dentata "A" gira in senso orario, quali ruote gireranno nel senso opposto?

A) C, E, F
B) B, D, G
C) Tutte le altre

14) Quale ruota girerà più velocemente?

A) La ruota "1"
B) La ruota "2"
C) Nessuna

15) Su quale molla viene esercitata una pressione maggiore?

A) La molla “1” B) La molla “2”
C) Tutte e due

RISPOSTE CORRETTE

1	A	**3**	B	**5**	B	**7**	C	**9**	C	**11**	B	**13**	B	**15**	A
2	A	**4**	A	**6**	B	**8**	B	**10**	A	**12**	A	**14**	B		

3.2 Logica visiva

➤ Individuare la margherita che completa logicamente la serie.

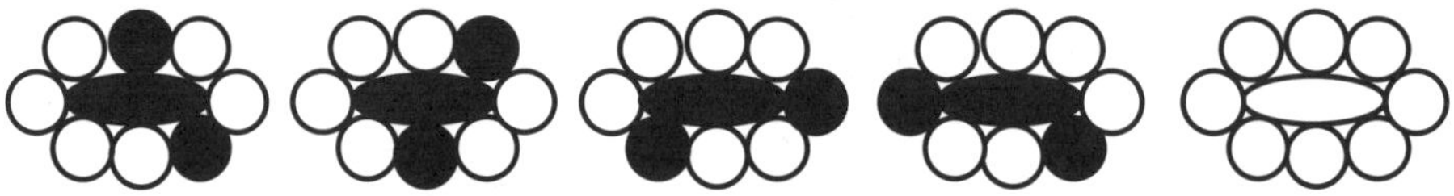

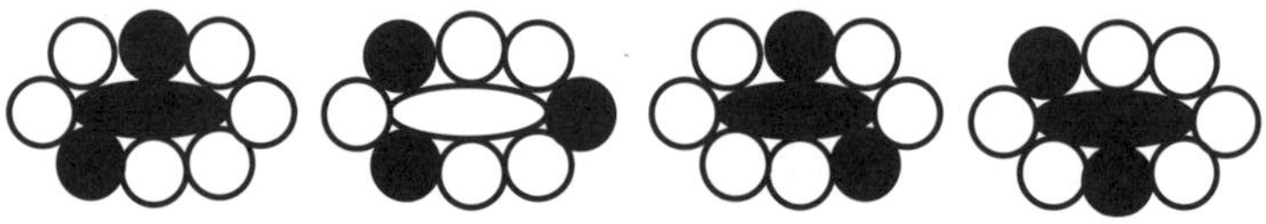

A) B) C) D)

Questo tipo di esercizio è di facile risoluzione; balza subito agli occhi che il "petalo scuro" nelle immagini successive si sposta sempre di una posizione in senso orario mentre la parte centrale è sempre scura. L'alternativa corretta è pertanto la lettera D.

1) Individuare la margherita che completa logicamente la serie.

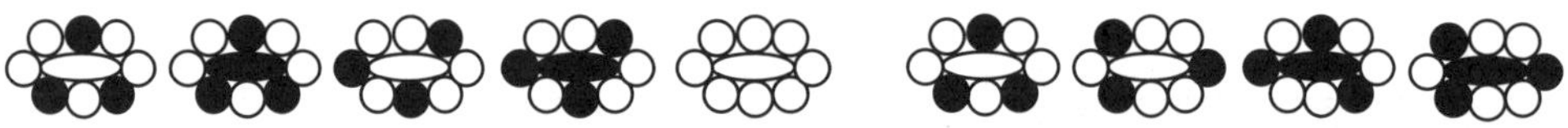

A) B) C) D)

2) Individuare la margherita che completa logicamente la serie.

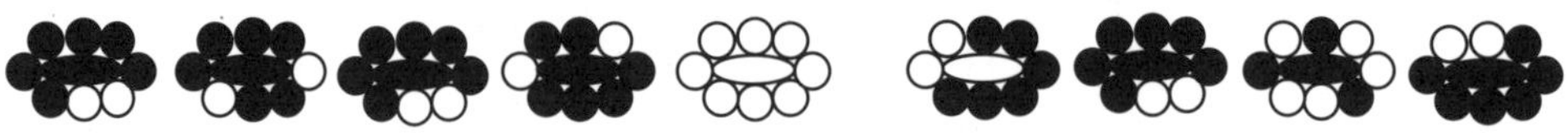

A) B) C) D)

3) Individuare la margherita che completa logicamente la serie.

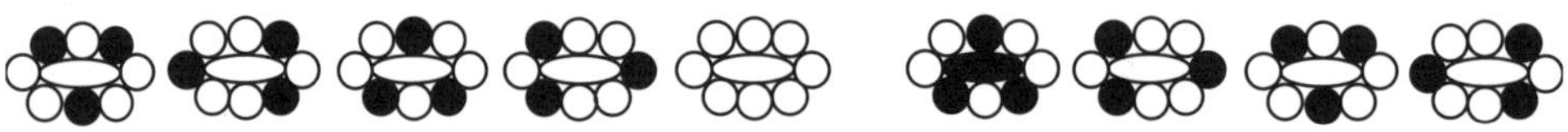

A) B) C) D)

4) Individuare la margherita che completa logicamente la serie.

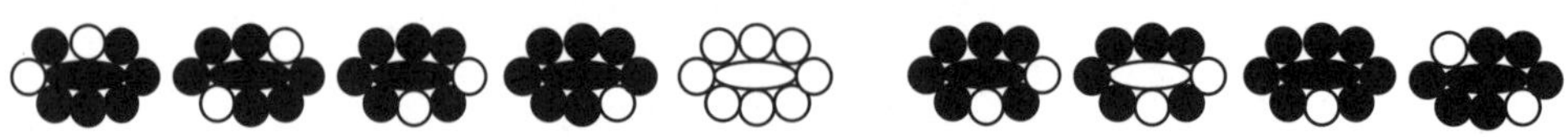

A) B) C) D)

5) Individuare la margherita che completa logicamente la serie.

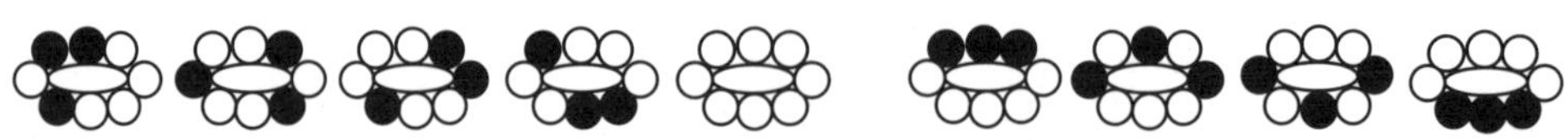

A) B) C) D)

6) Individuare la margherita che completa logicamente la serie.

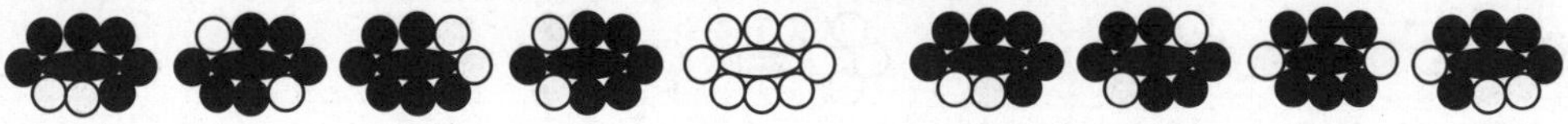

A) B) C) D)

7) Individuare la margherita che completa logicamente la serie.

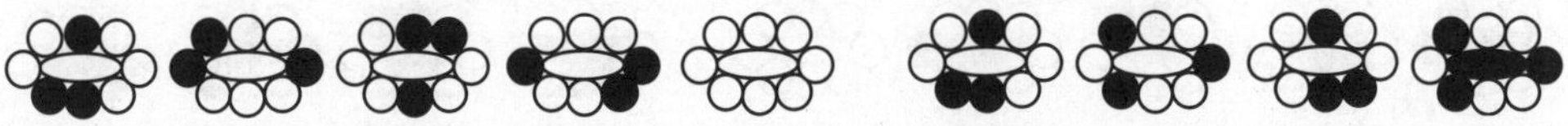

A) B) C) D)

8) Individuare la margherita che completa logicamente la serie.

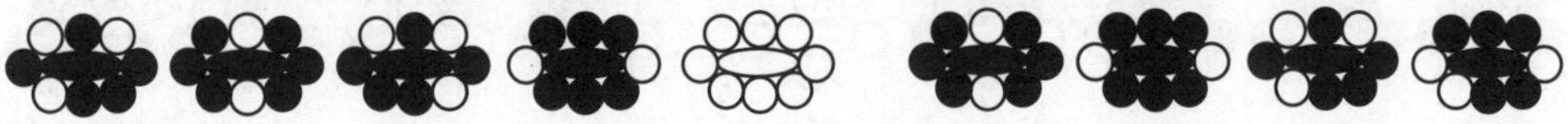

A) B) C) D)

9) Individuare la margherita che completa logicamente la serie.

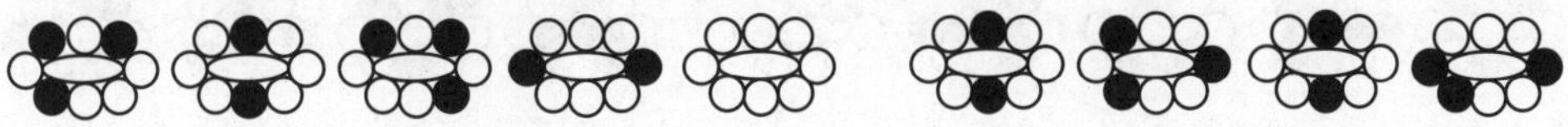

A) B) C) D)

10) Individuare la margherita che completa logicamente la serie.

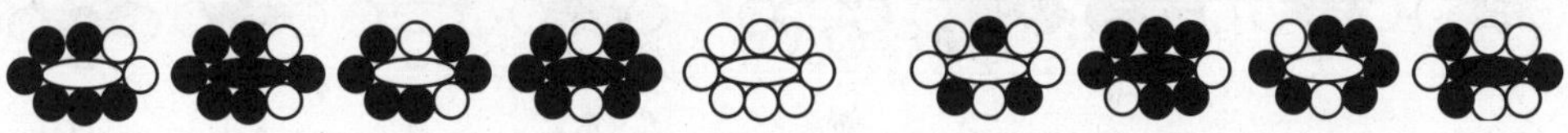

A) B) C) D)

11) Individuare la margherita che completa logicamente la serie.

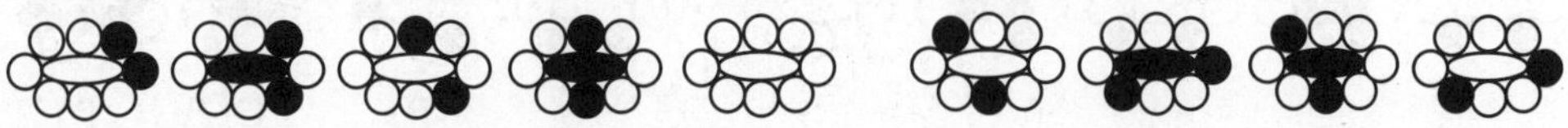

A) B) C) D)

12) Individuare la margherita che completa logicamente la serie.

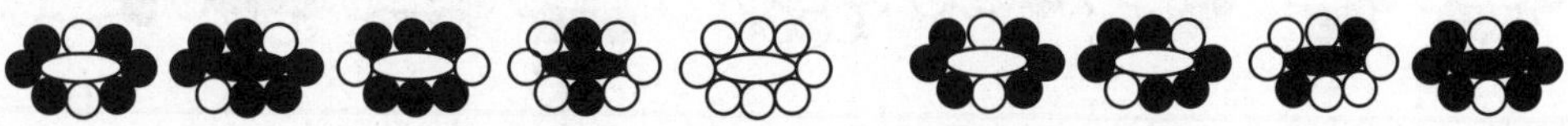

A) B) C) D)

13) Individuare la margherita che completa logicamente la serie.

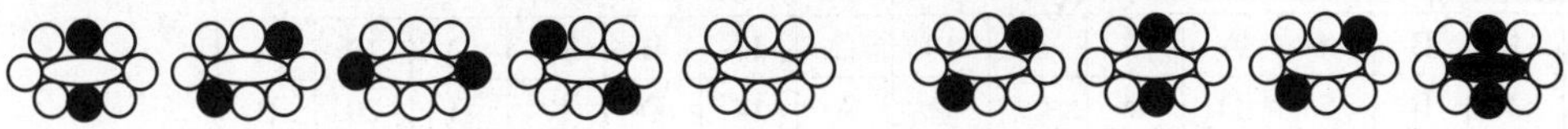

A) B) C) D)

14) Individuare la margherita che completa logicamente la serie.

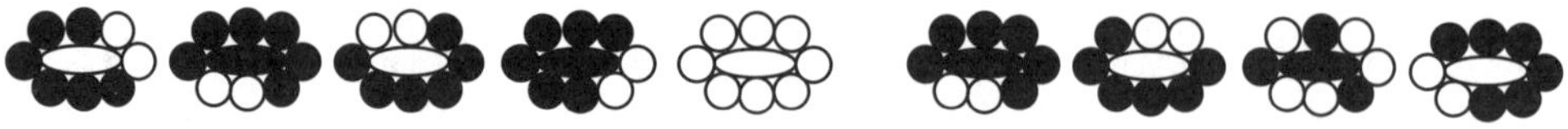

A) B) C) D)

15) Individuare la margherita che completa logicamente la serie.

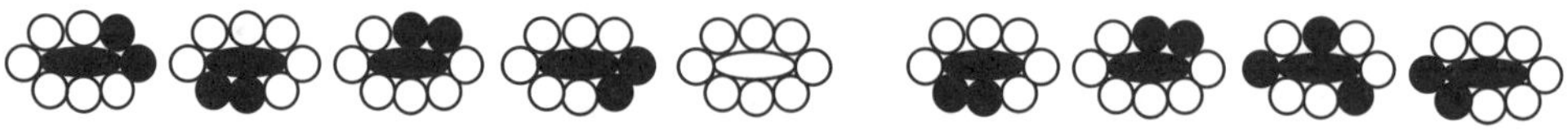

A) B) C) D)

16) Individuare la margherita che completa logicamente la serie.

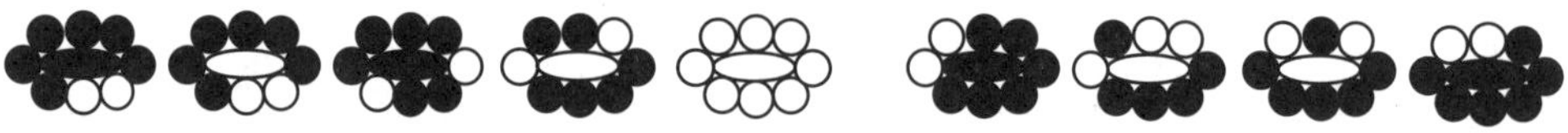

A) B) C) D)

17) Individuare la margherita che completa logicamente la serie.

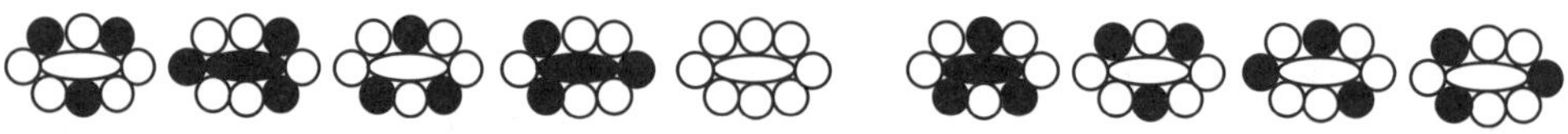

A) B) C) D)

18) Individuare la margherita che completa logicamente la serie.

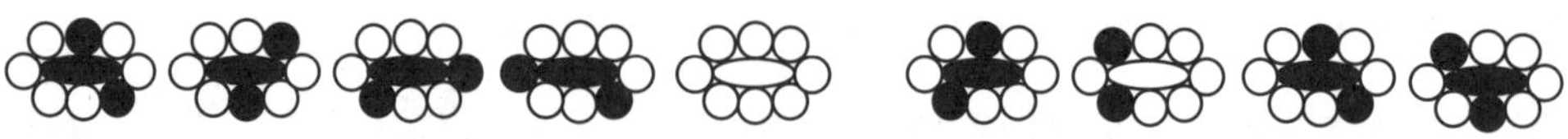

A) B) C) D)

19) Individuare la margherita che completa logicamente la serie.

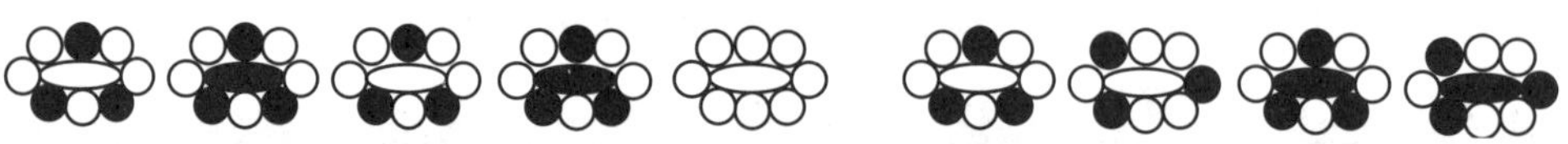

A) B) C) D)

20) Individuare la margherita che completa logicamente la serie.

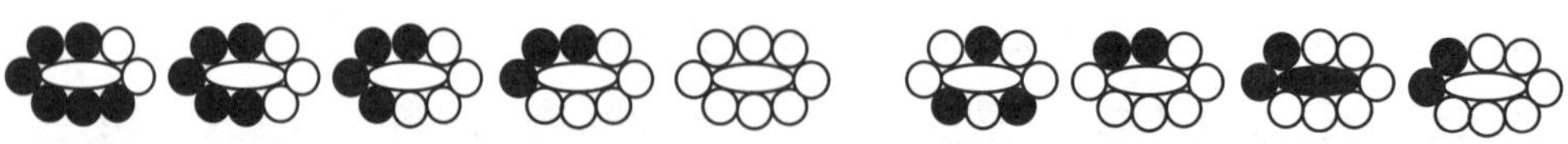

A) B) C) D)

Risposte corrette

1	B	**4**	A	**7**	A	**10**	C	**13**	B	**16**	D	**19**	A
2	B	**5**	D	**8**	C	**11**	A	**14**	D	**17**	B	**20**	B
3	C	**6**	A	**9**	B	**12**	A	**15**	D	**18**	D		

3.3 Proporzioni con parole

1) Consentito sta a Libero come Coatto sta a x
A) Vero B) Obbligatorio C) Cotto D) Nascosto

2) Celato sta a Palese come Nascosto sta a x
A) Inesperto B) Latente C) Evidente D) Palestra

3) Matematica sta a Topologia come Biologia sta a x
A) Botanica B) Biologo C) Bioma D) Biomorfosi

4) Lattaio sta a Latte come Acquaiolo sta a x
A) Acquerelli B) Bevande C) Pesce D) Acqua

5) Miopia sta a Vista come Dislalia sta a x
A) Articolazioni B) Cuore C) Udito D) Parola

6) Scienziato sta a Scienze come Biologo sta a x
A) Biologia
B) Bioagricoltura
C) Biotipo
D) Bioscopia

7) Amore sta a Odio come Passione sta a x
A) Desiderio B) Cattiveria C) Indifferenza D) Simpatia

8) Tevere sta a Lazio come Basento sta a x
A) Campania B) Calabria C) Basilicata D) Puglia

9) Gomma da masticare sta a Cicca come Mozzicone sta a x
A) Mozzare B) Fumare C) Cicca D) Sigaretta

10) Ragnatela sta a Seta come Ragno sta a x
A) Lumaca B) Larva C) Ape D) Baco

11) Reale sta a Vero come Chimera sta a x
A) Menzogna B) Finzione C) Falsità D) Fantasia

12) Elogiare sta a Lodare come Biasimare sta a x
A) Criticare B) Encomiare C) Esaltare D) Abbassare

13) Venere sta a Bellezza come Minerva sta a x
A) Sapienza B) Pace C) Matrimoni D) Vento

14) Fondamentale sta a Complementare come Principale sta a x
A) Complimento B) Secondario C) Essenziale D) Successivo

15) Lauto sta ad Abbondante come Connubio sta a x
A) Cooperazione B) Unione C) Diversità D) Incontro

16) Comandare sta a Obbedire come Espellere sta a x
A) Introdurre B) Cacciare C) Allontanare D) Sperimentare

17) Futuro sta a Nascerò come Participio passato sta a x
A) Nasciuto B) Nascendo C) Nascente D) Nato

18) Maestro sta a Insegnante come Apostolo sta a x
A) Apprendistato B) Banco C) Discente D) Messia

19) Eremita sta a Solitudine come Anacoreta sta a x
A) Gruppo B) Compagnia C) Libertà D) Isolamento

20) Corrusco sta a Splendente come Malaticcio sta a x
A) Cagionevole B) Forte C) Robusto D) Villano

Risposte corrette

1	B	**4**	D	**7**	C	**10**	D	**13**	A	**16**	A	**19**	D
2	C	**5**	D	**8**	C	**11**	D	**14**	B	**17**	D	**20**	A
3	A	**6**	A	**9**	C	**12**	A	**15**	B	**18**	C		

3.4 Serie numeriche

In questo tipo di test bisogna individuare la chiave logica che lega gli elementi noti della serie, quindi occorre applicare tale procedimento per trovare gli elementi ignoti. Le serie alfabetiche e alfanumeriche proposte riguardano l'alfabeto inglese, composto da 26 lettere.

1) 1 3 5 7 9 ...
A) 13 B) 11 C) 9 D) 15

2) 15 18 21 24 27 ...
A) 31 B) 33 C) 30 D) 19

3) 2 6 10 14 18 ...
A) 22 B) 18 C) 24 D) 20

4) 2 5 8 11 14 17 ...
A) 22 B) 20 C) 21 D) 19

5) 5 9 13 17 21 ...
A) 23 B) 26 C) 24 D) 25

6) 7 13 19 25 31 ...
A) 34 B) 37 C) 35 D) 38

7) 35 28 21 14 7 ...
A) 0 B) 1 C) 2 D) 3

8) 4 9 14 19 24 ...
A) 30 B) 31 C) 29 D) 27

9) 9 17 25 33 41 ...
A) 52 B) 49 C) 47 D) 50

10) 40 34 29 25 22 ...
A) 20 B) 21 C) 18 D) 16

11) 29 26 23 20 17 ...
A) 10 B) 13 C) 14 D) 17

12) 576 288 144 72 36 ...
A) 28 B) 25 C) 30 D) 18

13) 05 04 03 02 01 00 99 98 ...
A) 97 B) 95 C) 00 D) 90

14) 217 238 259 280 301 ...
A) 315 B) 310 C) 322 D) 318

15) 2 4 8 14 22 32 ...
A) 40 B) 44 C) 38 D) 36

16) 70 67 63 58 52 45 ...
A) 37 B) 39 C) 40 D) 42

17) 30 26 21 15 8 ...
A) 1 B) 4 C) 0 D) 2

18) 25 22 19 16 13 ...
A) 6 B) 8 C) 11 D) 10

19) 3 7 12 18 25 ...
A) 33 B) 30 C) 28 D) 31

20) 165 174 183 192 201 ...
A) 212 B) 215 C) 208 D) 210

21) C G K O ... ...
A) F-H B) P-J C) M-W D) S-W

22) B C D F G ... ...
A) H-J B) L-W C) F-L D) P-M

23) L O R U ... ...
A) Y-B B) Y-A C) X-A D) X-B

24) ... Y W U S ...
A) P-Z B) A-Q C) B-R D) C-G

25) C A D B E ... ...
A) C-F B) G-M C) H-W D) G-P

26) S V Y B ... ...
A) E-L B) I-P C) E-M D) E-H

27) B C ... E F ...
A) D-L B) D-G C) E-M D) L-H

28) C G K ... S ...
A) O-P B) H-M C) O-W D) H-M

29) C G F J ... ...
A) I-M B) I-F C) L-M D) F-V

30) H G F E D ... ...
A) C-R B) C-B C) G-M D) L-L

31) B D F J ...
A) P B) T C) G D) M

32) C K S ... ...
A) A-F B) M-O C) M-T D) A-I

33) B 5 E 8 H 11 ... ...
A) K-14 B) T-13 C) K-12 D) G-14

34) W 18 M 8 ...
A) C B) F C) L D) G

35) A 2 D 8 ...
A) F B) L C) M D) P

36) X 21 R 15 L ... ...
A) 9-F B) 7-P C) 11-M D) 14-H

37) 16 H 4 B ...
A) 12 B) 1 C) 10 D) 8

38) A2 C5 E8 G11 ... ...
A) H6-L10 B) I16-M18 C) I14-K17 D) L16-R18

39) N1 K2 H4 ... ...
A) E5-B10 B) E6-B10 C) E10-B12 D) E8-B16

40) 2B4 6D8 10F12 14H16 ... ...
A) 18J20-22L24 B) 18M20-22R24 C) 16J20-22M24 D) 16P20-20L20

Risposte corrette

1	B	**6**	B	**11**	C	**16**	A	**21**	D	**26**	D	**31**	A	**36**	A
2	C	**7**	A	**12**	D	**17**	C	**22**	A	**27**	B	**32**	D	**37**	B
3	A	**8**	C	**13**	A	**18**	D	**23**	C	**28**	C	**33**	A	**38**	C
4	B	**9**	B	**14**	C	**19**	A	**24**	B	**29**	A	**34**	A	**39**	D
5	D	**10**	A	**15**	B	**20**	D	**25**	A	**30**	B	**35**	D	**40**	A

3.5 Equazioni con simboli

1) Individuare il valore di △ sapendo che:

△ = ✻ – 1
✻ + ✻ = 4

A) 1 B) 2 C) 4 D) 0

2) Individuare il valore di ◇ sapendo che:

◇ = ✿ – 2
✿ + ✿ = 6

A) 2 B) 1 C) 0 D) –1

3) Individuare il valore di □ sapendo che:

□ = ◇ + 2
2◇ – ◇ = 0

A) 1 B) 2 C) 0 D) 4

4) Calcolare il valore di △ sapendo che:

△ + △ = ○ + ○
○ = ● + ✻
● + ✻ = 12

A) Indeterminato B) 0 C) 4 D) 12

5) Individuare il valore di ▽ sapendo che:

▽ + ▽ = △ + △
△ = ● – □
● – □ = 4

A) 4 B) 6 C) 2 D) 8

6) Individuare il valore di ✻ sapendo che:

✿ = 8
● – × – ✿ = ✻
● – × = 64

A) 30 B) 56 C) 60 D) 80

7) Individuare il valore di △ sapendo che:

◇ – ○ = △
◇ – ○ + △ + △ = 48

A) 12 B) 16 C) 18 D) 20

8) Individuare il valore di × sapendo che:
○ + □ – 3 = 3
× = ○ + □

A) 6 B) 2 C) 8 D) 10

9) Individuare il valore di × sapendo che:
○ + ○ – × = 13
○ = 11

A) 10 B) 9 C) – 9 D) 12

10) Individuare il valore di ○ sapendo che:
× + × – ● = 4
× + × = 26
● + ● = ○

A) 30 B) 16 C) 44 D) 8

11) Individuare il valore di ♡ sapendo che:
✱ – ♡ = 2
✱ + ✱ = ○
○ = 20

A) 8 B) 10 C) – 8 D) – 6

12) Individuare il valore di × sapendo che:
× = ♡ + 3
♡ = ○ + 2
○ = 5

A) 16 B) 8 C) 10 D) 5

13) Individuare il valore di □ sapendo che:
× + 1 = □
× + □ = ♡ + ♡ + ♡
♡ = 1

A) 1 B) 2 C) 3 D) 6

14) Individuare il valore di × sapendo che:
○ + ○ + × = 5
○ = 2

A) 1 B) 0 C) 10 D) 3

15) Individuare il valore della y sapendo che:
x + y = 12
x = y + y

A) 6 B) 2 C) 4 D) 0

16) Individuare il valore di □ sapendo che:
□ + □ + □ – ○ – ○ = 2
○ = 5

A) 4 B) 0 C) 16 D) 2

17) Individuare il valore di ○ sapendo che:
• + • = ○
○ + × = 6
• + • = ×

A) 2 B) 3 C) 0 D) 8

18) Individuare il valore di □ sapendo che:
✱ + ● = 15
● + ● = 26
□ + □ = ✱

A) 6 B) 5 C) 1 D) 2

19) Individuare il valore di ◇ sapendo che:
○ – ◇ = △
△ + △ = ○
○ = 6

A) 3 B) – 3 C) 2 D) 6

20) Individuare il valore di ♡ sapendo che:
♡ = ○ – 1
○ + ○ = 10

A) 3 B) 4 C) 2 D) 0

21) Individuare il valore di ■ sapendo che:
■ + ■ = ◆
◆ = 6

A) 2 B) 3 C) 1 D) 4

22) Individuare il valore di ● sapendo che:
● + ● = ■
■ = 2

A) 0 B) 2 C) 1 D) 3

23) Individuare il valore di □ sapendo che:
□ × □ = ◆
◆ = 4

A) 5 B) 4 C) 1 D) 2

24) Individuare il valore di ❖ sapendo che:
❖ + ❖ = ❒
❒ = 10

A) 2 B) 5 C) 3 D) 4

25) Individuare il valore di ⌘ sapendo che:
⌘ + ⌘ = 💧
💧 = 18

A) 1
B) 3
C) 5
D) Nessuna delle risposte è corretta

26) Individuare il valore di ⍓ sapendo che:
(⍓ × ⍓) – ■ = ■
■ = 2

A) 2 B) 0 C) 1 D) 3

27) Individuare il valore di ☒ sapendo che:
☒ × ☒ – ◆ = ◆
◆ = 8

A) 5 B) 4 C) 1 D) 2

28) Individuare il valore di ❖ sapendo che:
❖ + (❖ : ◆) = ◆
◆ = 2

A) 2
B) 5
C) 3
D) Nessuna delle risposte è corretta

29) Individuare il valore di ❀ sapendo che:
❀ × ❀ : ✿ = ✿
✿ = 5

A) 0 B) 1 C) 10 D) 5

30) Individuare il valore di ⊙ sapendo che:
⊙ + ⊙ – ⭘ = ⭘
⭘ = 8

A) 7 B) 6 C) 8 D) 3

31) Individuare il valore di ✪ sapendo che:
☆ + (☆ : ✪) = ✪
☆ = 2

A) 5
B) 4
C) 1
D) Nessuna delle risposte è corretta

32) Individuare il valore di ☺ sapendo che:
☹ + (☹ : ☺) = ☺
☹ = 8

A) 4
B) 5
C) 3
D) Nessuna delle risposte è corretta

33) Individuare il valore di ⌘ sapendo che:
⌘ + ⌘ – ❖ = 8
❖ = 2

A) 1 B) 5 C) 6 D) 4

34) Individuare il valore di ⭘ sapendo che:
(⊙ : ⭘) + ⭘ = 6
⊙ = 8

A) 4 B) 8 C) 2 D) 6

35) Individuare il valore di □ sapendo che:
□ – 7 + ♦ = 8
♦ = 5

A) 12 B) 9 C) 10 D) 7

36) Individuare il valore di □ sapendo che:
□ × 5 : □ = 5
□ = 4

A) 4 B) 5 C) 3 D) 2

37) Individuare il valore di ❖ sapendo che:
❖ – ● + ● = ❖
● = 7

A) 16 B) 17 C) 15 D) 19

38) Individuare il valore di ☼ sapendo che:
28 = ☼ + (☼ × ☆)
☆ = 5 + ☼

A) 6
B) 5
C) 8
D) Nessuna delle risposte è corretta

39) Individuare il valore di ☺ sapendo che:
54 = (☺ × ☹) – ☺
☹ = ☺ – 2

A) 8 B) 7 C) 9 D) 6

40) Individuare il valore di ❀ sapendo che:
⌘ + ✿ – 6 = 6
❀ = ⌘ + ✿

A) 12 B) 8 C) 6 D) 9

41) Individuare il valore di ● sapendo che:
❒ – ■ + ● + ● = 24
❒ – ■ = ●

A) 5 B) 7 C) 8 D) 10

42) Individuare il valore di ◆ sapendo che:
❖ – ◆ = 7
❖ + ◆ + ◆ – ❖ = 16

A) 12 B) 8 C) 6 D) 9

43) Individuare il valore di ⊠ sapendo che:
⊠ + ⊠ + ⊠ – ⍓ – ⍓ = 11
⍓ = 5

A) 5
B) 3
C) 2
D) Nessuna delle risposte è corretta

44) Individuare il valore di ❑ sapendo che:
♦ + ♦ + ❑ = 24
♦ = 15 – ❑

A) 6
B) 7
C) 8
D) 9

45) Individuare il valore di ☼ sapendo che:
♒ + ♒ – ☼ = ☼
♒ = 7

A) 5
B) 6
C) 7
D) 8

46) Individuare il valore di ⊙ sapendo che:
18 = ❍ – □ + ⊙ + ⊙
⊙ = ❍ – □

A) 5
B) 8
C) 6
D) 4

47) Individuare il valore di ◘ sapendo che:
□ × 7 : ◘ = 15
□ = 15 × ◘

A) 7
B) 8
C) 9
D) 5

48) Individuare il valore di ✪ sapendo che:
● + 12 – ✪ = ✪
● = ✪ + 2

A) 12
B) 13
C) 14
D) 16

49) Individuare il valore di ❖ sapendo che:
❒ – ■ + ❖ + ❖ = 60
❒ – ■ = ❖

A) 30
B) 60
C) 17
D) Nessuna delle risposte è corretta

50) Individuare il valore di ⌘ sapendo che:
34 = (❍ × □) + ⌘ – ⌘
⌘ = ❍ + □

A) 36
B) 34
C) 32
D) Nessuna delle risposte è corretta

RISPOSTE CORRETTE

1	A	**8**	A	**15**	C	**22**	C	**29**	D	**36**	A	**43**	D	**50**	D
2	B	**9**	B	**16**	A	**23**	D	**30**	C	**37**	B	**44**	A		
3	B	**10**	C	**17**	B	**24**	B	**31**	D	**38**	D	**45**	C		
4	D	**11**	A	**18**	C	**25**	D	**32**	D	**39**	C	**46**	C		
5	A	**12**	C	**19**	A	**26**	A	**33**	B	**40**	A	**47**	A		
6	B	**13**	B	**20**	B	**27**	B	**34**	A	**41**	C	**48**	C		
7	B	**14**	A	**21**	B	**28**	D	**35**	C	**42**	B	**49**	D		

3.6 Completare la serie

1)

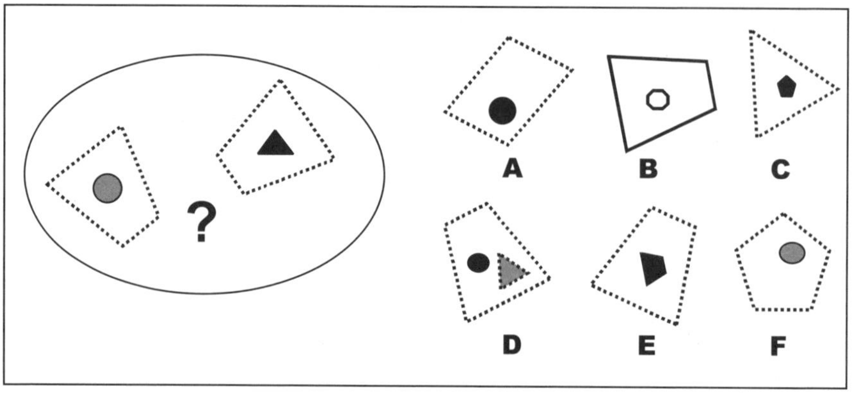

2)

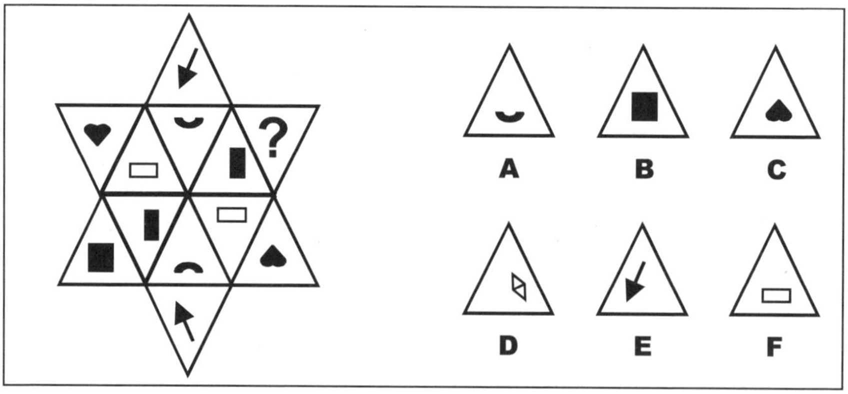

3)

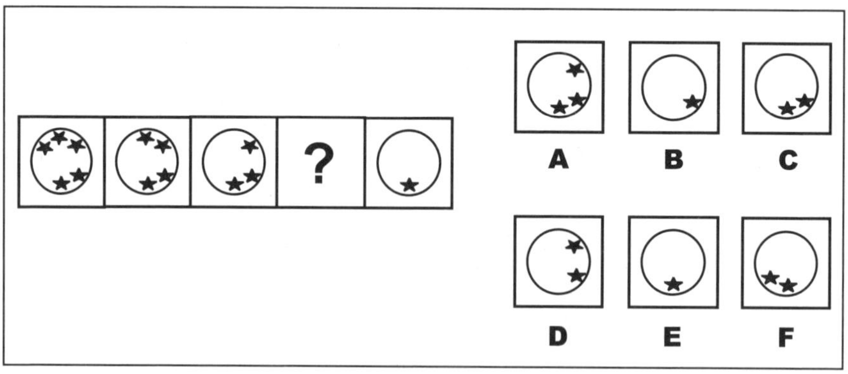

4)

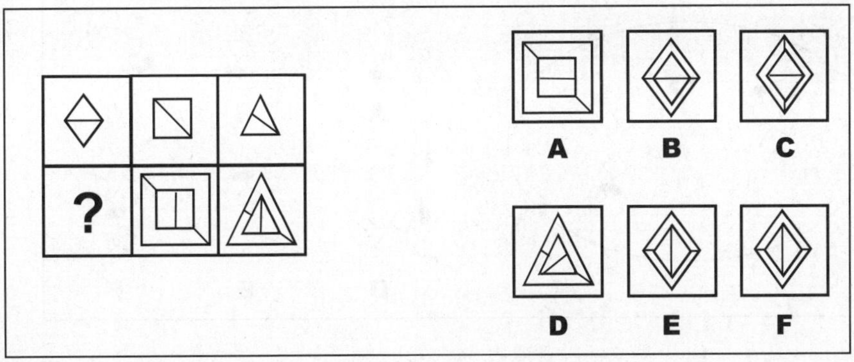

5)

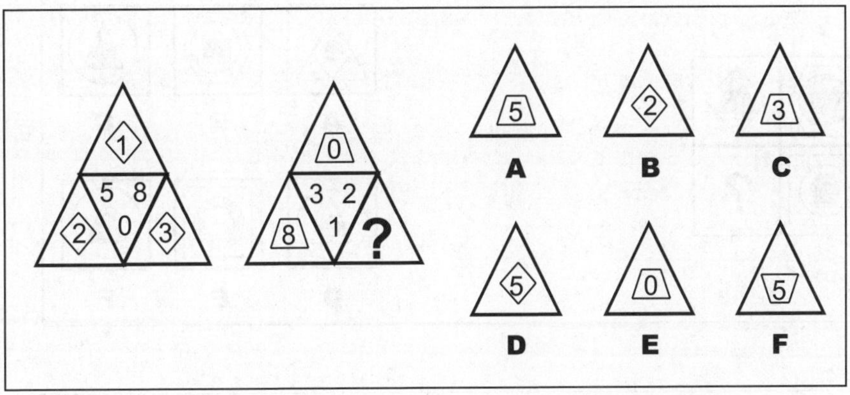

6)

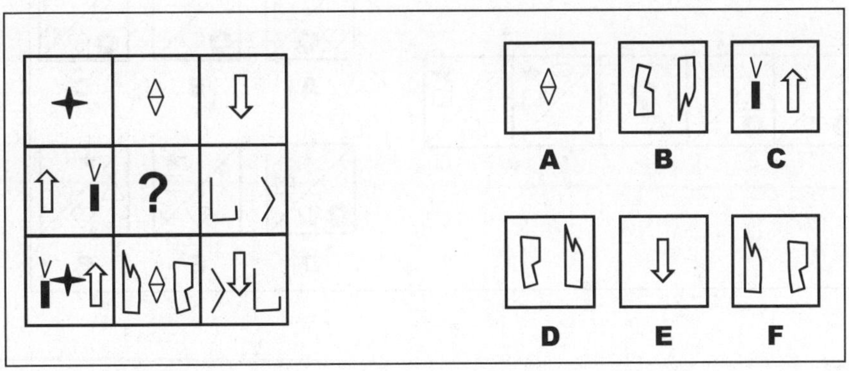

7)

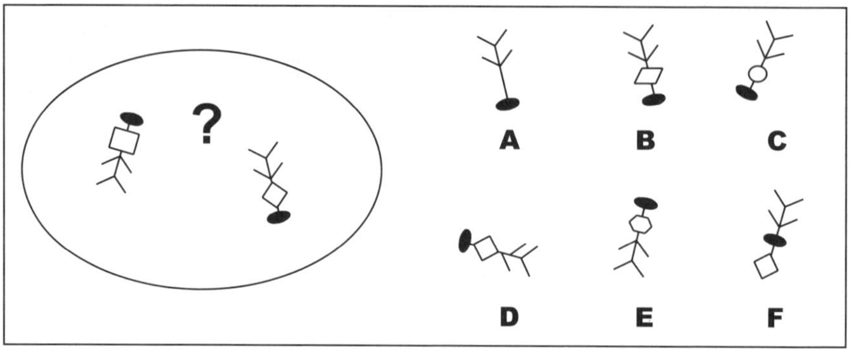

8)

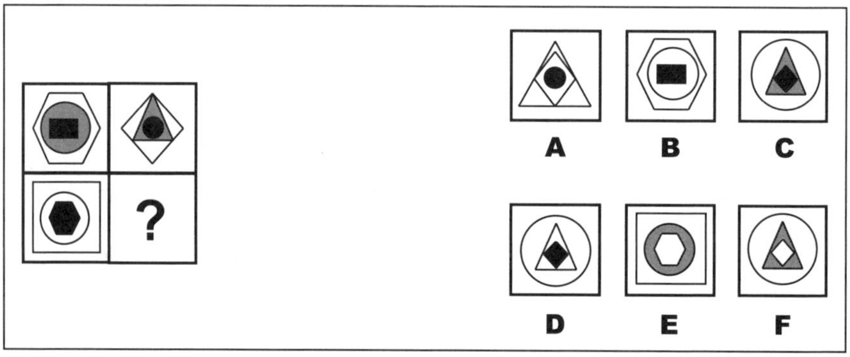

9)

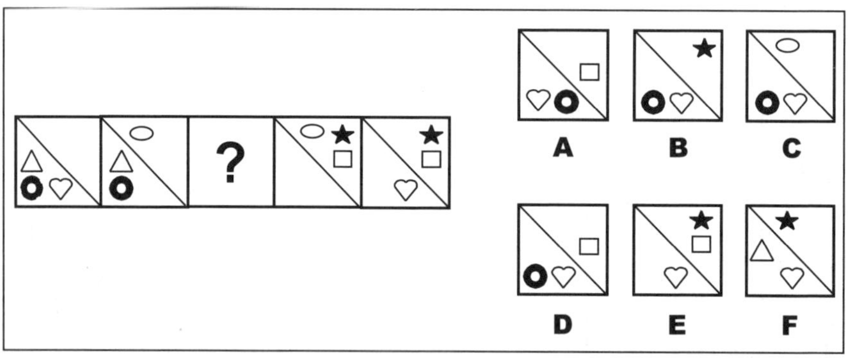

10)

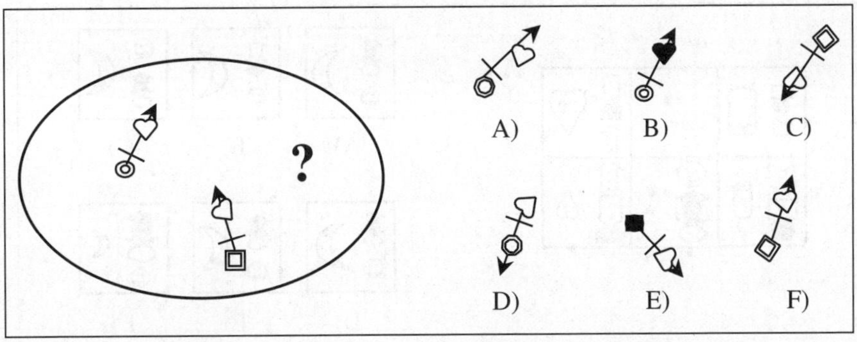

11)

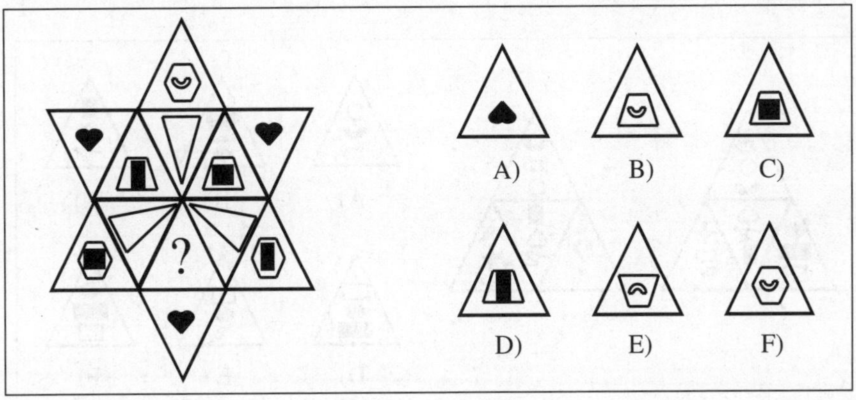

12)

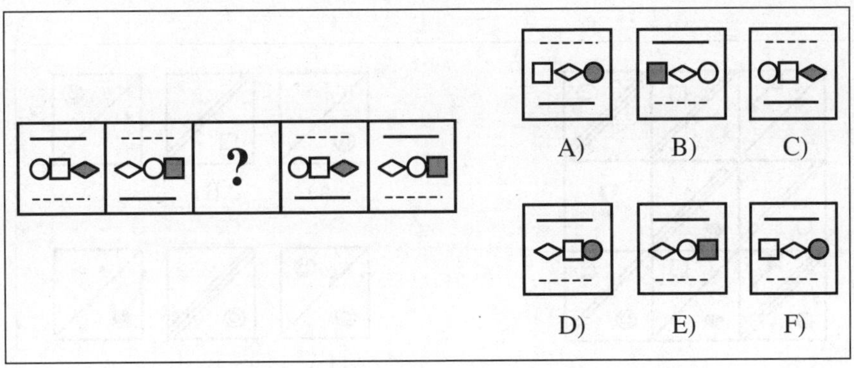

13)

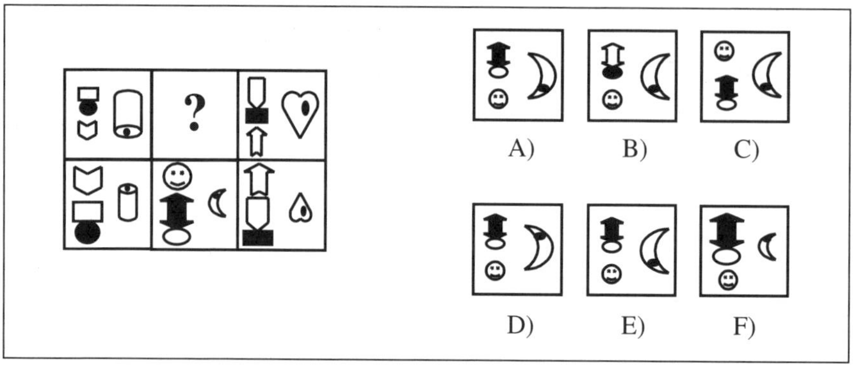

14)

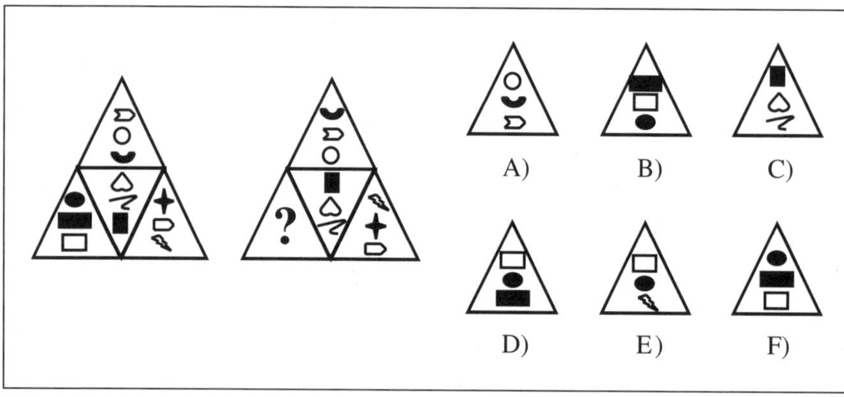

15)

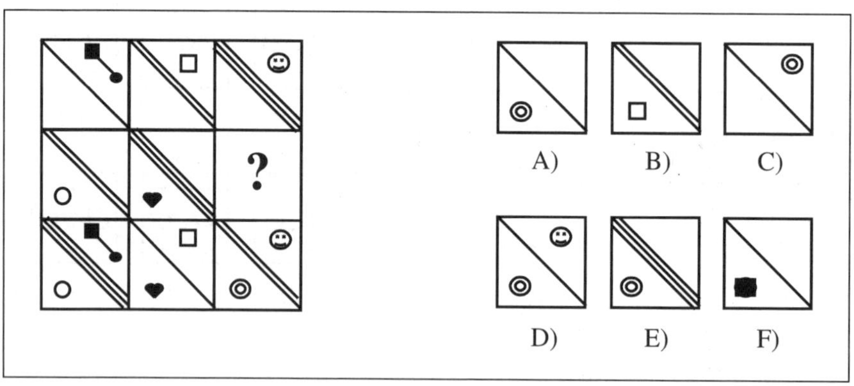

16)

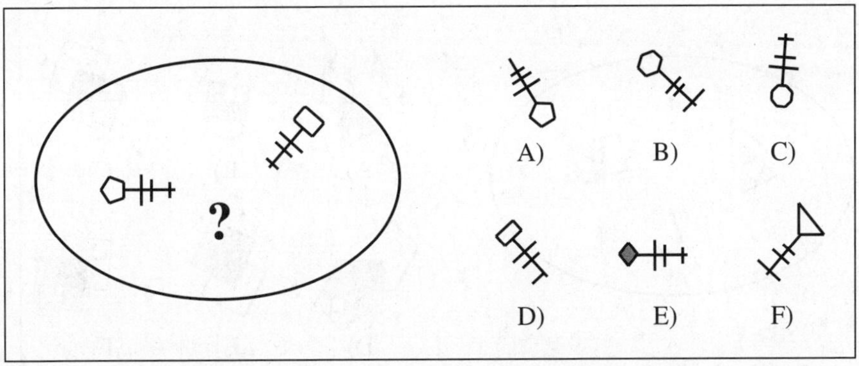

17)

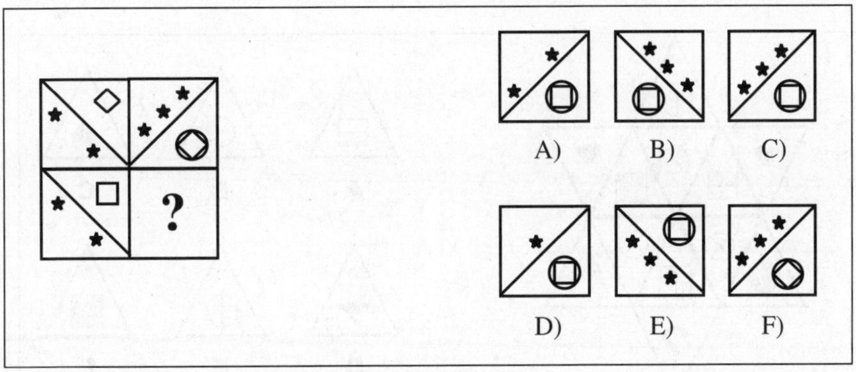

18)

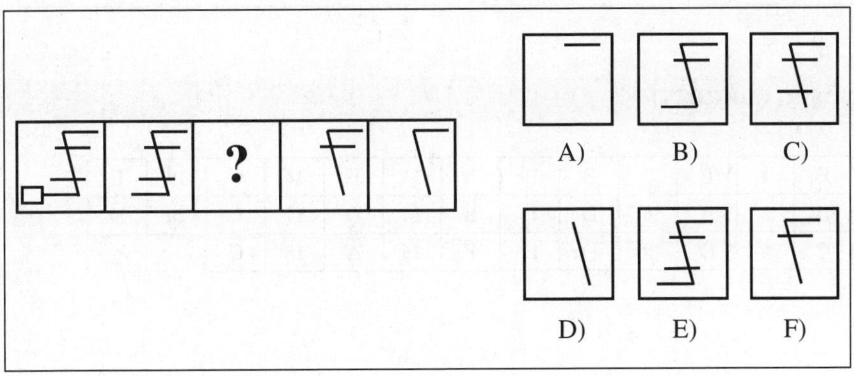

19)

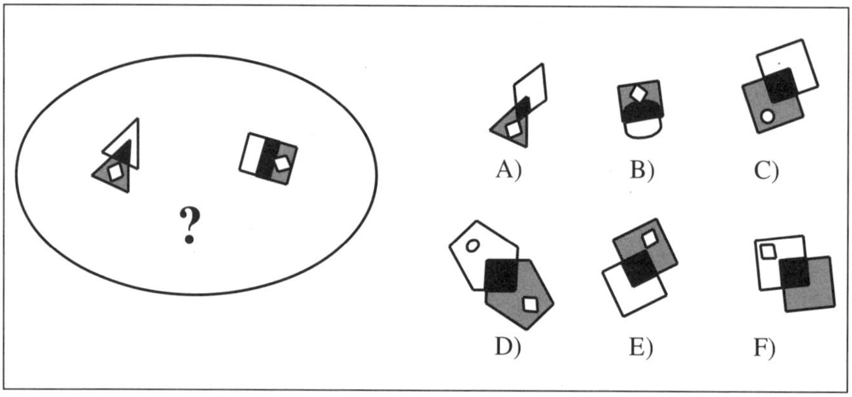

20)

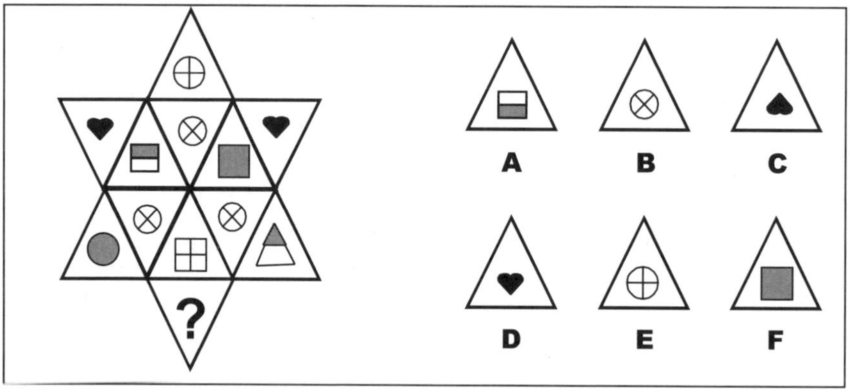

Risposte corrette

1	E	**4**	F	**7**	B	**10**	A	**13**	E	**16**	C	**19**	E
2	B	**5**	A	**8**	D	**11**	B	**14**	D	**17**	C	**20**	D
3	C	**6**	D	**9**	D	**12**	F	**15**	A	**18**	C		

3.7 Figure intruse

Eliminare i termini che non seguono la logica degli altri elementi

1)

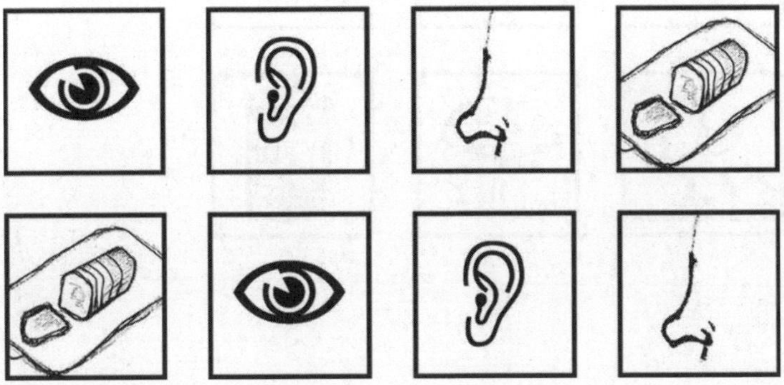

A) B) C) D)

2)

A) B) C) D)

3)

A) B) C) D)

4)

A) B) C) D)

5)

A) B) C) D)

6)

A) B) C) D)

7)

A) B) C) D)

8)

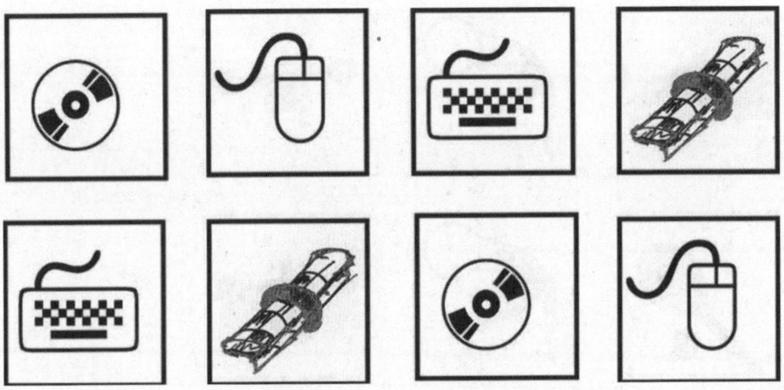

A) B) C) D)

9)

A) B) C) D)

10)

A) B) C) D)

11)

A) B) C) D)

12)

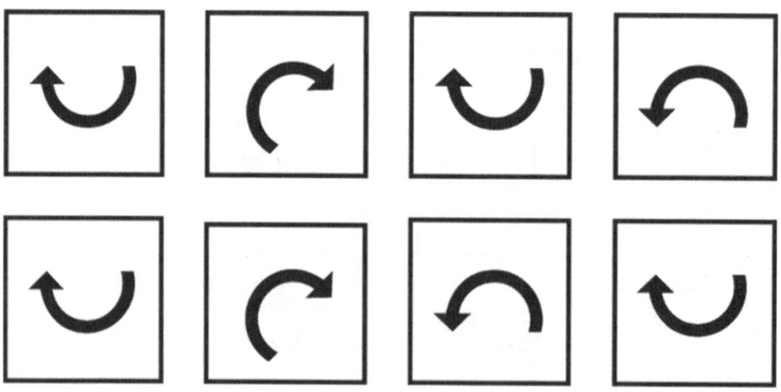

A) B) C) D)

13)

A) B) C) D)

14)

A) B) C) D)

15)

A) B) C) D)

16)

A) B) C) D)

17)

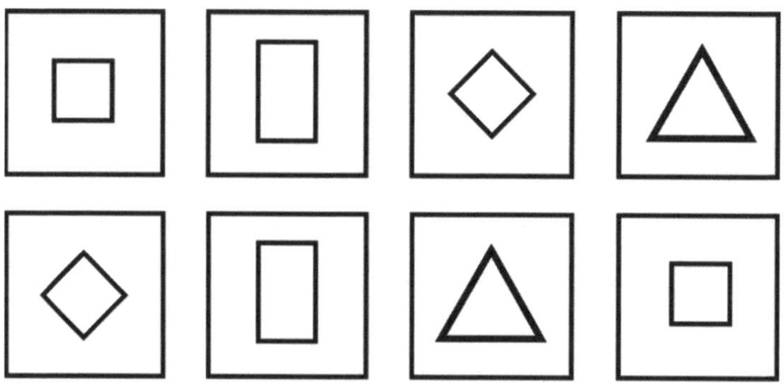

A) B) C) D)

18)

A) B) C) D)

19)

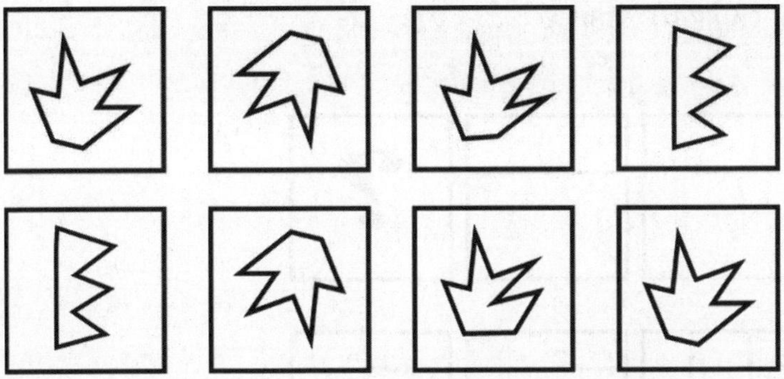

A) B) C) D)

20)

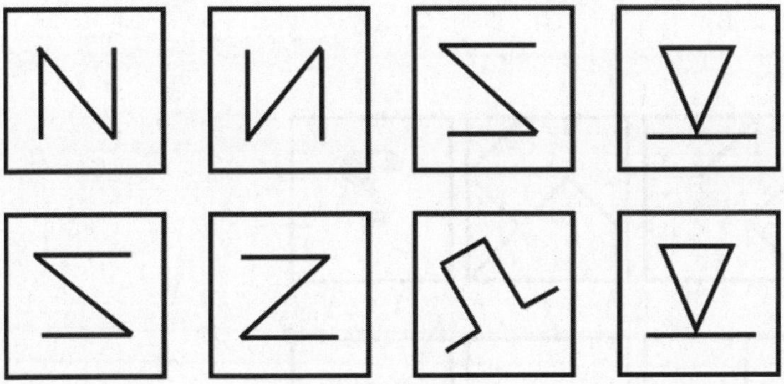

A) B) C) D)

Risposte corrette

1	A	**4**	B	**7**	D	**10**	C	**13**	A	**16**	A	**19**	A
2	C	**5**	A	**8**	B	**11**	B	**14**	B	**17**	C	**20**	D
3	D	**6**	D	**9**	A	**12**	C	**15**	A	**18**	D		

3.8 Continuare la serie visiva

1)

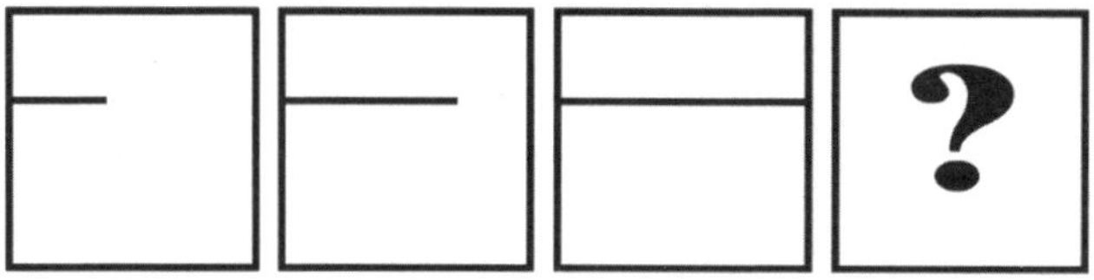

A) B) C) D)

2)

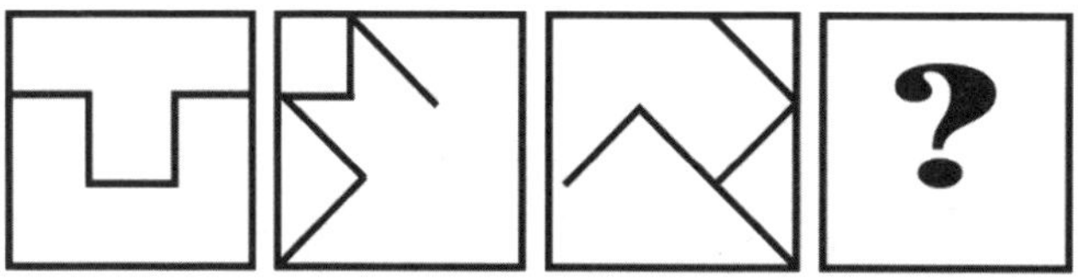

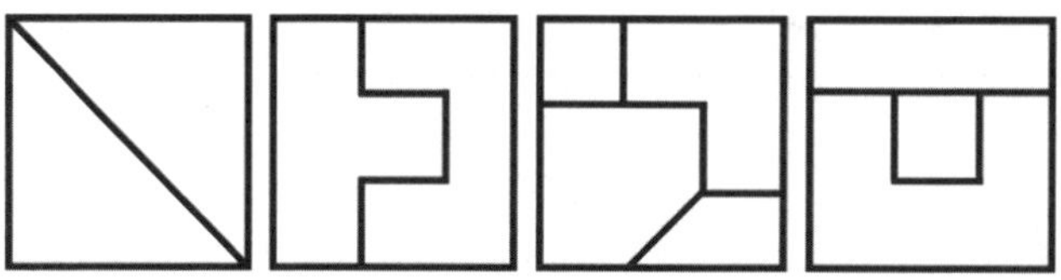

A) B) C) D)

3)

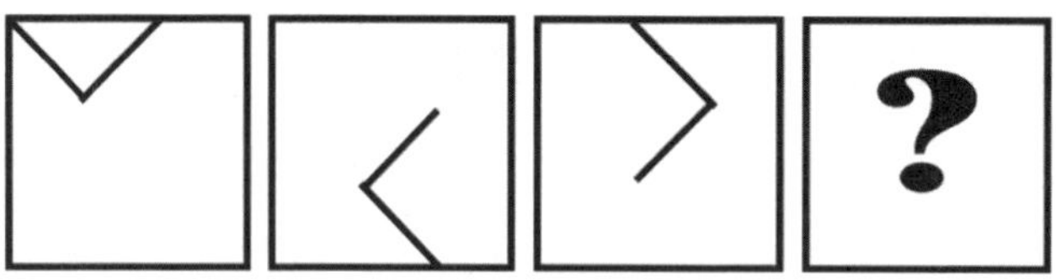

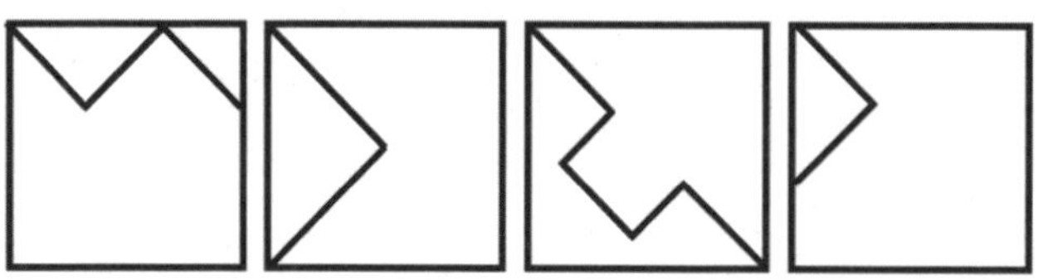

A) B) C) D)

4)

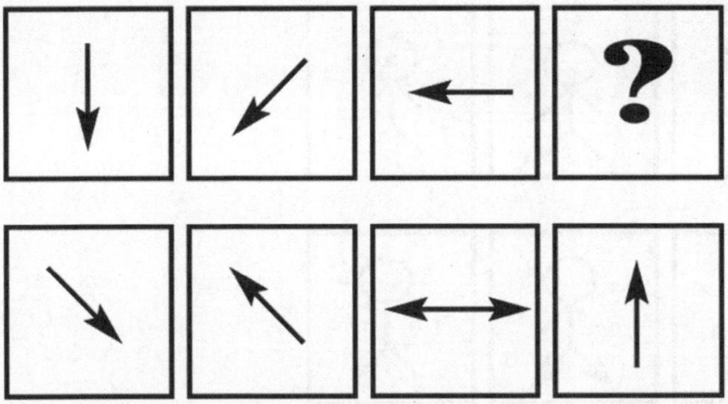

A) B) C) D)

5)

A) B) C) D)

6)

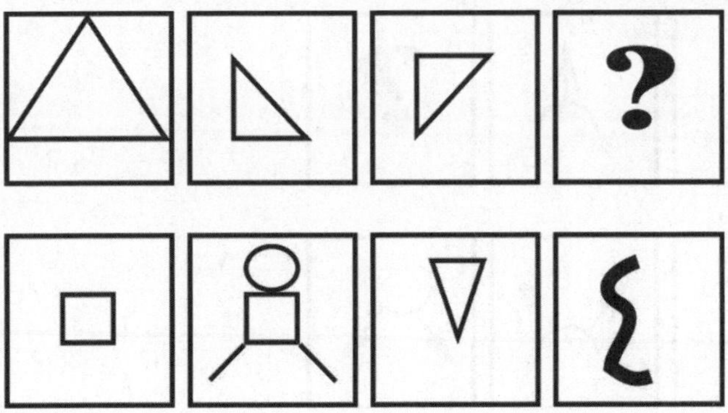

A) B) C) D)

7)

A) B) C) D)

8)

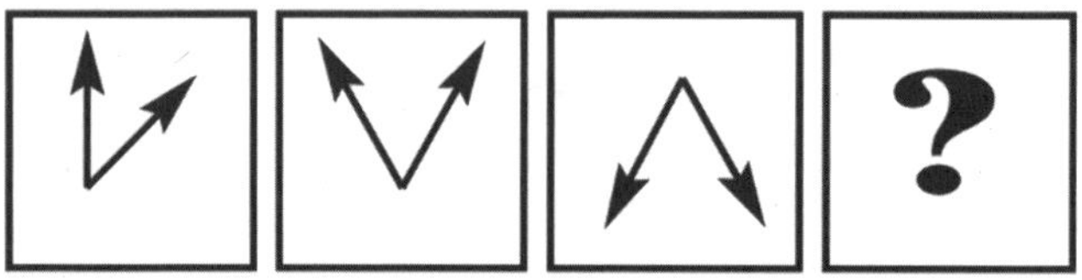

A) B) C) D)

9)

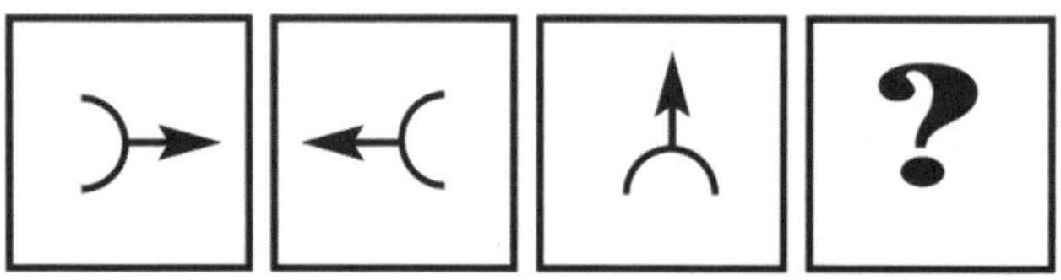

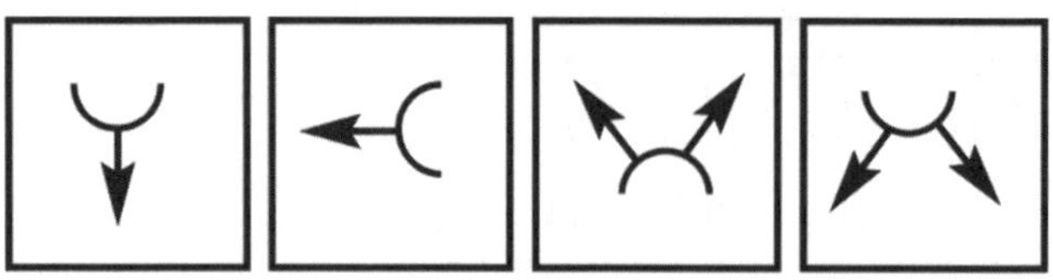

A) B) C) D)

10) 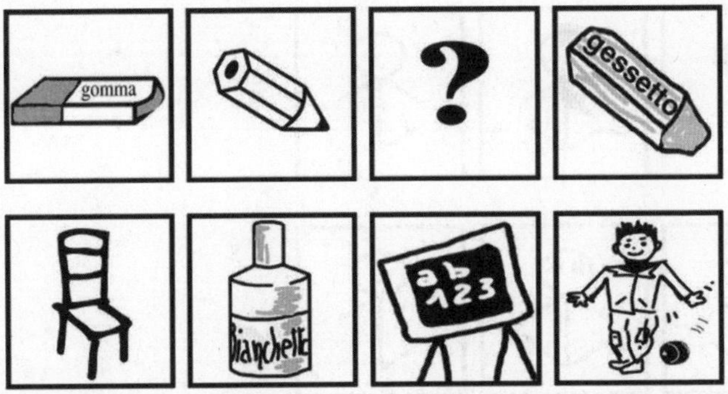

A) B) C) D)

11) 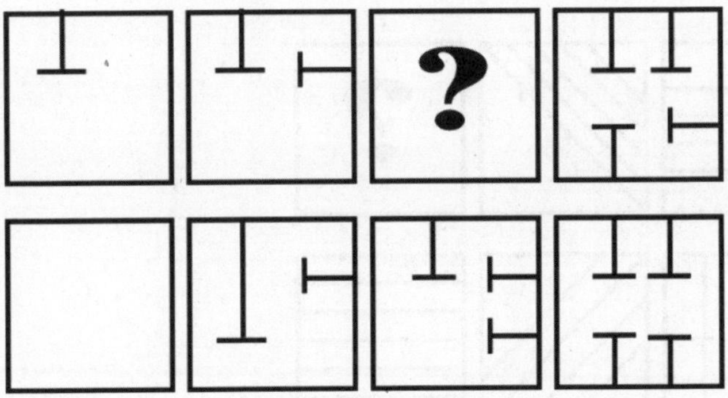

A) B) C) D)

12) 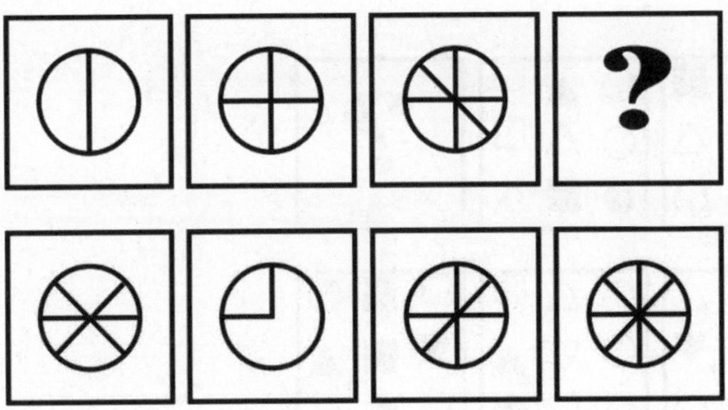

A) B) C) D)

13)

A) B) C) D)

14)

A) B) C) D)

15)

A) B) C) D)

16)

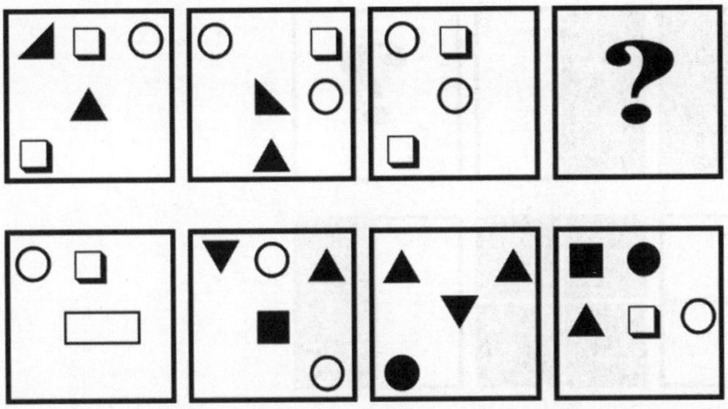

A) B) C) D)

17)

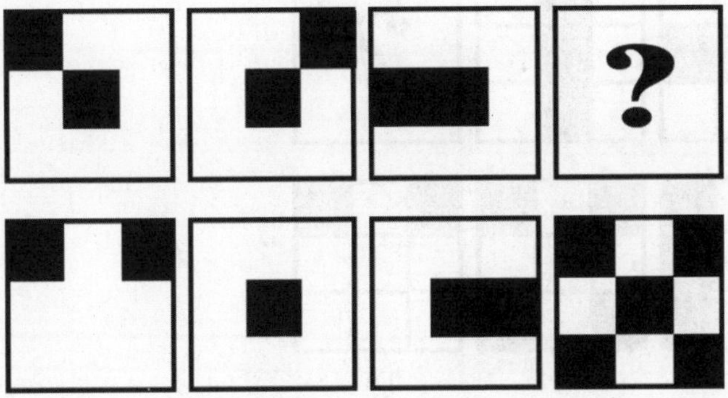

A) B) C) D)

18)

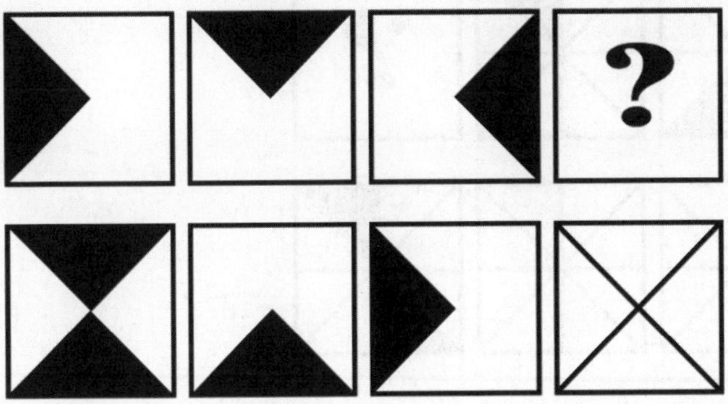

A) B) C) D)

19)

A) B) C) D)

20)

A) B) C) D)

21)

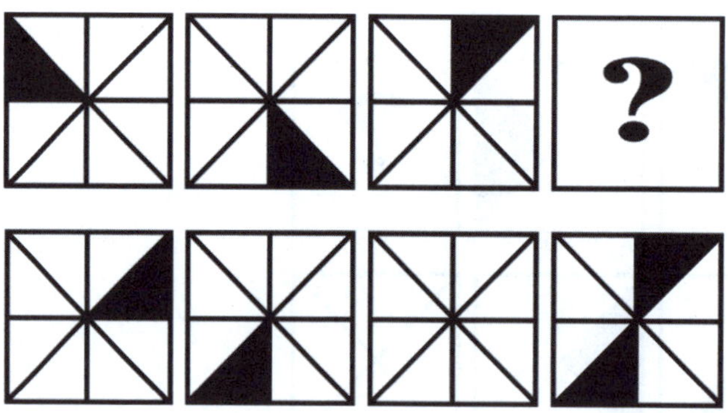

A) B) C) D)

22)

A) B) C) D)

23)

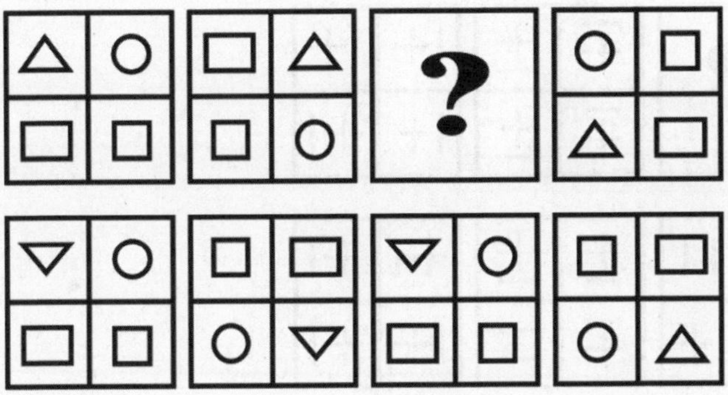

A) B) C) D)

24)

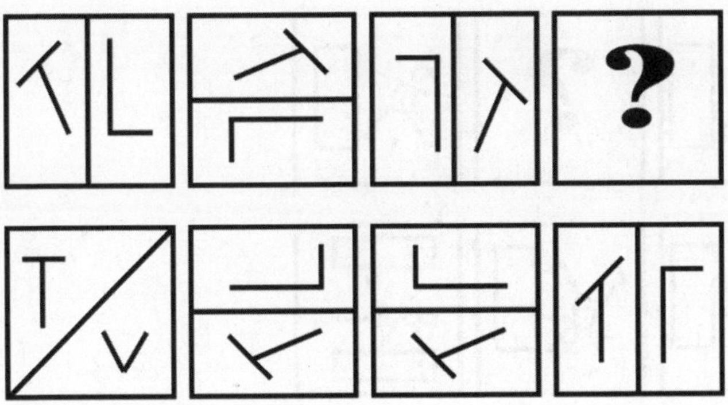

A) B) C) D)

25)

A) B) C) D)

26)

A) B) C) D)

27)

A) B) C) D)

28)

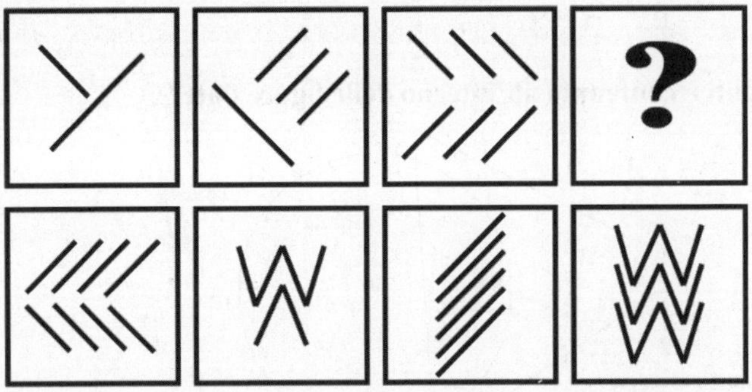

A) B) C) D)

29)

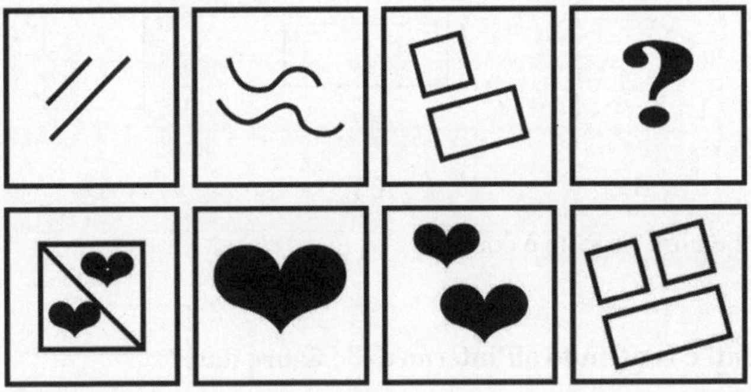

A) B) C) D)

30)

A) B) C) D)

Risposte corrette

1	D	**5**	A	**9**	A	**13**	B	**17**	C	**21**	B	**25**	B	**29**	C
2	B	**6**	C	**10**	B	**14**	C	**18**	B	**22**	A	**26**	D	**30**	A
3	D	**7**	A	**11**	C	**15**	A	**19**	D	**23**	D	**27**	B		
4	B	**8**	D	**12**	D	**16**	C	**20**	C	**24**	B	**28**	A		

3.9 I puzzle

1) Quale di questi frammenti è contenuto all'interno delle figure date?

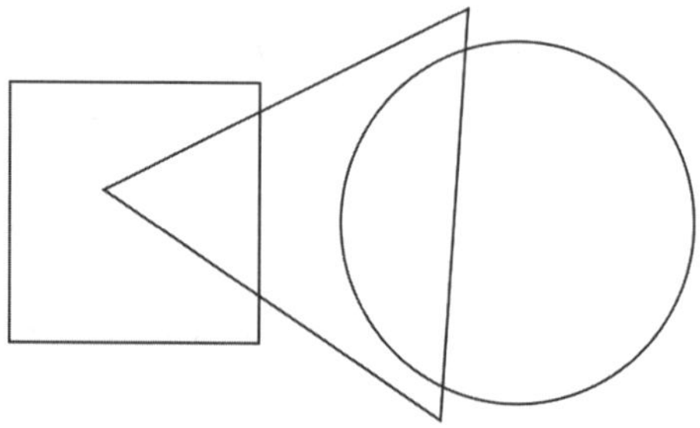

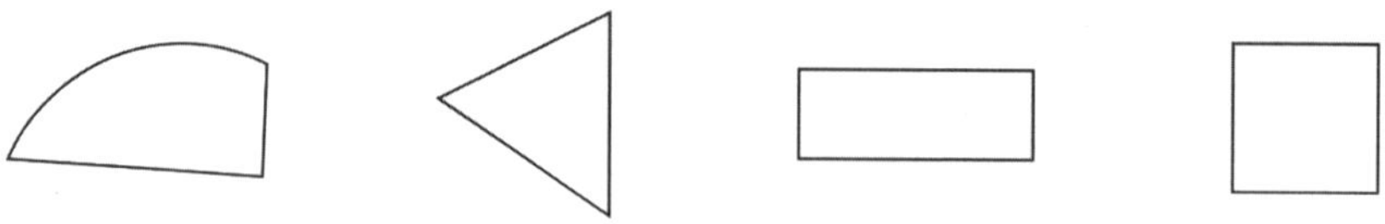

A) B) C) D)

E) Nessuna delle altre risposte è corretta

2) Quale di questi frammenti è contenuto all'interno delle figure date?

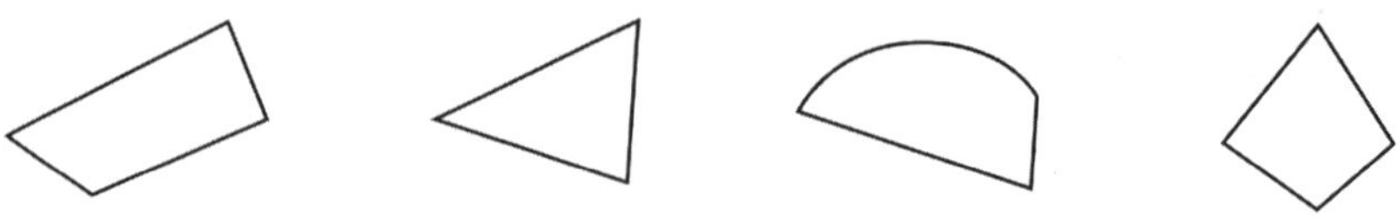

A) B) C) D)

E) Nessuna delle altre risposte è corretta

3) Quale di questi frammenti è contenuto all'interno delle figure date?

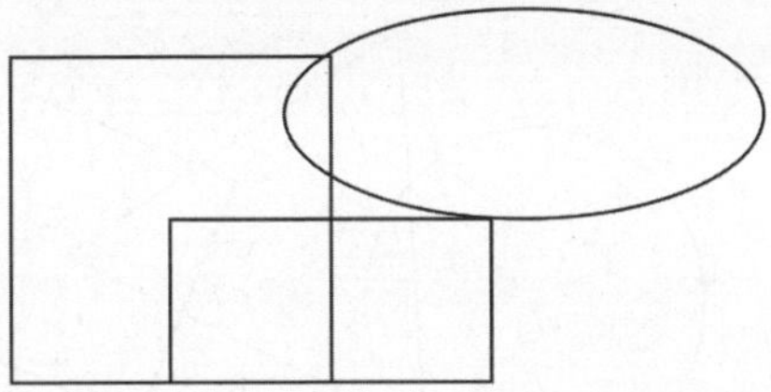

A) B) C) D)

E) Nessuna delle altre risposte è corretta

4) Quale di questi frammenti è contenuto all'interno delle figure date?

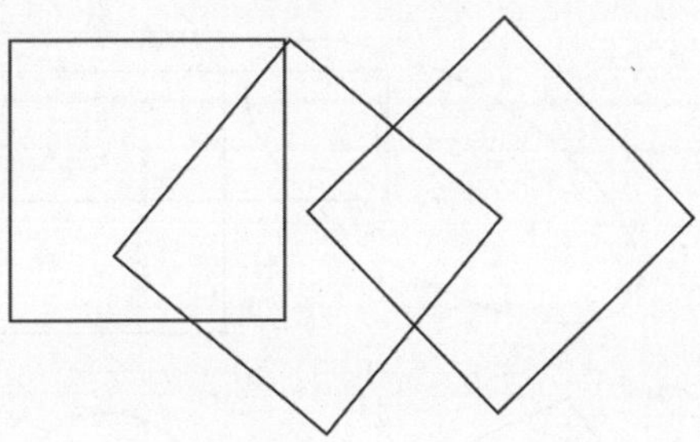

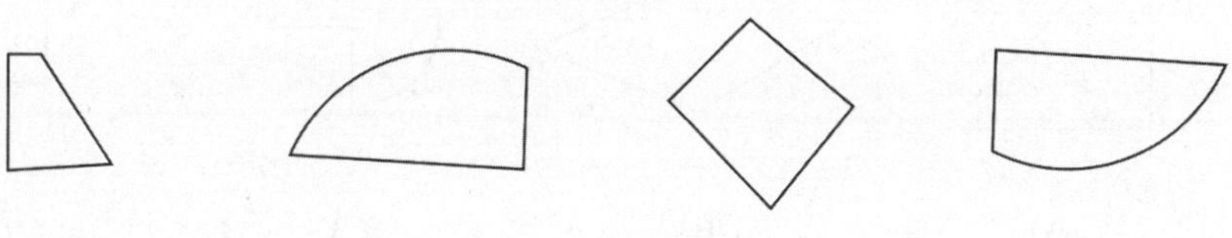

A) B) C) D)

E) Nessuna delle altre risposte è corretta

5) Quale di questi frammenti è contenuto all'interno delle figure date?

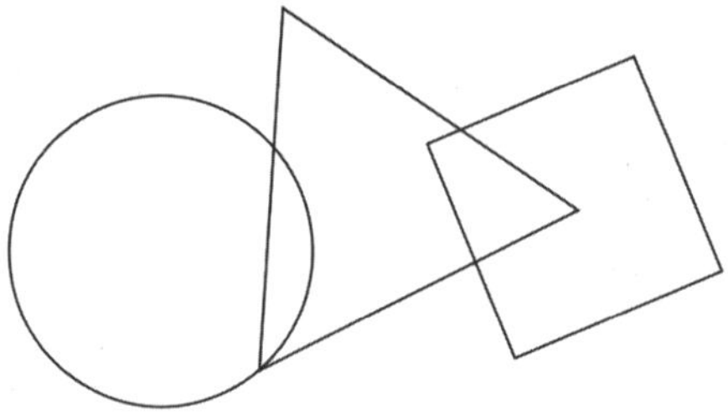

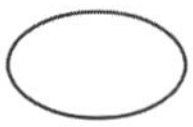
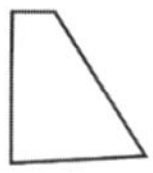

A) B) C) D)

E) Nessuna delle altre risposte è corretta

6) Quale di questi frammenti è contenuto all'interno delle figure date?

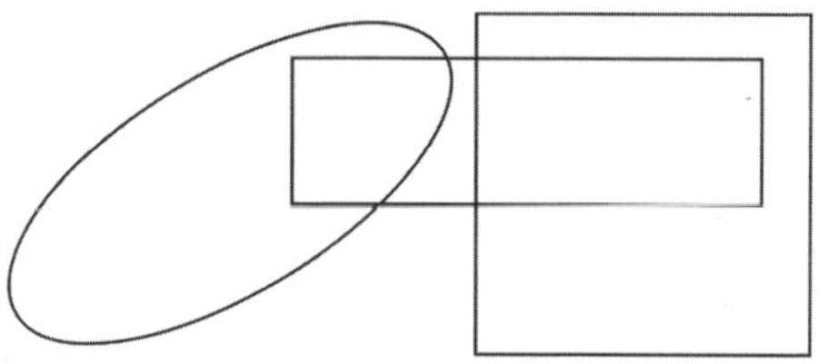

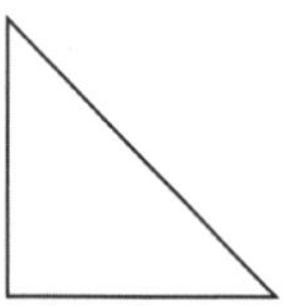
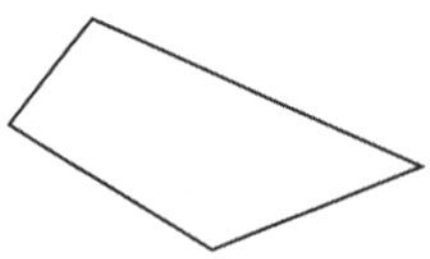

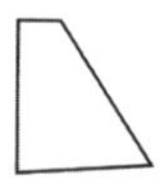

A) B) C) D)

E) Nessuna delle altre risposte è corretta

7) Quale di questi frammenti è contenuto all'interno delle figure date?

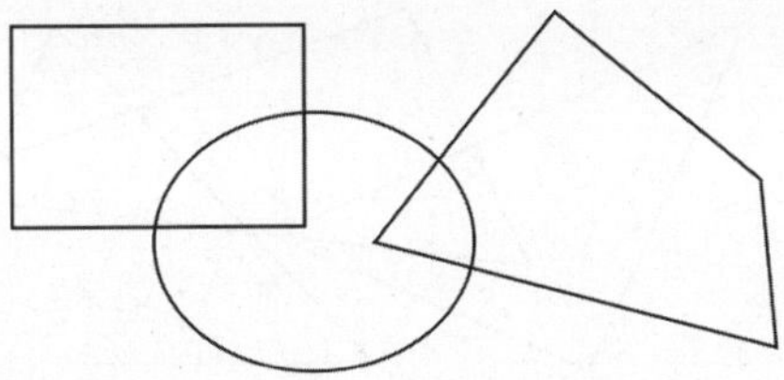

A) B) C) D)

E) Nessuna delle altre risposte è corretta

8) Quale di questi frammenti è contenuto all'interno delle figure date?

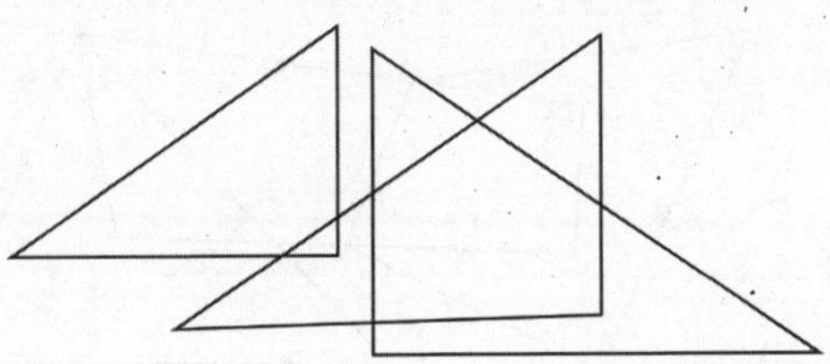

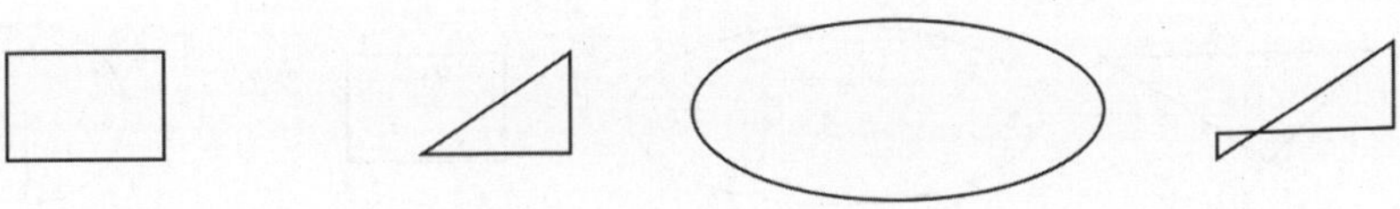

A) B) C) D)

E) Nessuna delle altre risposte è corretta

9) Quale di questi frammenti è contenuto all'interno delle figure date?

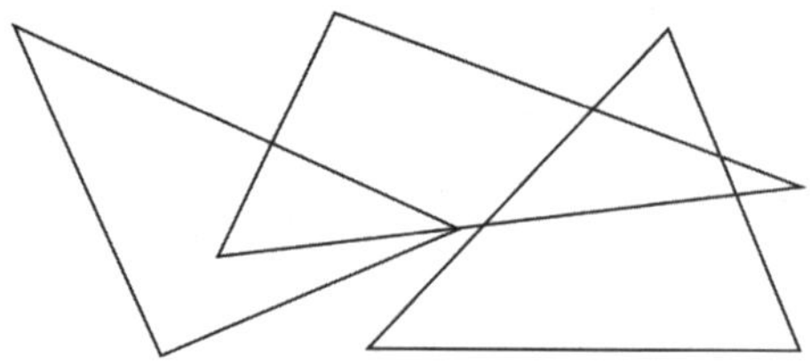

  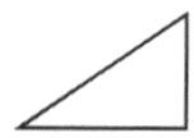 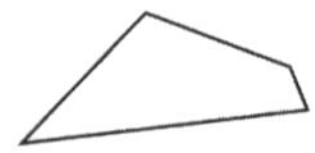

A) B) C) D)

E) Nessuna delle altre risposte è corretta

10) Quale di questi frammenti è contenuto all'interno delle figure date?

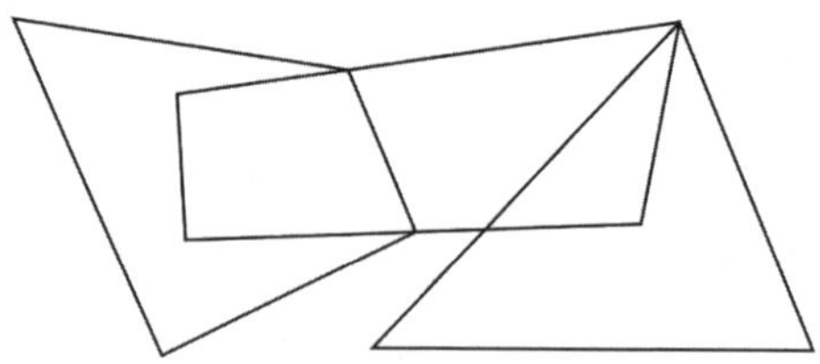

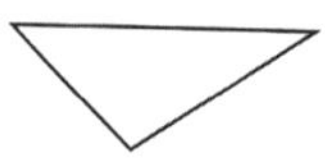 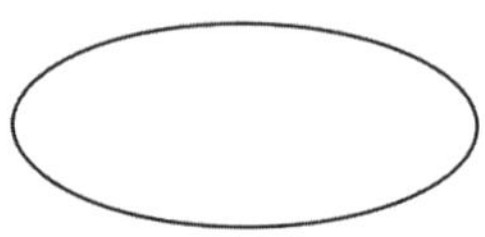 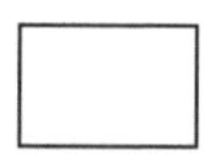 

A) B) C) D)

E) Nessuna delle altre risposte è corretta

11) Quale di questi frammenti è contenuto all'interno delle figure date?

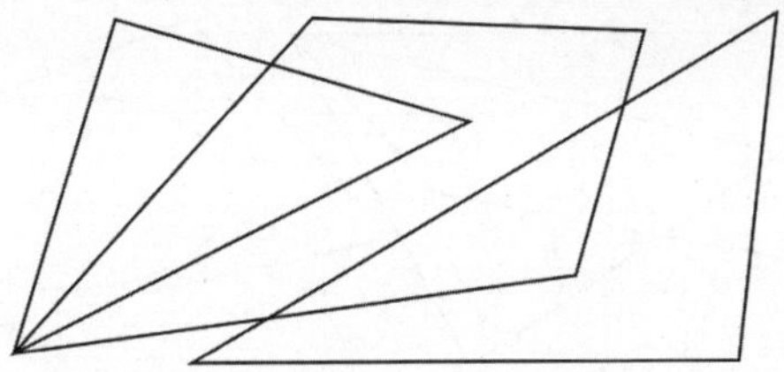

A) B) C) D)

E) Nessuna delle altre risposte è corretta

12) Quale di questi frammenti è contenuto all'interno delle figure date?

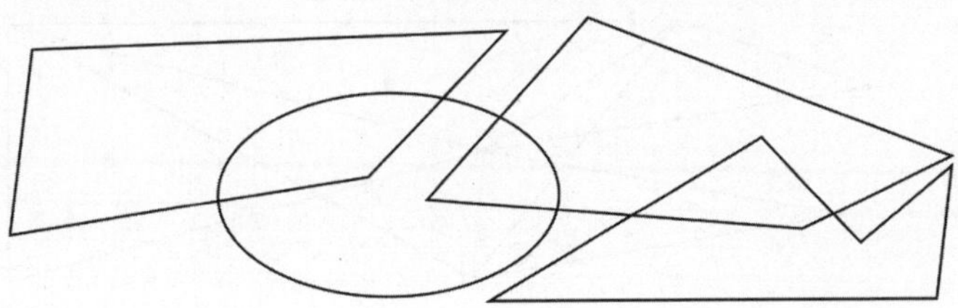

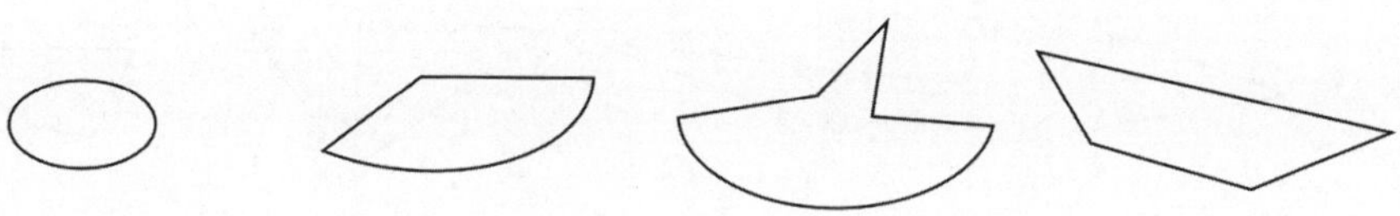

A) B) C) D)

E) Nessuna delle altre risposte è corretta

13) Quale di questi frammenti è contenuto all'interno delle figure date?

A) B) C) D)

E) Nessuna delle altre risposte è corretta

14) Quale di questi frammenti è contenuto all'interno delle figure date?

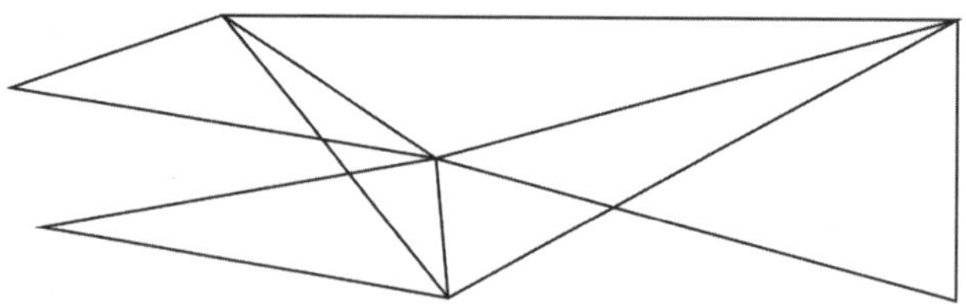

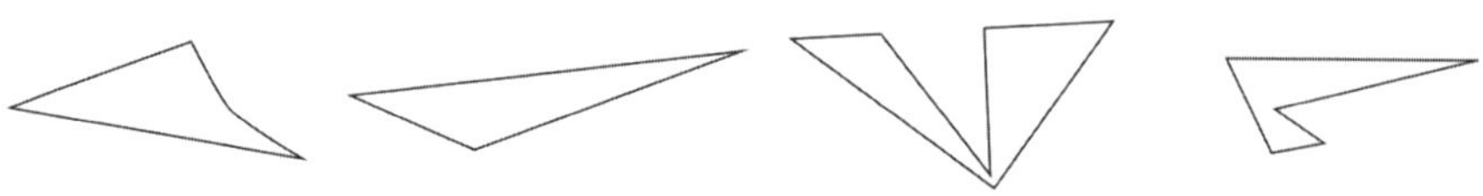

A) B) C) D)

E) Nessuna delle altre risposte è corretta

15) Quale di questi frammenti è contenuto all'interno delle figure date?

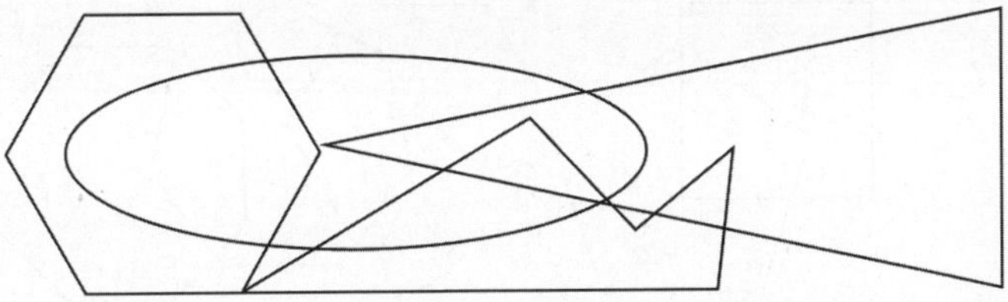

A) B) C) D)

E) Nessuna delle altre risposte è corretta

16) Quale di questi frammenti è contenuto all'interno delle figure date?

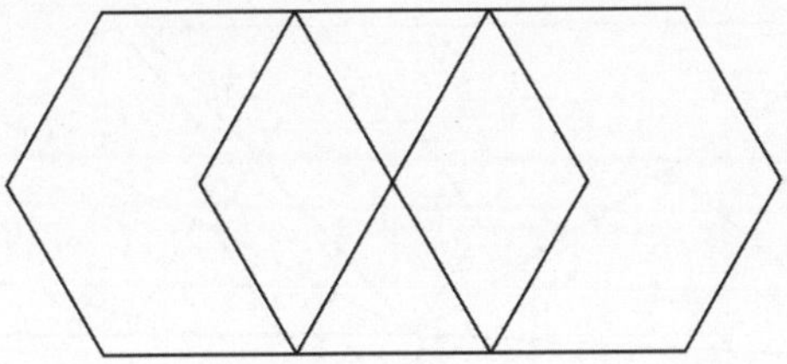

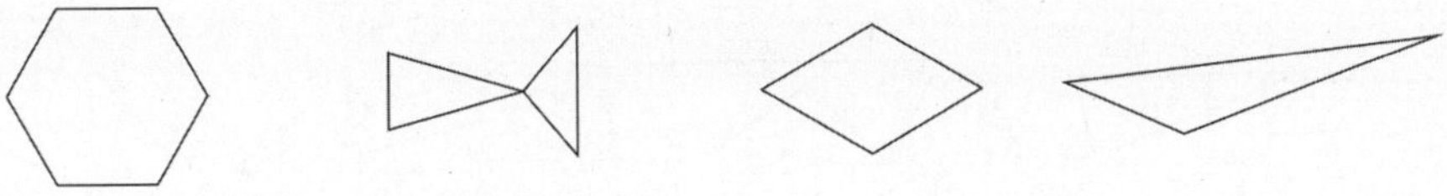

A) B) C) D)

E) Nessuna delle altre risposte è corretta

17) Quale di questi frammenti è contenuto all'interno delle figure date?

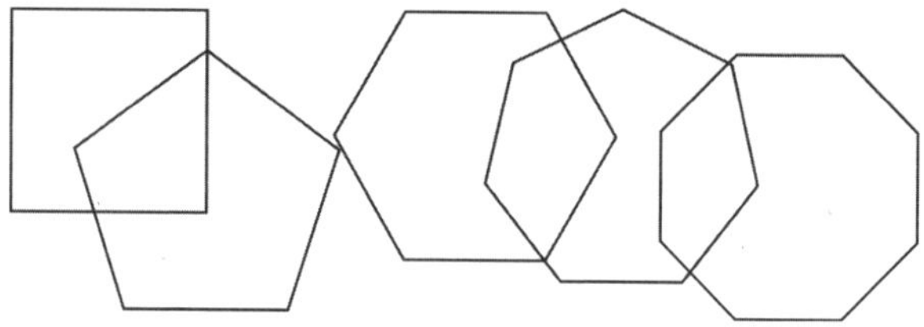

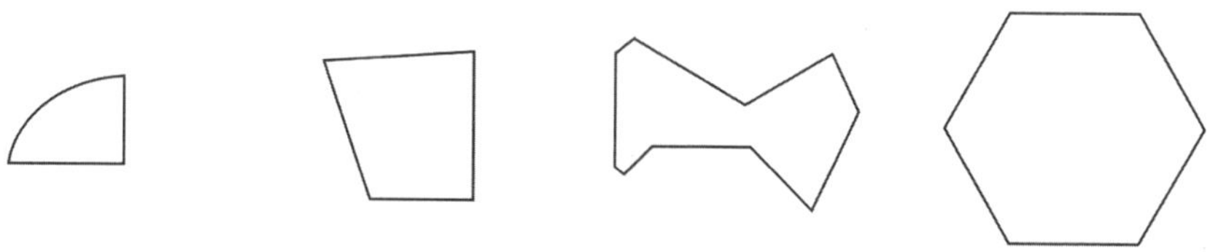

A) B) C) D)

E) Nessuna delle altre risposte è corretta

18) Quale di questi frammenti è contenuto all'interno delle figure date?

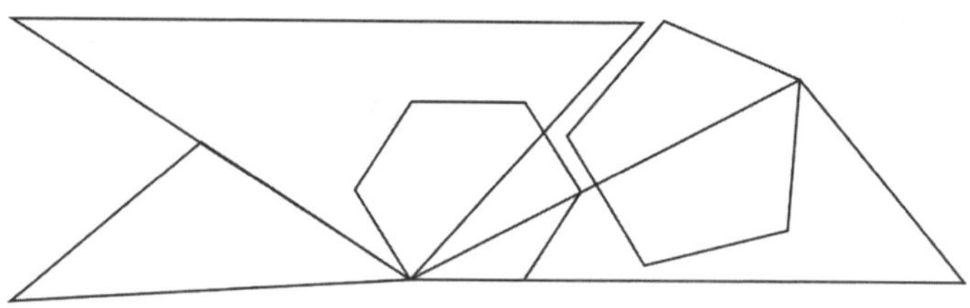

A) B) C) D)

E) Nessuna delle altre risposte è corretta

19) Quale di questi frammenti è contenuto all'interno delle figure date?

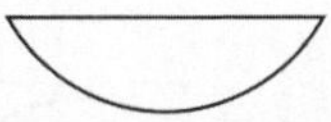

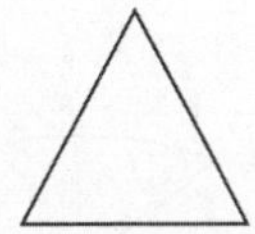

A) B) C) D)

E) Nessuna delle altre risposte è corretta

20) Quale di questi frammenti è contenuto all'interno delle figure date?

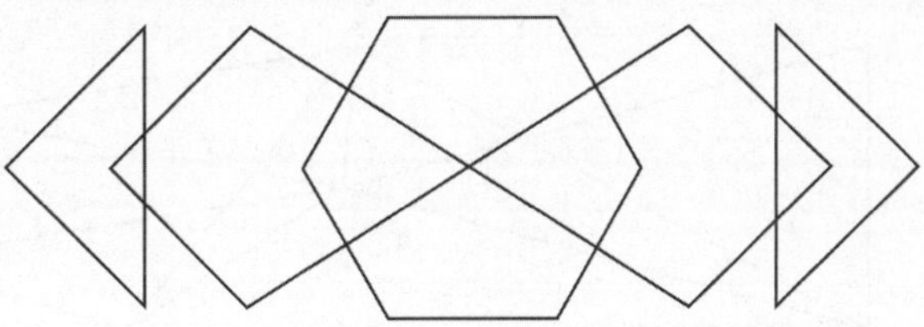

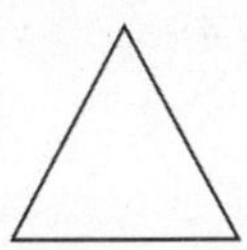
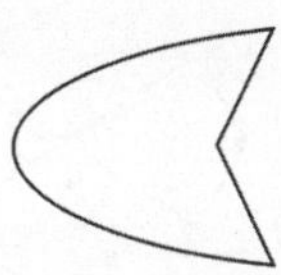
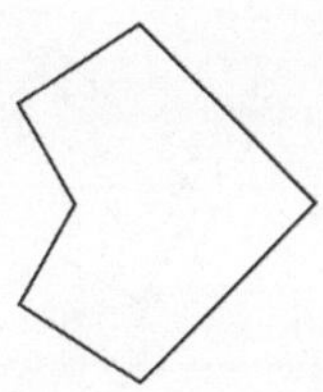

A) B) C) D)

E) Nessuna delle altre risposte è corretta

21) Quale di questi frammenti è contenuto all'interno delle figure date?

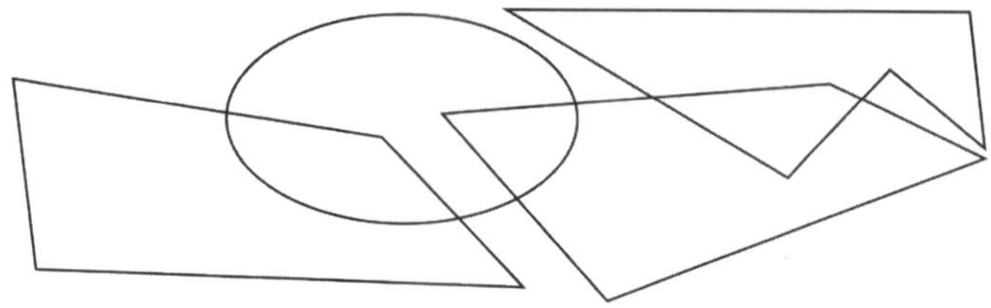

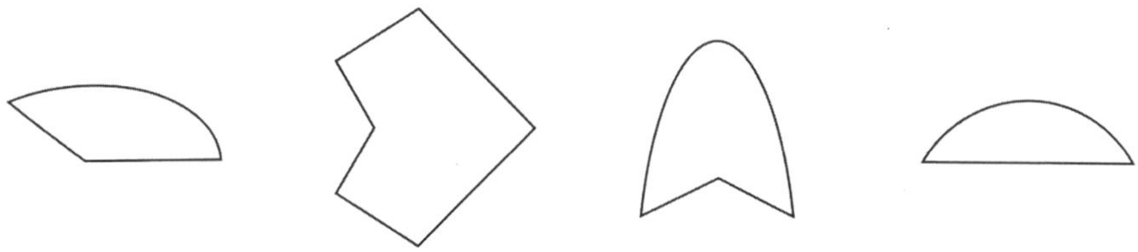

A) B) C) D)

E) Nessuna delle altre risposte è corretta

22) Quale di questi frammenti è contenuto all'interno delle figure date?

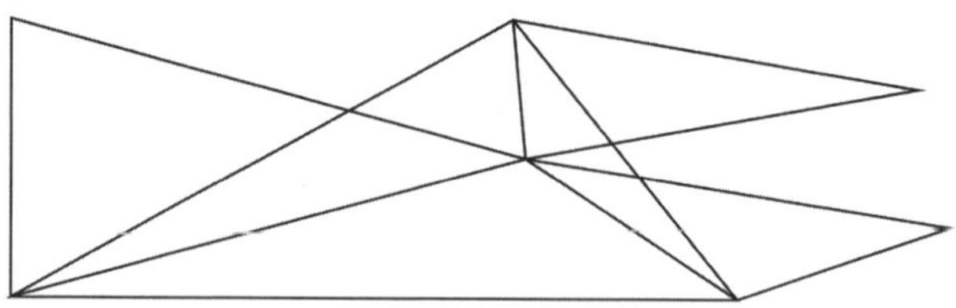

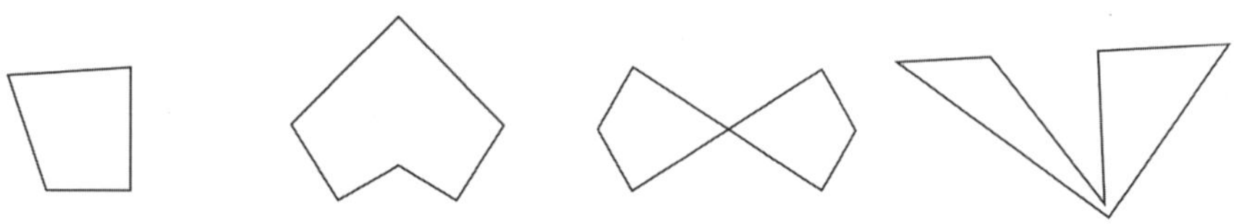

A) B) C) D)

E) Nessuna delle altre risposte è corretta

23) Quale di questi frammenti è contenuto all'interno delle figure date?

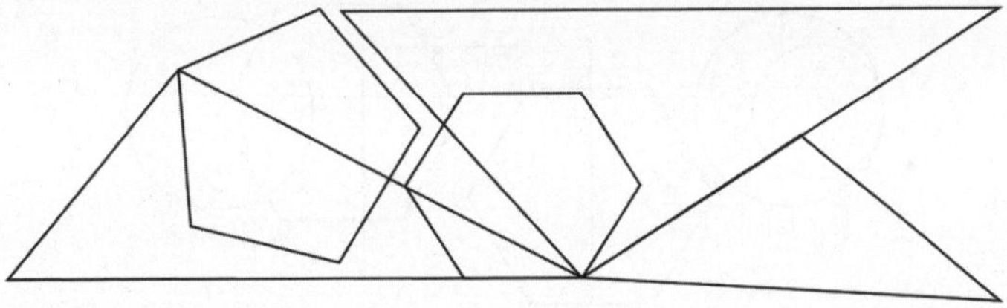

A)

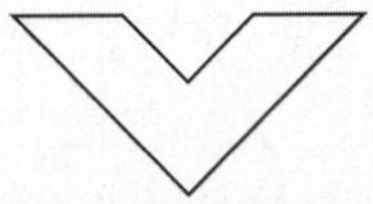

B)

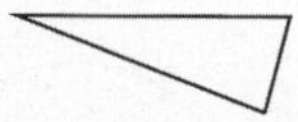

C)

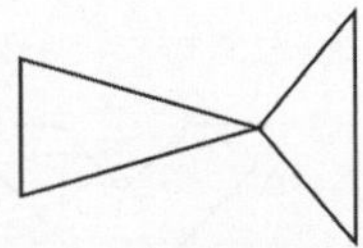

D)

E) Nessuna delle altre risposte è corretta

24) Quale di questi frammenti è contenuto all'interno delle figure date?

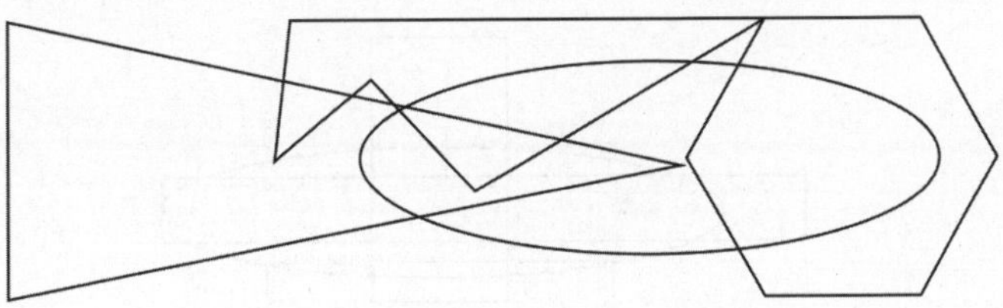

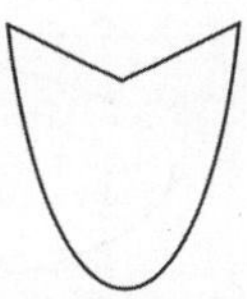

A)

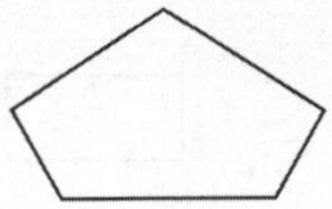

B)

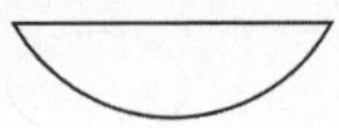

C)

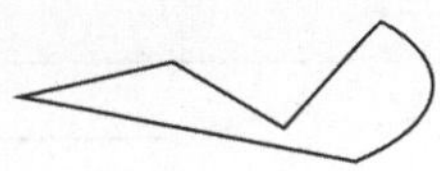

D)

E) Nessuna delle altre risposte è corretta

25) Quale di questi frammenti è contenuto all'interno delle figure date?

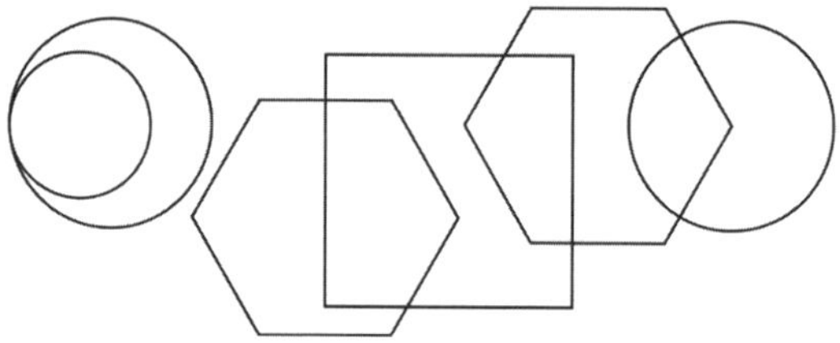

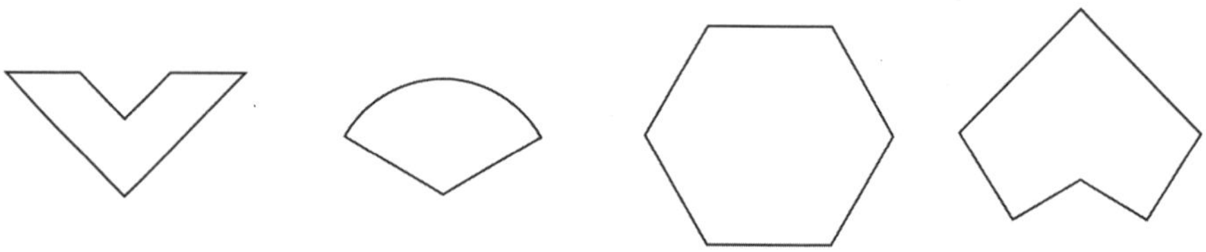

A) B) C) D)

E) Nessuna delle altre risposte è corretta

26) Quale di questi frammenti è contenuto all'interno delle figure date?

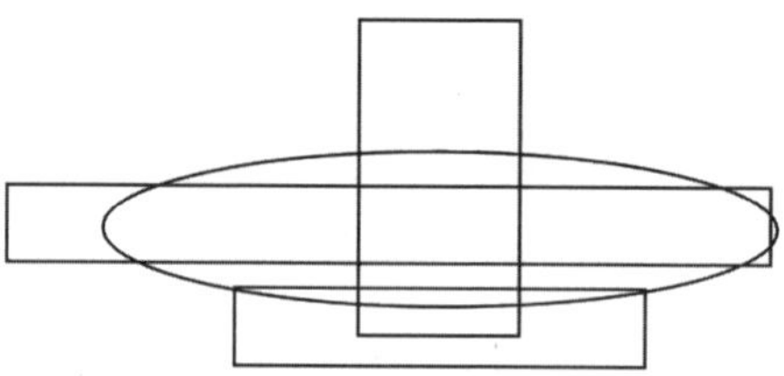

A) B) C) D)

E) Nessuna delle altre risposte è corretta

27) Quale di questi frammenti è contenuto all'interno delle figure date?

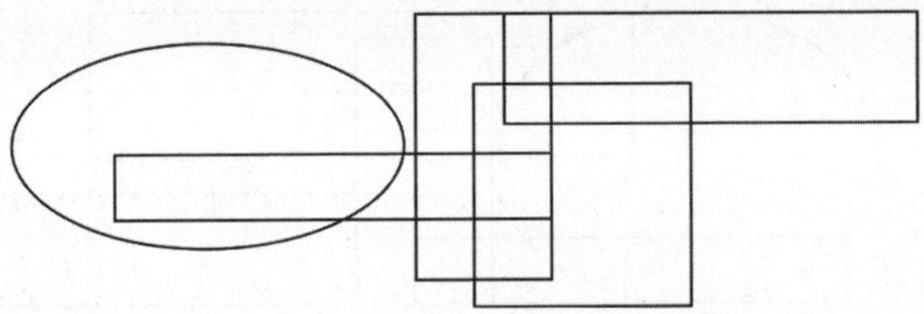

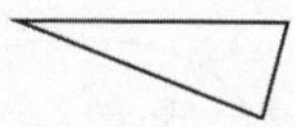 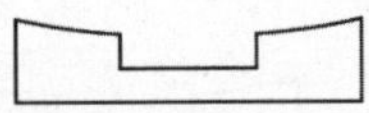 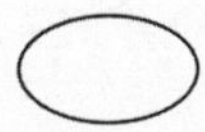 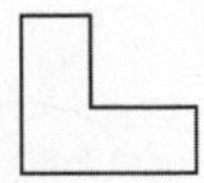

A) B) C) D)

E) Nessuna delle altre risposte è corretta

28) Quale di questi frammenti è contenuto all'interno delle figure date?

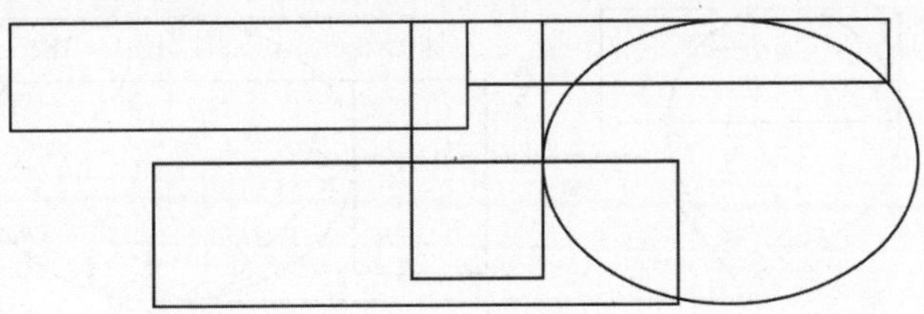

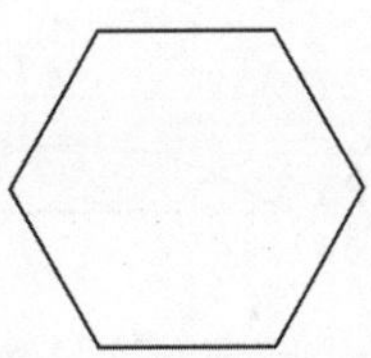 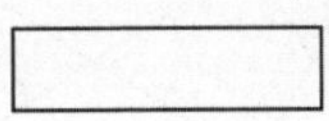 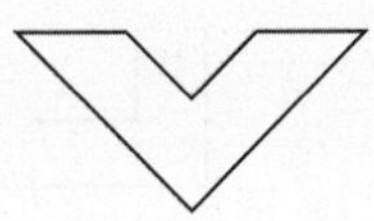 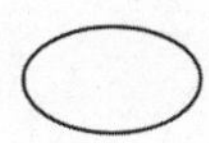

A) B) C) D)

E) Nessuna delle altre risposte è corretta

29) Quale di questi frammenti è contenuto all'interno delle figure date?

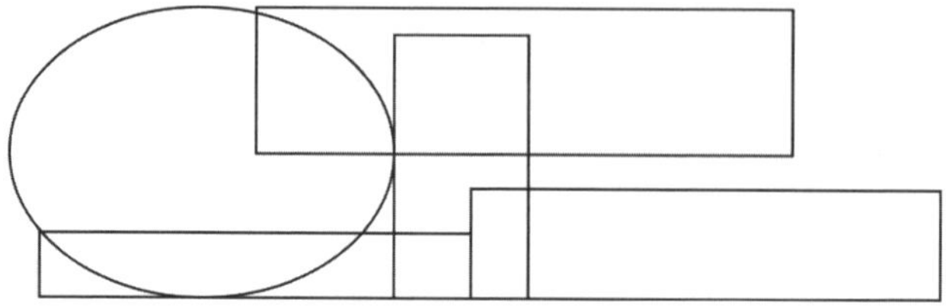

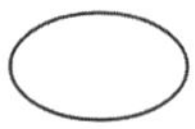
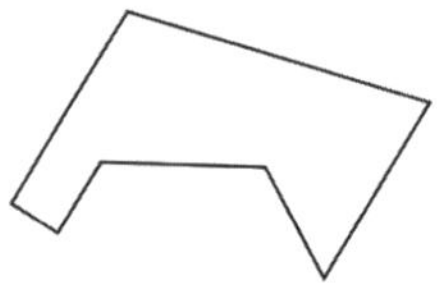
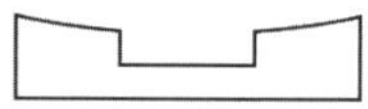
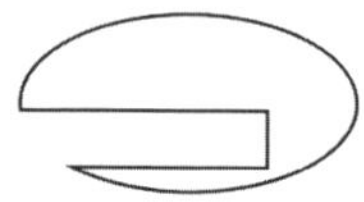

A) B) C) D)

E) Nessuna delle altre risposte è corretta

30) Quale di questi frammenti è contenuto all'interno delle figure date?

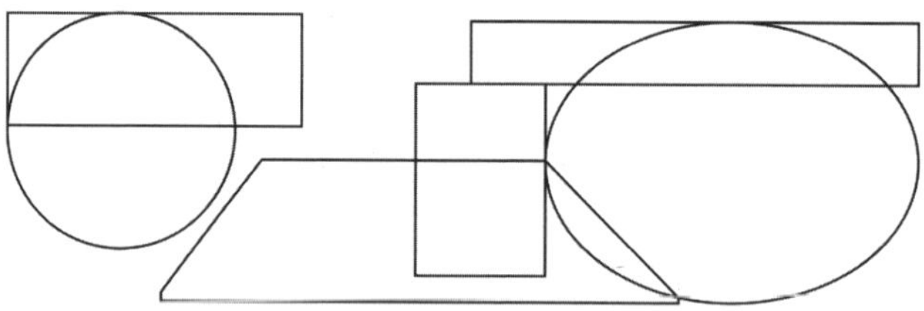

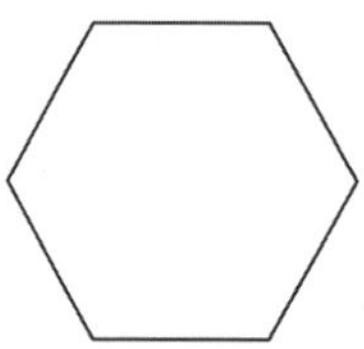
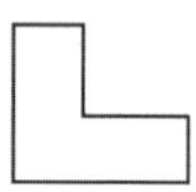

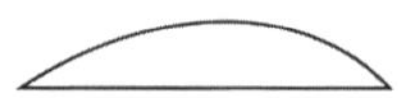

A) B) C) D)

E) Nessuna delle altre risposte è corretta

31) Quale di questi frammenti è contenuto all'interno delle figure date?

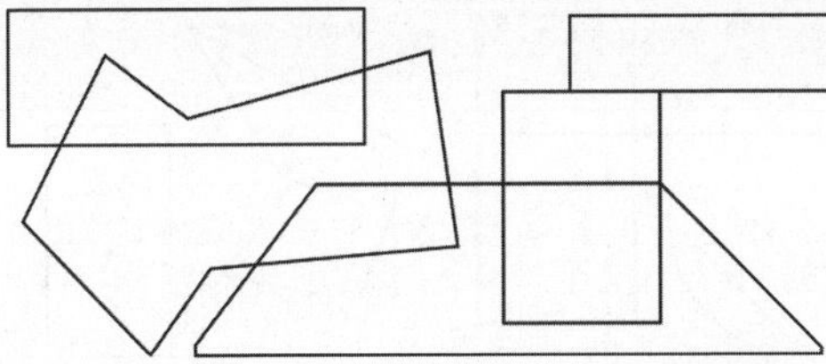

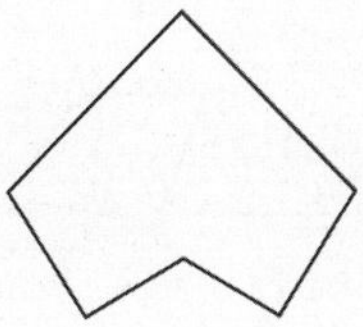

A)

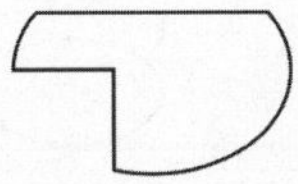

B)

C)

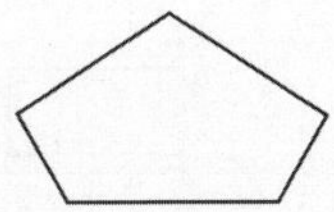

D)

E) Nessuna delle altre risposte è corretta

32) Quale di questi frammenti è contenuto all'interno delle figure date?

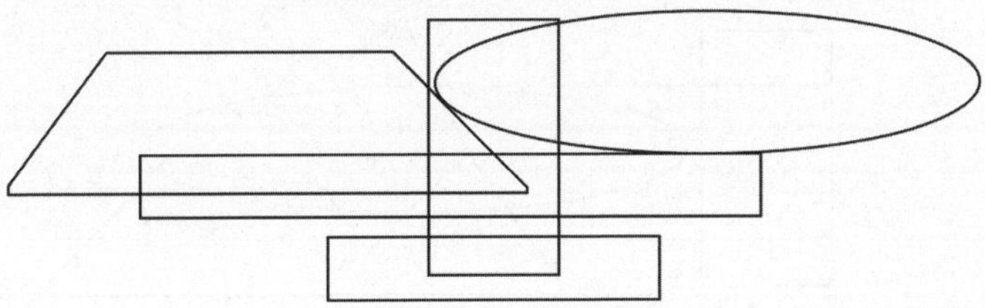

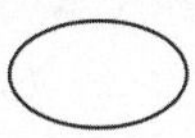

A)

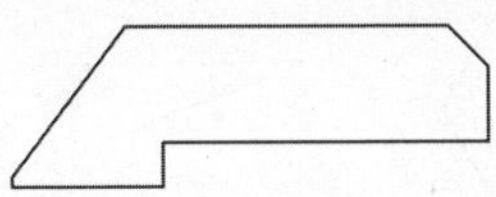

B)

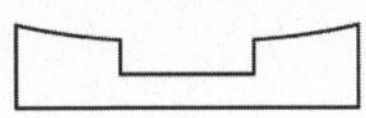

C)

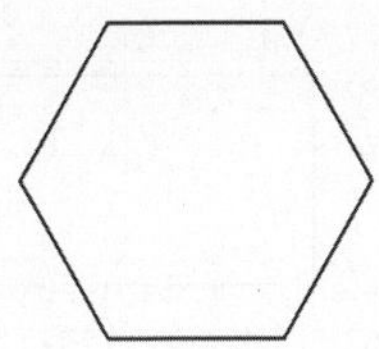

D)

E) Nessuna delle altre risposte è corretta

33) Quale di questi frammenti è contenuto all'interno delle figure date?

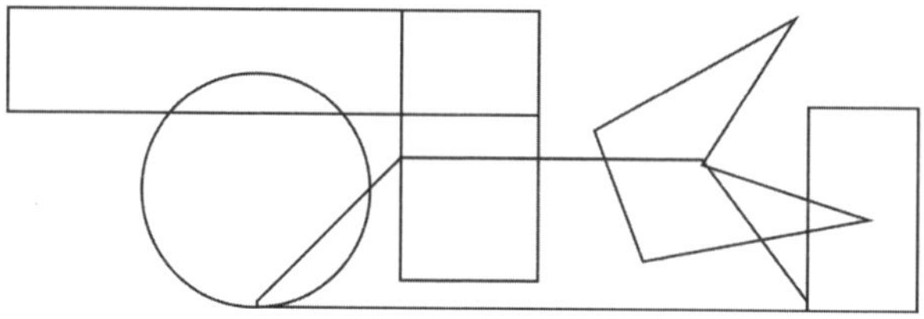

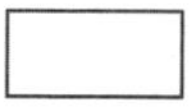

A)

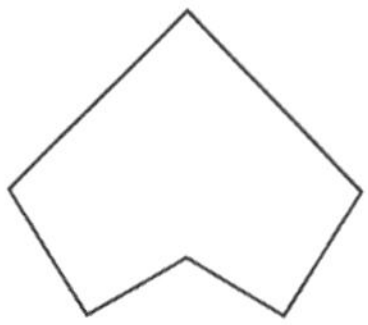

B)

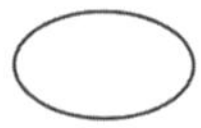

C)

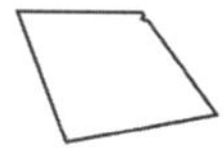

D)

E) Nessuna delle altre risposte è corretta

34) Quale di questi frammenti è contenuto all'interno delle figure date?

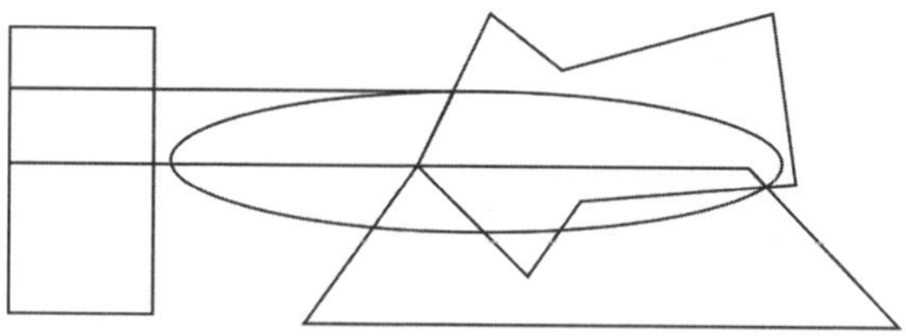

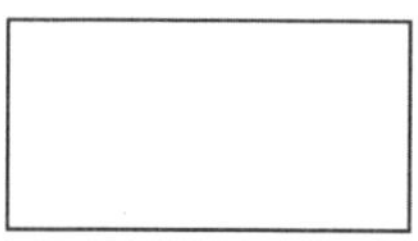

A)

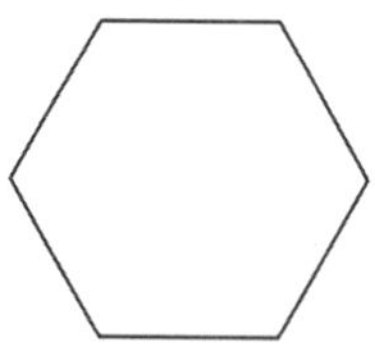

B)

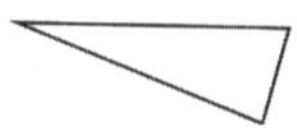

C)

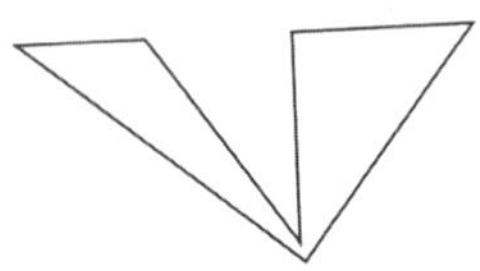

D)

E) Nessuna delle altre risposte è corretta

35) Quale di questi frammenti è contenuto all'interno delle figure date?

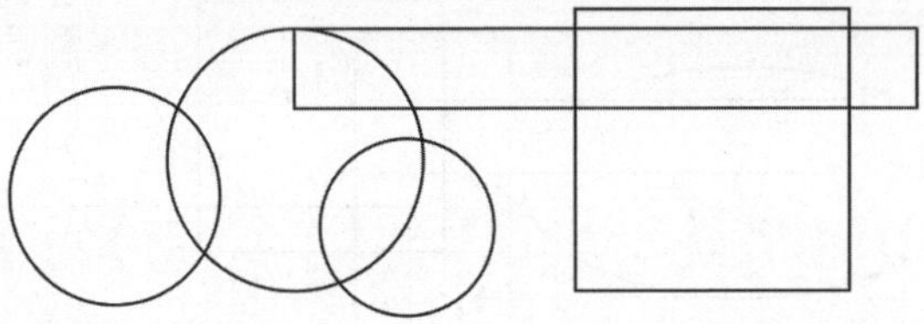

A) B) C) D)

E) Nessuna delle altre risposte è corretta

36) Quale di questi frammenti è contenuto all'interno delle figure date?

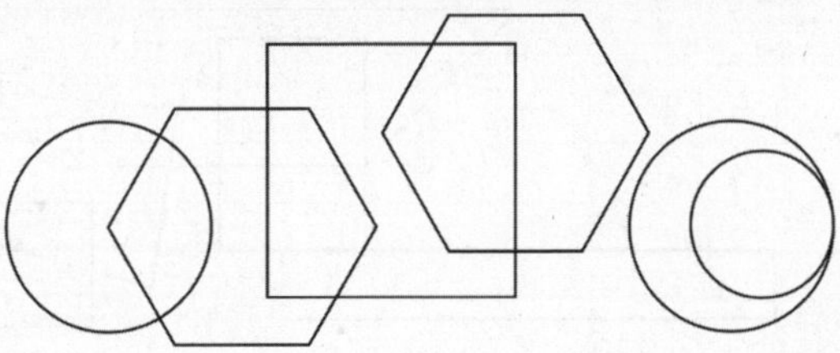

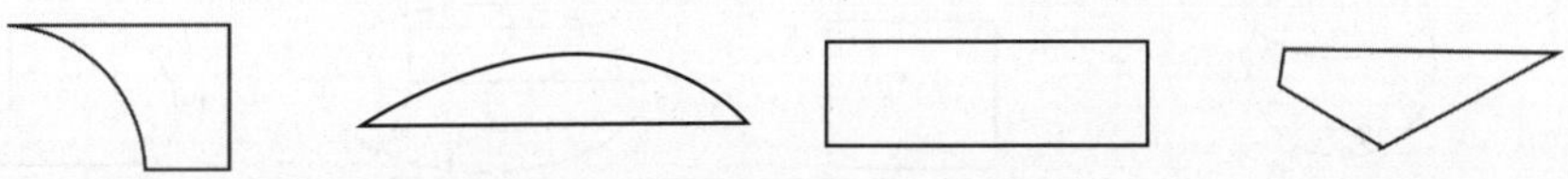

A) B) C) D)

E) Nessuna delle altre risposte è corretta

37) Quale di questi frammenti è contenuto all'interno delle figure date?

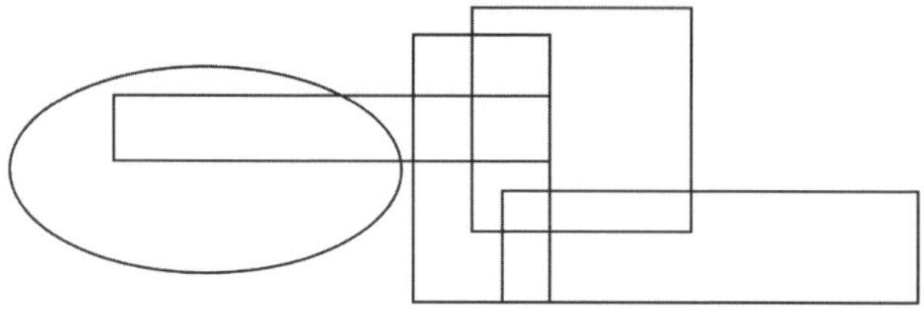

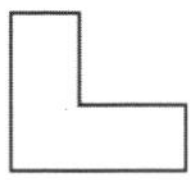 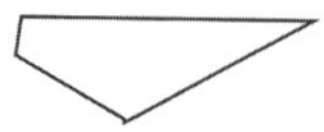 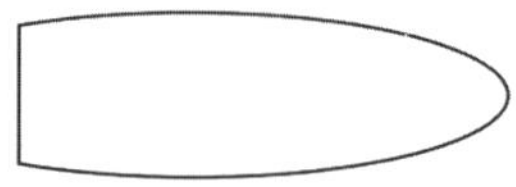 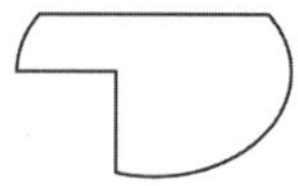

A) B) C) D)

E) Nessuna delle altre risposte è corretta

38) Quale di questi frammenti è contenuto all'interno delle figure date?

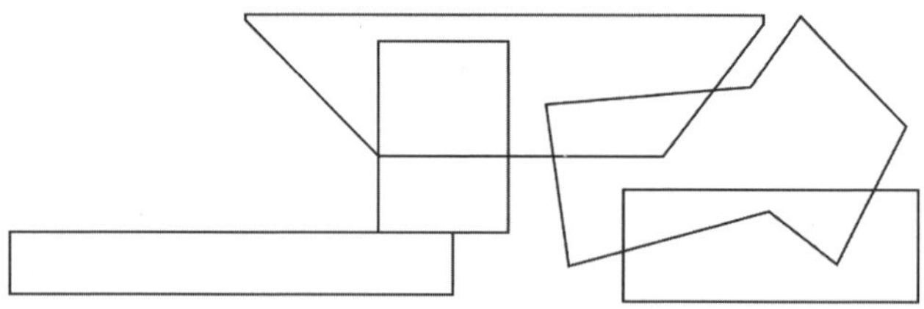

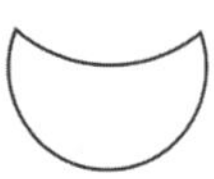 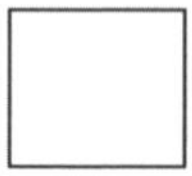 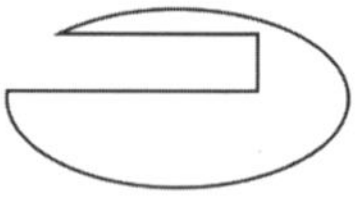 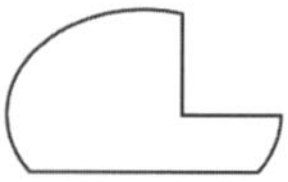

A) B) C) D)

E) Nessuna delle altre risposte è corretta

39) Quale di questi frammenti è contenuto all'interno delle figure date?

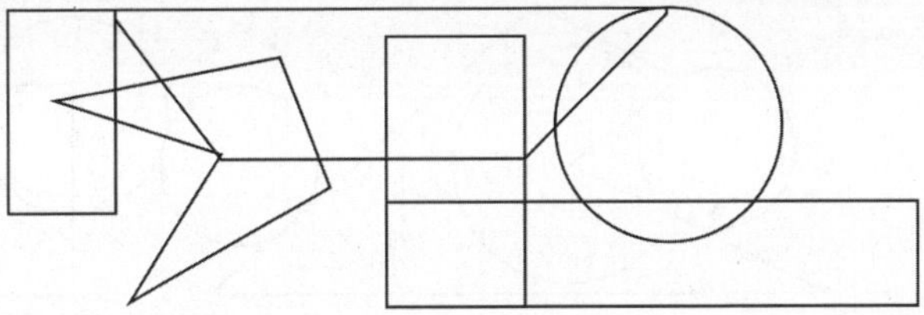

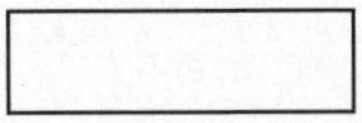
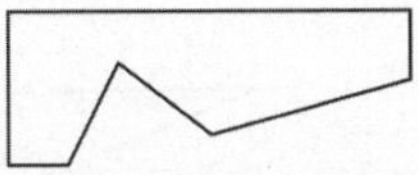
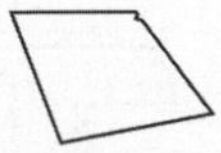
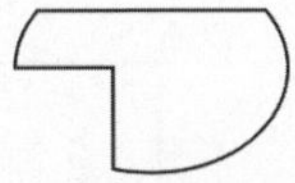

A) B) C) D)

E) Nessuna delle altre risposte è corretta

40) Quale di questi frammenti è contenuto all'interno delle figure date?

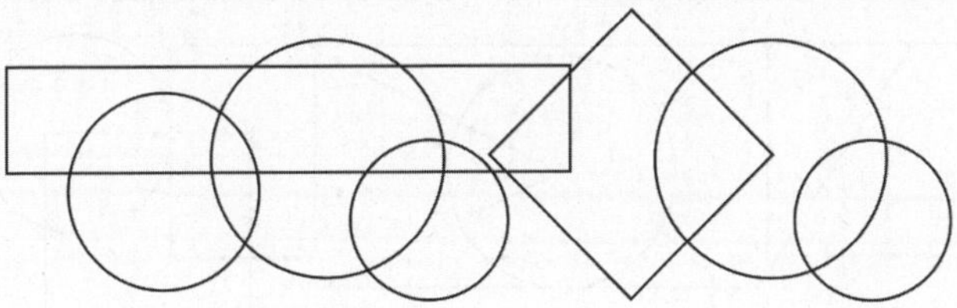

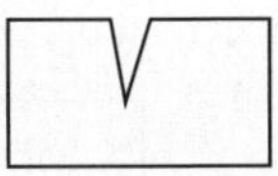
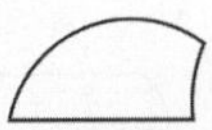
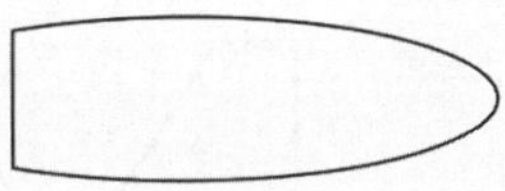
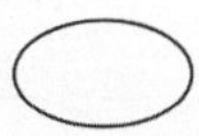

A) B) C) D)

E) Nessuna delle altre risposte è corretta

41) Quale di questi frammenti è contenuto all'interno delle figure date?

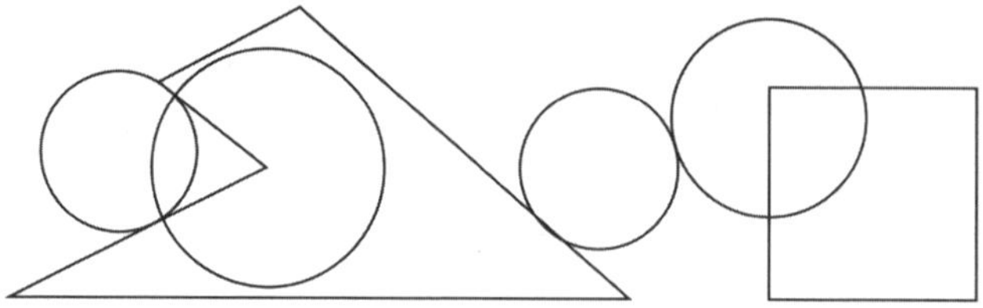

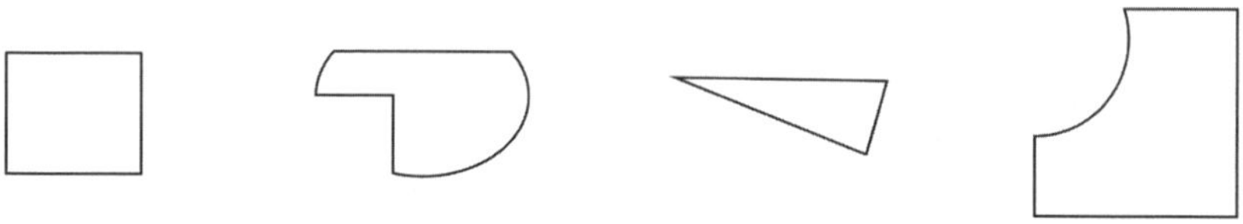

A) B) C) D)

E) Nessuna delle altre risposte è corretta

42) Quale di questi frammenti è contenuto all'interno delle figure date?

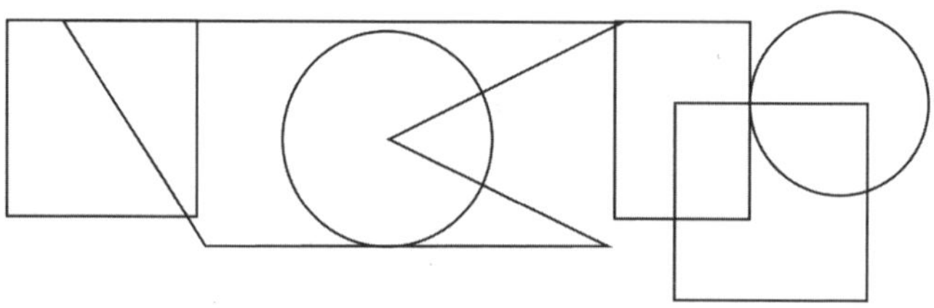

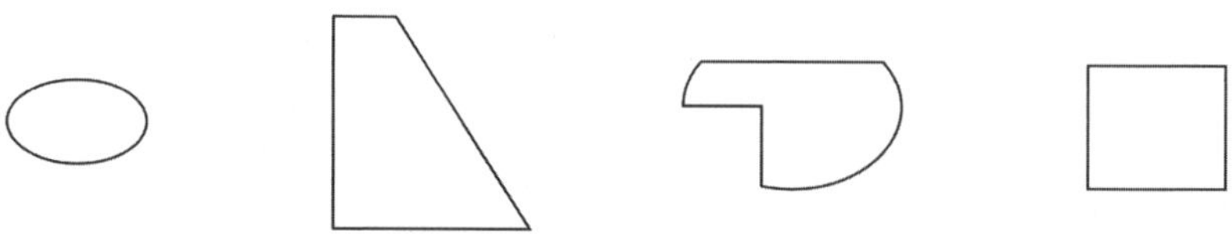

A) B) C) D)

E) Nessuna delle altre risposte è corretta

43) Quale di questi frammenti è contenuto all'interno delle figure date?

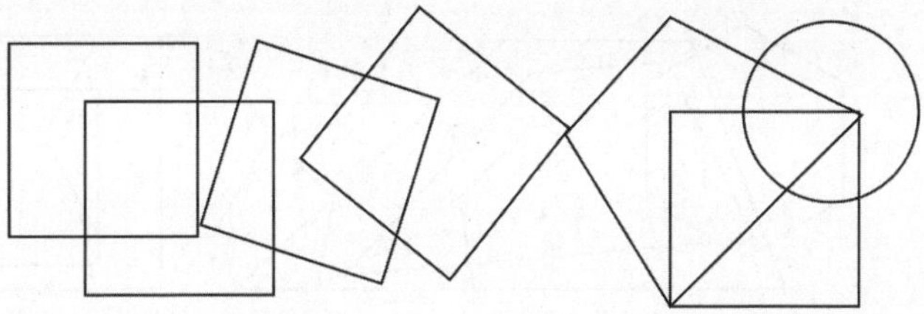

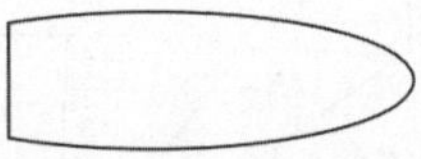
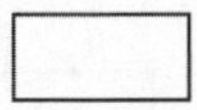

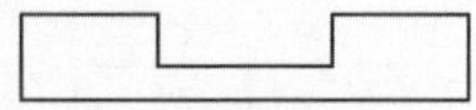

A) B) C) D)

E) Nessuna delle altre risposte è corretta

44) Quale di questi frammenti è contenuto all'interno delle figure date?

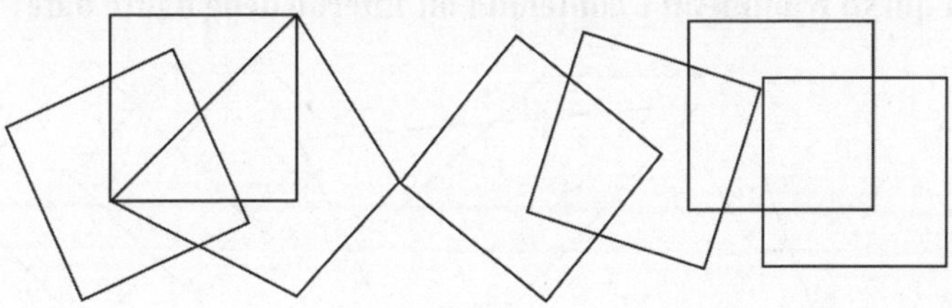

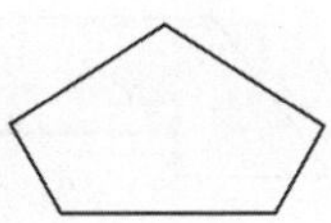
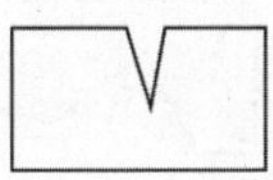
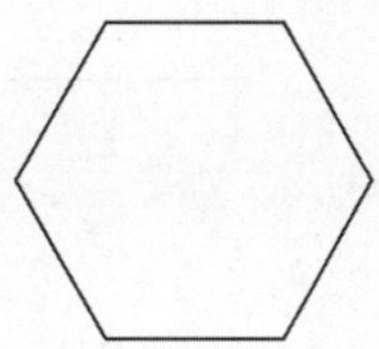
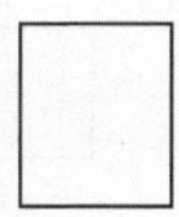

A) B) C) D)

E) Nessuna delle altre risposte è corretta

45) Quale di questi frammenti è contenuto all'interno delle figure date?

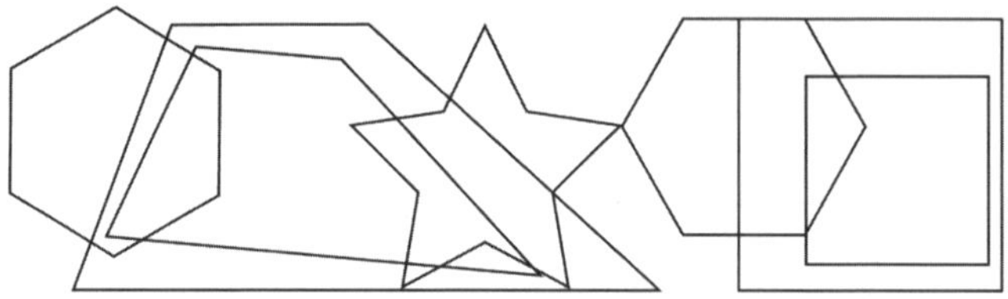

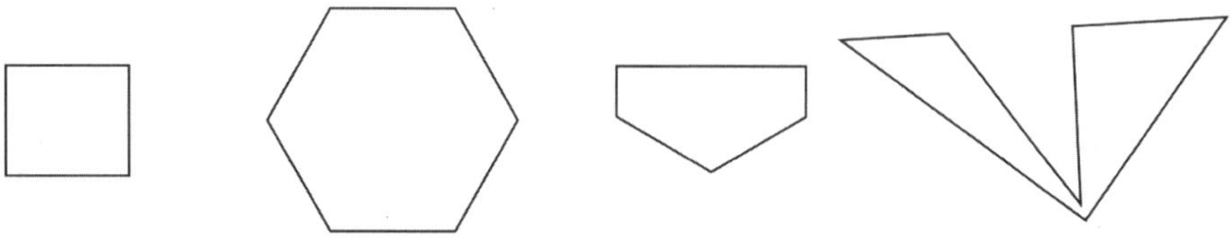

A) B) C) D)

E) Nessuna delle altre risposte è corretta

46) Quale di questi frammenti è contenuto all'interno delle figure date?

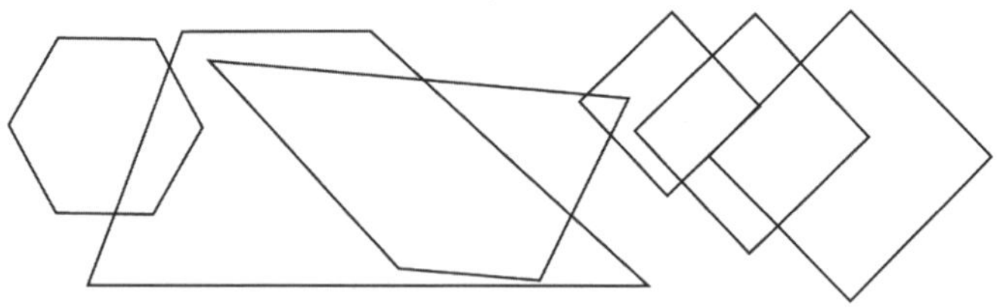

A) B) C) D)

E) Nessuna delle altre risposte è corretta

47) Quale di questi frammenti è contenuto all'interno delle figure date?

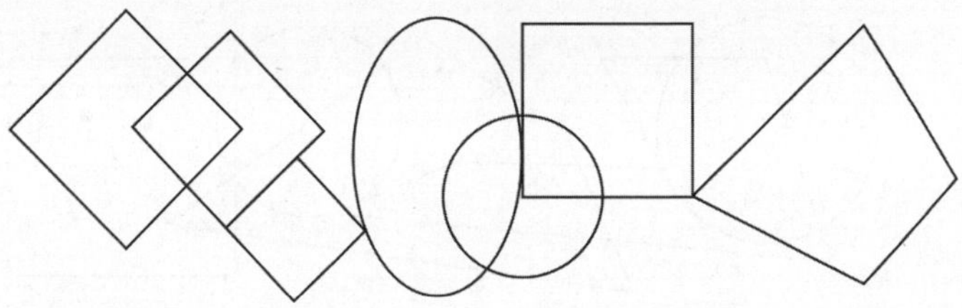

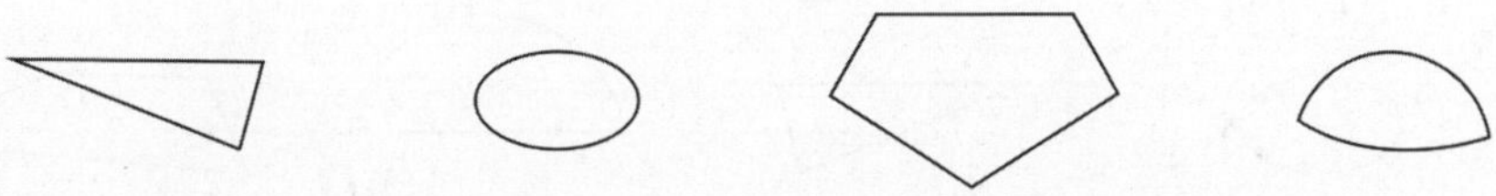

A) B) C) D)

E) Nessuna delle altre risposte è corretta

48) Quale di questi frammenti è contenuto all'interno delle figure date?

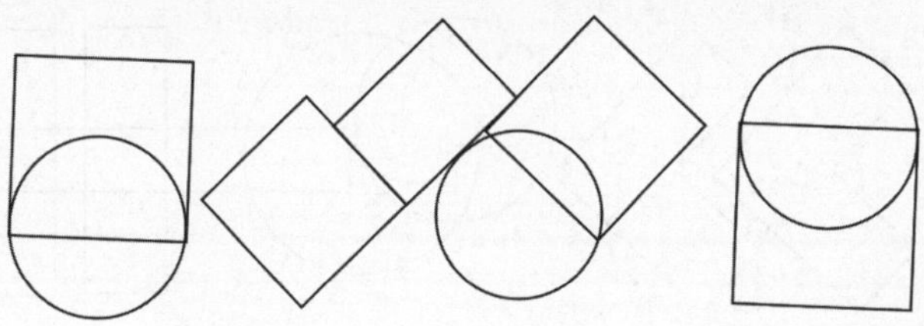

A) B) C) D)

E) Nessuna delle altre risposte è corretta

49) Quale di questi frammenti è contenuto all'interno delle figure date?

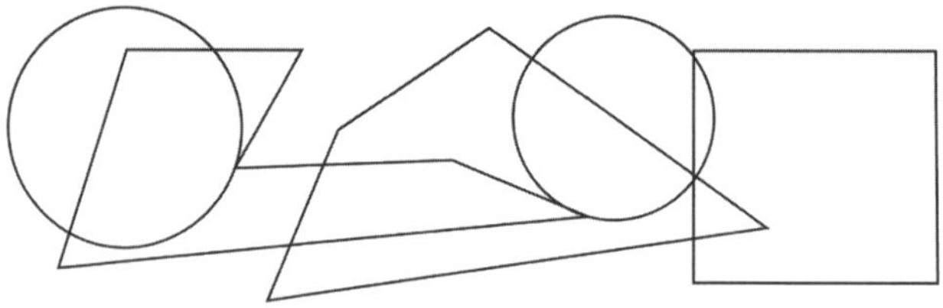

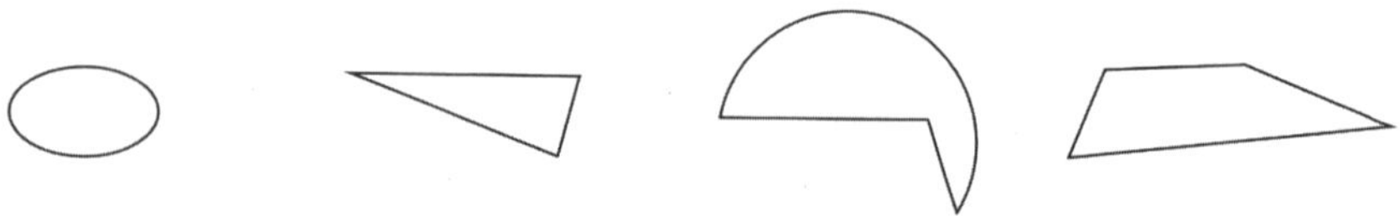

A) B) C) D)

E) Nessuna delle altre risposte è corretta

50) Quale di questi frammenti è contenuto all'interno delle figure date?

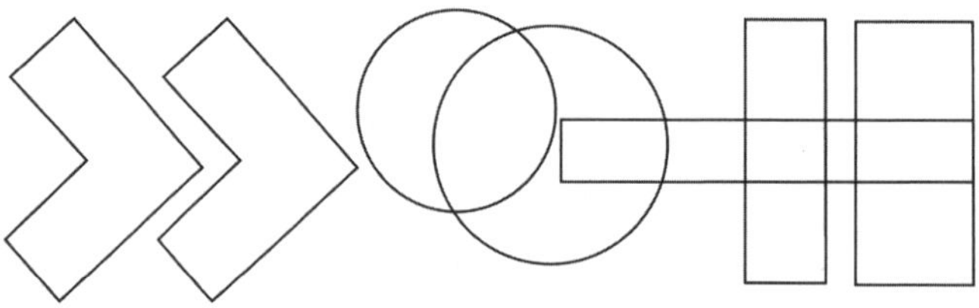

A) B) C) D)

E) Nessuna delle altre risposte è corretta

RISPOSTE CORRETTE

1	B	**8**	B	**15**	A	**22**	E	**29**	E	**36**	E	**43**	E	**50**	A
2	A	**9**	D	**16**	C	**23**	C	**30**	D	**37**	A	**44**	D		
3	A	**10**	A	**17**	C	**24**	D	**31**	C	**38**	B	**45**	C		
4	C	**11**	E	**18**	A	**25**	B	**32**	B	**39**	C	**46**	A		
5	B	**12**	B	**19**	B	**26**	C	**33**	D	**40**	B	**47**	D		
6	E	**13**	C	**20**	D	**27**	D	**34**	A	**41**	D	**48**	B		
7	A	**14**	B	**21**	A	**28**	B	**35**	B	**42**	B	**49**	C		

3.10 Ricomporre la figura

1) Quale figura si ottiene ricomponendo adeguatamente tutti gli elementi forniti?

A B C D

A) La figura C
B) La figura D
C) La figura A
D) La figura B

2) Gli elementi contenuti nel box in alto, scomposti e disordinati, sono visibili nel box...

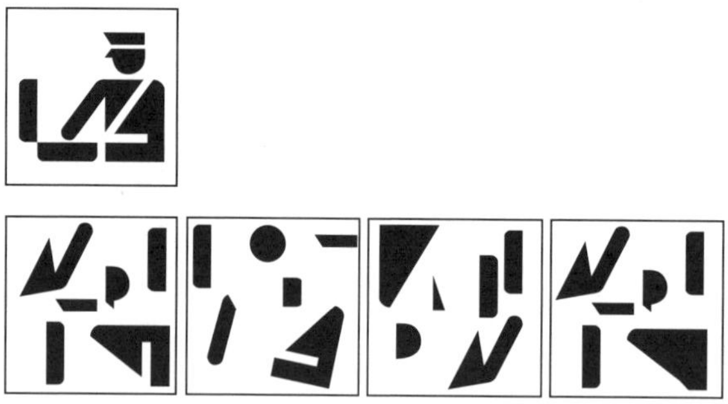

A B C D

A) Indicato con la lettera C
B) Indicato con la lettera B
C) Indicato con la lettera A
D) Indicato con la lettera D

3) Indicare in quale box sono contenuti tutti e soli gli elementi necessari per ricostruire il disegno dato.

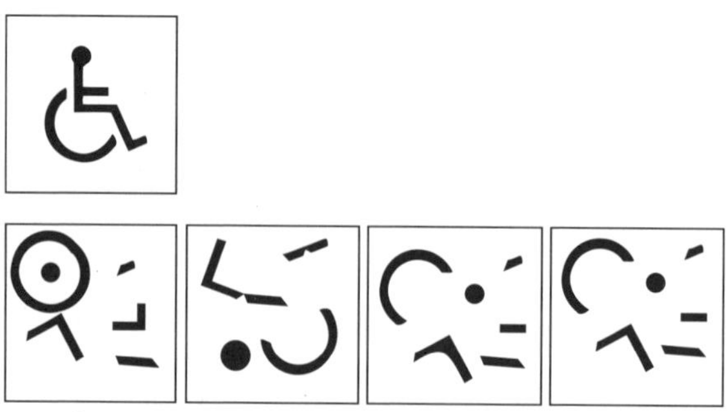

A B C D

A) Box A
B) Box C
C) Box D
D) Box B

4) Quale figura si ottiene rimettendo insieme tutti gli elementi contenuti nel box in alto?

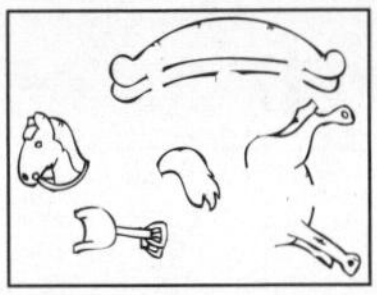

A) La figura D B) La figura C C) La figura A D) La figura B

5) Quali frammenti non sono tratti dalla figura seguente?

A) Tutti i frammenti sono estratti dalla figura proposta
B) I frammenti 2 e 5
C) I frammenti 1 e 6
D) I frammenti 3 e 4

6) Quale figura si ottiene unendo tutti i frammenti?

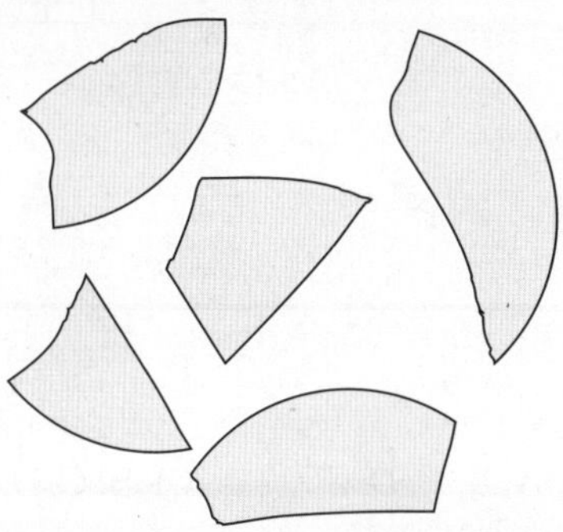

A) Un semicerchio B) Un ovale
C) Un cerchio D) Una calotta sferica

7) Quale figura è più probabile ottenere unendo tutti i frammenti?

A) Un quadrato B) Un esagono C) Un triangolo D) Un pentagono

8) Quali frammenti occorrono per ricostruire il disegno dato?

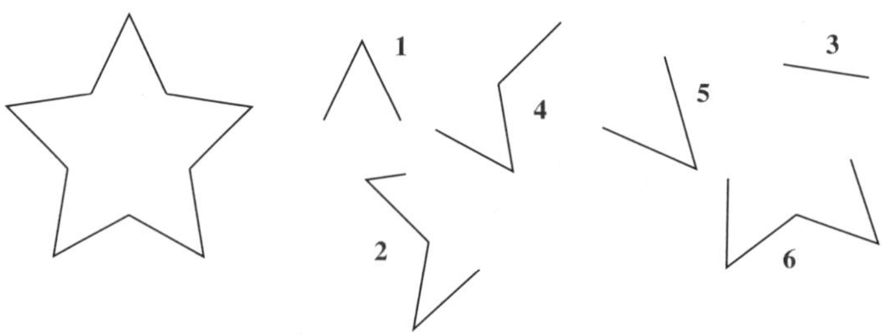

A) Frammenti 1, 3, 4 e 6
B) Frammenti 1, 2, 4 e 5
C) Frammenti 2, 3, 4 e 6
D) Frammenti 1, 2, 3 e 5

9) Quali frammenti occorrono per costruire il disegno dato?

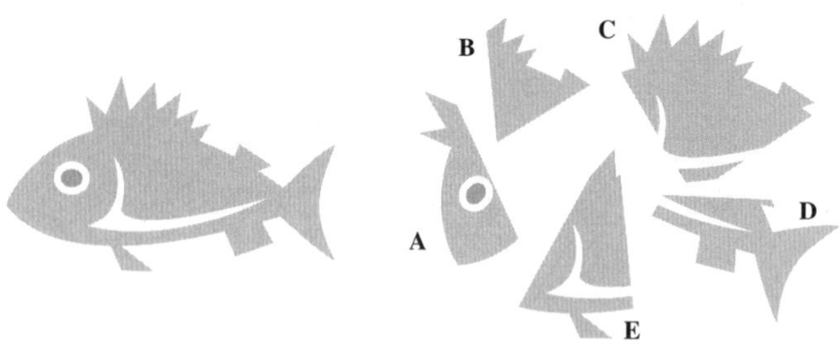

A) B, C, D, E B) A, B, C, D C) B, C, D, E D) A, B, D, E

10) L'immagine di quale continente si ottiene unendo tutti i frammenti proposti?

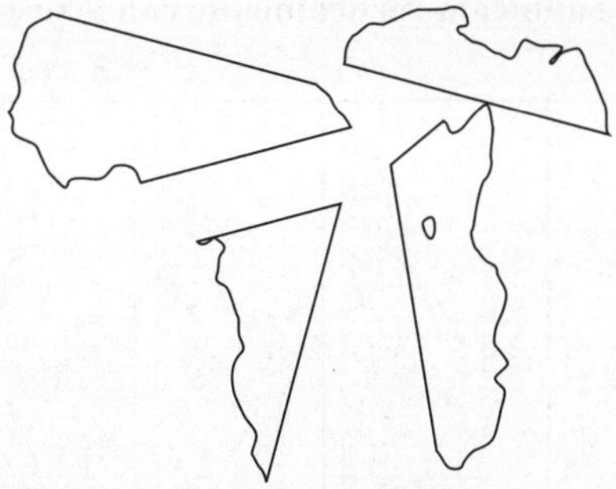

A) Oceania B) America C) Africa D) Asia

11) Quale figura è più probabile ottenere unendo tutti i frammenti?

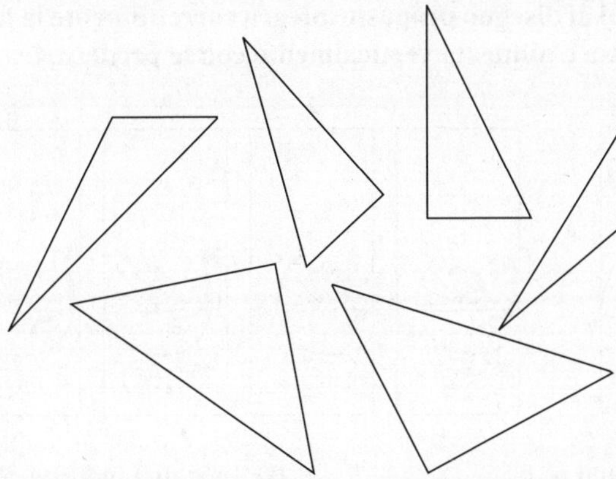

A) Un pentagono B) Un quadrato C) Un rombo D) Un triangolo

12) Per ricostruire il disegno dato sono necessari quattro dei cinque frammenti proposti. Quindi avanzerà…

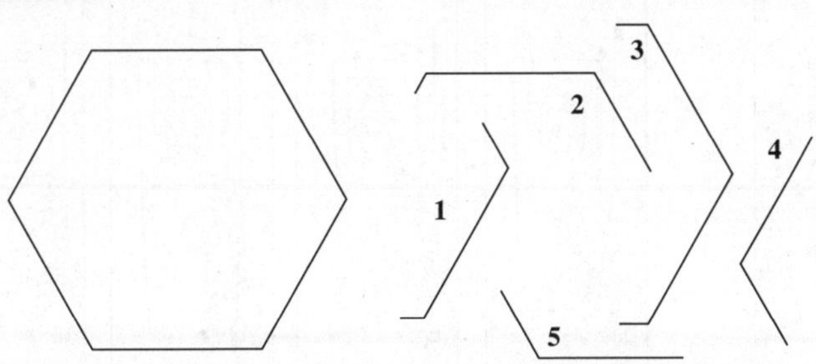

A) Il frammento 2 B) Il frammento 3 C) Il frammento 4 D) Il frammento 5

13) Quale delle frazioni di disegno proposte integra correttamente la figura indicata con A, una volta che la stessa è allineata verticalmente con le predette frazioni?

A) La figura indicata con il n. 4
B) La figura indicata con il n. 1
C) La figura indicata con il n. 3
D) La figura indicata con il n. 2

14) Quale delle frazioni di disegno proposte integra correttamente la figura indicata con A, una volta che la stessa è allineata verticalmente con le predette frazioni?

A) La figura indicata con il n. 1
B) La figura indicata con il n. 4
C) La figura indicata con il n. 3
D) La figura indicata con il n. 2

15) Quale delle frazioni di disegno proposte integra correttamente la figura indicata con A, una volta che la stessa è allineata verticalmente con le predette frazioni?

A) La figura indicata con il n. 2
B) La figura indicata con il n. 3
C) La figura indicata con il n. 1
D) La figura indicata con il n. 4

16) Quale delle frazioni di disegno proposte integra correttamente la figura indicata con A, una volta che la stessa è allineata verticalmente con le predette frazioni?

A) La figura indicata con il n. 2
B) La figura indicata con il n. 3
C) La figura indicata con il n. 1
D) La figura indicata con il n. 4

17) Quale tra i frammenti 1, 2, 3, 4 appartiene sicuramente al disegno a sinistra?

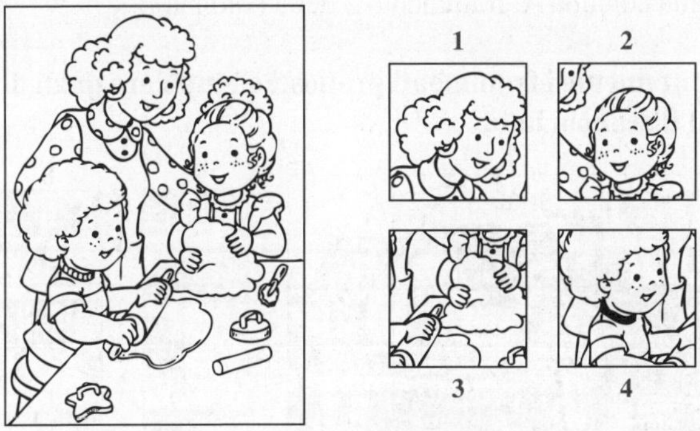

A) Il frammento 1
B) Il frammento 2
C) Il frammento 3
D) Il frammento 4

18) Il disegno del box «A», dopo essere stato ribaltato e ruotato, è riproposto con tali caratteristiche nel box...

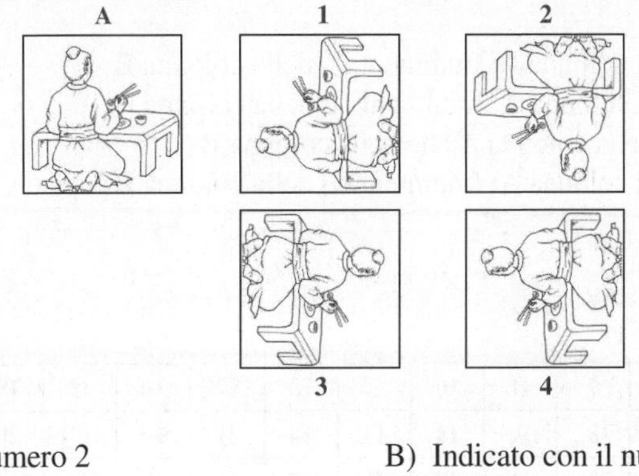

A) Indicato con il numero 2
B) Indicato con il numero 4
C) Indicato con il numero 1
D) Indicato con il numero 3

19) Indicare quali dei frammenti proposti vanno a completare il disegno a lato.

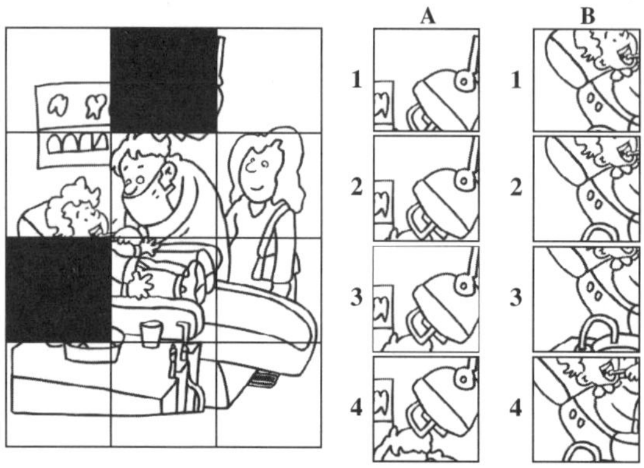

A) Frammento 4 sia della colonna A che della colonna B
B) Frammento 1 della colonna A; frammento 3 della colonna B
C) Frammento 3 della colonna A; frammento 1 della colonna B
D) Frammento 4 della colonna A; frammento 2 della colonna B

20) Osservare attentamente i frammenti proposti ed indicare quali di essi sono necessari per ricostruire il disegno a lato.

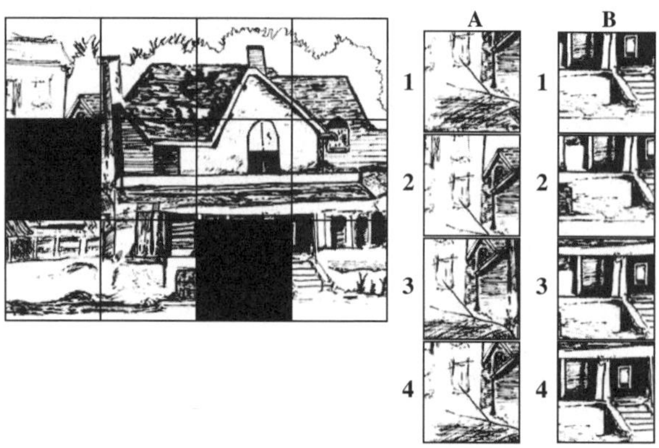

A) Frammento 3 della colonna A; frammento 4 della colonna B
B) Frammento 1 della colonna A; frammento 2 della colonna B
C) Frammento 2 sia della colonna A che della colonna B
D) Frammento 2 della colonna A; frammento 3 della colonna B.

Risposte corrette

1	D	**4**	D	**7**	B	**10**	C	**13**	C	**16**	C	**19**	B
2	C	**5**	C	**8**	A	**11**	D	**14**	B	**17**	C	**20**	B
3	C	**6**	C	**9**	D	**12**	B	**15**	D	**18**	B		

3.11 Questionari misti

3.11.1 Questionario misto 1

1) Indicare il termine da escludere dalla serie in base al significato.
A) Baffi B) Ciglia C) Iride D) Peli E) Capelli

2) Una volta disposte le seguenti parole in ordine alfabetico indicare l'ultima.
A) Usuale B) Velivolo C) Vestibolo D) Utensile E) Usuraio

3) Individuare il termine che costituisce la logica conclusione della serie.
15 18 20 23 25 28 ?
A) 29 B) 30 C) 31 D) 32 E) 33

4) Quale termine completa la seguente frase in maniera corretta?
"Se avessi mangiato bene .... divulgato la notizia."
A) Avrei B) Ebbi C) Vedrai D) Avessi E) Avevo

5) Qual è la logica composizione della seguente serie?

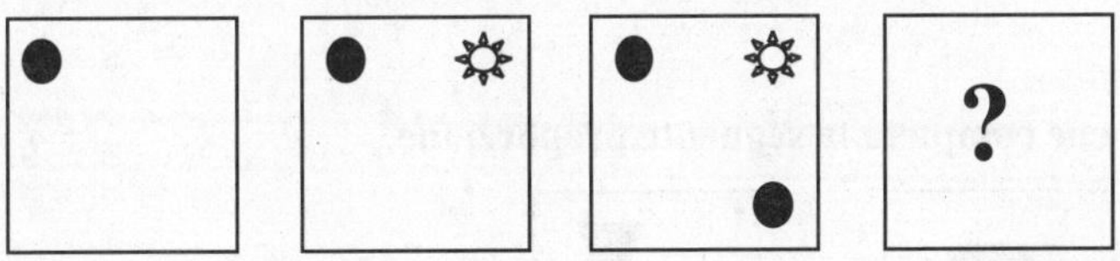

A) B) C) D) E)

6) Indicare il verbo da escludere dalla serie in base all'area di significato.
A) Mangiare B) Deglutire C) Ingoiare D) Masticare E) Annusare

7) Qual è la logica composizione della seguente serie?

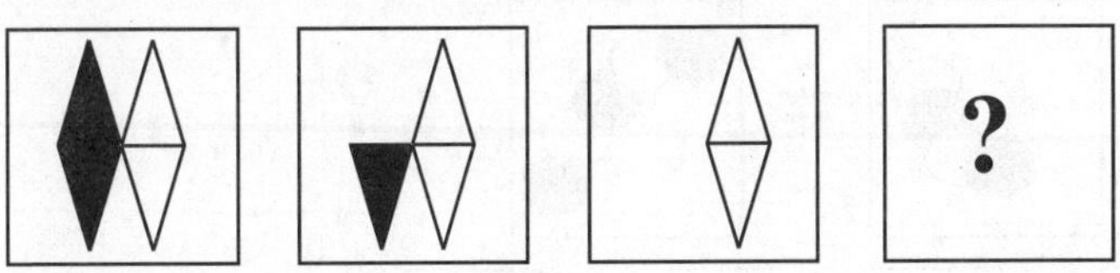

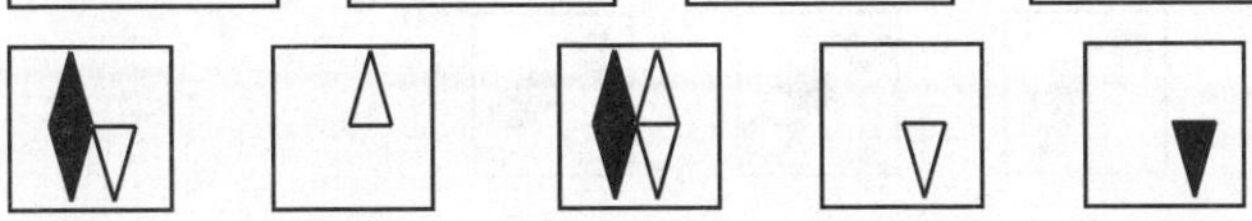

A) B) C) D) E)

8) Individuare il termine che costituisce la logica conclusione della serie.

15 16 18 21 25 30 ?

A) 34 B) 35 C) 36 D) 37 E) 38

9) Indicare il termine da escludere dalla serie in base al significato.

A) Prisma B) Piramide C) Parallelogramma D) Cubo E) Cilindro

10) Sappiamo che ❍ : 💻 = 1 e che ❍ = 3 allora 💻 è uguale a.....

A) 2 B) 3 C) 4 D) 5 E) 8

11) Cubo sta a Quadrato come Piramide sta a ....

A) Triangolo B) Pentagono C) Rettangolo D) Parallelepipedo E) Prisma

12) Sappiamo che ❍ + 💻 + 🖅 = 8 e che ❍ + 💻 = 8 allora 🖅 è uguale a......

A) 8 B) 16 C) 0 D) 5 E) 4

13) Rettangolo sta a Parallelepipedo come Cerchio sta a ....

A) Prisma B) Cilindro C) Quadrato D) Parallelepipedo E) Pentagono

14) Trovare il termine che completa la seguente proporzione.

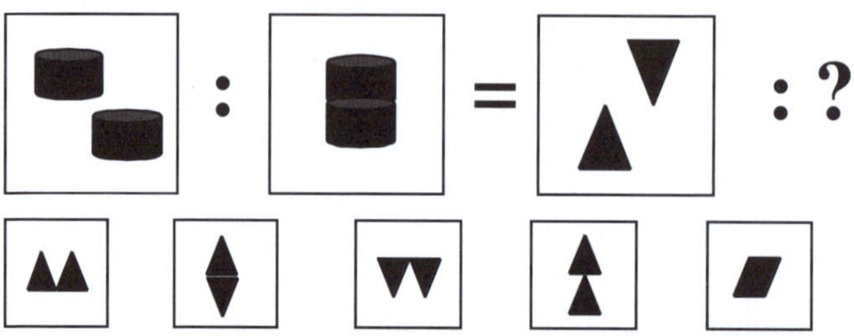

A) B) C) D) E)

15) Trovare il termine che completa la seguente proporzione.

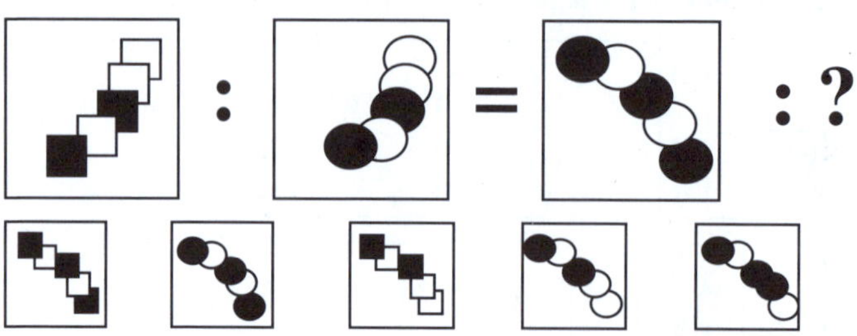

A) B) C) D) E)

16) Quale termine completa la seguente frase in maniera corretta?
“ ...(?)...avesse parlato bene non ottenne la giusta attenzione.”

A) Quantunque B) Anche C) Egli D) Se
E) Purché

L’immagine seguente si riferisce alle domande dalla 17 alla 20.

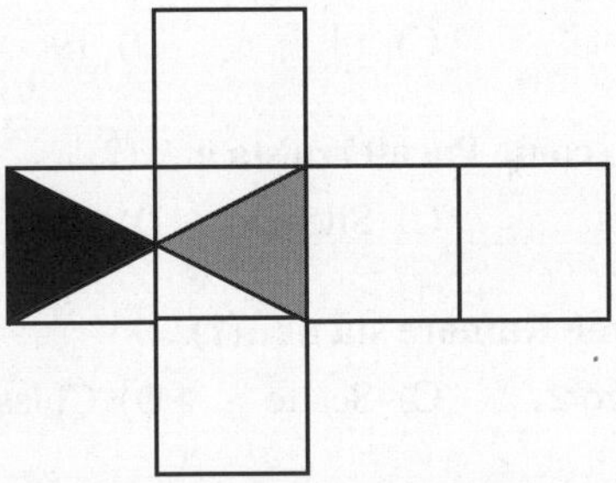

Quale dei cinque cubi rappresenta correttamente l’immagine sopra indicata?

17)

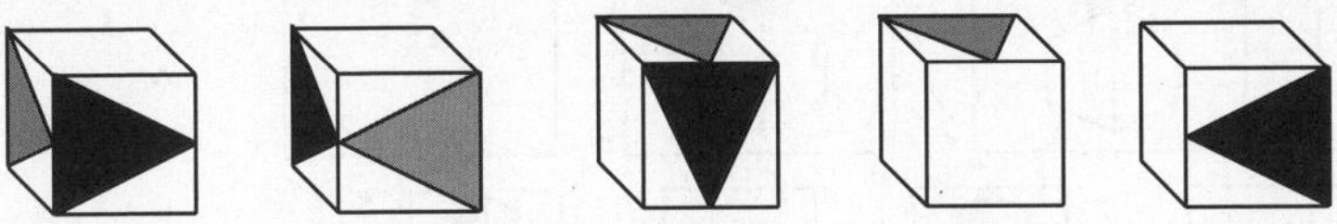

A) B) C) D) E)

18)

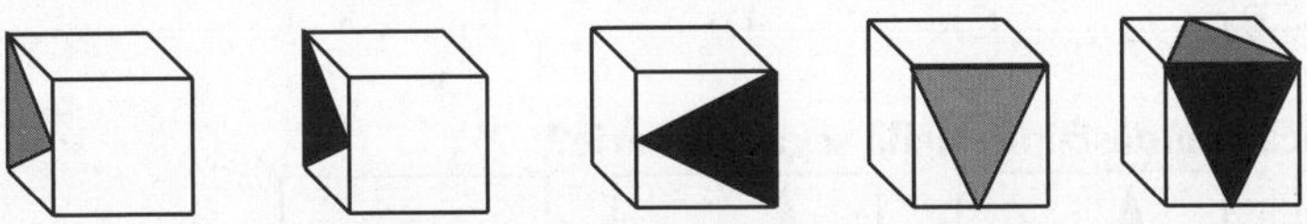

A) B) C) D) E)

19)

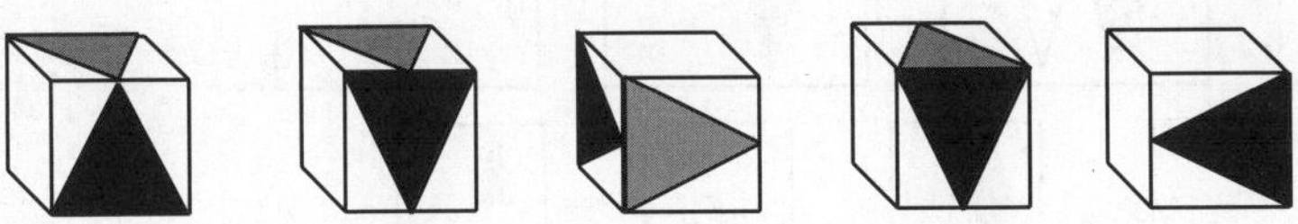

A) B) C) D) E)

20)

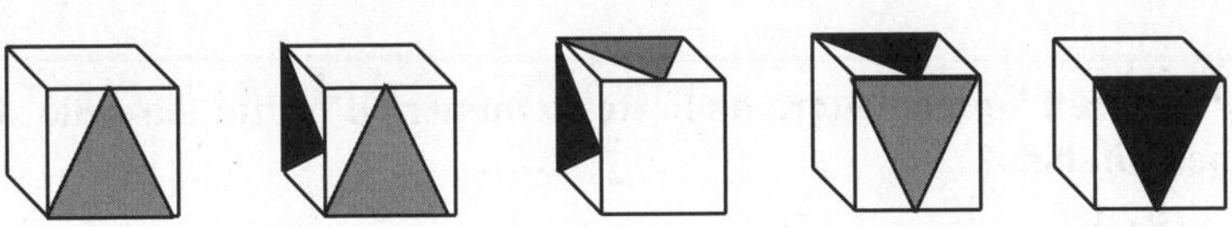

A) B) C) D) E)

21) Quale termine completa la seguente frase in maniera corretta?

" ...(?)...vantaggiosi, per tutte le parti convocate, i punti non sono stati sottoscritti."

A) Poiché B) Perché C) Tuttavia D) Se E) Sebbene

22) Individuare il termine che costituisce la logica conclusione della serie.

15 16 14 17 13 18 ?

A) 12 B) 13 C) 14 D) 19 E) 20

23) Calma sta a Nervosimo come Pacatezza sta a ...(?)...

A) Oscurità B) Oblio C) Silenzio D) Fierezza E) Agitazione

24) Luce sta a Oscurità come Rumore sta a ...(?)...

A) Silenzio B) Fragore C) Scatto D) Chiasso E) Pacatezza

25) Qual è la logica composizione della seguente serie?

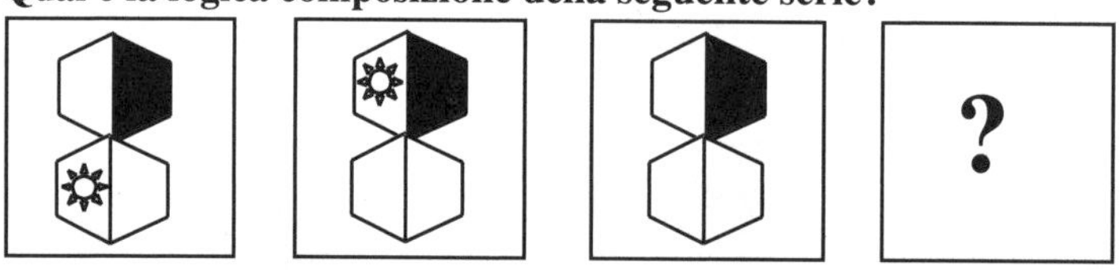

A) B) C) D) E)

26) Qual è la logica composizione della seguente serie?

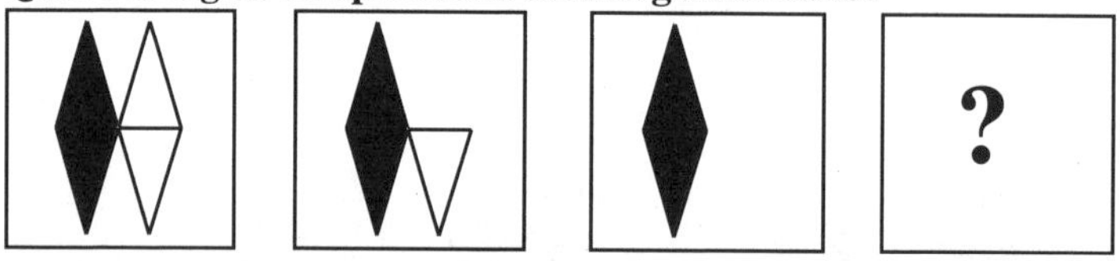

A) B) C) D) E)

27) Nella parola "sottaceti" quale lettera ha lo stesso numero d'ordine sia nello stesso termine che nell'alfabeto?

A) A B) E C) T D) I E) O

28) Individuare il termine che costituisce la logica conclusione della serie, considerando l'alfabeto italiano.

U S Q O M ?

A) H B) I C) N D) P E) G

29) Individuare il termine che costituisce la logica conclusione della serie, considerando l'alfabeto italiano.

C3 5G I9 11…

A) O B) 13 C) M D) 15 E) L

30) Si analizzino i seguenti enunciati:

— Rossi è più basso di Bianchi

— Verdi è più alto di Bianchi

— Rossi è più alto di Verdi

Se i primi due enunciati sono sicuramente veri, il terzo è …

A) Quasi certamente vero B) Sicuramente vero
C) Incerto D) Quasi certamente falso
E) Sicuramente falso

31) Si analizzino i seguenti enunciati:

— Alcuni subordinati dei marescialli sono mediocri

— Tutti i superiori dei marescialli sono capaci

— Tutti i superiori sono capaci rispetto ai subordinati dei marescialli

Se i primi due enunciati sono sicuramente veri, il terzo è …

A) Quasi certamente vero B) Sicuramente vero
C) Incerto D) Quasi certamente falso
E) Sicuramente falso

32) Trovare il termine che completa la seguente proporzione.

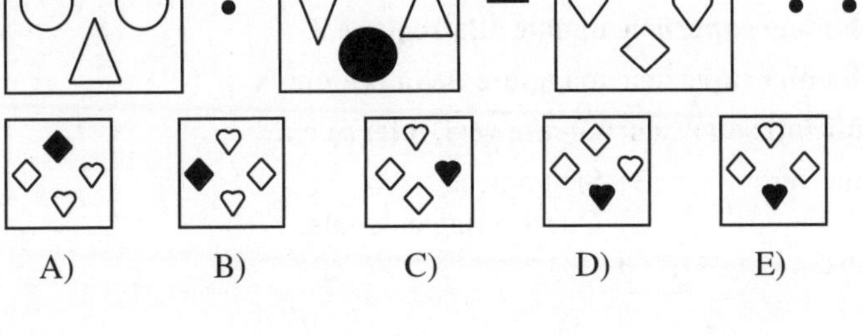

A) B) C) D) E)

33) Qual è la logica composizione della seguente serie?

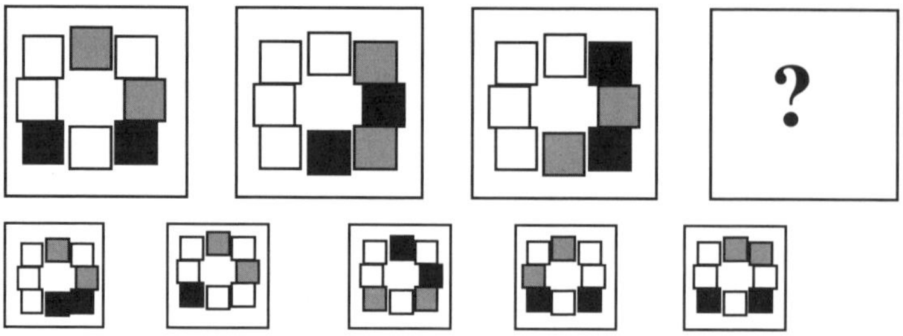

A) B) C) D) E)

34) Qual è la logica composizione della seguente serie?

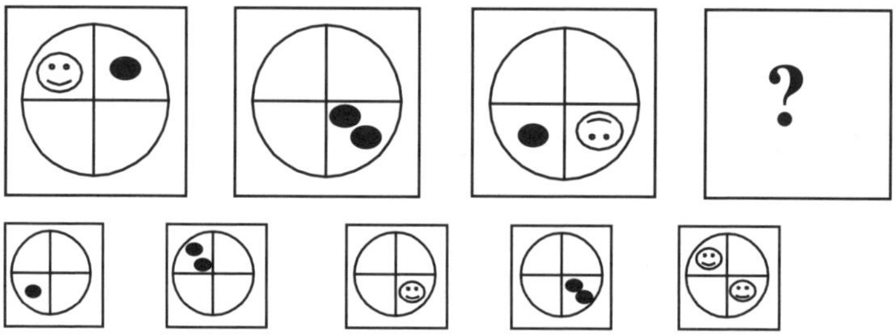

A) B) C) D) E)

35) Si analizzino i seguenti enunciati:

— Alcuni sottosegretari sono deputati

— Deputati e senatori costituiscono il Parlamento

— Nessun parlamentare è sottosegretario

Se i primi due enunciati sono sicuramente veri, il terzo è …

A) Quasi certamente vero
B) Sicuramente vero
C) Incerto
D) Quasi certamente falso
E) Sicuramente falso

36) Si analizzino i seguenti enunciati:

— La regione X ha una superficie maggiore della regione Y

— La regione Y ha una superficie uguale alla regione Z

— La regione Z ha una superficie maggiore della regione X

Se i primi due enunciati sono sicuramente veri, il terzo è …

A) Quasi certamente vero
B) Sicuramente vero
C) Incerto
D) Quasi certamente falso
E) Sicuramente falso

37) **La misurazione di una scrivania con i "palmi" come può essere definita?**
A) Indicativa B) Lineare C) Composta D) Esatta
E) Relativa

38) **Trovare il termine che completa la seguente proporzione.**

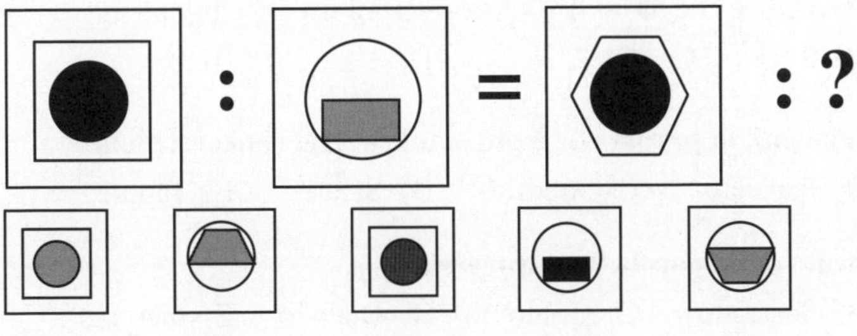

A) B) C) D) E)

39) **Trovare il termine che completa la seguente proporzione.**

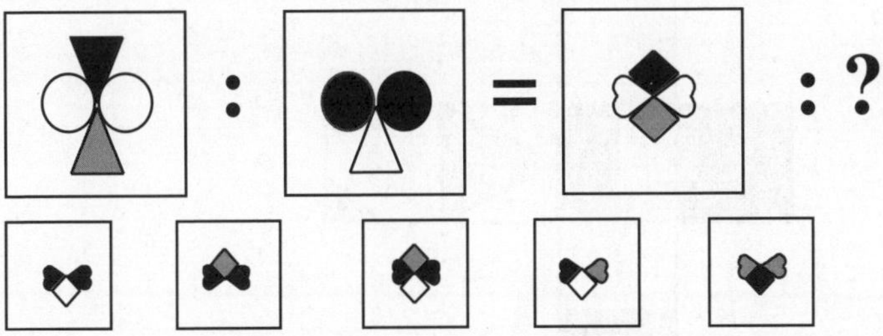

A) B) C) D) E)

40) **Individuare il termine che costituisce la logica conclusione della serie.**
6⬢ 8⬟ 9■
A) 10⬟ B) 13● C) 12◆ D) 11▲ E) 14⬢

41) **Individuare il termine che costituisce la logica conclusione della serie.**
A 2 3 D E 6
A) F B) G C) 5 D) 7E) 8

42) **Quale avverbio completa la seguente frase in modo corretto?**
"Gli uomini hanno ...(?) i piedi più grandi delle donne."
A) Costantemente B) Frequentemente
C) Raramente D) Sempre
E) Certamente

43) **Quale aggettivo completa la seguente frase in modo corretto?**
"La mamma è sempre più ...(?)... della propria figlia."
A) Giovane B) Grande C) Forte D) Alta E) Temeraria

44) Sappiamo che ❍ + 🖳 + 🖃 = ◆ e che ❍ + 🖳 = 🖃 e 🖃 = 4 allora ◆ è uguale a…..

A) 6 B) 8 C) 10 D) 11 E) 14

45) Sappiamo che ◆ = 🖃 e che ◆ + 🖳 = 🖃 – 🖳 allora 🖳 è uguale a…..

A) 5 B) 3 C) 2 D) 1 E) 0

46) Indicare, tra le seguenti, la parola che è più simile a: ira, rancore, gioia

A) Valore B) Pensiero C) Amore D) Salute E) Tepore

47) Indicare il significato della parola "controversia".

A) Disputa B) Sostegno C) Contrario D) Dialogo E) Incrocio

L'immagine seguente si riferisce alle domande dalla 48 alla 51.

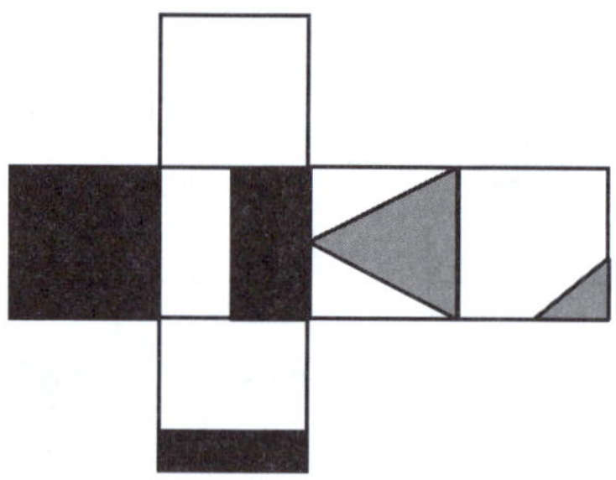

Quale dei cinque cubi rappresenta correttamente l'immagine sopra indicata?

48)

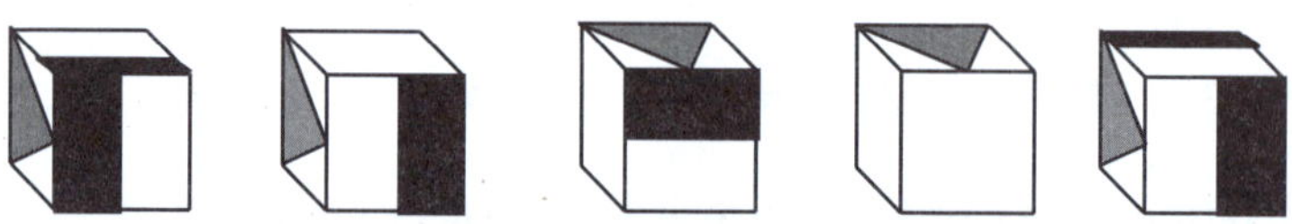

A) B) C) D) E)

49)

A) B) C) D) E)

50)

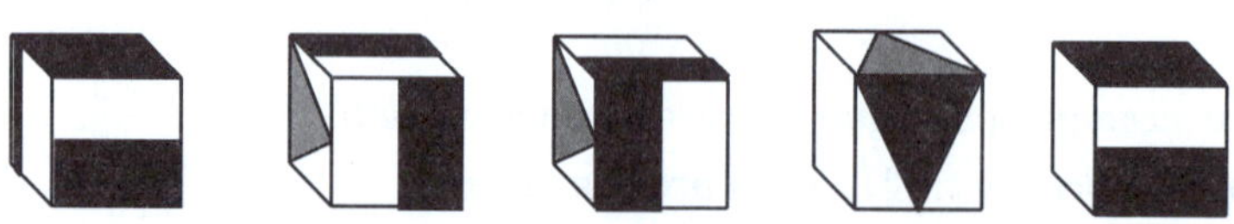

A) B) C) D) E)

51) 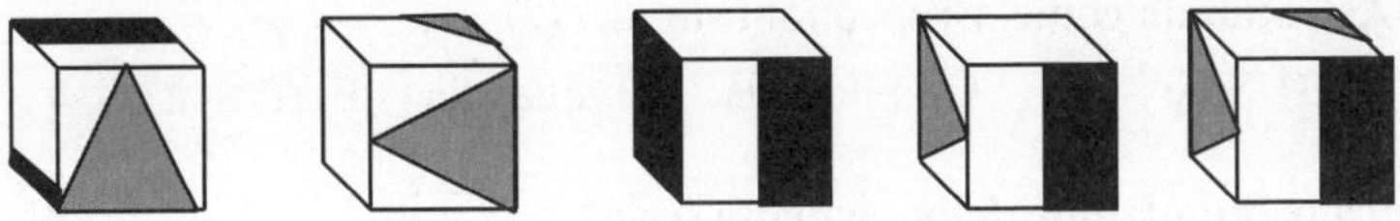

A) B) C) D) E)

52) Qual è la logica composizione della seguente serie?

A) B) C) D) E)

53) Individuare il termine che costituisce la logica conclusione della serie.

2 3 3 5 4 7 5 9 6 ?

A) 6 B) 7 C) 8 D) 10 E) 11

54) Individuare il termine che costituisce la logica conclusione della serie, considerando l'alfabeto italiano.

2 D 6 H 10 ?

A) N B) O C) M D) 12 E) 14

55) Con quale termine si può definire la persona che è restia ai cambiamenti ed al progresso?

A) Liberale
B) Democratico
C) Anarchico
D) Conservatore
E) Radicale

56) Uccello sta ad Uovo come … (?) … sta a Seme.

A) Radice
B) Seme
C) Vaso
D) Foglia
E) Pianta

57) Indicare il contrario della parola "sazio".

A) Vorace
B) Affamato
C) Appagato
D) Scultoreo
E) Abulico

58) Andai sta ad Andrò come Prima sta a … (?) …

A) Adesso
B) Ora
C) Poi
D) Domani
E) Ieri

59) Stella sta ad Astronomia come Francobolli sta a… (?) …

A) Foglio B) Sole C) Filologia D) Filatelia E) Posta

60) Qual è la logica composizione della seguente serie?

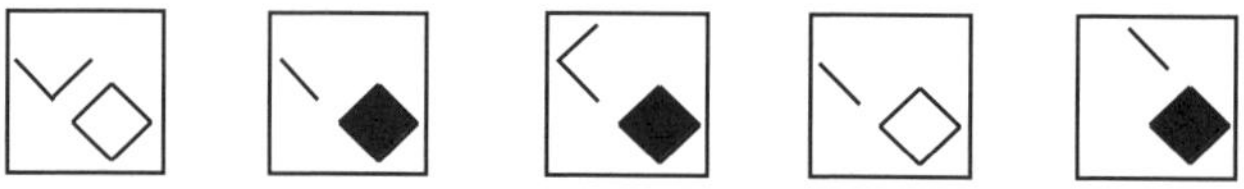

A) B) C) D) E)

RISPOSTE CORRETTE

1	C	**9**	C	**17**	B	**25**	C	**33**	C	**41**	D	**49**	C	**57**	B
2	C	**10**	B	**18**	D	**26**	E	**34**	B	**42**	B	**50**	A	**58**	C
3	B	**11**	A	**19**	A	**27**	D	**35**	E	**43**	B	**51**	C	**59**	D
4	A	**12**	C	**20**	E	**28**	B	**36**	E	**44**	B	**52**	A	**60**	B
5	B	**13**	B	**21**	E	**29**	A	**37**	A	**45**	E	**53**	E		
6	D	**14**	E	**22**	A	**30**	E	**38**	E	**46**	C	**54**	A		
7	D	**15**	A	**23**	E	**31**	A	**39**	A	**47**	A	**55**	D		
8	C	**16**	A	**24**	A	**32**	E	**40**	D	**48**	C	**56**	E		

3.11.2 *Questionario misto 2*

1) Indicare il termine da escludere dalla serie in base al significato.
A) Corpo B) Fusto C) Ramo D) Radici E) Foglie

2) Una volta disposte le seguenti parole in ordine alfabetico indicare la prima.
A) Madornale B) Medievale C) Nuovo D) Maremma E) Nuoro

3) Individuare il termine che costituisce la logica conclusione della serie.
35 39 43 47 51 55 ?
A) 57 B) 59 C) 61 D) 62 E) 63

4) Quale termine completa la seguente frase in maniera corretta?
Avrei digerito facilmente se ...... mangiato e bevuto lentamente."
A) Avresti B) Avrei C) Ebbi D) Avessi E) Fosse

5) Qual è la logica composizione della seguente serie?

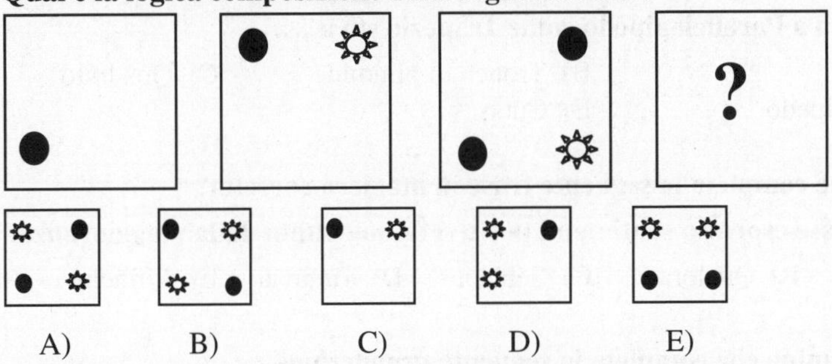

6) Qual è la logica composizione della seguente serie?

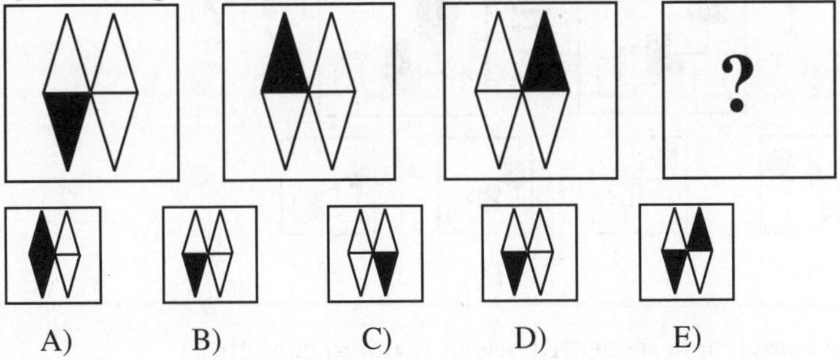

7) Indicare il verbo da escludere dalla serie in base al significato.
A) Annusare B) Udire C) Guardare D) Toccare E) Masticare

8) Individuare il termine che costituisce la logica conclusione della serie.

11 13 16 20 25 31 ?

A) 36 B) 37 C) 40 D) 39 E) 38

9) Indicare il termine da escludere dalla serie in base al significato.

A) Quadrato B) Rombo C) Parallelogramma D) Pentagono
E) Rettangolo

10) Sappiamo che ❍ : 💻 = 5 e che ❍ = 25 allora 💻 è uguale a.....

A) 2 B) 3 C) 4 D) 5 E) 8

11) Pentagono sta a .....(?).... come Quadrato sta a Cubo

A) Parallelepipedo B) Esagono C) Piramide
D) Sfera E) Prisma

12) Sappiamo che ❍ + 💻 – 🖹 = 6 e che ❍ + 💻 = 10 allora 🖹 è uguale a......

A) 2 B) 3 C) 6 D) 5 E) 4

13) Rettangolo sta a Parallelepipedo come Trapezio sta a ....

A) Prisma B) Tronco di piramide C) Quadrato
D) Parallelepipedo E) Cubo

14) Quale termine completa la seguente frase in maniera corretta?

“ ...(?)... avesse espresso sentimenti positivi fu boicottato dalla maggioranza.”

A) Se B) Qualora C) Sebbene D) Tuttavia E) Affinché

15) Trovare il termine che completa la seguente proporzione.

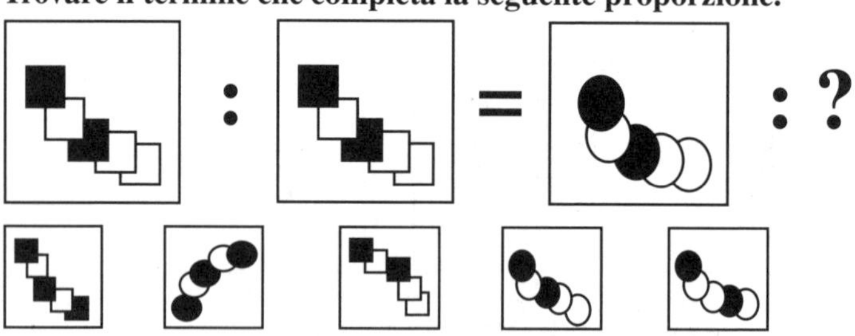

A) B) C) D) E)

16) Quale termine completa la seguente frase in maniera corretta?

“I computer erano difettosi, ...(?)... consentirono di ultimare i lavori.”

A) Poiché B) Perché C) Tuttavia D) Quantunque
E) Sebbene

17) Individuare il termine che costituisce la logica conclusione della serie.

15 16 16 15 17 14 ?

A) 192 B) 20 C) 14 D) 18 E) 13

18) Diverbio sta a Conciliazione come Liscio sta a …(?)...

A) Piatto B) Ruvido C) Scivoloso D) Sgusciante E) Agitazione

19) Libro sta a Pagine come Computer sta a …(?)...

A) Componenti B) Hardware C) Stampante
D) Desktop E) Audio

20) Trovare il termine che completa la seguente proporzione.

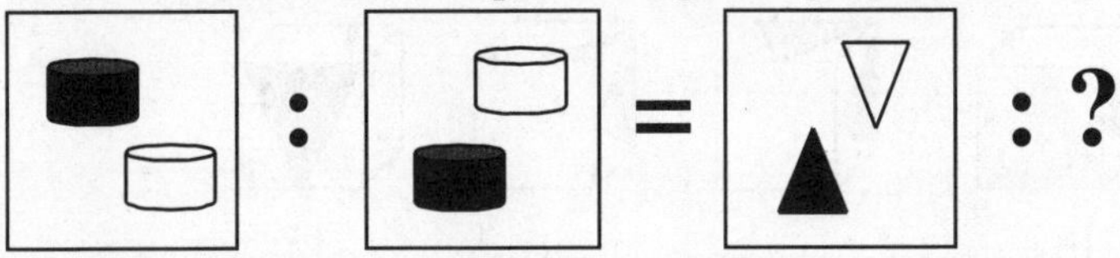

A) B) C) D) E)

L'immagine seguente si riferisce alle domande dalla 21 alla 24.

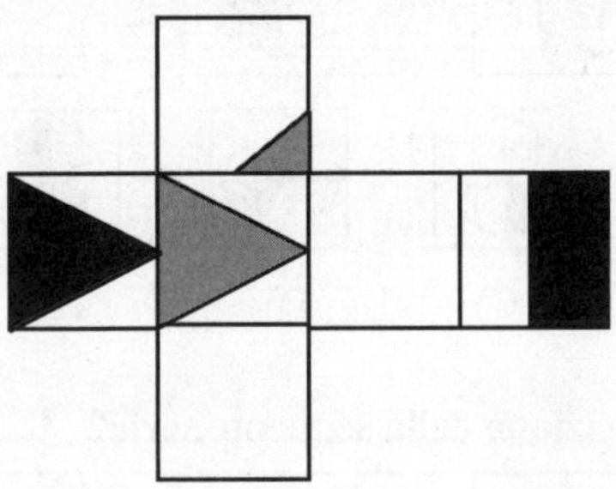

Quale dei cinque cubi rappresenta correttamente l'immagine sopra indicata?

21)

A) B) C) D) E)

22)

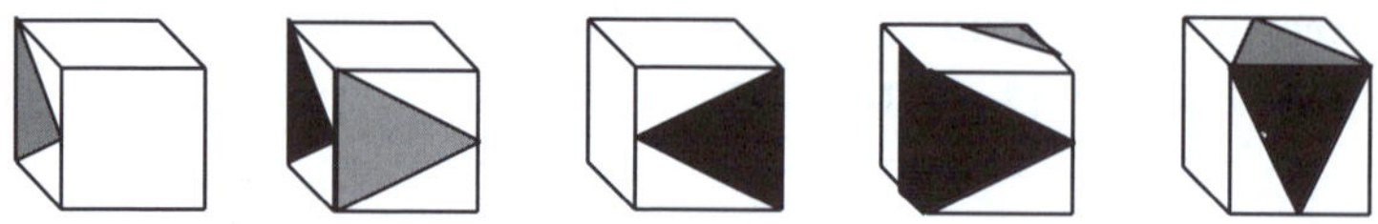

A) B) C) D) E)

23)

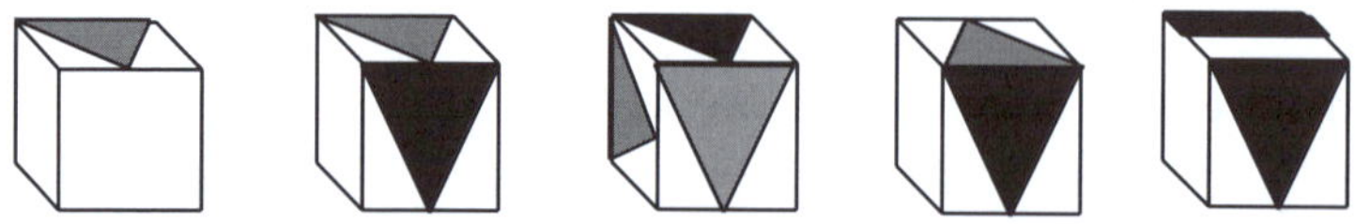

A) B) C) D) E)

24)

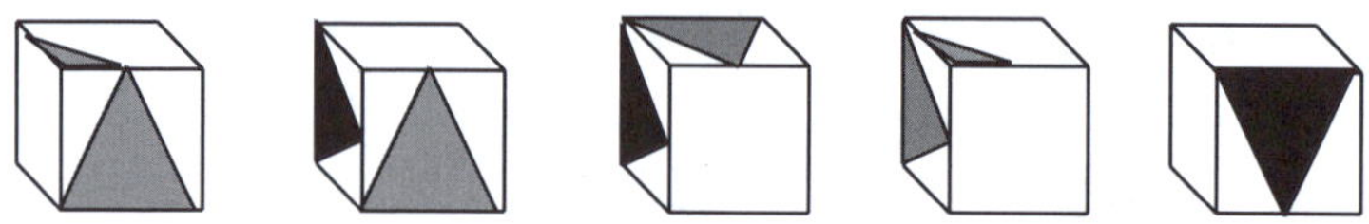

A) B) C) D) E)

25) Qual è la logica composizione della seguente serie?

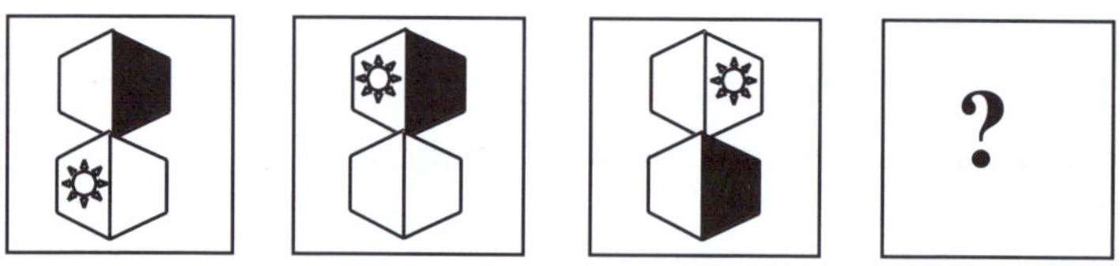

A) B) C) D) E)

26) Qual è la logica composizione della seguente serie?

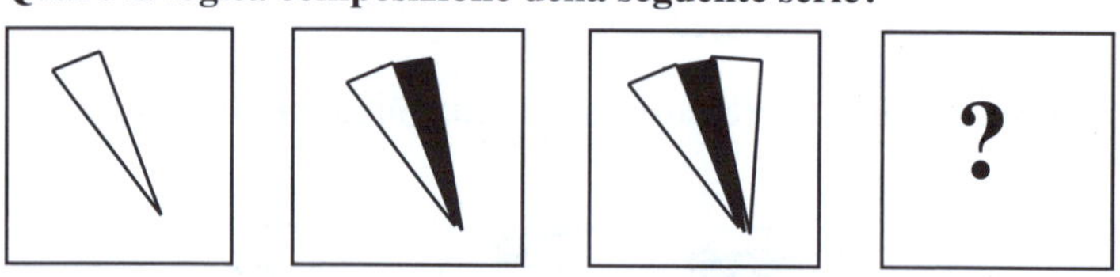

A) B) C) D) E)

27) **Si analizzino i seguenti enunciati:**

— Rocco è più grande di Vittorio

— Vittorio è più piccolo di Francesco

— Francesco è più piccolo di Rocco

Se i primi due enunciati sono sicuramente veri, il terzo è …

A) Quasi certamente vero B) Sicuramente vero
C) Incerto D) Quasi certamente falso
E) Sicuramente falso

28) **Si analizzino i seguenti enunciati:**

— Tutti i capitani sono superiori ai marescialli

— Tutti i marescialli sono superiori ai brigadieri

— Tutti i brigadieri sono inferiori ai capitani

Se i primi due enunciati sono sicuramente veri, il terzo è …

A) Quasi certamente vero B) Sicuramente vero
C) Incerto D) Quasi certamente falso
E) Sicuramente falso

29) **Nella parola "amarsi" quale lettera ha lo stesso numero d'ordine sia nello stesso termine che nell'alfabeto?**

A) A B) I C) M D) R E) S

30) **Individuare il termine che costituisce la logica conclusione della serie, considerando l'alfabeto italiano.**

L S M R N Q ?

A) H B) O C) N D) P E) G

31) **Individuare il termine che costituisce la logica conclusione della serie, considerando l'alfabeto italiano.**

B13 6M L9 14…

A) N B) 20 C) M D) G E) 11

32) **Trovare il termine che completa la seguente proporzione.**

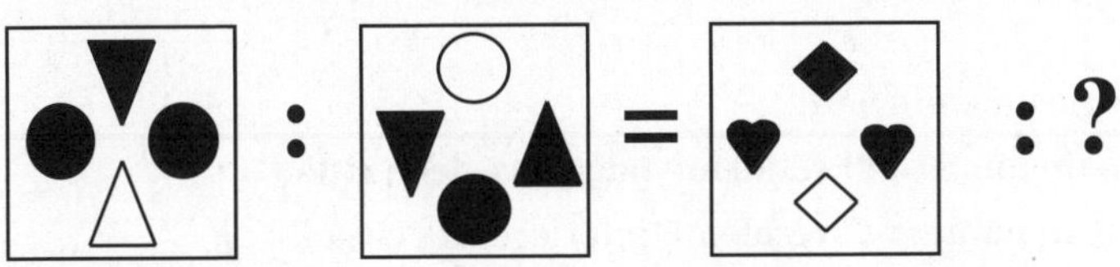

A) B) C) D) E)

33) Qual è la logica composizione della seguente serie?

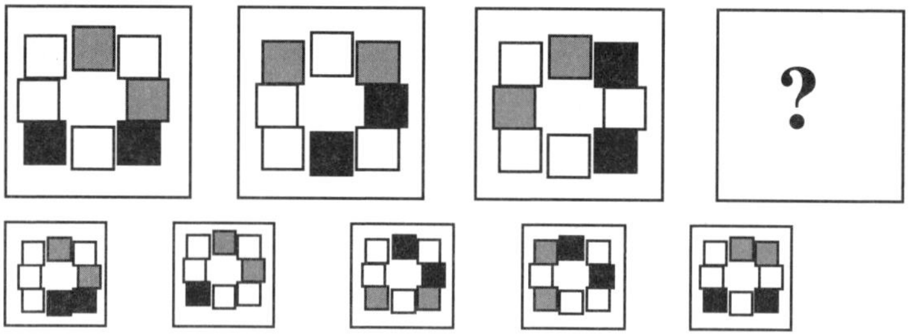

A) B) C) D) E)

34) Qual è la logica composizione della seguente serie?

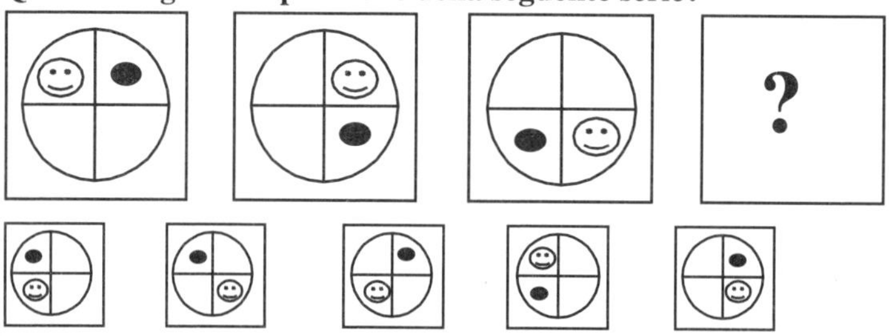

A) B) C) D) E)

35) La misurazione della vista leggendo le lettere di varie dimensioni da una distanza di circa tre metri come può essere definita?

A) Lineare B) Composta C) Esatta D) Relativa E) Indicativa

36) Si analizzino i seguenti enunciati:

— Tutti i deputati fanno parte del Parlamento

— Tutti i senatori fanno parte del Parlamento

— Al Parlamento appartengono sia i deputati sia i senatori

Se i primi due enunciati sono sicuramente veri, il terzo è …

A) Quasi certamente vero B) Sicuramente vero
C) Incerto D) Quasi certamente falso
E) Sicuramente falso

37) Si analizzino i seguenti enunciati:

— La città A ha un numero di residenti maggiore della città B

— La città C ha un numero di residenti inferiore alla città B

— La città A ha un numero di residenti maggiore della città C

Se i primi due enunciati sono sicuramente veri, il terzo è …

A) Quasi certamente vero B) Sicuramente vero
C) Incerto D) Quasi certamente falso E) Sicuramente falso

38) Individuare il termine che costituisce la logica conclusione della serie.

6⬟ ⬟5 4■

A) 3▲ B) ●2 C) 1◆ D) ▲3 E) 6⬟

39) Individuare il termine che costituisce la logica conclusione della serie, considerando l'alfabeto italiano.

Z 2 19 D S 6 ?

A) F B) 15 C) 8 D) R E) H

40) Quale avverbio completa la seguente frase in modo corretto?
"Gli alberi di pino sono …(?)… verdi."

A) Assai B) Frequentemente C) Raramente
D) Sempre E) Pesantemente

41) Quale aggettivo completa la seguente frase in modo corretto?
"L'erba del vicino è più …(?)... "

A) Soffice B) Regolare C) Alta D) Massiccia
E) Cresciuta

42) Sappiamo che ❍ - 💻 - 🗒 = ◆ e che ❍ - 💻 = 🗒 e 🗒 = 4 allora ◆ è uguale a…..

A) 0 B) 4 C) 2 D) 6 E) 3

43) Sappiamo che ◆ = 🗒 e che ◆ - 💻 = 🗒 + 💻 allora 💻 è uguale a…..

A) 0 B) 4 C) 2 D) 1 E) 5

44) Indicare, tra le seguenti, la parola che è più simile a: malessere, dolore, salute.

A) Pensiero B) Benessere C) Torpore D) Freddezza E) Allegria

45) Indicare il sinonimo della parola "disputa".

A) Partita B) Battibecco C) Dialogo D) Infrazione E) Incontro

46) Trovare il termine che completa la seguente proporzione.

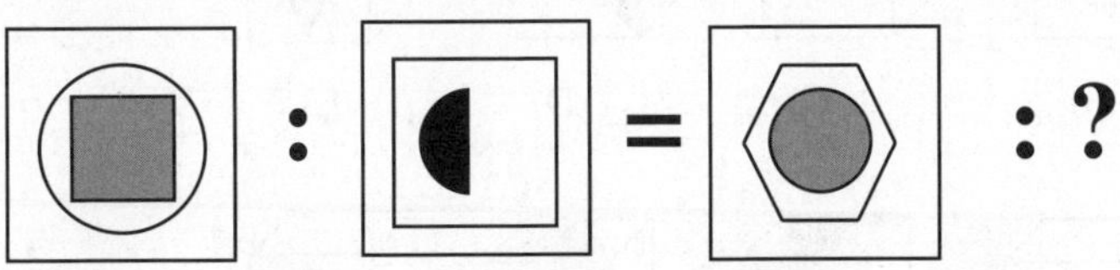

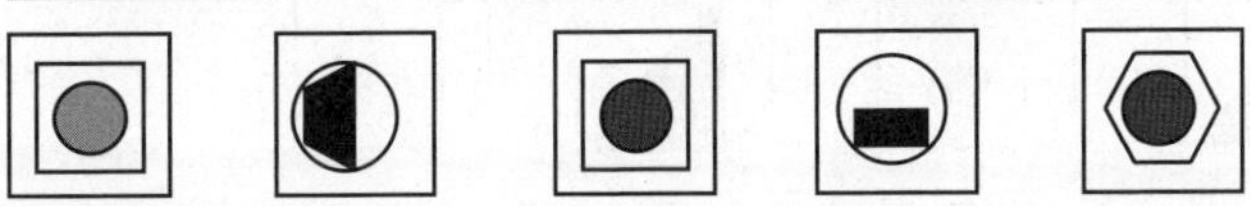

A) B) C) D) E)

47) Trovare il termine che completa la seguente proporzione.

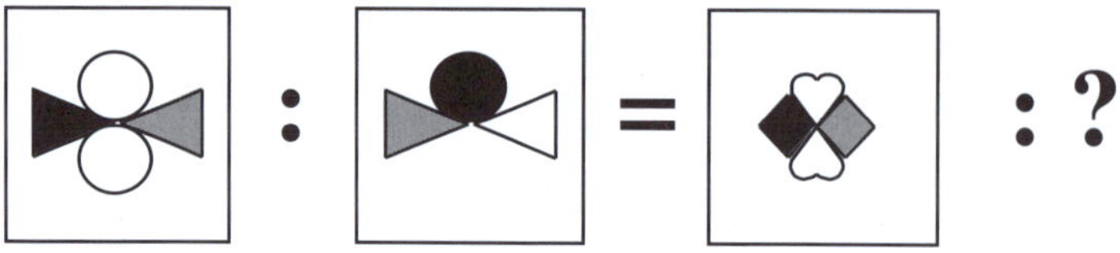

A) B) C) D) E)

L'immagine seguente si riferisce alle domande dalla 48 alla 51.

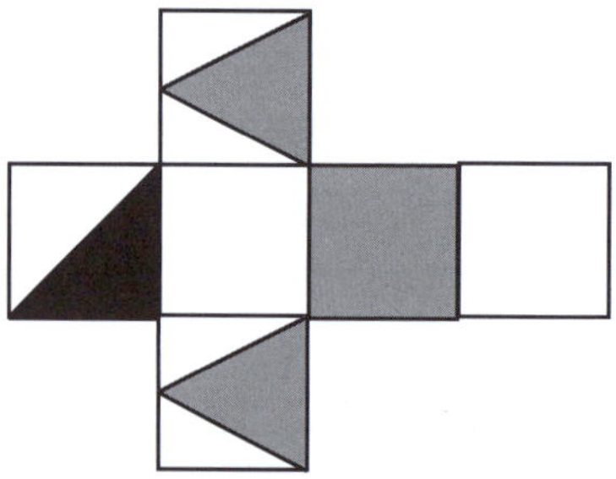

Quale dei cinque cubi rappresenta correttamente l'immagine sopra indicata?

48)

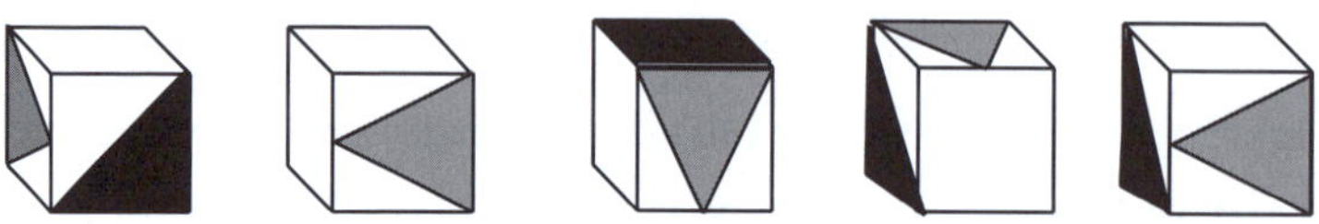

A) B) C) D) E)

49)

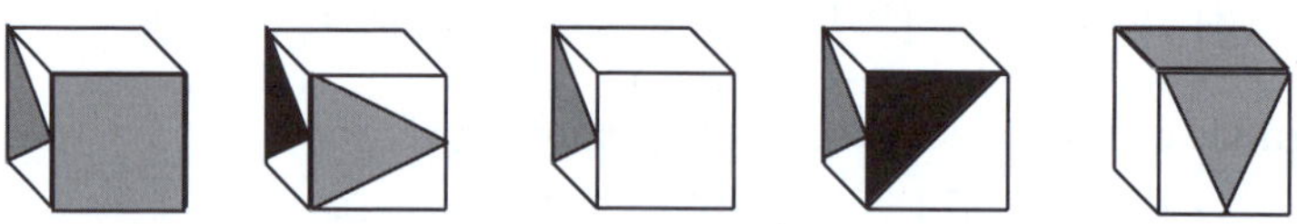

A) B) C) D) E)

50)

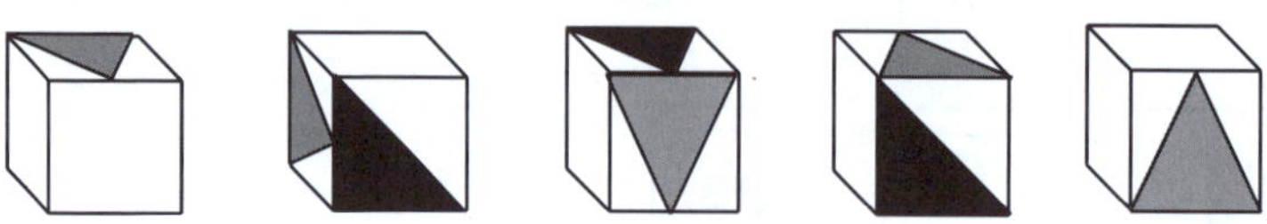

A) B) C) D) E)

51)

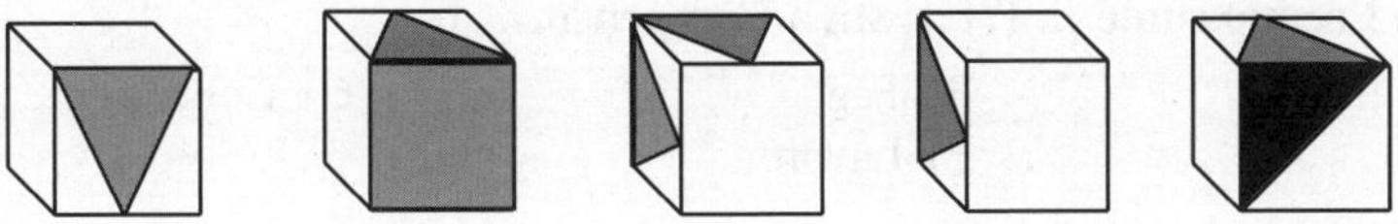

A) B) C) D) E)

52) **Qual è la logica composizione della seguente serie?**

A) B) C) D) E)

53) **Individuare il termine che costituisce la logica conclusione della serie.**

5 6 8 8 12 10 17 12 23 ?

A) 29 B) 30 C) 18 D) 14 E) 16

54) **Qual è la logica composizione della seguente serie?**

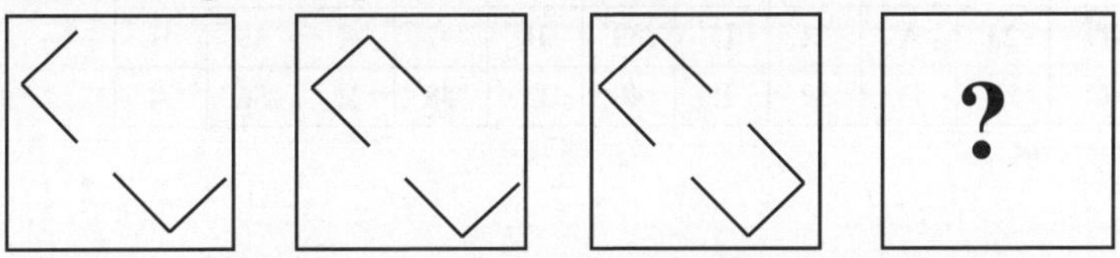

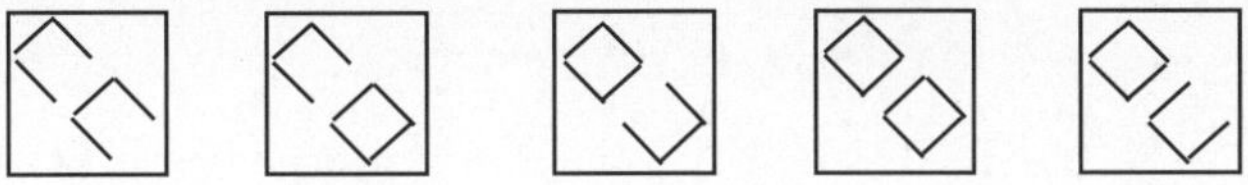

A) B) C) D) E)

55) **Individuare il termine che costituisce la logica conclusione della serie, considerando l'alfabeto italiano.**

7 H 10 M 13 ?

A) Q B) P C) M D) 16 E) 18

56) **Con quale termine si può definire la persona che è favorevole ai cambiamenti ed al progresso?**

A) Liberale B) Globale C) Anarchico
D) Conservatore E) Radicale

57) Vincita sta a Premio come … (?) … sta a Compenso.

A) Professionista B) Paga C) Corsa
D) Biglietto E) Lavoro

58) Indicare il sinonimo della parola "affamato".

A) Vorace B) Attratto C) Appagato D) Magro E) Avido

59) Mangerò sta a Mangiai come Poi sta a … (?) …

A) Prima B) Ora C) Dopo D) Domani E) Ieri

60) Polmone sta ad Anatomia come Leva sta a… (?) …

A) Motore B) Fulcro C) Chimica D) Meccanica E) Acustica

Risposte corrette

1	A	**9**	D	**17**	D	**25**	B	**33**	D	**41**	C	**49**	E	**57**	E
2	A	**10**	D	**18**	B	**26**	E	**34**	A	**42**	A	**50**	B	**58**	E
3	B	**11**	E	**19**	A	**27**	C	**35**	E	**43**	A	**51**	B	**59**	A
4	D	**12**	E	**20**	D	**28**	B	**36**	B	**44**	B	**52**	B	**60**	D
5	B	**13**	B	**21**	C	**29**	A	**37**	B	**45**	B	**53**	D		
6	C	**14**	C	**22**	D	**30**	B	**38**	D	**46**	B	**54**	C		
7	E	**15**	D	**23**	A	**31**	D	**39**	B	**47**	C	**55**	B		
8	E	**16**	C	**24**	D	**32**	E	**40**	D	**48**	E	**56**	A		

3.11.3 Questionario misto 3

1) Indicare il termine da escludere dalla serie in base al significato.
A) Scrivania B) Cassettiera C) Pianale D) Libreria E) Spalliera

2) Una volta disposte le seguenti parole in ordine alfabetico indicare l'ultima.
A) Cremeria B) Cuoco C) Budino D) Buste E) Cuocere

3) Individuare il termine che costituisce la logica conclusione della serie.
27 29 29 31 33 33 ?
A) 25 B) 27 C) 31 D) 33 E) 35

4) Quale termine completa la seguente frase in maniera corretta?
"Se avessero studiato con profitto …(?)…ottenuto voti alti."
A) Avrei B) Avrebbero C) Avevano D) Avranno E) Ebbero

5) Indicare il verbo da escludere dalla serie in base al significato.
A) Stivare B) Vedere C) Scrutare D) Guardare E) Scorgere

6) Individuare il termine che costituisce la logica conclusione della serie.
2 13 24 35 ?
A) 42 B) 46 C) 57 D) 52 E) 61

7) Indicare il termine da escludere dalla serie in base al significato.
A) Cubo B) Ottaedro C) Parallelepipedo
D) Tetraedro E) Icosaedro

8) Sappiamo che 💾 + ☒ + 💻 = 8 e che 💾 + ☒ = 5 allora 💻 è uguale a...
A) 2 B) 3 C) 4 D) 5 E) 8

9) Dodecaedro sta a Pentagono come ... (?) ... sta a Quadrato
A) Esaedro B) Triangolo C) Icosaedro D) Parallelepipedo
E) Poliedro

10) Sappiamo che ☒ + ☒ - 🗎 = 6 e che 🗎 = 4 allora ☒ è uguale a...
A) 4 B) 5 C) 3 D) 2 E) 1

11) Triangolo sta a Cono come Quadrato sta a ….
A) Sfera B) Tronco di piramide C) Parallelepipedo
D) Cilindro E) Cubo

12) Qual è la logica composizione della seguente serie?

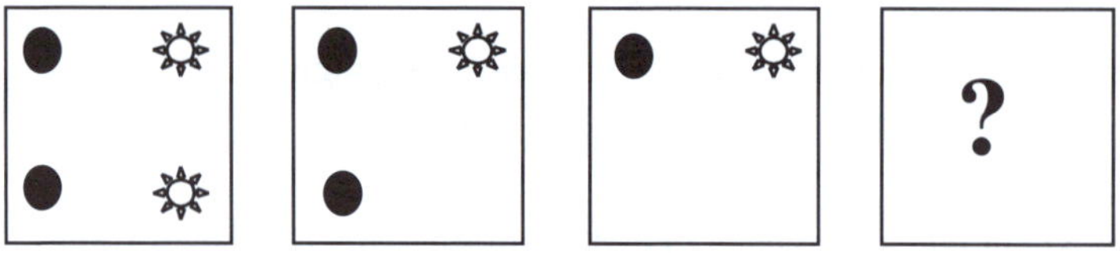

A) B) C) D) E)

13) Qual è la logica composizione della seguente serie?

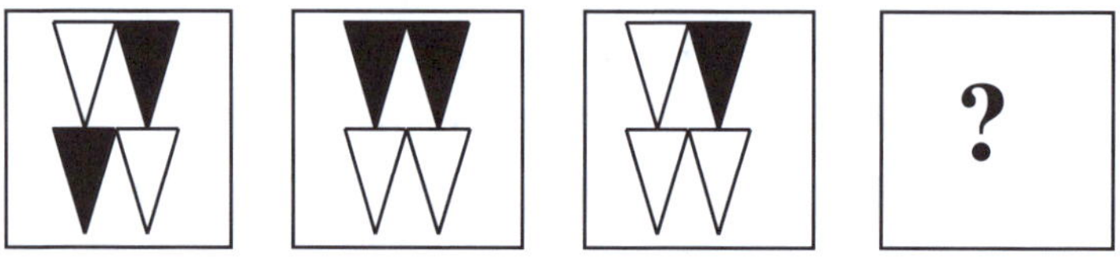

A) B) C) D) E)

14) Trovare il termine che completa la seguente proporzione.

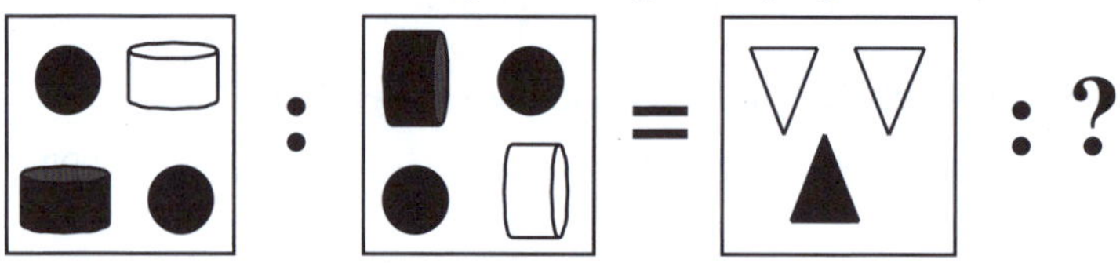

A) B) C) D) E)

15) Trovare il termine che completa la seguente proporzione.

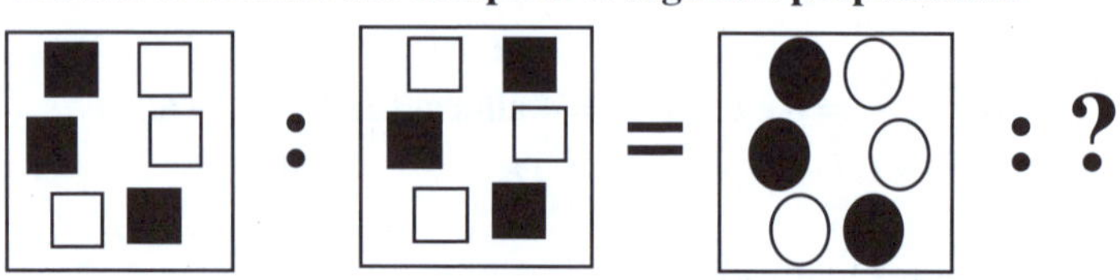

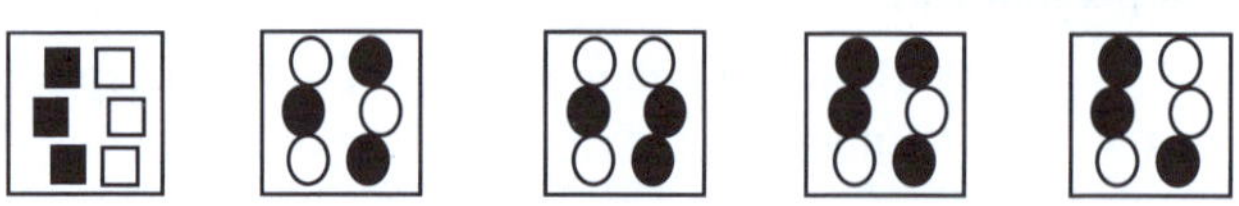

A) B) C) D) E)

16) Quale termine completa la seguente frase in maniera corretta?

"...(?)... fosse premiato furono predisposti tutti i particolari della cerimonia."

A) Purché B) Qualora C) Sebbene D) Quantunque E) Affinché

L'immagine seguente si riferisce alle domande dalla 17 alla 20.

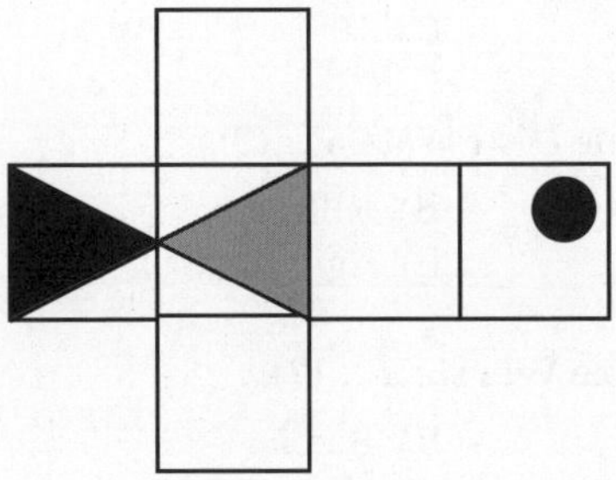

Quale dei cinque cubi rappresenta correttamente l'immagine sopra indicata?

17)

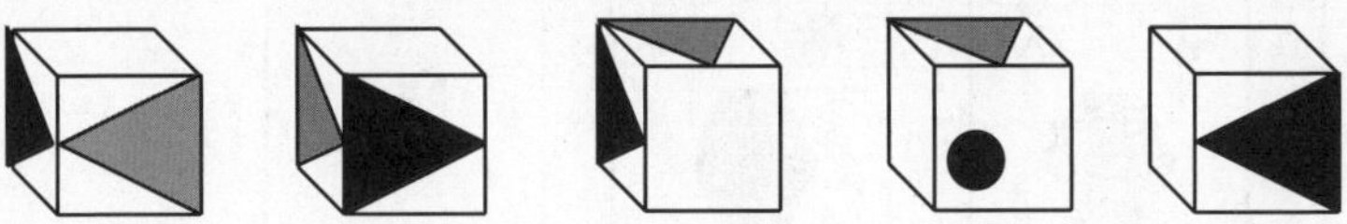

A) B) C) D) E)

18)

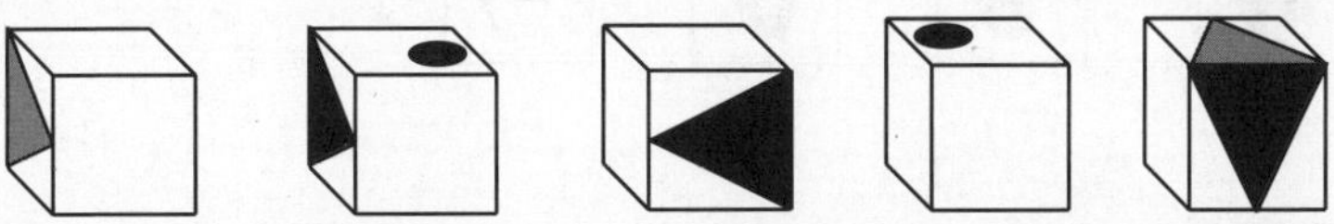

A) B) C) D) E)

19)

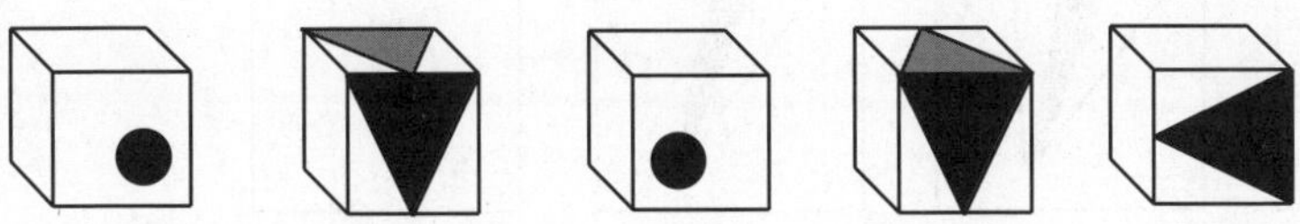

A) B) C) D) E)

20)

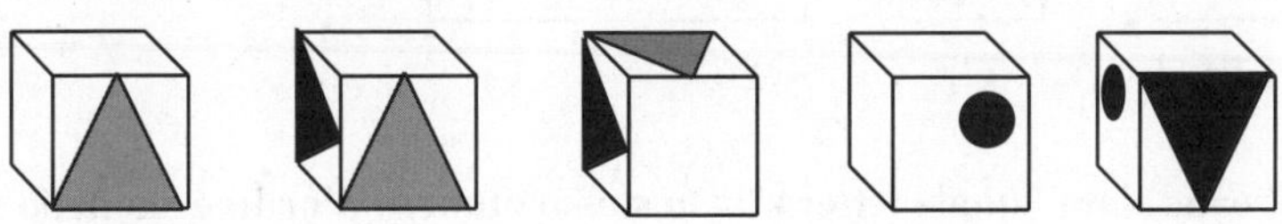

A) B) C) D) E)

21) Quale termine completa la seguente frase in maniera corretta?
"I passeggeri scesero dall'aereo velocemente, …(?)… l'aereo rimase vuoto presto."
A) Affinché B) Perché C) Quindi D) Tuttavia E) Sebbene

22) Individuare il termine che costituisce la logica conclusione della serie.
13 11 12 9 11 7 ?
A) 8 B) 9 C) 10 D) 11 E) 12

23) Quiete sta a Calma come Disteso sta a …(?)...
A) Riposo B) Rilassato C) Scivoloso
D) Sgusciante E) Agitazione

24) Motore sta ad Auto come Vela sta a …(?)...
A) Tavola B) Barca C) Traghetto
D) Vento E) Paracadute

25) Qual è la logica composizione della seguente serie?

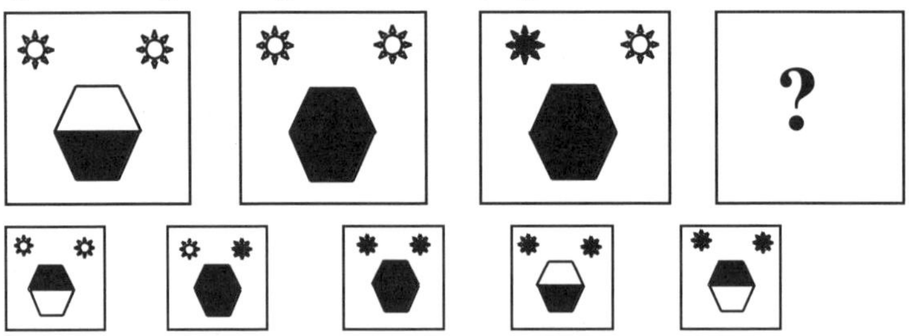

A) B) C) D) E)

26) Qual è la logica composizione della seguente serie?

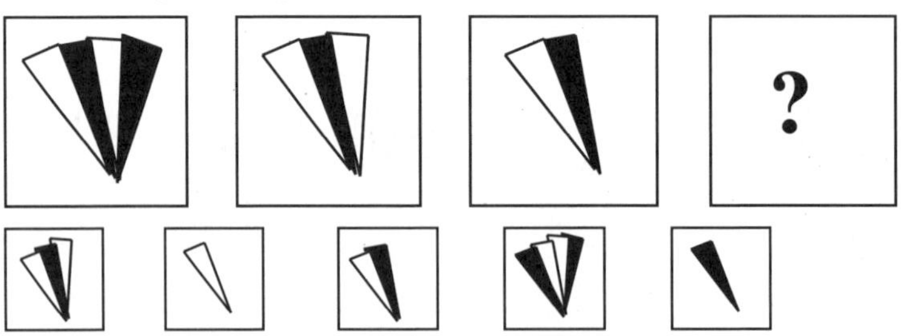

A) B) C) D) E)

27) Nella parola "candidato" quale lettera ha lo stesso numero d'ordine sia nello stesso termine che nell'alfabeto?
A) D B) I C) A D) T E) N

28) Individuare il termine che costituisce la logica conclusione della serie, considerando l'alfabeto italiano.

C T E S G R ?

A) I B) O C) N D) P E) H

29) Individuare il termine che costituisce la logica conclusione della serie, considerando l'alfabeto italiano.

6F 5E 13O 17... ?

A) Z B) T C) U D) R E) S

30) Si analizzino i seguenti enunciati:

— Rocco è meno bravo di Vittorio

— Francesco è più bravo di Vittorio

— Rocco è più bravo di Francesco

Se i primi due enunciati sono sicuramente veri, il terzo è ...

A) Quasi certamente vero
B) Sicuramente vero
C) Incerto
D) Quasi certamente falso
E) Sicuramente falso

31) Si analizzino i seguenti enunciati:

— La regione X ha più immigrati della regione Y

— La regione Z ha meno immigrati della regione X

— La regione Y ha più immigrati della regione Z

Se i primi due enunciati sono sicuramente veri, il terzo è ...

A) Quasi certamente vero
B) Sicuramente vero
C) Incerto
D) Quasi certamente falso
E) Sicuramente falso

32) Trovare il termine che completa la seguente proporzione.

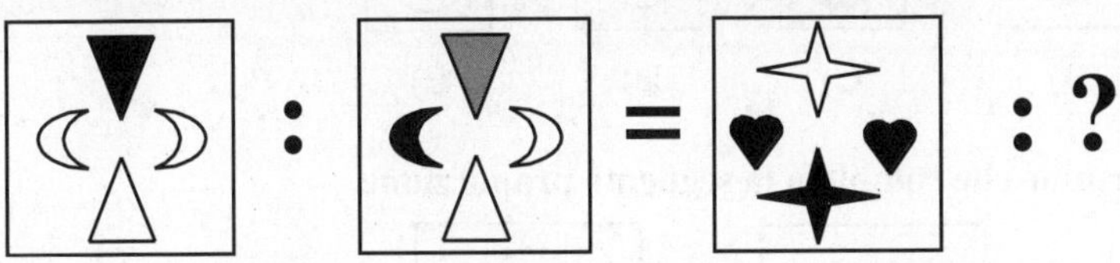

A) B) C) D) E)

33) Qual è la logica composizione della seguente serie?

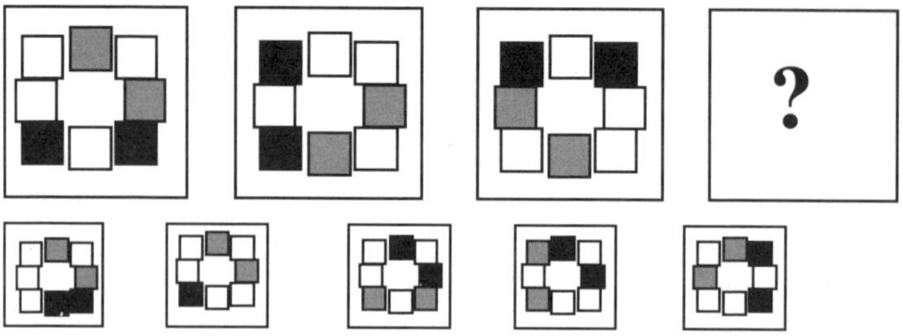

A) B) C) D) E)

34) Qual è la logica composizione della seguente serie?

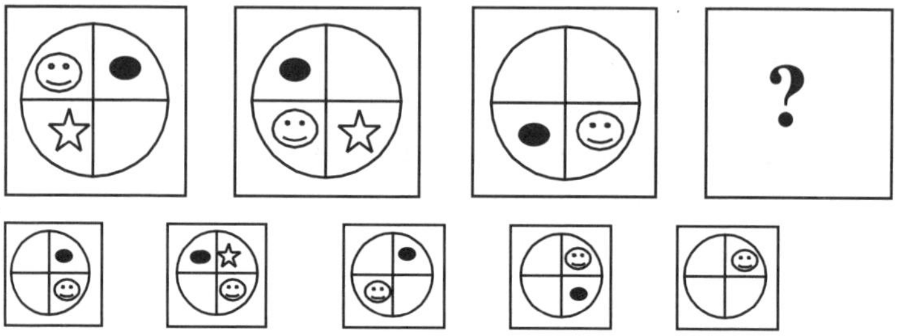

A) B) C) D) E)

35) Trovare il termine che completa la seguente proporzione.

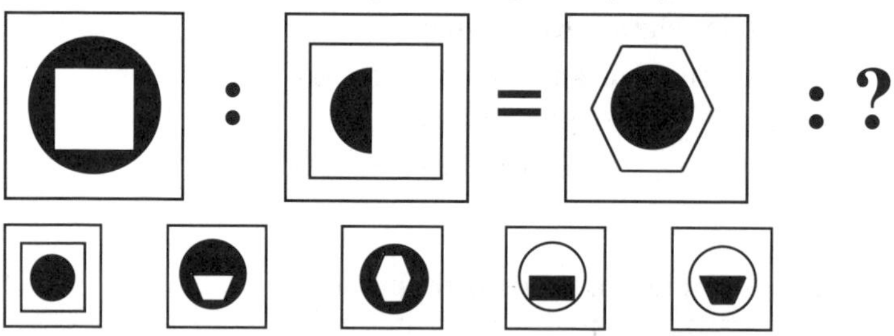

A) B) C) D) E)

36) Trovare il termine che completa la seguente proporzione.

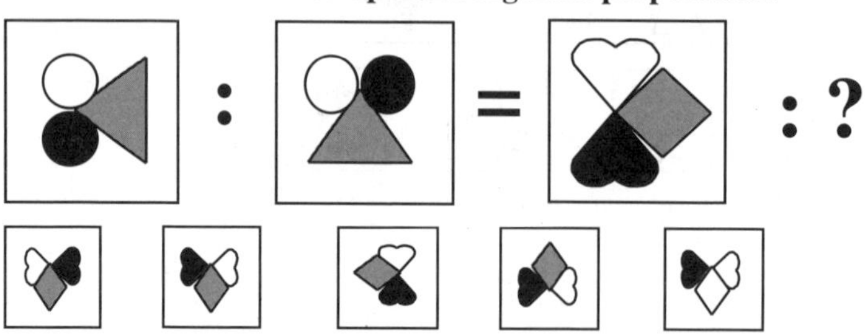

A) B) C) D) E)

37) La misurazione della dimensioni di una distanza attraverso un righello come può essere definita?

A) Relativa B) Quasi esatta C) Esatta D) Lineare E) Approssimativa

38) Si analizzino i seguenti enunciati:

— Gli assessori sono anche consiglieri

— Gli assessori formano la giunta comunale

— I consiglieri sono anche assessori

Se i primi due enunciati sono sicuramente veri, il terzo è …

A) Quasi certamente vero B) Sicuramente vero
C) Incerto D) Quasi certamente falso
E) Sicuramente falso

39) Si analizzino i seguenti enunciati:

— Gli assessori sono anche consiglieri

— Il consiglio comunale è costituito dai consiglieri

— Gli assessori fanno parte del consiglio comunale

Se i primi due enunciati sono sicuramente veri, il terzo è …

A) Quasi certamente vero B) Sicuramente vero
C) Incerto D) Quasi certamente falso
E) Sicuramente falso

40) Individuare il termine che costituisce la logica conclusione della serie.

3 ■ 5 ⬢ 7 ⬢

A) ● B) 8 C) 9 D) 10 E) ⬟

41) Individuare il termine che costituisce la logica conclusione della serie, considerando l'alfabeto italiano.

Z V 18 U T 16 S ?

A) 14 B) P C) Q D) 15 E) R

42) Quale avverbio completa la seguente frase in modo corretto?

"….. (?) …. avvengono precipitazioni nelle regioni con climi aridi."

A) Assai B) Frequentemente C) Raramente
D) Sempre E) Pesantemente

43) Quale aggettivo completa la seguente frase in modo corretto?

"Il lavoro svolto da Francesco è stato …(?)..., ma presentava qualche imperfezione."

A) Preciso B) Regolare C) Troppo D) Ottimo E) Diretto

44) Sappiamo che (♋ - 🖳) : 🗒 = ◆ e che ♋ - 🖳 = ◆ allora 🗒 è uguale a.....

A) 0 B) 1 C) 2 D) 3 E) 4

45) Sappiamo che ◆ = ♋ e che ◆ : 🖳 = ♋ × 🖳 allora 🖳 è uguale a.....

A) 0 B) 4 C) 2 D) 1 E) 5

46) Indicare, tra le seguenti, la parola che è più simile a: dolce, amorevole, acido.

A) Ira B) Ostile C) Insipido D) Freddo E) Allegro

47) Indicare il sinonimo della parola "fortuito".

A) Voluto B) Inatteso C) Calcolato D) Costretto E) Incontrato

L'immagine seguente si riferisce alle domande dalla 48 alla 51.

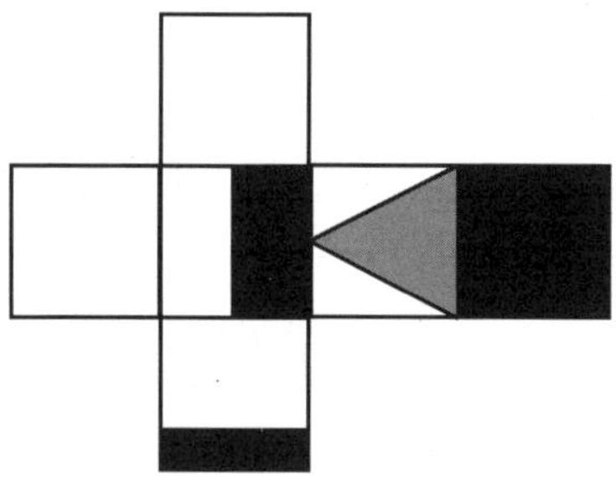

Quale dei cinque cubi rappresenta correttamente l'immagine sopra indicata?

48)

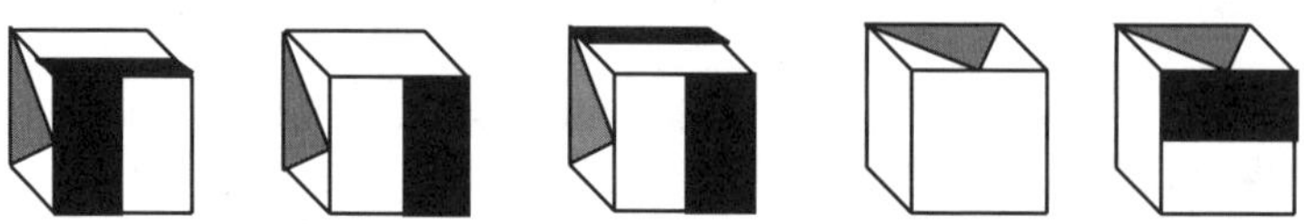

A) B) C) D) E)

49)

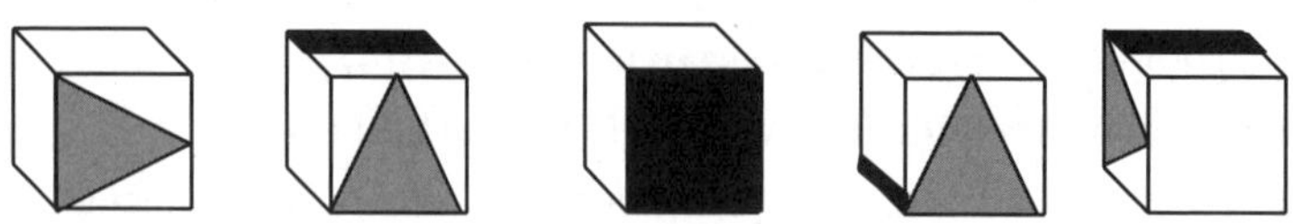

A) B) C) D) E)

50)

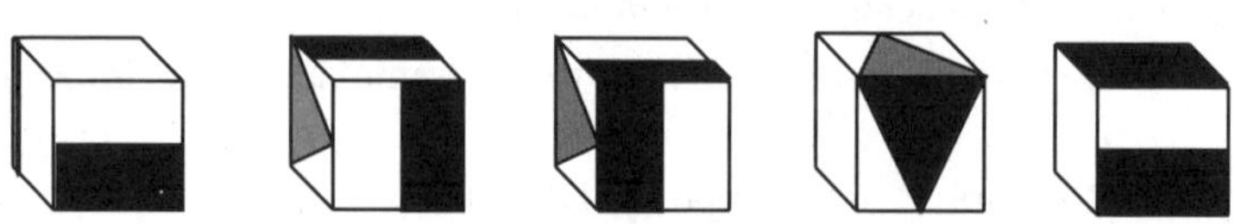

A) B) C) D) E)

51) 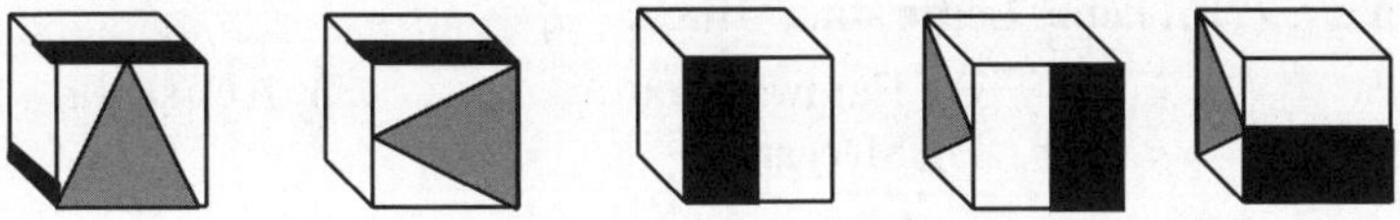

A) B) C) D) E)

52) **Qual è la logica composizione della seguente serie?**

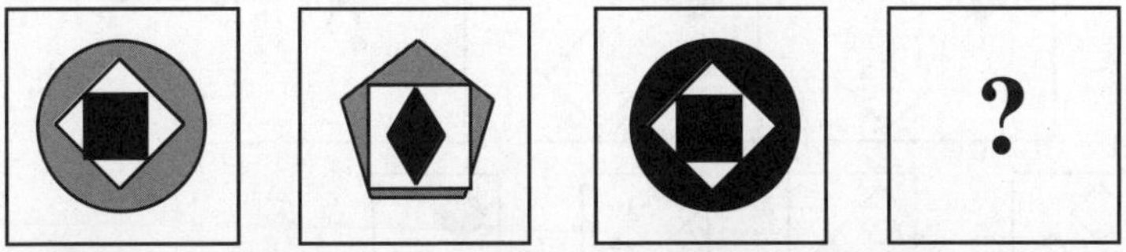

A) B) C) D) E)

53) **Individuare il termine che costituisce la logica conclusione della serie.**

5 6 7 8 10 8 9 10 12 14 ?

A) 11 B) 12 C) 13 D) 14 E) 15

54) **Individuare il termine che costituisce la logica conclusione della serie, considerando l'alfabeto italiano.**

2 C 5 F 9 L 14 ?

A) O B) P C) Q D) 21 E) 12

55) **Con quale termine si può definire la persona che parla molto senza arrivare al nocciolo del discorso?**

A) Chiacchierona B) Concisa C) Stringata
D) Prolissa E) Radicale

56) **Cantante sta a Musica come Artista sta a …(?) …**

A) Genio B) Scultura C) Estro
D) Michelangelo E) Vena

57) **Indicare il contrario della parola "esterno".**

A) Esteriore B) Attratto C) Parete D) Intrinseco E) Forestiero

58) **Ieri sta a Domani come Parlai sta a … (?) …**

A) Parlavo B) Adesso C) Parlerò D) Dopodomani
E) Parlerebbe

59) Computer sta a ...(?)... come Lente sta a Ottica.

A) Informatica
B) Hardware
C) Acustica
D) Elettronica
E) Meccanica

60) Qual è la logica composizione della seguente serie?

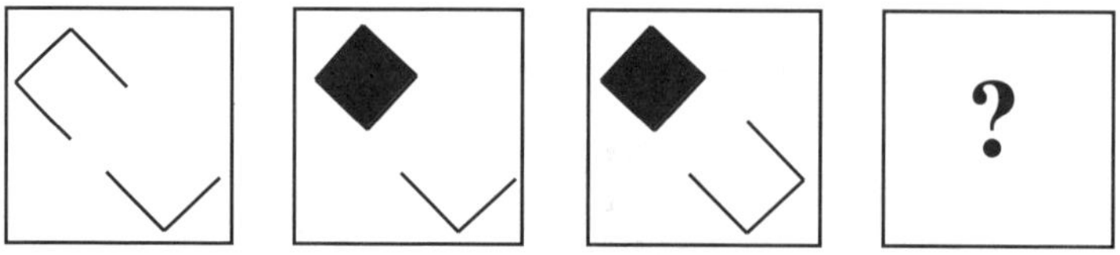

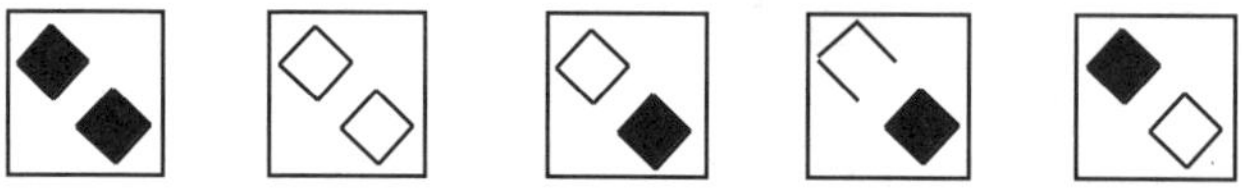

A) B) C) D) E)

RISPOSTE CORRETTE

1	D	**9**	A	**17**	A	**25**	C	**33**	E	**41**	E	**49**	C	**57**	D
2	B	**10**	B	**18**	D	**26**	B	**34**	D	**42**	C	**50**	A	**58**	C
3	E	**11**	E	**19**	A	**27**	A	**35**	E	**43**	D	**51**	A	**59**	A
4	B	**12**	C	**20**	D	**28**	A	**36**	A	**44**	B	**52**	C	**60**	A
5	A	**13**	E	**21**	C	**29**	E	**37**	C	**45**	D	**53**	A		
6	B	**14**	E	**22**	C	**30**	E	**38**	C	**46**	B	**54**	C		
7	C	**15**	B	**23**	B	**31**	C	**39**	B	**47**	B	**55**	D		
8	B	**16**	E	**24**	B	**32**	B	**40**	C	**48**	E	**56**	B		

3.12 Test di percezione

1) Indicare le figure uguali:

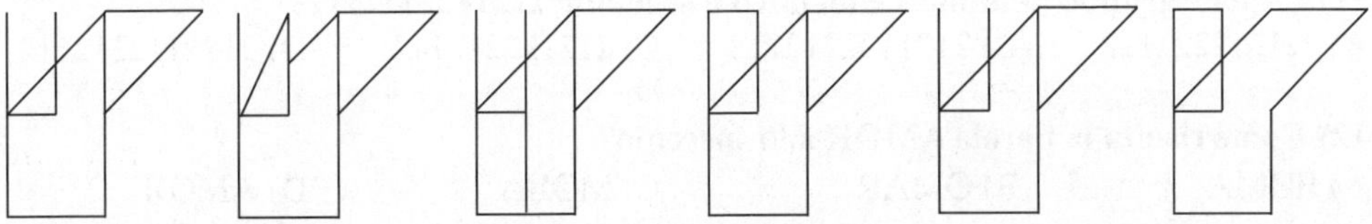

A) B) C) D) E) F)

2) Come risulta la parola PASSO vista allo specchio?

A) OƧƧAꟼ B) OꟼAƧƧ C) SASPO D) OSSAP

3) A quale gruppo di lettere è identico ZSSZPRP?

A) ZSZPRZ B) ZSSPRP C) ZZPRP D) ZSSZPRP

4) A quale gruppo di numeri è identico 233223323332?

A) 233323323332 B) 233223223332 C) 233223323332 D) 232223323332

5) Indicare le figure uguali:

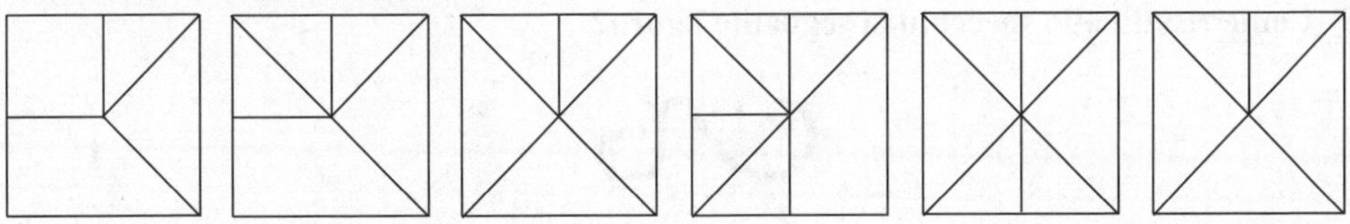

A) B) C) D) E) F)

6) Come risulta la parola RESTO allo specchio?

A) OTSƎЯ B) OTƧƎЯ C) ЯƎSTO D) OTSER

7) Come risulta la parola SETTE allo specchio?

A) ƧEꓕꓕE B) SƎTTƎ C) ƎTTƎƧ D) ETTƎƧ

8) A quale gruppo di numeri è identico il seguente 5515111511555?

A) 5151115111555 B) 5515511511555 C) 5515115111555 D) 5515111511555

9) Indicare le figure uguali:

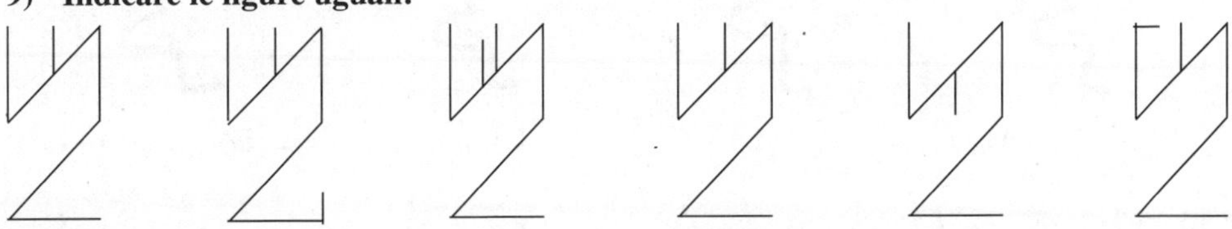

A) B) C) D) E) F)

10) A quale gruppo di lettere è identico il seguente PTITTPPITPPT?
A) PTITPPITPPT B) PTITTPPITPPT C) PTIITTPPITPPT D) PTITTTPITPPT

11) A quale gruppo di numeri è identico il seguente 2121122212112?
A) 221212222112 B) 2121122212112 C) 212112212112 D) 2121112212112

12) Come risulta la parola AMOR allo specchio?
A) ЯOMA B) OMAR C) MOЯA D) AMOЯ

13) Come risulta allo specchio la parola ZUFOLO?
A) O⅃OꟻUƸ B) O⅃OꟻUZ C) ƸUꟻO⅃O D) ZUꟻOLO

14) Indicare le figure uguali:

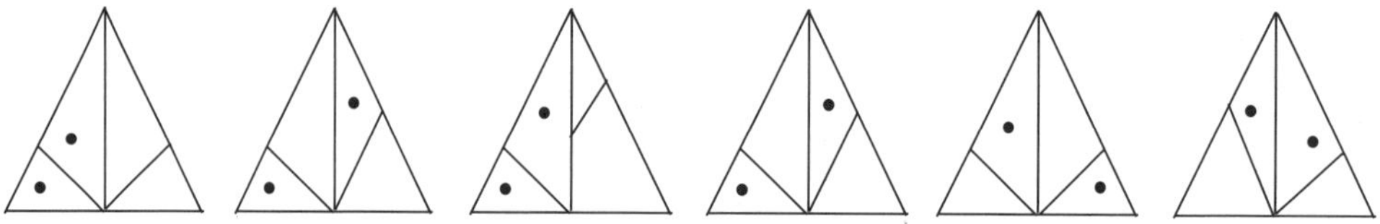

A) B) C) D) E) F)

15) Come risulta allo specchio la seguente figura?

A) B) C) D)

16) Come risulta allo specchio la seguente figura?

A) B) C) D)

17) Come risulta allo specchio la seguente figura?

A) B) C) D)

18) Come risulta allo specchio la seguente figura?

A) B) C) D)

19) Come risulta allo specchio la seguente figura?

A) B) C) D)

20) Come risulta allo specchio la seguente figura?

A) B) C) D)

Risposte corrette

1	AE	**4**	C	**7**	C	**10**	B	**13**	A	**16**	A	**19**	C
2	A	**5**	CF	**8**	D	**11**	B	**14**	BD	**17**	D	**20**	B
3	D	**6**	B	**9**	AD	**12**	A	**15**	A	**18**	A		

Parte Terza

Prove d'esame

SOMMARIO

Capitolo 1
Prove d'esame Marina Militare

1.1 Prova 1

1) Quale riquadro contiene gli elementi utili per poter ricomporre la figura data?

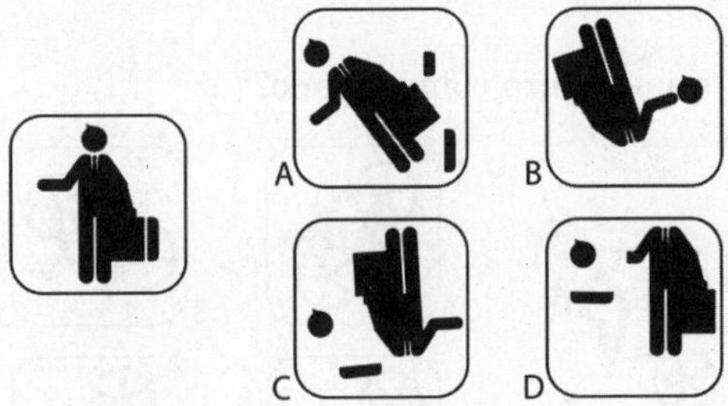

A. Riquadri B e D
B. Riquadro A
C. Nessun riquadro
D. Riquadro C
E. Riquadri C e D

2) Quale riquadro contiene gli elementi utili per poter ricomporre la figura data?

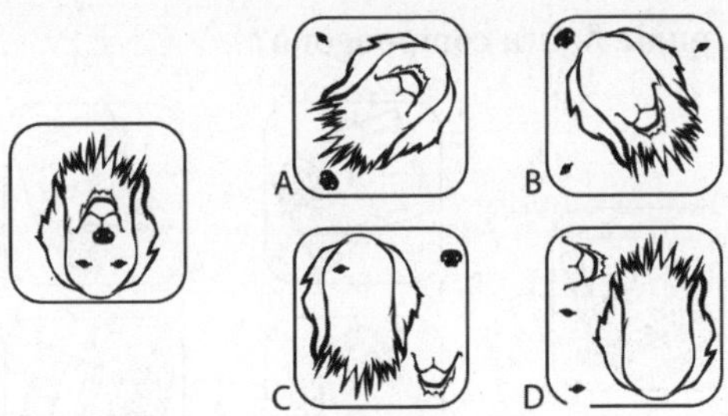

A. Riquadro B
B. Riquadri C e D
C. Riquadro A
D. Nessun riquadro
E. Riquadri A e B

3) Gli elementi forniti, quale figura compongono?

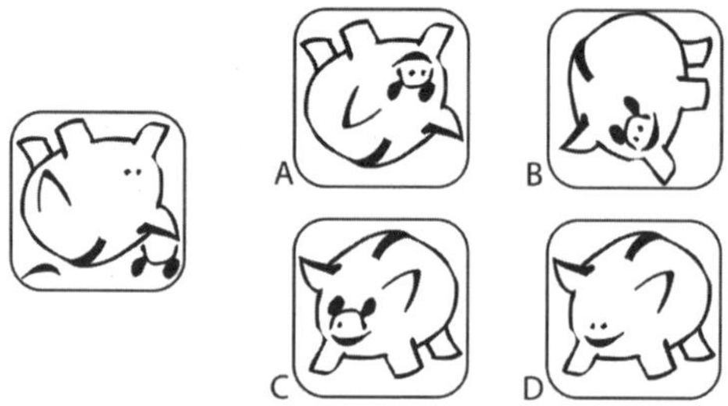

A. Riquadro D
B. Riquadro C
C. Riquadro A
D. Riquadro B
E. Nessun riquadro

4) Gli elementi forniti, quale figura compongono?

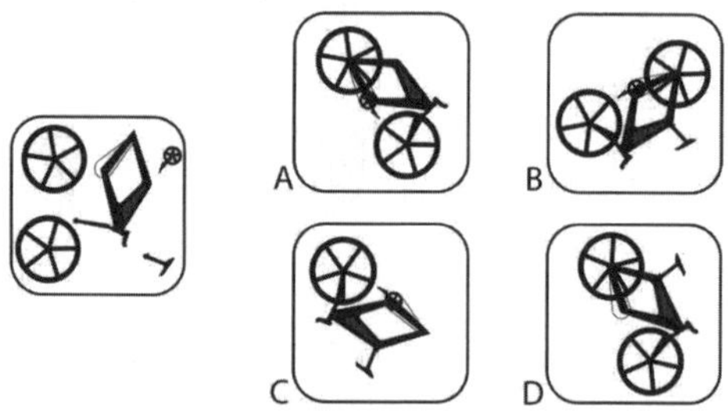

A. Riquadro C
B. Riquadro B
C. Riquadro D
D. Riquadro A
E. Nessun riquadro

5) Gli elementi forniti, quale figura compongono?

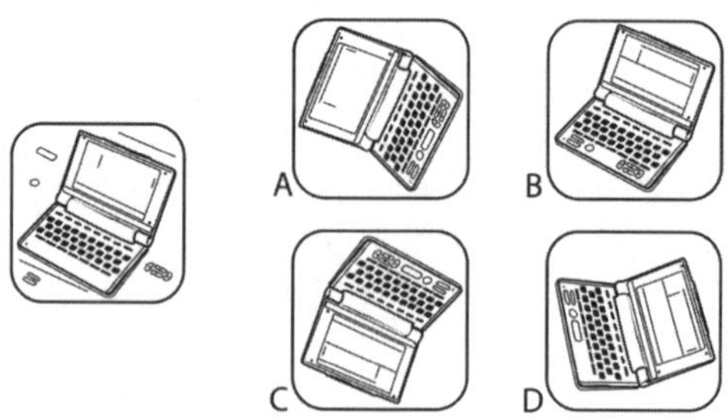

A. Riquadro C
B. Riquadro D
C. Riquadro A
D. Riquadro B
E. Nessun riquadro

6) La figura che segue può essere ricomposta soltanto con tre dei cinque frammenti proposti. Quali?

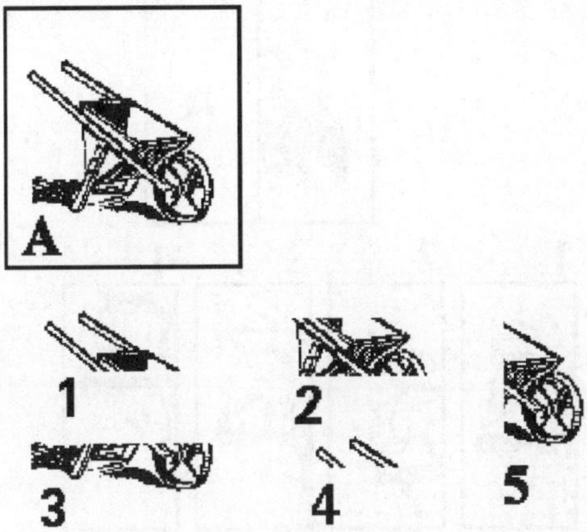

A. Frammenti 2, 3 e 5
B. Frammenti 1, 2 e 4
C. Frammenti 1, 2 e 3
D. Frammenti 1, 3 e 4
E. Frammenti 2, 3 e 4

7) La figura che segue può essere scomposta in 4 dei 5 frammenti riportati. Qual è il frammento residuo?

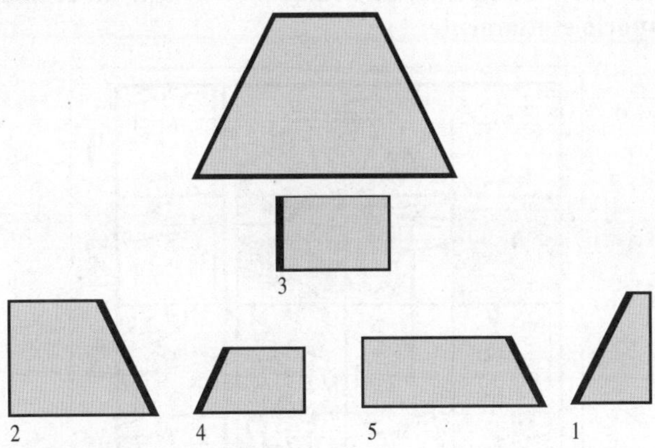

A. Il frammento contrassegnato con il numero 3
B. Il frammento contrassegnato con il numero 4
C. Il frammento contrassegnato con il numero 1
D. Il frammento contrassegnato con il numero 2
E. Il frammento contrassegnato con il numero 5

8) Quale dei frammenti indicati è sicuramente da inserire in "A"?

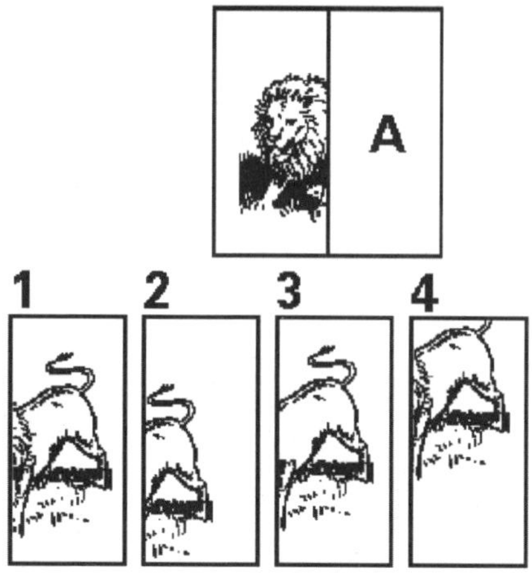

A. Il frammento del box 2
B. Il frammento del box 1
C. Il frammento del box 3
D. Il frammento del box 4
E. Nessuno dei frammenti indicati

9) Dopo aver osservato il disegno, si indichi quale dei seguenti elementi è corretto utilizzare per ricomporlo esattamente:

A. L'elemento 3
B. L'elemento 2
C. L'elemento 4
D. L'elemento 1
E. Nessuno degli elementi indicati

10) Quali figure si devono utilizzare per ricostruire il disegno contenuto nel box 1?

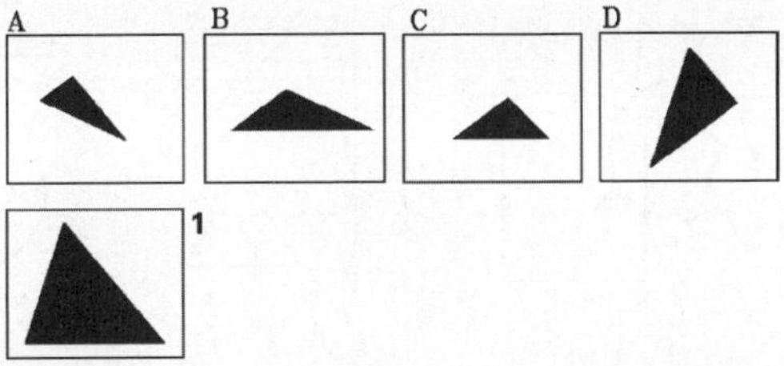

A. B, C, D B. A, B, D C. A, C, D D. A, C, B E. Nessuna

11) Quale, tra le alternative proposte, è la figura comune sia all'esagono sia al triangolo?

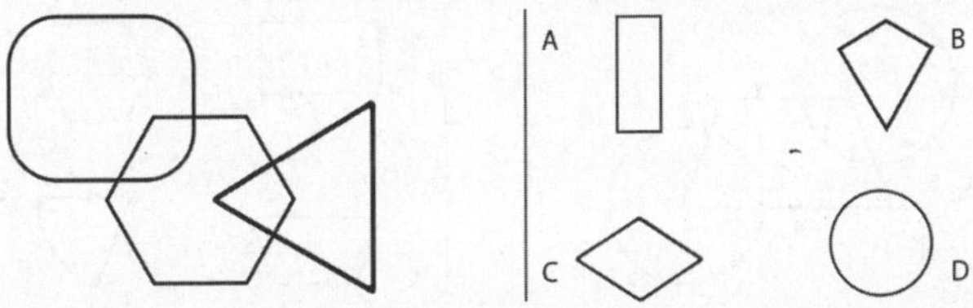

A. La lettera C B. La lettera A C. La lettera D
D. La lettera B E. Nessuna

12) Quale, tra le alternative proposte, è la figura comune sia al cerchio sia al triangolo?

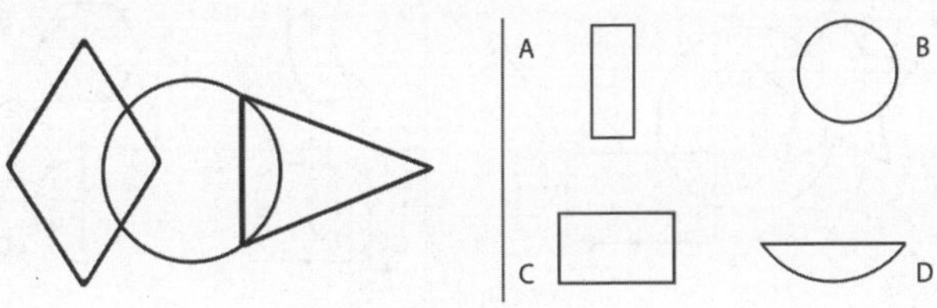

A. La lettera C B. La lettera A C. La lettera D
D. La lettera B E. Nessuna

13) Quale, tra le alternative proposte, è la figura comune ai due cerchi?

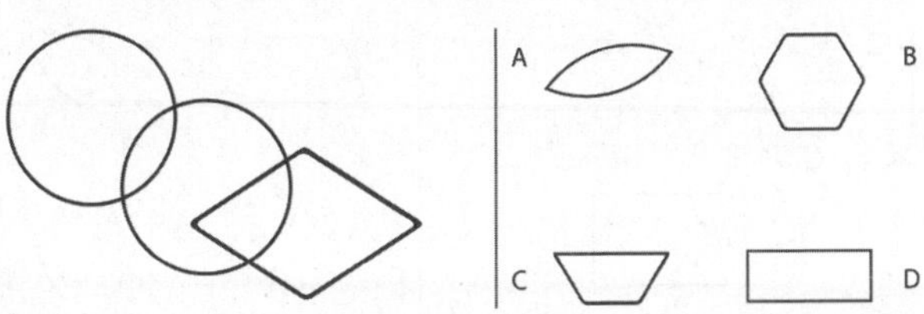

A. La lettera C B. La lettera A C. La lettera D
D. La lettera B E. Nessuna

14) Quale, tra le alternative proposte, è la figura comune sia al cerchio sia al quadrato?

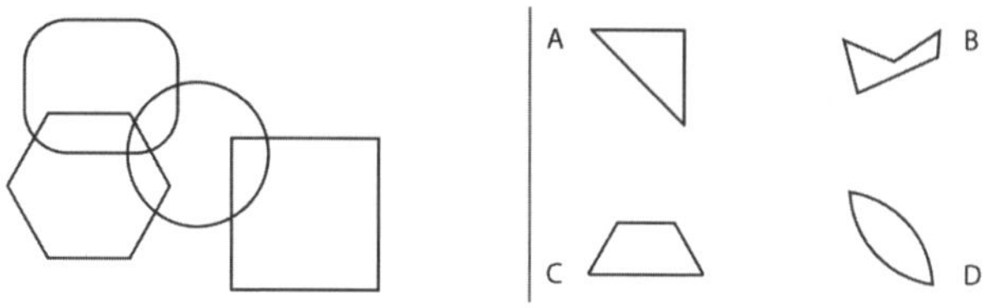

A. La lettera C
B. La lettera A
C. La lettera D
D. La lettera B
E. Nessuna

15) Quale, tra le alternative proposte, è la figura comune sia al cerchio sia al trapezio?

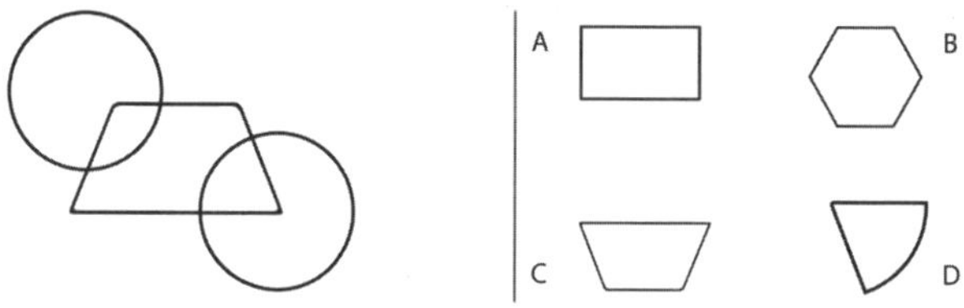

A. La lettera C
B. La lettera A
C. La lettera D
D. La lettera B
E. Nessuna

16) Quale, tra le alternative proposte, è la figura comune sia al cerchio sia alla stella?

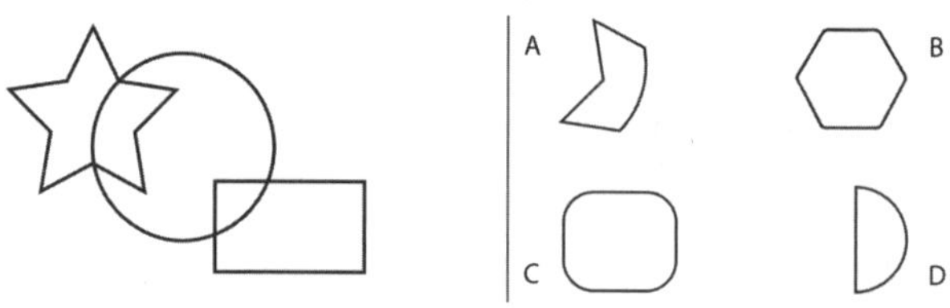

A. La lettera C
B. La lettera A
C. La lettera D
D. La lettera B
E. Nessuna

17) Quale, tra le alternative proposte, è la figura comune sia al cerchio sia al rettangolo con i vertici stondati?

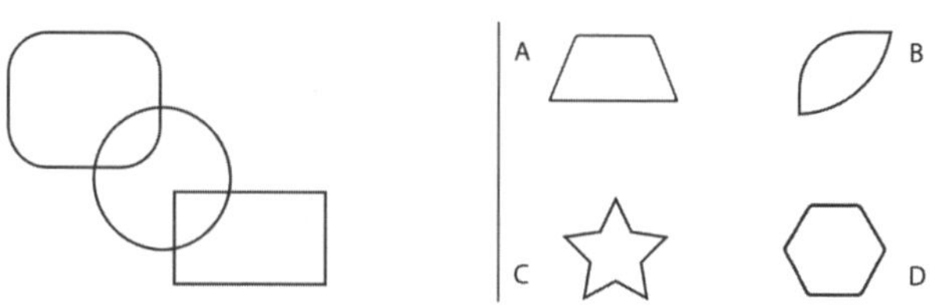

A. La lettera C
B. La lettera A
C. La lettera D
D. La lettera B
E. Nessuna

18) Quale, tra le alternative proposte, è la figura comune sia al cerchio sia all'esagono?

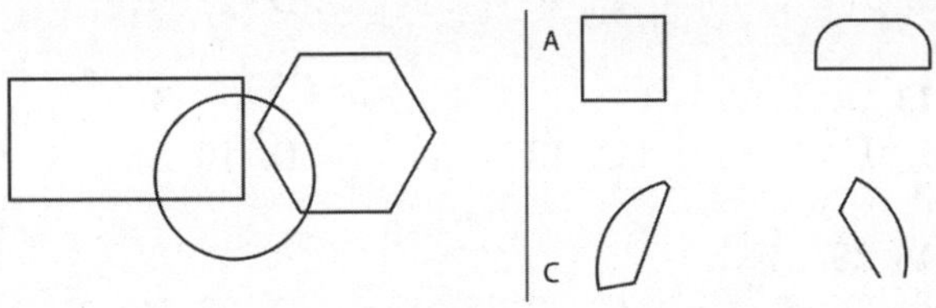

A. La lettera C
B. La lettera A
C. La lettera D
D. La lettera B
E. Nessuna

19) Quale, tra le alternative proposte, è la figura comune sia al rettangolo sia al quadrato?

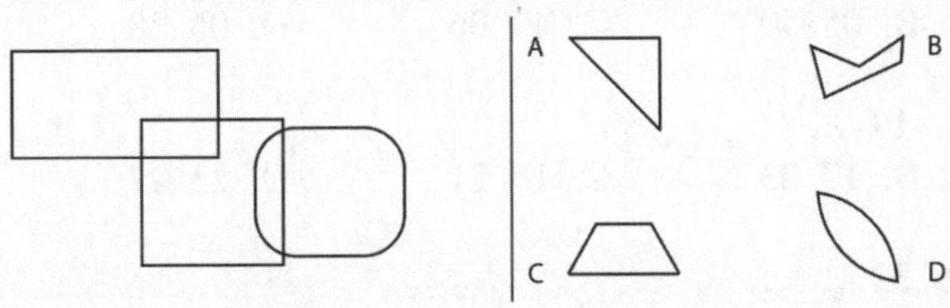

A. La lettera C
B. La lettera A
C. La lettera D
D. La lettera B
E. Nessuna

20) Quale, tra le alternative proposte, è la figura comune sia al cerchio sia al rettangolo?

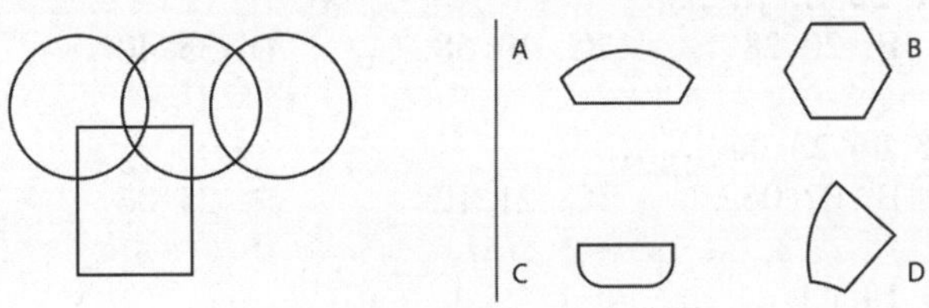

A. La lettera C
B. La lettera A
C. La lettera D
D. La lettera B
E. Nessuna

21) 01 03 05 07 09 …
A. 10 B. 13 C. 11 D. 12 E. 15

22) 15 18 21 24 27 …
A. 28 B. 30 C. 37 D. 35 E. 33

23) 02 06 10 14 18 …
A. 20 B. 22 C. 28 D. 24 E. 26

24) 02 05 08 11 14 17 …
A. 20 B. 42 C. 23 D. 22 E. 25

25) 05 09 13 17 21 …
A. 28 B. 31 C. 26 D. 27 E. 25

26) 25 22 19 16 13 …
A. 09 B. 07 C. 12 D. 10 E. 6

27) 04 08 08 18 16 28 … …
A. 20 40 B. 20 38 C. 32 38 D. 32 56 E. 32 48

28) 15 10 24 18 33 26 … …
A. 34 51 B. 42 34 C. 42 46 D. 50 48 E. 42 36

29) 34 05 38 05 43 05 … …
A. 05 49 B. 05 50 C. 47 06 D. 05 38 E. 49 05

30) 07 11 13 … 19 …
A. 16 23 B. 17 23 C. 15 21 D. 23 27 E. 18 20

31) 02 04 08 16 32 … …
A. 64 128 B. 128 64 C. 68 48 D. 40 48 E. 64 58

32) 08 24 22 66 64 …
A. 28 B. 192 C. 88 D. 62 E. 112

33) 10 07 14 11 22 … … 35
A. 44 38 B. 20 28 C. 19 58 D. 35 40 E. 19 38

34) 06 07 06 15 06 23 06 … …
A. 31 06 B. 07 06 C. 21 12 D. 25 06 E. 31 07

35) 16 09 13 06 10 03 … …
A. 06 09 B. 06 03 C. 07 00 D. 05 02 E. 07 03

36) 15 13 12 10 09 07 06 … …
A. 10 06 B. 05 03 C. 04 03 D. 08 07 E. 04 05

37) 01 07 13 19 25 … …
A. 33 42 B. 31 37 C. 32 37 D. 43 61 E. 31 39

38) 42 35 28 21 14 … …
A. 08 01 B. 09 03 C. 10 07 D. 07 05 E. 07 00

39) 04 11 14 22 24 44 34 … …
A. 66 38 B. 78 44 C. 88 44 D. 98 40 E. 88 54

40) 53 35 48 30 43 25 … …
A. 38 20 B. 41 62 C. 20 37 D. 33 15 E. 48 20

41) Qual è la figura che completa la serie?

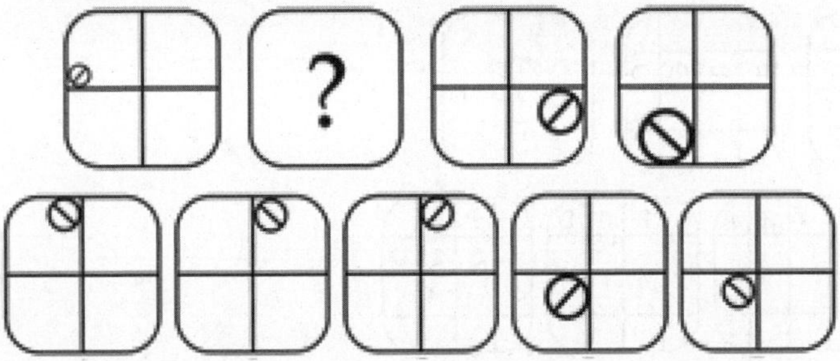

A. B. C. D. E.

42) Qual è la figura che completa la serie?

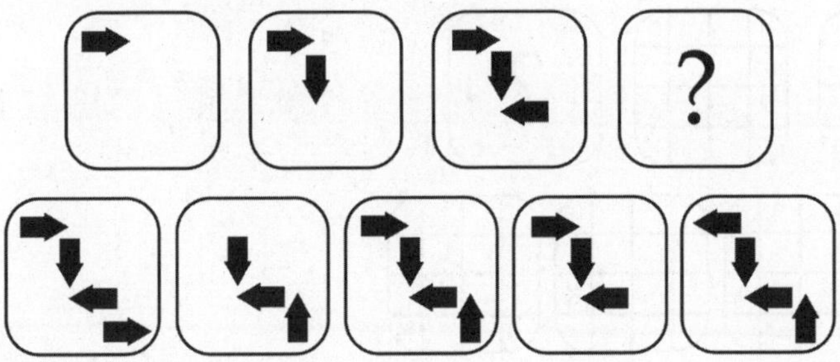

A. B. C. D. E.

43) Qual è la figura che completa la serie?

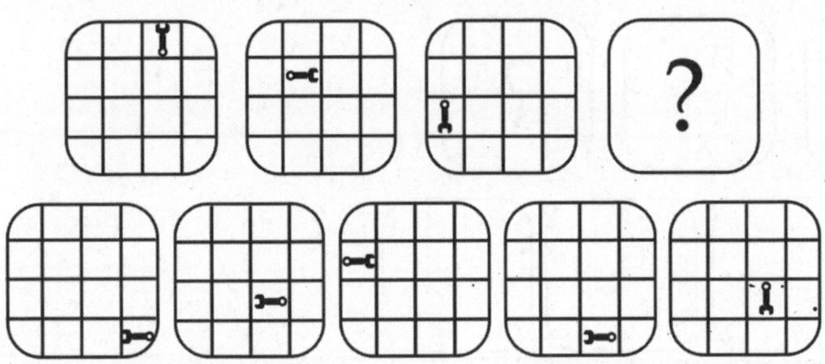

A. B. C. D. E.

44) Qual è la figura che completa la serie?

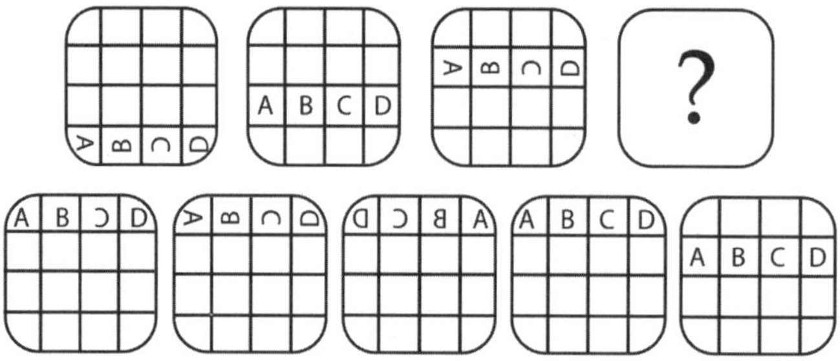

A. B. C. D. E.

45) Qual è la figura che completa la serie?

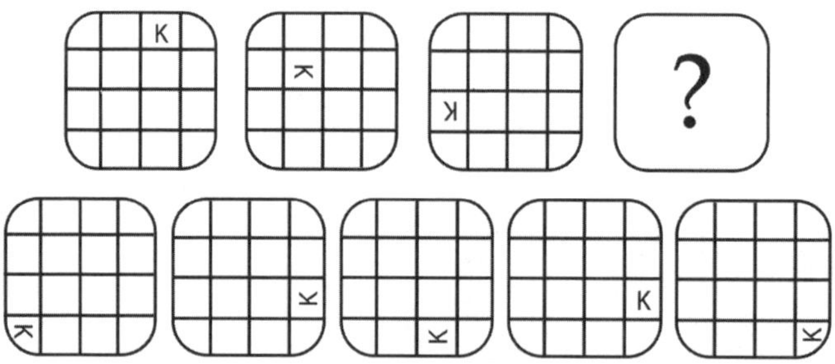

A. B. C. D. E.

46) Qual è la figura che completa la serie?

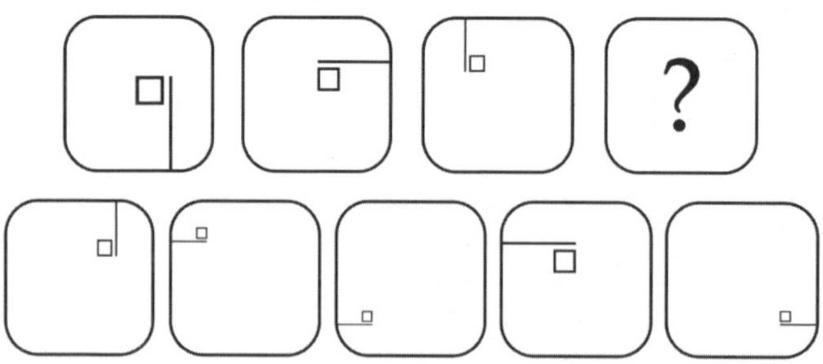

A. B. C. D. E.

47) Qual è la figura che completa la serie?

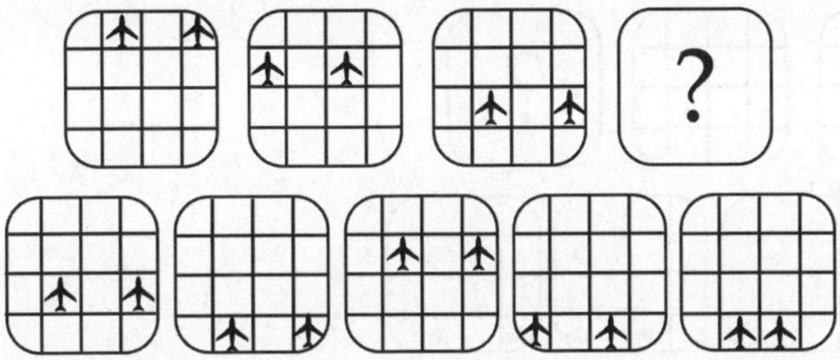

A. B. C. D. E.

48) Qual è la figura che completa la serie?

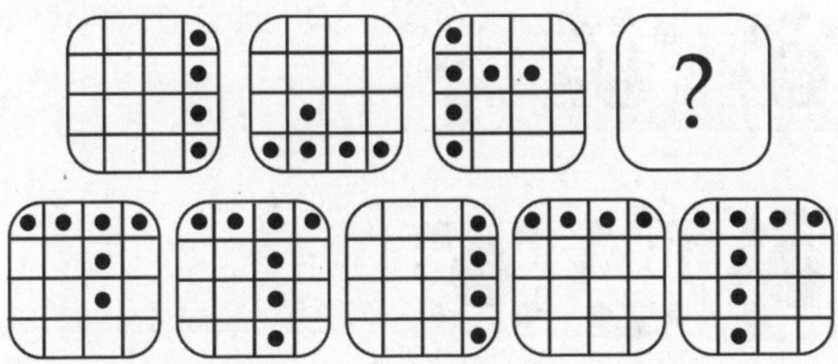

A. B. C. D. E.

49) Qual è la figura che completa la serie?

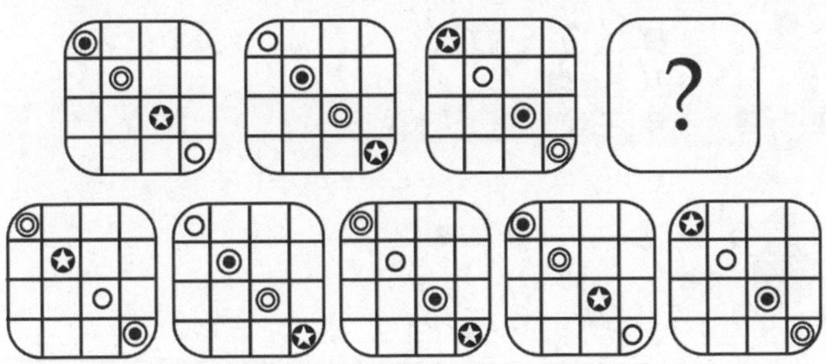

A. B. C. D. E.

50) Qual è la figura che completa la serie?

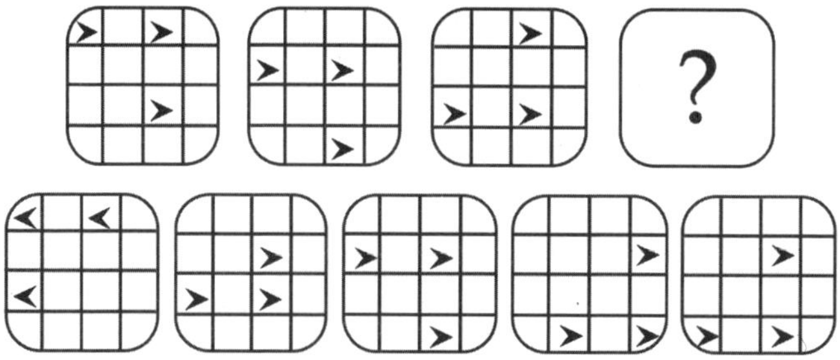

A. B. C. D. E.

51) Qual è la figura che completa la serie?

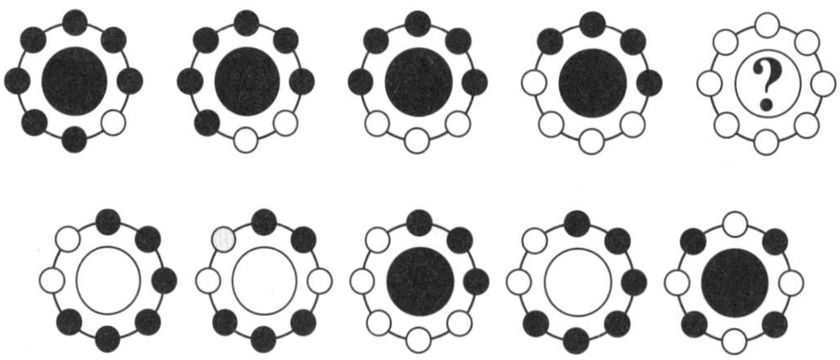

A. B. C. D. E.

52) Qual è la figura che completa la serie?

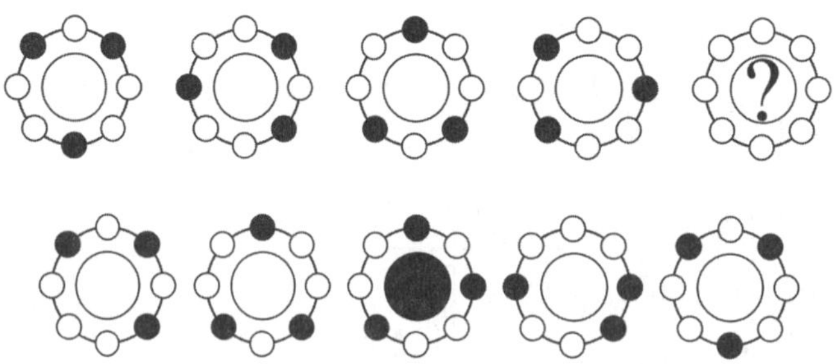

A. B. C. D. E.

53) Qual è la figura che completa la serie?

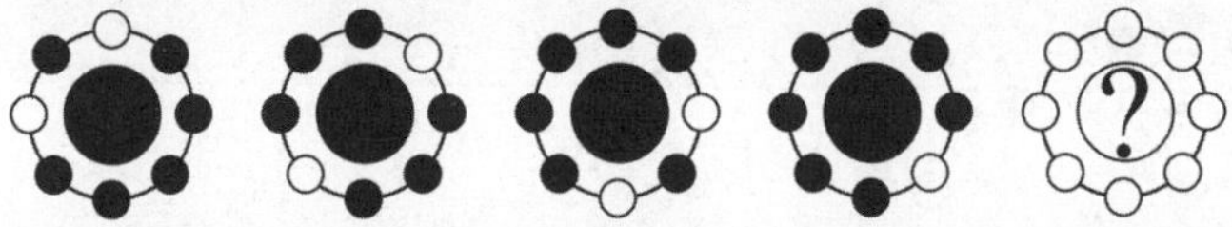

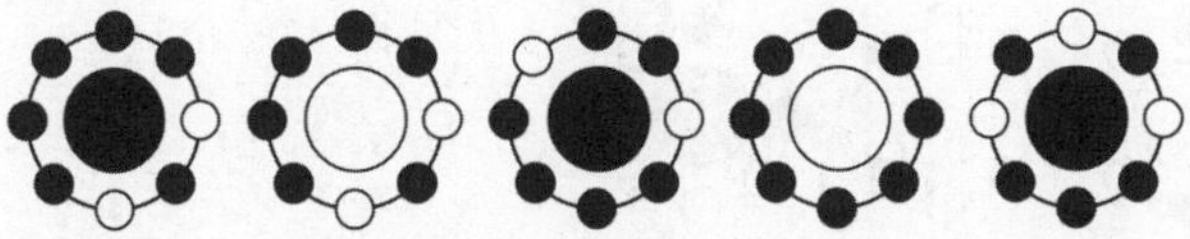

A. B. C. D. E.

54) Qual è la figura che completa la serie?

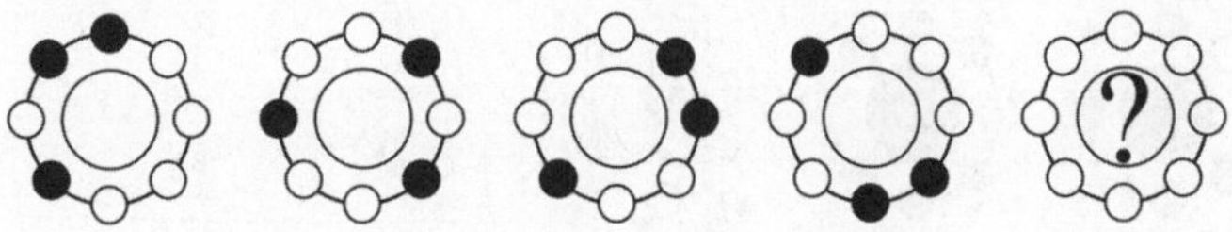

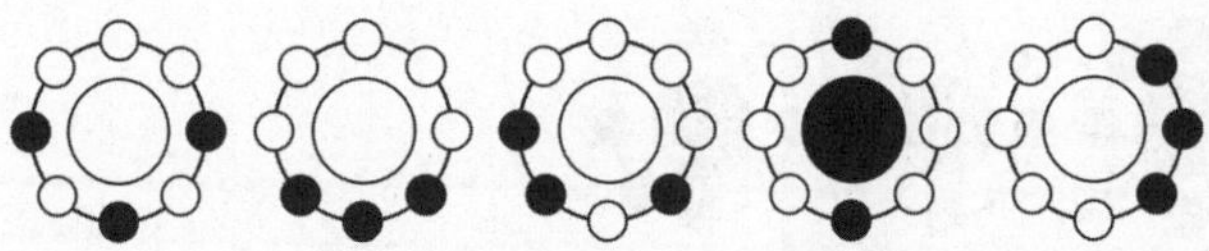

A. B. C. D. E.

55) Qual è la figura che completa la serie?

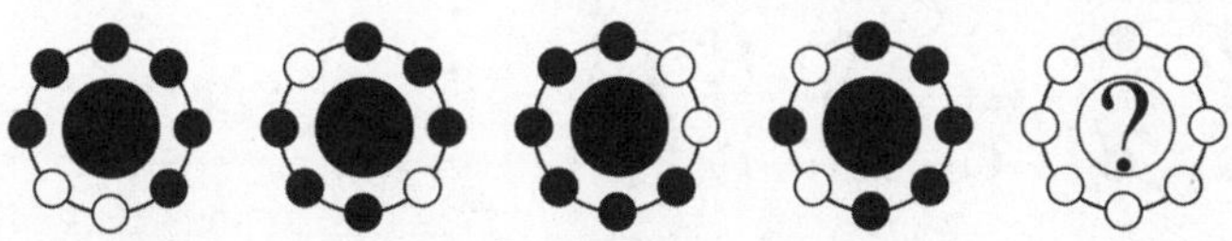

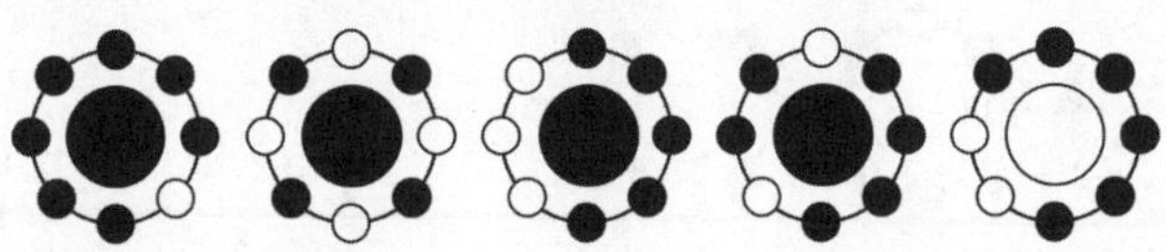

A. B. C. D. E.

56) Qual è la figura che completa la serie?

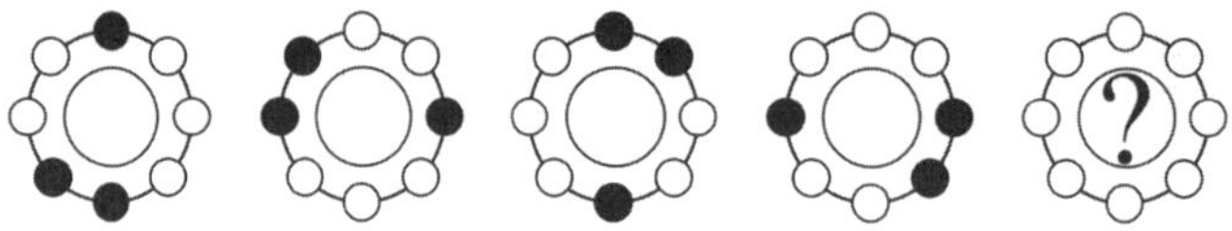

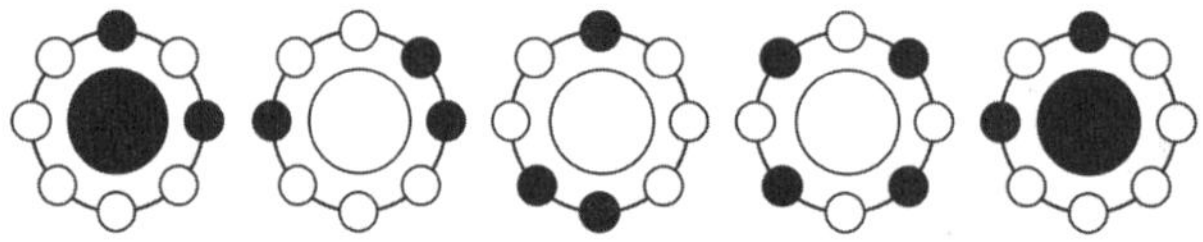

A. B. C. D. E.

57) Qual è la figura che completa la serie?

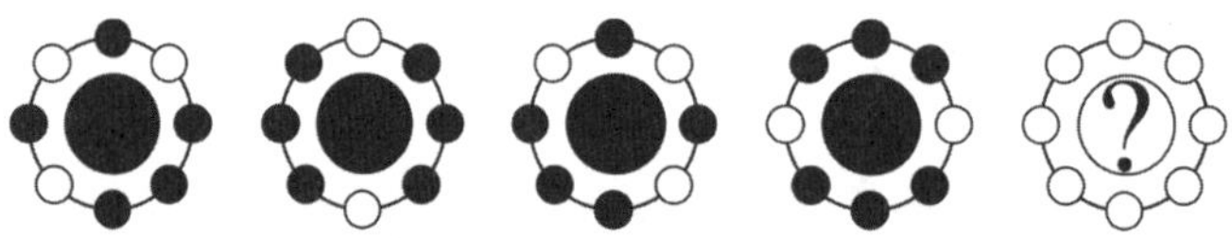

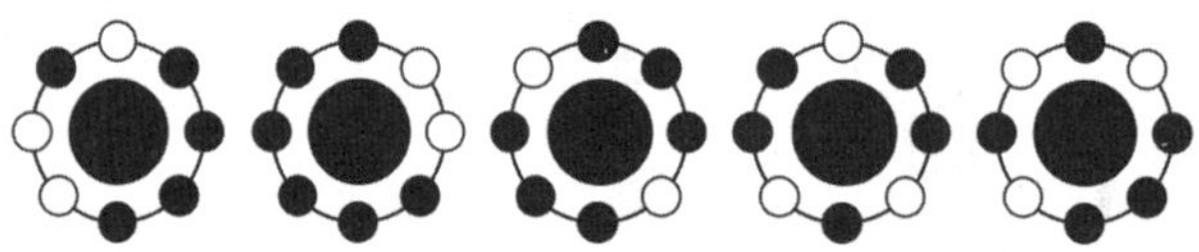

A. B. C. D. E.

58) Qual è la figura che completa la serie?

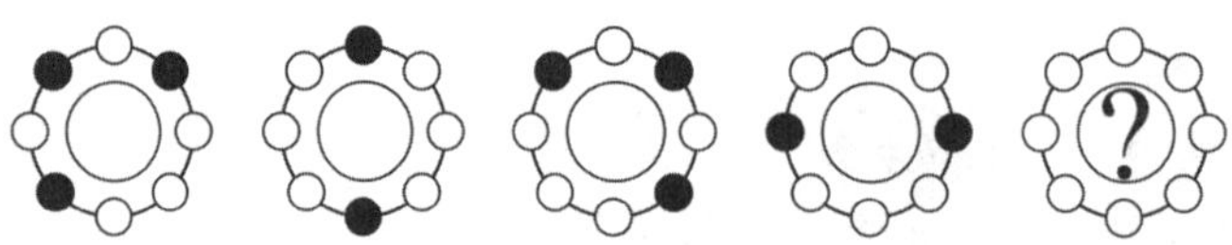

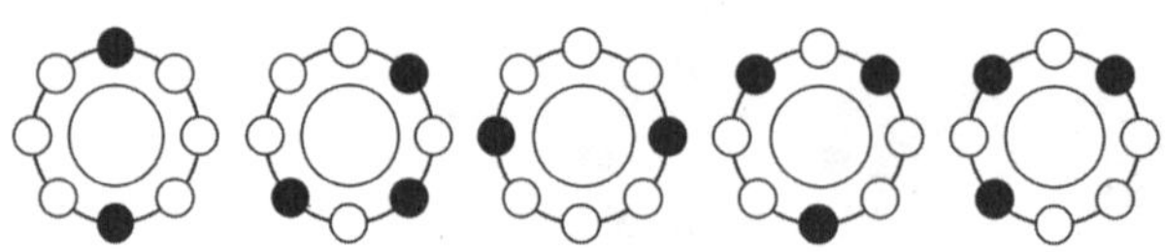

A. B. C. D. E.

59) Qual è la figura che completa la serie?

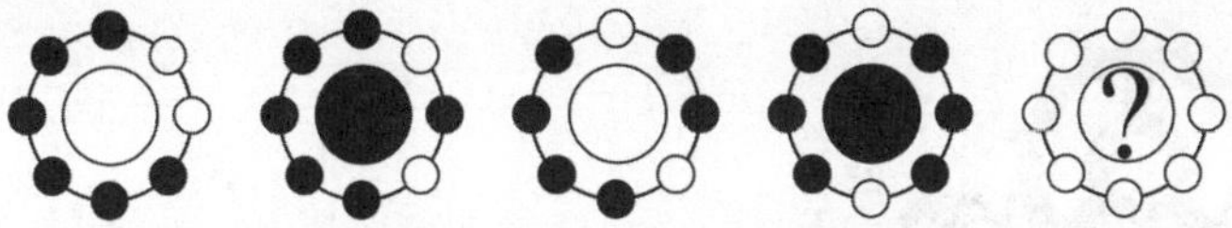

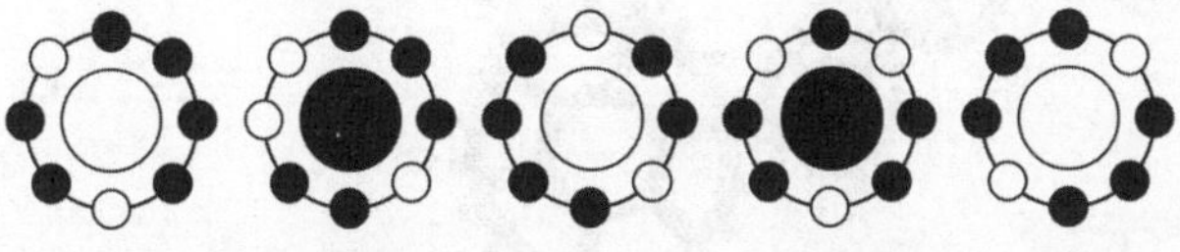

A. B. C. D. E.

60) Qual è la figura che completa la serie?

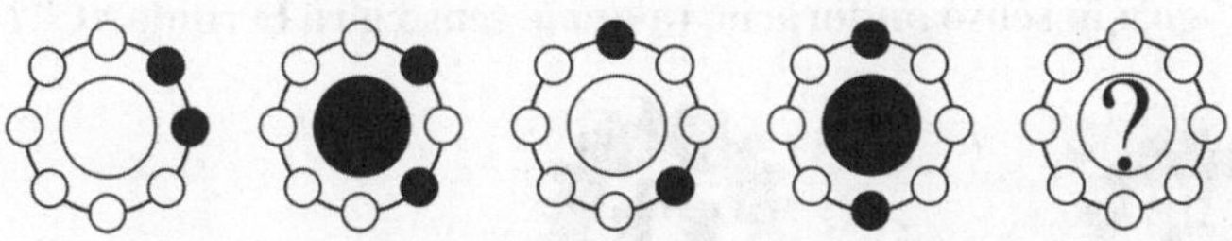

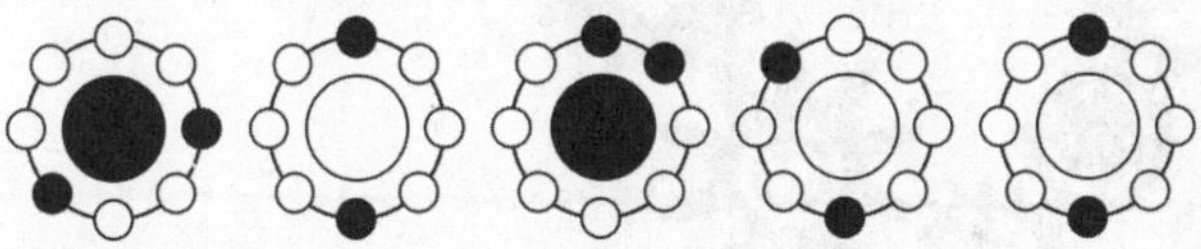

A. B. C. D. E.

61) Se la ruota dentata "C" gira in senso antiorario, in quale senso gira la ruota "A"?

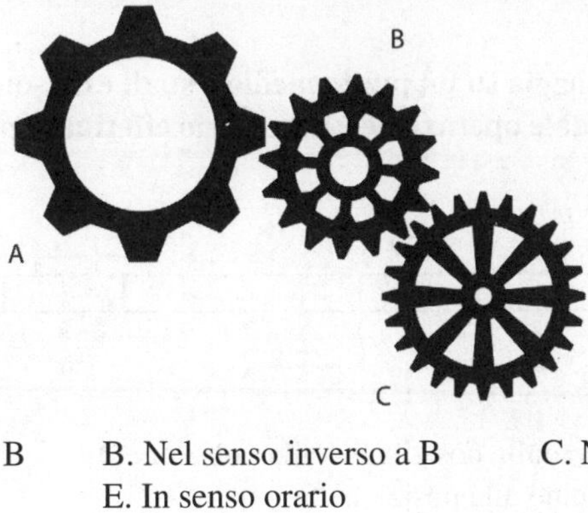

A. Nello stesso senso di B
B. Nel senso inverso a B
C. Nel senso inverso a C
D. Rimane ferma
E. In senso orario

62) Se la ruota dentata "B" gira in senso orario, in quale senso gira la ruota "C"?

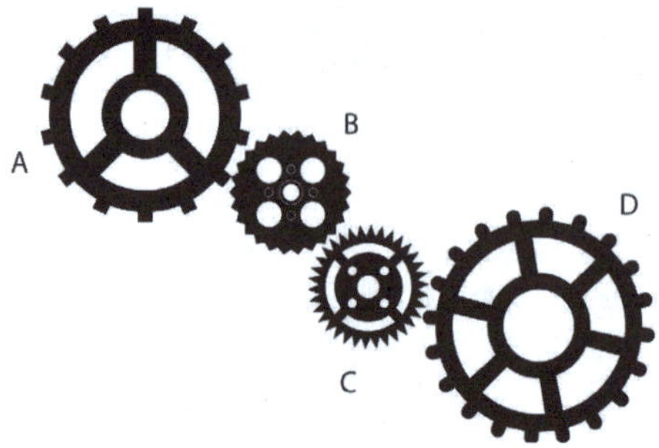

A. Nello stesso senso di B
B. Nel senso inverso a A
C. In senso orario
D. Rimane ferma
E. In senso antiorario

63) Se la ruota dentata "A" gira in senso antiorario, in quale senso gira la ruota "C"?

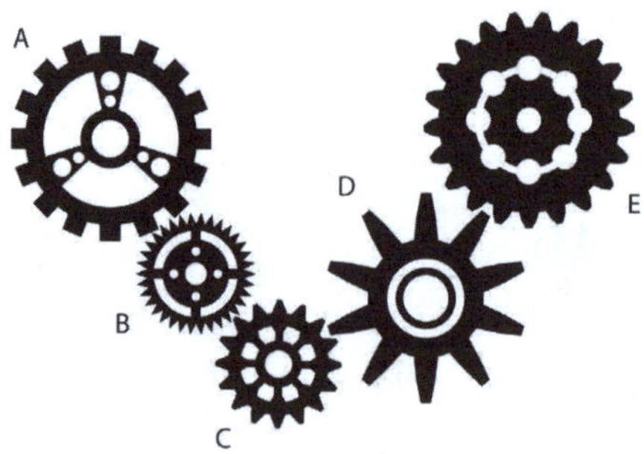

A. Nello stesso senso di B
B. Nel senso inverso a A
C. Nel senso inverso a B
D. Rimane ferma
E. In senso orario

64) Un'asse graduata poggia su un punto medio e su di essa sono sistemati alcuni mattoncini di ugual peso. Quale operazione è necessario effettuare perché l'asse rimanga in perfetto equilibrio?

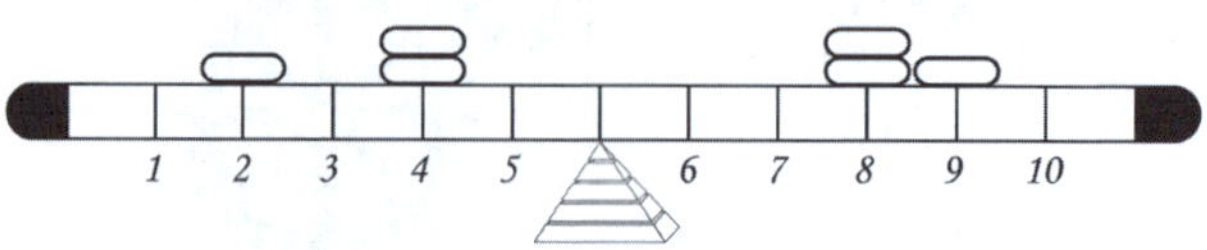

A. Spostare un mattoncino dalla posizione 4 alla posizione 2
B. Aggiungere un mattoncino alla posizione 5
C. Spostare un mattoncino dalla posizione 4 alla posizione 3
D. Nessuna, l'asse è già in perfetto equilibrio
E. Spostare il mattoncino dalla posizione 2 alla posizione 1

65) Un'asse graduata poggia su un punto medio e su di essa sono sistemati alcuni mattoncini di ugual peso. Quale operazione è necessario effettuare perché l'asse rimanga in perfetto equilibrio?

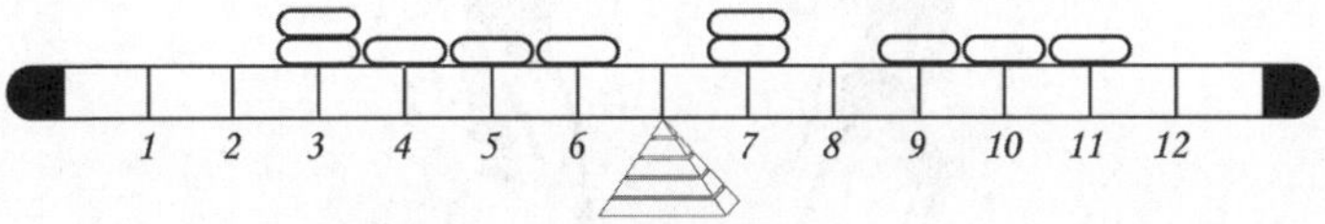

A. Spostare il mattoncino dalla posizione 6 alla posizione 2
B. Aggiungere un mattoncino alla posizione 10
C. Spostare un mattoncino dalla posizione 4 alla posizione 3
D. Nessuna, l'asse è già in perfetto equilibrio
E. Spostare un mattoncino dalla posizione 7 alla posizione 8

66) Quale automobile troverà meno difficoltoso affrontare la salita?

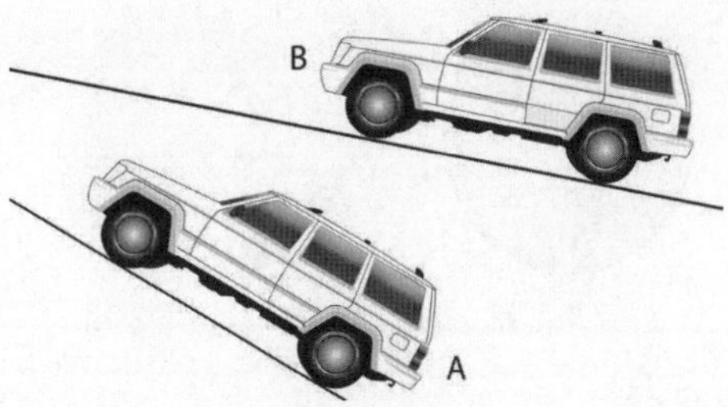

A. L'automobile A B. L'automobile B C. Tutte e due

67) Quale tavola di legno sarà più difficile tagliare?

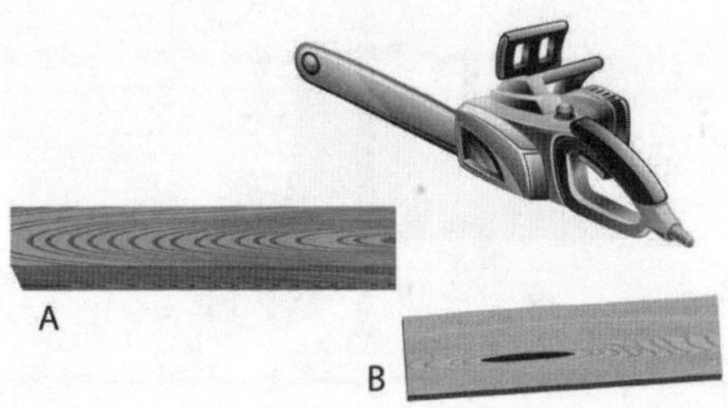

A. La tavola B B. La tavola A C. Tutte e due

68) Quale figura ha meno equilibrio?

A. La figura B   B. La figura A   C. Tutte e due

69) Quale bicchiere è soggetto a forza di gravità?

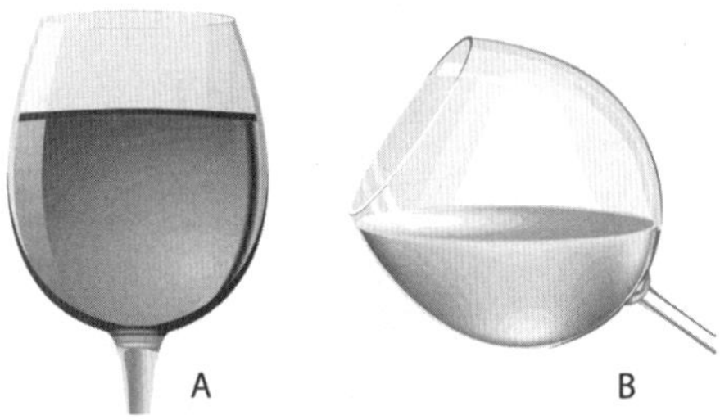

A. Il bicchiere A   B. Il bicchiere B   C. Tutti e due

70) Da quale lato la bilancia penderà se il materiale dei due piatti è della stessa sostanza?

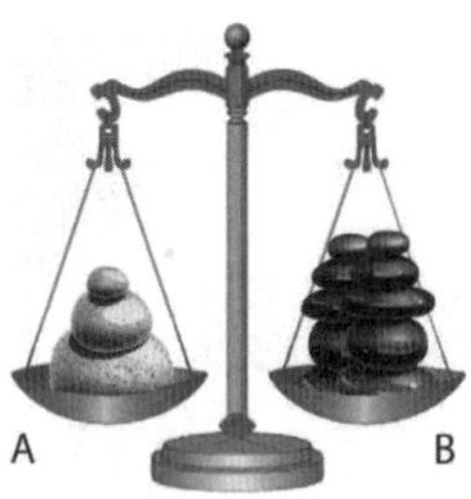

A. Il lato A   B. Il lato B   C. Nessuno dei due

71) Qual è la traiettoria migliore per colpire la palla 15 con la palla 8?

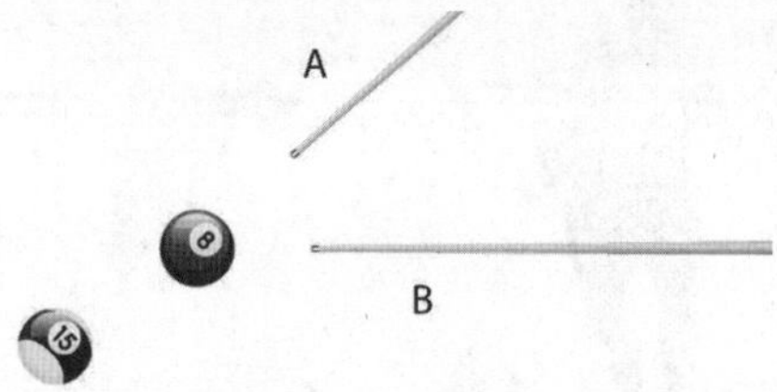

A. La traiettoria A B. La traiettoria B C. Tutte e due

72) Da quale bottiglia il contenuto defluirà meglio?

A. Bottiglia A B. Bottiglia B C. Tutte e due

73) Con quale attrezzo sarà più facile avvitare o svitare il bullone?

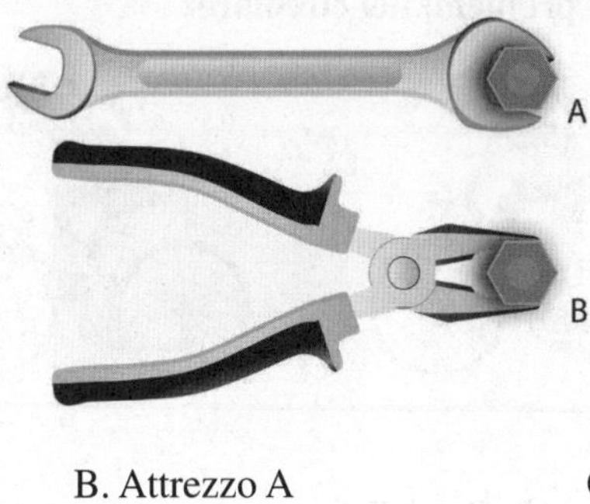

A. Attrezzo B B. Attrezzo A C. Tutte e due

74) Colpendo il pallone di esterno sinistro, quale traiettoria prenderà?

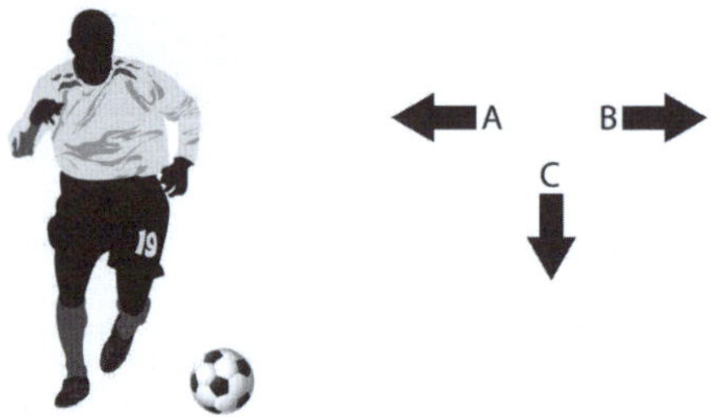

A. La traiettoria A B. La traiettoria B C. La traiettoria C

75) Quale sarà il metodo più idoneo per poter spostare la cassa?

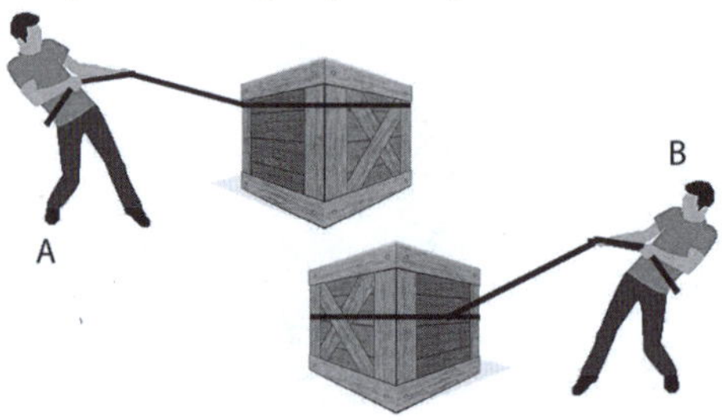

A. Il metodo A B. Il metodo B C. Tutte e due

76) Quale ciclista avrà più problemi nel circolare?

A. La ciclista B B. La ciclista A C. Tutte e due

77) Quale angolazione del coltello è più idonea al taglio della carne?

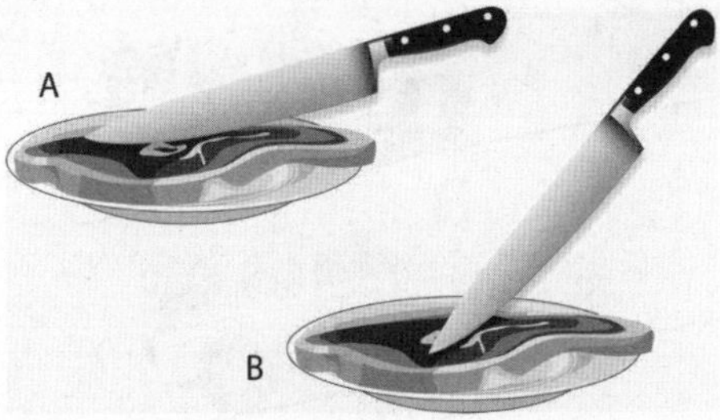

A. L'angolazione A B. L'angolazione B C. Tutte e due

78) Quale ruota dentata girerà nella stessa direzione della ruota C?

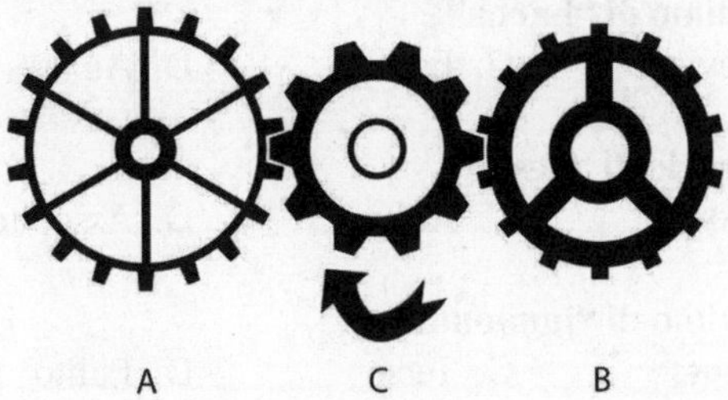

A. La ruota A B. La ruota B C. Nessuna delle due

79) Dove andrà collocato il fulcro per poter sollevare più facilmente la forza resistente?

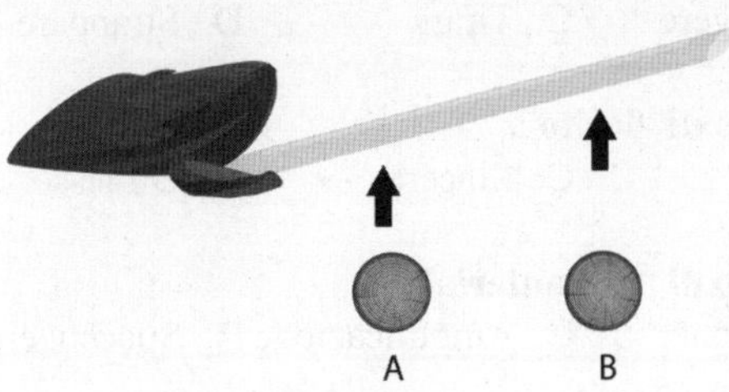

A. Nella posizione A B. Nella posizione B C. Non c'è differenza

80) Quale automobile ha più probabilità di spostarsi all'indietro?

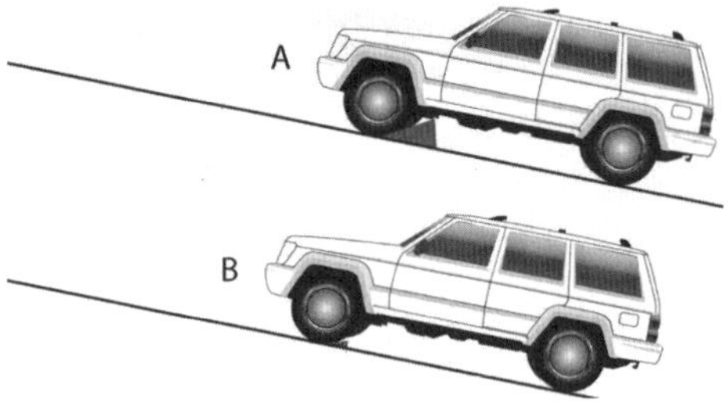

A. L'automobile B B. L'automobile A C. Tutte e due

81) Individuare il sinonimo di "segaligno".
A. Magro B. Grasso C. Adiposo D. Corpacciuto E. Robusto

82) Individuare il sinonimo di "burba".
A. Veterano B. Navigato C. Esperto D. Anziano E. Recluta

83) Individuare il contrario di "desto".
A. Sveglio B. Pronto C. Attivo D. Assopito E. Preparato

84) Individuare il sinonimo di "immondo".
A. Netto B. Sporco C. Terso D. Pulito E. Lindo

85) Individuare il contrario di "caustico".
A. Aspro B. Sarcastico C. Pungente D. Mite E. Tagliente

86) Individuare il sinonimo di "consanguineo".
A. Amico B. Compagno C. Omicida D. Fedele E. Parente

87) Individuare il sinonimo di "lacerare".
A. Respingere B. Avvolgere C. Tirare D. Strappare E. Uccidere

88) Individuare il sinonimo di "lecito".
A. Legale B. Pulito C. Sincero D. Dimesso E. Onesto

89) Individuare il sinonimo di "millanteria".
A. Ammonizione B. Invasione C. Amplificazione D. Spacconeria E. Ossessione

90) Individuare il sinonimo di "querelare".
A. Assolvere B. Denunciare C. Esplicare D. Postulare E. Esentare

91) Individuare, tra le alternative proposte, quale stringa alfabetica è proposta al contrario.

s q f h t s x n b d l n q p r

A. ɿ q p n l b d n x ƨ ƚ ʜ ʇ p s   B. ɿ q p n l b d n x ƨ ƚ ʜ ʇ p ƨ

C. ɿ q p n l d d n x ƨ ƚ ʜ ʇ p ƨ   D. ɿ q p n l b d n x ƨ t ʜ ʇ p ƨ

E. ƨ q p n l b d n x ƨ ƚ ʜ ʇ p s

92) Individuare, tra le alternative proposte, quale stringa alfabetica è proposta al contrario.

s e g j y q z b p d m e a s z

A. ƹ ƨ ɒ ɘ m b q d ƹ p γ į ǫ ɘ ƨ   B. ƹ ƨ a ɘ m b q d ƹ p γ į ǫ ɘ ƨ

C. ƹ ƨ ɒ ɘ m b q d z p γ į ǫ ɘ ƨ   D. ƹ ƨ ɒ ɘ m b q b ƹ p γ į ǫ ɘ ƨ

E. ƹ ƨ a ɘ m b q d ƹ p γ į ǫ ɘ ƹ

93) Individuare, tra le alternative proposte, quale stringa alfabetica è proposta al contrario.

r e c t r f j o k q p b a d b

A. d b ɒ b q p ʞ o į ʇ ɿ ƚ ɔ ɘ ɿ   B. d b ɒ d q p ʞ o į ʇ ɿ ƚ ɔ e ɿ

C. d b ɒ d q p ʞ o į ʇ r ƚ ɔ ɘ ɿ   D. d b ɒ d q p ʞ o į ʇ ɿ ƚ ɔ ɘ ɿ

E. d b ɒ b q p ʞ ɒ į ʇ ɿ ƚ ɔ ɘ ɿ

94) Individuare, tra le alternative proposte, quale stringa alfabetica è proposta al contrario.

e r t d a x y j m q c b v a d

A. b ɒ v b ɔ p m į γ x ɒ b ƚ ɿ ɘ   B. b a v d ɔ p m į γ x ɒ b ƚ ɿ ɘ

C. b ɒ v d ɔ p m į γ x ɒ b ƚ ɿ ɘ   D. b ɒ v d ɔ p m į γ x a b ƚ ɿ ɘ

E. b a v d b p m į γ x ɒ b ƚ ɿ ɘ

95) Individuare, tra le alternative proposte, quale stringa alfabetica è proposta al contrario.

r t h p q a s z m f c n j y p

A. q γ į n ɔ ʇ m ƨ ꙅ ɒ p q ɦ ɟ r
B. q γ į n ɔ ʇ m ƨ ꙅ ɒ p q ɦ ɟ ɿ
C. q γ į n o ʇ m ƨ ꙅ ɒ p q ɦ ɟ ɿ
D. q γ į n ɔ ʇ m z ꙅ ɒ p q ɦ ɟ ɿ
E. q γ į n ɔ ɟ m ƨ ꙅ ɒ p q ɦ ɟ r

96) Individuare, tra le alternative proposte, quale stringa alfabetica è proposta al contrario.

e r h p b s p c q b n r k c a

A. ɒ ɔ ʞ ɿ n d p ɔ q ꙅ d q ɦ ɿ ɘ
B. a ɔ ʞ ɿ n d p ɔ q ꙅ d q ɦ ɿ ɘ
C. ɒ ɔ ʞ ɿ n d p ɔ p ꙅ d q ɦ ɿ ɘ
D. ɒ ɔ ʞ ɿ n d p ɔ q ꙅ d q h ɿ ɘ
E. ɘ ɔ ʞ ɿ n d p ɔ q ꙅ d q ɦ ɿ ɘ

97) Individuare, tra le alternative proposte, quale stringa alfabetica è proposta al contrario.

f d s p c b g a t h n k m p z

A. ƨ q m ʞ n ɦ ɟ ɒ g d ɔ q ꙅ b ʇ
B. ƨ q m ʞ n ɦ ɟ ɒ ϱ d o q ꙅ b ʇ
C. ƨ q m ʞ n ɦ ɟ ɒ ϱ d ɔ q s b ʇ
D. ƨ q m ʞ n ɦ ɟ ɒ ϱ d ɔ q ꙅ b ʇ
E. ƨ q m ʞ n ɦ ɟ ɒ g d ɔ q ꙅ b ɟ

98) Individuare, tra le alternative proposte, quale stringa alfabetica è proposta al contrario.

e d a p f g k a m z a k p q z

A. ƨ p q ʞ ɒ ƨ m ɒ ʞ ϱ f q ɒ b ɘ
B. ƨ q q ʞ ɒ ƨ m ɒ ʞ ϱ ʇ q ɒ b ɘ
C. ƨ p q ʞ ɒ ƨ m ɒ ʞ ϱ ʇ q ɒ b ɘ
D. ƨ p q ʞ ɒ ƨ m a ʞ ϱ ʇ q ɒ b ɘ
E. ɒ q q ʞ ɒ ƨ m ɒ ʞ ϱ ʇ q ɒ b ɘ

99) Individuare, tra le alternative proposte, quale stringa alfabetica è proposta al contrario.

y d s z s z f t f t k h k h b

A. d ᖹ ꓘ ᖹ ꓘ ɟ ʇ ɟ ʇ z ƨ z s b ɣ

B. d ᖹ ꓘ ᖹ ꓘ ɟ ʇ ɟ ʇ z ƨ z ƨ b ɣ

C. d ᖹ ꓘ ᖹ ꓘ t ʇ ɟ ʇ z ƨ z ƨ b ɣ

D. d ᖹ k ᖹ ꓘ ɟ ʇ ɟ ʇ z ƨ z ƨ b ɣ

E. d ᖹ ꓘ ᖹ ꓘ ɟ ʇ ɟ ʇ ƨ ƨ z s b ɣ

100) Individuare, tra le alternative proposte, quale stringa alfabetica è proposta al contrario.

b a s e u n f r w p q h b h b

A. d ᖹ d ᖹ p q w ɿ f n u ɘ ƨ ɒ d

B. d h d ᖹ p q w ɿ ʇ n u ɘ ƨ ɒ d

C. d ᖹ d ᖹ p q w ɿ ʇ n u ɘ s ɒ d

D. d ᖹ d ᖹ p q w ɿ ʇ n u ɘ ƨ ɒ d

E. d n d ᖹ p q w ɿ f n u ɘ ƨ ɒ d

RISPOSTE CORRETTE

1	D	**14**	E	**27**	C	**40**	A	**53**	A	**66**	B	**79**	A	**92**	A
2	A	**15**	C	**28**	B	**41**	B	**54**	B	**67**	B	**80**	A	**93**	D
3	C	**16**	B	**29**	E	**42**	C	**55**	D	**68**	A	**81**	A	**94**	C
4	B	**17**	D	**30**	B	**43**	A	**56**	C	**69**	C	**82**	E	**95**	B
5	A	**18**	A	**31**	A	**44**	D	**57**	E	**70**	B	**83**	D	**96**	A
6	C	**19**	E	**32**	B	**45**	E	**58**	E	**71**	A	**84**	B	**97**	D
7	A	**20**	C	**33**	E	**46**	C	**59**	A	**72**	B	**85**	D	**98**	C
8	B	**21**	C	**34**	A	**47**	D	**60**	D	**73**	B	**86**	E	**99**	B
9	B	**22**	B	**35**	C	**48**	B	**61**	B	**74**	B	**87**	D	**100**	D
10	B	**23**	B	**36**	C	**49**	A	**62**	E	**75**	B	**88**	A		
11	D	**24**	A	**37**	B	**50**	E	**63**	C	**76**	B	**89**	D		
12	C	**25**	E	**38**	E	**51**	C	**64**	A	**77**	A	**90**	B		
13	B	**26**	D	**39**	C	**52**	E	**65**	D	**78**	C	**91**	B		

1.2 Prova 2

1) Gli elementi forniti, quale figura compongono?

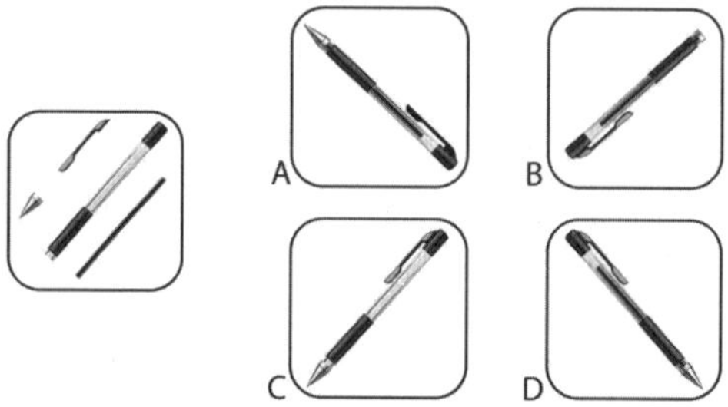

A. Riquadro D
B. Riquadro A
C. Riquadro B
D. Riquadro C
E. Riquadri B e C

2) Gli elementi forniti, quale figura compongono?

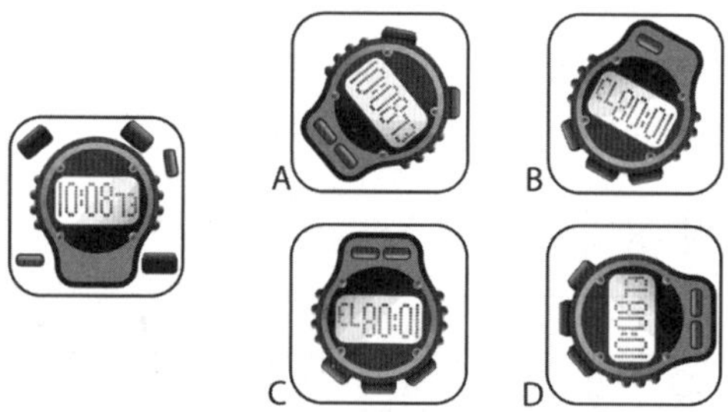

A. Riquadro D
B. Nessun riquadro
C. Riquadri A e B
D. Riquadro C
E. Riquadri A e B

3) Gli elementi forniti, quale figura compongono?

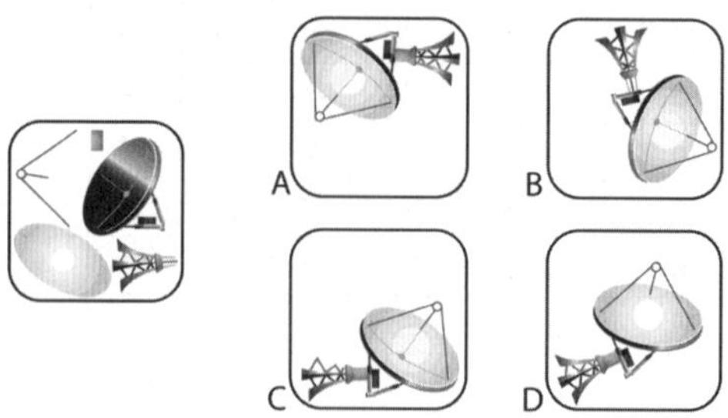

A. Riquadro D
B. Riquadri C e D
C. Riquadro B
D. Riquadro C
E. Riquadro A

4) Quale riquadro contiene gli elementi utili per poter ricomporre la figura data?

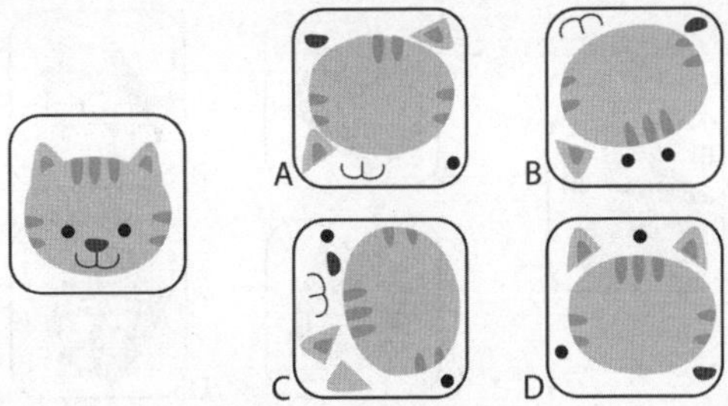

A. Riquadro C
B. Riquadro D
C. Riquadro A
D. Riquadro B
E. Nessun riquadro

5) Quale riquadro contiene gli elementi utili per poter ricomporre la figura data?

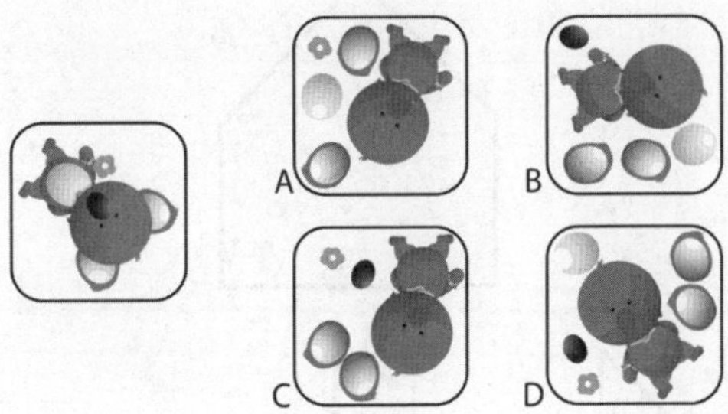

A. Riquadro B
B. Riquadro D
C. Riquadro A
D. Riquadro C
E. Riquadri A e B

6) Gli elementi forniti, quale figura compongono?

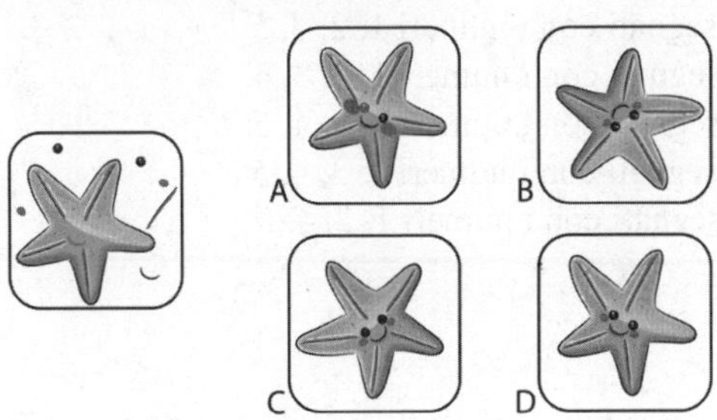

A. Riquadro A
B. Riquadro C
C. Riquadro D
D. Riquadro B
E. Nessun riquadro

7) Gli elementi forniti, quale figura compongono?

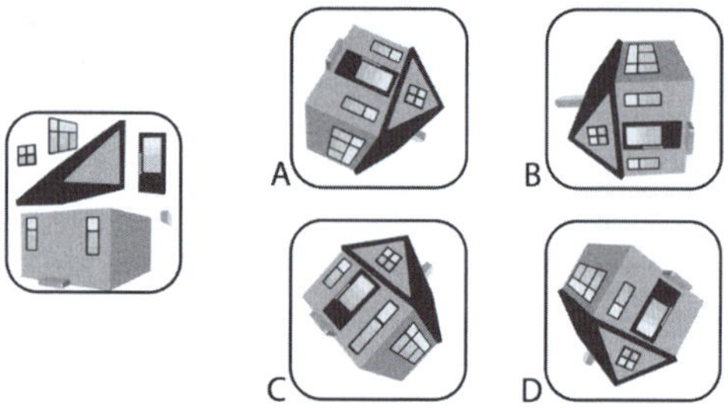

A. Riquadri A e C
B. Riquadro B
C. Riquadro D
D. Riquadro A
E. Nessun riquadro

8) La figura che segue può essere scomposta in 4 dei 5 frammenti riportati. Quali?

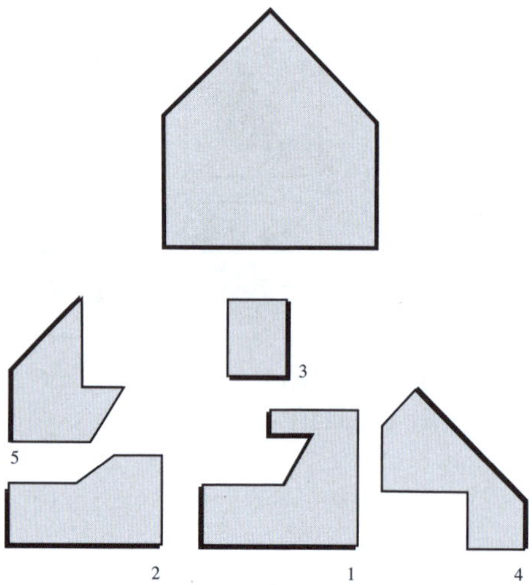

A. I frammenti contrassegnati con i numeri 1, 2, 3, 5
B. I frammenti contrassegnati con i numeri 1, 2, 3, 4
C. I frammenti contrassegnati con i numeri 2, 3, 4, 5
D. I frammenti contrassegnati con i numeri 1, 3, 4, 5
E. I frammenti contrassegnati con i numeri 1, 2, 4, 5

9) La figura che segue può essere scomposta in 4 dei 5 frammenti riportati. Quali?

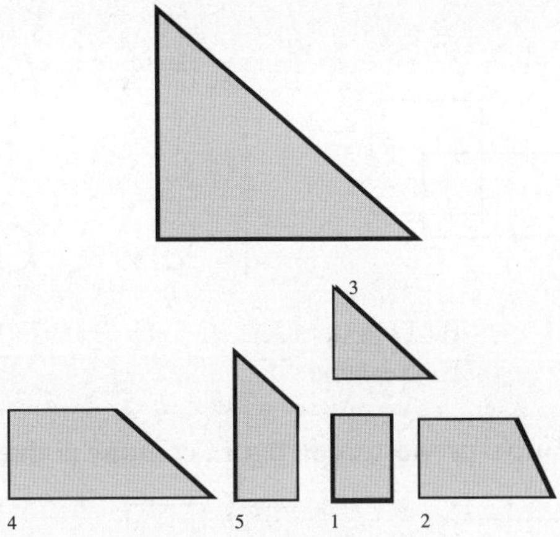

A. I frammenti contrassegnati con i numeri 1, 2, 3, 4
B. I frammenti contrassegnati con i numeri 1, 3, 4, 5
C. I frammenti contrassegnati con i numeri 1, 2, 3, 5
D. I frammenti contrassegnati con i numeri 2, 3, 4, 5
E. I frammenti contrassegnati con i numeri 1, 2, 4, 5

10) La figura che segue può essere ricomposta soltanto con tre dei cinque frammenti proposti. Quali?

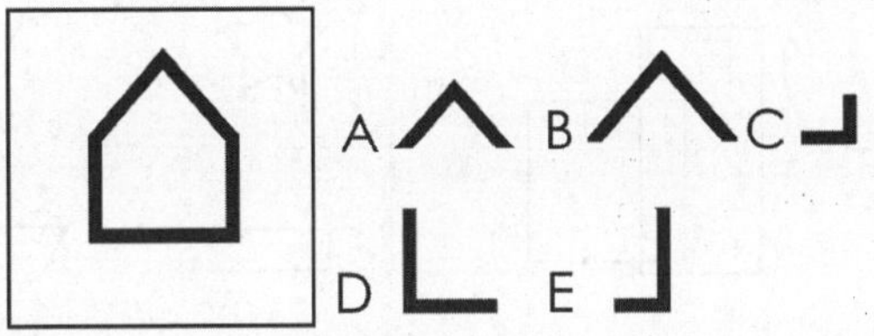

A. Frammenti B, C e D
B. Frammenti C, D e E
C. Frammenti A, B e D
D. Frammenti B, D e E
E. Frammenti A, B e C

11) Quale, tra le alternative proposte, è la figura comune sia al quadrato appuntito sia al rettangolo?

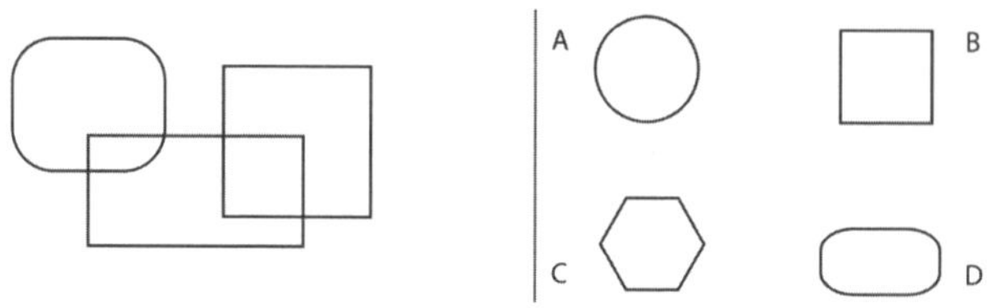

A. La lettera C
B. La lettera A
C. La lettera D
D. La lettera B
E. Nessuna

12) Quale, tra le alternative proposte, è la figura comune ai due cerchi?

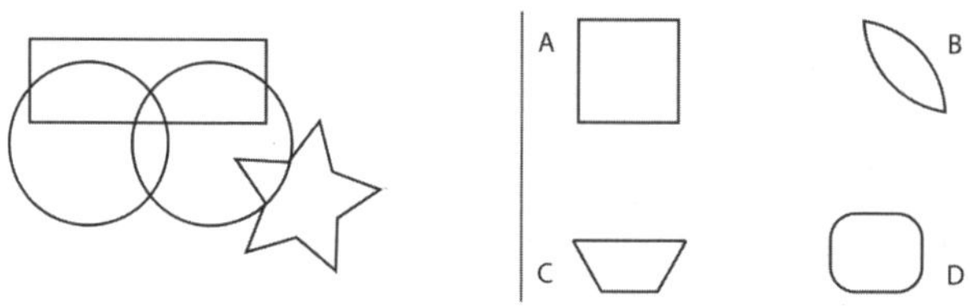

A. La lettera C
B. La lettera A
C. La lettera D
D. La lettera B
E. Nessuna

13) Quale, tra le alternative proposte, è la figura comune sia al rettangolo dai vertici stondati sia al rettangolo?

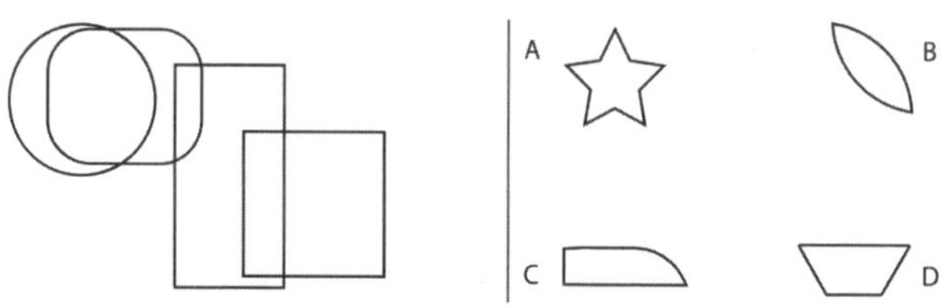

A. La lettera C
B. La lettera A
C. La lettera D
D. La lettera B
E. Nessuna

14) Quale, tra le alternative proposte, è la figura comune sia all'esagono sia al rettangolo con i vertici stondati?

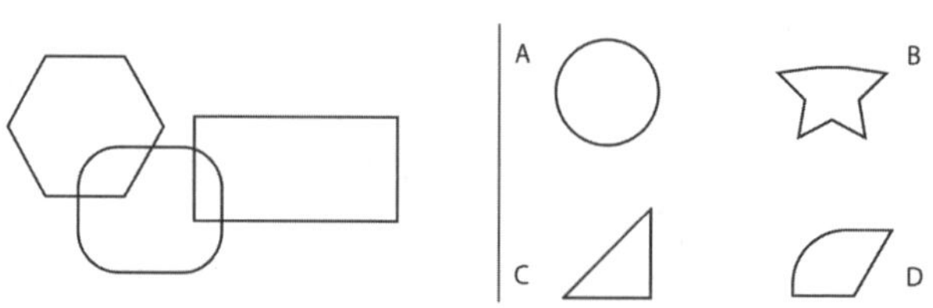

A. La lettera C
B. La lettera A
C. La lettera D
D. La lettera B
E. Nessuna

15) Quale, tra le alternative proposte, è la figura comune sia al quadrato sia all'esagono?

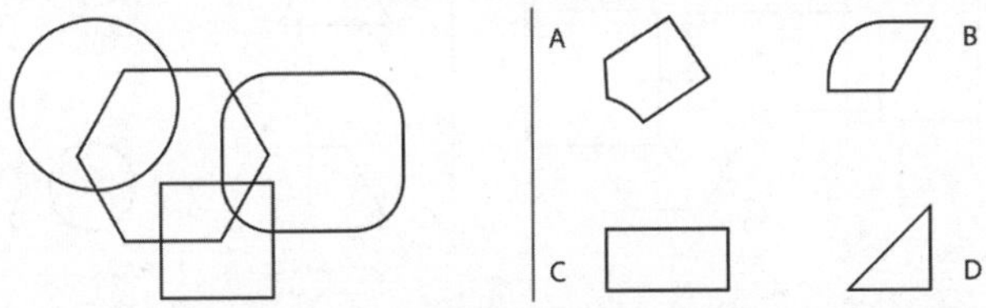

A. La lettera C
B. La lettera A
C. La lettera D
D. La lettera B
E. Nessuna

16) Quale, tra le alternative proposte, è la figura comune sia all'ovale sia al cerchio?

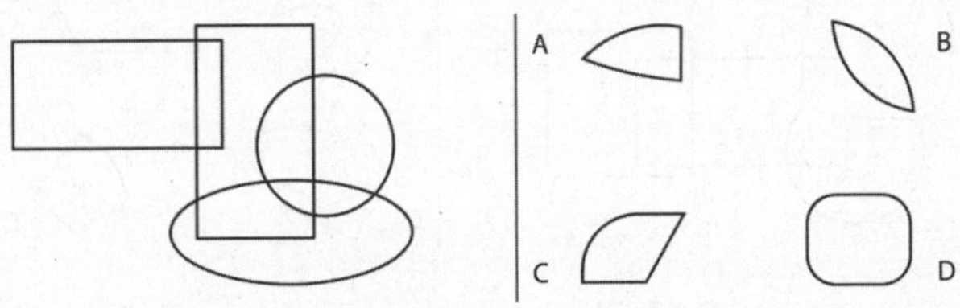

A. La lettera C
B. La lettera A
C. La lettera D
D. La lettera B
E. Nessuna

17) Quale, tra le alternative proposte, è la figura comune sia al cerchio sia al rettangolo dai vertici stondati?

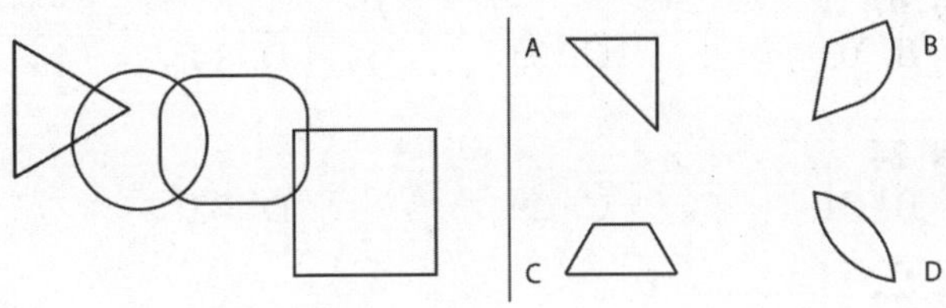

A. La lettera C
B. La lettera A
C. La lettera D
D. La lettera B
E. Nessuna

18) Quale, tra le alternative proposte, è la figura comune ai due esagoni?

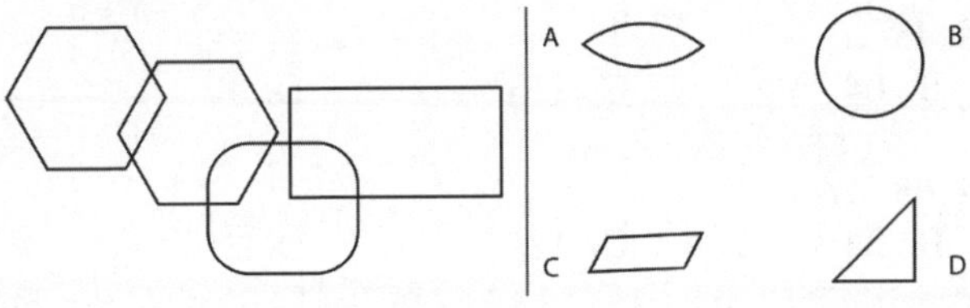

A. La lettera C
B. La lettera A
C. La lettera D
D. La lettera B
E. Nessuna

19) Quale, tra le alternative proposte, è la figura comune sia all'esagono sia al rettangolo?

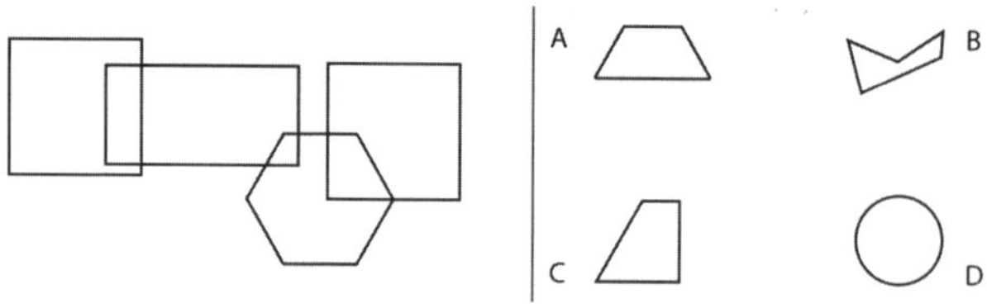

A. La lettera C
B. La lettera A
C. La lettera D
D. La lettera B
E. Nessuna

20) Quale, tra le alternative proposte, è la figura comune sia al cerchio sia al rettangolo?

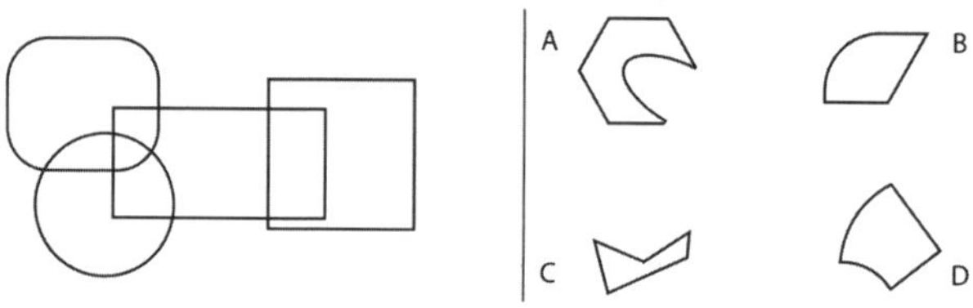

A. La lettera C
B. La lettera A
C. La lettera D
D. La lettera B
E. Nessuna

21) 07 13 19 25 31 …
A. 37 B. 40 C. 41 D. 33 E. 34

22) 35 28 21 14 07 …
A. 01 B. 03 C. 05 D. 14 E. 00

23) 04 09 14 19 24 …
A. 28 B. 31 C. 29 D. 33 E. 30

24) 40 34 29 25 22 …
A. 18 B. 20 C. 16 D. 19 E. 17

25) 30 26 21 15 8 …
A. 01 B. 04 C. 00 D. 02 E. 03

26) 30 10 24 08 45 …
A. 30 B. 04 C. 15 D. 17 E. 05

27) 03 04 12 04 05 …
A. 06 B. 24 C. 12 D. 25 E. 20

28) 06 02 07 04 08 06 … …
A. 10 07 B. 08 09 C. 09 08 D. 12 14 E. 10 09

29) 09 18 24 … 54
A. 88 B. 48 C. 32 D. 38 E. 46

30) 03 09 27 81 …
A. 62 B. 243 C. 21 D. 54 E. 10

31) 90 75 55 30 …
A. 05 B. 15 C. 25 D. 10 E. 00

32) 64 58 52 46 40 … …
A. 36 30 B. 24 18 C. 30 24 D. 34 28 E. 34 22

33) 04 09 16 25 36 … …
A. 41 46 B. 40 45 C. 49 64 D. 51 68 E. 49 56

34) 05 04 03 02 01 08 09 10 … …
A. 12 14 B. 11 12 C. 08 09 D. 11 13 E. 09 08

35) 04 10 08 20 16 30 … …
A. 32 40 B. 42 84 C. 50 42 D. 40 18 E. 32 60

36) 03 02 06 01 03 03 04 04 …
A. 08 B. 00 C. 44 D. 16 E. 12

37) 23 14 29 30 35 46 … …
A. 41 62 B. 48 72 C. 45 62 D. 40 66 E. 45 56

38) 32 23 29 21 26 19 23 … …
A. 15 19 B. 15 20 C. 20 17 D. 25 21 E. 17 20

39) 01 07 13 19 … …
A. 26 32 B. 26 33 C. 25 30 D. 25 31 E. 25 33

40) 03 06 05 06 07 06 09 06 … …
A. 15 17 B. 11 06 C. 14 07 D. 13 05 E. 11 07

41) Qual è la figura che completa la sequenza?

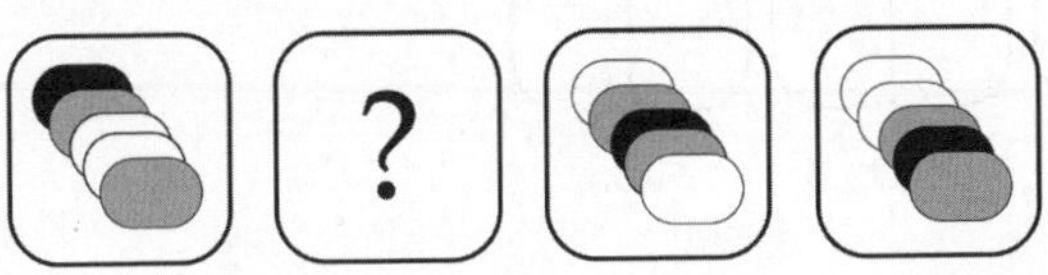

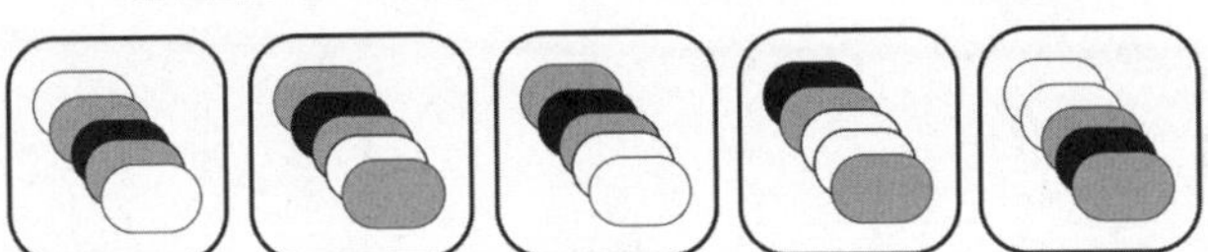

A. B. C. D. E.

42) Qual è la figura che completa la sequenza?

A. B. C. D. E.

43) Qual è la figura che completa la sequenza?

A. B. C. D. E.

44) Qual è la figura che completa la sequenza?

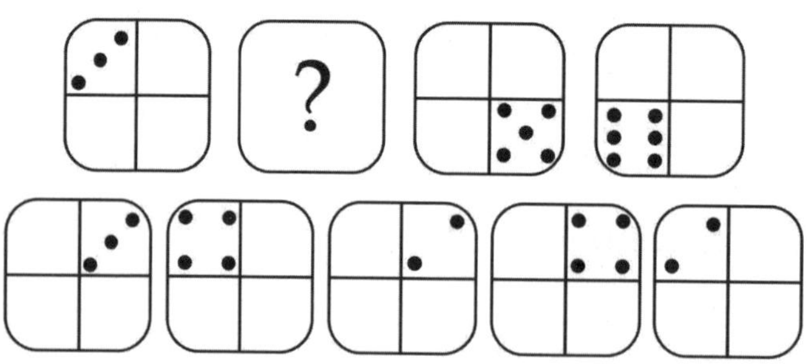

A. B. C. D. E.

45) Qual è la figura che completa la sequenza?

A. B. C. D. E.

46) Qual è la figura che completa la sequenza?

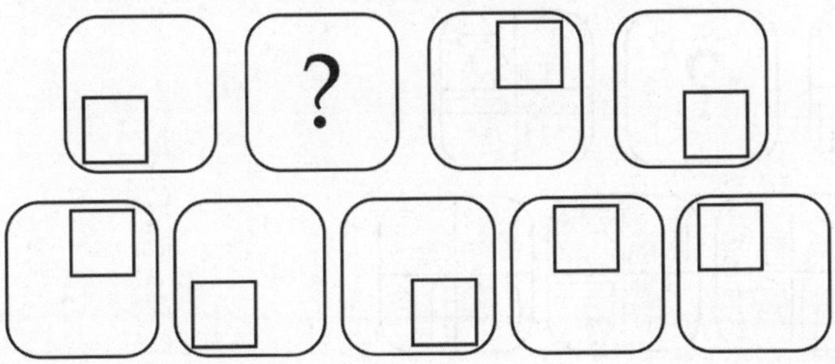

A. B. C. D. E.

47) Qual è la figura che completa la sequenza?

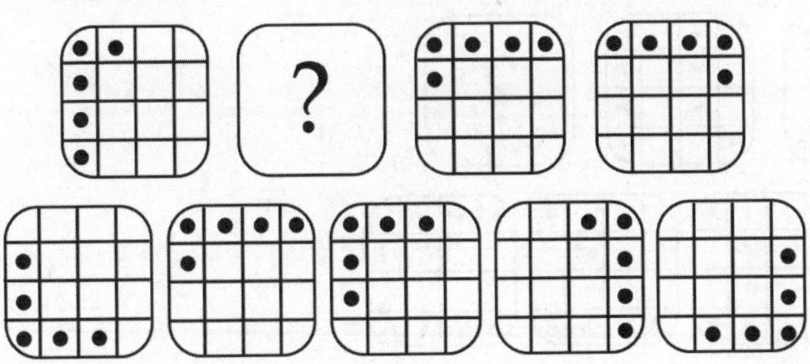

A. B. C. D. E.

48) Qual è la figura che completa la sequenza?

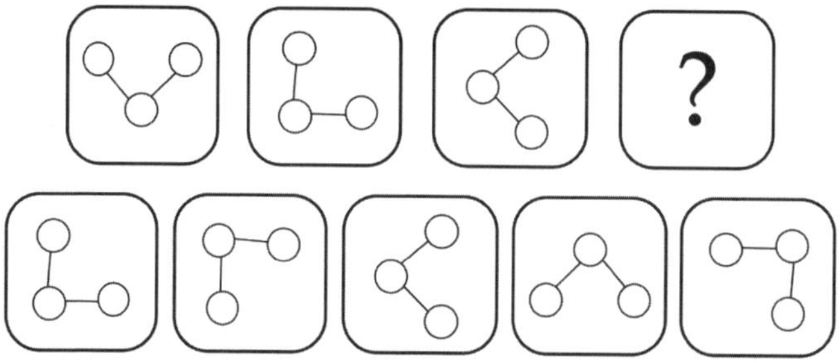

A. B. C. D. E.

49) Qual è la figura che completa la sequenza?

A. B. C. D. E.

50) Qual è la figura che completa la sequenza?

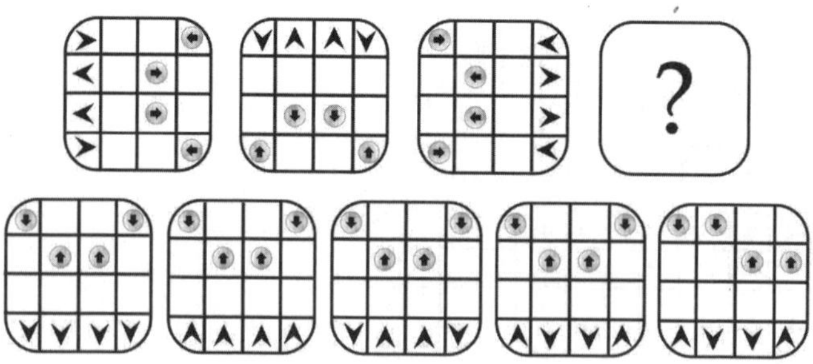

A. B. C. D. E.

51) **Qual è la figura che completa la sequenza?**

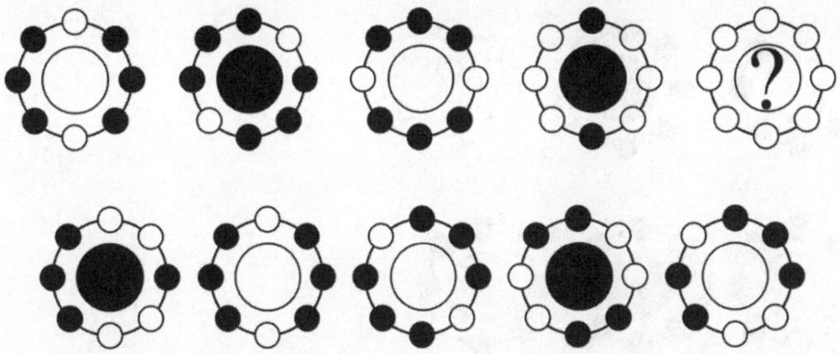

A. B. C. D. E.

52) **Qual è la figura che completa la sequenza?**

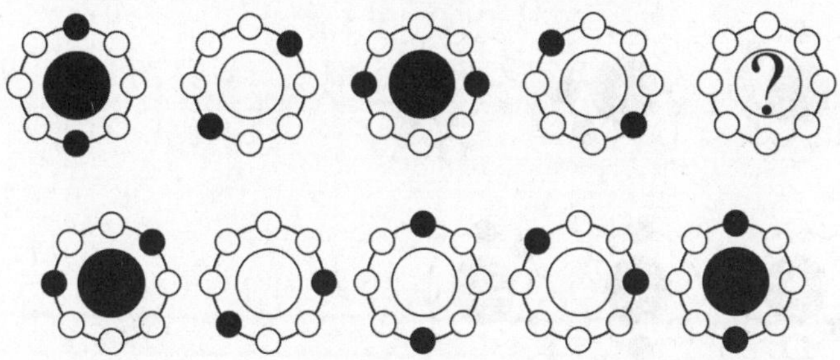

A. B. C. D. E.

53) **Qual è la figura che completa la sequenza?**

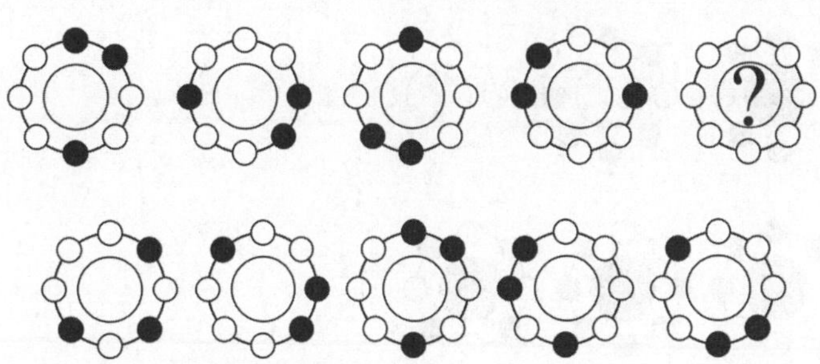

A. B. C. D. E.

54) Qual è la figura che completa la sequenza?

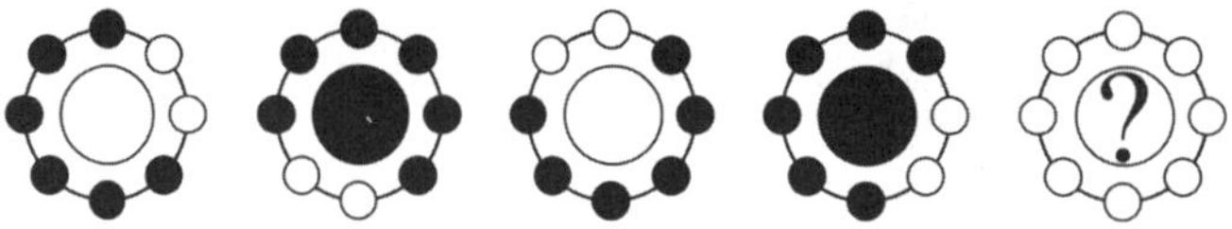

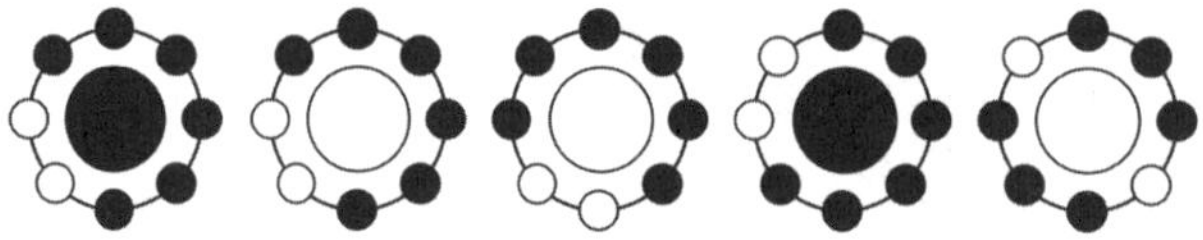

A. B. C. D. E.

55) Qual è la figura che completa la sequenza?

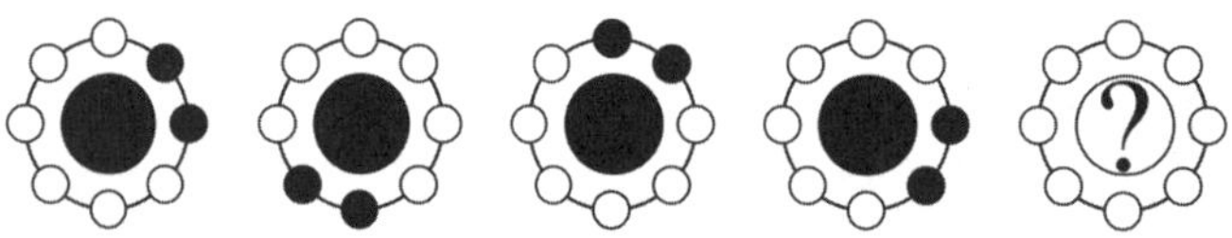

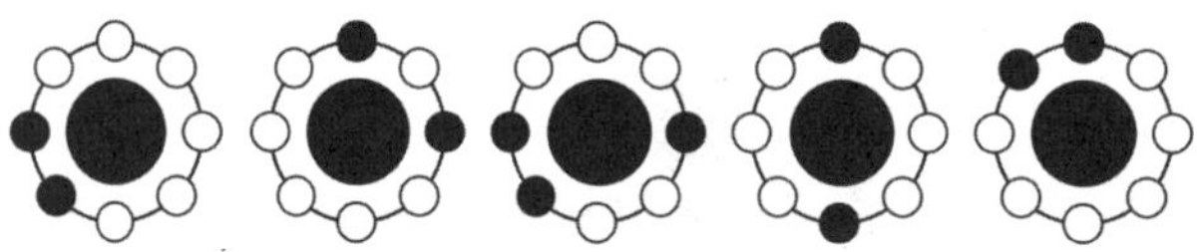

A. B. C. D. E.

56) Qual è la figura che completa la sequenza?

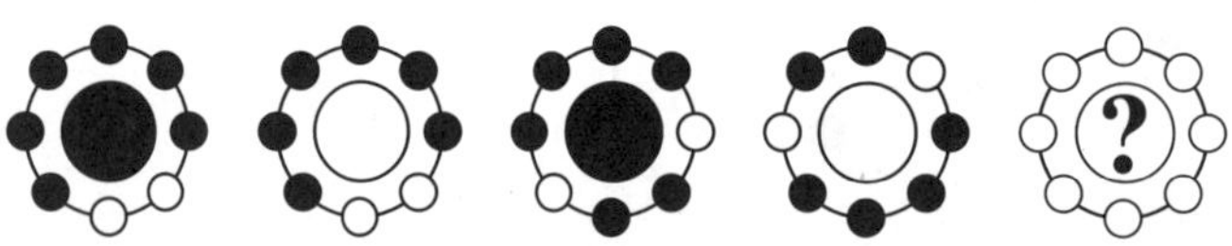

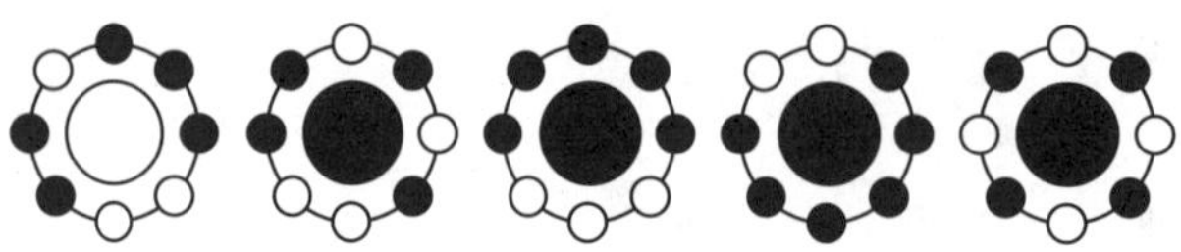

A. B. C. D. E.

57) Qual è la figura che completa la sequenza?

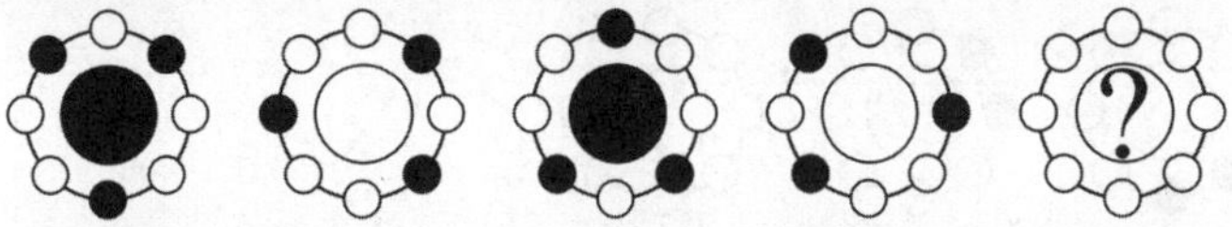

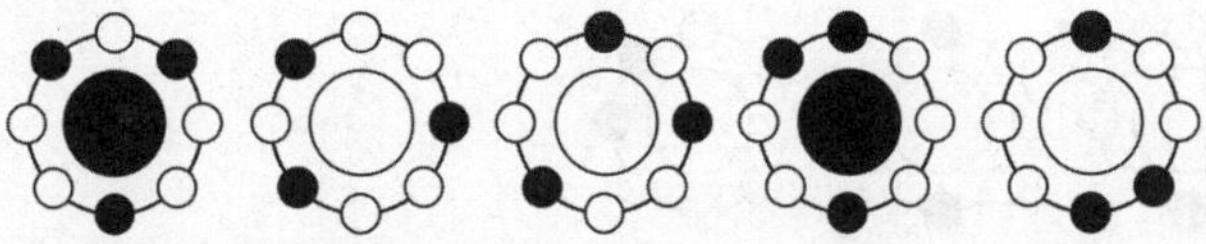

A. B. C. D. E.

58) Qual è la figura che completa la sequenza?

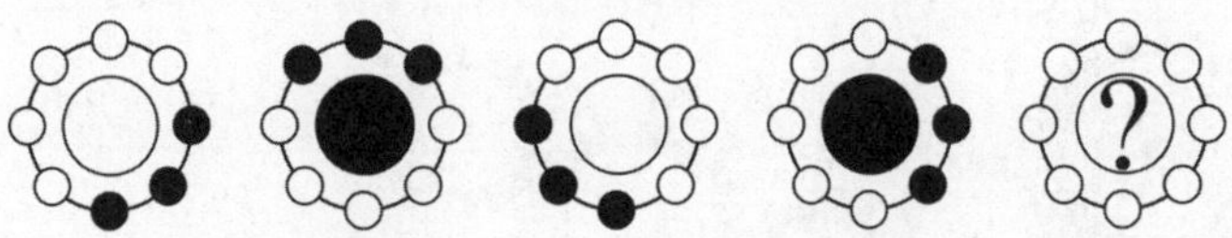

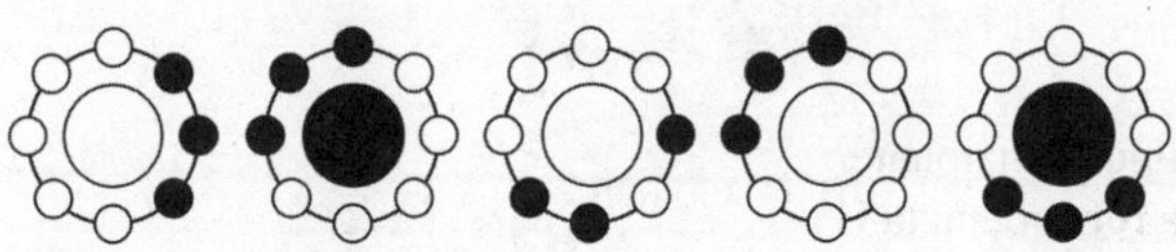

A. B. C. D. E.

59) Qual è la figura che completa la sequenza?

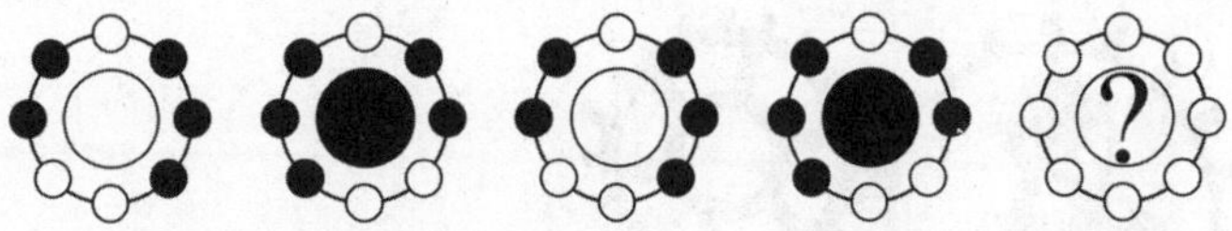

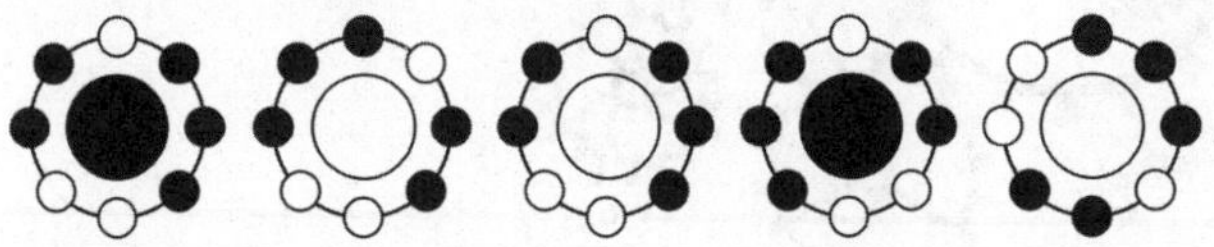

A. B. C. D. E.

60) Qual è la figura che completa la sequenza?

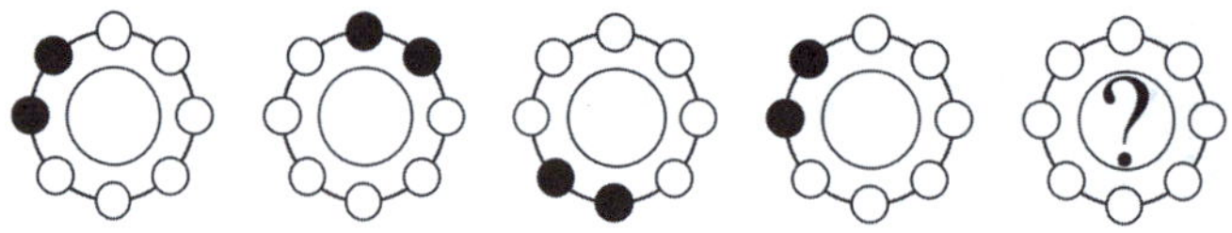

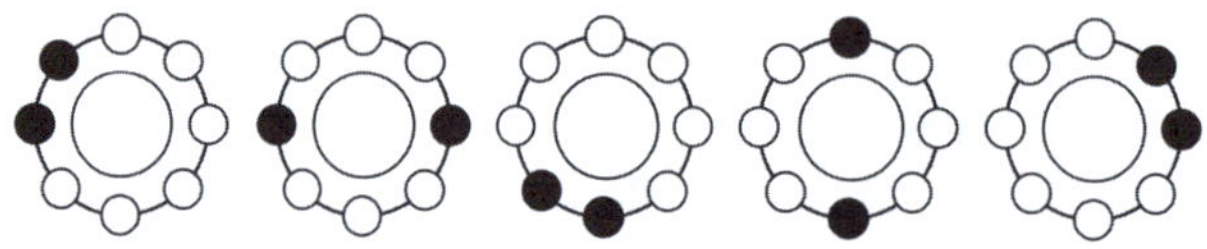

A. B. C. D. E.

61) Nel sistema, le ruote dentate sono libere di ruotare attorno a un perno fisso. Se la ruota dentata B gira in senso antiorario, in quale senso gira la ruota dentata G?

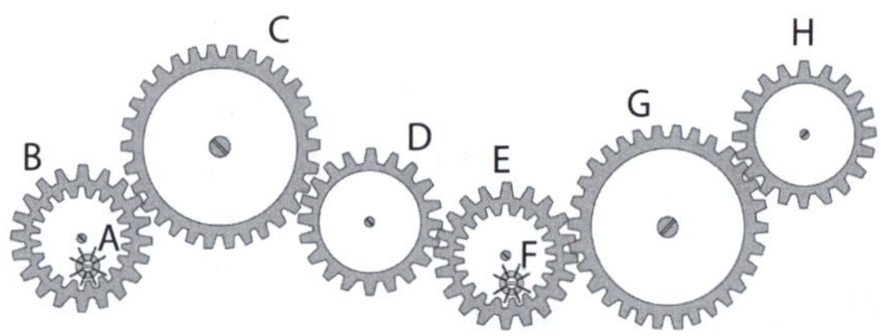

A. Il sistema di ingranaggi non può funzionare
B. In senso inverso rispetto alla ruota dentata H
C. Nello stesso senso del piccolo ingranaggio F
D. Nello stesso senso della ruota dentata E
E. In senso orario

62) Se la ruota dentata "A" gira in senso orario, in quale senso gira la ruota "E"?

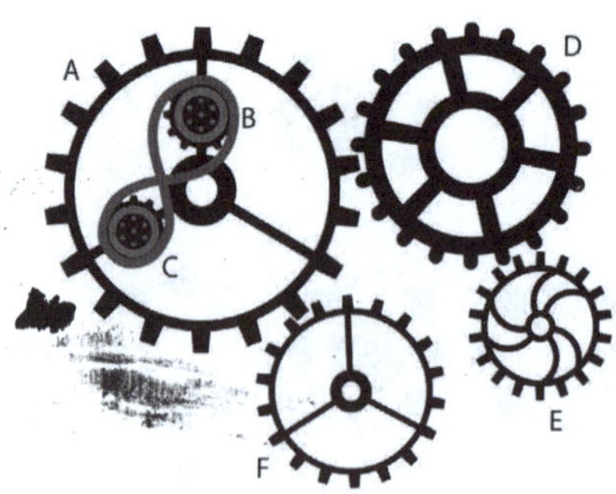

A. Nello stesso senso di D
B. Nel senso inverso a F
C. Nel senso inverso ad A
D. Rimane ferma
E. In senso antiorario

63) Nel seguente sistema le ruote dentate sono libere di ruotare attorno a un perno fisso. Se la ruota dentata B gira in senso antiorario, in quale senso gira la ruota dentata D?

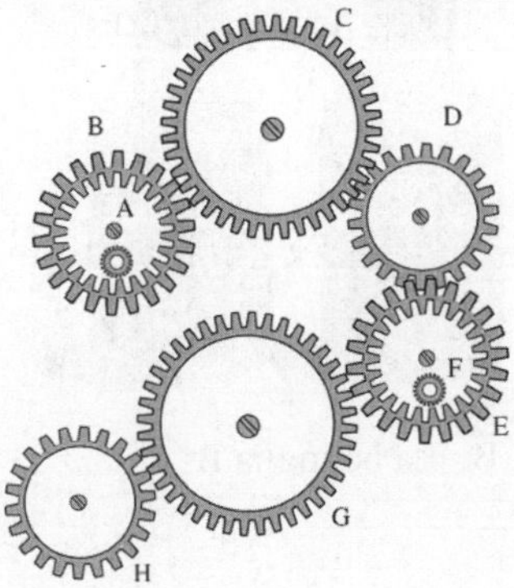

A. Nello stesso senso della ruota dentata G
B. In senso inverso rispetto alla ruota dentata B
C. Il sistema di ingranaggi non può funzionare
D. In senso orario
E. Nessuna delle risposte è corretta

64) Un'asse graduata poggia su un punto medio e su di essa sono sistemati alcuni mattoncini di ugual peso. Quale operazione è necessario effettuare perché l'asse rimanga in perfetto equilibrio?

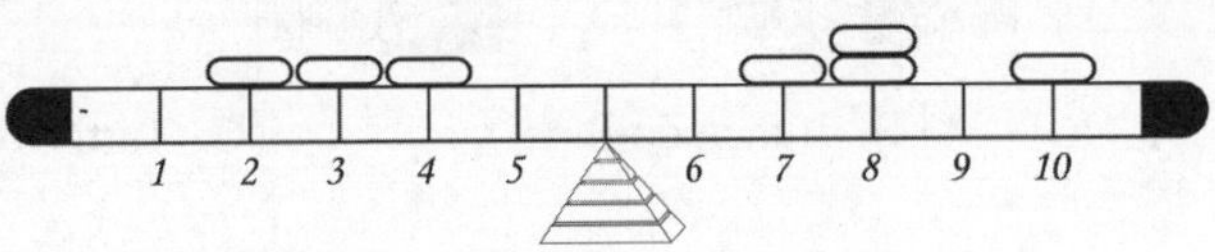

A. Spostare il mattoncino dalla posizione 4 alla posizione 1
B. Aggiungere un mattoncino alla posizione 3 e uno alla 5
C. Spostare un mattoncino dalla posizione 4 alla posizione 3
D. Nessuna, l'asse è già in perfetto equilibrio
E. Aggiungere un mattoncino alla posizione 3

65) Un'asse graduata poggia su un punto medio e su di essa sono sistemati alcuni mattoncini di ugual peso. Quale operazione è necessario effettuare perché l'asse rimanga in perfetto equilibrio?

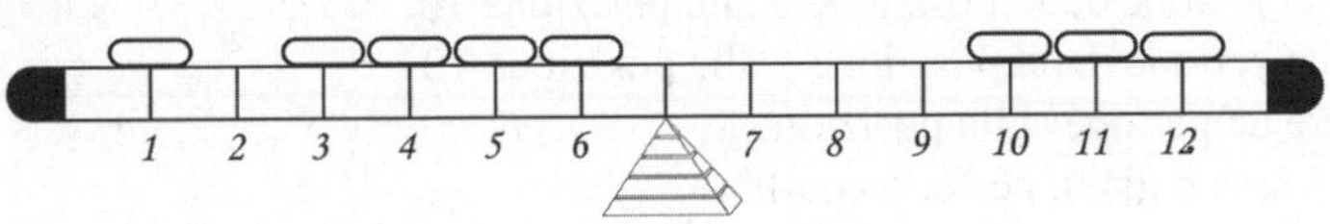

A. Spostare il mattoncino dalla posizione 4 alla posizione 2
B. Aggiungere un mattoncino alla posizione 6
C. Spostare il mattoncino dalla posizione 4 alla posizione 3
D. Nessuna, l'asse è già in perfetto equilibrio
E. Aggiungere un mattoncino alla posizione 7

66) Da quale bottiglia il contenuto uscirà con più difficoltà?

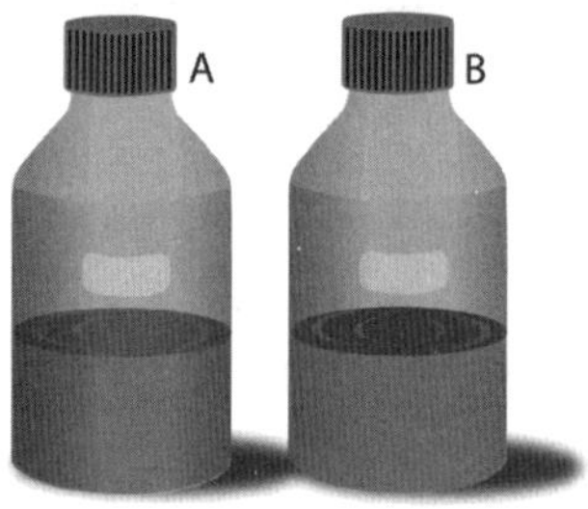

A. La bottiglia A

B. La bottoglia B

C. La difficoltà è identica

67) Quale sarà il metodo più facile e veloce per togliere il chiodo?

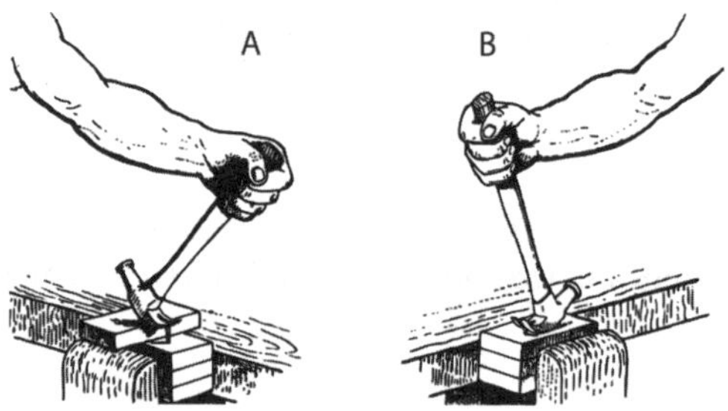

A. Il metodo A

B. Il metodo B

C. Tutti e due

68) Un'asse graduata poggia su un punto medio e su di essa sono sistemati alcuni gettoni di peso uguale. Quale operazione è necessario effettuare perche l'asse sia in perfetto equilibrio?

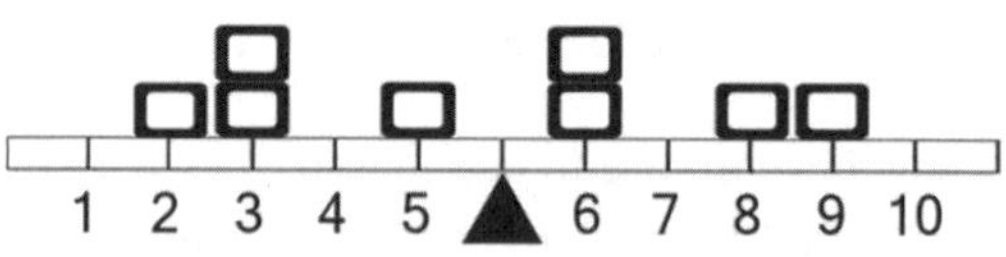

A. Spostare un gettone dalla posizione 3 alla posizione 10
B. Spostare un gettone dalla posizione 6 alla posizione 10
C. Aggiungere un gettone sulla posizione 8
D. Nessuna, l'asse è già in perfetto equilibrio
E. Aggiungere un gettone sulla posizione 7

69) Se la spinta esercitata sulla mongolfiera è identica sia dal basso sia dall'alto, in quale direzione si muoverà?

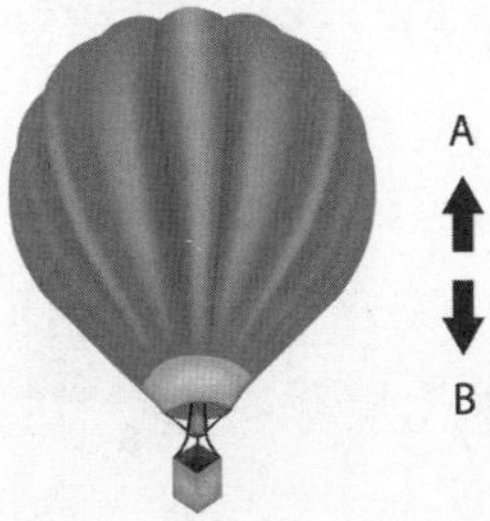

A. Verso A B. Verso B C. In nessuna

70) In quale punto dovrebbe essere stivato il carico per avere un equilibrio ottimale?

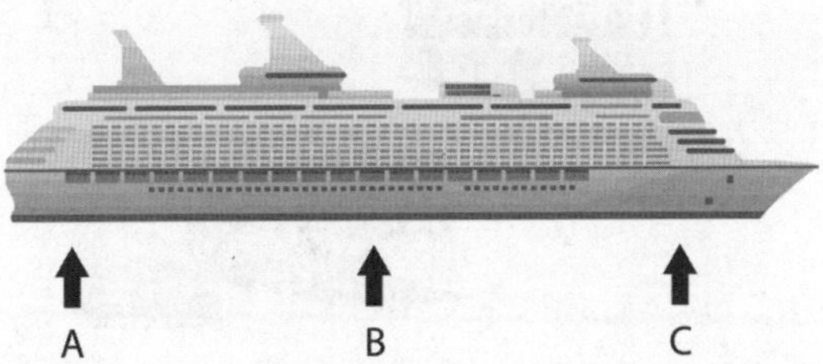

A. Punto A B. Punto B C. Punto C

71) Quale nodo si scioglierà più tardi?

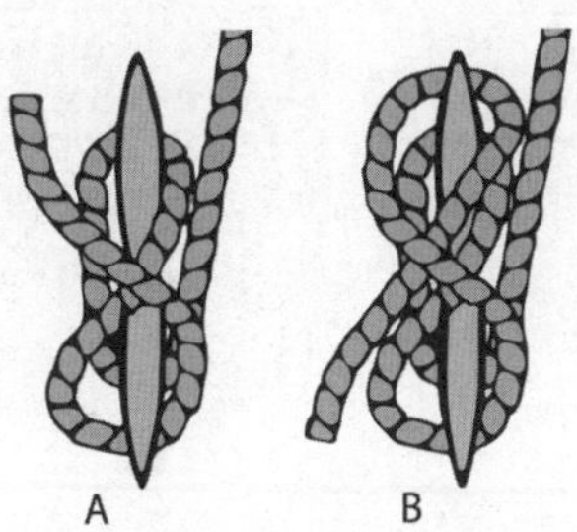

A. Il nodo A B. Il nodo B C. Tutti e due

72) Quale porta è più probabile che si chiuda?

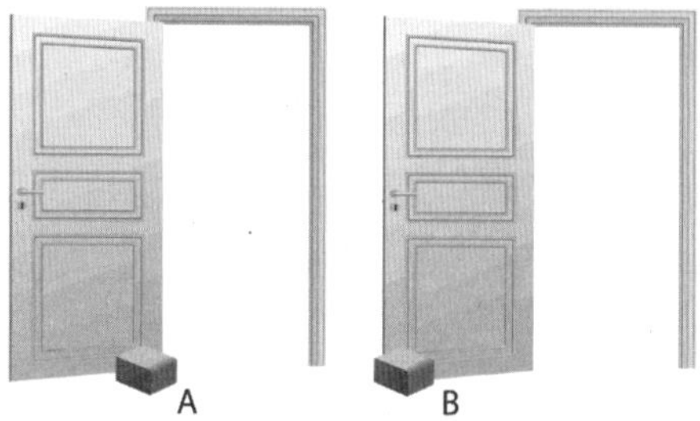

A. La porta A B. La porta B C. Tutte e due

73) Quale situazione farà sicuramente frenare l'automobile?

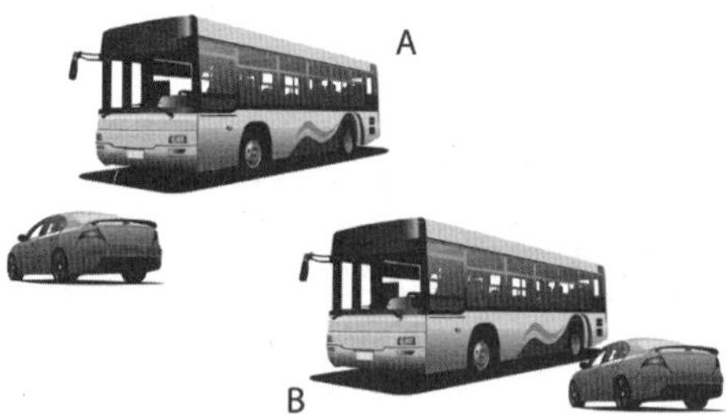

A. La situazione A B. La situazione B C. Tutte e due

74) Quale imballo risulta più difficile da spostare?

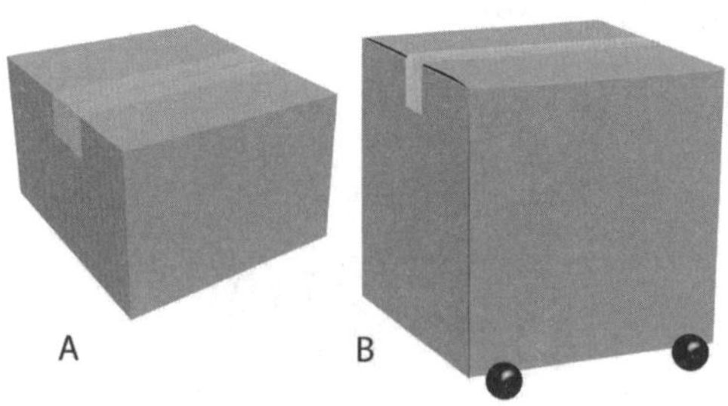

A. La scatola B B. La scatola A C. Tutte e due

75) Quale delle due sedie risulta più stabile?

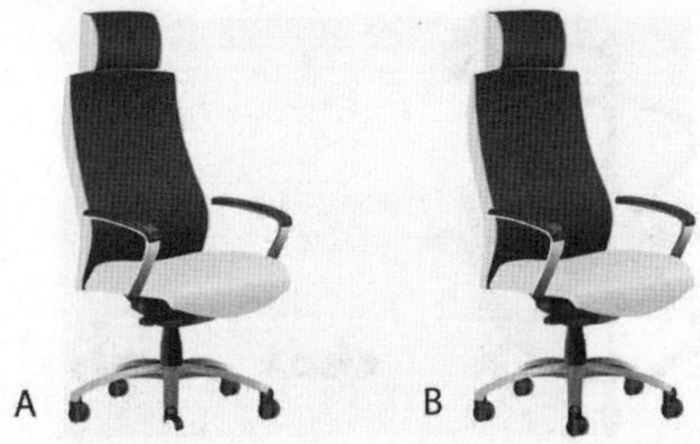

A. La sedia A B. La sedia B C. Tutte e due

76) Quale dei due attrezzi avrà minor resistenza nel tagliare?

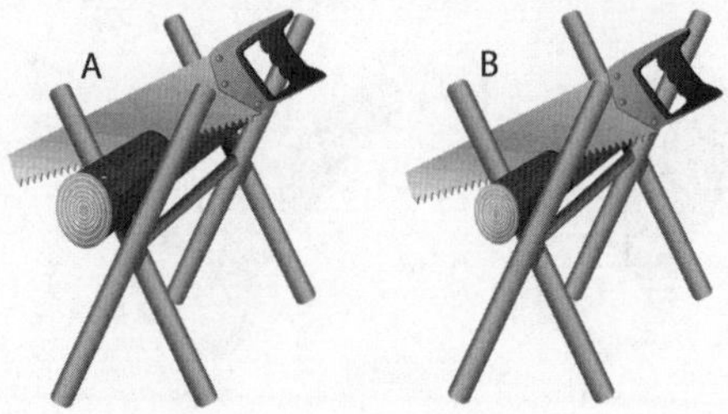

A. L'attrezzo A B. L'attrezzo B C. Tutti e due

77) Quale delle due figure farà meno sforzo nel portare il peso sopra la testa?

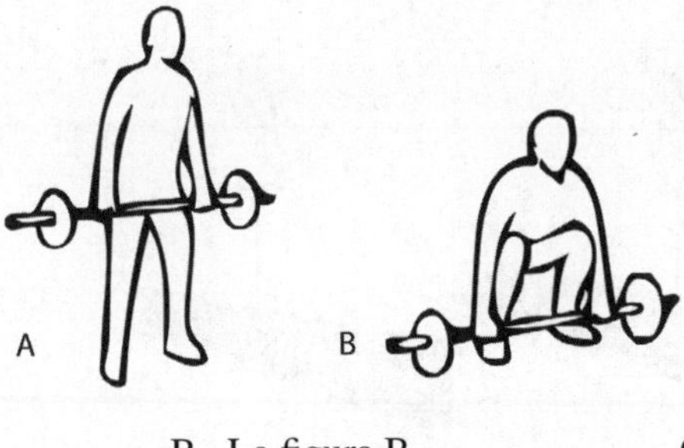

A. La figura A B. La figura B C. Tutte e due

78) Quale direzione prenderà la nave se giriamo il timone nella posizione indicata?

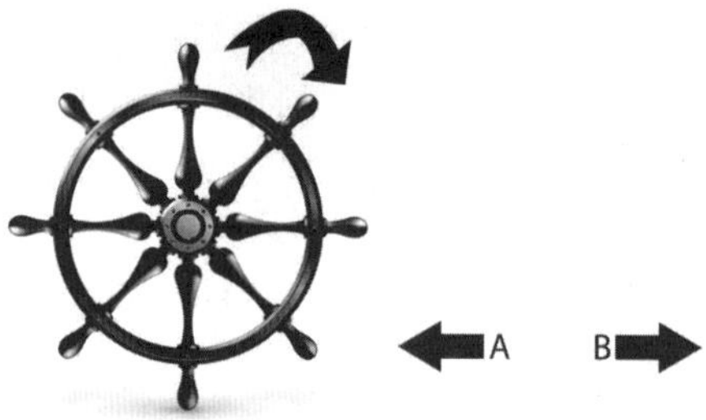

A. Direzione A B. Direzione B C. Nessuna direzione

79) Quale torcia avrà un campo di luce meno esteso?

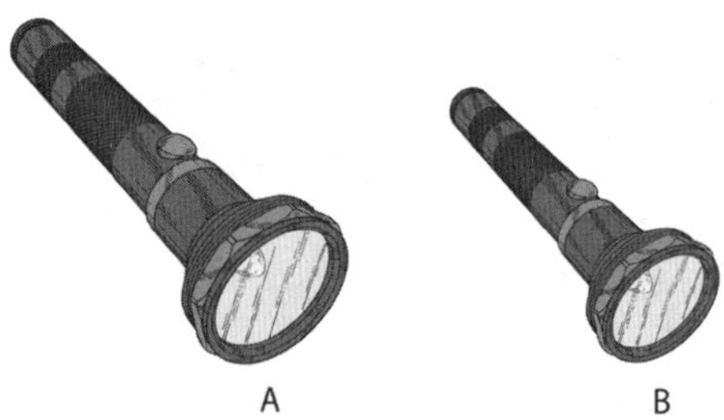

A. La torcia A B. La torcia B C. Tutte e due

80) Quale punto è più indicato per sollevare la trave di ferro?

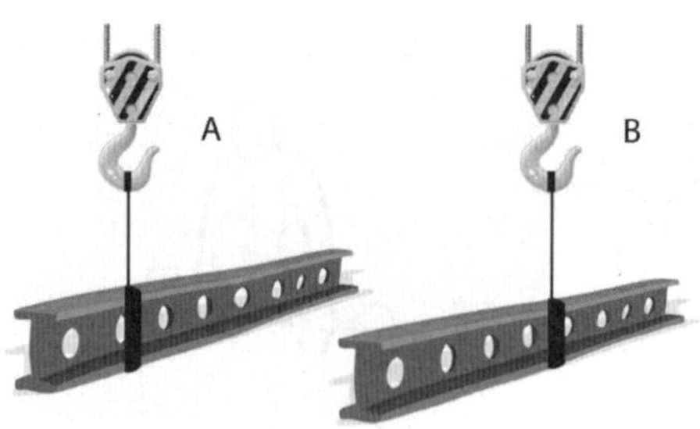

A. Il punto B B. Il punto A C. Tutti e due

81) Qual è il sinonimo di "sbalestrato"?
A. Gracile B. Invecchiato C. Equilibrato D. Disorientato E. Esteso

82) Qual è il sinonimo di "volubile"?
A. Invincibile B. Voluttuoso C. Incostante D. Velleitario E. Vulnerabile

83) Qual è il sinonimo di "voluttuario"?
A. Fermato B. Ventoso C. Melodioso D. Indifeso E. Superfluo

84) Qual è il sinonimo di "vulnerabile"?
A. Indifeso B. Indiscutibile C. Ingiurioso D. Insaziabile E. Sincero

85) Qual è un contrario di "appropriato"?
A. Cronologico B. Distico C. Esattamente D. Sconveniente E. Adatto

86) L'attinenza alla parola "ancia" è?
A. Ingegnere B. Atleta C. Ortolano D. Musicista E. Medico

87) L'attinenza alla parola "carreggiata" è?
A. Legna B. Setaccio C. Strada D. Rete E. Carta

88) L'attinenza alla parola "dolina" è?
A. Geologia B. Psicologia C. Anatomia D. Aritmetica E. Medicina

89) L'attinenza alla parola "filantropo" è?
A. Onestà B. Fiducia C. Apprezzamento
D. Generosità E. Animosità

90) L'attinenza alla parola "fototropia" è?
A. Pianta B. Stella C. Fotografia D. Malattia E. Pianeta

91) Individuare, tra le alternative proposte, quale stringa alfabetica è proposta al contrario.

q r a j g p t f k p z s b l q

A. p l d ƨ z q ꓘ ʇ ɟ q ɡ ɭ ɒ ɿ p B. p l d ƨ z q ꓘ ʇ ɟ q ɡ ɭ a ɿ p

C. p l d ƨ z p ꓘ ʇ ɟ q ɡ ɭ ɒ ɿ p D. p l d ƨ z q ꓘ ʇ ɟ p ɡ ɭ ɒ ɿ p

E. p l p ƨ z q ꓘ ʇ ɟ p ɡ ɭ ɒ ɿ p

92) Individuare, tra le alternative proposte, quale stringa alfabetica è proposta al contrario.

h r p q g b a e s p z n m n c

A. ɔ n m n ꙅ q ƨ ɘ ɒ d ϱ p q ɿ ʜ
B. ɔ n m n ꙅ q ƨ ɘ ɒ d ϱ p q ɿ ʜ
C. ɔ n m n ꙅ q ƨ ɘ ɒ d ϱ p q ɿ h
D. ɔ n m n ꙅ q ƨ e ɒ d ϱ p q ɿ ʜ
E. ɔ n m n ꙅ q ƨ ɘ ɒ d ϱ p q ɿ d

93) Individuare, tra le alternative proposte, quale stringa alfabetica è proposta al contrario.

s q r c h b e e k b e s m z f

A. ʇ z m ƨ ɘ d ꓘ ɘ ɘ d ʜ ɔ ɿ p ƨ
B. ʇ ꙅ n ƨ ɘ d ꓘ ɘ ɘ d ʜ ɔ ɿ p ƨ
C. ʇ ꙅ m ƨ ɘ d ꓘ ɘ ɘ d ʜ ɔ ɿ p ƨ
D. ʇ ꙅ m ƨ ɘ d ꓘ ɘ ɘ d ʜ c ɿ p ƨ
E. ʇ ꙅ m ƨ ɘ d ꓘ ɘ ɘ d ʜ ɔ ɿ d ƨ

94) Individuare, tra le alternative proposte, quale stringa alfabetica è proposta al contrario.

e r y f g s z b k m q s e z j

A. ᒑ ꙅ ɘ ƨ p m ꓘ d ꙅ ƨ ϱ ʇ ɣ ɿ e
B. ᒑ ꙅ ɘ s p m ꓘ d ꙅ ƨ ϱ ʇ ɣ ɿ ɘ
C. ᒑ ꙅ ɘ ƨ p m ꓘ d ꙅ ƨ ϱ ʇ ɣ r ɘ
D. ᒑ ꙅ ɘ ƨ p m ꓘ d ꙅ ƨ ϱ ʇ ɣ ɿ ɘ
E. ᒑ ƨ ɘ ƨ p m ꓘ d ꙅ ƨ ϱ ʇ ɣ ɿ ɘ

95) Individuare, tra le alternative proposte, quale stringa alfabetica è proposta al contrario.

m b c z k h f s o u t e q x n

A. n x p ɘ t u o ƨ ʇ ʜ ꓘ ꙅ ɔ d m
B. n x p ɘ ɟ u o ƨ ʇ ʜ ꓘ ꙅ ɔ d m
C. n x p ɘ ɟ u o ƨ ʇ h ꓘ ꙅ ɔ d m
D. n x p ɘ ɟ u c ƨ ʇ ʜ ꓘ ꙅ ɔ d m
E. n x d ɘ ɟ u o ƨ ʇ ʜ ꓘ ꙅ ɔ d m

96) Individuare, tra le alternative proposte, quale stringa alfabetica è proposta al contrario.

d r h a j d b s z s t a q p n

A. n q p ɒ ɟ ƨ ꙅ ƨ d b į ɒ ʜ r b   B. n q p ɒ ɟ ƨ ꙅ ƨ d b į ɒ ʜ ɿ b

C. n p p ɒ ɟ ƨ ꙅ ƨ d b į ɒ ʜ ɿ b   D. n q p ɒ ɟ ƨ ꙅ ƨ d d į ɒ ʜ ɿ b

E. ʜ q p ɒ ɟ ƨ ꙅ ƨ d d į ɒ ʜ ɿ b

97) Individuare, tra le alternative proposte, quale stringa alfabetica è proposta al contrario.

e t g a h n s z a q k a q p m

A. m q p a ʞ p ɒ ꙅ ƨ n ʜ ɒ ϱ ɟ ɘ   B. m q q ɒ ʞ p ɒ ꙅ ƨ n ʜ ɒ ϱ ɟ ɘ

C. m q p ɒ ʞ p ɒ ꙅ ƨ n ʜ ɒ ϱ ɟ ɘ   D. m q p ɒ ʞ p ɒ ꙅ ƨ n h ɒ ϱ ɟ ɘ

E. n q p a ʞ p ɒ ꙅ ƨ n ʜ ɒ ϱ ɟ ɘ

98) Individuare, tra le alternative proposte, quale stringa alfabetica è proposta al contrario.

p t b a q a d f t y n p c p r

A. ɿ q ɔ q n γ ɟ ʇ b ɒ p ɒ d ɟ q   B. ɿ p ɔ q n γ ɟ ʇ b ɒ p ɒ d ɟ q

C. ɿ q ɔ q n γ ɟ ʇ b ɒ p ɒ b ɟ q   D. ɿ q ɔ q n γ ɟ ʇ b ɒ p ɒ d ɟ q

E. ɿ q ɔ q n γ ɟ ʇ b ɒ p ɒ d ɟ p

99) Individuare, tra le alternative proposte, quale stringa alfabetica è proposta al contrario.

a s d f g h j k l m n b c x z

A. z x ɔ d n m l ʞ į ʜ ϱ ʇ b ƨ ɒ   B. s x ɔ d n m l k į ʜ ϱ ʇ b ƨ ɒ

C. ꙅ x ɔ d n m l ʞ j ʜ ϱ ʇ b ƨ ɒ   D. ꙅ x ɔ d n m l ʞ į ʜ ϱ ʇ b ƨ ɒ

E. z s ɔ d n m l ʞ į ʜ ϱ ʇ b ƨ ɒ

100) Individuare, tra le alternative proposte, quale stringa alfabetica è proposta al contrario.

d r e g h j m q l q t k c n a

A. ɐ n ɔ ʞ ʇ p l p m ɾ ɥ ƃ ǝ ɹ b

B. ɐ n ɔ ʞ ʇ p l p m ɾ ɥ ƃ ǝ ɹ b

C. ɐ n ɔ ʞ ʇ q l p m ɾ ɥ ƃ ǝ ɹ b

D. ɐ n ɔ ʞ ʇ p l p m ɾ ɥ ƃ ǝ r b

E. ɐ n ɔ ʞ ʇ q l p m ɾ ɥ ƃ ǝ ɹ d

Risposte corrette

1	A	**16**	B	**31**	E	**46**	E	**61**	B	**76**	B	**91**	A
2	D	**17**	E	**32**	D	**47**	C	**62**	B	**77**	A	**92**	A
3	E	**18**	A	**33**	C	**48**	B	**63**	A	**78**	A	**93**	C
4	E	**19**	A	**34**	B	**49**	A	**64**	B	**79**	B	**94**	D
5	B	**20**	C	**35**	A	**50**	D	**65**	E	**80**	A	**95**	B
6	D	**21**	A	**36**	D	**51**	B	**66**	C	**81**	D	**96**	B
7	D	**22**	E	**37**	A	**52**	E	**67**	A	**82**	C	**97**	C
8	D	**23**	C	**38**	E	**53**	C	**68**	E	**83**	E	**98**	A
9	B	**24**	B	**39**	D	**54**	B	**69**	C	**84**	A	**99**	D
10	D	**25**	C	**40**	B	**55**	A	**70**	B	**85**	D	**100**	B
11	D	**26**	C	**41**	C	**56**	D	**71**	B	**86**	D		
12	D	**27**	E	**42**	B	**57**	A	**72**	A	**87**	C		
13	A	**28**	C	**43**	D	**58**	D	**73**	B	**88**	A		
14	C	**29**	B	**44**	D	**59**	C	**74**	B	**89**	D		
15	B	**30**	B	**45**	A	**60**	E	**75**	B	**90**	A		

Capitolo 2
Prove d'esame Aeronautica Militare

2.1 Prova 1

1) Quale fra i termini indicati è associabile sia a "squalo" che a "catena"?
A. Indice B. Dente C. Trappola D. Sub E. Mare

2) Quale fra i termini indicati è associabile sia a "fiore" che a "colore"?
A. Fiordaliso B. Tulipano C. Narciso D. Prato E. Rosa

3) Quale fra i termini indicati è associabile sia a "solido" che a "gelato"?
A. Cono B. Cilindro C. Piramide D. Sfera E. Freddo

4) Quale fra i termini indicati è associabile sia a "pesce" che a "fianco"?
A. Sogliola B. Dorso C. Alice D. Spina E. Amo

5) Quale fra i termini indicati è associabile sia a "clessidra" che a "spiaggia"?
A. Sabbia B. Ombrellone C. Sdraio D. Mare E. Tempo

6) "Condannare" e "disapprovare" sono sinonimi del termine:
A. nascondersi B. assieparsi C. accontentarsi
D. biasimare E. accovacciarsi

7) Indicare il sinonimo, tra quelli indicati, del termine "emendare":
A. emettere B. correggere C. tollerare D. ammonire E. ammettere

8) Qual è il complemento di mezzo nella frase: *Tutti i giorni vado a lavoro e in palestra con l'autobus*?
A. Tutti i giorni B. A lavoro C. Con l'autobus
D. In palestra E. Vado

9) Qual è il complemento di tempo nella frase: *Tra qualche minuto si apriranno i cancelli per l'entrata al concerto*?
A. Tra qualche minuto B. I cancelli C. Per l'entrata
D. Al concerto E. Si apriranno

10) Qual è il complemento d'agente nella frase: ***L'assessore ha fatto ristrutturare la chiesa madre della città da un'equipe di professionisti*?**

A. La chiesa madre
B. Della città
C. Di professionisti
D. L'assessore
E. Da un'equipe

11) Qual è il complemento di argomento nella frase: ***Giulia non parla volentieri dell'incidente accadutole mesi fa in America*?**

A. Volentieri
B. Mesi fa
C. Dell'incidente
D. In America
E. Accadutole

12) Qual è il complemento di specificazione nella frase: ***La coltivazione delle arance in Sicilia è redditizia per la regione e tutta la nazione*?**

A. La coltivazione
B. Delle arance
C. In Sicilia
D. Per la regione
E. Tutta la nazione

13) Qual è il complemento di causa efficiente nella frase: ***Le finestre delle stanze dell'albergo erano protette da zanzariere per proteggere i villeggianti dagli insetti*?**

A. Da zanzariere
B. Le finestre
C. Delle stanze
D. Dell'albergo
E. Dagli insetti

14) Qual è il complemento di materia nella frase: ***Ho rotto il vaso di cristallo che avevo comprato all'asta dell'antiquariato*?**

A. Il vaso
B. Di cristallo
C. All'asta
D. Dell'antiquariato
E. Ho rotto

15) Qual è il complemento di termine nella frase: ***Dopo l'accaduto nessuno rivolse per mesi la parola a Claudio*?**

A. L'accaduto
B. A Claudio
C. La parola
D. Per mesi
E. Nessuno

16) Individuare quale, tra i seguenti termini, NON è un sinonimo di "gobba".

A. Gibbo
B. Depressione
C. Rilievo
D. Sporgenza
E. Prominenza

17) Individuare quale, tra i seguenti termini, è un contrario di "origine".

A. Inizio
B. Genesi
C. Nascita
D. Principio
E. Conseguenza

18) Individuare, tra i seguenti termini, un sinonimo di "ricolmo".

A. Vuoto
B. Sgombro
C. Deserto
D. Pieno
E. Privo

19) Individuare, tra i seguenti termini, un sinonimo di "erudito".

A. Incolto
B. Asino
C. Sapiente
D. Illetterato
E. Ignorante

20) Individuare, tra i seguenti termini, un contrario di "bietolone".

A. Sciocco
B. Insulso
C. Abile
D. Babbeo
E. Stolto

21) Individuare tra le alternative proposte l'immagine speculare e ruotata rispetto all'originale.

A. B. C. D.

22) Individuare tra le alternative proposte l'immagine speculare e ruotata rispetto all'originale.

A. B. C. D.

23) Individuare tra le alternative proposte l'immagine speculare e ruotata rispetto all'originale.

A. B. C. D.

24) Individuare tra le alternative proposte l'immagine speculare e ruotata rispetto all'originale.

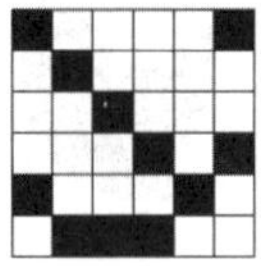

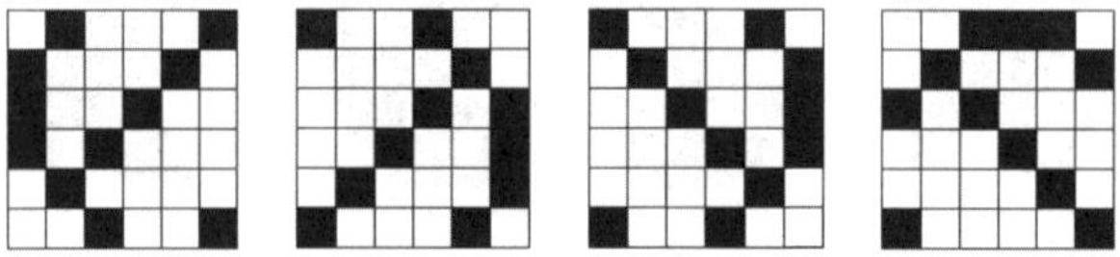

A. B. C. D.

25) Individuare tra le alternative proposte l'immagine speculare e ruotata rispetto all'originale.

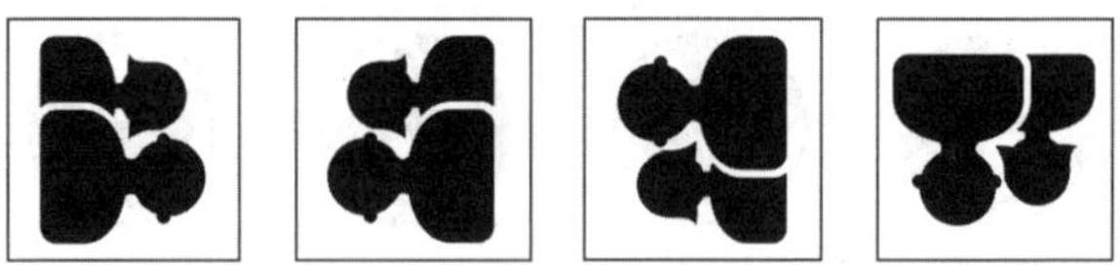

A. B. C. D.

26) Individuare tra le alternative proposte l'immagine speculare e ruotata rispetto all'originale.

A. B. C. D.

27) Individuare tra le alternative proposte l'immagine speculare e ruotata rispetto all'originale.

A. B. C. D.

28) Individuare tra le alternative proposte l'immagine speculare e ruotata rispetto all'originale.

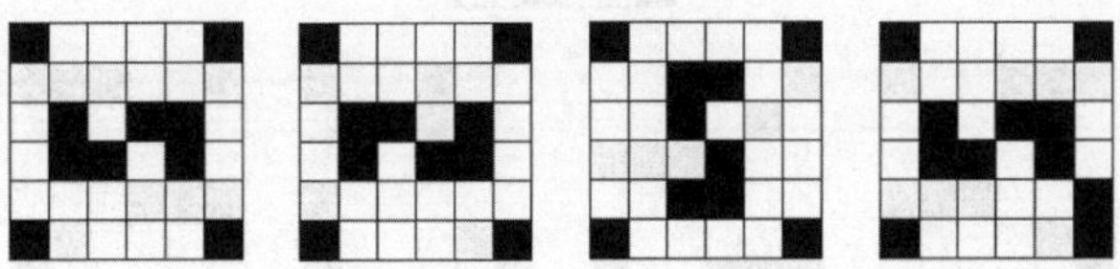

A. B. C. D.

29) Individuare tra le alternative proposte l'immagine speculare e ruotata rispetto all'originale.

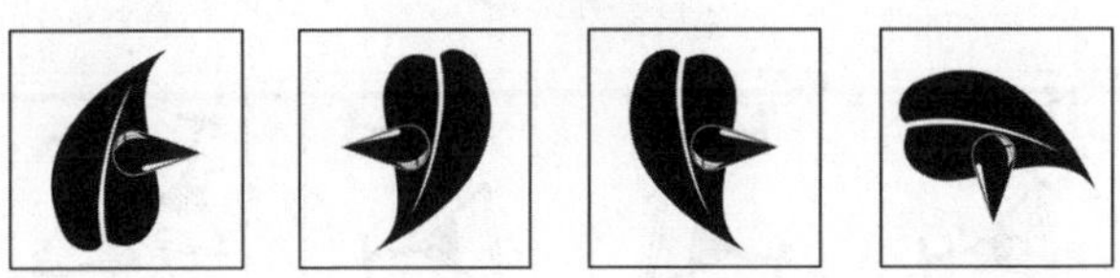

A. B. C. D.

30) Individuare tra le alternative proposte l'immagine speculare e ruotata rispetto all'originale.

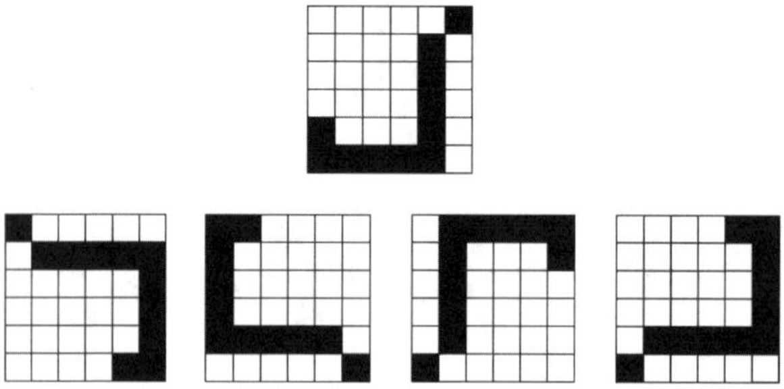

A. B. C. D.

31) Individuare tra le alternative proposte l'immagine speculare e ruotata rispetto all'originale.

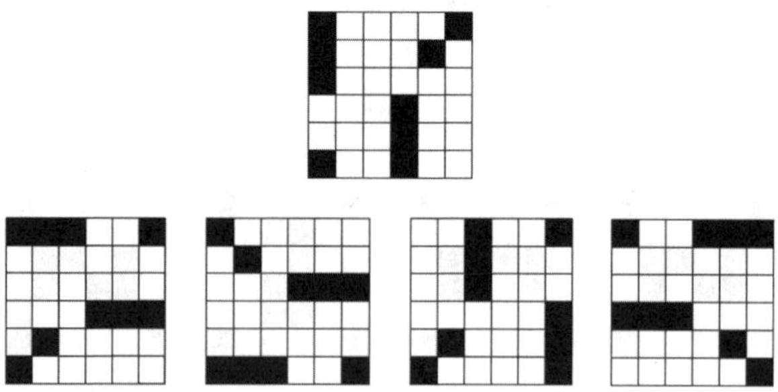

A. B. C. D.

32) Individuare tra le alternative proposte l'immagine speculare e ruotata rispetto all'originale.

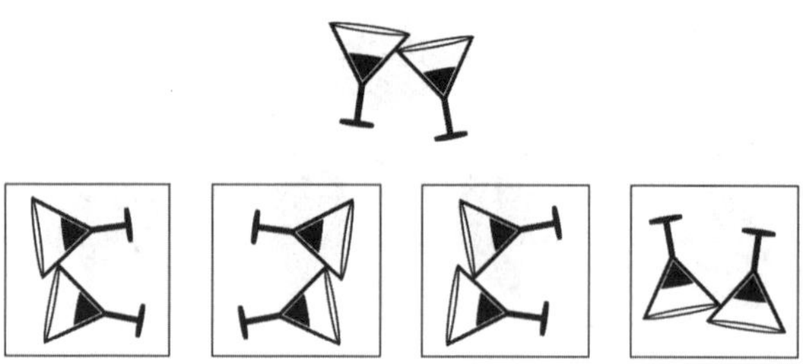

A. B. C. D.

33) Individuare tra le alternative proposte l'immagine speculare e ruotata rispetto all'originale.

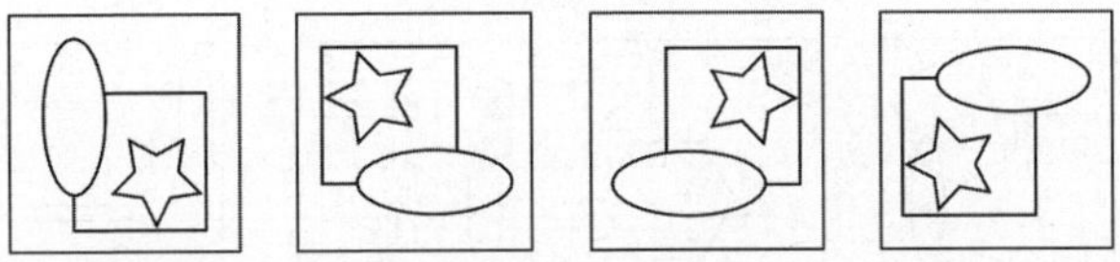

A. B. C. D.

34) Individuare tra le alternative proposte l'immagine speculare e ruotata rispetto all'originale.

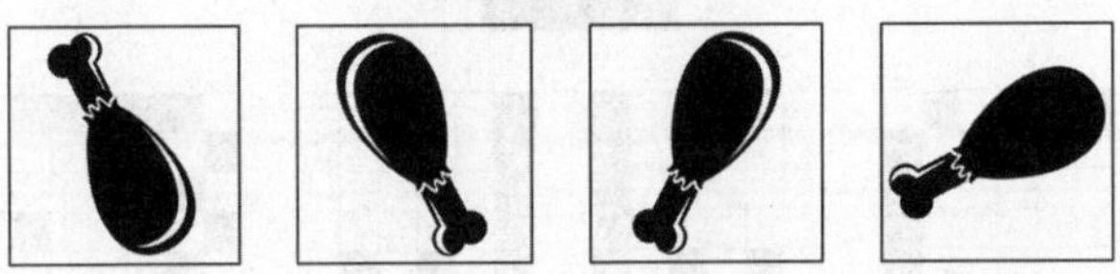

A. B. C. D.

35) Individuare tra le alternative proposte l'immagine speculare e ruotata rispetto all'originale.

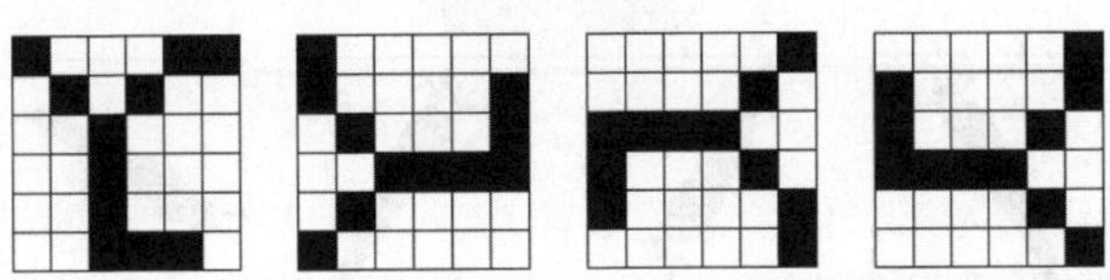

A. B. C. D.

36) Individuare tra le alternative proposte l'immagine speculare e ruotata rispetto all'originale.

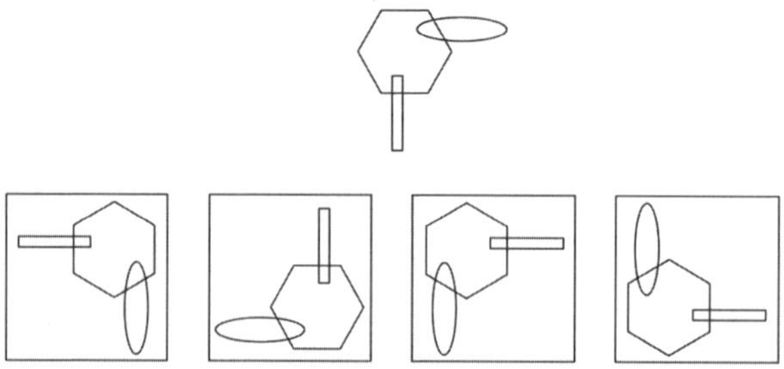

A. B. C. D.

37) Individuare tra le alternative proposte l'immagine speculare e ruotata rispetto all'originale.

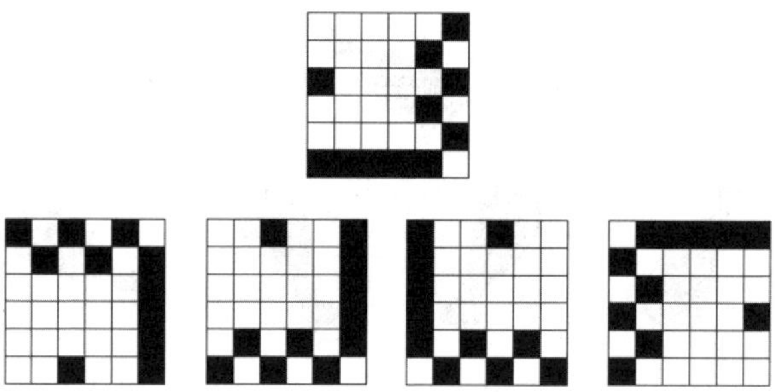

A. B. C. D.

38) Individuare tra le alternative proposte l'immagine speculare e ruotata rispetto all'originale.

A. B. C. D.

39) Individuare tra le alternative proposte l'immagine speculare e ruotata rispetto all'originale.

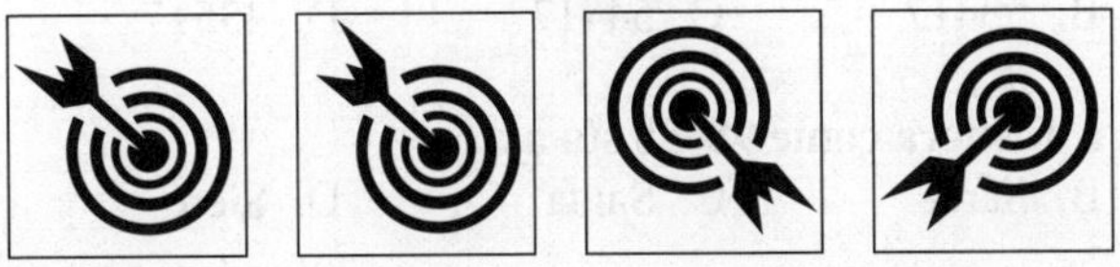

A. B. C. D.

40) Individuare tra le alternative proposte l'immagine speculare e ruotata rispetto all'originale.

A. B. C. D.

41) Ortensia sta a 12379045 come Ansie sta a ....
A. 59047 B. 05972 C. 25901 D. 54097 E. 05974

42) Sonorità sta a 58084723 come .... sta a 470328
A. Povero B. Onore C. Rinato D. Rimasto E. Renato

43) 243765298 sta a Scortesia come .... sta a Sterco
A. 243765 B. 265298 C. 265743 D. 892564 E. 765298

44) Barcarole sta a 273573842 come Caro sta a ....
A. 8375 B. 5783 C. 7358 D. 5738 E. 7537

45) 27473518 sta a Statiche come .... sta a Schiatte
A. 25134778 B. 52734778 C. 21134778 D. 25134718 E. 25134878

46) Marcatori sta a .... come Marciatori sta a 3724175921
A. 372775921 B. 332475921 C. 372745921 D. 372175921 E. 372475921

47) 2847940 sta a Rondine come .... sta a Ordine
A. 287940 B. 727940 C. 827740 D. 827960 E. 827940

48) Plico sta a 14753 come .... sta a Colpi
A. 53487 B. 53417 C. 54417 D. 43517 E. 54317

49) 58952468 sta a Tastiera come 98658 sta a ....
A. Carpa B. Sarta C. Santa D. Siero E. Tasto

50) Ariosto sta a 2653413 come .... sta a 413652
A. Arrosto B. Storia C. Scoria D. Osteria E. Stiro

51) Castello sta a 23589117 come .... sta a 2359
A. Case B. Telo C. Casa D. Leso E. Caso

52) Lama sta a 8747 come Alma sta a ....
A. 7847 B. 4778 C. 7874 D. 7877 E. 7784

53) Belare sta a 815321 come .... sta a 8121
A. Bare B. Bara C. Bere D. Rare E. Rara

54) Censo sta a 89520 come .... sta a 590
A. Nei B. Seno C. Noè D. Neo E. Seo

55) 12387 sta a Museo come .... sta a Muso
A. 1273 B. 3712 C. 1237 D. 2371 E. 2317

56) 6543267529165 sta a Risparmiatori come .... sta a Amatori
A. 2929165 B. 7229165 C. 2727165 D. 2729165 E. 7229165

57) Marines sta a 6247839 come Rimane sta a ....
A. 746283 B. 476283 C. 472683 D. 476823 E. 4762832

58) 6432151791383 sta a Spedizioniere come 643513 sta a ....
A. Spazio B. Dizione C. Azione D. Spezia E. Spezie

59) Trentunomila sta a 213524567890 come .... sta a Tuonare
A. 4265013 B. 2460513 C. 2465103 D. 6465013 E. 2465013

60) Luminare sta a 32567481 come Arnie sta a ....
A. 48617 B. 48761 C. 84761 D. 84176 E. 74186

Risposte corrette

1	B	**9**	A	**17**	E	**25**	B	**33**	B	**41**	A	**49**	B	**57**	B
2	E	**10**	E	**18**	D	**26**	A	**34**	C	**42**	C	**50**	B	**58**	E
3	A	**11**	C	**19**	C	**27**	D	**35**	D	**43**	C	**51**	A	**59**	E
4	D	**12**	B	**20**	C	**28**	B	**36**	C	**44**	D	**52**	A	**60**	B
5	A	**13**	A	**21**	C	**29**	C	**37**	B	**45**	A	**53**	C		
6	D	**14**	B	**22**	A	**30**	D	**38**	A	**46**	E	**54**	D		
7	B	**15**	B	**23**	D	**31**	A	**39**	D	**47**	E	**55**	C		
8	C	**16**	B	**24**	C	**32**	A	**40**	C	**48**	B	**56**	D		

2.2 Prova 2

1) Quale fra i termini indicati è associabile sia a "dirigente" che a "tela"?
A. Picasso B. Cubo C. Rombo D. Quadro E. Tondo

2) Quale fra i termini indicati è associabile sia a "bottiglia" che a "lente"?
A. Contenitore B. Plastica C. Vetro D. Acciaio E. Acqua

3) Quale fra i termini indicati è associabile sia a "vetta" che a "corda"?
A. Altura B. Cima C. Monte D. Precipizio E. Punta

4) Quale fra i termini indicati è associabile sia a "seppia" che a "umore"?
A. Nero B. Cattivo C. Pessimo D. Triste E. Sereno

5) Quale fra i termini indicati è associabile sia a "animale" che a "stile"?
A. Rettile B. Pesce C. Rana D. Foca E. Giraffa

6) Individuare il lemma estraneo nella seguente tavola di nomenclatura: chirurgo - medico – infermiere – primario – secondario.
A. Infermiere B. Secondario C. Primario D. Medico E. Chirurgo

7) Individuare il lemma estraneo nella seguente tavola di nomenclatura: malleabilità – pertinacia – costanza – fermezza - perseveranza.
A. Malleabilità B. Pertinacia C. Costanza D. Fermezza E. Perseveranza

8) Individuare quale, tra i seguenti termini, è un'alternativa attinente al lemma "diafonia".
A. Contemplazione B. Dissonanza C. Dialisi
D. Grammatica E. Analisi

9) Individuare quale, tra i seguenti termini, è un'alternativa attinente al lemma "barca".
A. Fango B. Bandiera C. Vela D. Finestrino E. Fossa

10) Individuare quale, tra i seguenti termini, è un contrario di "gaio".
A. Felice B. Attento C. Coraggioso D. Amaro E. Triste

11) Individuare quale, tra i seguenti termini, è un sinonimo di "annoso".
A. Buio B. Antico C. Splendente D. Precedente E. Strano

12) Individuare quale, tra i seguenti termini, NON è attinente al lemma "albero".
A. Maestro B. Calcare C. Motore D. Ceduo E. Radice

13) Individuare quale, tra i seguenti termini, NON è un sinonimo di "quiescenza".
A. Riposo B. Stasi C. Solerzia D. Inerzia E. Inattività

14) Individuare quale, tra i seguenti termini, è un contrario di "brado".
A. Domestico B. Capelluto C. Modesto D. Tronfio E. Libero

15) Individuare quale, tra i seguenti termini, è un contrario di "deferenza".
A. Insolenza B. Sottomissione C. Insolvenza D. Estromissione E. Rispetto

16) Individuare quale, tra i seguenti termini, è un contrario di "appoggio".
A. Protezione B. Sussidio C. Avversione
D. Sostegno E. Aiuto

17) Individuare quale, tra i seguenti termini, è un contrario di "inclito".
A. Illustre B. Ignoto C. Pronto D. Esimio E. Famoso

18) Individuare quale, tra i seguenti termini, è un contrario di "ricordo".
A. Reminescenza B. Oblio C. Memoria
D. Cenno E. Richiamo

19) Individuare quale, tra i seguenti termini, è un contrario di "probo".
A. Iniquo B. Giusto C. Onesto D. Dabbene E. Guerriero

20) Individuare quale, tra i seguenti termini, è il contrario di "nugolo".
A. Miriade B. Frotta C. Tristezza D. Caterva E. Scarsezza

21) Trovare l'immagine speculare (eventualmente ruotata) a questa proposta:

A.  B.  C.  D. 

22) Trovare l'immagine speculare (eventualmente ruotata) a questa proposta:

A.  B.  C.  D. 

23) Trovare l'immagine speculare (eventualmente ruotata) a questa proposta:

A. 
B. 
C. 
D. 

24) Trovare l'immagine speculare (eventualmente ruotata) a questa proposta:

A. 
B. 
C. 
D. 

25) Trovare l'immagine speculare (eventualmente ruotata) a questa proposta:

A. 
B. 
C. 
D. 

26) Trovare l'immagine speculare (eventualmente ruotata) a questa proposta:

A.  B.  C.  D. 

27) Trovare l'immagine speculare (eventualmente ruotata) a questa proposta:

A. 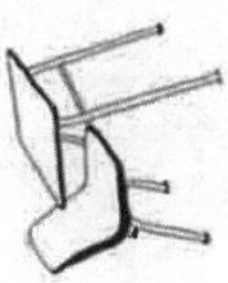 B.  C.  D. 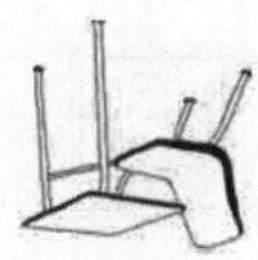

28) Trovare l'immagine speculare (eventualmente ruotata) a questa proposta:

A.  B.  C.  D. 

29) Trovare l'immagine speculare (eventualmente ruotata) a questa proposta:

A.  B.  C.  D. 

30) Trovare l'immagine speculare (eventualmente ruotata) a questa proposta:

A.  B.  C.  D. 

31) Trovare l'immagine speculare (eventualmente ruotata) a questa proposta:

A.  B.  C.  D. 

32) Trovare l'immagine speculare (eventualmente ruotata) a questa proposta:

A.  B.  C.  D. 

33) Trovare l'immagine speculare (eventualmente ruotata) a questa proposta:

A.  B.  C.  D. 

34) Trovare l'immagine speculare (eventualmente ruotata) a questa proposta:

A.  B.  C.  D. 

35) Trovare l'immagine speculare (eventualmente ruotata) a questa proposta:

A.  B.  C.  D. 

36) Trovare l'immagine speculare (eventualmente ruotata) a questa proposta:

A. 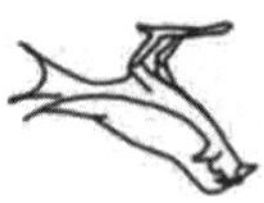 B.  C.  D. 

37) Trovare l'immagine speculare (eventualmente ruotata) a questa proposta:

A.  B.  C.  D. 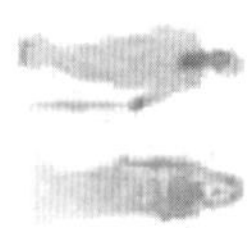

38) Trovare l'immagine speculare (eventualmente ruotata) a questa proposta:

A.  B.  C.  D. 

39) Trovare l'immagine speculare (eventualmente ruotata) a questa proposta:

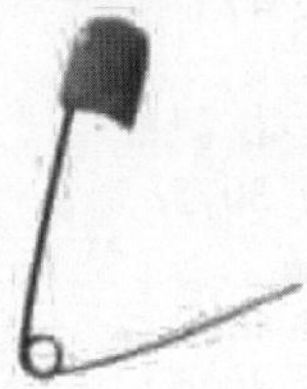

A.  B.  C.  D. 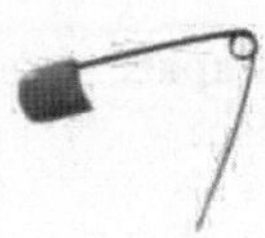

40) Trovare l'immagine speculare (eventualmente ruotata) a questa proposta:

A.  B.  C.  D. 

41) Cardinali sta a 286754835 come .... sta a 2867545
A. Cardine B. Rondine C. Cardini D. Carmine E. Candidi

42) 91023152 sta a Rivalità come .... sta a Travi
A. 59201 B. 95201 C. 25901 D. 59012 E. 50109

43) .... sta a 3176540 come Cerimonia sta a 201476543
A. Miniera B. Armonie C. Monia D. Armeria E. Armonia

44) .... sta a Eterne come 105949339 sta a Interesse
A. 599409 B. 599490 C. 995409 D. 959409 E. 949590

45) Circuito sta a 24321489 come Cucito sta a ....
A. 221489 B. 894212 C. 212498 D. 242189 E. 212489

46) Acqua sta a 47324 come Qua sta a ....
A. 342 B. 347 C. 473 D. 324 E. 374

47) Vitaiolo sta a 15375202 come Tali sta a ....
A. 7305 B. 3705 C. 3075 D. 3750 E. 0753

48) Ravenna sta a 3567885 come Vera sta a ....
A. 6735 B. 6785 C. 7635 D. 5687 E. 8657

49) Rapace sta a 167624 come .... sta a 1674
A. Rapa B. Pera C. Rape D. Pere E. Arpe

50) Funzionale sta a 3456705821 come Nazione sta a ....
A. 5865071 B. 5687051 C. 5876051 D. 5867015 E. 5867051

51) Mare sta a 3456 come Rame sta a ....
A. 3345 B. 6543 C. 5463 D. 5436 E. 4563

52) Orma sta a 7921 come Mora sta a ....
A. 1972 B. 2197 C. 2791 D. 9971 E. 9721

53) Limone sta a 761425 come Monile sta a ....
A. 426751 B. 576241 C. 142675 D. 267541 E. 754126

54) Roba sta a 2468 come Baro sta a ....
A. 2468 B. 8462 C. 4682 D. 6824 E. 8624

55) Croce sta a 31436 come Cerco sta a ....
A. 63134 B. 36134 C. 61334 D. 61343 E. 43361

56) Altare sta a 163152 come Altera sta a ....
A. 516132 B. 326151 C. 165231 D. 163251 E. 162351

57) Cartone sta a 5863129 come Carne sta a ....
A. 58692 B. 62589 C. 58629 D. 58631 E. 63629

58) Esattore sta a 32100783 come Attore sta a ....
A. 100873 B. 100378 C. 101783 D. 100773 E. 100783

59) Sigaretta sta a 321547995 come Gatta sta a ....
A. 15599 B. 19515 C. 19995 D. 15995 E. 51995

60) Accendino sta a 322149740 come Accenno sta a ....
A. 3221440 B. 3224410 C. 322410 D. 3321440 E. 3221400

Risposte corrette

1	D	9	C	17	B	25	A	33	A	41	C	49	C	57	C
2	C	10	E	18	B	26	B	34	B	42	A	50	E	58	E
3	B	11	B	19	A	27	C	35	C	43	B	51	D	59	D
4	A	12	B	20	E	28	D	36	D	44	D	52	C	60	A
5	C	13	C	21	A	29	A	37	A	45	E	53	C		
6	B	14	A	22	B	30	B	38	B	46	D	54	D		
7	A	15	A	23	C	31	C	39	C	47	B	55	B		
8	B	16	C	24	D	32	D	40	D	48	A	56	D		

2.3 Prova 3

1) Quale fra i termini indicati è associabile sia a "secco" sia a "restare"?
A. Ghiaccio B. Limone C. Fermo D. Base E. Umido

2) Quale fra i termini indicati è associabile sia a "zucca" sia a "grosso"?
A. Aceto B. Pepe C. Verdura D. Sale E. Peperoncino

3) Quale fra i termini indicati è associabile sia a "cuffia" sia a "spaccato"?
A. Retto B. Rotto C. Storto
D. Curvo E. Rappresentazione

4) Quale fra i termini indicati è associabile sia a "strumento" sia a "lentamente"?
A. Clarinetto B. Veloce C. Piano D. Flauto E. Chitarra

5) Quale fra i termini indicati è associabile sia a "cadente" sia a "Sole"?
A. Palpebra B. Meteora C. Fulmine D. Tuono E. Stella

6) Individuare quale, tra i seguenti termini, è un contrario di "digrossare"?
A. Concludere B. Dimagrire C. Allargare D. Combaciare E. Abbozzare

7) Individuare quale, tra i seguenti termini, è un contrario di "millantatore"?
A. Megalomane B. Introverso C. Umile D. Estroverso E. Allegro

8) Individuare quale, tra i seguenti termini, è un contrario di "reticente".
A. Maldicente B. Sprovveduto C. Inquieto D. Franco E. Ostile

9) Individuare quale, tra i seguenti termini, è un contrario di "sfacciataggine".
A. Misura B. Riguardo C. Trasparenza
D. Compiacenza E. Limpidezza

10) Qual è il significato di "kakemono"?
A. Pannello di legno pressato usato come pavimentazione
B. Abito tradizionale giapponese finemente decorato
C. Arte della composizione floreale
D. Dipinto o pannello che viene arrotolato e appeso a una parete a fini decorativi o pubblicitari
E. Sistema di produzione industriale giapponese che mira a fornire i prodotti nel momento in cui sono richiesti

11) Qual è il significato di "argot"?
A. Cappuccio B. Offesa C. Lumaca D. Gergo E. Grotta

12) Qual è il significato di "blockbuster"?
A. Grande magazzino B. Scaffalatura metallica
C. Libro o film di successo D. Palazzo in gruppo di appartamenti
E. Imballaggio in plastica

13) Qual è il significato di "calembour"?

A. Gioco di parole
B. Brutta figura
C. Equivoco
D. Dispiacere
E. Lampada da camera

14) Qual è il significato di "chalet"?

A. Sala da tè
B. Piccolo rimorchio
C. Villino di montagna
D. Albergo familiare
E. Stanza da letto

15) Qual è il significato di "écru"?

A. Superficie di legno intarsiato
B. Mosaico a disegni regolari
C. Tessuto allo stato greggio
D. Gioiello lavorato a filigrana
E. Marchio di fabbrica

16) Individuare quale, tra i seguenti termini, è un contrario di "quiete".

A. Agitazione
B. Immobilità
C. Inerzia
D. Stabilità
E. Efficiente

17) Individuare quale, tra i seguenti termini, è un contrario di "serio".

A. Inetto
B. Impacciato
C. Legato
D. Brioso
E. Fannullone

18) Individuare quale, tra i seguenti termini, è un contrario del sostantivo "matteria".

A. Stramberia
B. Imprudenza
C. Sconsideratezza
D. Assennatezza
E. Stupidità

19) Individuare quale, tra i seguenti termini, è un sinonimo di "scrupoloso".

A. Pacioso
B. Pedante
C. Fiacco
D. Pacifico
E. Logorato

20) Individuare quale, tra i seguenti termini, è un contrario di "reverenziale".

A. Ossequioso
B. Rispettoso
C. Riguardoso
D. Scortese
E. Furbo

21) Individuare la figura che corrisponde alla prima composizione vista allo specchio.

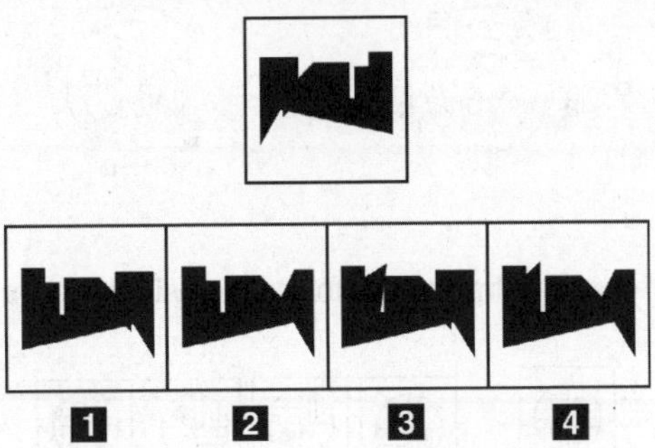

A. Figura 3
B. Figura 4
C. Figura 2
D. Figura 1

22) Come appare la figura proposta vista in uno specchio?

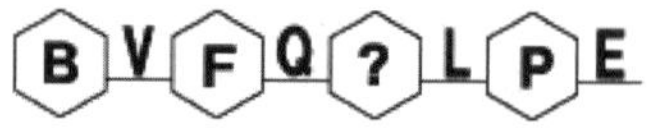

A. 

B. 

C. 

D. 

23) Come appare la figura proposta vista in uno specchio?

A. 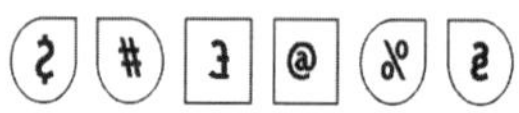

B. 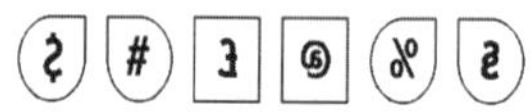

C. 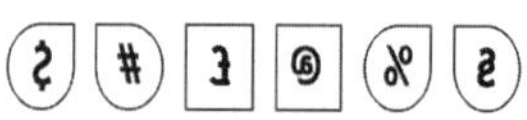

D. 

24) Come appare la figura proposta vista in uno specchio?

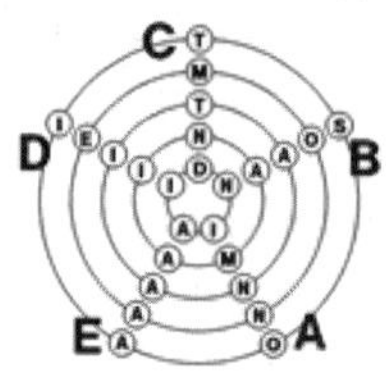

A. 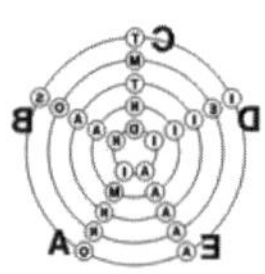

B. 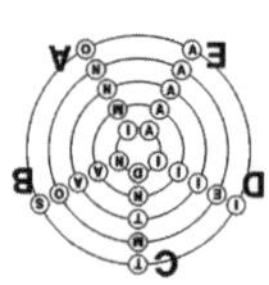

C. 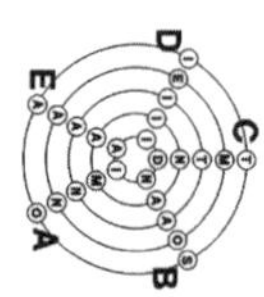

D. 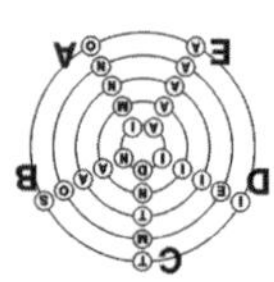

25) In quale box è contenuta la figura a lato se si considera vista di fronte ad uno specchio?

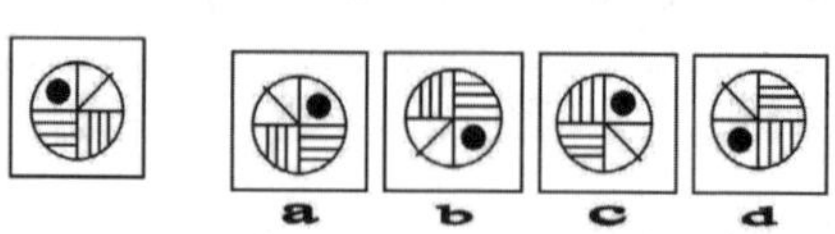

A. Nel box c

B. Nel box b

C. Nel box d

D. Nel box a

26) Come appare la figura proposta vista in uno specchio?

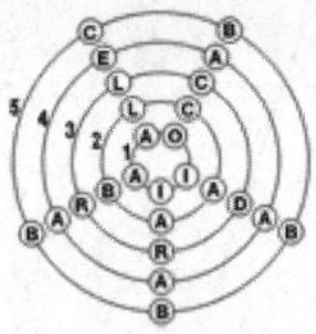

A. 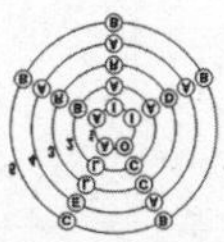 B. 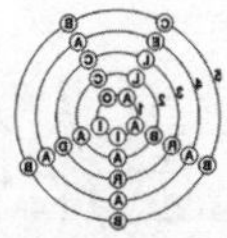 C. 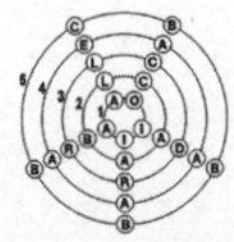 D. 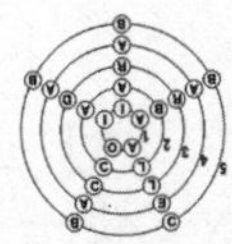

27) Come appare la figura proposta vista in uno specchio?

A.  B. 

C. 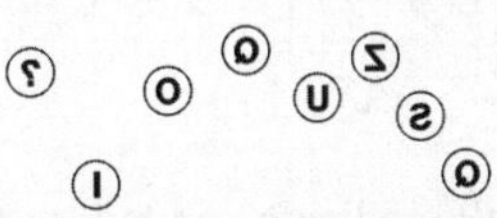 D. 

28) Come appare la figura proposta vista in uno specchio?

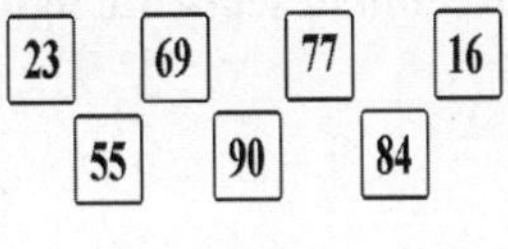

A. 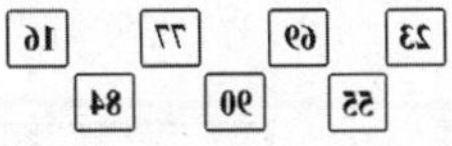 B. 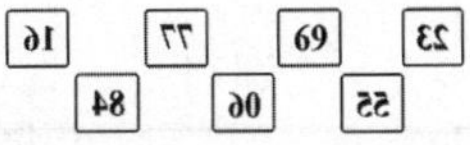

C. 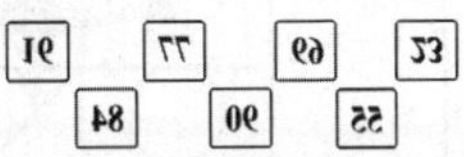 D. 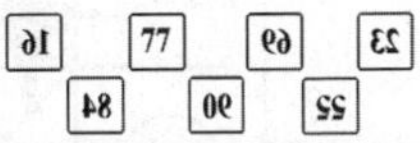

29) Come appare la figura proposta vista in uno specchio?

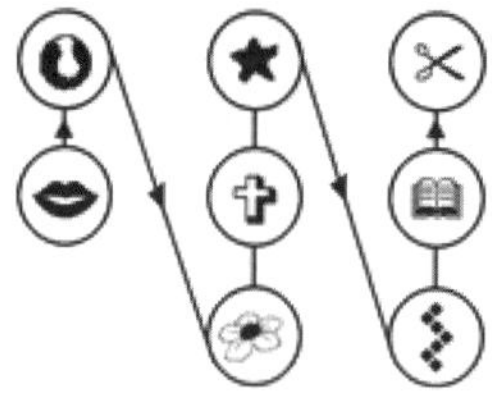

A. 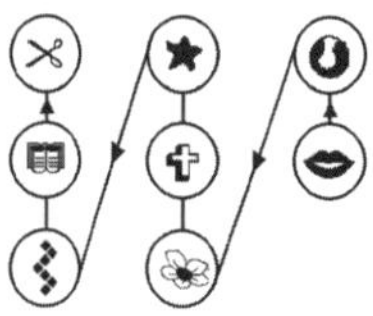

B. 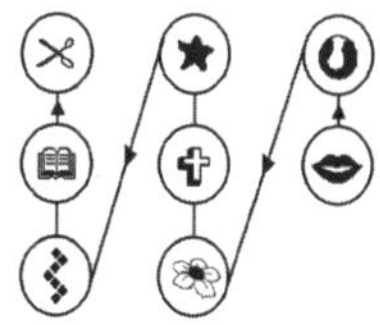

C. 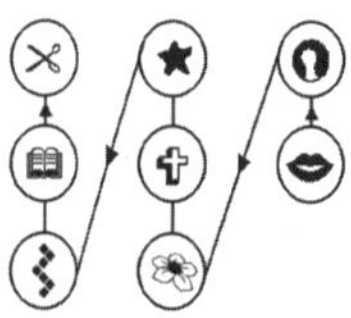

D. 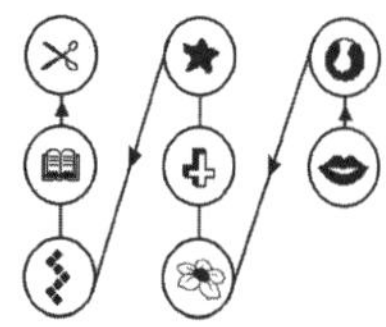

30) Come appare la figura proposta vista di fronte ad uno specchio?

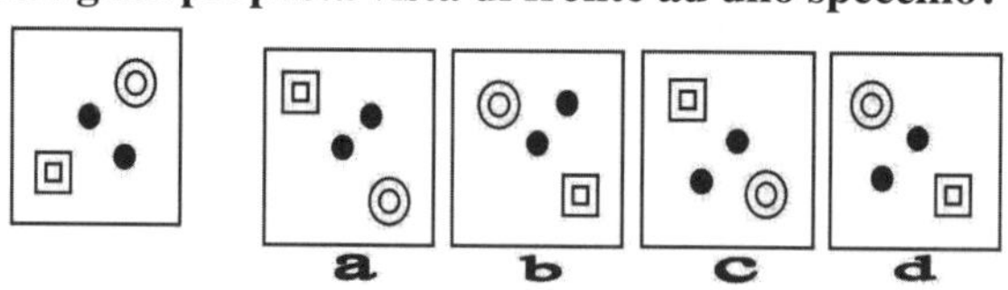

A. Come quella indicata con la lettera d
B. Come quella indicata con la lettera b
C. Come quella indicata con la lettera c
D. Come quella indicata con la lettera a

31) Indicare come risulta allo specchio la seguente figura.

A.

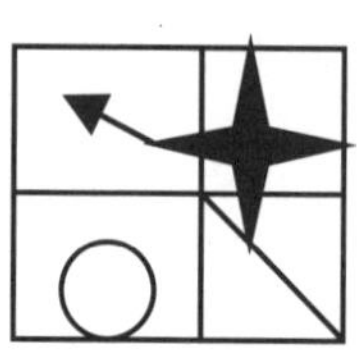

B.

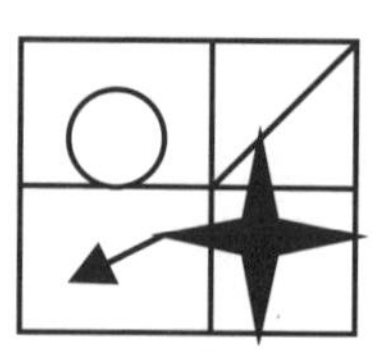

C.

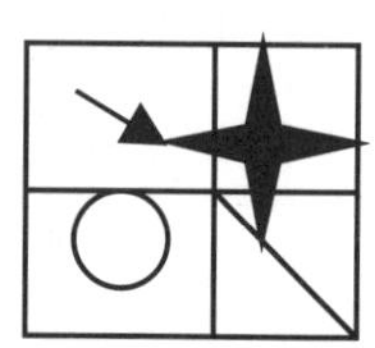

D.,

32) Indicare come risulta allo specchio la seguente figura.

A.

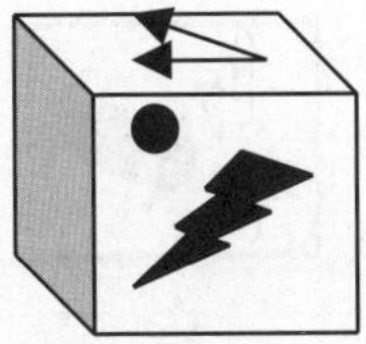
B.

C.

D.

33) Indicare come risulta allo specchio la seguente figura.

A.

B.

C.

D.

34) Indicare come risulta allo specchio la seguente figura.

A.

B.

C.

D.

35) Indicare come risulta allo specchio la seguente figura.

A.

B.

C.

D.

36) Indicare come risulta allo specchio la seguente figura.

A.

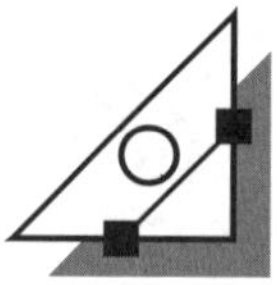

B.

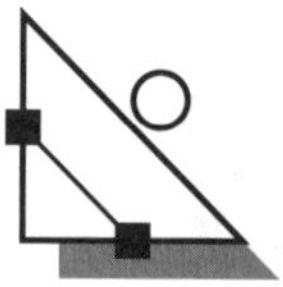

C.

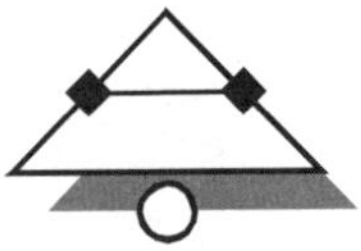

D.

37) Indicare come risulta la seguente figura dopo essere stata ribaltata e ruotata.

A.  B.  C.  D. 

38) Indicare come risulta la seguente figura dopo essere stata ribaltata e ruotata.

A.  B.  C.  D. 

39) Indicare come risulta la seguente figura dopo essere stata ribaltata e ruotata.

A.  B.  C.  D. 

40) Indicare come risulta la seguente figura dopo essere stata ribaltata e ruotata.

A.  B.  C.  D. 

41) Occhiello sta a Cielo come 133524771 sta a ...
A. 24371 B. 47231 C. 13742 D. 32471 E. 24713

42) Trasformatore sta a 1327953021536 come Armatore sta a ....
A. 23025536 B. 22021536 C. 23001536 D. 23021536 E. 23025566

43) Cornice sta a Cerino come 3672135 sta a ....
A. 126357 B. 571263 C. 635712 D. 357126 E. 126357

44) Serpe sta a Prese come 23543 sta a ....
A. 42325 B. 45323 C. 32354 D. 33254 E. 54232

45) Lato sta a 2314 come Alto sta a ....
A. 3214 B. 3142 C. 4213 D. 2134 E. 3412

46) Servizio sta a 76980504 come Vizio sta a ....
A. 50084 B. 58004 C. 80504 D. 50480 E. 40058

47) Siero sta a Erosi come 51249 sta a ....
A. 42951 B. 95142 C. 51249 D. 49512 E. 24951

48) Mela sta a Lame come 7394 sta a ....
A. 4973 B. 7493 C. 9473 D. 4739 E. 3974

49) Seme sta a 2131 come Mese sta a ....
A. 3112 B. 3121 C. 1213 D. 3122 E. 2131

50) Mestolo sta a Molesto come 2043151 sta a ....
A. 2150431 B. 5043121 C. 3121504 D. 5402131 E.1312054

51) Pesto sta a Poste come 71432 sta a ....
A. 31274 B. 42317 C. 72431 D. 74312 E. 43127

52) Grata sta a 53141 come Targa sta a ....
A. 41135 B. 51413 C. 11354 D. 41351 E. 35141

53) Lima sta a Mali come 3158 sta a ....
A. 5831 B. 3185 C .8513 D. 1358 E. 5381

54) Aroma sta a Amaro come 12341 sta a ....
A. 14123 B. 41231 C. 31214 D. 24113 E. 41132

55) Pera sta a Arpe come 5312 sta a ....
A. 5231 B. 3251 C. 2153 D. 5312 E. 1235

56) Numero sta a Remo come 104358 sta a ....
A. 4538 B. 3458 C. 4358 D. 5348 E. 4835

57) Stanza sta a Tana come 731801 sta a ....
A. 8131 B. 3181 C. 1183 D. 8311 E.1381

58) Ascolto sta a Lato come 4312052 sta a ....
A. 4052 B. 4520 C. 4250 D. 0452 E. 5420

59) Sera sta a Rase come 7134 sta a ....
A. 4173 B. 4731 C. 4317 D. 7431 E. 3471

60) Colorite sta a 42327158 come Reticolo sta a ....
A. 23241587 B. 78514232 C. 51423278 D. 27851423 E.7812342

Risposte corrette

1	A	**9**	B	**17**	D	**25**	D	**33**	D	**41**	D	**49**	B	**57**	B
2	D	**10**	D	**18**	D	**26**	B	**34**	C	**42**	D	**50**	A	**58**	D
3	B	**11**	D	**19**	B	**27**	A	**35**	B	**43**	D	**51**	C	**59**	E
4	C	**12**	C	**20**	D	**28**	A	**36**	A	**44**	B	**52**	D	**60**	B
5	E	**13**	A	**21**	D	**29**	B	**37**	D	**45**	A	**53**	A		
6	C	**14**	C	**22**	D	**30**	A	**38**	B	**46**	C	**54**	A		
7	C	**15**	C	**23**	C	**31**	A	**39**	B	**47**	E	**55**	C		
8	D	**16**	A	**24**	A	**32**	B	**40**	B	**48**	C	**56**	D		

PS 3.1 – Concorso Polizia di Stato – Allievi Agenti
Teoria e Test per la prova scritta d'esame

Il volume si rivolge a quanti partecipano ai concorsi per **Allievi Agenti nella Polizia di Stato** indetti dal Ministero dell'Interno e che, da gennaio 2016, è aperto anche ai civili. Il testo affronta il programma d'esame della **prova scritta** ed è articolato in **Parti**.

Nella **Prima Parte**, fornisce indicazioni sulla figura professionale dell'Agente di Polizia di Stato e sulle prove che il concorrente dovrà affrontare partecipando al concorso.

Nella **Seconda Parte** sviluppa, in modo sintetico e incisivo, il programma d'esame previsto dal bando: **lingua e letteratura italiana, aritmetica e algebra, geometria, storia, educazione civica, geografia, scienze, informatica, inglese e francese**. A corredo di ciascuna materia sono inserite le rubriche "***Occorre Sapere…***", che evidenziano gli argomenti più spesso oggetto di domanda (frutto di analisi di materiale utilizzato dall'Amministrazione nei precedenti concorsi).

La **Terza Parte** del volume è dedicata a numerosi **quesiti di verifica**, analoghi a quelli della banca dati ufficiale pubblicata dall'Amministrazione della Polizia di Stato, sotto forma di **simulazioni d'esame**, che permettono di esercitarsi in vista del concorso.

GDF 3.0 - Concorso Allievi Finanzieri nella Guardia di Finanza
Teoria e Test per tutte le prove di selezione

Il volume si rivolge a quanti vogliono accedere ai corsi per **Allievo Finanziere** fornendo tutto il materiale necessario per affrontare le diverse fasi di selezione: prova scritta di cultura generale; prova di efficienza fisica; accertamenti dell'idoneità psico-fisica e attitudinali. Il testo è articolato in Parti.

La **Prima Parte** fornisce indicazioni sulla Guardia di Finanza, sulla figura professionale del Finanziere, sulla formazione, sulle prove che ciascun concorrente dovrà affrontare partecipando al concorso e, successivamente sviluppa tutte le singole fasi concorsuali.

La **Seconda Parte** affronta la prova scritta approfondendo il **programma di ciascuna materia** (italiano, storia, geografia, educazione civica, test logico-matematici) e riporta numerosi quiz e simulazioni di esami.

Di particolare utilità, le rubriche "***Occorre Sapere...***" evidenziano gli argomenti più frequentemente oggetto di domanda. Disponibile inoltre una vasta raccolta di quesiti a risposta multipla analoghi (per argomento e difficoltà) a quelli della banca dati ufficiale.

La **Terza Parte** tratta i test di personalità (MMPI, Scid II; Test di frustrazione; Sigma 3; Test *Più o meno congeniale*; Frasi da completare; Biografico; ecc.) e quelli intellettivi (Gat) e visivi; inoltre viene descritto il colloquio con lo psicologo, fornendo alcuni consigli su come affrontarlo. Con software di simulazione delle prove scritte.

CC 3.0 – Concorso Allievi Carabinieri Effettivi
Teoria e Test per la preparazione completa a tutte le prove di selezione

Il volume è indirizzato a quanti intendono partecipare ai **concorsi** per **Allievi Carabinieri**, indetti dal Ministero della Difesa che, da gennaio 2016, sono aperti anche ai civili. Il testo è articolato in Parti.

Nella **Prima Parte**, fornisce indicazioni sulla **figura professionale del Carabiniere** e sulle **prove** che ciascun concorrente dovrà affrontare partecipando al concorso.

Nella **Seconda Parte**, il volume sviluppa il programma d'esame previsto dal bando per la **prova scritta di selezione**: **lingua italiana, attualità, storia, geografia, matematica, geometria, educazione civica, scienze, storia delle arti, logica deduttiva, informatica**. Alla verifica delle competenze sulla **lingua inglese** o sulla **lingua francese** sono dedicati due capitoli, scaricabili dalla piattaforma online riservata ai clienti. A corredo di ciascuna materia sono inserite le rubriche ***"Occorre Sapere…"*** che evidenziano gli argomenti più spesso oggetto di domanda (frutto di analisi di materiale utilizzato dall'Amministrazione nei precedenti concorsi). Inoltre, al termine di ogni materia, numerosi ***quesiti di verifica*** (simili a quelli somministrati dall'Arma) permettono di esercitarsi in vista del concorso. La parte si conclude con tre esercitazioni su argomenti di cultura generale e logica.

Nella **Terza Parte**, il volume fornisce indicazioni sugli **accertamenti attitudinali** con la relativa trattazione dei test di personalità e del colloquio psicologico.

PP 3.0 - Concorso Allievi Agenti Polizia Penitenziaria
Teoria e Test per la preparazione completa a tutte le prove di selezione

Il volume è indirizzato a quanti intendono partecipare al concorso per allievi agenti del Corpo di **Polizia penitenziaria** indetto dal Ministero della Giustizia.

Il manuale permette, infatti, di prepararsi efficacemente a tutte le fasi delle prove di selezione ed è articolato in Parti.

La **Prima Parte** sviluppa i compiti e l'organizzazione del Corpo della Polizia penitenziaria; la figura e il ruolo dell'Agente; come si svolge il concorso.

La **Seconda Parte** sviluppa tutto il programma della prova scritta d'esame: Lingua italiana; Letteratura; Storia; Educazione civica; Geografia; Matematica; Scienze. Cinque questionari (che ripropongono le stesse caratteristiche delle prove ufficiali) permettono di esercitarsi in vista della prova scritta.

La **Terza Parte** fornisce preziose indicazioni su come affrontare i test attitudinali, i test di personalità (MMPI, Taleia 400A, Test di Rorschach, Z test ecc.) e il colloquio psicologico e attitudinale.

MD 3.1 – Concorso VFP4 – Teoria e test
Manuale per la prova di selezione a carattere culturale, logico-deduttivo e professionale e per la prova di accertamento della lingua inglese

Il volume si rivolge a quanti vogliono accedere nelle Forze Armate (Esercito Italiano, Marina Militare e Aeronautica Militare) in qualità di Volontario in Ferma Prefissata di 4 Anni (VFP4) e affronta il programma d'esame, interforze, della prova di selezione a carattere culturale, logico-deduttivo e professionale.

MD 3.2 – Concorso VFP4 – Test psicoattitudinali
Test psicoattitudinali per gli accertamenti dell'idoneità fisio-psico-attitudinale e di efficienza fisica

Il volume è rivolto a quanti intendono partecipare al **concorso** per **volontari in ferma prefissata quadriennale** (VFP4) nell'Esercito, nella Marina Militare e nell'Aeronautica Militare. Il testo consente di prepararsi alle prove del concorso successive alla prova di selezione a carattere culturale, logico-deduttivo e professionale.

Accedi
ai **servizi riservati**

COLLEGATI AL SITO **EDISES.IT** | ACCEDI AL **MATERIALE DIDATTICO** | SEGUI LE **ISTRUZIONI**

Utilizza il codice personale contenuto nel riquadro per registrarti al sito **edises.it** e accedere ai **servizi** e **contenuti riservati**.

Scopri il tuo **codice personale** grattando delicatamente la superficie

Il volume NON può essere venduto, né restituito, se il codice personale risulta visibile.
L'**accesso ai servizi riservati** ha la durata di **un anno** dall'attivazione del codice e viene garantito esclusivamente sulle edizioni in corso.

Per attivare i **servizi riservati**, collegati al sito **edises.it** e segui queste semplici istruzioni

Se sei registrato al sito

- clicca su *Accedi al materiale didattico*
- inserisci email e password
- inserisci le ultime 4 cifre del codice ISBN, riportato in basso a destra sul retro di copertina
- inserisci il tuo **codice personale** per essere reindirizzato automaticamente all'area riservata

S... to

- cl...
- re... ok
- att... onare la reg...
- torna sul sito **edises.it** e segui la procedura già descritta per *utenti registrati*

W0280025

EdiSES